KARL MAYs HAUPTWERKE

IN 33 BÄNDEN

»ZÜRICHER AUSGABE«

—

HERAUSGEGEBEN VON

HERMANN WIEDENROTH UND

HANS WOLLSCHLÄGER

—

BAND 19

WINNETOU

ERSTER BAND

—

REISEERZÄHLUNG

VON

KARL MAY

PARKLAND

Die »Züricher Ausgabe«
von KARL MAYs HAUPTWERKEN
in 33 Bänden folgt der von
Hermann Wiedenroth und Hans Wollschläger
herausgegebenen historisch-kritischen Ausgabe
KARL MAYs WERKE in 99 Bänden
im Haffmans Verlag Zürich.

Umschlagbild von
Klaus Dill
Konzeption und Gestaltung von
Urs Jakob

Berechtigte, einmalige Lizenzausgabe
für Parkland im Karl-May-Jubiläumsjahr 1992

Herstellung: Ebner Ulm
ISBN 3-88059-705-7

Inhalt

Der Text dieses Bandes folgt zeichengetreu der Buchfassung letzter Hand, Freiburg 1908.
Die Editorischen Berichte für die insgesamt vierbändige Reiseerzählung, die über Entstehung und Textgeschichte Auskunft geben, finden sich in der Bibliotheksausgabe »Karl Mays Werke. Historisch-kritische Ausgabe« IV.14 »Winnetou III« und V.7 »Winnetou IV«, Haffmans Verlag, Zürich.

WINNETOU

I

Einleitung.

Immer fällt mir, wenn ich an den Indianer denke, der Türke ein; dies hat, so sonderbar es erscheinen mag, doch seine Berechtigung. Mag es zwischen beiden noch so wenig Punkte des Vergleichs geben, sie sind einander ähnlich in dem einen, daß man mit ihnen, allerdings mit dem Einen weniger als mit dem Andern, abgeschlossen hat: Man spricht von dem Türken kaum anders als von dem ›kranken Mann‹, während Jeder, der die Verhältnisse kennt, den Indianer als den ›sterbenden Mann‹ bezeichnen muß.

Ja, die rote Nation liegt im Sterben! Vom Feuerlande bis weit über die nordamerikanischen Seen hinauf liegt der riesige Patient ausgestreckt, niedergeworfen von einem unerbittlichen Schicksale, welches kein Erbarmen kennt. Er hat sich mit allen Kräften gegen dasselbe gesträubt, doch vergeblich; seine Kräfte sind mehr und mehr geschwunden; er hat nur noch wenige Atemzüge zu tun, und die Zuckungen, die von Zeit zu Zeit seinen nackten Körper bewegen, sind die Konvulsionen, welche die Nähe des Todes verkündigen.

Ist er schuld an diesem seinem frühen Ende? Hat er es verdient?

Wenn es richtig ist, daß alles, was lebt, zum Leben berechtigt ist, und dies sich ebenso auf die Gesamtheit wie auf das Einzelwesen bezieht, so besitzt der Rote das Recht zu existieren, nicht weniger als der Weiße und darf wohl Anspruch erheben auf die Befugnis, sich in sozialer, in staatlicher Beziehung nach seiner Individualität zu entwickeln. Da behauptet man nun freilich, der Indianer besitze nicht die notwendigen staatenbildenden Eigenschaften. Ist das wahr? Ich sage: nein! will aber keine Behauptungen aufstellen, da es nicht meine Absicht ist, eine hierauf bezügliche gelehrte Abhandlung zu schreiben. Der Weiße fand Zeit, sich naturgemäß zu entwickeln; er hat sich nach und nach vom Jäger zum Hirten, von da zum Ackerbauer und Industriellen entwickelt; darüber sind viele Jahrhunderte vergangen; der Rote aber hat diese Zeit nicht gefunden, denn sie wurde ihm nicht gewährt. Er soll von der ersten und untersten Stufe, also als Jäger, einen Riesensprung nach der obersten machen, und man hat, als man dieses Verlangen an ihn stellte, nicht bedacht, daß er da zum Falle kommen und sich lebensgefährlich verletzen muß.

Es ist ein grausames Gesetz, daß der Schwächere dem Stärkeren weichen muß; aber da es durch die ganze Schöpfung geht und in der ganzen irdischen Natur Geltung hat, so müssen wir wohl annehmen, daß diese Grausamkeit entweder eine nur scheinbare oder einer christlichen Milderung fähig ist, weil die ewige Weisheit, welche dieses Gesetz gegeben hat, zugleich die ewige Liebe ist. Dürfen wir nun behaupten, daß in Beziehung auf die aussterbende indianische Rasse eine solche Milderung stattgefunden hat?

Es war nicht nur eine gastliche Aufnahme, sondern eine beinahe göttliche Verehrung, welche die ersten ›Bleichgesichter‹ bei den Indsmen fanden. Welcher Lohn ist den Letzteren dafür geworden? Ganz unstreitig gehörte diesen das Land, welches sie bewohnten; es wurde ihnen genommen. Welche Ströme Blutes dabei geflossen und welche Grausamkeiten vorgekommen sind, das weiß ein Jeder, der die Geschichte der ›berühmten‹ Conquistadores gelesen hat. Nach dem Vorbilde derselben ist dann später weiter verfahren worden. Der Weiße kam mit süßen Worten auf den Lippen, aber zugleich mit dem geschärften Messer im Gürtel und dem geladenen Gewehre in der Hand. Er versprach Liebe und Frieden und gab Haß und Blut. Der Rote mußte weichen, Schritt um Schritt, immer weiter zurück. Von Zeit zu Zeit gewährleistete man ihm ›ewige‹ Rechte auf ›sein‹ Territorium, jagte ihn aber schon nach kurzer Zeit wieder aus demselben hinaus, weiter, immer weiter. Man ›kaufte‹ ihm das Land ab, bezahlte ihn aber entweder gar nicht oder mit wertlosen Tauschwaren, welche er nicht gebrauchen konnte. Aber das schleichende

Gift des ›Feuerwassers‹ brachte man ihm desto sorgfältiger bei, dazu die Blattern und andere, noch viel schlimmere und ekelhaftere Krankheiten, welche ganze Stämme lichteten und ganze Dörfer entvölkerten. Wollte der Rote sein gutes Recht geltend machen, so antwortete man ihm mit Pulver und Blei, und er mußte den überlegenen Waffen der Weißen wieder weichen. Darüber erbittert, rächte er sich nun an dem einzelnen Bleichgesichte, welches ihm begegnete, und die Folgen davon waren dann stets förmliche Massacres, welche unter den Roten angerichtet wurden. Dadurch ist er, ursprünglich ein stolzer, kühner, tapferer, wahrheitsliebender, aufrichtiger und seinen Freunden stets treuer Jägersmann, ein heimlich schleichender, mißtrauischer, lügnerischer Mensch geworden, ohne daß er dafür kann, denn nicht er, sondern der Weiße ist schuld daran.

Die wilden Mustangherden, aus deren Mitte er sich einst kühn sein Reitpferd holte, wo sind sie hingekommen? Wo sieht man die Büffel, welche ihn ernährten, als sie zu Millionen die Prairien bevölkerten? Wovon lebt er heut? Von dem Mehle und dem Fleische, welches man ihm liefert? Schau zu, wie viel Gips und andere schöne Dinge sich in diesem Mehl befinden; wer kann es genießen! Und werden einem Stamme einmal hundert ›extra fette‹ Ochsen zugesprochen, so haben diese sich unterwegs in zwei oder drei alte, abgemagerte Kühe verwandelt, von welchen kaum ein Aasgeier einen Bissen herunterreißen kann. Oder soll der Rote vom Ackerbaue leben? Kann er auf seine Ernte rechnen, er, der Rechtslose, den man immer weiter verdrängt, dem man keine bleibende Stätte läßt?

Welch eine stolze, schöne Erscheinung war er früher, als er, von der Mähne seines Mustangs umweht, über die weite Savanne flog, und wie elend und verkommen sieht er jetzt aus in den Fetzen, welche nicht seine Blöße decken können! Er, der in überstrotzender Kraft einst dem schrecklichen grauen Bären mit den Fäusten zu Leibe ging, schleicht jetzt wie ein räudiger Hund in den Winkeln umher, um sich, hungrig, einen Fetzen Fleisch zu betteln oder zu – – stehlen!

Ja, er ist ein kranker Mann geworden, ein -- sterbender Mann, und wir stehen mitleidig an seinem elenden Lager, um ihm die Augen zuzudrücken. An einem Sterbebette zu stehen, ist eine ernste Sache, hundertfach ernst aber, wenn dieses Sterbebette dasjenige einer ganzen Rasse ist. Da steigen viele, viele Fragen auf, vor allem die: Was hätte diese Rasse leisten können, wenn man ihr Zeit und Raum gegönnt hätte, ihre inneren und äußeren Kräfte und Begabungen zu entwickeln? Welche eigenartige Kulturformen werden der Menschheit durch den Untergang dieser Nation verloren gehen? Dieser Sterbende ließ sich nicht assimilieren, weil er ein Charakter war; mußte er deshalb getötet, kann er nicht gerettet werden? Gestattet man dem Bison, damit er nicht aussterbe, ein Asyl da oben im Nationalpark von Montana und Wyoming, warum nicht auch dem einstigen, rechtmäßigen Herren des Landes einen Platz, an dem er sicher wohnen und geistig wachsen kann?

Aber was nützen solche Fragen angesichts des Todes, der nicht abzuwenden ist! Was können Vorwürfe helfen, wo überhaupt nicht mehr zu helfen ist! Ich kann nur klagen, aber nichts ändern; ich kann nur trauern, doch keinen Toten ins Leben zurückrufen. Ich? Ja, ich! Habe ich doch die Roten kennen gelernt während einer ganzen Reihe von vielen Jahren und unter ihnen einen, der hell, hoch und herrlich in meinem Herzen, in meinen Gedanken wohnt. Er, der beste, treueste und opferwilligste aller meiner Freunde, war ein echter Typus der Rasse, welcher er entstammte, und ganz so, wie sie untergeht, ist auch er untergegangen, ausgelöscht aus dem Leben durch die mörderische Kugel eines Feindes. Ich habe ihn geliebt wie keinen zweiten Menschen und liebe noch heut die hinsterbende Nation, deren edelster Sohn er gewesen ist. Ich hätte mein Leben dahingegeben, um ihm das seinige zu erhalten, so wie er dieses hundertmal für mich wagte. Dies war mir nicht vergönnt; er ist dahingegangen, indem er, wie immer, ein Retter seiner Freunde war; aber er soll nur körperlich gestorben sein und hier in diesen Blättern fortleben, wie er in meiner Seele lebt, er, Winnetou, der große Häuptling der Apachen. Ihm will ich hier das wohlverdiente Denkmal setzen, und wenn der Leser, welcher es mit seinem geistigen Auge schaut, dann ein gerechtes Urteil fällt über das Volk, dessen treues Einzelbild der Häuptling war, so bin ich reich belohnt.

Der Verfasser.

ERSTES KAPITEL.

Ein Greenhorn.

Lieber Leser, weißt du, was das Wort Greenhorn bedeutet? – – eine höchst ärgerliche und despektierliche Bezeichnung für denjenigen, auf welchen sie angewendet wird.

Green heißt grün, und unter horn ist Fühlhorn gemeint. Ein Greenhorn ist demnach ein Mensch, welcher noch grün, also neu und unerfahren im Lande ist und seine Fühlhörner behutsam ausstrecken muß, wenn er sich nicht der Gefahr aussetzen will, ausgelacht zu werden.

Ein Greenhorn ist ein Mensch, welcher nicht von seinem Stuhle aufsteht, wenn eine Lady sich auf denselben setzen will; welcher den Herrn des Hauses grüßt, ehe er der Mistreß und Miß seine Verbeugungen gemacht hat; welcher beim Laden des Gewehres die Patrone verkehrt in den Lauf schiebt oder erst den Propfen, dann die Kugel und zuletzt das Pulver in den Vorderlader stößt. Ein Greenhorn spricht entweder gar kein oder ein sehr reines und geziertes Englisch; ihm ist das Yankee-Englisch oder gar das Hinterwälder-Idiom ein Greuel; es will ihm nicht in den Kopf und noch viel weniger über die Zunge. Ein Greenhorn hält ein Racoon für ein Opossum und eine leidlich hübsche Mulattin für eine Quadroone. Ein Greenhorn raucht Cigaretten und verabscheut den tabakssaftspeienden Sir. Ein Greenhorn läuft, wenn er von Paddy[1] eine Ohrfeige erhalten hat, mit seiner Klage zum Friedensrichter, anstatt, wie ein richtiger Yankee tun soll, den Kerl einfach und auf der Stelle niederzuschießen. Ein Greenhorn hält die Stapfen eines Turkey für eine Bärenfährte und eine schlanke Sportjacht für einen Mississippisteamer. Ein Greenhorn geniert sich, seine schmutzigen Stiefel auf die Kniee seines Mitpassagiers zu legen und seine Suppe mit dem

[1] Irländer.

Schnaufen eines verendenden Büffels hinabzuschlürfen. Ein Greenhorn schleppt der Reinlichkeit wegen einen Waschschwamm von der Größe eines Riesenkürbis und zehn Pfund Seife mit in die Prairie und steckt sich dazu einen Kompaß bei, welcher schon am dritten oder vierten Tag nach allen möglichen andern Richtungen, aber nie mehr nach Norden zeigt. Ein Greenhorn notiert sich achthundert Indianerausdrücke, und wenn er dem ersten Roten begegnet, so bemerkt er, daß er diese Notizen im letzten Couvert nach Hause geschickt und dafür den Brief aufgehoben hat. Ein Greenhorn kauft Schießpulver, und wenn er den ersten Schuß tun will, erkennt er, daß man ihm gemahlene Holzkohle gegeben hat. Ein Greenhorn hat zehn Jahre lang Astronomie studiert, kann aber ebenso lang den gestirnten Himmel angucken, ohne zu wissen, wie viel Uhr es ist. Ein Greenhorn steckt das Bowiemesser so in den Gürtel, daß er, wenn er sich bückt, sich die Klinge in den Schenkel sticht. Ein Greenhorn macht im wilden Westen ein so starkes Lagerfeuer, daß es baumhoch emporlodert, und wundert sich dann, wenn er von den Indianern entdeckt und erschossen worden ist, darüber, daß sie ihn haben finden können. Ein Greenhorn ist eben ein Greenhorn --- und ein solches Greenhorn war damals auch ich.

Aber man denke ja nicht etwa, daß ich die Ueberzeugung oder auch nur die Ahnung gehabt hätte, daß diese kränkende Bezeichnung auf mich passe! O nein, denn es ist ja eben die hervorragendste Eigentümlichkeit jedes Greenhorns, eher alle andern Menschen, aber nur nicht sich selbst für ›grün‹ zu halten.

Ich glaubte ganz im Gegenteile, ein außerordentlich kluger und erfahrener Mensch zu sein; hatte ich doch, so was man zu sagen pflegt, studiert und nie vor einem Examen Angst gehabt! Daß dann das Leben die eigentliche und richtige Hochschule ist, deren Schüler täglich und stündlich geprüft werden und vor der Vorsehung zu bestehen haben, daran wollte mein jugendlicher Sinn damals nicht denken. Unerquickliche Verhältnisse in der Heimat und ein, ich möchte sagen, angeborener Tatendrang hatten mich über den

Ozean nach den Vereinigten Staaten getrieben, wo die Bedingungen für das Fortkommen eines strebsamen jungen Menschen damals weit bessere und günstigere waren als heutzutage. Ich hätte in den Oststaaten recht wohl ein gutes Unterkommen gefunden, aber es trieb mich nach dem Westen. Bald auf diese und bald auf jene Weise für kurze Zeit tätig, verdiente ich mir so viel, daß ich, äußerlich wohl ausgerüstet und innerlich von frohem Mute erfüllt, in St. Louis ankam. Dort führte mich das Glück in eine deutsche Familie, in welcher ich einen einstweiligen Unterschlupf als Hauslehrer fand. In dieser Familie verkehrte Mr. Henry, ein Original und Büchsenmacher, welcher sein Handwerk mit der Hingebung eines Künstlers betrieb und sich mit altväterischem Stolze Mr. Henry, the Gunsmith nannte.

Dieser Mann war ein außerordentlicher Menschenfreund, obgleich er das Gegenteil zu sein schien, da er außer der erwähnten Familie mit keinem Menschen verkehrte und selbst seine Kunden so kurz und schroff behandelte, daß sie nur der Güte seiner Ware wegen zu ihm kamen. Er hatte seine Frau und Kinder durch ein grausiges Ereignis verloren, über welches er nie sprach, doch vermutete ich infolge einiger seiner Aeußerungen, daß sie bei einem Ueberfalle ermordet worden waren. Das hatte ihn äußerlich rauh gemacht; er wußte es vielleicht gar nicht, daß er eigentlich ein perfekter Grobian war; der Kern aber war mild und gut, und ich habe oft sein Auge feucht gesehen, wenn ich von der Heimat und den Meinen erzählte, an denen ich mit ganzem Herzen hing und auch heut noch hänge.

Warum er, der alte Mann, grad für mich, den jungen, fremden Menschen, eine solche Vorliebe zeigte, das wußte ich nicht, bis er es mir einmal sagte. Seit ich da war, kam er öfters als vorher, hörte dem Unterrichte zu, nahm mich, wenn dieser beendet war, für sich in Beschlag und lud mich schließlich sogar ein, ihn zu besuchen. Ein solcher Vorzug war noch keinem Andern zu teil geworden, und ich hütete mich daher, die mir gewordene Erlaubnis auszubeuten. Diese Zurückhaltung schien ihm aber keineswegs lieb zu sein; ich erinnere mich noch heut des zornigen Gesichtes, welches er mir eines Abends, als ich zu ihm kam, zeigte, und des Tones, in welchem er mich empfing, ohne auf mein ›*good evening*‹ zu antworten:

»Wo habt Ihr denn gestern gesteckt, Sir?«

»Zu Hause.«

»Und vorgestern?«

»Auch zu Hause.«

»Macht mir doch nichts weis!«

»Es ist wahr, Mr. Henry.«

»*Pshaw!* Solche grüne Vögel, wie Ihr einer seid, bleiben nicht im Neste hocken; die stecken die Schnäbel überall hin, nur da nicht, wo sie hingehören!«

»Und wo gehöre ich hin, wenn es Euch beliebt, es mir zu sagen?«

»Hierher zu mir, verstanden! Habe Euch schon lange einmal nach etwas fragen wollen.«

»Warum habt Ihr es nicht getan?«

»Weil ich nicht wollte. Hört Ihr es?«

»Und wann wollt Ihr denn?«

»Heute vielleicht.«

»So fragt getrost nur zu,« forderte ich ihn auf, indem ich mich hoch auf die Schraubenbank setzte, an welcher er arbeitete.

Er sah mir ganz verwundert in das Gesicht, schüttelte mißbilligend den Kopf und rief aus:

»Getrost! Als ob ich so ein Greenhorn, wie Ihr seid, erst um Erlaubnis fragen müßte, wenn ich mit ihm reden will!«

»Greenhorn?« antwortete ich, die Stirn in Falten ziehend, denn ich fühlte mich bedeutend verletzt. »Ich will annehmen, Mr. Henry, daß dieses Wort Euch ohne Absicht und nur so herausgefahren ist!«

»Bildet Euch doch nichts ein, Sir! Ich habe mit vollem Bedacht gesprochen; Ihr seid ein Greenhorn, und was für eins! Den Inhalt Eurer Bücher habt Ihr gut im Kopfe, das ist wahr. Es ist ganz erstaunlich, was ihr Leute da drüben lernen müßt! Dieser junge Mensch weiß genau, wie weit die Sterne von hier entfernt sind, was der König Nebukadnezar auf Ziegelsteine geschrieben hat und wie schwer die Luft wiegt, die er doch nicht sehen kann! Und weil er dies weiß, bildet er sich ein, ein gescheiter Kerl zu sein! Aber steckt die Nase ins Leben, versteht Ihr mich, so ungefähr fünfzig Jahre ins Leben hinein; dann werdet Ihr, aber auch nur vielleicht, erfahren, worin die richtige Klugheit besteht! Was Ihr bis jetzt wißt, ist nichts – ist gar nichts. Und was Ihr bis jetzt könnt, ist noch viel weniger. Ihr könnt ja nicht einmal schießen!«

Er sagte dies in einem außerordentlich verächtlichen Tone und mit einer solchen Bestimmtheit, als ob er seiner Sache förmlich sicher sei.

»Nicht schießen? Hm!« antwortete ich lächelnd. »Ist dies vielleicht die Frage, welche Ihr mir vorlegen wolltet?«

»Ja, die ist es. Nun antwortet doch einmal!«

»Gebt mir ein gutes Gewehr in die Hand, so will ich antworten, eher nicht.«

Da legte er den Büchsenlauf, an welchem er schraubte, weg, stand auf, trat nahe an mich heran, fixierte mich mit verwunderten Augen und rief aus:

»Ein Gewehr in die Hand, Sir? Wird mir nicht einfallen, ganz und gar nicht! Meine Gewehre kommen nur in solche Hände, in denen ich mit ihnen Ehre einlegen kann!«

»Solche hab ich,« nickte ich ihm zu.

Er sah mich noch einmal, und zwar von der Seite an, setzte sich wieder nieder, begann wieder an dem Laufe zu arbeiten und brummte vor sich hin:

»So ein Greenhorn! Könnte mich wirklich wild machen mit seiner Dreistigkeit!«

Ich ließ ihn gewähren, denn ich kannte ihn, zog eine Zigarre hervor und brannte sie an. Dann blieb es wohl eine Viertelstunde lang still zwischen uns. Länger aber konnte er es nicht aushalten; er hielt den Lauf gegen das Licht, sah hindurch und bemerkte dabei:

»Schießen ist nämlich schwerer als nach den Sternen gukken oder alte Ziegelsteine von Nebukadnezar lesen. Verstanden? Habt Ihr denn jemals ein Gewehr in der Hand gehabt?«

»Ich denke.«

»Wann?«

»Schon längst und oft.«

»Auch angelegt und abgedrückt?«

»Ja.«

»Und getroffen?«

»Natürlich!«

Da ließ er den Lauf, den er geprüft hatte, rasch sinken, sah mich wieder an und meinte:

»Ja, getroffen, natürlich, aber was?«

»Das Ziel, ganz selbstverständlich.«

»Was? Wollt Ihr mir das im Ernste aufbinden?«

»Behaupten, aber nicht aufbinden; es ist wahr.«

»Hol Euch der Teufel, Sir! Aus Euch wird man nicht klug. Ich bin überzeugt, daß Ihr an einer Mauer vorbeischießen würdet, und wenn sie zwanzig Ellen hoch und fünfzig Ellen lang wäre, und doch macht Ihr bei Eurer Behauptung ein so ernstes und zuversichtliches Gesicht, daß einem darüber die Galle überlaufen könnte. Ich bin kein Knabe, dem Ihr Stunde gebt, verstanden! So ein Greenhorn und Bücherwurm, wie Ihr seid, will schießen können! Hat sogar in türkischen, arabischen und andern dummen Scharteken herumgestöbert und will dabei Zeit zum Schießen gefunden haben! Nehmt doch einmal das alte Gun[1] da hinten vom Nagel, und legt es an, als ob Ihr zielen wolltet! Es ist ein Bärentöter, der beste, den ich jemals in den Händen gehabt habe.«

Ich ging hin, langte die Büchse herab und legte sie an.

»*Halloo!*« rief er aus, indem er aufsprang. »Was ist denn das? Ihr geht ja mit diesem Gun wie mit einem leichten Spazierstocke um, und doch ist es das schwerste Gewehr, welches ich kenne! Besitzt Ihr denn eine solche Körperkraft?«

Anstatt der Antwort nahm ich ihn unten bei der zugeknöpften Jacke und bei dem Hosenbund und hob ihn mit dem rechten Arm empor.

[1] Gewehr, Büchse.

»*Thunder-storm!*« schrie er auf. »Laßt mich los! Ihr seid ja noch weit kräftiger als mein Bill.«

»Euer Bill? Wer ist das?«

»Er war mein Sohn, der --- lassen wir das! Er ist tot, wie die Andern auch. Er versprach, ein tüchtiger Kerl zu werden, wurde aber während meiner Abwesenheit mit ihnen ausgelöscht. Ihr seid ihm ähnlich von Gestalt, habt beinahe dieselben Augen und auch denselben Zug um den Mund; darum bin ich Euch -- na, das geht Euch ja doch nichts an!«

Der Ausdruck tiefer Trauer hatte sich über sein Gesicht gebreitet; er fuhr mit der Hand über dasselbe und fuhr dann in munterem Tone fort:

»Aber, Sir, bei Eurer Muskelkraft ist es wirklich jammerschade, daß Ihr Euch so auf die Bücher geworfen habt. Hättet Euch körperlich üben sollen!«

»Habe ich auch.«

»Wirklich?«

»Ja.«

»Boxen?«

»Wird drüben bei uns nicht getrieben. Aber im Turnen und Ringen mache ich mit.«

»Reiten?«

»Ja.«

»Fechten?«

»Habe ich Unterricht erteilt.«

»Mann, schneidet nicht auf!«

»Wollt Ihr es versuchen?«

»Danke; habe genug von vorhin! Muß überhaupt arbeiten. Setzt Euch wieder nieder!«

Er kehrte zu seiner Schraubenbank zurück, und ich tat dasselbe. Die nun folgende Unterhaltung war eine höchst einsilbige; Henry schien sich in Gedanken mit irgend etwas Wichtigem zu beschäftigen. Plötzlich sah er von der Arbeit auf und fragte:

»Habt Ihr Mathematik getrieben?«

»War eine meiner Lieblingswissenschaften.«

»Arithmetik, Geometrie?«

»Natürlich.«

»Feldmesserei?«

»Sogar außerordentlich gern. Bin sehr oft, ohne daß ich es notwendig hatte, mit dem Theodolit draußen herumgelaufen.«

»Und könnt messen, wirklich messen?«

»Ja. Ich habe mich sowohl an Horizontal-, als auch an Höhenmessungen oft beteiligt, obgleich ich nicht behaupten will, daß ich mich als ausgelernten Geodäten betrachte.«

»*Well* – sehr gut, sehr gut!«

»Warum fragt Ihr danach, Mr. Henry?«

»Weil ich eine Ursache dazu habe. Verstanden! Braucht es jetzt nicht zu wissen; werdet es schon noch erfahren. Muß vorher wissen – hm, ja, muß vorher wissen, ob Ihr schießen könnt.«

»So stellt mich auf die Probe!«

»Werde es auch tun; ja, werde es tun; darauf könnt Ihr Euch verlassen. Wann beginnt Ihr morgen früh den Unterricht?«

»Um acht Uhr.«

»So kommt um sechs zu mir. Wollen hinauf auf den Schießstand gehen, wo ich meine Gewehre einschieße.«

»Warum so früh?«

»Weil ich nicht länger warten will. Bin ganz begierig darauf, Euch zu zeigen, daß Ihr ein Greenhorn seid. Jetzt genug davon, habe Anderes zu tun, was weit, weit wichtiger ist.«

Er schien mit dem Gewehrlaufe fertig zu sein und nahm aus einem Kasten ein polygones Eisenstück, dessen Ecken er abzufeilen begann. Ich sah, daß jede Fläche desselben ein Loch hatte.

Er war mit solcher Aufmerksamkeit bei dieser Arbeit, daß er meine Gegenwart ganz vergessen zu haben schien. Seine Augen funkelten, und wenn er sein Werk von Zeit zu Zeit betrachtete, so sah ich, daß es, ich möchte beinahe sagen, mit einem Ausdrucke von Liebe geschah. Dieses Eisenstück mußte einen großen Wert für ihn haben. Ich war neugierig, zu erfahren, warum; darum fragte ich ihn:

»Soll das auch ein Gewehrteil werden, Mr. Henry?«

»Ja,« antwortete er, als ob er sich besinne, daß ich noch da sei.

»Aber ich kenne kein Gewehrsystem, das einen derartigen Teil besitzt.«

»Glaube es. Soll erst noch werden. Wird wohl System Henry werden.«

»Ah, eine neue Erfindung?«

»*Yes.*«

»Dann bitte ich um Entschuldigung, daß ich gefragt habe! Es ist natürlich Geheimnis.«

Er guckte eine längere Zeit in alle die Löcher hinein, drehte das Eisen nach verschiedenen Richtungen, hielt es einige Male an das hintere Ende des Laufes, den er vorhin fortgelegt hatte, und sagte endlich:

»Ja, es ist ein Geheimnis; aber ich traue Euch, denn ich weiß, daß Ihr Verschwiegenheit besitzt, obgleich Ihr ein ausgemachtes, richtiges Greenhorn seid; darum will ich Euch sagen, was es werden soll. Es wird ein Stutzen, ein Repetierstutzen mit fünfundzwanzig Schüssen.«

»Unmöglich!«

»Haltet Euren Schnabel! Ich bin nicht so dumm, mir etwas Unmögliches vorzunehmen.«

»Aber da müßtet Ihr doch Kammern zur Aufnahme der Munition für fünfundzwanzig Schüsse haben!«

»Habe ich auch!«

»Die würden aber so groß und unhandlich sein, daß sie genierten.«

»Nur eine Kammer; ist ganz handlich und geniert gar nicht. Dieses Eisen ist die Kammer.«

»Hm! Ich verstehe mich auf Euer Fach ja gar nicht; aber wie steht es mit der Hitze? Wird der Lauf zu heiß?«

»Fällt ihm nicht ein. Material und Behandlung des Laufes sind mein Geheimnis. Uebrigens, ist es denn immer nötig, die fünfundzwanzig Schüsse alle gleich hintereinander abzugeben?«

»Schwerlich.«

»Also! Dieses Eisen wird eine Kugel, welche sich exzentrisch bewegt; fünfundzwanzig Löcher darin enthalten ebensoviele Patronen. Bei jedem Schusse rückt die Kugel weiter, die nächste Patrone an den Lauf. Habe mich lange Jahre mit dieser Idee getragen; wollte nicht gelingen; jetzt aber scheint es zu klappen. Habe schon jetzt als Gunsmith einen guten Namen, werde dann aber berühmt, sehr berühmt werden und viel, sehr viel Geld verdienen.«

»Und ein böses Gewissen dazu!«

Er sah mir eine Weile ganz erstaunt in das Gesicht und fragte dann:

»Ein böses Gewissen? Wie so?«

»Meint Ihr, daß ein Mörder kein böses Gewissen zu haben braucht?«

»*Zounds!* Wollt Ihr etwa sagen, daß ich ein Mörder bin?«

»Jetzt noch nicht.«

»Oder ein Mörder werde?«

»Ja, denn die Beihilfe zum Morde ist grad so schlimm wie der Mord selbst.«

»Hole Euch der Teufel! Ich werde mich hüten, Beihilfe zu einem Morde zu leisten.«

»Zu einem einzelnen freilich nicht, aber sogar zum Massenmorde.«

»Wie so? Ich verstehe Euch nicht.«

»Wenn Ihr ein Gewehr fertigt, welches fünfundzwanzigmal schießt, und es in die Hände jedes beliebigen Strolches gebt, so wird drüben auf den Prairien, in den Urwäldern und den Schluchten des Gebirges sich bald ein grausiges Morden erheben; man wird die armen Indianer niederschießen wie Cojoten, und in einigen Jahren wird es keinen Indsman mehr geben. Wollt Ihr das auf Euer Gewissen laden?«

Er starrte mich an und antwortete nicht.

»Und,« fuhr ich fort, »wenn jedermann dieses gefährliche Gewehr für Geld bekommen kann, so werdet Ihr allerdings in kurzer Zeit tausende absetzen, aber die Mustangs und die Büffel werden ausgerottet werden und mit ihnen jede Art von Wild, dessen Fleisch die Roten zum Leben brauchen. Es werden hundert und tausend Aasjäger sich mit Eurem Stutzen bewaffnen und nach dem Westen gehen. Das Blut von Menschen und Tieren wird in Strömen fließen, und sehr bald werden die Gegenden diesseits und jenseits der Felsenberge von jedem lebenden Wesen entvölkert sein.«

»*'sdeath!*« rief er jetzt aus. »Seid Ihr wirklich erst vor kurzem aus Germany herübergekommen?«

»Ja.«

»Und vorher noch nie hier gewesen?«

»Nein.«

»Und im wilden Westen erst recht noch nicht?«

»Nein.«

»Also ein vollständiges Greenhorn. Und doch nimmt dieses Greenhorn den Mund so voll, als ob es der Urgroßvater aller Indianer wäre und schon seit tausend Jahren hier gelebt hätte und heute noch lebte! Männchen, bildet Euch ja nicht ein, mir warm zu machen! Und selbst wenn alles so wäre, wie Ihr sagt, so wird es mir niemals in den Sinn kommen, eine Gewehrfabrik anzulegen. Ich bin ein einsamer Mann und will einsam bleiben; ich habe keine Lust, mich mit hundert oder gar noch mehr Arbeitern herumzuärgern.«

»Aber Ihr könntet doch, um Geld zu verdienen, Patent auf Eure Erfindung nehmen und dies verkaufen?«

»Das wartet ruhig ab, Sir! Bis jetzt habe ich stets gehabt, was ich brauche, und ich denke, daß ich auch fernerhin und ohne Patent keine Not leiden werde. Und nun schert Euch für heut nach Hause! Ich habe keine Lust, einen Vogel pipen zu hören, der erst flügge werden muß, ehe er pfeifen oder singen kann.«

Es fiel mir gar nicht ein, ihm diese derben Ausdrücke übel zu nehmen; er war nun einmal so, und ich wußte recht gut, wie er es meinte. Er hatte mich liebgewonnen und war ganz gewiß gewillt, mir in jeder Beziehung, so weit er es vermochte, förderlich und dienlich zu sein. Ich gab ihm die Hand und ging, nachdem er mir dieselbe kräftig gedrückt und geschüttelt hatte.

Ich ahnte nicht, wie wichtig dieser Abend für mich werden

sollte, und ebensowenig kam es mir in den Sinn, daß dieser schwere Bärentöter, den Henry ein altes Gun nannte, und der noch unfertige Henrystutzen in meinem späteren Leben eine so große Rolle spielen würden. Aber auf den nächsten Morgen freute ich mich, denn ich hatte wirklich schon viel und gut geschossen und war vollständig überzeugt, daß ich vor den Augen meines alten, sonderbaren Freundes gut bestehen würde.

Ich fand mich pünktlich morgens sechs Uhr bei ihm ein. Er wartete schon auf mich, gab mir die Hand und sagte, indem ein ironisches Lächeln über seine alten, guten, derben Züge glitt:

»*Welcome,* Sir! Ihr macht doch ein recht siegesgewisses Gesicht? Meint Ihr, daß Ihr die Mauer, von der ich gestern abend sprach, treffen würdet?«

»Ich hoffe es.«

»*Well,* so wollen wir gleich sehen. Ich nehme ein leichteres Gewehr mit, und Ihr tragt den Bärentöter; ich mag mich mit so einer Last nicht schleppen.«

Er hing sich eine leichte, doppelläufige Rifle um, und ich nahm das ›alte Gun‹, welches er nicht tragen wollte. Auf seinem Schießstande angekommen, lud er beide Gewehre und tat zunächst aus der Rifle selbst zwei Schüsse. Dann kam ich an die Reihe mit dem Bärentöter. Ich kannte dieses Gewehr noch nicht und traf infolgedessen beim ersten Schusse nur grad den Rand des Schwarzen in der Scheibe; der zweite Schuß saß besser; der dritte nahm die genaue Mitte des Schwarzen, und die nächsten Kugeln gingen alle durch das Loch, welches die dritte durchgeschlagen hatte. Das Erstaunen Henrys wuchs von Schuß zu Schuß; ich mußte auch die Rifle probieren, und als dies ganz denselben Erfolg hatte, rief er schließlich aus:

»Entweder Ihr habt den Teufel, Sir, oder Ihr seid zum Westmann rein geboren. So habe ich noch kein Greenhorn schießen sehen!«

»Den Teufel habe ich nicht, Mr. Henry,« lachte ich. »Von einem solchen Bündnisse möchte ich nichts wissen.«

»So ist es Eure Aufgabe und sogar Eure Pflicht, Westmann zu werden. Habt Ihr keine Lust dazu?«

»Warum nicht!«

»*Well*, werden sehen, was sich aus dem Greenhorn machen läßt. Also reiten könnt Ihr auch?«

»Zur Not.«

»Zur Not? Hm! Also doch nicht so gut, wie Ihr schießt?«

»*Pshaw!* Was ist das Reiten weiter! Das Aufsteigen ist das Schwierigste. Wenn ich dann erst oben sitze, bringt mich wohl kein Pferd herunter.«

Er sah mich forschend an, ob ich im Ernste oder im Scherze gesprochen hatte; ich machte ein höchst unbefangenes Gesicht, und so meinte er:

»Denkt Ihr wirklich? Wollt Euch wohl an der Mähne anhalten? Da seid Ihr im Irrtum. Ihr habt ganz richtig gesagt: Das Hinaufkommen ist das Schwierigste, denn das muß man selber machen; das Herabkommen ist viel leichter: das besorgt der Gaul, und darum geht es viel, viel schneller.«

»Bei mir besorgt es der Gaul aber nicht!«

»So? Wollen sehen! Habt Ihr Lust, eine Probe zu zeigen?«

»Gern.«

»So kommt! Es ist erst sieben Uhr, und Ihr habt noch eine Stunde Zeit. Wir gehen zu Jim Korner, dem Pferdehändler; der hat einen Rotschimmel, der es Euch schon besorgen wird.«

Wir kehrten in die Stadt zurück und suchten den Pferdehändler auf, bei dem es einen weiten Reithof gab, welcher rings von Stallungen umgeben war. Korner kam selbst herbei und fragte nach unserm Begehr.

»Dieser junge Sir behauptet, daß ihn kein Pferd aus dem Sattel bringe,« antwortete Henry. »Was meint Ihr dazu, Mr. Korner? Wollt Ihr ihn einmal auf Euern Rotschimmel klettern lassen?«

Der Händler maß mich mit prüfendem Blicke, nickte dann befriedigt vor sich hin und antwortete:

»Das Knochengestell scheint gut und elastisch zu sein; übrigens brechen junge Menschen den Hals nicht so leicht wie ältere Leute. Wenn der Gentleman den Schimmel versuchen will, so habe ich nichts dagegen.«

Er gab den betreffenden Befehl, und nach einiger Zeit brachten zwei Knechte das gesattelte Pferd aus dem Stall geführt. Es war höchst unruhig und strebte, sich loszureißen. Meinem alten Mr. Henry wurde Angst um mich; er bat mich, von dem Versuche abzustehen; aber erstens war mir gar nicht bange, und zweitens betrachtete ich die Angelegenheit nun als Ehrensache. Ich ließ mir eine Peitsche geben und Sporen anschnallen; dann schwang ich mich, allerdings nach einigen vergeblichen Versuchen, gegen welche das Pferd sich wehrte, in den Sattel. Kaum saß ich oben, so sprangen die Knechte eilends fort, und der Schimmel tat einen Satz mit allen Vieren in die Luft und einen zweiten zur Seite. Ich behielt den Sattel, obgleich ich noch nicht in den Bügeln war, beeilte mich aber, hineinzukommen. Kaum war dies geschehen, so begann der Gaul, zu bocken; als dies nichts fruchtete, ging er zur Wand, um mich an derselben abzustreifen; die Peitsche aber brachte ihn rasch von derselben fort. Hierauf gab es einen bösen, beinahe für mich gefährlichen Kampf zwischen Reiter und Pferd. Ich bot alles auf, das wenige Geschick und die unzureichende Uebung, welche ich damals nur besaß, und die Kraft der Schenkel, die mich schließlich doch zum Sieger machte. Als ich abstieg, zitterten mir die Beine vor Anstrengung; aber das Pferd triefte vor Schweiß und schäumte große, schwere Flocken; es gehorchte nun jedem Drucke und Rucke.

Dem Händler war Angst um sein Pferd geworden; er ließ es in Decken wickeln und langsam hin und her führen; dann wendete er sich an mich:

»Das hätte ich nicht gedacht, junger Mann; ich glaubte, Ihr würdet schon beim ersten Sprunge unten liegen. Ihr habt natürlich nichts zu bezahlen, und wenn Ihr mir einen Gefallen tun wollt, so kommt wieder und bringt mir die Bestie vollends zu Verstand. Es soll mir auf zehn Dollars nicht ankommen, denn es ist kein billiges Pferd, und wenn es gehorchen lernt, so mache ich ein Geschäft.«

»Wenn es Euch recht ist, soll es mir ein Vergnügen sein,« antwortete ich.

Henry hatte, seit ich abgestiegen war, noch nichts gesagt, sondern mich nur immer kopfschüttelnd angesehen. Jetzt schlug er die Hände zusammen und rief aus:

»Dieses Greenhorn ist wirklich ein ganz außerordentliches oder vielmehr ungewöhnliches Greenhorn! Hat das Pferd halb tot gedrückt, anstatt sich in den Sand werfen zu lassen! Wer hat Euch das gelehrt, Sir?«

»Der Zufall, der mir einen halbwilden, ungarischen Pußtenhengst, der niemand aufsitzen lassen wollte, zwischen die Beine gab. Ich habe ihn nach und nach bezwungen, dabei aber fast das Leben riskiert.«

»Danke für solche Kreaturen! Da lobe ich mir meinen alten Polsterstuhl, der nichts dagegen hat, wenn ich mich auf ihn setze. Kommt, wir wollen gehen. Es ist mir ganz schwindelig geworden. Aber umsonst habe ich Euch nicht schießen und reiten sehen; darauf könnt Ihr Euch verlassen.«

Wir gingen nach Hause, er zu sich und ich in meine Wohnung. Während dieses und der beiden nächsten Tage ließ er sich nicht sehen, und ich hatte auch keine Gelegenheit, ihn aufzusuchen; aber am darauffolgenden Tage kam er des Nachmittags zu mir; er wußte, daß ich da frei hatte.

»Habt Ihr Lust, einen Spaziergang mit mir zu machen?« fragte er.

»Wohin?«

»Zu einem Gentleman, der Euch gern kennen lernen will.«

»Warum mich?«

»Das könnt Ihr Euch doch denken: weil er noch kein Greenhorn gesehen hat.«

»So gehe ich mit; er soll uns kennen lernen.«

Henry machte heut so ein pfiffiges, unternehmendes Gesicht, und wie ich ihn kannte, hatte er irgend eine Ueberraschung vor. Wir schlenderten durch einige Straßen und dann führte er mich in ein Bureau, in welches von der Straße aus eine breite Glastür führte. Er nahm den Zutritt so schnell, daß ich die goldenen Lettern, welche auf den Glasscheiben standen, nicht mehr lesen konnte, doch glaubte ich, die beiden Worte *Office* und *surveying* gesehen zu haben. Bald stellte es sich heraus, daß ich mich nicht geirrt hatte.

Es saßen drei Herren da, welche ihn sehr freundlich und mich höflich und mit nicht zu verbergender Neugierde empfingen. Karten und Pläne lagen auf den Tischen; dazwischen gab es allerlei Meßinstrumente. Wir befanden uns in einem geodätischen Bureau.

Welchen Zweck mein Freund mit diesem Besuche verfolgte, war mir unklar; er hatte keine Bestellung, keine Erkundigung vorzubringen; er schien nur der freundschaftlichen Unterhaltung wegen gekommen zu sein. Diese kam allerdings sehr bald in einen lebhaften Gang, und es konnte nicht auffallen, daß sie sich schließlich auch auf die Gegenstände, welche sich hier befanden, erstreckte; dies war mir lieb, denn da konnte ich mich besser beteiligen, als wenn von amerikanischen Dingen oder Verhältnissen gesprochen worden wäre, die ich noch nicht kannte.

Henry schien sich heut außerordentlich für die Feldmeßkunst zu interessieren; er wollte alles wissen, und ich ließ mich gern so tief in das Gespräch ziehen, daß ich endlich immer nur Fragen zu beantworten, den Gebrauch der verschiedenen Instrumente zu erklären und das Zeichnen von Karten und Plänen zu beschreiben hatte. Ich war wirklich ein tüchtiges Greenhorn, denn ich merkte nicht die Absicht heraus. Erst als ich mich über das Wesen und die Unterschiede der Aufnahme durch Koordinaten, der Polar- und Diagonalmethode, der Perimetermessung, des Repetitionsverfahrens, der trigonometrischen Triangulation ausgesprochen hatte und die Bemerkung machte, daß die drei Herren dem Büchsenmacher heimlich zuwinkten, wurde mir die Sache auffällig, und ich stand von meinem Sitz auf, um Henry anzudeuten, daß ich zu gehen wünsche. Er weigerte sich nicht, und wir wurden – jetzt auch ich – noch freundlicher entlassen, als der Empfang gewesen war.

Als wir dann so weit gegangen waren, daß man uns von dem Bureau aus nicht mehr sehen konnte, blieb Henry stehen, legte mir die Hand auf die Schulter und sagte, indem sein Gesicht in heller Genugtuung leuchtete:

»Sir, Mann, Mensch, Jüngling, Greenhorn, aber habt Ihr mir eine Freude gemacht! Ich bin ja förmlich stolz auf Euch!«

»Warum?«

»Weil Ihr meine Empfehlung und die Erwartung dieser Leute noch übertroffen habt!«

»Empfehlung? Erwartung? Ich verstehe Euch nicht.«

»Ist auch nicht nötig. Die Sache ist aber sehr einfach. Ihr behauptetet kürzlich, etwas von der Feldmesserei zu verstehen, und um zu erfahren, ob dies etwa nur Flunkerei gewesen sei, habe ich Euch zu diesen Gentlemen, die gute Bekannte von mir sind, geführt und Euch von ihnen auf den Zahn fühlen lassen. Es ist ein sehr gesunder Zahn, denn Ihr habt Euch höchst ehrenvoll herausgebissen.«

»Flunkerei? Mr. Henry, wenn Ihr mich solcher Dinge für fähig haltet, werde ich Euch nicht mehr besuchen!«

»Laßt Euch nicht auslachen! Ihr werdet mich alten Kerl doch nicht der Freude berauben, die mir Euer Anblick macht. Wißt schon, wegen der Aehnlichkeit mit meinem Sohne! Seid Ihr vielleicht einmal beim Pferdehändler gewesen?«

»Täglich des Morgens.«

»Und habt den Rotschimmel geritten?«

»Ja.«

»Wird etwas aus dem Pferde?«

»Will es meinen. Nur bezweifle ich, daß der, welcher es kauft, so gut mit ihm auskommen wird wie ich. Es hat sich nur an mich gewöhnt und wirft jeden Andern ab.«

»Freut mich, freut mich ungeheuer; es will also, wie es scheint, nur Greenhorns tragen. Kommt einmal mit durch diese Seitenstraße! Weiß da drüben ein famoses *dining-house*, in welchem man sehr gut speist und noch besser trinkt. Das Examen, welches Ihr heut so vortrefflich bestanden habt, muß gefeiert werden.«

Ich konnte Henry nicht begreifen; er war wie umgetauscht. Er, der einsame, zurückhaltende Mann, wollte in einem *dining-house* essen! Auch sein Gesicht war ein anderes als gewöhnlich, und seine Stimme klang heller und froher als sonst. Examen hatte er gesagt. Das Wort fiel mir auf, konnte hier aber ein ganz bedeutungsloser Ausdruck sein.

Von diesem Tage an besuchte er mich täglich und behandelte mich wie einen lieben Freund, den man bald zu verlieren befürchtet. Aber einen Stolz über diese Bevorzugung ließ er in mir nicht aufkommen; er hatte stets einen Dämpfer bereit, welcher in dem fatalen Wort Greenhorn bestand.

Sonderbarerweise hatte sich zu derselben Zeit auch das Verhalten der Familie, in der ich wirkte, verändert. Die Eltern hatten sichtlich mehr Aufmerksamkeit für mich, und die Kinder waren zärtlicher geworden. Ich überraschte sie bei heimlichen Blicken auf mich, die ich nicht verstehen konnte; ich hätte sie liebevoll und auch bedauernd nennen mögen.

Ungefähr drei Wochen nach unserm sonderbaren Besuche im Bureau bat mich die Lady, am Abend, der heut für mich ein freier war, nicht auszugehen, sondern das *supper* mit der Familie zu nehmen. Als Grund dieser Einladung gab sie an, daß Mr. Henry kommen werde, und außerdem habe sie zwei Gentlemen geladen, von denen der eine Sam Hawkens heiße und ein berühmter Westmann sei. Ich als Greenhorn hatte diesen Namen noch nicht gehört, freute mich aber doch darauf, den ersten wirklichen und sogar berühmten Westmann kennen zu lernen.

Da ich Hausgenosse war, brauchte ich nicht bis Punkt zum Glockenschlage zu warten, sondern stellte mich einige Minuten vorher in dem *dining-room* ein. Dort sah ich zu meiner Verwunderung nicht das gewöhnliche Arrangement, sondern es war wie zu einem Feste gedeckt worden. Die kleine, fünfjährige Emmy hatte sich allein in dem Raume befunden und den Finger, um zu naschen, in das Beerenkompott gesteckt. Sie zog ihn, als ich eintrat, schnell zurück und wischte ihn spornstreichs an ihrem hochblonden Frisurchen ab. Als ich nun mit strafendem Winke den meinigen erhob, kam sie auf mich zugesprungen und flüsterte mir einige Worte zu. Um ihr Vergehen gut zu machen, teilte sie mir das Geheimnis der letzten Tage, welches ihr das kleine Herzchen fast abgedrückt hatte, mit. Ich glaubte, falsch verstanden zu haben; sie aber wiederholte auf meine Aufforderung dieselben Worte: »*Your farewell-feast.*«

Mein Abschiedsschmaus! Das konnte doch unmöglich sein! Wer weiß, durch welches Mißverständnis das Kind auf diese jedenfalls irrige Meinung gekommen war. Ich lächelte darüber. Dann hörte ich Stimmen im Parlour; die Gäste kamen, und ich ging hinüber, sie zu begrüßen. Sie waren alle drei zu gleicher Zeit gekommen, auf Verabredung hin, wie ich später erfuhr. Henry stellte mir einen jungen, etwas stumpf und ungelenk aussehenden Mann als einen Mr. Black und dann Sam Hawkens, den Westmann, vor.

Den Westmann! Ich gestehe offen zu, daß ich, als mein Auge verwundert auf ihm ruhte, wohl nicht sehr geistreich ausgesehen haben mag. Eine solche Gestalt hatte ich denn doch noch nicht gesehen; später freilich habe ich noch ganz andere kennen gelernt. War der Mann schon an sich auffällig genug, so wurde dieser Eindruck dadurch erhöht, daß er hier in dem feinen Parlour ganz genau so stand, wie er draußen in der Wildnis gestanden haben würde, nämlich ohne die Kopfbedeckung abzunehmen und mit dem Gewehre in der Hand. Man denke sich folgendes Aeußere:

Unter der wehmütig herabhängenden Krempe eines Filzhutes, dessen Alter, Farbe und Gestalt selbst dem schärfsten Denker einiges Kopfzerbrechen verursacht haben würden, blickte zwischen einem Walde von verworrenen, schwarzen Barthaaren eine Nase hervor, die von fast erschreckenden Dimensionen war und jeder beliebigen Sonnenuhr als Schattenwerfer hätte dienen können. Infolge dieses gewaltigen Bartwuchses waren außer dem so verschwenderisch ausgestatteten Riechorgane von den übrigen Gesichtsteilen nur die zwei kleinen, klugen Aeuglein zu bemerken, welche mit einer außerordentlichen Beweglichkeit begabt zu sein schienen und mit einem Ausdrucke von schalkhafter List auf mir ruhten. Der Mann betrachtete mich ebenso aufmerksam wie ich ihn; später erfuhr ich den Grund, warum er sich so für mich interessierte.

Diese Oberpartie ruhte auf einem Körper, welcher bis auf die Knie herab unsichtbar blieb und in einem alten, bockledernen Jagdrocke stak, der augenscheinlich für eine bedeutend stärkere Person angefertigt worden war und dem kleinen Manne das Aussehen eines Kindes gab, welches sich zum Vergnügen einmal in den Schlafrock des Großvaters gesteckt hat. Aus dieser mehr als zulänglichen Umhüllung guckten zwei dürre, sichelkrumme Beine hervor, welche in ausgefransten Leggins steckten, die so hochbetagt waren, daß sie das Männchen schon vor zwei Jahrzehnten ausgewachsen haben mußte, und die dabei einen umfassenden Blick auf ein Paar Indianerstiefel gestatteten, in denen zur Not der Besitzer in voller Person hätte Platz finden können.

In der Hand trug dieser berühmte ›Westmann‹ eine Flinte, welche ich wohl nur mit der äußersten Vorsicht angefaßt hätte; sie war einem Knüppel viel ähnlicher als einem Gewehre. Ich konnte mir in diesem Augenblicke keine größere Karikatur eines Präriejägers denken, doch sollte keine lange Zeit vergehen, bis ich den Wert dieses originellen Männchens vollauf erkennen lernte.

Nachdem er mich genau betrachtet hatte, fragte er den Büchsenmacher mit einer dünnen Stimme, die wie eine Kinderstimme klang:

»Ist dies das junge Greenhorn, von dem Ihr mir erzählt habt, Mr. Henry?«

»*Yes,*« nickte dieser.

»*Well!* Gefällt mir gar nicht übel. Hoffe, daß Sam Hawkens ihm auch gefallen wird, hihihihi!«

Mit diesem feinen, ganz eigenartigen Lachen, welches ich später noch tausendmal von ihm gehört habe, wendete er sich nach der Tür, die sich in diesem Augenblicke öffnete. Der Herr und die Dame des Hauses traten ein und begrüßten den Jäger in einer Weise, welche vermuten ließ, daß sie ihn schon einmal gesehen hatten. Das war hinter meinem Rücken geschehen. Dann luden sie uns ein, in das Speisezimmer zu treten.

Wir folgten dieser Aufforderung, wobei Sam Hawkens zu meinem Erstaunen gar nicht vorher ablegte. Erst als wir unsere Plätze an der Tafel angewiesen erhielten, sagte er, indem er auf seinen alten Schießprügel deutete:

»Ein richtiger Westmann läßt sein Gewehr niemals aus den Augen und ich meine brave Liddy erst recht nicht. Werde sie dort an die Gardinenrosette hängen.«

Also Liddy nannte er sein Gewehr! Später erfuhr ich freilich, daß es die Gewohnheit vieler Westläufer ist, ihr Gewehr wie ein lebendes Wesen zu behandeln und ihm einen Namen zu geben. Er hing es an die genannte Stelle und wollte den famosen Hut hinzufügen; als er ihn abnahm, blieb zu meinem Entsetzen sein ganzes Kopfhaar an demselben hängen. Es war wirklich zum Erschrecken, welchen Anblick nun sein hautloser, blutigroter Schädel bot. Die Lady schrie laut auf, und die Kinder kreischten, was sie konnten. Er aber wandte sich zu uns um und sagte ruhig:

»Erschreckt nicht, Myladies und Mesch'schurs; es ist ja weiter nichts! Hatte meine eigenen Haare mit vollem Rechte und ehrlich von Kindesbeinen an getragen, und kein Advokat wagte es, sie mir streitig zu machen, bis so ein oder zwei Dutzend Pawnees über mich kamen und mir die Haare samt der Haut vom Kopfe rissen. War ein verteufelt störendes Gefühl für mich, habe es aber glücklich überstanden, hihihihi! Bin dann nach Tekama gegangen und habe mir einen neuen Skalp gekauft, wenn ich mich nicht irre; wurde Perücke genannt und kostete mich drei dicke Bündel Biberfelle. Schadet aber nichts, denn die neue Haut ist viel praktischer als die alte, besonders im Sommer; kann sie abnehmen, wenn mich schwitzt, hihihihi.«

Er hing den Hut zur Flinte und stülpte sich die Perücke wieder auf den Kopf. Dann zog er den Rock aus und legte ihn über einen Stuhl. Dieser Rock war viele, viele Male geflickt und ausgebessert worden, immer ein Lederfetzen wieder auf den andern genäht, und dadurch hatte dieses Kleidungsstück eine Steifheit und Dicke erlangt, daß wohl kaum ein Indianerpfeil hindurchkommen konnte.

Nun sahen wir seine dünnen, krummen Beine ganz. Der Oberkörper stak in einer ledernen Jagdweste. Im Gürtel hatte er ein Messer und zwei Pistolen stecken. Als er seinen Stuhl an der Tafel wieder erreichte, warf er erst auf mich und dann auf die Dame des Hauses einen listigen Blick und fragte:

»Mag Mylady nicht, bevor wir an das Essen gehen, diesem Greenhorn sagen, um was es sich handelt, wenn ich mich nicht irre?«

Der Ausdruck ›wenn ich mich nicht irre‹ war bei ihm zur stehenden Redensart geworden. Die Lady nickte, drehte sich mir zu, deutete auf den jüngeren Gast und sagte:

»Ihr werdet vielleicht noch nicht wissen, daß Mr. Black hier Euer Nachfolger ist, Sir.«

»Mein – Nach – folger?« stieß ich ganz betroffen hervor.

»Jawohl. Da wir heut Euern Abschied von uns feiern, waren wir gezwungen, uns nach einem neuen Lehrer umzusehen.«

»Meinen – – Abschied – – –?«

Heute preise ich das Schicksal, daß ich in jenem Augenblick nicht photographiert worden bin, denn ich habe jedenfalls wie die personifizierte Verblüfftheit ausgesehen.

»Ja, Euern Abschied, Sir,« nickte sie mit einem wohlwollenden Lächeln, welches ich aber nicht für am Platze fand, denn mir selbst war keineswegs zum Lächeln. Sie fügte hinzu: »Es hätte eigentlich gekündigt werden sollen, doch wollen wir Euch, den wir so lieb gewonnen haben, nicht hinderlich sein, Euer Glück so bald wie möglich zu ergreifen. Es tut uns innig leid, Euch von uns gehen zu sehen, doch geben wir Euch unsere besten Wünsche mit. Reist in Gottes Namen morgen ab!«

»Abreisen? Morgen? Wohin denn?« brachte ich mühsam hervor.

Da schlug mir Sam Hawkens, der neben mir stand, mit der Hand auf die Achsel und antwortete lachend:

»Wohin? Nach dem wilden Westen mit mir. Ihr habt ja Euer Examen glänzend bestanden, hihihihi! Die andern Surveyors reiten morgen fort und können nicht auf Euch warten; Ihr müßt unweigerlich mit. Ich und Dick Stone und Will Parker, wir sind als Führer engagiert, immer den Kanadian hinauf und ins New Mexiko hinein. Denke doch nicht, daß Ihr hier und ein Greenhorn bleiben wollt!«

Da fiel es mir wie Schuppen von den Augen. Das alles war abgekartete Sache gewesen! Surveyor, Feldmesser, vielleicht gar für eine der großen Bahnen, welche geplant wurden. Welch ein froher Gedanke! Ich brauchte gar nicht zu fragen; ich erhielt die Auskunft unaufgefordert, denn mein alter, guter Henry trat zu mir, faßte mich bei der Hand und sagte:

»Hab's Euch ja schon gesagt, weshalb ich Euch gern habe. Ihr seid hier bei braven Menschen, aber ein Hauslehrerposten ist nichts für Euch, Sir, gar nichts. Ihr müßt nach dem Westen. Habe mich darum an die Atlantik und Pazifik Company gewendet und Euch examinieren lassen, ohne daß Ihr es wußtet. Habt gut bestanden. Hier ist die Installation.«

Er gab mir das Dokument. Als ich einen Blick in dasselbe warf und da mein wahrscheinliches Einkommen verzeichnet fand, gingen mir die Augen über. Er aber fuhr fort:

»Es wird geritten; Ihr braucht also ein gutes Pferd. Habe den Rotschimmel gekauft, den Ihr selbst zugeritten habt; sollt ihn bekommen. Und Waffen müßt Ihr auch haben; werde Euch den Bärentöter mitgeben, das alte, schwere Gun, welches ich nicht brauchen kann, mit dem aber Ihr bei jedem Schusse in das Schwarze trefft. Was sagt Ihr dazu, Sir, he?«

Ich sagte zunächst gar nichts; dann, als ich die Sprache wiederfand, wollte ich die Gaben von mir weisen, hatte aber keinen Erfolg. Diese guten Menschen hatten beschlossen, mich glücklich zu machen, und es hätte sie tief gekränkt, wenn ich bei meiner Ablehnung geblieben wäre. Um, wenigstens für einstweilen, alle Weiterungen abzuschneiden, nahm die Lady an der Tafel Platz, und wir Andern waren gezwungen, ihrem Beispiele zu folgen; es wurde gegessen, und das Thema durfte nicht gleich wieder aufgenommen werden.

Erst nach Tische erfuhr ich, was ich wissen mußte. Die Bahn sollte von St. Louis aus durch das Indian-Territory, New Mexiko, Arizona und Kalifornien nach der Pazifikküste gehen, und man hatte den Plan gefaßt, diese weite Strecke in einzelnen Sektionen erforschen und ausmessen zu lassen. Diejenige Sektion, welche mir und noch drei andern Surveyors unter einem Oberingenieur zugefallen war, lag zwischen dem Quellgebiete des Rio Pecos und des südlichen Kanadian. Die drei bewährten Führer Sam Hawkens, Dick Stone und Will Parker sollten uns dorthin bringen, wo wir eine ganze Schar von wackeren Westmännern vorfinden würden, die für unsere Sicherheit zu sorgen hatten. Natürlich waren wir außerdem auch des Schutzes aller Fortsbesatzungen sicher. Um mich so recht zu überraschen, war mir dies alles erst heut gesagt worden, freilich etwas sehr spät. Doch beruhigte mich die Mitteilung, daß für meine vollständige Ausrüstung bis auf das Kleinste gesorgt worden sei. Es blieb mir nichts weiter zu tun, als mich meinen Kollegen vorzustellen, welche in der Wohnung des Oberingenieurs auf mich warteten. Ich ging in Begleitung von Henry und Sam Hawkens hin und wurde auf das freundlichste begrüßt. Sie wußten, daß ich hatte überrascht werden sollen, und konnten mir also die Verspätung nicht übelnehmen.

Als ich am andern Morgen zunächst von der deutschen Familie Abschied genommen hatte, ging ich zu Henry. Er schnitt meine Dankesworte dadurch ab, daß er, mir die Hände herzlich schüttelnd, in seiner derben Weise mich unterbrach:

»Haltet den Schnabel, Sir! Ich habe Euch doch nur deshalb hinausgeschickt, damit mein altes Gun wieder einmal mitreden kann. Kehrt Ihr zurück, so sucht mich auf und erzählt, was Ihr erlebt und erfahren habt. Dann wird es sich zeigen, ob Ihr das noch seid, was Ihr heute seid und doch nicht glauben wollt, nämlich ein Greenhorn, wie es im Buche steht!«

Damit schob er mich zur Tür hinaus, doch ehe er sie schloß, sah ich, daß ihm das Wasser in den Augen stand. – – –

ZWEITES KAPITEL.

Klekih-petra.

Wir befanden uns beinahe am Ende des herrlichen nordamerikanischen Herbstes und waren schon über drei Monate in Tätigkeit, hatten unsere Aufgabe aber noch nicht gelöst, während die andern Sektionen meist schon nach Hause zurückgekehrt waren. Hierfür gab es zwei Gründe.

Der erste Grund lag in dem Umstande, daß wir eine sehr schwierige Gegend zu bearbeiten hatten. Die Bahn sollte durch die Prärieen dem Laufe des südlichen Kanadian folgen; die Richtung war also bis zum Quellgebiete desselben vorgezeichnet, während sie von New Mexiko an durch die Lage der Täler und Pässe ebenso vorgeschrieben wurde. Unsere Sektion aber lag zwischen dem Kanadian und New Mexiko, und wir hatten die geeignete Richtung also erst zu entdecken. Dazu waren zeitraubende Ritte, anstrengende Wanderungen und viele vergleichende Messungen nötig, ehe wir an die eigentliche Arbeit gehen konnten. Erschwert wurde dies alles noch dazu dadurch, daß wir uns in einer gefährlichen Gegend befanden, denn es trieben sich da die Kiowa-, Komanche- und Apache-Indianer herum, welche von einer Bahn durch das Terrain, welches sie als ihr Eigentum bezeichneten, nichts wissen wollten. Wir mußten uns ungemein in acht nehmen und stets auf unserer Hut sein, wodurch unsere Tätigkeit selbstverständlich außerordentlich erschwert und verlangsamt wurde.

In Rücksicht auf diese Indianer mußten wir darauf verzichten, uns durch die Erträgnisse der Jagd zu ernähren, denn wir hätten die Roten dadurch auf unsere Spur gelenkt. Wir bezogen vielmehr alles, was wir brauchten, durch Ochsenwagen aus Santa Fé. Leider war aber dieser Transport auch ein sehr unsicherer, und wir konnten wiederholt mit unseren Messungen nicht vorwärts schreiten, weil wir auf die Ankunft der Wagen warten mußten.

Die zweite Ursache lag in der Zusammensetzung unserer Gesellschaft. Ich habe erwähnt, daß ich in St. Louis von dem Oberingenieur und den drei Surveyors sehr freundlich begrüßt worden sei. Diese Aufnahme, welche ich bei ihnen fand, ließ mich ein gutes und erfolgreiches Zusammenwirken erwarten; darin sollte ich mich aber leider getäuscht haben.

Meine Kollegen waren echte Yankees, welche in mir das Greenhorn, den unerfahrenen Dutchman sahen, dieses letztere Wort als Schimpfwort genommen. Sie wollten Geld verdienen, ohne viel danach zu fragen, ob sie ihre Aufgabe auch wirklich gewissenhaft erfüllten. Ich war als ehrlicher Deutscher ihnen dabei ein Hemmschuh, dem sie die erst gezeigte Gunst sehr bald entzogen. Ich ließ mich dies nicht anfechten und tat meine Pflicht. Es war noch nicht viel Zeit vergangen, so machte ich die Bemerkung, daß es mit ihren Kenntnissen eigentlich nicht sehr weit her war; sie warfen mir die schwierigsten Arbeiten zu und machten sich das Leben so leicht wie möglich. Dagegen hatte ich nichts einzuwenden, denn ich bin stets der Ansicht gewesen, daß man um so stärker wird, je mehr man leisten muß.

Mr. Bancroft, der Oberingenieur, war der unterrichtetste von ihnen; leider aber stellte es sich heraus, daß er den Branntwein liebte. Es waren einige Fäßchen dieses verderblichen Getränkes aus Santa Fé gebracht worden, und seitdem beschäftigte er sich weit mehr mit dem Brandy als mit den Meßinstrumenten. Es kam vor, daß er halbe Tage lang total betrunken an der Erde lag. Riggs, Marcy und Wheeler, die drei Surveyors, hatten, ebenso wie auch ich, den Schnaps mit bezahlen müssen, und sie tranken, um ja nicht zu kurz zu kommen, mit ihm um die Wette. Es läßt sich denken, daß auch diese Gentlemen sich oft nicht in der besten Verfassung befanden. Da ich keinen Tropfen trank, so war ich natürlich der Arbeitsmann, während sie sich in steter Abwechslung zwischen dem Trinken und dem Ausschlafen ihres Rausches hielten. Wheeler war mir noch der liebste von ihnen, denn er hatte so viel Verstand, einzusehen, daß ich mich für sie plagte, ohne im mindesten dazu verpflichtet zu sein. Daß unsere Arbeit unter diesen Verhältnissen litt, versteht sich ganz von selbst.

Die übrige Gesellschaft ließ nicht weniger zu wünschen übrig. Wir hatten bei unserer Ankunft auf der Sektion zwölf auf uns wartende ›Westmänner‹ angetroffen. Ich als Neuling hegte in der ersten Zeit ganz bedeutenden Respekt vor ihnen, erkannte aber nur zu bald, daß ich es mit Leuten von sehr niederem moralischem Range zu tun hatten.

Sie sollten uns beschützen und bei unsern Arbeiten Hilfe leisten. Glücklicherweise kam volle drei Monate lang nichts vor, was mir Veranlassung gegeben hätte, mich in diesen sehr zweifelhaften Schutz zu begeben, und was ihre Hilfeleistungen betraf, so konnte ich mit vollem Rechte behaupten, daß hier die zwölf größten Faulenzer der Vereinigten Staaten sich ein Stelldichein gegeben hatten.

Wie traurig mußte es unter solchen Umständen mit der Disziplin beschaffen sein!

Bancroft war dem Namen und dem Auftrage nach der Kommandierende, und er gebärdete sich auch ganz so, es zu sein, doch kein Mensch gehorchte ihm. Wenn er einen Befehl erteilte, so lachte man ihn aus; dann fluchte er, wie ich selten einen Menschen habe fluchen hören, und ging zum Brandyfasse, um sich für diese Anstrengung zu belohnen. Riggs, Marcy und Wheeler handelten nicht viel anders. Da hätte nun wohl ich allen Grund gehabt, mich der Zügel zu bemächtigen, und ich tat dies auch, doch so, daß man es nicht bemerkte. So ein junger und unerfahrener Mensch konnte von solchen Leuten unmöglich für voll angesehen werden. Wäre ich so unklug gewesen, einmal im gebieterischen Tone zu sprechen, so hätte der Erfolg ganz gewiß in einem schallenden Gelächter bestanden. Nein, ich mußte leise und vorsichtig verfahren, ungefähr so wie eine kluge Frau, welche ihren widerhaarigen Mann zu lenken und zu leiten weiß, ohne daß er eine Ahnung davon hat. Ich wurde von diesen halbwilden, schwer zu zügelnden Westmännern täglich wohl zehnmal ein

Greenhorn genannt, und doch richteten sie sich unbewußt nach mir, indem ich sie bei der Meinung ließ, daß sie ihrem eigenen Willen folgten.

Hierbei hatte ich einen vorzüglichen Beistand an Sam Hawkens und seinen beiden Gefährten Dick Stone und Will Parker. Diese drei Männer waren durch und durch ehrlich und dabei, was ich dem kleinen Sam bei unserm ersten Zusammentreffen in St. Louis nicht hatte ansehen können, erfahrene, kluge und kühne Westläufer, deren Namen weithin einen guten Klang besaßen. Sie hielten sich meist zu mir und zogen sich von den Andern zurück, doch so, daß diese sich nicht etwa beleidigt fühlen konnten. Besonders verstand es Sam Hawkens trotz seiner komischen Eigentümlichkeiten, dem, was er wollte, bei der widerspenstigen Gesellschaft Achtung zu verschaffen, und so oft er in seiner halb strengen und halb drolligen Tonart etwas durchsetzte, so geschah dies stets, um mir zur Erringung dessen, was ich wollte, behilflich zu sein.

Es hatte sich zwischen ihm und mir im Stillen ein Verhältnis herausgebildet, welches ich am besten mit dem Worte Suzeränität, Oberlehnsherrlichkeit, bezeichnen möchte. Er hatte mich unter seinen Schutz genommen, und zwar wie einen Menschen, den man gar nicht danach zu fragen braucht, ob er damit einverstanden ist. Ich war das Greenhorn und er der erfahrene Westmann, dessen Worte und Taten für mich unfehlbar zu sein hatten. Er gab mir, so oft sich Zeit und Gelegenheit bot, theoretischen und praktischen Unterricht in allem, was man im wilden Westen wissen und auch können muß, und wenn ich heut der Wahrheit nach sagen muß, daß ich später an Winnetous Seite die hohe Schule durchmachte, so muß ich billig eingestehen, daß Sam Hawkens mein Elementarlehrer gewesen ist. Er fertigte mir sogar höchst eigenhändig einen Lasso an und erlaubte mir, mich im Werfen dieser gefährlichen Waffe an seiner eignen kleinen Person und seinem Pferde zu üben. Als ich es dann so weit gebracht hatte, daß die Schlinge bei jedem Wurfe ihr Ziel unfehlbar faßte, freute er sich herzlich und rief aus:

»Schön so, mein junger Sir; so ist's recht! Doch bildet Euch auf dieses Lob ja nicht etwas ein! Ein Schulmeister muß selbst den dümmsten Jungen zuweilen loben, wenn dieser nicht ganz und gar sitzen bleiben soll. Ich bin der Lehrer schon manches jungen Westmannes gewesen, und sie alle haben viel, viel leichter gelernt und mich viel rascher begriffen als Ihr, doch wenn Ihr Euch so weiter übt, so ist es vielleicht möglich, daß man Euch nach sechs oder acht Jahren nicht mehr ein Greenhorn zu nennen braucht. Bis dahin mögt Ihr Euch mit der alten Erfahrung trösten, daß ein Dummer es zuweilen ebenso weit oder wohl gar noch weiter bringt als ein Gescheiter, wenn ich mich nicht irre!«

Er brachte dies scheinbar im größten Ernste vor, und ich nahm es mit demselben Ernste hin, wußte aber recht wohl, wie ganz anders er es meinte.

Von diesen Unterweisungen waren mir besonders die praktischen willkommen, denn die Berufsarbeit nahm mich so in Anspruch, daß ich, wenn Sam Hawkens nicht gewesen wäre, mir wohl nicht die Zeit genommen hätte, mich in den Fertigkeiten zu üben, welche ein Prairiejäger besitzen muß. Uebrigens hielten wir diese Uebungen geheim; sie wurden stets in solcher Entfernung vom Lager vorgenommen, daß man uns nicht beobachten konnte. Sam wollte es so, und als ich ihn einmal nach dem Grunde fragte, antwortete er:

»Geschieht Euch zuliebe, Sir. Ihr habt so wenig Geschick für solche Sachen, daß ich mich in Eure Seele hinein schämen müßte, wenn diese Kerls uns dabei sähen. So, nun wißt Ihr es, hihihihi. Nehmt es Euch zu Herzen!«

Die Folge davon war, daß die ganze Gesellschaft mir in Beziehung auf Waffenführung und körperliche Geschicklichkeit nichts zutraute, was mich aber nicht im mindesten kränken konnte.

Trotz aller vorhin erwähnten Hindernisse waren wir schließlich doch so weit gekommen, daß wir den Anschluß an die nächste Sektion nach Verlauf von vielleicht einer Woche erreichen konnten. Um dies dort zu melden, mußte ein Bote abgesandt werden. Bancroft erklärte, daß er diesen Ritt selbst machen und einen der Westmänner als Führer mitnehmen wolle. Diese Absendung einer Nachricht war nicht die erste, welche geschah, denn wir hatten sowohl mit der hinter als auch mit der vor uns liegenden Sektion in einem immerwährenden Botenverkehr stehen müssen. Infolge dessen wußte ich, daß der vor uns befehligende Ingenieur ein sehr tüchtiger Mann war.

Es war an einem Sonntage früh, als Bancroft aufbrechen wollte. Er hielt es für nötig, vorher einen Abschiedstrunk zu tun, an welchem sich alle beteiligen sollten. Ich allein wurde nicht dazu eingeladen, und Hawkens, Stone und Parker folgten der an sie ergangenen Aufforderung nicht. Der Trunk zog sich, wie ich gleich geahnt hatte, so sehr in die Länge, daß er erst dann aufhörte, als Bancroft kaum mehr lallen konnte. Seine Zechgenossen hatten gleichen Schritt mit ihm gehalten und waren nicht minder betrunken als er. Von dem beabsichtigten Ritte konnte für jetzt keine Rede sein. Die Kerls taten, was sie in diesem Zustande stets getan hatten: sie krochen hinter die Büsche, um auszuschlafen.

Was nun tun? Der Bote mußte fort, und diese Menschen schliefen nun jedenfalls bis weit in den Nachmittag hinein. Es war am besten, ich unternahm den Ritt; aber konnte ich fort? Ich war überzeugt, daß bis zu meiner Rückkehr nach voraussichtlich vier Tagen von Arbeit keine Rede sein werde. Während ich mit Sam Hawkens mich darüber beriet, deutete er mit der Hand nach Westen und sagte:

»Wird nicht nötig sein, daß Ihr reitet, Sir. Könnt die Botschaft den Beiden mitgeben, welche dort kommen.«

Als ich in die angegebene Richtung blickte, sah ich zwei Reiter, welche sich uns näherten. Es waren Weiße, und in dem einen erkannte ich einen alten Scout[1], welcher schon einige Male bei uns gewesen war, um uns von der nächsten Sektion Nachricht zu bringen. Neben ihm ritt ein jüngerer Mann, welcher nicht wie ein Westläufer gekleidet war. Den hatte ich noch nicht gesehen. Ich ging ihnen entgegen; als ich sie er-

[1] Pfadfinder.

reichte, hielten sie ihre Pferde an, und der Unbekannte fragte mich nach meinem Namen. Als ich ihm denselben genannt hatte, betrachtete er mich mit freundlich forschendem Blicke und sagte:

»So seid Ihr also der junge, deutsche Gentleman, der hier alle Arbeit tut, während die Andern auf der faulen Haut liegen. Ihr werdet wissen, wer ich bin, wenn ich Euch meinen Namen sage, Sir. Ich heiße White.«

Das war der Name des Dirigenten der westlich nächsten Sektion, zu welchem der Bote hatte geschickt werden sollen. Daß er selbst kam, mußte einen Grund haben. Er stieg vom Pferde, gab mir die Hand und ließ sein Auge suchend über unser Lager schweifen. Als er die Schläfer hinter den Büschen und dann auch das Branntweinfaß erblickte, ging ein verständnisvolles, aber keineswegs freundliches Lächeln über sein Gesicht.

»Sind wohl betrunken?« fragte er.

Ich nickte.

»Alle?«

»Ja. Mr. Bancroft wollte zu Euch, und da hat es einen kleinen Abschiedstrunk gegeben. Ich werde ihn wecken und – – –«

»Halt!« fiel er mir in die Rede. »Laßt sie schlafen! Es ist mir lieb, daß ich mit Euch reden kann, ohne daß sie es hören. Gehen wir zur Seite, und wecken sie nicht auf! Wer sind die drei Männer, die dort bei Euch standen?«

»Sam Hawkens, Will Parker und Dick Stone, unsere drei zuverlässigen Scouts.«

»Ah, Hawkens, der kleine, sonderbare Jäger. Tüchtiger Kerl; habe von ihm gehört. Die Drei mögen mit uns kommen.«

Ich folgte dieser Aufforderung, indem ich sie zu uns winkte, und erkundigte mich dann:

»Ihr kommt selbst, Mr. White. Ist's etwas Wichtiges, was Ihr uns bringt?«

»Nichts weiter, als daß ich hier einmal nach dem Rechten sehen und mit Euch, grad mit Euch reden wollte. Wir sind mit unserer Sektion fertig, Ihr mit der Eurigen noch nicht.«

»Daran tragen die Schwierigkeiten des Terrains die Schuld, und ich will – – –«

»Weiß, weiß!« unterbrach er mich. »Weiß leider alles. Wenn Ihr Euch nicht dreifach angestrengt hättet, so stände Bancroft noch da, wo er angefangen hat.«

»Das ist keineswegs der Fall, Mr. White. Ich weiß zwar nicht, wie Ihr zu der irrtümlichen Ansicht gekommen seid, daß ich allein fleißig gewesen sein soll, doch ist es meine Pflicht – – –«

»Still, Sir, still! Es sind Boten zwischen Euch und uns hin und her gegangen; die habe ich ausgehorcht, ohne daß sie es bemerkten. Es ist sehr edelmütig von Euch, daß Ihr diese Säufer hier in Schutz nehmen wollt, aber ich will die Wahrheit hören. Und da ich sehe und höre, daß Ihr zu nobel seid, sie mir zu sagen, werde ich nicht Euch, sondern Sam Hawkens fragen. Setzen wir uns hier nieder!«

Wir waren nach unserm Zelte gegangen. Er setzte sich vor demselben in das Gras und winkte uns, dasselbe zu tun. Als wir dieser Aufforderung nachgekommen waren, begann er, Sam Hawkens, Stone und Parker auszufragen. Sie erzählten ihm alles, ohne zur Wahrheit ein überflüssiges Wort zu fügen; dennoch warf ich hier und da eine Bemerkung ein, um gewisse Härten zu mildern und meine Kollegen zu verteidigen, doch verfehlte dies den beabsichtigten Eindruck auf White. Er bat mich im Gegenteil wiederholt, diese meine Bemühungen einzustellen, da sie vollständig erfolglos seien.

Dann, als er alles wußte, forderte er mich auf, ihm unsere Zeichnungen und das Tagebuch zu zeigen. Ich brauchte ihm diesen Wunsch nicht zu erfüllen, tat es aber dennoch, weil ich ihn sonst beleidigt hätte, und ich sah doch, daß er es gut mit mir meinte. Er sah alles sehr aufmerksam durch, und als er mich danach fragte, konnte ich nicht leugnen, daß ich allein der Zeichner und Verfasser war, denn keiner von den Andern hatte einen Strich getan oder einen Buchstaben geschrieben.

»Aber aus diesem Tagebuche ersieht man nicht, wie viel

oder wie wenig Arbeit auf den Einzelnen kommt,« sagte er. »Ihr seid in Eurer löblichen Kollegialität viel zu weit gegangen.«

Da bemerkte Hawkens mit pfiffigem Gesichte:

»Greift ihm doch mal in die Brusttasche, Mr. White! Da steckt ein blechernes Dings, worin Oelsardinen gewesen sind. Die Sardinen sind heraus, aber dafür steckt etwas Papiernes drin. Wird wohl sein Privattagebuch sein, wenn ich mich nicht irre. In diesem wird es ganz anders lauten als hier in dem offiziellen Berichte, in dem er die Faulheit seiner Kollegen vertuscht.«

Sam wußte, daß ich mir private Aufzeichnungen gemacht hatte und sie in der leer gewordenen Sardinenbüchse bei mir trug. Es war mir unangenehm, daß er es sagte. White bat mich, ihm auch das zu zeigen. Was sollte ich tun? Verdienten es meine Kollegen, daß ich mich für sie plagte, ohne Dank zu finden, und dies dann auch noch verschwieg? Ich wollte ihnen keineswegs schaden, aber auch nicht unhöflich gegen White sein. Darum gab ich ihm mein Tagebuch, doch unter der Bedingung, daß er zu niemand von dem Inhalte spreche. Er las es durch, gab es mir dann zurück und sagte:

»Eigentlich sollte ich die Blätter mitnehmen und an der betreffenden Stelle abgeben. Eure Kollegen sind ganz unfähige Menschen, denen kein einziger Dollar mehr ausbezahlt werden sollte; Euch aber müßte man dreifach bezahlen. Doch, wie Ihr wollt. Nur mache ich Euch darauf aufmerksam, daß es gut für Euch sein wird, diese Privatnotizen gut aufzuheben. Sie können Euch später leicht von großem Nutzen sein. Und nun wollen wir die famosen Gentlemen wecken.«

Er stand auf und schlug Lärm. Die ›Gentlemen‹ kamen mit stieren Augen und verstörten Gesichtern hinter ihren Büschen hervor. Bancroft wollte darüber, daß man ihn im Schlafe gestört hatte, grob werden, zeigte sich aber höflich, als ich ihm sagte, daß Mr. White von der nächsten Sektion angekommen sei. Die Beiden hatten sich noch nicht gesehen. Das Erste war, daß er ihm einen Becher Brandy anbot; aber damit kam er an den unrechten Mann. White benutzte dieses

Anerbieten sofort als Anknüpfungspunkt zu einer Strafrede, wie Bancroft gewiß noch keine gehört oder gar selbst erhalten hatte. Dieser hörte sie, vor Erstaunen wortlos, eine Weile an, dann fuhr er auf den Redner los, faßte ihn am Arme und schrie ihn an:

»Herr, wollt Ihr mir wohl gleich sagen, wie Ihr heißt?«

»White heiße ich; das habt Ihr ja gehört.«

»Und was Ihr seid?«

»Oberingenieur der benachbarten Sektion.«

»Hat jemand von uns Euch dort etwas zu befehlen?«

»Ich denke, nein.«

»Nun wohl! Ich heiße Bancroft und bin Oberingenieur der hiesigen Sektion. Es hat mir kein Mensch etwas zu befehlen, am allerwenigsten aber Ihr, Mr. White.«

»Es ist richtig, daß wir uns vollständig gleichstehen,« antwortete dieser ruhig. »Befehle von dem Andern anzunehmen, hat keiner von uns Beiden nötig. Aber wenn der Eine sieht, daß der Andere das Unternehmen, an welchem beide arbeiten sollen, schädigt, so ist es seine Pflicht, den Betreffenden auf seinen Fehler aufmerksam zu machen. Eure Lebensaufgabe scheint im Brandyfasse zu stecken. Ich zähle hier sechszehn Menschen, welche alle betrunken waren, als ich vor zwei Stunden hier ankam, und so –«

»Vor zwei Stunden?« fiel ihm Bancroft in die Rede. »So lange seid Ihr schon hier?«

»Allerdings. Ich habe mir die Aufnahmen angesehen und mich darüber unterrichtet, wer sie gemacht hat. Das ist ja das reine Schlaraffenleben hier gewesen, während ein Einziger und noch dazu der Jüngste von Euch allen, die ganze Arbeit zu bewältigen hatte!«

Da fuhr Bancroft zu mir herum und zischte mich an:

»Das habt Ihr gesagt, Ihr und kein Anderer! Leugnet es einmal, Ihr niederträchtiger Lügner, Ihr heimtückischer Verräter!«

»Nein,« antwortete ihm White. »Euer junger Kollege hat als Gentleman gehandelt und nur Gutes über Euch gesprochen. Er hat Euch in Schutz genommen, und ich rate Euch, ihn um Verzeihung zu bitten, daß Ihr ihn einen Lügner und Verräter nanntet.«

»Um Verzeihung bitten? Fällt mir nicht ein!« lachte Bancroft höhnisch auf. »Dieses Greenhorn weiß kein Dreieck von einem Vierecke zu unterscheiden und bildet sich trotzdem ein, Surveyor zu sein. Wir sind nicht vorwärts gekommen, weil er alles verkehrt gemacht und uns aufgehalten hat, und wenn er nun, anstatt dies einzusehen und zuzugeben, uns bei Euch verleumdet und anschwärzt, so – – –«

Er kam nicht weiter. Ich war monatelang geduldig gewesen und hatte diese Leute nach ihrem Belieben über mich denken lassen. Jetzt war der Augenblick da, ihnen zu zeigen, daß sie sich in mir geirrt hatten. Ich ergriff Bancroft beim Arme, drückte ihn so, daß er vor Schmerz den angefangenen Satz unausgesprochen ließ, und sagte:

»Mr. Bancroft, Ihr habt zuviel Schnaps getrunken und nicht ausschlafen können. Ich nehme an, daß Ihr noch betrunken seid, und es mag also so sein, als ob Ihr nichts gesagt hättet.«

»Ich, betrunken? Ihr seid verrückt!« antwortete er.

»Jawohl, betrunken! Denn wenn ich wüßte, daß Ihr nüchtern seid und die Beschimpfungen mit Ueberlegung ausgesprochen habt, so wäre ich gezwungen, Euch wie einen Buben zu Boden zu schlagen. Verstanden! Habt Ihr nun noch das Herz, Euren Rausch abzuleugnen?«

Ich hielt seinen Arm noch fest in meiner Hand. Er hatte gewiß nie geglaubt, jemals vor mir Angst haben zu müssen; jetzt aber fürchtete er sich; das sah ich ihm an. Er war keineswegs ein schwacher Mann; aber der Ausdruck meines Gesichtes schien ihn zu erschrecken. Er wollte nicht sagen, daß er noch betrunken sei, getraute sich aber auch nicht, seine Beschuldigungen aufrecht zu erhalten; darum wendete er sich um Hilfe an den Anführer der zwölf Westmänner, die uns zur Unterstützung beigegeben waren:

»Mr. Rattler, duldet Ihr es, daß dieser Mensch sich an mir vergreift? Seid Ihr nicht hier, um uns zu beschützen?«

Dieser Rattler war ein hoch und breit gebauter Kerl, welcher die Kraft von drei, vier Menschen zu besitzen schien, ein rohes Subjekt und zugleich Bancrofts liebster Trinkkumpan. Er konnte mich nicht leiden und nahm jetzt mit Freuden die Gelegenheit wahr, dem Grolle, den er gegen mich hegte, Luft machen zu dürfen. Er trat schnell herbei, faßte mich am Arme, so wie ich Bancroft noch immer bei dem seinigen hatte, und antwortete:

»Nein, das kann ich nicht dulden, Mr. Bancroft. Dieses Kind hat seine ersten Strümpfe noch nicht abgelaufen und will hier erwachsenen Männern drohen, sie verschänden und verleumden. Tu' die Hand von Mr. Bancroft weg, Junge, sonst zeige ich dir, was für ein Greenhorn du bist!«

Diese Aufforderung war an mich gerichtet. Er schüttelte mir bei derselben den Arm. Das mußte mir noch lieber sein, denn er war ein stärkerer Gegner als der Oberingenieur. Wenn ich ihn Mores lehrte, mußte es besser wirken, als wenn ich diesem zeigte, daß ich kein Feigling sei. Ich riß meinen Arm aus seiner Hand und entgegnete:

»Ich ein Junge, ein Greenhorn? Widerruft das augenblicklich, Mr. Rattler, sonst schmettere ich Euch zu Boden!«

»Ihr mich?« lachte er. »So ein Greenhorn ist wirklich so albern, zu glauben, daß – – –«

Er konnte nicht weiter reden, denn ich schlug ihm die Faust an die Schläfe, daß er steif wie ein Sack niederstürzte und betäubt liegen blieb. Einige kurze Augenblicke herrschte tiefes Schweigen; dann rief einer von Rattlers Kameraden:

»*All devils!* Sollen wir ruhig zusehen, wenn so ein hergelaufener Dutchman unsern Anführer schlägt? Drauf auf den Halunken!«

Er sprang auf mich ein. Ich empfing ihn mit einem Fußtritte in die Magengegend. Dies ist ein sichres Mittel, den Gegner zum Fall zu bringen, nur muß man dabei sehr fest auf dem andern Beine stehen. Der Kerl stürzte nieder. In demselben Momente kniete ich auf seinem Leibe und gab ihm den betäubenden Fausthieb an die Schläfe. Dann sprang ich schnell auf, riß die beiden Revolver aus dem Gürtel und rief:

»Wer noch? Der mag kommen!«

Rattlers ganze Bande hätte wohl nicht übel Lust gehabt, die Niederlage ihrer beiden Kameraden zu rächen. Einer blickte den Andern fragend an. Ich warnte aber:

»Hört mein Wort, ihr Leute: Wer einen Schritt nach mir tut oder mit der Hand nach der Waffe greift, bekommt augenblicklich eine Kugel in den Kopf! Denkt meinetwegen von den Greenhorns im allgemeinen, was und wie ihr wollt; von den deutschen Greenhorns aber will ich euch beweisen, daß ein einziges es recht gut mit zwölf solchen Westmännern aufnimmt, wie ihr seid!«

Da stellte sich Sam Hawkens an meine Seite und sagte:

»Und ich, Sam Hawkens, will euch auch warnen, wenn ich mich nicht irre. Dieses junge, deutsche Greenhorn steht unter meinem ganz besondern Schutze. Wer es wagen sollte, ihm nur ein Haar zu krümmen, dem schieße ich sofort ein Loch durch die Gestalt. Ist mein voller Ernst; könnt es euch merken, hihihihi!«

Dick Stone und Will Parker hielten es für angezeigt, sich auch neben mir aufzupflanzen, um anzudeuten, daß sie ganz der Meinung von Sam Hawkens seien. Das imponierte den Gegnern. Diese wendeten sich von mir ab, murmelten unterdrückte Flüche und Drohungen in die Bärte und beschäftigten sich dann angelegentlich mit den beiden Gefallenen, um sie zum Bewußtsein zurückzubringen.

Bancroft hielt es für das Klügste, nach dem Zelte zu gehen und in demselben zu verschwinden. White hatte mit großen, verwunderten Augen auf mich geblickt. Jetzt schüttelte er den Kopf und sagte im Tone ungekünstelten Erstaunens:

»Aber, Sir, das ist ja fürchterlich! In Eure Finger möchte ich auf keinen Fall geraten. Man sollte Euch wahrhaftig Shatterhand nennen, weil Ihr einen baumlangen und baumstarken Menschen mit einem einzigen Fausthiebe niederschmettert. So etwas habe ich noch nie gesehen.«

Dieser Vorschlag schien dem kleinen Hawkens zu gefallen. Er kicherte fröhlich:

»Shatterhand, hihihihi! Ein Greenhorn, und schon einen Kriegsnamen, und nun gar einen solchen! Ja, wenn Sam Hawkens seine Augen auf ein Greenhorn wirft, so kommt etwas dabei heraus, wenn ich mich nicht irre. Shatterhand, Old Shatterhand! Ganz ähnlich wie Old Firehand, der auch ein Westmann ist, stark wie ein Bär. Was sagt ihr dazu, Dick, Will, zu diesem Namen?«

Ich bekam nicht zu hören, was sie antworteten, denn ich hatte meine Aufmerksamkeit auf White zu richten, welcher, meine Hand ergreifend und mich beiseite führend, sagte:

»Ihr gefallt mir außerordentlich, Sir. Habt Ihr keine Lust, mit mir zu gehen?«

»Lust oder nicht, Mr. White, ich darf nicht.«

»Warum?«

»Weil meine Pflicht mich hier bindet.«

»*Pshaw!* Ich verantworte es.«

»Das nutzt mir nichts, wenn ich es nicht selbst verantworten kann. Ich bin hierher geschickt worden, um diese Sektion vermessen zu helfen, und darf nicht fort, weil wir noch nicht fertig sind.«

»Bancroft wird es mit den drei Andern fertig machen.«

»Ja, aber wann und wie! Nein, ich muß bleiben.«

»Aber bedenkt, daß dies gefährlich für Euch ist!«

»Warum?«

»Das fragt Ihr noch? Ihr müßt doch einsehen, daß Ihr Euch diese Leute spinnefeind gemacht habt.«

»Ich nicht. Ich habe ihnen nichts getan.«

»Das ist wahr, oder vielmehr es war bis vorhin wahr. Nun Ihr aber zwei von ihnen niedergeworfen habt, ist es aus zwischen Euch und ihnen.«

»Mag sein; ich fürchte mich nicht vor ihnen. Und grad diese beiden Fausthiebe haben mich in Respekt gesetzt; es wird sich nicht gleich jemand an mich wagen. Uebrigens stehen mir Hawkens, Stone und Parker zur Seite.«

»Wie Ihr wollt. Des Menschen Wille ist sein Himmelreich, doch oft auch seine Hölle. Ich hätte Euch gebrauchen können. Aber wenigstens ein Stück zurückbegleiten werdet Ihr mich doch?«

»Wann?«

»Jetzt.«

»Ihr wollt gleich aufbrechen, Mr. White?«

»Ja, ich habe die Verhältnisse hier so gefunden, daß es mich nicht gelüsten kann, länger, als notwendig ist, hier zu bleiben.«

»Aber etwas essen müßt Ihr doch, ehe Ihr aufbrecht, Sir?«

»Ist nicht nötig. Wir haben in unsern Satteltaschen, was wir brauchen.«

»Wollt Ihr Euch nicht von Bancroft verabschieden?«

»Habe keine Lust dazu.«

»Aber Ihr seid doch wohl gekommen, um Geschäftliches mit ihm zu besprechen!«

»Allerdings. Doch kann ich Euch das auch sagen. Bei Euch findet es sogar besseres Verständnis als bei ihm. Vor allen Dingen wollte ich ihn vor den Roten warnen.«

»Habt Ihr welche gesehen?«

»Nicht direkt, sondern nur ihre Fährten. Es ist jetzt die Zeit, in welcher die wilden Mustangs und Büffel südwärts ziehen; da verlassen die Roten ihre Dörfer, um zu jagen und Fleisch zu machen. Die Kiowas sind nicht zu fürchten, denn mit ihnen haben wir uns wegen der Bahn geeinigt; die Komanchen und Apachen aber wissen noch nichts davon, und so dürfen wir uns vor ihnen ja nicht sehen lassen. Was mich betrifft, so bin ich mit meiner Sektion fertig und verlasse diese Gegend. Macht, daß Ihr auch zu Ende kommt! Der hiesige Boden wird von Tag zu Tag gefährlicher für Euch. Sattelt jetzt Euer Pferd und fragt Sam Hawkens, ob er Lust hat, mitzukommen.«

Natürlich hatte Sam Lust.

Eigentlich hatte ich heut arbeiten wollen; aber es war Sonntag, der Tag des Herrn, an welchem jeder Christ, selbst wenn er sich in der Wildnis befindet, sich sammeln und mit seinen geistlichen Pflichten beschäftigen soll. Dazu hatte ich wohl einmal einen Ruhetag verdient. Ich ging also zu Bancroft in das Zelt und sagte ihm, daß ich heut nicht arbeiten, sondern White mit Sam Hawkens ein Stück begleiten würde.

»Geht in des Teufels Namen, und laßt euch von ihm die

Hälse brechen!« antwortete er, und ich dachte nicht, daß dieser rohe Wunsch in kurzer Zeit beinahe in Erfüllung gehen würde.

Ich war seit einigen Tagen nicht in den Sattel gekommen, und mein Rotschimmel wieherte freudig auf, als ich ihm das Zeug auflegte. Er hatte sich als ein vortreffliches Pferd bewährt, und ich freute mich schon im voraus darauf, dies meinem alten »Gunsmith« Henry sagen zu dürfen.

Wir ritten munter in den schönen Herbstmorgen hinein, sprachen über das geplante, großartige Bahnunternehmen und über alles, was uns auf dem Herzen lag. White gab mir die nötigen Winke, welche sich auf den Anschluß an seine Sektion bezogen, und zu Mittag machten wir an einem Wasser Halt, um ein frugales Mahl zu genießen. Dann ritt White mit seinem Scout weiter, und wir blieben noch ein Weilchen liegen, um uns über religiöse Dinge zu unterhalten.

Hawkens war nämlich ein frommer Mensch, wenn er dies auch gegen Andere nicht zutage treten ließ.

Kurz, bevor wir aufbrachen, um zurückzukehren, bückte ich mich zum Wasser nieder, um mit der Hand zu schöpfen und zu trinken. Da sah ich durch die kristallhelle Flüssigkeit auf dem Boden einen Eindruck, welcher von einem Fuße herzurühren schien. Natürlich machte ich Sam darauf aufmerksam. Er betrachtete den Eindruck aufmerksam und sagte dann:

»Dieser Mr. White hatte ganz recht, als er uns vor den Indianern warnte.«

»Meint Ihr, Sam, daß diese Spur von einem Indianer herrührt?«

»Ja, von einem indianischen Mokassin. Wie wird Euch dabei zu Mute, Sir?«

»Gar nicht.«

»Fi! Ihr müßt doch etwas denken oder fühlen?«

»Was soll ich anderes denken, als daß ein Roter hier gewesen ist?«

»Also habt Ihr keine Angst?«

»Fällt mir nicht ein!«

»Wenigstens Sorge?«

»Auch nicht.«

»Ja, Ihr kennt die Roten nicht!«

»Hoffe sie aber kennen zu lernen. Sie werden wohl grad so wie andere Menschen sein, nämlich die Feinde ihrer Feinde und die Freunde ihrer Freunde. Und da es nicht meine Absicht ist, sie feindlich zu behandeln, so nehme ich an, daß ich nichts von ihnen zu befürchten habe.«

»Ihr seid eben ein Greenhorn und werdet es ewig bleiben. Nehmt Euch noch so fest vor, wie Ihr die Roten behandeln wollt, es wird doch ganz, ganz anders kommen. Die Ereignisse sind doch nicht von Eurem Willen abhängig. Ihr werdet das erfahren, und ich will wünschen, daß diese Erfahrung Euch nicht einen tüchtigen Fetzen Menschenfleisch aus Eurem eigenen Leib oder gar das Leben kostet.«

»Wann mag dieser Indsman hier gewesen sein?«

»Vor ungefähr zwei Tagen. Wir würden seine Spuren hier im Grase sehen, wenn es sich nicht während der Zeit wieder aufgerichtet hätte.«

»Ein Kundschafter wohl?«

»Ein Kundschafter auf Büffelfleisch, ja; denn da jetzt Friede zwischen den hiesigen Stämmen herrscht, kann es kein Kriegskundschafter gewesen sein. Der Kerl war außerordentlich unvorsichtig, also sehr wahrscheinlich jung.«

»Wieso?«

»Ein erfahrener Krieger tritt nicht mit dem Fuße in ein Wasser wie dieses hier, wo die Spur auf dem seichten Grunde zurückbleibt und noch lange gesehen werden kann. So eine Dummheit kann nur von einem Dummkopfe begangen werden, der gerade so ein rotes Greenhorn ist, wie Ihr ein weißes seid, hihihihi. Und weiße Greenhorns pflegen sogar noch viel dümmer zu sein als rote. Könnt Euch das mit merken, Sir!«

Er kicherte leise in sich hinein und stand dann auf, um sein Pferd zu besteigen. Der gute Sam liebte es eben, mir seine herzliche Zuneigung dadurch zu verstehen zu geben, daß er mich für dumm erklärte.

Wir hätten auf dem Wege, den wir gekommen waren, zurückkehren können; aber als Surveyor war es meine Aufgabe, unsere Strecke kennen zu lernen; darum bogen wir erst ein Stück ab und schlugen dann die Parallele ein.

Dabei kamen wir in ein ziemlich breites Tal, welches mit saftigem Grase bewachsen war; die Lehnen, von denen es hüben und drüben eingesäumt wurde, trugen unten Gebüsch und weiter oben Wald. Das Tal war vielleicht eine halbe Wegstunde lang und so schnurgerade, daß man von dem Anfange desselben bis an das Ende sehen konnte. Wir waren nur wenige Schritte in dieser freundlichen Bodensenkung vorwärts gekommen, da hielt Sam sein Pferd an und blickte aufmerksam nach vorn.

»*Heigh-day!*« stieß er hervor. »Da sind sie! ja wirklich, da sind sie, die allerersten!«

»Was?« fragte ich.

Ich sah ganz fern, weit vor uns, vielleicht achtzehn bis zwanzig dunkle Punkte, welche sich langsam bewegten.

»Was?« wiederholte er meine Frage, indem er lebhaft im Sattel hin und her rutschte. »Schämt Euch doch, eine solche Frage auszusprechen! Ach so, Ihr seid ja ein Greenhorn, und zwar ein ganz gewaltiges! Solche Kerls, wie Ihr, pflegen mit offenen Augen nicht zu sehen. Habt doch einmal die freundliche Gewogenheit, verehrtester Sir, zu raten, was das für Dinger sind, auf denen dort Eure schönen Augen ruhen!«

»Raten? Hm! Ich würde sie für Rehe halten, wenn ich nicht wüßte, daß diese Wildgattung in Rudeln oder Sprüngen von nicht über zehn Stück beisammen lebt. Auch muß ich, wenn ich die Entfernung in Betracht ziehe, sagen, daß die Tiere dort, so klein sie von hier aus zu sein scheinen, bedeutend größer als Rehe sein müssen.«

»Rehe, hihihihi!« lachte er. »Rehe hier oben an den Quellen des Kanadian! Das ist ein Meisterstück von Euch! Aber das andere, was Ihr sagtet, war gar nicht so übel überlegt. Ja, größer sind sie, diese Tiere, viel, viel größer als Rehe!«

»Ach, lieber Sam, doch nicht etwa gar Büffel?«

»Natürlich Büffel! Bisons sind es, echte, wahre Bisons, die sich auf der Wanderung befinden, die ersten, die ich heuer sehe. Nun wißt Ihr, daß Mr. White recht gehabt hat: Bisons und Indianer. Von den Roten sahen wir nur eine Fußspur; die Büffel aber haben wir in Lebensgröße vor den Augen. Was sagt Ihr dazu, he, wenn ich mich nicht irre?«

»Wir müssen hin!«

»Natürlich!«

»Sie beobachten!«

»Beobachten? Wirklich beobachten?« fragte er, indem er mich ganz erstaunt von der Seite her anblickte.

»Ja. Ich habe noch nie Bisons gesehen und möchte diese hier so gerne belauschen.«

Ich fühlte jetzt nur das Interesse des Zoologen; das war dem kleinen Sam vollständig unbegreiflich. Er schlug die Hände zusammen, und meinte:

»Belauschen, nur belauschen. Grad so, wie ein kleiner Junge seine Augen neugierig an eine Ritze des Kaninchenstalles legt, um die Karnickels zu belauschen! O, Greenhorn, was muß ich alles an Euch erleben! Nicht beobachten und belauschen, sondern jagen werde ich sie, wirklich jagen!«

»Heut, am Sonntage!«

Das fuhr mir so unbedacht heraus. Er wurde wirklich zornig darüber und herrschte mich an:

»Haltet gefälligst Euren Schnabel, Sir! Was frägt ein richtiger Westmann nach dem Sonntage, wenn er die ersten Büffel vor sich sieht! Das gibt Fleisch, verstanden, Fleisch, und was für welches, wenn ich mich nicht irre! Ein Stück Bisonlende ist noch herrlicher als das himmlische Ambrosius oder Ambrosianna, oder wie das Zeug hieß, von welchem die alten griechischen Götter lebten. Ich muß eine Büffellende haben, und wenn es mich das Leben kosten sollte! Die Luft ist uns entgegen; das ist gut. Hier, an der linken, nördlichen Talwand ist nur Sonne; drüben rechts aber gibt es Schatten. Wenn wir uns in diesem halten, werden uns die Tiere nicht vorzeitig bemerken. Kommt!«

Er sah nach seiner ›Liddy‹, ob die beiden Läufe derselben

in Ordnung seien, und trieb sein Pferd nach der südlichen Talwand hinüber. Diesem Beispiele folgend, untersuchte ich auch meinen Bärentöter. Er sah dies, hielt sofort sein Pferd an und fragte:

»Wollt Ihr Euch etwa gar beteiligen, Sir?«

»Natürlich!«

»Das laßt hübsch bleiben, wenn Ihr nicht binnen jetzt und zehn Minuten zu Brei zerstampft sein wollt! Ein Bison ist kein Kanarienvogel, den man auf den Finger nimmt und singen läßt. Ehe Ihr Euch an so gefährliches Wild wagen dürft, muß noch viel schönes und viel schlechtes Wetter über die Felsenberge gehen.«

»Aber ich will doch ---«

»Schweigt und gehorcht!« unterbrach er mich in einem Tone, den er noch nie gegen mich angewendet hatte. »Ich will Euer Leben nicht auf dem Gewissen haben, und es ist der Rachen des sichersten Todes, in den Ihr reiten würdet. Macht zu andern Zeiten, was Ihr wollt; jetzt aber dulde ich keine Widersetzlichkeit!«

Hätte nicht ein so gutes Verhältnis zwischen uns bestanden, es wäre ihm gewiß eine sehr kräftige Antwort geworden, so aber schwieg ich und ritt langsam im Schattenstreifen, den der Wald herniederwarf, hinter ihm her. Dabei erklärte er mir, nun wieder in milderem Tone sprechend:

»Es sind zwanzig Stück, wie ich sehe. Aber seid einmal dabei, wenn tausend und noch mehr Stück über die Savanne brausen! Ich habe früher Herden von zehntausend und darüber gesehen. Das war des Indianers Brot; die Weißen haben es ihm genommen. Der Rote schonte das Wild, weil es ihm Nahrung gab; er erlegte nur so viel, wie er brauchte. Der Weiße aber hat unter den ungezählten Herden gewütet wie ein grimmiges Raubtier, welches auch dann, wenn es gesättigt ist, weiter mordet, nur um Blut zu vergießen. Wie lange wird es dauern, so gibt es keinen Büffel und dann nach kurzer Zeit auch keinen Indianer mehr. Gott sei es geklagt! Und grad so ist's auch mit den Pferdeherden. Es gab Trupps von tausend Mustangs und noch höher. Jetzt ist man ganz entzückt, wenn man das Glück hat, einmal so ein hundert Stück beisammen zu sehen.«

Wir waren indessen bis auf ungefähr vierhundert Schritt an die Büffel gekommen, ohne daß sie uns bemerkten, und Hawkens hielt sein Pferd an. Die Tiere grasten langsam talaufwärts. Am weitesten vorgerückt war ein alter Bulle, dessen Riesenleib ich mit Erstaunen betrachtete. Er war ganz gewiß gegen zwei Meter hoch und wohl drei Meter lang; damals verstand ich das Gewicht eines Bisons noch nicht zu taxieren; heute sage ich, daß dieser hier wohl an die dreißig Zentner wiegen konnte, eine ganz erstaunliche Fleisch- und Knochenmasse. Er war auf eine Schlammlache gestoßen und wälzte sich behaglich in derselben.

»Das ist der Leitstier,« flüsterte Sam, »der gefährlichste der ganzen Gesellschaft. Wer mit dem anbindet, muß sein Testament unterschrieben haben. Ich nehme die junge Kuh rechts dahinten. Paßt auf, wohin ich ihr die Kugel gebe! Hinter dem Schulterblatte von der Seite schräg in das Herz hinein; das ist der beste, ja der einzig sichre Schuß außer dem in das Auge; aber welcher nicht wahnsinnige Mensch wird einen Bison von vorn nehmen, um ihn in das Auge zu treffen! Bleibt hier halten, und drückt Euch mit dem Pferde ins Gesträuch! Wenn sie mich sehen und dann fliehen, wird die wilde Jagd grad hier vorübergehen. Laßt es Euch aber ja nicht einfallen, diese Stelle zu verlassen, ehe ich wiederkomme oder Euch rufe!«

Er wartete, bis ich mich zwischen zwei Büsche gedrückt hatte, und ritt dann, zunächst langsam und leise weiter. Mir war ganz sonderbar zu Mute. Wie man den Bison jagt, das hatte ich sehr oft gelesen; darüber konnte man mir nichts Neues sagen; aber es ist ein Unterschied zwischen dem Papiere, auf welches man solche Beschreibungen druckt, und der Wildnis, in der man diese Jagden erlebt. Heute sah ich zum erstenmal in meinem Leben Büffel. Was für Wild hatte ich bisher geschossen? Im Verhältnisse zu diesen riesigen, gefährlichen Tieren keins, gar keins. Da sollte man meinen, ich sei ganz einverstanden gewesen mit Sams Befehle, mich ja nicht zu beteiligen; aber es fand das gerade Gegenteil statt. Vorhin hatte ich nur beobachten, belauschen wollen, jetzt fühlte ich einen mächtigen, ja unwiderstehlichen Drang, mitzutun. An eine junge Kuh wollte Sam sich machen, pfui! dachte ich, dazu gehört kein Mut; ein rechter Mann wählt grad den stärksten Bullen!

Mein Pferd war außerordentlich unruhig geworden; es tanzte mit den Hufen; es hatte auch noch keine Büffel gesehen, fürchtete sich und wollte fliehen; kaum vermochte ich, es zurückzuhalten. War es da nicht besser, wenn ich es zwang, den Bullen anzunehmen? Ich war nicht etwa erregt, sondern überlegte, innerlich ganz ruhig, zwischen Ja und Nein. – Da entschied der Eindruck des Augenblickes.

Sam hatte sich den Bisons bis auf dreihundert Schritte genähert; dann gab er seinem Pferde die Sporen und galoppierte auf die Herde zu und an dem mächtigen Bullen vorbei, um an die Kuh zu kommen, welche er mir bezeichnet hatte. Sie stutzte und versäumte die Flucht; er erreichte sie; ich sah, daß er im Vorüberjagen auf sie schoß. Sie zuckte zusammen und senkte den Kopf. Ob sie zusammenbrach, das sah ich nicht, denn mein Auge wurde durch einen andern Anblick gefesselt.

Der Riesenbulle war aufgesprungen; er stierte nach Sam Hawkens hin. Welch ein mächtiges Tier! Dieser dicke Kopf mit dem gewölbten Schädel, der breiten Stirn und den zwar kurzen, aber starken, aufwärts gekrümmten Hörnern, diese dichte, zottige Mähne um Hals und Brust! Dem Bilde ursprünglichster, rohester Kraft wurde durch den hohen Widerrist die höchste Vollendung gegeben. Ja, das war ein höchst gefährliches Geschöpf; aber sein Anblick reizte förmlich zu dem Verlangen, menschliches Können an dieser tierischen Stärke zu messen.

Wollte ich, oder wollte ich nicht? Ich weiß es nicht. Oder ging mein Rotschimmel mit mir durch? Er schoß aus den Büschen heraus und wollte nach links; ich riß ihn aber nach rechts herum und flog auf den Bullen zu. Er hörte mich kommen und wendete sich nach mir um; mich sehend, senkte er den Kopf, um Roß und Reiter mit den Hörnern zu empfangen. Ich hörte Sam aus allen Kräften schreien, hatte aber keine Zeit, den Blick nach ihm zu richten. Dem Bison eine Kugel geben, war unmöglich, denn erstens stand er mir nicht schußgerecht und zweitens wollte mir das Pferd nicht gehorchen; es schoß vor Angst grad auf die drohenden Hörner zu. Um es aufzuspießen, warf der Büffel seine Hinterbeine zur Seite und den Kopf mit einem gewaltigen Stoße in die Höhe; mit Anstrengung aller Kräfte gelang es mir, den Schimmel ein wenig abzubringen; er flog in einem weiten Satze über das Hinterteil des Bullen hinweg, während in demselben Augenblicke dessen Hörner ganz nahe an meinem Beine vorbeistießen. Unser Sprung ging grad in die Schlammlache hinein, in welcher der Büffel sich gewälzt hatte; ich sah es und nahm die Füße aus den Bügeln, zu meinem Glücke, denn das Pferd glitt aus und wir stürzten. Wie das so schnell geschehen konnte, ist mir heut noch unbegreiflich, doch stand ich schon im nächsten Augenblicke aufrecht neben der Lache, das Gewehr noch fest in der Hand. Der Büffel hatte sich nach uns umgedreht und sprang in ungelenken Sätzen auf das Pferd zu, welches sich auch aufgerafft hatte und im Begriffe stand, zu entfliehen. Dabei bot er mir seine Flanke zum Schusse; ich legte an; jetzt sollte sich der schwere Bärentöter zum erstenmal im Ernste bewähren. Noch einen Sprung, so hatte der Bison den Rotschimmel erreicht; ich drückte ab – – er blieb mitten im Laufe stehen, ob vor Schreck über den Schuß oder weil ich gut getroffen hatte, das wußte ich nicht; ich gab ihm sofort auch die zweite Kugel. Er hob langsam den Kopf, stieß ein mir durch alle Glieder gehendes Brüllen aus, wankte einigemal hin und her und brach dann auf derselben Stelle, wo er stand, zusammen.

Ich hätte vor Freude über diesen schweren Sieg hell aufjubeln mögen, hatte aber Notwendigeres zu tun. Mein Pferd setzte reiterlos nach rechts hinunter, während ich Sam Hawkens am jenseitigen Talrande dahingaloppieren sah, von einem Stiere verfolgt, welcher nicht viel kleiner als mein Bulle war.

Man muß wissen, daß der Bison, einmal gereizt, nicht von seinem Gegner läßt und es dabei an Schnelligkeit mit dem Pferde aufnimmt. Er entwickelt dann einen Mut, eine List und eine Ausdauer, die ihm vorher gewiß niemand zutraut.

So war auch dieser Stier dem Reiter hart auf den Fersen. Um ihm zu entgehen, mußte Hawkens die gewagtesten Wendungen machen, welche das Pferd ermüdeten; es hielt jedenfalls nicht so lange aus wie der Büffel; da war also Hilfe dringend nötig. Ich hatte keine Zeit, nachzusehen, ob mein Bulle wirklich tot sei oder nicht; ich lud schnell beide Läufe des Bärentöters und sprang dann über das Tal hinüber. Sam sah dies; er wollte der Hilfe entgegenkommen und warf sein Pferd in die Richtung nach mir herum. Das war ein großer Fehler, denn der Stier, welcher eng hinter ihm war, bekam dadurch das Pferd quer vor sich; ich sah, daß er die Hörner senkte; ein Stoß und er hob das Pferd samt dem Reiter empor und ließ, als sie dann zur Erde stürzten, mit wütenden und schüttelnden Stößen nicht von ihnen ab. Sam schrie um Hilfe, was er schreien konnte. Ich war wohl noch hundertfünfzig Schritte entfernt und durfte keinen Augenblick zögern. Der Schuß wäre zwar aus größerer Nähe sicherer gewesen, aber wenn ich zauderte, konnte Sam verloren sein, und wenn ich ja nicht gut traf, hatte ich doch hoffentlich den Erfolg, das Untier von dem Freunde abzulenken. Ich blieb also stehen, zielte hinter das linke Schulterblatt und schoß. Der Büffel hob den Kopf mit einer Bewegung, als ob er horchen wolle, und drehte sich langsam um. Da sah er mich und kam auf mich zugerannt, doch mit sich verringernder Schnelligkeit; dadurch glückte es mir, den abgeschossenen Lauf mit fiebernder Eile wieder zu laden, und ich war damit fertig, als das Tier höchstens noch dreißig Schritte zu mir zu machen hatte. Es konnte nicht mehr rennen; seine Bewegungen waren nur noch ein langsames Laufen; aber mit tief gesenktem Kopfe und blutunterlaufenen, grausam vorwärts glotzenden Augen kam es auf mich zu, näher und näher wie ein schweres Verhängnis, welches nicht aufzuhalten ist. Da kniete ich nieder und legte das Gewehr an. Diese Bewegung verursachte den Bison, stehen zu bleiben und den Kopf ein wenig zu heben, um mich besser oder voller sehen zu können. Das brachte die tückischen Augen vor meine beiden Läufe; ich schickte eine Kugel in das rechte und die andere in das linke – ein kurzes Zittern ging durch den Leib, dann stürzte die Bestie nieder.

Ich sprang auf, um zu Sam zu eilen, doch war dies nicht notwendig, denn ich sah ihn gelaufen kommen.

»*Halloo*!« rief ich ihm zu. »Ihr lebt? Ihr seid nicht schwer verletzt?«

»Gar nicht,« antwortete er. »Nur die rechte Hüfte tut mir weh vom Sturze, oder ist's die linke, wenn ich mich nicht irre; ich kann es nicht genau wegbekommen.«

»Und Euer Pferd?«

»Ist hin. Es lebt zwar noch, doch hat ihm der Büffel den ganzen Leib aufgerissen. Um seine Leiden abzukürzen, müssen wir es erschießen, das arme Tier. Ist der Bison tot?«

»Hoffe es; wollen ihn untersuchen.«

Wir taten dies und überzeugten uns, daß kein Leben mehr in ihm war. Da sagte Hawkens mit einem tiefen, tiefen Atemzuge:

»Hat mir dieser alte, brutale Ochse zu schaffen gemacht! Eine Kuh wäre zarter mit mir umgegangen. Freilich, Ochsen darf man nicht zumuten, *ladylike* zu sein, hihihihi!«

»Wie ist er denn auf den dummen Gedanken gekommen, mit Euch anzubinden?«

»Habt Ihr das nicht gesehen?«

»Nein.«

»Nun, ich schoß die Kuh nieder, und konnte, da mein Pferd im Galoppieren war, es grad erst in dem Augenblick anhalten, als es an diesen Ochsen anrannte. Das nahm er übel und nahm mich aufs Korn. Ich gab ihm zwar schnell die zweite Kugel, die ich in meiner Liddy hatte, sie scheint ihn aber nicht vernünftiger gemacht zu haben, denn er bewies mir eine Zuneigung, welche ich ihm nicht erwidern konnte. Er hat mich so gehetzt, daß es mir unmöglich war, das Gewehr wieder zu laden; ich habe es weggeworfen, weil es mir doch nichts nützte und ich dadurch die Hände zur besseren Leitung des Pferdes frei bekam, wenn ich mich nicht irre. Der arme Gaul hat sein Möglichstes getan, sich aber doch nicht retten können.«

»Weil Ihr die letzte schnelle, verhängnisvolle Wendung machtet. Ihr hättet einen Bogen reiten sollen; dadurch wäre das Pferd gerettet worden.«

»Gerettet worden? Ihr sprecht doch wie ein Alter. Das sollte man von einem Greenhorn nicht erwarten.«

»*Pshaw!* Greenhorns haben auch ihr Gutes!«

»Ja, denn wenn Ihr nicht gewesen wäret, so läge ich jetzt ebenso zerstochen und zerfetzt dort wie mein Pferd. Wollen doch einmal hin zu ihm.«

Wir fanden es in einem traurigen Zustande. Die Eingeweide hingen ihm aus dem aufgeschlitzten Leibe; es schnaubte vor Schmerzen. Sam holte seine weggeworfene Büchse, lud sie und gab ihm den Gnadenschuß. Dann schnallte er ihm die Zügel und den Sattel ab und sagte dabei:

»Jetzt kann ich mein eigenes Pferd machen und den Sattel auf meinen Rücken nehmen. Das hat man davon, wenn man mit einem Ochsen zusammenrennt.«

»Ja. Wo werdet Ihr nun ein anderes Pferd herbekommen?« fragte ich.

»Das ist mein geringster Kummer. Ich fange mir eins, wenn ich mich nicht irre.«

»Einen Mustang?«

»Ja. Die Büffel sind da; sie haben ihre Wanderung nach Süden angetreten; da werden sich auch bald die Mustangs sehen lassen; ich kenne das.«

»Darf ich dabei sein, wenn Ihr Euch einen fangt?«

»Natürlich. Ihr müßt auch das kennen lernen. Doch kommt jetzt. Wir wollen uns den alten Bullen ansehen. Vielleicht lebt er noch. Solche Methusalems pflegen ein außerordentlich zähes Leben zu haben.«

Wir gingen hin. Das Tier war tot. Jetzt, da es still dalag, konnte man die kolossalen Formen noch besser mit den Augen messen als vorher. Sam ließ seine Augen zwischen dem

Bullen und mir hin und her gehen, zog ein ganz unbeschreibliches Gesicht, schüttelte den Kopf und meinte:

»Es ist unerklärlich, ganz und gar unerklärlich! Wißt Ihr denn, wo Ihr ihn getroffen habt?«

»Nun, wo?«

»Grad an der richtigen Stelle. Es ist ein uralter Kerl, und ich hätte es mir gewiß vorher zehnmal überlegt, ehe ich so verwegen gewesen wäre, mit ihm anzubinden. Wißt Ihr, was Ihr seid, Sir?«

»Was?«

»Der leichtsinnigste Mensch, den es gibt.«

»Oho!«

»Ja, der leichtsinnigste Mensch, den es auf Erden geben kann.«

»Leichtsinn ist mein Fehler nie gewesen.«

»So habt Ihr Euch jetzt mit ihm befreundet. Verstanden! Ich hatte Euch doch befohlen, Eure Hände von den Büffeln zu lassen und in den Büschen stecken zu bleiben. Warum habt Ihr mir nicht gehorcht?«

»Weiß es selber nicht.«

»So! Ihr tut etwas, ohne den Grund davon zu kennen. Ist denn das nicht leichtsinnig?«

»Glaube nicht. Es wird wohl ein triftiger Grund vorhanden gewesen sein.«

»So müßtet Ihr ihn kennen!«

»Vielleicht ist's der, daß Ihr mir einen Befehl erteilt habt, und ich lasse mir nichts befehlen.«

»So! Wenn man es gut mit Euch meint und Euch vor einer Gefahr warnt, so seid Ihr nun erst recht so obstinat, Euch in dieselbe zu werfen?«

»Ich bin nicht nach dem Westen gekommen, um den Gefahren, welche es da gibt, auszuweichen.«

»Ganz gut. Aber Ihr seid noch ein Greenhorn und habt Euch in acht zu nehmen. Und wenn Ihr mir nicht folgen wolltet, warum habt Ihr Euch da grad an dieses Riesenvieh und nicht an eine Kuh gemacht?«

»Weil es ritterlicher war.«

»Ritterlicher! Dieses Greenhorn will den Ritter spielen, wenn ich mich nicht irre, hihihihi!«

Er lachte, daß er sich den Bauch halten mußte, und fuhr dann, noch immer lachend, fort:

»Wenn Ihr es Euch wirklich in den Kopf gesetzt habt, als Ritter aufzutreten, so spielt den Ritter Toggenburg, aber keinen andern. Zu einem Bayard oder Roland fehlt Euch das Zeug. Verliebt Euch in eine Büffelkuh und setzt Euch täglich in die Abendsonne, um zu warten,

›bis die Liebliche sich zeigt
und ins Tal herniederneigt.‹

Und sogar auch dann könnt Ihr eines Abends als Leiche dasitzen und von den Coyoten und Aasgeiern aufgefressen werden. Wenn ein richtiger Westmann etwas tut, so fragt er nicht, ob es ritterlich, sondern ob es nützlich für ihn ist.«

»Das ist doch hier der Fall.«

»Hier? Wie so?«

»Ich wählte den Büffel, weil er viel, viel mehr Fleisch hat, als eine Kuh.«

Er sah mir einen Augenblick lang verständnislos in das Gesicht und rief dann aus:

»Viel mehr Fleisch? Dieser junge Mann hier hat den Bullen des Fleisches wegen geschossen, hihihihi! Ich glaube gar, Ihr habt an meinem Mute gezweifelt, weil ich es nur auf eine Kuh absah?«

»Das nicht, obgleich ich es für mutiger hielt, sich ein starkes Tier auszuwählen.«

»Und Bullenfleisch zu essen? Was seid Ihr doch für ein ausnehmend kluger Mensch, Sir! Dieser Bulle hat sicher seine achtzehn bis zwanzig Jahre auf dem Rücken; er besteht aus einem Felle und vielen Knochen und Flechsen und Sehnen. Und das Fleisch, welches er dabei hat, ist nicht mehr Fleisch zu nennen, denn es ist so hart wie gegerbtes Leder, und wenn Ihr es tagelang bratet oder kocht, so könnt Ihr es doch nicht kauen. Jeder erfahrene Westmann zieht eine Kuh dem Ochsen vor, weil ihr Fleisch zarter und saftiger ist. Da seht Ihr nun wieder, was für ein Greenhorn Ihr seid. Ich hatte keine Zeit, auf Euch aufzupassen. Wie hat sich denn Euer leichtsinniger Angriff auf den Büffel abgespielt?«

Ich erzählte es ihm. Als ich fertig war, maß er mich mit großen Augen, schüttelte abermals den Kopf und forderte mich auf:

»Geht da hinunter, und holt Euer Pferd! Wir brauchen es, denn es soll das Fleisch tragen, welches wir mitnehmen werden.«

Ich folgte dieser Aufforderung. Aufrichtig gestanden, fühlte ich mich enttäuscht über sein Verhalten. Er hatte meine Darstellung angehört, ohne dann auch nur ein Wort zu sagen. Ich glaubte aber, eine, wenn auch noch so kleine Anerkennung erwarten zu dürfen. Anstatt dessen sagte er gar nichts, sondern schickte mich fort, mein Pferd zu holen. Ich war ihm trotzdem nicht bös, denn ich bin niemals ein Mensch gewesen, der um des Lobes willen etwas tut.

Als ich das Pferd brachte, kniete Sam bei der von ihm erlegten Büffelkuh, hatte von dem einen Hinterschenkel kunstgerecht das Fell entfernt und schälte nun die Lende heraus.

»So,« sagte er; »das gibt für heut abend einen Braten, wie wir lange Zeit keinen gegessen haben. Diese Lende laden wir mit dem Sattel und dem Zaume auf Euer Pferd. Sie ist bloß für mich, Euch, Will und Dick. Wenn die Andern auch etwas haben wollen, so mögen sie hierherreiten und sich die Kuh holen.«

»Wenn sie nicht inzwischen von Aasvögeln und andern wilden Tieren weggefressen wird.«

»So? Wie klug Ihr da wieder seid! Es versteht sich ganz von selbst, daß wir sie mit Zweigen bedecken und dann Steine darauf legen. Es müßte schon ein Bär oder ein anderes großes Raubtier sein, das nachher dazu könnte.«

Ich schnitt also starke Zweige aus dem nahen Gebüsch und holte schwere Steine herbei. Wir bedeckten die Kuh damit und beluden dann mein Pferd. Dabei erkundigte ich mich:

»Was wird denn mit dem Bullen?«

»Mit dem? Was soll aus ihm werden?«

»Können wir denn nichts von ihm brauchen?«

»Gar nichts.«

»Auch nicht das Leder?«

»Seid Ihr ein Lohgerber? Ich bin keiner!«

»Ich habe aber doch gelesen, daß die Häute der erlegten Büffel in sogenannten Caches versteckt und aufgehoben werden!«

»So, das habt Ihr gelesen? Na, wenn Ihr es gelesen habt, so muß es ja wahr sein, denn alles, was man über den wilden Westen liest, ist wahr, ganz außerordentlich wahr, ganz unumstößlich wahr, hihihihi! Es gibt allerdings Westmänner, welche die Tiere um der Felle willen erlegen; ich habe es auch schon getan; aber jetzt gehören wir nicht dazu und werden uns hüten, uns mit dieser schweren Haut zu schleppen.«

Wir brachen auf und kamen, obgleich wir laufen mußten, schon nach einer halben Stunde im Lager an, denn weiter war dieses nicht von dem Tale entfernt, in welchem ich meinen ersten oder vielmehr meine zwei ersten Büffel erlegt hatte.

Daß wir zu Fuße kamen und Sams Pferd nicht mitbrachten, erregte Aufsehen. Wir wurden nach der Ursache gefragt.

»Haben Büffel gejagt, und mein Pferd ist dabei von einem Bullen aufgeschlitzt worden,« antwortete Sam Hawkens.

»Büffel gejagt, Büffel, Büffel, Büffel!« erklang es aus aller Mund. »Wo denn, wo?«

»Eine kleine halbe Stunde von hier. Haben uns die Lende mitgebracht; könnt euch das übrige holen.«

»Das werden wir; ja, das werden wir,« rief Rattler, welcher so tat, als ob zwischen ihm und mir nichts vorgefallen sei. »Wo ist der Ort?«

»Reitet auf unserer Fährte zurück, so werdet ihr ihn finden; habt ja Augen genug, wenn ich mich nicht irre.«

»Wieviel Stück sind es denn gewesen?«

»Zwanzig.«

»Und wieviel habt ihr denn erlegt?«

»Eine Kuh.«

»Bloß? Wo sind die andern hin?«

»Fort. Könnt sie euch suchen. Habe mich nicht darum gekümmert, wohin sie spazieren wollten, und sie auch nicht danach gefragt, hihihihi!«

»Aber bloß eine Kuh! Zwei Jäger und von zwanzig Büffels nur einen zu schießen!« meinte Einer in geringschätzigem Tone.

»Macht es besser, wenn Ihr könnt, Sir! Ihr hättet sie wahrscheinlich alle zwanzig erlegt und auch noch einige mehr. Ihr werdet übrigens, wenn Ihr hinkommt, noch zwei alte, zwanzigjährige Bullen sehen, auf welche hier dieser junge Gentleman geschossen hat.«

»Bullen, alte Bullen!« rief es rundum. »Auf zwanzigjährige Bullen zu schießen, welch ein Greenhorn gehört dazu, eine solche Dummheit zu begehen!«

»Lacht ihn meinetwegen aus, Mesch'schurs; aber seht euch die Bullen nachher an! Ich sage euch, daß er mir dadurch das Leben gerettet hat.«

»Das Leben? Wieso?«

Sie waren begierig, das Abenteuer erzählt zu bekommen; er aber wies sie zurück:

»Habe keine Lust, darüber jetzt zu reden. Laßt es euch von ihm selbst erzählen, wenn ihr es für klug haltet, euch das Fleisch erst dann zu holen, wenn es dunkel geworden ist.«

Er hatte recht. Die Sonne hatte sich geneigt, und in kurzer Zeit mußte es Abend werden. Da sie sich übrigens sagen konnten, daß ich erst recht keine Lust haben würde, den Erzähler zu machen, so stiegen sie auf ihre Pferde und ritten alle fort. Ich sage, alle, denn keiner wollte zurückbleiben. Sie trauten einander nicht. Bei anständigen Jägern und da, wo ein freundschaftliches Verhältnis vorliegt, gehört jedes Wild, welches von einem Mitgliede erlegt wird, den Andern auch; dieser Gemeinsinn war aber bei diesen Leuten nicht vorhanden. Als sie zurückkamen, hörte ich dann auch, daß sie sich wie Wilde auf die Kuh geworfen hatten, und jeder war unter Zanken und Fluchen bemüht gewesen, sich mit dem Messer ein möglichst großes und gutes Fleischstück herunterzureißen.

Als sie fort waren, luden wir die Lende und den Sattel von

meinem Pferde und ich führte dieses zur Seite, um es abzuzäumen und dann anzupflocken. Ich nahm mir dabei Zeit, wodurch Sam Gelegenheit fand, unser Abenteuer Parker und Stone zu erzählen. Sie standen so, daß das Zelt zwischen ihnen und mir lag und sie mich also nicht sahen, als ich mich ihnen wieder näherte. Schon war ich beinahe an das Zelt gekommen, da hörte ich Sam sagen:

»Könnt mir's glauben; es ist so, wie ich sage: Nimmt der Kerl grad den größten und stärksten Bullen an und schießt ihn nieder wie ein alter, erfahrener Büffeljäger! Hab' freilich getan, als ob ich es für Leichtsinn hielte, und habe ihn gehörig ausgescholten; aber ich weiß, woran ich mit ihm bin.«

»Ich auch,« stimmte Stone bei. »Es wird ein tüchtiger Westmann aus ihm werden.«

»Und zwar sehr bald,« hörte ich Parker sagen.

»*Yes,*« bestätigte Hawkens. »Wißt ihr, Gents, er ist dazu geboren, wahrhaftig und ganz regelrecht dazu geboren. Und dabei die Körperkraft! Hat er nicht gestern unsern schweren Ochsenwagen fortgezogen, ganz allein und ohne daß ihm dabei jemand geholfen hat? Wo der hinhaut, da wächst jahrelang kein Gras. Aber, wollt ihr mir eins versprechen?«

»Was?« fragte Parker.

»Laßt's ihn nicht wissen, wie wir von ihm denken.«

»Warum nicht?«

»Weil es ihm in den Kopf steigen könnte.«

»O nein!«

»O doch! Er ist ein ganz bescheidener Kerl und gar nicht zum Hochmut angelegt; aber es ist stets ein Fehler, wenn man einen Menschen lobt; man kann den besten Charakter damit verderben. Könnt ihn also getrost Greenhorn nennen; er ist ja auch wirklich eins, denn wenn er auch alle Eigenschaften besitzt, welche ein tüchtiger Westmann haben muß, so sind sie doch noch nicht ausgebildet, und er muß noch viel erfahren und sich noch viel üben.«

»Hast du dich denn dafür bedankt, daß er dir das Leben gerettet hat?«

»Ist mir nicht eingefallen!«

»Nicht? Was muß er da von dir denken!«

»Ist mir ganz egal, was er von mir denkt, vollständig egal, wenn ich mich nicht irre. Natürlich hält er mich für einen unverständigen und undankbaren Halunken; aber das ist Nebensache; die Hauptsache ist, daß er sich nicht überhebt, sondern so bleibt, wie er ist. Hätte ihn freilich am liebsten umarmen und küssen mögen.«

»Fi!« rief Stone aus. »Dich küssen! Das Umärmeln könnte man noch riskieren, aber küssen, nein!«

»So? Etwa nicht? Warum?« fragte Sam.

»Warum? Hast du denn noch nicht einen Spiegel in der Hand gehabt oder in einem klaren Wasser dein holdes Konterfei gesehen? Dieses Gesicht, dieser Bart und diese Nase! Mensch, wer auf den unsinnigen Gedanken kommen könnte, seine Lippen dahin zu plazieren, wo man die deinigen zu suchen hat, der hat entweder den Sonnenstich oder der Verstand ist ihm eingefroren.«

»So! Ah! Hm! Das klingt ja recht freundschaftlich von dir. Bin also ein häßlicher Kerl! Wofür hältst du denn dich? Etwa für einen schönen Menschen? Das laß dir ja nicht einfallen! Ich gebe dir mein Wort, wenn wir beide uns an einer Schönheitskonkurrenz beteiligen wollten, so würde ich den ersten Preis erhalten; du aber bekämst eine Niete, hihihihi! Aber das gehört nicht hierher. Wir sprachen von unserm Greenhorn. Ich habe mich nicht bei ihm bedankt und werde es auch nicht tun; aber wenn nachher unsere Lende gebraten ist, soll er das beste und saftigste Stück bekommen; ich schneide es ihm selbst herab; er hat es verdient. Und wißt ihr, was ich morgen mache?«

»Was?« fragte Stone.

»Ihm eine große Freude.«

»Womit?«

»Er soll einen Mustang fangen dürfen.«

»Du willst auf Mustangs gehen?«

»Ja. Ich muß doch ein neues Pferd haben. Du borgst mir das deinige zur Jagd. Da sich heut die Büffel gezeigt haben, werden auch die Mustangs kommen. Ich denke, daß ich nur nach der Prärie hinunter zu reiten brauche, wo wir noch vorgestern die Bahn abgesteckt und vermessen haben. Dort muß es Mustangs geben, sobald diese wilden Pferde hier in dieser Breite angekommen sind.«

Ich lauschte nicht weiter, sondern ging wieder zurück und durch ein Buschwerk, um mich den drei Jägern von einer andern Seite zu nähern. Sie durften nicht erfahren, daß ich gehört hatte, was ich doch nicht hören sollte.

Es wurde ein Feuer angebrannt, neben welchem zwei Gabeläste in die Erde gesteckt wurden. Sie gaben die Unterlage für den Bratspieß, der aus einem starken, geraden Aste bestand. Die drei befestigten an ihm die ganze Lende, und dann begann Sam Hawkens den Spieß langsam und mit künstlerischem Verständnisse zu drehen. Das wonnevolle Gesicht, welches er dabei machte, machte mir heimlich Spaß.

Als die Andern mit dem Fleische zurückkehrten, folgten sie unserm Beispiele, indem sie sich auch einige Feuer anbrannten. Freilich ging es da bei ihnen nicht so ruhig und friedlich her wie bei uns. Da jeder für sich braten wollte, so mangelte es an Platz, und die Folge war, daß sie ihre Portionen halb roh verzehrten.

Ich bekam wirklich das beste Stück; es mochte drei Pfund wiegen, und ich aß es auf. Man halte mich ja nicht infolgedessen für einen Vielesser; ich habe im Gegenteile immer weniger gegessen als Andere, die sich in meinen Verhältnissen befanden; aber es ist für Einen, der es nicht weiß oder nicht selbst erlebt und mitgemacht hat, kaum zu glauben, was für Fleischmengen ein Westmann zu sich nehmen kann und auch zu sich nehmen muß, wenn er bestehen will.

Der Mensch braucht zu seiner Ernährung außer den anorganischen Stoffen eine gewisse Menge von Eiweiß und von Kohlenstoff und vermag sich beides gar wohl in der richtigen Mischung zu verschaffen, wenn er in einer zivilisierten Gegend lebt. Der Westmann, welcher viele Monate lang in keine bewohnte Gegend kommt oder kam, lebte nur vom Fleische, welches wenig Kohlenstoff enthält; er mußte also große Portionen essen, um seinem Körper die notwendige Menge Kohlenstoff zuzuführen. Daß er dabei unnötig viel Eiweiß genoß, welches seiner Ernährung nicht zugute kam, mußte ihm gleichgültig sein. Ich habe einen alten Trapper acht Pfund Fleisch auf einmal essen sehen, und als ich ihn dann fragte, ob er satt sei, antwortete er schmunzelnd:

»Muß es wohl sein, denn ich habe nicht mehr; wenn Ihr mir aber ein Stück von dem Euren geben wollt, so sollt Ihr nicht ewig zu warten brauchen, bis Ihr es nicht mehr seht.«

Während des Essens unterhielten sich unsere »Westmänner« von unserer Büffeljagd. Sie hatten, wie ich hörte, als sie die beiden Bullen sahen, denn doch einen andern Begriff von der »Dummheit« erhalten, die ich begangen haben sollte.

Am andern Morgen tat ich, als ob ich an die Arbeit gehen wolle; da kam Sam zu mir und sagte:

»Laßt Eure Instrumente nur immer liegen, Sir; es gibt etwas zu tun, was interessanter ist.«

»Was?«

»Werdet es erfahren. Macht Euer Pferd fertig; wir reiten aus.«

»Spazieren? Da geht die Arbeit vor!«

»*Pshaw!* Habt Euch genug geplagt. Ich denke übrigens, daß wir schon zu Mittag zurück sein werden. Dann könnt Ihr meinetwegen messen und rechnen, so viel Ihr wollt.«

Ich machte Bancroft die nötige Mitteilung, und dann ritten wir fort. Sam tat unterwegs sehr geheimnisvoll, und ich sagte ihm nicht, daß ich seine Absicht bereits kannte. Der Ritt ging auf der von uns vermessenen Strecke zurück, bis wir die Prairie erreichten, welche Sam gestern bezeichnet hatte.

Sie war wohl zwei englische Meilen breit und doppelt so lang und wurde von bewaldeten Höhen umrandet. Da sie von einem ziemlich breiten Bach durchflossen wurde, gab es Feuchtigkeit genug und infolgedessen einen saftigen Graswuchs. Im Norden konnte man zwischen zwei Bergen hervor auf diese Prairie gelangen, und im Süden endete sie in einem Tale, welches nach dieser Richtung weiterführte. Als wir hier angelangt waren, blieb Hawkens halten und überflog die Ebene mit einem forschenden Blicke; dann ritten wir weiter, nordwärts und am Bache hin. Plötzlich stieß er einen Ruf aus, parierte sein Pferd, welches freilich nicht das seinige sondern ein geborgtes war, stieg ab, sprang über den Bach und ging auf eine Stelle zu, wo das Gras niedergetreten war. Er untersuchte den Ort, kam zurück, stieg wieder in den Sattel und ritt weiter, doch nicht wie bisher in nördlicher Richtung, sondern er bog vor dieser in einen rechten Winkel ab, so daß wir nach kurzer Zeit den westlichen Rand der Prairie erreichten. Hier stieg er wieder ab und ließ sein Pferd grasen, band es aber sorgfältig an. Seit er die Spur untersucht hatte, war kein Wort aus seinem Munde gekommen, aber über sein bärtiges Gesicht war der Ausdruck der Zufriedenheit ausgebreitet wie Sonnenschein über eine waldige Gegend. Jetzt forderte er mich auf:

»Steigt auch ab, Sir, und bindet Euer Pferd fest an! Wir werden hier warten.«

»Warum fest anbinden?« fragte ich, obgleich ich es recht gut wußte.

»Weil Ihr es sonst leicht verlieren könntet. Habe wiederholt gesehen, daß die Pferde bei solchen Gelegenheiten durchgegangen sind.«

»Was für Gelegenheiten?«

»Ahnt Ihr das nicht?«

»Hm!«

»Ratet einmal!«

»Mustangs?«

»Wie kommt Ihr darauf?« fragte er, indem er mich rasch und verwundert anblickte.

»Weil ich es gelesen habe.«

»Was?«

»Daß die zahmen Pferde, wenn sie nicht fest angebunden werden, gern mit den wilden Mustangs durchgehen.«

»Hol Euch der Teufel! Alles habt Ihr gelesen, und da ist es nicht gut möglich, Euch zu überraschen. Da lobe ich mir die Leute, welche gar nicht lesen können!«

»Wollt Ihr mich überraschen?«

»Natürlich.«

»Mit einer Mustangjagd?«

»Ja.«

»Das würde nicht gut möglich sein. Eine Ueberraschung setzt doch voraus, daß man nicht vorher unterrichtet ist; Ihr aber hättet es mir, ehe die Pferde kommen, sagen müssen.«

»Das ist richtig, hm! Also hört, die Mustangs sind schon dagewesen.«

»War das vorhin ihre Spur?«

»Ja; sie sind gestern hier durch. Es war ein Vortrab, wißt Ihr, so die Kundschafter. Ich muß Euch nämlich sagen, daß diese Tiere ungeheuer klug sind. Sie senden immer kleine Trupps voraus und nach den Seiten. Sie haben ihre Offiziere, grad wie das Militär, und der Hauptanführer ist stets ein erfahrener, starker und mutiger Hengst. Mögen sie weiden oder sich in Bewegung befinden, stets wird die Peripherie der Herde von den Hengsten gebildet; dann folgen nach innen die Stuten, und ganz in der Mitte befinden sich die Jungen. Dies geschieht darum, daß die Hengste die Stuten und Füllen verteidigen können. Ich habe Euch schon wiederholt beschrieben, wie man einen Mustang mit dem Lasso fängt. Habt Ihr es Euch gemerkt?«

»Selbstverständlich.«

»Habt Ihr Lust, einen zu fangen?«

»Ja.«

»Dann werdet Ihr heute vormittag Gelegenheit dazu finden, Sir.«

»Danke! Ich werde sie nicht benutzen.«

»Nicht? *All devils!* Warum nicht?«

»Weil ich kein Pferd brauche.«

»Aber, ein Westmann fragt doch nicht danach, ob er ein Pferd braucht oder nicht!«

»Dann ist er keineswegs so, wie ich mir einen braven Westmann vorstelle.«

»Wie soll er denn sein?«

»Ihr habt gestern von Aasjägern gesprochen, von Weißen, welche die Büffel in Masse töten, ohne daß sie ihr Fleisch brauchen. Ich halte das für eine Versündigung an den Tieren und an den roten Menschen, denen dadurch Ihre Nahrung geraubt wird. Ihr doch auch?«

»Freilich!«

»Grad so ist's auch mit den Pferden. Ich mag keinem dieser herrlichen Mustangs die Freiheit rauben, ohne mich damit entschuldigen zu können, daß ich ein Pferd brauche.«

»Das ist brav gedacht, Sir, sehr brav. Grad so, wie Ihr denkt und redet, muß jeder Mensch und Christ denken, reden und handeln. Aber wer hat denn gesagt, daß Ihr einem Mustang die Freiheit rauben sollt? Ihr habt Euch im Werfen des Lasso geübt und sollt nur die Probe machen. Ich will sehen, ob Ihr Euer Examen besteht. Verstanden?«

»Das ist etwas Anderes; ja, da mache ich mit.«

»Schön! Bei mir handelt es sich freilich um den Ernst. Ich brauche ein Pferd und werde mir eins holen. Ich habe es Euch schon oft gesagt und sage es Euch jetzt wieder: Sitzt ja recht fest im Sattel, und stemmt Euer Pferd gut ein in dem Augenblicke, an welchem sich der Lasso straff zieht und der Ruck erfolgt. Wenn Ihr das nicht tut, werdet Ihr umgerissen, und der Mustang rennt davon und zieht Euer Pferd am Lasso mit sich fort. Dann habt Ihr kein Pferd mehr und seid ein gemeiner Infanterist, so wie ich jetzt einer bin.«

Er wollte weiter sprechen, hielt aber inne und deutete mit der Hand nach den bereits erwähnten beiden Bergen am Nordende der Prairie. Dort erschien ein Pferd, ein einzelnes, lediges Pferd. Es lief langsam und ohne zu grasen vorwärts, warf den Kopf bald auf diese, bald auf jene Seite und sog die Luft durch die Nüstern ein.

»Seht Ihr es?« flüsterte Sam. Er sprach vor Erregung nicht laut, sondern leise, obwohl das Pferd uns unmöglich hätte hören können. »Habe ich es nicht gesagt, daß sie kommen! Das ist der Späher, welcher vorausgesprungen ist, um zu sehen, ob die Gegend sicher ist. Ein schlauer Hengst. Wie er nach allen Richtungen äugt und windet! Uns bekommt er nicht weg, denn wir haben den Wind im Gesicht; ich habe deshalb diese Stelle gewählt.«

Jetzt schlug der Mustang einen Trab ein; er rannte geradeaus, dann nach rechts, hierauf nach links, warf sich schließlich herum und verschwand da, wo wir ihn hatten erscheinen sehen.

»Habt Ihr ihn beobachtet?« fragte Sam. »Wie klug er sich benimmt und jeden Busch zur Deckung benutzt hat, um nicht gesehen zu werden! Ein indianischer Späher kann es kaum besser machen.«

»Das ist richtig. Ich bin ganz erstaunt darüber.«

»Nun ist er zurück, um seinem vierbeinigen Generale zu melden, daß die Luft rein ist. Sollen sich aber getäuscht haben, hihihihi! Ich wette, in höchstens zehn Minuten sind sie da; paßt einmal auf. Wißt Ihr, wie wir es machen?«

»Nun?«

»Ihr reitet jetzt schnell bis an den Ausgang der Prairie zurück und wartet dort. Ich aber reite bis in die Nähe des Einganges hinunter und verstecke mich dort im Walde. Kommt die Herde, so lasse ich sie vorüber und jage dann hinter ihr her. Sie wird zu Euch hinauf fliehen; dann laßt Ihr Euch sehen, und da flieht sie wieder zurück. So treiben wir sie zwischen uns hin und her, bis wir uns die zwei besten Pferde ausgewählt haben; die fangen wir; ich lese mir da wieder das beste aus, und das andere lassen wir laufen. Seid Ihr einverstanden?«

»Wie könnt Ihr so fragen! Ich verstehe ja gar nichts von der Pferdejagd, in welcher Ihr jedenfalls ein Meister seid, und habe mich also ganz nach Euren Anordnungen zu verhalten.«

»*Well*, habt recht. Habe schon manchen wilden Mustang unter mir gehabt und ihn bezwungen und kann wohl behaupten, daß Ihr mit dem ›Meister‹ nichts Dummes gesagt habt. Also, macht Euch davon, sonst vergeht die Zeit und wir sind dann nicht an Ort und Stelle.«

Wir stiegen wieder auf und ritten auseinander, er nordwärts und ich nach Süden, bis dahin, wo wir die Prairie betreten hatten. Da mir mein schwerer Bärentöter bei dem, was wir vorhatten, hinderlich war, hätte ich mich gern einstweilen seiner entledigt; aber ich hatte gelesen und gehört, daß ein vorsichtiger Westmann sich nur dann von seinem Gewehre trennt, wenn er ganz sicher weiß, daß er nichts zu befürchten hat und es also nicht brauchen wird. Dies war aber hier nicht der Fall; es konnte in jedem Augenblick ein Indianer oder gar ein Raubtier erscheinen; darum sorgte ich nur dafür, daß das ›alte Gun‹ fest am Riemen hing und mich nicht schlagen konnte.

Nun wartete ich mit Spannung auf das Erscheinen der Pferde. Ich hielt zwischen den ersten Bäumen des Waldes, an den die Prairie stieß, band das eine Ende des Lasso am Sattelknopfe fest und legte ihn dann in Schlingen so vor mich hin, daß ich ihn nur zu erfassen brauchte.

Das untere Ende der Prairie war so weit von mir entfernt, daß ich die Mustangs, wenn sie dort erschienen, nicht sehen konnte. Sie konnten mir erst dann, wenn Sam sie getrieben brachte, sichtbar werden. Ich war noch keine Viertelstunde am Platze, als ich da unten eine Menge von dunklen Punkten sah, welche sich schnell vergrößerten, indem sie sich aufwärts bewegten. Erst von der Größe von Sperlingen, schienen sie hierauf Katzen, Hunde, Kälber zu sein, bis sie sich so weit genähert hatten, daß ich sie in ihrer wirklichen Größe sah. Es waren die Mustangs, welche im wilden Jagen auf mich zugesprengt kamen.

Welch einen Anblick boten diese herrlichen Tiere! Die Mähnen wehten um die Hälse, und die Schwänze flogen wie Federbüsche im Winde. Es waren höchstens dreihundert Stück, und doch schien die Erde unter ihren Hufen zu zittern. Ein Schimmelhengst flog allen voran, ein prächtiges Tier, welches man sich hätte fangen mögen, aber es wird keinem Prairiejäger einfallen, einen Schimmel zu reiten. So ein helles Tier würde ihn jedem Feinde schon von weitem verraten.

Jetzt war es Zeit, mich ihnen zu zeigen. Ich lenkte unter den Bäumen heraus ins Freie, und die Wirkung trat augenblicklich ein: der führende Schimmel prallte zurück, als ob er eine Kugel in den Leib bekommen habe; die Herde hielt an und stutzte; ein lautes ängstliches Schnauben; dann hieß es: ganze Schwadron kehrt! und, den Schimmel schnell wieder an der jenseitigen Spitze, jagten die Tiere dahin zurück, woher sie gekommen waren.

Ich folgte ihnen langsam; ich hatte keine Eile, denn ich war sicher, daß Sam Hawkens sie mir wieder zutreiben würde. Dabei suchte ich mir einen Umstand zurecht zu legen, welcher mir aufgefallen war. Obgleich nämlich die Pferde nur einen kurzen Augenblick vor mir gehalten hatten, war es mir doch vorgekommen, als ob eins von diesen Tieren kein Pferd, sondern ein Maultier sei. Ich konnte mich zwar irren, aber ich glaubte doch, richtig gesehen zu haben. Beim zweitenmal wollte ich besser aufpassen. Dieses Maultier hatte sich in der vordersten Reihe, und zwar gleich hinter dem Leitschimmel befunden; es war also von den Pferden nicht nur als ihresgleichen anerkannt, sondern es besaß sogar einen Rang unter ihnen.

Nach einiger Zeit kam die Herde wieder aufwärts und kehrte bei meinem Anblicke abermals um. Das wiederholte sich noch einmal, und da sah ich, daß ich mich nicht geirrt hatte; es war ein Maultier unter ihnen, ein ziemlich hellbraunes Maultier mit dunklem Rückenstreifen. Es machte auf mich einen höchst vorteilhaften Eindruck und war trotz des großen Kopfes und der langen Ohren doch ein schönes Tier. Maultiere sind genügsamer als Pferde, haben einen viel sicherern Tritt und schwindeln nicht vor Abgründen. Das sind Vorzüge, welche in die Wage fallen. Freilich sind sie auch störrisch. Ich habe Maultiere gesehen, welche sich lieber totprügeln ließen, als daß sie einen Schritt vorwärts gingen, und doch hatte man ihnen gar nichts aufgeladen, und der Weg war prächtig. Sie wollten eben nicht.

Es war mir vorgekommen, als ob dieses Maultier viel Feuer zeige, als ob seine Augen heller glänzten und intelligenter blickten als diejenigen der Pferde, und ich nahm mir vor, es zu fangen. Es war jedenfalls seinem Besitzer beim Vorüberjagen einer wilden Pferdeherde entflohen und dann bei den Mustangs geblieben.

Jetzt brachte Sam den Trupp wieder getrieben. Wir waren einander so nahe gekommen, daß ich ihn sah. Nun konnten die Mustangs weder vor noch zurück; sie brachen nach der Seite aus. Wir folgten ihnen. Die Herde teilte sich, und ich sah, daß das Maultier bei der Hauptabteilung blieb; es jagte jetzt an der Seite des Schimmels dahin; es war ein außerordentlich schnelles und ausdauerndes Tier. Ich hielt mich also zu diesem Trupp, und Sam schien es auch auf denselben abgesehen zu haben.

»In die Mitte nehmen, ich links, Ihr rechts!« rief er mir zu.

Wir gaben unsern Pferden die Sporen und hielten nun nicht nur gleichen Schritt mit den Mustangs, sondern kamen ihnen so schnell näher, daß wir sie eingeholt hatten, noch ehe sie den Wald erreichten. Da hinein gingen sie nicht; sie kehrten also wieder um und wollten zwischen uns durch. Um das zu verhindern, jagten wir schnell aufeinander zu; da stoben sie nach allen Seiten auseinander wie eine Hühnerschar, in welche der Habicht gestoßen ist. Der Schimmel und das Maultier schossen, von den andern abgesondert, zwischen uns hindurch; wir jagten ihnen nach. Dabei rief mir Sam, der seinen Lasso zum Wurfe schon über dem Kopfe wirbelte, zu:

»Wieder Greenhorn! Werdet es auch ewig bleiben!«

»Warum?«

»Weil Ihr nach dem Schimmel trachtet, und das kann doch nur ein Greenhorn tun, hihihihi!“

Ich antwortete ihm, aber er hörte es nicht, weil sein lautes Lachen meine Worte übertönte. Also er dachte, ich hätte es auf den Schimmel abgesehen. Meinetwegen! Ich überließ ihm also das Maultier und lenkte zur Seite, wo die Mustangs nun ängstlich schnaubend und wiehernd regellos durcheinanderjagten. Sam war dem Maultiere so nahe gekommen, daß er den Lasso warf. Die Schlinge fiel richtig; sie legte sich um den Hals des Tieres. Nun mußte Sam anhalten und, wie er mir ja so sorgsam angeraten hatte, sein Pferd nach rückwärts werfen, um den Ruck aushalten zu können, wenn der abgelaufene Lasso sich straff spannte. Er tat dies auch, aber um einen Augenblick zu spät; sein Pferd hatte sich noch nicht umgedreht, noch nicht eingestemmt und wurde von dem gewaltigen Rucke umgerissen. Sam Hawkens flog, einen unendlich brillanten Purzelbaum schlagend, weit durch die Luft und auf die Erde nieder. Das Pferd raffte sich rasch wieder auf und rannte weiter. Dadurch verlor der Lasso die Spannung, und das Maultier, welches festgestanden hatte und nicht umgerissen worden war, bekam Luft; es galoppierte auch fort und riß das Pferd, weil der Lasso am Sattelknopfe befestigt war, über die Prärie dahin.

Ich eilte zu Sam, um nachzusehen, ob er verletzt sei. Er war aufgestanden und rief mir erschrocken zu:

»Alle Wetter! Da reißt mir Dick Stones Gaul mitsamt dem Maultiere aus, ohne auch nur Adieu zu sagen, wenn ich mich nicht irre!«

»Habt Ihr Euch beschädigt?«

»Nein. Steigt schnell ab, und gebt mir Euer Pferd. Ich muß es haben!«

»Wozu?«

»Ich will natürlich den beiden Ausreißern nach. Also steigt schnell herunter!«

»Fällt mir nicht ein! Könntet wieder einen Purzelbaum riskieren, und dann wären alle beide Pferde zum Teufel.«

Bei diesen Worten trieb ich mein Pferd weiter, dem Maultiere nach. Dieses war schon eine bedeutende Strecke fort, kam aber jetzt mit dem Pferde in Konflikt. Dieses wollte hierhin und jenes dorthin, und dadurch hielten sie einander auf, weil sie mit dem Lasso zusammenhingen. Darum holte ich sie bald ein. Es kam mir gar nicht in den Sinn, meinen Lasso zu gebrauchen, sondern ich griff nach dem andern, welcher die beiden Tiere verband, wickelte ihn mir einigemal um die Hand und war nun sicher, das Maultier bändigen zu können. Ich ließ es zunächst weiterlaufen und galoppierte mit den beiden Pferden hinterdrein, zog aber den Riemen nach und nach kräftiger an, so daß die Schlinge sich immer mehr verengte. Dabei konnte ich das Tier ganz leidlich lenken; ich brachte es durch scheinbares Nachgeben soweit, daß es in einem Bogen dahin zurückkehrte, wo Sam Hawkens stand. Dort zog ich die Schlinge plötzlich so stark an, daß dem Maultiere der Hals zugeschnürt wurde; es verlor den Atem und stürzte zu Boden.

»Haltet fest, bis ich den Racker festhabe, und laßt dann los!« rief Sam.

Er sprang hinzu und stellte sich, obgleich das auf dem Boden liegende Tier mit den Beinen um sich schlug, hart neben dasselbe.

»Jetzt!« sagte er.

Ich ließ den Lasso los; das Maultier bekam Luft und sprang auf; ebenso schnell hatte sich Sam auf seinen Rücken geschwungen. Es blieb einige Augenblicke bewegungslos stehen, wie vor Schreck erstarrt; dann aber ging es in die Luft, bald vorn, bald hinten; dann sprang es plötzlich mit allen Vieren auf die Seite, machte einen Katzenbuckel, aber der kleine Sam saß fest.

»Bringt mich nicht herunter!« rief er mir zu. »Jetzt wird es das Letzte versuchen und mit mir davonrasen. Wartet hier auf mich; ich bring es gezähmt zurück!«

Aber da hatte er sich geirrt. Es ging keineswegs mit ihm durch, sondern es warf sich plötzlich nieder und wälzte sich. Es konnte dem kleinen Kerl alle Rippen brechen; er mußte aus dem Sattel. Ich sprang aus dem Sattel, ergriff den am Boden schleifenden Lasso wieder und schlang ihn schnell zweimal um die starke Wurzel eines daneben stehenden Busches. Da hatte das Maultier seinen Reiter abgestreift und sprang auf. Es wollte fortstürmen, aber die Wurzel hielt fest; der Lasso wurde angespannt und die Schlinge zog sich wieder scharf zusammen; das Tier stürzte abermals nieder.

Sam Hawkens hatte sich auf die Seite retiriert, betastete sich die Rippen und die Schenkel, zog ein Gesicht, als ob er Sauerkraut mit Pflaumenmus gegessen hätte, und sagte:

»Laßt die Bestie laufen; die bändigt kein Mensch, wenn ich mich nicht irre.«

»Das wäre! Möchte mich von keinem Maultiere beschämen lassen, dessen Vater kein Gentleman, sondern ein Esel gewesen ist. Es wird gehorchen müssen. Paßt auf!«

Ich schlang den Lasso von der Wurzel ab und stellte mich mit weit ausgespreizten Beinen über das Tier. Sobald es Luft bekam, sprang es auf. Jetzt kam es vor allen Dingen auf den kräftigsten Schenkeldruck an, und da war ich dem kleinen Sam wohl über. Eine Pferderippe muß sich unter dem Schenkel des Reiters biegen; das drückt die Eingeweide zusammen und macht Todesangst. Während das Maultier dieselben Mittel, mich abzuwerfen, wie vorher bei Sam versuchte, nahm ich den Lasso auf, welcher, vom Halse herabhängend, auf der Erde lag, wand ihn zusammen und faßte ihn dann hart hinter der Schlinge fest. Diese zog ich an, sobald ich bemerkte, daß sich das Tier niederwerfen wollte; durch diese Manipulation und den Schenkeldruck wurde es auf den Beinen gehalten. Es war ein böser Kampf, ich möchte sagen, Kraft gegen Kraft; ich begann aus allen Poren zu schwitzen; aber das Maultier schwitzte noch weit mehr; der Schweiß rann ihm vom Leibe, und vom Maule troff der Schaum in großen Flocken. Seine Bewegungen wurden schwächer und mehr unwillkürlich; sein erst wütendes Schnauben ging in ein kurzes Husten über, dann endlich brach es unter mir zusammen, nicht mit Willen, sondern weil es von seiner letzten Kraft verlassen worden war. Da blieb es bewegungslos und mit verdrehten Augen liegen. Ich holte tief, tief Atem; es war mir, als ob in meinem Körper alle Sehnen und Bänder zerrissen wären.

»*Heavens*, was seid Ihr für ein Mensch!« rief Sam. »Ihr habt ja mehr Kräfte als das Tier gehabt! Könntet Ihr Euer Gesicht sehen, so würdet Ihr erschrecken!«

»Glaube es.«

»Eure Augen sind herausgetreten, Eure Lippen geschwollen und Eure Wangen förmlich blau!«

»Das kommt daher, daß man ein Greenhorn ist und sich nicht abwerfen lassen will, während ein Anderer, der Meister in der Mustangjagd ist, klüger war und sich abstreifen ließ, nachdem es ihm vorher gar passierte, daß er sein eigenes Pferd ans Maultier hing und beide dann spazierenlaufen ließ.«

Er machte ein doppelt jämmerliches Gesicht und bat im kläglichsten Tone:

»Schweigt davon, Sir! Ich sage Euch, es kann dem tüchtigsten Jäger einmal so etwas passieren. Ihr habt gestern und heut zwei gute Tage gehabt.«

»Hoffe, noch mehr solche Tage zu erleben. Dafür waren sie für Euch um so schlimmer. Wie steht es denn mit Euren Rippen und den andern Knöchelchens?«

»Weiß nicht. Werde sie nachher einmal zusammensuchen und zählen, sobald mir besser ist. Jetzt klappern sie mir allüberall im Leib herum. Das war eine Bestie, wie ich noch keine zwischen den Beinen gehabt habe! Hoffe, daß sie nun zu Verstand kommen wird!«

»Das ist sie schon. Seht, wie matt sie daliegt, grad wie zum Erbarmen. Wollen ihr den Sattel auf- und den Zaum anlegen. Ihr reitet sie nach Hause.«

»Da wird sie wieder zu bocken anfangen!«

»Fällt ihr nicht ein! Die hat genug. Sie ist ein gescheites Viehzeug, und Ihr werdet ganz glücklich sein, sie gefangen zu haben.«

»Ja, das glaube ich. Hatte es aber auch von allem Anfang gleich auf sie abgesehen. Ihr auf den Schimmel, was eine sehr große Dummheit war.«

»Wißt Ihr das so genau?«

»Natürlich war es eine Dummheit!«

»Das meine ich nicht, sondern daß ich es auf den Schimmel abgesehen hatte.«

»Auf was denn?«

»Auch auf das Maultier.«

»Wirklich?«

»Ja. Wenn ich auch ein Greenhorn bin, so viel weiß ich doch, das ein Schimmel nichts für einen Westmann taugt. Das Maultier gefiel mir gleich, als ich es sah.«

»Ja, einen guten Pferdeverstand habt Ihr, das muß man zugeben.«

»Will wünschen, daß bei Euch der Menschenverstand ebenso gut ist, lieber Sam! Jetzt kommt, und helft mir, das Tier von der Erde aufzubringen!«

Wir zogen das Maultier empor. Es stand still und zitterte

an allen Gliedern. Es sträubte sich auch nicht, als wir ihm den Sattel aufschnallten und den Zaum anlegten. Und als Sam aufgestiegen war, gehorchte es dem Zügel willig und so feinfühlig wie ein zugerittenes Pferd.

»Es hat schon einen Herrn gehabt,« meinte der Kleine, »der ein guter Reiter gewesen sein muß; das merke ich schon. Wird ihm davongelaufen sein. Wißt Ihr, wie ich es nennen werde?«

»Nun?«

»Mary. Habe schon früher einmal ein Maultier geritten, welches Mary hieß, und brauche mir nicht die Mühe zu geben, einen andern Namen auszusinnen.«

»Also das Maultier Mary und das Gewehr Liddy!«

»Ja. Sind zwei allerliebste Namen. Nicht? Und nun muß ich Euch bitten, mir einen großen Gefallen zu tun.«

»Gern. Welchen?«

»Sprecht nicht über das, was hier geschehen ist! Werde es Euch hoch anrechnen.«

»Unsinn! Etwas, was sich ganz von selbst versteht, braucht gar nicht angerechnet zu werden.«

»Dieses doch. Möchte die Bande da oben im Lager lachen hören, wenn sie erführe, wie Sam Hawkens zu seiner neuen, holden Mary gekommen ist! Würde ein Gaudium für sie sein, ein großes Gaudium. Wenn Ihr den Mund haltet, werde ich – – –«

»Bitte, seid still!« unterbrach ich ihn. »Es ist gar nicht notwendig, ein Wort darüber zu verlieren. Ihr seid mein Lehrer und mein Freund. Mehr brauch ich doch nicht zu sagen.«

Da wurden seine kleinen, listigen Aeuglein feucht, und er rief begeistert aus:

»Ja, Euer Freund bin ich, Sir, und wenn ich wüßte, daß Ihr mir auch ein klein wenig Liebe schenken wolltet, so würde das für mein altes Herz eine große, aufrichtige Freude und Wonne sein.«

Ich reichte ihm die Hand und antwortete:

»Diese Freude kann ich Euch machen, lieber Sam. Ihr könnt versichert sein, daß ich Euch lieb habe, so lieb, wie –

wie – na, so, wie man ungefähr einen recht guten, braven und ehrlichen Onkel liebt. Ist Euch das genug?«

»Vollauf, Sir, vollauf! Ich bin so entzückt darüber, daß ich Euch dafür, womöglich gleich hier auf der Stelle, eine recht große Gegenfreude bereiten möchte. Sagt mir, was ich tun soll! Soll ich – – soll ich – – zum Beispiel hier diese neue Mary vor Euern Augen mit Haut und Haar auffressen? Oder soll ich, falls Euch das lieber ist, mich selbst marinieren, frikassieren und verschlingen? Oder soll ich – – –«

»Haltet ein!« lachte ich. »In jedem dieser beiden Fälle würde ich Euch verlieren, denn in dem einen würdet Ihr zerplatzen und in dem andern an einer bösen Indigestion zugrunde gehen, da Ihr doch Eure Perücke mit verschlingen müßtet, die Euer Magen doch unmöglich verdauen könnte. Ihr habt mir schon genug Gefallen getan und werdet mir wohl auch fernerhin noch manche Liebe zu erweisen haben. Laßt also vorderhand die Mary und auch Euch selbst am Leben, und macht, daß wir bald wieder in das Lager kommen. Ich möchte arbeiten.«

»Arbeiten! Das habt Ihr doch auch hier getan, denn wenn das keine Arbeit war, so weiß ich nicht, was ich Arbeit nennen soll.«

Ich band Dick Stones Pferd mit dem Lasso an das meinige, dann ritten wir fort. Die Mustangs waren indessen natürlich schon längst entwichen; das Maultier gehorchte seinem Reiter willig, und Sam rief unterwegs mehreremal freudig aus:

»Sie hat Schule, diese Mary, eine sehr gute Schule! Ich fühle und bemerke bei jedem Schritte immer mehr, daß ich von heut an vortrefflich beritten sein werde. Sie besinnt sich jetzt auf das, was sie früher gelernt und dann unter den Mustangs wieder vergessen hat. Hoffentlich hat sie nicht bloß Temperament, sondern auch Charakter.«

»Wenn sie ihn nicht hat, so könnt Ihr ihn ihr noch beibringen. Sie ist noch nicht zu alt dazu.«

»Wie alt denkt Ihr, daß sie ist?«

»Fünf Jahre, mehr nicht.«

»Das ist auch meine Ansicht. Werde sie nachher genau untersuchen, ob dies richtig ist. Habe das Tier Euch zu verdanken, nur Euch. Waren zwei böse Tage für mich, sehr böse, für Euch aber sehr ehrenvoll. Hättet Ihr geglaubt, die Bison- und auch die Mustangjagd so schnell hintereinander kennen zu lernen?«

»Warum nicht? Man muß hier im Westen auf alles gefaßt sein. Ich hoffe auch noch andere Jagden kennen zu lernen.«

»Hm, ja. Will wünschen, daß Ihr dann ebenso davon kommt wie gestern und heut. Gestern besonders hing Euer Leben an einem Haare. Habt zuviel gewagt. Ihr dürft nie vergessen, daß Ihr ein Greenhorn seid. Läßt dieser Mensch den Büffel ruhig an sich kommen und schießt ihn dann in die Augen! Hat man je so etwas erlebt! Ihr seid noch unerfahren und habt die Bisons unterschätzt. Nehmt Euch in Zukunft mehr in acht, und traut Euch nicht zuviel zu! Die Jagd auf den Bison ist höchst gefährlich. Es gibt nur eine einzige, welche noch gefährlicher ist.«

»Welche?«

»Auf den Bären.«

»Da meint Ihr doch nicht etwa den schwarzen Bären mit gelber Schnauze?«

»Den Baribal? Fällt mir nicht ein! Der ist ein sehr gutmütiges und friedfertiges Viehzeug, welchen man Wäscheplätten und Filetstricken lehren könnte. Nein, ich meine den Grizzly, den grauen Bären der Felsengebirge. Da Ihr von allem gelesen habt, so wohl auch von ihm?«

»Ja.«

»So seid froh, wenn Ihr keinen zu sehen bekommt. Wenn er sich aufrichtet, ist er über zwei Fuß länger als Ihr; mit einem einzigen Bisse verwandelt er Euern Kopf in Knochenbrei, und wenn er einmal angegriffen und in Wut versetzt worden ist, so ruht er nicht, bis er seinen Feind zerrissen und vernichtet hat.«

»Oder dieser ihn!«

»Oho! Seht, da tritt schon wieder Euer großer Leichtsinn zutage! Ihr redet von dem mächtigen, unüberwindlichen grauen Bären mit einer Geringschätzung, als ob es sich um einen kleinen, ungefährlichen Waschbären handle.«

»Das nicht. Es fällt mir gar nicht ein, ihn gering zu schätzen; aber unüberwindlich, wie Ihr sagt, ist er jedenfalls nicht. Kein Raubtier ist unüberwindlich, auch der Grizzly nicht.«

»Das habt Ihr wohl auch gelesen?«

»Ja.«

»Hm! Ich glaube, die Bücher, welche Ihr gelesen habt, sind an Euerm Leichtsinn schuld. Ihr seid doch sonst ein ganz verständiger Kerl, wenn ich mich nicht irre. Ihr wäret imstande und gingt auf einen grauen Bären grad so los wie gestern auf die Bisons.«

»Wenn ich nicht anders könnte – ja.«

»Nicht anders könnte! Unsinn! Was meint Ihr mit diesen Worten? Jeder Mensch kann anders, wenn er will!«

»Das heißt, er kann ausreißen, wenn er feig ist. Das meint Ihr doch?«

»Ja; aber von feig sein ist dabei keine Rede. Es ist keine Feigheit, den Grizzly zu fliehen; im Gegenteile, es ist geradezu Selbstmord, der reinste Selbstmord, ihn anzugreifen.«

»Da gehen unsere Ansichten auseinander. Wenn er mich überrascht und mir keine Zeit zur Flucht läßt, muß ich mich wehren. Wenn er sich über einen Kameraden von mir hermacht, muß ich diesem zu Hilfe kommen. Das sind zwei Fälle, in denen ich nicht fliehen kann oder darf. Und außerdem kann ich es mir ganz gut denken, daß ein kühner Westmann es mit dem grauen Bären auch ohne Not aufnimmt, um seinen Mut zu betätigen, ein so gefährliches Raubtier unschädlich zu machen und nebenbei sich dann die Schinken und die Tatzen ausgezeichnet schmecken zu lassen.«

»Ihr seid ein ganz unverbesserlicher Mensch, und es wird mir himmelangst um Euch. Dankt lieber Gott, wenn Ihr diese Schinken und Tatzen niemals kennen lernt! Dabei will ich freilich nicht verhehlen, daß es keine größere Delikatesse gibt, soweit die Erde reicht; sie gehen sogar noch weit über die feinste Büffellende.«

»Wahrscheinlich braucht Ihr jetzt noch nicht um mich besorgt zu sein. Oder sollte es auch hier in dieser Gegend graue Bären geben?«

»Warum nicht? Der Grizzly kommt im ganzen Gebirge vor; er folgt den Flüssen und geht zuweilen sogar weit in die Prärie hinein. Wehe dem, auf den er trifft! Reden wir nicht mehr davon!«

Er ahnte ebensowenig wie ich, daß schon am nächsten Tage dieses Thema wieder und noch ganz anders als heut zur Sprache kommen und dieses so gefürchtete Tier uns in den Weg treten werde. Es gab überhaupt keine Zeit, das Gespräch fortzuführen, denn wir waren jetzt bei dem Lager angelangt. Man hatte es eine ziemliche Strecke vorgeschoben, weil dieselbe während unserer Abwesenheit vermessen worden war. Bancroft hatte sich mit den drei Surveyors außerordentlich ins Zeug gelegt, um endlich auch einmal zu zeigen, was er leisten konnte. Wir erregten Aufsehen.

»Ein Maultier, ein Maultier!« wurde gerufen. »Wo habt Ihr es her, Hawkens, woher?«

»Direkt geschickt bekommen,« antwortete er im ernsthaftesten Tone.

»Nicht möglich! Von wem, von wem?«

»Durch die Eilpost, per Kreuzband für zwei Cents. Wollt ihr den Umschlag vielleicht sehen?«

Einige lachten, die Andern schimpften; aber er hatte seinen Zweck erreicht; man fragte ihn nicht weiter. Ob er gegen Dick Stone und Will Parker jetzt gleich mitteilsamer war, konnte ich nicht beobachten, weil ich mich sofort an der Vermessungsarbeit beteiligte. Diese schritt bis zum Abend so weit fort, daß wir morgen früh das Tal in Angriff nehmen konnten, in welchem wir gestern das Zusammentreffen mit den Bisons gehabt hatten. Als wir am Abende davon sprachen, fragte ich Sam, ob wir da vielleicht von den Büffeln gestört werden könnten, da diese, wie es ja scheinen wollte, ihre Richtung durch das Tal einschlagen würden. Wir hatten es mit einem Vortrupp zu tun gehabt und konnten uns nun wohl auf das Erscheinen der Hauptherde gefaßt machen. Da antwortete er:

»Denkt das ja nicht, Sir! Die Bisons sind nicht weniger klug als die Mustangs. Die von uns verjagten Vorposten sind zurückgekehrt und haben die Herde gewarnt; diese schlägt nun sicher eine ganz andere Richtung ein und wird sich hüten, durch dieses Tal zu kommen.«

Als der Morgen anbrach, verlegten wir unser Lager nach dem oberen Teil desselben. Hawkens, Stone und Parker beteiligten sich nicht daran, denn der Erstere wollte seine neue ›Mary‹ zureiten, und die beiden Andern begleiteten ihn, als er sich nach der Prärie entfernte, auf welcher wir das Maultier gefangen hatten; dort gab es für sein Vorhaben Platz genug.

Wir Surveyors beschäftigten uns zunächst mit dem Anbringen der Meßstangen, wobei uns einige Untergebene von Rattler halfen; dieser selbst schlenderte mit den Andern nichtstuend in der Umgebung herum. Dabei kamen wir und auch er der Stelle näher, an welcher ich die beiden Büffels erlegt hatte. Zu meinem Erstaunen bemerkte ich da, daß der alte Bulle nicht mehr da war. Wir gingen hin und sahen, daß von dem Punkte, wo er gelegen hatte, eine breite Spur nach den Büschen führte; das Gras war gegen zwei Ellen breit niedergeschleift.

»Alle Wetter! Ist so etwas möglich?« rief Rattler aus. »Ich habe, als wir das Fleisch holten, die beiden Bullen doch genau untersucht; sie waren tot, und doch hat dieser hier noch Leben in sich gehabt.«

»Meint Ihr das?« fragte ich ihn.

»Jawohl. Oder denkt Ihr, daß ein toter Büffel sich entfernen kann?«

»Muß er sich selbst entfernt haben? Er kann doch auch entfernt worden sein.«

»So? Von wem denn?«

»Von Indianern zum Beispiel. Wir haben weiter oben die Spur eines Indianerfußes entdeckt.«

»So! Wie klug und weise doch so ein Greenhorn reden

kann! Wenn er von Indianern fortgeschafft worden wäre, woher sollen diese gekommen sein?«

»Irgend woher.«

»Das ist sehr richtig. Vielleicht sogar vom Himmel herunter! Denn von da herunter müssen sie gefallen sein, weil man sonst ihre Fährte sehen müßte. Nein, es ist noch Leben in dem Büffel gewesen, und er hat sich, als er erwachte, von hier fort und in die Büsche geschleppt; dort ist er natürlich inzwischen verendet. Wollen gleich einmal nachsuchen.«

Er ging mit seinen Leuten der Spur nach. Vielleicht hatte er geglaubt, ich würde mitgehen; ich tat dies aber nicht, denn die höhnische Art und Weise, in der er mit mir gesprochen hatte, gefiel mir nicht, und ich hatte zu arbeiten; übrigens konnte es mir auch sehr gleichgültig sein, wohin die Leiche des alten Bullen gekommen war. Ich wendete mich also meiner Beschäftigung wieder zu, hatte aber noch nicht zur Meßstange gegriffen, als aus dem Gebüsch ein vielstimmiges Angstgeschrei erscholl; zwei, drei Schüsse krachten, und dann hörte ich Rattler rufen:

»Auf die Bäume, schnell auf die Bäume, sonst seid ihr verloren! Er kann nicht klettern.«

Wen meinte er, der nicht klettern konnte? Da kam einer seiner Leute aus dem Gebüsch gesprungen, und zwar in Sätzen, wie man sie nur in der Todesangst zu machen vermag.

»Was ist's, was gibt's?« rief ich ihm zu.

»Ein Bär, ein gewaltiger Bär, ein grauer Grizzlybär!« keuchte er, indem er an mir vorüberrannte.

Zu gleicher Zeit schrie eine zeternde Stimme:

»Zu Hilfe, zu Hilfe! Er hat mich fest! Oh, oh!«

In dieser Weise konnte ein Mensch nur dann brüllen, wenn er den offenen Rachen des Todes vor sich gähnen sah. Der Mann befand sich jedenfalls in der äußersten Gefahr; es mußte ihm Hilfe werden. Aber wie? Ich hatte mein Gewehr beim Zelte gelassen, weil es mich bei der Arbeit hinderte. Dies war keine Unvorsichtigkeit von mir gewesen, da wir Surveyors ja die Westmänner zu unserem Schutze bei uns hatten. Wollte ich erst nach dem Zelte laufen, so wurde der Mann, ehe ich zurückkam, von dem Bären zerrissen; ich mußte also hin zu ihm, so wie ich war; ich hatte nur das Messer und die beiden Revolver im Gürtel. Was sind aber das für Waffen gegen einen Grizzlybären! Der Grizzly ist ein naher Verwandter des ausgestorbenen Höhlenbären und gehört eigentlich mehr der Urzeit als der Gegenwart an. Er wird bis neun Fuß lang, und ich habe Exemplare erlegt, welche ebenso viel Zentner schwer waren. Seine Muskelkraft ist so riesig, daß er, einen Hirsch, ein Fohlen oder eine Bisonfärse im Rachen, mit Leichtigkeit davontrabt. Ein Reiter kann ihm nur dann entfliehen, wenn er ein sehr kräftiges und ausdauerndes Pferd besitzt, sonst holt ihn der graue Bär sicher ein. Bei der riesigen Stärke, der absoluten Furchtlosigkeit und nie ermüdenden Ausdauer des Grizzlybären gilt seine Erlegung unter den Indianern natürlich für eine ungeheuer kühne Tat.

Also ich sprang ins Gebüsch. Die Spur führte noch weiter, bis dahin, wo die Bäume begannen. Dorthin hatte der Bär den Bullen geschleppt. Von dorther war er vorher gekommen; darum hatten wir seine Spur nicht sehen können, da sie durch das Fortschleifen des Bisons ausgelöscht worden war.

Es war ein böser Augenblick. Hinter mir riefen die Surveyors, welche nach dem Zelte zu ihren Waffen flohen; vor mir schrien die Westleute, und dazwischen ertönte das unbeschreibliche Schmerzgeheul desjenigen von ihnen, den der Bär in seinen Tatzen hatte.

Ich kam mit jedem Sprunge, den ich tat, näher; jetzt hörte ich die Stimme des Bären, oder vielmehr nicht die Stimme, denn auch dadurch, daß es keine Stimme hat, unterscheidet sich dieses gewaltige Tier von den andern Bärenarten; es brummt nicht, sondern sein einziger Laut in Zorn oder Schmerz ist ein eigentümliches, lautes und rasches Schnauben und Fauchen.

Nun war ich da. Vor mir lag der vollständig zerfleischte Leib des Bisons; rechts und links schrien mir die Westmänner zu, welche sich rasch auf die Bäume retiriert hatten und sich dort ziemlich sicher fühlten, denn man hat wohl selten oder gar nie einen Grizzly aufbäumen sehen. Gradaus, jenseits der

Büffelleiche, hatte einer der Westmänner einen Baum erklimmen wollen, war aber von dem Bären dabei überrascht worden. Er lag mit dem Oberleib, sich mit beiden Armen am Stamme festhaltend, auf dem ersten, niedrigen Aste, und der Grizzly, welcher sich hoch aufgerichtet hatte, wühlte ihm mit den Vorderpranken in den Schenkeln und dem Unterleibe. Der Mann war dem Tode geweiht, unrettbar verloren; ich konnte ihm nicht helfen, und niemand hätte, wenn ich wieder fortgelaufen wäre, das Recht gehabt, mir darüber einen Vorwurf zu machen; aber der Anblick, welcher sich mir bot, wirkte mit unwiderstehlicher Gewalt. Ich raffte eins der weggeworfenen Gewehre auf; es war leider abgeschossen. Ich drehte es um, sprang über den Büffel hinüber und versetzte dem Bären aus allen mir zu Gebote stehenden Kräften einen Kolbenhieb gegen den Schädel. Lächerlich! Das Gewehr zersplitterte wie Glas in meinen Händen; so einem Schädel ist nicht einmal mit einem Schlachtbeile beizukommen; aber ich hatte doch den Erfolg, den Grizzly von seinem Opfer abzulenken. Er drehte den Kopf nach mir um, nicht etwa schnell, wie es bei einem katzen- oder hundeartigen Raubtiere der Fall gewesen wäre, sondern langsam, als ob er über meinen dummen Angriff ganz verwundert sei. Mich mit seinen kleinen Augen messend, schien er zu überlegen, ob er bei seinem bisherigen Opfer bleiben oder mich anpacken solle; diese wenigen Augenblicke retteten mir das Leben, denn es kam mir ein Gedanke, der einzige, der mir in der Lage, in welcher ich mich befand, Hilfe bringen konnte. Ich riß den einen Revolver heraus, sprang ganz nahe zu dem Bären heran, welcher mir zwar seinen Kopf, sonst aber den Rücken zukehrte, und schoß ihn ein-, zwei-, drei-, viermal in die Augen, so wie ich nicht weit von hier dem zweiten Büffelbullen zwei Schüsse in die Augen gegeben hatte. Dies geschah natürlich so schnell, wie es mir möglich war; dann sprang ich weit zur Seite und blieb da beobachtend stehen, indem ich nun das Bowiemesser zog.

Wäre ich stehen geblieben, so hätte ich es mit dem Leben bezahlt, denn das geblendete Raubtier ließ rasch vom Baume ab und warf sich nach der Stelle, an welcher ich mich einen Moment vorher befunden hatte. Ich war weg, und nun begann der Bär, unter giftigem Fauchen und wütenden Tatzenschlägen nach mir zu suchen. Er gebärdete sich wie wahnsinnig, drehte sich mit allen Vieren um sich selbst, riß die Erde auf, machte, mit den Vorderpranken weit um sich langend, Sprünge nach allen Seiten, um mich zu finden, konnte mich aber nicht erwischen, da ich zu meinem Glücke gut getroffen hatte. Vielleicht hätte ihm der Geruch als Führer zu mir dienen können; aber er war rasend vor Wut, und dies verhinderte ihn, ruhig seinen Sinnen, seinem Instinkt zu folgen.

Endlich richtete er seine Aufmerksamkeit mehr auf seine Verletzungen als auf denjenigen, dem er sie zu verdanken hatte. Er setzte sich nieder, richtete sich in dieser Stellung auf und fuhr sich schnaubend und zähnefletschend mit den Vordertatzen über die Augen. Schnell stand ich neben ihm, holte aus und stieß ihm das Messer zweimal zwischen die Rippen. Er griff augenblicklich nach mir, aber ich war schon wieder fort. Ich hatte das Herz nicht getroffen, und das Suchen nach mir begann mit erneuter und verdoppelter Wut. Dies dauerte wohl zehn Minuten lang. Er verlor dabei viel Blut und wurde sichtlich matt. Dann setzte er sich wieder aufrecht hin, um sich nach den Augen zu langen. Dies gab mir Gelegenheit zu zwei weiteren, schnell aufeinander folgenden Messerstößen, und diesmal traf ich besser; er sank, während ich rasch wieder zur Seite gesprungen war, vorn nieder, lief taumelnd und fauchend einige Schritte vorwärts, dann zur Seite und wieder zurück, wollte sich abermals aufrichten, hatte aber nicht die Kraft dazu, sondern fiel hin und kollerte im vergeblichen Bemühen, auf die Beine zu kommen, einige Male hin und her, bis er sich lang ausstreckte und dann ruhig liegen blieb.

»Gott sei Dank!« schrie Rattler von seinem Baume herab. »Die Bestie ist tot. Das war eine schreckliche Gefahr, in der wir uns befanden.«

»Wüßte nicht, worin das Schreckliche für Euch liegen sollte,« antwortete ich. »Ihr hattet ja sehr gut für Eure Sicherheit gesorgt. Jetzt könnt Ihr herunterkommen.«

»Nein, nein, noch nicht. Untersucht vorher den Grizzly, ob er wirklich tot ist.«

»Er ist tot.«

»Das könnt Ihr nicht behaupten. Ihr habt gar keine Ahnung, welch ein zähes Leben so ein Vieh hat. Also untersucht ihn doch!«

»Für Euch etwa? Wenn Ihr wissen wollt, ob er noch lebt, so untersucht ihn selbst; Ihr seid ja ein berühmter Westmann, während ich nur ein Greenhorn bin.«

Ich wendete mich nun zu seinem Kameraden, welcher noch immer in der vorhin beschriebenen Lage an dem Baume hing. Er hatte zu heulen aufgehört, und bewegte sich nicht mehr. Sein Gesicht war verzerrt, und seine weit offenen Augen stierten verglast zu mir herab. Das Fleisch war ihm bis auf die Knochen von den Schenkeln gerissen, und die Eingeweide quellten ihm aus dem Unterleibe. Ich beherrschte mein Grauen und rief ihm zu:

»Laßt fahren, Sir! Ich werde Euch herunternehmen.«

Er antwortete nicht, und keine noch so leise Bewegung verriet, daß er mich verstanden habe. Ich bat seine Kameraden, von den Bäumen herabzusteigen und mir zu helfen. Diese berühmten ›Westmänner‹ waren nicht eher dazu zu bewegen, als bis ich den Bären einige Male hin- und hergewendet und ihnen dadurch bewiesen hatte, daß er wirklich tot sei. Dann erst getrauten sie sich herunter und halfen mir, den so gräßlich Verstümmelten auf die Erde zu bringen. Dies hatte seine Schwierigkeiten, denn seine Arme hielten den Baum so fest umschlungen, daß wir sie nur mit Anwendung von Gewalt losbringen konnten. Er war tot.

Dieses schreckliche Ende schien aber seine Kameraden nicht im geringsten anzugreifen, denn sie wendeten sich gleichgültig von ihm ab und dem Bären zu, und ihr Anführer sagte:

»Jetzt wird es umgekehrt: Vorhin hat der Bär uns fressen wollen, nun wird er von uns gefressen werden. Rasch, ihr Leute, das Fell herunter, daß wir zu dem Schinken und den Tatzen kommen!«

Er zog sein Messer und kniete nieder, um seinen Worten die Tat folgen zu lassen; da aber bemerkte ich ihm:

»Es wäre jedenfalls rühmlicher gewesen, wenn Ihr Euer Messer an ihm versucht hättet, als er noch am Leben war. Jetzt ist's zu spät dazu. Gebt Euch keine Mühe.«

»Was?« fuhr er auf. »Wollt Ihr mich etwa hindern, mir einen Braten herunter zu schneiden?«

»Das will ich allerdings, Mr. Rattler.«

»Mit welchem Rechte?«

»Mit dem besten, unbestreitbarsten Rechte. Ich habe den Bären erlegt.«

»Das ist nicht wahr. Ihr werdet doch nicht behaupten wollen, daß ein Greenhorn einen Grizzly mit dem Messer töten kann! Wir haben, als wir ihn erblickten, auf ihn geschossen.«

»Und Euch dann schleunigst auf die Bäume retiriert; ja, das ist wahr, sehr wahr!«

»Aber unsere Kugeln haben getroffen; an ihnen ist er schließlich verendet, nicht aber an den paar Nadelstichen, die Ihr ihm, als er schon halb tot war, mit Eurem Messer beigebracht habt. Der Bär ist unser, und wir machen mit ihm, was wir wollen. Verstanden?«

Er wollte sich wirklich an die Arbeit machen; ich aber warnte ihn:

»Laßt augenblicklich ab von ihm, Mr. Rattler; sonst lehre ich Euch, meine Worte zu achten! Auch verstanden?«

Da er trotzdem mit dem Messer in den Pelz des Bären fuhr, faßte ich ihn so, wie er niedergebückt vor demselben kniete, mit beiden Händen bei den Hüften, hob ihn empor und warf ihn an den nächsten Baum, daß es krachte. Es war mir in diesem Augenblicke des Zornes ganz gleichgültig, ob er dabei etwas brach oder nicht. Noch während er durch die Luft flog, riß ich meinen zweiten, noch geladenen Revolver heraus, um etwaigen Angriffen schnell zuvorzukommen. Er richtete sich wieder auf, blitzte mich mit vor Wut funkelnden Augen an, zog sein Messer und rief:

»Das sollt Ihr mir bezahlen! Ihr habt mich schon einmal

geschlagen, und ich werde dafür sorgen, daß Ihr Euch nicht zum drittenmal an mir vergreifen könnt.«

Er wollte einen Schritt auf mich zu tun; da hielt ich ihm meinen Revolver entgegen und drohte:

»Noch einen weiteren Schritt, und ich jage Euch eine Kugel in den Kopf! Weg mit dem Messer! Bei ›drei‹ schieße ich, wenn Ihr es in der Hand behaltet. Also: eins – zwei – und – – –«

Er hielt das Messer fest, und ich hätte wirklich geschossen, wenn auch nicht ihm in den Kopf, sondern ich hätte ihm zwei oder drei Kugeln durch die Hand gejagt, denn es galt, mir Respekt zu verschaffen; aber ich kam glücklicherweise nicht dazu, denn in diesem kritischen Augenblicke erscholl eine laute Stimme:

»Gents, seid ihr toll! Was könnte es für einen guten Grund geben, daß Weiße sich einander die Hälse brechen! Haltet ein!«

Wir blickten in die Richtung, in welcher diese Worte gesprochen wurden, und sahen einen Mann hinter einem Baume hervortreten. Er war klein, hager und buckelig und fast wie ein Roter gekleidet und bewaffnet. Man konnte nicht recht unterscheiden, ob er ein Weißer oder ein Indianer war. Sein scharf geschnittenes Gesicht deutete auf das letztere, während die Farbe seines jetzt allerdings von der Sonne verbrannten Gesichtes wahrscheinlich früher weiß gewesen war. Er trug den Kopf unbedeckt; das dunkle Haar hing ihm bis auf die Schultern herab. Sein Anzug bestand aus einer indianischen Lederhose, einem Jagdhemde aus demselben Stoffe und einfachen Mokassins. Bewaffnet war er nur mit einem Gewehre und einem Messer. Sein Auge blickte außerordentlich intelligent, und er brachte trotz seiner Mißgestalt keineswegs einen lächerlichen Eindruck hervor. Es sind ja überhaupt nur rohe und unverständige Menschen, welche über einen unverdienten körperlichen Fehler oder Mangel die Nase rümpfen können. Zu dieser Sorte gehörte Rattler, denn als er den Ankömmling erblickte, rief er lachend aus:

»Halloo, was kommt denn da für ein Zwerg und Mißgeschöpf gelaufen! Darf es denn hier im schönen Westen auch solche Leute geben?«

Der Fremde maß ihn von unten bis oben und antwortete in ruhigem, überlegenem Tone:

»Dankt Gott, wenn Ihr gesunde Glieder habt! Uebrigens kommt es nicht auf den Körper, sondern auf das Herz und den Geist an, und da sage ich Euch, daß ich eine Vergleichung mit Euch nicht zu scheuen brauche.«

Er machte eine geringschätzige Bewegung mit der Hand und wendete sich dann an mich:

»Habt Ihr Kraft in den Knochen, Sir! Das Experiment, einen so schweren Menschen so weit durch die Luft fliegen zu lassen, macht Euch so leicht niemand nach. Es war wirklich eine Wonne, zuzuschauen.«

Dann stieß er den Grizzly mit dem Fuße an und fuhr in bedauerndem Tone fort:

»Also das ist der Kerl, den wir haben wollten. Wir sind zu spät gekommen; das ist schade!«

»Ihr wolltet ihn erlegen?« fragte ich.

»Ja. Wir fanden gestern seine Fährte und sind ihr nach, kreuz und quer, durch dick und dünn, und nun wir an Ort und Stelle kommen, müssen wir leider sehen, daß die Arbeit schon getan ist.«

»Ihr redet in der Mehrzahl, Sir; seid Ihr nicht allein?«

»Nein. Es sind zwei Gentlemen bei mir.«

»Wer?«

»Werde es Euch dann sagen, wenn ich erfahren habe, wer Ihr seid. Ihr wißt, daß man in dieser Gegend nicht vorsichtig genug sein kann. Man stößt da mehr auf böse als auf gute Menschen.«

Er streifte dabei Rattler und dessen Leute mit seinem Blicke und fuhr dann freundlich fort:

»Uebrigens sieht man es einem Gentleman gleich an, daß man ihm trauen darf. Habe den letzten Teil eurer Unterhaltung gehört und weiß also so leidlich, woran ich bin.«

»Wir sind Surveyors, Sir,« erklärte ich ihm. »Ein Oberingenieur, vier Surveyors, drei Scouts und zwölf Westmänner, welche uns gegen etwaige Angriffe zu beschützen haben.«

»Hm, was dieses anbelangt, so scheint Ihr ein Mann zu sein, der keinen Beschützer braucht. Also Surveyors seid Ihr. Ihr befindet Euch hier in Tätigkeit?«

»Ja.«

»Was vermeßt Ihr da?«

»Eine Bahn.«

»Die hier vorübergehen soll?«

»Ja.«

»So habt Ihr das Gebiet gekauft?«

Sein Auge war während dieser Frage stechend und sein Gesicht ernster geworden. Er schien Grund zu diesen Erkundigungen zu haben; darum antwortete ich:

»Ich bin beauftragt, mich an den Vermessungen zu beteiligen, und dies tue ich, ohne mich um das übrige zu bekümmern.«

»Hm, ja! Denke aber, Ihr wißt trotzdem sehr wohl, woran Ihr seid. Der Boden, auf welchem Ihr Euch befindet, gehört den Indianern, und zwar den Apachen vom Stamme der Mescaleros. Ich kann ganz bestimmt behaupten, daß sie dieses Land weder verkauft noch sonst in irgend einer Weise an irgend jemand abgetreten haben.«

»Was geht das Euch an!« rief ihm da Rattler zu. »Bekümmert Euch nicht um fremde Angelegenheiten, sondern um die Eurigen.«

»Das tue ich auch, Sir, das tue ich, denn ich bin ein Apache, sogar ein Mescalero.«

»Ihr? Laßt Euch nicht auslachen! Man müßte ja blind sein, um Euch nicht anzusehen, daß Ihr ein Weißer seid.«

»Ihr irrt Euch doch! Ihr dürft Euch nicht nach meiner Haut, sondern nach meinem Namen richten. Ich werde Klekih-petra genannt.«

Dieser Name bedeutet in der Sprache der Apachen, deren Dialekte ich damals noch nicht kannte, so viel wie weißer Vater. Rattler schien diesen Namen schon gehört zu haben, denn er trat in ironischer Verwunderung einen Schritt zurück und sagte:

»Ah, Klekih-petra, der berühmte Schulmeister der Apachen! Schade, daß Ihr buckelig seid; es muß Euch da außerordentlich schwer werden, von den roten Bengels nicht ausgelacht zu werden.«

»O, das tut nichts, Sir. Ich bin es gewohnt, von Bengels verlacht zu werden, denn vernünftige Leute tun das nicht. Und nun ich weiß, wer Ihr seid und was Ihr hier treibt, kann ich Euch auch sagen, wer meine Begleiter sind. Es wird am besten sein, ich zeige sie Euch.«

Er rief ein Indianerwort, welches ich nicht verstand, in den Wald zurück, worauf zwei außerordentlich interessante Gestalten erschienen und langsam und würdevoll auf uns zukamen. Es waren Indianer, und zwar Vater und Sohn, wie man gleich auf den ersten Blick erkennen mußte.

Der Aeltere war von etwas mehr als mittlerer Gestalt, dabei sehr kräftig gebaut; seine Haltung zeigte etwas wirklich Edles, und aus seinen Bewegungen konnte man auf große körperliche Gewandtheit schließen. Sein ernstes Gesicht war ein echt indianisches, doch nicht so scharf und eckig, wie es bei den meisten Roten ist. Sein Auge besaß einen ruhigen, beinahe milden Ausdruck, den Ausdruck einer stillen, innern Sammlung, die ihn seinen gewöhnlichen Stammesgenossen gegenüber überlegen machen mußte. Sein Kopf war unbedeckt; das dunkle Haar hatte er in einen helmartigen Schopf aufgebunden, in welchem eine Adlerfeder, das Zeichen der Häuptlingswürde, steckte. Der Anzug bestand aus Mokassins, ausgefransten Leggins und einem ledernen Jagdrocke, dies alles sehr einfach und dauerhaft gefertigt. Im Gürtel steckte ein Messer, und an demselben hingen mehrere Beutel, in denen alle die Kleinigkeiten steckten, welche einem Westmanne nötig sind. Der Medizinbeutel hing an seinem Halse, daneben die Friedenspfeife mit dem aus heiligem Tone geschnittenen Kopfe. In der Hand hielt er ein doppelläufiges Gewehr, dessen Holzteile dicht mit silbernen Nägeln beschlagen waren. Dies war das Gewehr, welches sein Sohn Winnetou später unter dem Namen Silberbüchse zu so großer Berühmtheit bringen sollte.

Der Jüngere war genau so gekleidet wie sein Vater, nur daß

sein Anzug zierlicher gefertigt worden war. Seine Mokassins waren mit Stachelschweinsborsten und die Nähte seiner Leggins und des Jagdrockes mit feinen, roten Nähten geschmückt. Auch er trug den Medizinbeutel am Halse und das Kalumet dazu. Seine Bewaffnung bestand wie bei seinem Vater aus einem Messer und einem Doppelgewehre. Auch er trug den Kopf unbedeckt und hatte das Haar zu einem Schopfe aufgewunden, aber ohne es mit einer Feder zu schmücken. Es war so lang, daß es dann noch reich und schwer auf den Rücken niederfiel. Gewiß hätte ihn manche Dame um dieses herrliche, blauschimmernde Haar beneidet. Sein Gesicht war fast noch edler als dasjenige seines Vaters und die Farbe desselben ein mattes Hellbraun mit einem leisen Bronzehauch. Er stand, wie ich jetzt erriet und später dann erfuhr, mit mir in gleichem Alter und machte gleich heut, wo ich ihn zum erstenmal erblickte, einen tiefen Eindruck auf mich. Ich fühlte, daß er ein guter Mensch sei und außerordentliche Begabung besitzen müsse. Wir betrachteten einander mit einem langen, forschenden Blicke, und dann glaubte ich, zu bemerken, daß in seinem ernsten, dunklen Auge, welches einen sammetartigen Glanz besaß, für einen kurzen Augenblick ein freundliches Licht aufglänzte, wie ein Gruß, den die Sonne durch eine Wolkenöffnung auf die Erde sendet.

»Das sind meine Freunde und Begleiter,« sagte Klekihpetra, indem er erst auf den Vater und dann auf den Sohn deutete. »Dieser ist Intschu tschuna[1], der große Häuptling der Mescaleros, welcher auch von allen übrigen Apachenstämmen als Häuptling anerkannt wird. Und hier steht sein Sohn Winnetou, welcher trotz seiner Jugend schon mehr kühne Taten verrichtet hat, als sonst zehn alte Krieger in ihrem ganzen Leben ausgeführt haben. Sein Name wird einst genannt und gerühmt werden, so weit die Savannen und die Felsengebirge reichen.«

Das klang überschwänglich, war aber, wie ich später er-

[1] Gute Sonne.

fuhr, gar nicht zu viel gesagt. Rattler lachte höhnisch auf und rief aus:

»So ein junger Kerl und soll schon solche Taten begangen haben? Ich sage mit Absicht ›begangen‹, denn was er ausgeführt hat, werden doch nur Diebereien, Spitzbübereien und Räubereien gewesen sein. Man kennt das schon. Die Roten stehlen und rauben alle.«

Dies war eine schwere Beleidigung. Die drei Fremden taten so, als ob sie sie nicht gehört hätten. Sie traten zu dem Bären und betrachteten denselben. Klekih-petra bückte sich nieder und untersuchte ihn.

»Er ist an den Messerstichen und nicht an einer Kugel gestorben,« sagte er, zu mir gewendet.

Er hatte meinen Streit mit Rattler heimlich angehört und wollte mir nun konstatieren, daß ich recht gehabt hatte.

»Wird sich finden,« sagte Rattler. »Was versteht so ein bukkeliger Schulmeister von der Bärenjagd. Wenn wir nachher dem Tiere das Fell abgezogen haben, so werden wir ganz deutlich sehen, welche Wunde tödlich gewesen ist. Von einem Greenhorn lasse ich mich nicht um mein Recht betrügen.«

Da bückte sich auch Winnetou zu dem Bären nieder, betastete ihn an den Stellen, wo er blutig war, und fragte mich, als er sich wieder aufgerichtet hatte:

»Wer hat dieses Tier mit dem Messer angegriffen?«

Er sprach ein sehr reines Englisch.

»Ich,« antwortete ich.

»Warum hat mein junger, weißer Bruder nicht auf ihn geschossen?«

»Weil ich kein Gewehr bei mir hatte.«

»Hier liegen doch Flinten!«

»Die gehören nicht mir. Diejenigen, deren Eigentum sie sind, warfen sie weg und kletterten auf die Bäume.«

»Als wir der Spur des Bären folgten, hörten wir in der Ferne ein großes Angstgeschrei. Wo ist das gewesen?«

»Hier.«

»Uff! Die Eichhörnchen und Stinktiere sind da, um auf die Bäume zu fliehen, wenn ein Feind sich ihnen naht. Der Mann aber soll kämpfen, denn wenn er Mut besitzt, so ist ihm die Macht gegeben, selbst das stärkste Tier zu überwinden. Mein junger, weißer Bruder hat solchen Mut besessen. Warum wird er da ein Greenhorn genannt?«

»Weil ich zum erstenmal und nur erst kurze Zeit im Westen bin.«

»Die Bleichgesichter sind sonderbare Menschen. Bei ihnen wird ein Jüngling, welcher sich nur mit dem Messer an den schrecklichen Grizzly wagt, Greenhorn geschimpft; diejenigen aber, welche aus Furcht auf die Bäume klettern und da oben vor Entsetzen heulen, dürfen sich für tüchtige Westmänner halten. Die roten Männer sind gerechter. Bei ihnen kann ein Tapferer nie als Feigling und ein Feigling nie als Tapferer gelten.«

»Mein Sohn hat sehr richtig gesprochen,« stimmte sein Vater in einem etwas weniger guten Englisch bei. »Dieses junge Bleichgesicht ist kein Greenhorn mehr. Wer den Grizzly in dieser Weise erlegt, der ist ein großer Held zu nennen. Und wer es gar noch tut, um Andere zu retten, die auf die Bäume entwichen sind, der kann von ihnen Dank aber nicht Schimpfreden erwarten. Howgh! Gehen wir hinaus ins Freie, um zu sehen, warum die Bleichgesichter sich hier in dieser Gegend befinden.«

Welch ein Unterschied zwischen meinen weißen Begleitern und diesen von ihnen verachteten Indianern! Der Gerechtigkeitssinn der Roten trieb sie, ohne daß sie es nötig hatten, sich zu meinen Gunsten auszusprechen. Es war sogar ein Wagnis, daß sie dies taten. Sie waren nur zu dreien und wußten nicht, wieviel Köpfe wir zählten; sie begaben sich gewiß in eine Gefahr, wenn sie sich unsere Westmänner zu Feinden machten. Daran schienen sie aber gar nicht zu denken. Sie gingen langsam und mit stolzen Schritten an uns vorüber und dann aus dem Gebüsch hinaus. Wir folgten ihnen. Da sah Intschu tschuna die Meßpfähle stecken, blieb stehen, wendete sich zu mir zurück und fragte:

»Was wird hier getrieben? Wollen die Bleichgesichter etwa dieses Land vermessen?«

»Ja.«

»Wozu?«

»Um einen Weg für das Feuerroß zu bauen.«

Sein Auge verlor den ruhigen, sinnenden Blick; es leuchtete zornig auf, und fast hastig erkundigte er sich:

»Du gehörst zu diesen Leuten?«

»Ja.«

»Und hast mit vermessen?«

»Ja.«

»Du wirst bezahlt dafür?«

»Ja.«

Da war es ein verächtlicher Blick, den er über mich hinweggleiten ließ, und ebenso verächtlich klang sein Ton, als er zu Klekih-petra sagte:

»Deine Lehren klingen sehr schön, aber sie treffen nicht oft zu. Da hat man endlich einmal ein junges Bleichgesicht gesehen mit einem tapferen Herzen, offenem Gesicht und ehrlichen Augen, und kaum hat man gefragt, was es hier tut, so ist es gekommen, um uns gegen Bezahlung unser Land zu stehlen. Die Gesichter der Weißen mögen gut sein oder bös, im Innern ist doch Einer wie der Andere!«

Wenn ich ehrlich sein will, so muß ich sagen, daß ich keine Worte zu meiner Verteidigung hätte finden können; ich fühlte mich innerlich beschämt. Der Häuptling hatte recht; es war so, wie er sagte. Konnte ich etwa stolz auf meinen Beruf sein, ich streng moralischer, christlicher Landesvermesser?

Der Oberingenieur hatte sich mit den drei Surveyors in das Zelt versteckt. Sie blickten durch ein Loch desselben nach dem gefürchteten Bären aus. Als sie uns kommen sahen, wagten sie sich hervor, nicht wenig erstaunt oder vielleicht auch betroffen darüber, daß sie die Indianer bei uns sahen. Sie empfingen uns natürlich mit der Frage, wie wir uns des Bären erwehrt hätten. Da antwortete Rattler schnell:

»Wir haben ihn erschossen, und zu Mittag wird es Bärentatzen, heut abend aber Bärenschinken zu essen geben.«

Unsere drei Gäste sahen mich an, ob ich mir dies gefallen lassen würde; darum machte ich die Bemerkung:

»Und ich behaupte, daß ich ihn erstochen habe. Hier stehen drei Sachverständige, welche mir recht gegeben haben; das soll aber gar nicht entscheidend sein. Wenn nachher Hawkens, Stone und Parker kommen, mögen sie ihre Urteile abgeben, nach denen wir uns richten werden. Bis dahin bleibt der Bär unangerührt liegen.«

»Den Teufel werde ich mich nach diesen dreien richten!« murrte Rattler. »Ich gehe mit meinen Leuten hin, um den Bären aufzubrechen, und wer uns da hindern will, dem jagen wir ein halbes Dutzend Kugeln in den Leib!«

»Tut nicht so dick, sonst mache ich Euch dünn, Mr. Rattler! Vor Euren Kugeln fürchte ich mich nicht so, wie Ihr Euch vor dem Bären gefürchtet habt. Ihr jagt mich auf keinen Baum; das laßt Euch nur gesagt sein! Daß Ihr hingeht, dagegen habe ich nichts, erwarte aber, daß Ihr es nur Eures toten Kameraden wegen tut, den Ihr begraben mögt. So liegen lassen dürft Ihr ihn doch nicht.«

»Es ist einer tot?« fragte Bancroft erschrocken.

»Ja, Rollins,« antwortete Rattler. »Dieser arme Teufel hat auch nur wegen der Dummheit eines Andern sein Leben lassen müssen, sonst hätte er sich retten können.«

»Wieso? Wessen Dummheit?«

»Nun, er machte es grad so wie wir und sprang nach einem Baum; er wäre ganz gut hinaufgekommen, aber da kam dieses Greenhorn alberner Weise gerannt und reizte den Bären, welcher sich dann wütend auf Rollins stürzte und ihn zerfleischte.«

Das war die Schlechtigkeit denn doch zu weit getrieben; ich stand beinahe sprachlos vor Erstaunen. Die Sache in dieser Weise darzustellen, und noch dazu in meiner Gegenwart, das durfte ich denn doch nicht dulden! Darum wandte ich mich schnell mit der Frage an ihn:

»Das ist Eure Ueberzeugung, Mr. Rattler?«

»*Yes,*« nickte er entschlossen. Er zog seinen Revolver heraus, denn er erwartete eine Tätlichkeit von mir.

»Rollins hätte sich retten können und wurde nur durch mich verhindert?«

»*Yes.*«

»Ich meine aber, daß der Bär ihn schon gefaßt hatte, ehe ich kam!«

»Das ist eine Lüge!«

»*Well*, so sollt Ihr jetzt die Wahrheit hören oder fühlen.«

Bei diesen Worten riß ich ihm mit der Linken den Revolver aus der Hand und gab ihm mit der Rechten eine so gewaltige Ohrfeige, daß er wohl sechs bis acht Schritte weit fort und da zur Erde flog. Er sprang auf, riß sein Messer heraus und kam, wie ein wütendes Tier brüllend, auf mich zugerannt. Ich parierte den Messerstich mit der linken Hand und schlug ihn mit der rechten Faust nieder, daß er zu meinen Füßen ohne Besinnung liegen blieb.

»Uff, uff!« rief Intschu tschuna erstaunt, indem er vor Bewunderung dieses Jagdhiebes die gebotene indianische Zurückhaltung vergaß. Im nächsten Augenblicke jedoch sah man ihm schon an, daß er diese Anerkennung bereute.

»Das war wieder Shatterhand,« sagte der Surveyor Wheeler.

Ich achtete nicht auf diese Worte, sondern hielt mein Auge auf Rattlers Kameraden gerichtet. Sie waren sichtlich wütend, aber es wagte keiner, mit mir anzubinden. Sie murrten und fluchten unter sich; aber das war auch alles, was sie taten.

»Nehmt Rattler doch einmal ernstlich vor, Mr. Bancroft,« forderte ich den Oberingenieur auf. »Ich habe ihm nichts getan, und doch sucht er sich stets an mir zu reiben. Ich fürchte, es kommt noch Mord und Totschlag hier im Lager vor. Lohnt ihn ab, und wenn Euch das nicht beliebt, nun, so kann ich ja gehen.«

»Oho, Sir, so schlimm ist die Sache denn doch wohl nicht!«

»Ja, so schlimm ist sie. Hier habt Ihr sein Messer und seinen Revolver. Gebt ihm diese Waffen nicht eher, als bis er sich beruhigt hat, nachdem er wieder zu sich gekommen ist. Denn ich sage Euch, ich wehre mich meiner Haut, und wenn er mir noch einmal mit einer Waffe kommt, so schieße ich ihn nieder. Ihr nennt mich ein Greenhorn, aber ich kenne doch die Gesetze der Prairie. Wer mir mit dem Messer oder der Kugel droht, den darf ich augenblicklich erschießen.«

Dies galt natürlich nicht nur Rattlern, sondern auch seinen ›Westmännern‹, von denen keiner ein Wort dazu sagte. Jetzt wendete sich der Häuptling Intschu tschuna an den Oberingenieur:

»Mein Ohr hat jetzt vernommen, daß du unter den hiesigen Bleichgesichtern derjenige bist, welcher den Befehl führt. Ist dies so?«

»Ja,« antwortete der Gefragte.

»So habe ich mit dir zu reden.«

»Was?«

»Das sollst du hören. Du stehst auf deinen Füßen; aber Männer sollen sitzen, wenn sie sich beraten.«

»Willst du unser Gast sein?«

»Nein, das ist unmöglich. Wie kann ich dein Gast sein, wenn du dich bei mir auf meinem Boden, in meinem Walde, meinem Tale, meiner Prairie befindest? Die weißen Männer mögen sich setzen. Was sind das für Bleichgesichter, welche da noch kommen?«

»Sie gehören zu uns.«

»So mögen sie sich auch mit zu uns setzen.«

Sam, Dick und Will kamen nämlich jetzt von ihrem Ritte zurück. Sie als erfahrene Westleute wunderten sich nicht über die Anwesenheit der Indianer, wurden aber besorgt, als sie hörten, wer die beiden seien.

»Und wer ist der dritte?« fragte mich Sam.

»Er heißt Klekih-petra, und Rattler hat ihn Schulmeister genannt.«

»Klekih-petra, der Schulmeister? Ach, von dem habe ich gehört, wenn ich mich nicht irre. Das ist ein sehr geheimnisvoller Mensch, ein Weißer, welcher schon lange bei den Apachen lebt und so eine Art von Missionär zu sein scheint, wenn er auch kein Priester ist. Freut mich, ihn zu sehen. Werde ihm einmal auf den Zahn fühlen, hihihihi.«

»Wenn er sich darauf fühlen läßt!«

»Wird mich doch nicht in die Finger beißen? Ist sonst noch etwas vorgekommen?«

»Ja.«

»Was?«

»Etwas sehr Wichtiges.«

»Dann heraus damit!«

»Ich habe das getan, wovor Ihr mich gestern warntet.«

»Weiß nicht, was Ihr meint. Habe Euch vor vielem gewarnt.«

»Grizzlybär.«

»Wie – wo – waaaaas? Etwa gar ein grauer Bär dagewesen?«

»Und was für einer!«

»Wo denn, wo? Ihr macht doch nur Spaß!«

»Fällt mir gar nicht ein. Da unten hinter dem Gebüsch im Walde. Hat den alten Bullen hineingeschafft.«

»Wirklich, wirklich? Alle Wetter, muß das grad dann passieren, wenn unsereiner nicht da ist! Hat es Tote gegeben?«

»Einen – nämlich Rollins.«

»Und Ihr? Was habt Ihr getan? Habt Euch doch fern gehalten?«

»Ja.«

»Recht so! Möchte es aber fast nicht glauben.«

»Könnt es getrost glauben. Habe mich grad so fern von ihm gehalten, daß er mir nichts tun, ich ihm aber mein Messer viermal zwischen die Rippen stoßen konnte.«

»Seid Ihr gescheit! Habt ihn mit dem Messer angegriffen?«

»Ja. Hatte die Büchse nicht da.«

»Welch ein Kerl! Ein echtes, richtiges Greenhorn. Hat extra einen schweren Bärentöter mitgebracht, und nun der Bär kommt, schießt er mit dem Messer anstatt mit der Büchse. Sollte man so etwas für möglich halten? Wie ist es denn gekommen?«

»So, daß Rattler behauptet, ich hätte ihn nicht erlegt, sondern er.«

Ich erzählte ihm, wie sich der Vorgang abgespielt hatte,

auch daß ich dann wieder mit Rattler zusammengeraten war.

»Mensch, Ihr seid wirklich ein ganz unglaublich leichtsinniger Kerl!« rief er aus. »Hat noch nie einen Grizzly gesehen und geht darauf los, als ob es sich um einen alten Pudelhund handelte! Ich muß mir das Tier ansehen, sofort ansehen. Kommt, Dick und Will! Ihr müßt doch auch sehen, was dieses Greenhorn hier abermals für dumme Streiche gemacht hat.«

Er wollte fort, da aber in diesem Augenblicke Rattler wieder zu sich kam, wendete er sich zuvor an diesen:

»Hört, Mr. Rattler, ich habe Euch etwas mitzuteilen. Ihr habt abermals mit meinem jungen Freunde angebunden. Wenn Ihr dies noch einmal wagen solltet, so werde ich dafür sorgen, daß es überhaupt nicht wieder geschehen kann. Meine Geduld ist nun zu Ende. Merkt Euch das!«

Er entfernte sich mit Stone und Parker. Rattler machte ein grimmiges Gesicht, warf mir haßerfüllte Blicke zu, sagte aber nichts, doch war ihm anzusehen, daß er einer Mine glich, welche im nächsten Augenblicke platzen konnte.

Die beiden Indianer und Klekih-petra hatten sich in das Gras niedergelassen. Der Oberingenieur saß ihnen gegenüber, doch begannen sie ihre Unterhaltung noch nicht. Sie wollten die Rückkehr Sams abwarten, um zu hören, was für ein Urteil er abgeben werde. Er kam schon nach kurzer Zeit wieder und rief schon von weitem aus:

»Welch eine Dummheit ist es gewesen, auf den Grizzly zu schießen und dann zu fliehen. Wenn man ihm nicht standhalten will, so schießt man überhaupt nicht, sondern läßt ihn in Ruhe; dann tut er einem nichts. Dieser Rollins sieht gräßlich aus! Und wer soll den Bär erlegt haben?«

»Ich,« rief Rattler rasch.

»Ihr? Womit denn?«

»Mit meiner Kugel.«

»*Well*, das stimmt – ist richtig.«

»Dachte es!«

»Ja, der Bär ist an einer Kugel gestorben.«

»Also gehört er mir. Hört ihr es, ihr Leute! Sam Hawkens hat sich für mich erklärt,« schrie Rattler triumphierend.

»Ja, für Euch. Eure Kugel ist ihm am Kopf vorbeigegangen und hat ihm ein Spitzchen vom Ohre weggenommen. Und an so einem Ohrenspitzchen stirbt so ein Grizzlybärchen natürlich auf der Stelle, hihihihi! Wenn es wirklich so ist, daß mehrere geschossen haben, so haben sie in ihrer Angst eben grad vorbeigeschossen; nur eine Kugel hat das Ohr gestreift; sonst ist keine Spur von einer Kugel vorhanden. Aber vier tüchtige Messerstiche sind da, zwei neben das Herz und zwei dann grad hinein. Wer aber hat gestochen?«

»Ich,« antwortete ich.

»Ihr allein?«

»Weiter niemand.«

»So gehört der Bär Euch. Das heißt, da wir eine Gesellschaft bilden, so ist der Pelz Euer, und das Fleisch gehört allen; aber Ihr habt zu bestimmen, wie es verteilt wird. Das ist so Brauch im wilden Westen. Was sagt Ihr nun dazu, Mr. Rattler?«

»Hol Euch der Teufel!«

Er ließ noch einige grimmige Flüche hören und ging dann zum Wagen, auf welchem das Brandyfaß lag. Ich sah, daß er sich Branntwein in den Becher laufen ließ, und wußte, daß er nun so lange trinken würde, bis er nicht mehr konnte.

Diese Angelegenheit war nun geordnet, und so forderte Bancroft den Häuptling der Apachen auf, seinen Wunsch vorzutragen.

»Es ist kein Wunsch, sondern ein Befehl, welchen ich aussprechen will,« antwortete Intschu tschuna stolz.

»Wir nehmen keine Befehle an,« versicherte der Oberingenieur ebenso stolz.

Ueber das Gesicht des Häuptlings wollte es wie Aerger gleiten; er beherrschte sich aber und sagte in ruhigem Tone:

»Mein weißer Bruder mag mir einige Fragen beantworten und mir dabei die Wahrheit sagen. Hat er ein Haus da, wo er wohnt?«

»Ja.«

»Und einen Garten daran?«

»Ja.«

»Wenn nun der Nachbar einen Weg durch diesen Garten bauen wollte, würde das mein Bruder dulden?«

»Nein.«

»Die Länder jenseits der Felsenberge und im Osten des Mississippi gehören den Bleichgesichtern. Was würden diese dazu sagen, wenn die Indianer kämen und dort eiserne Pfade bauen wollten?«

»Sie würden sie fortjagen.«

»Mein Bruder hat die Wahrheit gesprochen. Nun aber kommen die Bleichgesichter hierher in dieses Land, welches uns gehört; sie fangen uns die Mustangs fort, sie töten unsre Büffel; sie suchen bei uns Gold und edle Steine. Nun wollen sie gar einen langen, langen Weg bauen, auf dem ihr Feuerroß laufen soll. Auf diesem Wege kommen dann immer mehr Bleichgesichter, welche über uns herfallen und uns auch noch das Wenige nehmen, was man uns gelassen hat. Was werden wir dazu sagen?«

Bancroft schwieg.

»Haben wir etwa weniger Recht als ihr? Ihr nennt euch Christen und sprecht immerfort von Liebe. Dabei aber sagt ihr: ihr könnt uns bestehlen und berauben; wir aber müssen ehrlich gegen euch sein. Ist das Liebe? Ihr sagt, euer Gott sei der gute Vater aller roten und aller weißen Menschen. Ist er nun unser Stiefvater, dagegen euer richtiger Vater? Gehörte nicht das ganze Land den roten Männern? Man hat es uns genommen. Was haben wir dafür bekommen? Elend, Elend und Elend! Ihr jagt uns immer weiter zurück und drängt uns immer weiter zusammen, so daß wir in kurzer Zeit elendiglich ersticken werden. Warum tut ihr das? Etwa aus Not, weil ihr keinen Raum mehr habt? Nein, sondern aus Habgier, denn in euern Ländern ist noch Platz für viele, viele Millionen. Jeder von euch möchte einen ganzen Staat, ein ganzes Land besitzen; der Rote aber, der wirkliche Eigentümer, darf nicht haben, wohin er sein Haupt zur Ruhe legt. Klekihpetra, welcher hier neben mir sitzt, hat mir von euerm heiligen Buche erzählt. Da ist zu lesen, daß der erste Mensch zwei Söhne hatte, von denen der eine den andern erschlug, so daß das Blut zum Himmel schrie. Wie ist es nun mit den zwei Brüdern, dem roten und dem weißen Bruder? Seid ihr nicht der Kain, und wir sind der Abel, dessen Blut zum Himmel schreit? Und dazu verlangt ihr noch, daß wir uns umbringen lassen sollen, ohne uns zu wehren! Nein, wir wehren uns! Wir sind von Ort zu Ort verjagt worden, weiter, immer weiter fort. Jetzt wohnen wir hier. Wir glaubten, einmal ausruhen und ruhig atmen zu können; aber da kommt ihr jetzt schon wieder, um einen Eisenweg abzustecken. Besitzen wir denn nicht dasselbe Recht, welches du in deinem Hause, in deinem Garten besitzest? Wollten wir unsere Gesetze anwenden, so müßten wir euch alle töten. Aber wir wünschen nur, daß eure Gesetze auch für uns gelten sollen. Tun sie das? Nein! Eure Gesetze haben zwei Gesichter, und diese dreht ihr uns zu, wie es zu euerm Vorteile ist. Du willst hier einen Weg bauen. Hast du uns um die Erlaubnis gefragt?«

»Nein, denn das habe ich nicht nötig.«

»Warum nicht? Ist dieses Land euer?«

»Ich denke es.«

»Nein. Es gehört uns. Hast du es uns abgekauft?«

»Nein.«

»Haben wir es dir geschenkt?«

»Nein, mir nicht.«

»Und auch keinem Andern. Bist du ein ehrlicher Mann und wirst hierher gesandt, um einen Weg für das Feuerroß zu bauen, so mußt du erst den Mann, der dich sendet, fragen, ob er das Recht dazu hat, und wenn er ja sagt, dir dies beweisen lassen. Das hast du aber nicht getan. Ich verbiete euch, hier weiter zu messen!«

Dieses letztere sagte er mit einem Nachdrucke, dem man den bittersten Ernst anhörte. Ich war erstaunt über diesen Indianer. Ich hatte viele Bücher über die rote Rasse und viele Reden gelesen, welche von Indianern gehalten worden waren, so eine aber nicht. Intschu tschuna sprach ein klares, deutliches Englisch; seine Logik war ebenso wie seine Ausdrucksweise diejenige eines gebildeten Mannes. Sollte er diese Vorzüge Klekih-petra, dem ›Schulmeister‹, zu verdanken haben?

Der Oberingenieur befand sich in großer Verlegenheit. Wenn er wahr und ehrlich sein wollte, so konnte er auf die vorgebrachten Beschuldigungen fast gar nichts entgegnen. Er brachte zwar einiges vor, aber das waren Spitzfindigkeiten, Verkehrungen und Trugschlüsse. Als ihm der Häuptling wieder antwortete und ihn in die Enge trieb, wendete er sich an mich:

»Aber, Sir, hört Ihr denn nicht, wovon gesprochen wird? Nehmt Euch doch der Sache an, und redet auch ein Wort!«

»Danke, Mr. Bancroft; ich bin als Surveyor hier, nicht aber als Advokat. Macht mit und aus der Sache, was Ihr wollt. Ich habe zu messen, nicht aber Reden zu halten.«

Da bemerkte der Häuptling im entscheidenden Tone:

»Es ist nicht nötig, daß fernere Reden gehalten werden. Ich habe gesagt, daß ich euch nicht dulde. Ich will, daß ihr noch heut von hier fortgeht, dahin, woher ihr gekommen seid. Entscheidet euch, ob ihr gehorchen wollt oder nicht. Ich gehe jetzt mit Winnetou, meinem Sohne, fort und werde wiederkommen nach der Zeit, welche die Bleichgesichter eine Stunde nennen. Dann sollt ihr mir Antwort geben. Geht ihr dann, so sind wir Brüder; geht ihr nicht, so wird das Kriegsbeil ausgegraben zwischen uns und euch. Ich bin Intschu tschuna, der Häuptling aller Apachen. Ich habe gesprochen. Howgh!«

Howgh ist ein indianisches Bekräftigungswort und heißt so viel wie Amen, basta, dabei bleibt's, so geschieht's und nicht anders! Er stand auf und Winnetou auch. Sie gingen fort und schritten langsam das Tal hinab, bis sie um eine Biegung verschwanden. Klekih-petra war sitzen geblieben. Der Oberingenieur wendete sich an ihn und bat ihn um guten Rat. Er antwortete:

»Macht was Ihr wollt, Sir! Ich bin ganz der Ansicht des Häuptlings. Es geschieht ein großes, fortgesetztes Verbrechen an der roten Rasse. Aber als Weißer weiß ich auch, daß der Indsman sich vergeblich wehrt. Wenn ihr heut von hier fortgeht, werden morgen Andere kommen, die euer Werk zu Ende führen. Aber warnen will ich euch. Der Häuptling meint es ernstlich.«

»Wohin ist er?«

»Er wird unsere Pferde holen.«

»Habt ihr denn welche mit?«

»Natürlich. Wir haben sie versteckt, als wir merkten, daß wir dem Bären nahe seien. Einen Grizzly sucht man doch nicht zu Pferde in seinem Verstecke auf.«

Er stand auch auf und schlenderte fort, jedenfalls um sich weiterem Fragen und Drängen zu entziehen. Ich ging ihm nach und fragte trotzdem:

»Sir, erlaubt Ihr mir, mit Euch zu gehen? Ich verspreche Euch, nichts zu sagen oder zu tun, was Euch inkommodiert. Es ist nur, weil ich mich so außerordentlich für Intschu tschuna interessiere und natürlich ebenso für Winnetou.«

Daß auch er selbst mir große Teilnahme einflößte, wollte ich ihm nicht sagen.

»Ja, kommt ein wenig mit, Sir,« antwortete er. »Ich habe mich von den Weißen und ihrem Treiben zurückgezogen; ich mag nichts mehr von ihnen wissen; aber Ihr habt mir gefallen, und so wollen wir einen Spaziergang miteinander machen. Ihr scheint mir der verständigste von allen diesen Menschen zu sein. Habe ich recht?«

»Ich bin der jüngste und noch gar nicht smart; werde dies wohl auch nie werden. Das mag mir wohl das Aussehen eines leidlich gutherzigen Menschen geben.«

»Nicht smart? Dies ist doch jeder Amerikaner mehr oder weniger.«

»Ich bin kein Amerikaner.«

»Was denn, wenn Euch die Frage nicht belästigt?«

»Gar nicht. Ich habe keine Ursache, mein Vaterland, welches ich sehr liebe, zu verheimlichen. Ich bin ein Deutscher.«

»Ein Deutscher?« fuhr er mit dem Kopfe schnell empor. »Dann heiße ich Sie willkommen, Landsmann! Das war es wohl, was mich gleich zu Ihnen zog. Wir Deutschen sind eigentümliche Menschen. Unsere Herzen erkennen einander als verwandt, noch ehe wir es uns sagen, daß wir Angehörige eines Volkes sind – wenn es doch nun endlich einmal ein einiges Volk werden wollte! Ein Deutscher, der ein vollständiger Apache geworden ist! Kommt Ihnen das nicht außerordentlich vor?«

»Außerordentlich nicht. Gottes Wege erscheinen oft wunderbar, sind aber stets sehr natürliche.«

»Gottes Wege! Warum sprechen Sie von Gott und nicht von der Vorsehung, dem Schicksale, dem Fatum, dem Kismet?«

»Weil ich ein Christ bin und mir meinen Gott nicht nehmen lasse.«

»Recht so; Sie sind ein glücklicher Mensch! Ja, Sie haben recht: Gottes Wege erscheinen oft wunderbar, sind aber stets sehr natürliche. Die größten Wunder sind die Folgen natürlicher Gesetze, und die alltäglichsten Naturerscheinungen sind große Wunder. Ein Deutscher, ein Studierter, ein namhafter Gelehrter, und nun ein richtiger Apache; das scheint wunderbar; aber der Weg, der mich zu diesem Ziele geführt hat, ist ein sehr natürlicher.«

Hatte er mich erst halb widerwillig mit sich genommen, so freute er sich jetzt, sich aussprechen zu können. Ich merkte sehr bald, daß er ein bedeutender Charakter war, hütete mich aber, irgend eine, wenn auch noch so leise Frage nach seiner Vergangenheit zu tun. Er legte sich diese Rücksicht nicht auf und erkundigte sich ganz wacker nach meinen Verhältnissen. Ich antwortete ihm so ausführlich, wie es ihm lieb zu sein schien. Wir hatten uns gar nicht weit vom Lager entfernt und uns unter einen Baum gelegt. Ich konnte sein Gesicht, sein Mienenspiel genau beobachten. Das Leben hatte tiefe Runen in dasselbe eingegraben, die langen Grundstriche des Grames, die durchquerenden Gedankenstriche des Zweifels, die Zickzacklinien der Not, der Sorge und Entbehrung. Wie oft mochte sein Auge düster, drohend, zornig, ängstlich, vielleicht auch verzweifelnd geblickt haben, und nun war es klar und ruhig wie ein Waldsee, den kein Windstoß kräuselt, der aber so tief ist, daß man nicht sehen kann, was auf seinem Grunde ruht. Als er alles Wissenswerte von mir gehört hatte, nickte er leise vor sich hin und sagte:

»Sie stehen am Anfange der Kämpfe, an deren Ende ich angekommen bin; aber diese werden für Sie nur äußerliche, keine inneren sein. Sie haben Gott, den Herrn, bei sich, der Sie nie verlassen wird. Bei mir war es anders. Ich hatte Gott verloren, als ich aus der Heimat ging, und nahm an Stelle des Reichtumes, den ein fester Glaube bietet, das Schlimmste mit, was der Mensch besitzen kann, nämlich – ein böses Gewissen.«

Er sah mich bei diesen Worten forschend an. Als er mein Gesicht ruhig bleiben sah, fragte er:

»Erschrecken Sie da nicht?«

»Nein.«

»Aber ein böses Gewissen! Bedenken Sie doch!«

»Pah! Sie sind kein Dieb, kein Mörder gewesen. Einer niedrigen Gesinnung waren Sie nie fähig.«

Er drückte mir die Hand und sprach:

»Ich danke Ihnen herzlich! Und doch irren Sie sich. Ich war ein Dieb, denn ich habe viel, ach so viel gestohlen! Und das waren kostbare Güter! Und ich war ein Mörder. Wie viele, viele Seelen habe ich gemordet! Ich war Lehrer an einer höheren Schule; wo, das zu sagen, ist nicht nötig. Mein größter Stolz bestand darin, Freigeist zu sein, Gott abgesetzt zu haben, bis auf das Tüpfel nachweisen zu können, daß der Glaube an Gott ein Unsinn ist. Ich war ein guter Redner und riß meine Hörer hin. Das Unkraut, welches ich mit vollen Händen ausstreute, ging fröhlich auf, kein Körnchen ging verloren. Da war ich der Massendieb, der Massenräuber, der den Glauben an und das Vertrauen zu Gott in ihnen tötete. Dann kam die Zeit der Revolution. Wer keinen Gott anerkennt, dem ist auch kein König, keine Obrigkeit heilig. Ich trat öffentlich als Führer der Unzufriedenen auf; sie tranken mir die Worte förmlich von den Lippen, das berauschende Gift, welches ich freilich für heilsame Arznei hielt; sie stürmten in Scharen zusammen und griffen zu den

Waffen. Wie viele, viele fielen im Kampfe! Ich war ihr Mörder, und nicht etwa der Mörder dieser allein. Andere starben später hinter Kerkermauern. Auf mich wurde natürlich mit allem Fleiße gefahndet; ich entkam. Ich verließ das Vaterland, ohne mich zu grämen. Keine liebende Seele weinte um mich; ich hatte weder Vater noch Mutter mehr, weder Bruder, Schwester noch sonstige Verwandte. Kein Auge weinte um mich, aber wie viele, viele wegen mir! Daran dachte ich aber gar nicht, bis diese Erkenntnis über mich kam wie ein Keulenschlag, der mich beinahe zu Boden streckte. Am Tage, bevor ich die schützende Grenze erreichte, wurde ich von der Polizei gehetzt, die mir hart auf den Fersen war. Es ging durch ein armes Fabrikdorf. Dem sogenannten Zufalle folgend, rannte ich durch ein kleines Gärtchen in ein armseliges Häuschen und vertraute mich, ohne meinen Namen zu nennen, einem alten Mütterchen und ihrer Tocher an, die ich in der niedrigen Stube fand. Sie versteckten mich um ihrer Männer willen, deren Kamerad ich gewesen sei, wie sie sagten. Dann saßen sie bei mir im dunkeln Winkel und erzählten mir unter bitteren Tränen von ihrem Herzeleide. Sie waren arm, aber zufrieden gewesen; die Tochter hatte sich erst vor einem Jahre verheiratet gehabt. Ihr Mann hörte eine meiner Reden und wurde durch dieselbe verführt. Er nahm seinen Schwiegervater mit auf die nächste Versammlung, und das Gift wirkte auch auf diesen. Ich hatte diese vier braven Menschen um ihr Lebensglück gebracht. Der junge Mann fiel auf dem Schlachtfelde, welches kein Feld der Ehre war, und der alte Vater wurde zu mehrjähriger Zuchthausstrafe verurteilt. Dies erzählten mir die Frauen, die mich, der an ihrem Unglücke schuld war, gerettet hatten. Sie nannten meinen Namen als den des Verführers. Das war der Keulenschlag, welcher mich, nicht äußerlich, sondern innerlich traf. Gottes Mühle begann zu mahlen. Die Freiheit war mir geblieben, aber im Innern litt ich Qualen, zu denen mich kein Richter hätte verurteilen können. Ich irrte hier aus einem Staate in den andern, trieb bald dies bald jenes und fand nirgends Ruhe. Das Gewissen peinigte mich aufs entsetzlichste. Wie oft bin ich dem Selbstmorde nahe gewesen; immer hielt mich eine unsichtbare Hand zurück – Gottes Hand. Sie leitete mich nach Jahren der Qual und der Reue zu einem deutschen Pfarrer in Kansas, der meinen Seelenzustand erriet und in mich drang, mich ihm mitzuteilen. Ich tat es zu meinem Glücke. Ich fand, freilich erst nach langen Zweifeln, Vergebung und Trost, festen Glauben und inneren Frieden. Herrgott, wie danke ich dir dafür!«

Er hielt inne, faltete die Hände und warf einen langen, langen, leuchtenden Blick zum Himmel empor. Dann fuhr er fort:

»Um mich innerlich zu festigen, floh ich die Welt und die Menschen; ich ging in die Wildnis. Aber nicht der Glaube allein ist's, welcher selig macht. Der Baum des Glaubens muß die Früchte der Werke tragen. Ich wollte wirken, womöglich grad entgegengesetzt meinem früheren Wirken. Da sah ich den roten Mann sich verzweiflungsvoll sträuben gegen den Untergang; ich sah die Mörder in seinem Leibe wühlen, und das Herz ging mir über von Zorn, von Mitleid und Erbarmen. Sein Schicksal war beschlossen; ich konnte ihn nicht retten; aber eins zu tun, das war mir möglich: ihm den Tod erleichtern und auf seine letzte Stunde den Glanz der Liebe, der Versöhnung fallen lassen. Ich ging zu den Apachen und lernte es, mein Wirken ihrer Individualität anzubequemen. Ich habe Vertrauen gefunden und Erfolge errungen. Ich wollte, Sie könnten Winnetou kennen lernen; er ist so eigentlich mein eigenstes Werk. Dieser Jüngling ist groß angelegt. Wäre er der Sohn eines europäischen Herrschers, so würde er ein großer Feldherr und ein noch größerer Friedensfürst werden. Als Erbe eines Indianerhäuptlings aber wird er untergehen, wie seine ganze Rasse untergeht. Könnte ich doch den Tag erleben, an welchem er sich einen Christen nennt! Wo nicht, so will ich wenigstens bis zum Tage meines Todes bei ihm sein in jeder Anfechtung, Gefahr und Not. Er ist mein geistiges Kind; ich liebe ihn mehr als mich selbst, und wäre mir einmal das Glück beschieden, die tödliche Kugel, die ihm gelten soll, in meinem Herzen aufzufangen, so würde ich mit Freuden für ihn sterben und dabei denken, daß dieser Tod zugleich eine letzte Sühne meiner früheren Sünden sei!«

Er schwieg und senkte den Kopf. Ich war tief bewegt und sagte nichts, denn ich hatte das Gefühl, als ob jede Bemerkung nach einem solchen Bekenntnisse trivial klingen müsse; aber ich nahm seine Hand in die meinige und drückte sie herzlich. Er verstand mich und gab mir dies durch ein leises Nicken und einen Gegendruck zu erkennen. Es verging eine ganz Weile, bis er leise fragte:

»Woher es nur kommt, daß ich Ihnen dies erzählt habe? Ich sehe Sie heut zum erstenmal und werde Sie vielleicht nie wiedersehen. Oder ist es auch eine Gottesfügung, daß ich hier und jetzt mit Ihnen zusammengetroffen bin? Sie sehen, ich, der frühere Gottesleugner, suche jetzt alles auf diesen höhern Willen zurückzuführen. Es ist mir mit einemmal so sonderbar, so weich, so wehe um das Herz, doch ist dies ›wehe‹ kein schmerzliches Gefühl. Eine ganz ähnliche Stimmung überkommt einen, wenn im Herbste die Blätter fallen. Wie wird sich das Blatt meines Lebens vom Baume lösen? Leise, leicht und friedlich? Oder wird es abgeknickt, noch ehe die natürliche Zeit gekommen ist?«

Er blickte wie in stiller, unbewußter Sehnsucht das Tal hinab. Von dorther sah ich Intschu tschuna und Winnetou kommen. Sie saßen jetzt auf Pferden und führten dasjenige Klekih-petras ledig neben sich. Wir standen auf, um nach dem Lager zu gehen, wo wir mit beiden zugleich ankamen. Am Wagen lehnte Rattler mit feuerrotem, aufgedunsenem Gesichte und stierte zu uns herüber. Er hatte während der kurzen Zeit so viel getrunken, daß er nun nicht mehr trinken konnte, ein schrecklicher, ein ganz vertierter Mensch! Sein Blick war heimtückisch wie derjenige eines wilden Stieres, welcher zum Angriffe schreiten will. Ich nahm mir vor, ein Auge auf ihn zu haben.

Der Häuptling und Winnetou waren von ihren Pferden gestiegen und traten zu uns. Wir standen in einem ziemlich weiten Kreise beisammen.

»Nun, haben meine weißen Brüder sich überlegt, ob sie hier bleiben oder fortgehen wollen?« fragte Intschu tschuna.

Der Oberingenieur war auf einen vermittelnden Gedanken gekommen; er antwortete:

»Wenn wir auch fortgehen wollten, so müssen wir doch hier bleiben, um den Befehlen zu gehorchen, welche wir empfangen haben. Ich werde noch heut einen Boten nach Santa Fé senden und anfragen lassen; dann kann ich dir Antwort geben.«

Das war gar nicht so übel ausgedacht, denn bis der Bote zurückkehrte, mußten wir mit unserer Arbeit fertig sein. Der Häuptling aber sagte in bestimmtem Tone:

»So lange warte ich nicht. Meine weißen Brüder müssen mir sofort sagen, was sie tun wollen.«

Rattler hatte sich einen Becher mit Brandy gefüllt und war zu uns gekommen. Ich dachte, er habe es auf mich abgesehen, aber er trat jetzt zu den beiden Indianern und sagte mit lallender Zunge:

»Wenn die Indsmen mit mir trinken, so tun wir ihnen den Willen und gehen fort, sonst nicht. Der Junge mag anfangen. Hier hast du das Feuerwasser, Winnetou.«

Er hielt ihm den Becher hin. Winnetou trat mit einer abweisenden Gebärde zurück.

»Was, du willst keinen Drink mit mir tun? Das ist eine verdammte Beleidigung. Hier hast du den Brandy ins Gesicht, verfluchte Rothaut. Lecke ihn dir ab, da du ihn nicht trinken willst!«

Ehe es Einer von uns zu verhindern vermochte, schleuderte er dem jungen Apachen den Becher nebst Inhalt in das Gesicht. Das war nach indianischen Begriffen eine todeswürdige Beleidigung, welche auch sofort, wenn auch nicht so streng bestraft wurde, denn Winnetou schlug dem Frevler die Faust in das Gesicht, daß er zu Boden stürzte. Er raffte sich mühsam wieder auf. Schon machte ich mich zum Einschreiten gefaßt, denn ich glaubte, er werde zur Tätlichkeit schreiten; dies geschah aber nicht; er starrte den jungen Apachen nur drohend an und wankte dann fluchend wieder nach dem Wagen zurück.

Winnetou trocknete sich ab und zeigte, grad wie sein Vater, eine starre, unbewegte Miene, der man nicht ansehen konnte, was im Innern vorging.

»Ich frage noch einmal,« sagte der Häuptling; »dies ist das letzte Mal. Werden die Bleichgesichter noch heut dieses Tal verlassen?«

»Wir dürfen nicht,« lautete die Antwort.

»So verlassen aber wir es. Es ist kein Friede zwischen uns.«

Ich machte noch einen Versuch der Vermittelung, doch vergeblich; die drei gingen zu ihren Pferden. Da erscholl vom Wagen her Rattlers Stimme:

»Immer fort mit euch, ihr roten Hunde! Aber den Hieb ins Gesicht soll mir der Junge sofort bezahlen!«

Zehnmal schneller, als man es ihm bei seinem Zustande zutrauen konnte, hatte er ein Gewehr aus dem Wagen genommen und schlug es auf Winnetou an. Dieser stand im Augenblicke frei und ohne Deckung; die Kugel mußte ihn treffen, denn es geschah alles so schnell, daß ihn keine Bewegung retten konnte. Da schrie Klekih-petra voller Angst auf:

»Weg, Winnetou, schnell weg!«

Zu gleicher Zeit sprang er hin, um sich schützend vor den jungen Apachen zu stellen. Der Schuß krachte; Klekih-petra fuhr sich, von der Gewalt des Kugelaufschlages halb umgedreht, mit der Hand nach der Brust, taumelte einige Augenblicke hin und her und fiel dann auf die Erde nieder. In diesem Augenblicke stürzte aber auch Rattler, von meiner Faust getroffen, zu Boden. Ich war, um den Schuß zu verhüten, rasch zu ihm hingesprungen, aber doch zu spät gekommen. Ein allgemeiner Schrei des Entsetzens war erschollen; nur die beiden Apachen hatten keinen Laut von sich gegeben. Sie knieten bei ihrem Freunde, der sich für seinen Liebling aufgeopfert hatte, und untersuchten stumm seine Wunde. Er war ganz nahe am Herzen in die Brust getroffen; das Blut schoß mit Gewalt hervor. Ich eilte auch hinzu. Klekih-petra hielt die Augen geschlossen; sein Gesicht wurde mit rapider Schnelligkeit bleich und hohl.

»Nimm seinen Kopf in deinen Schoß,« bat ich Winnetou. »Wenn er das Auge öffnet und dich erblickt, wird sein Tod ein froher sein.«

Er kam dieser Aufforderung nach, ohne ein Wort zu sagen; keine seiner Wimpern zuckte; aber sein Blick hing unverwandt an dem Angesichte des Sterbenden. Da öffnete dieser langsam die Lider; er sah Winnetou über sich gebeugt; ein seliges Lächeln glitt über seine so schnell eingefallenen Züge, und er flüsterte:

»Winnetou, schi ya Winnetou – Winnetou, o mein Sohn Winnetou!«

Dann schien es, als ob sein brechendes Auge noch jemanden suche. Es traf mich, und in deutscher Sprache bat er mich:

»Bleiben Sie bei ihm – ihm treu – – – mein Werk fortführen – – –!«

»Ich tue es; ja, sicher, ich werde es tun!«

Da nahm sein Gesicht einen fast überirdischen Ausdruck an, und er betete mit immer mehr ersterbender Stimme:

»Da fällt mein Blatt – – abgeknickt – – nicht leise – leicht – – es ist – – – die letzte Sühne – – – ich sterbe wie – – – wie ich es – – gewünscht. Herrgott, vergieb – – vergieb! – – Gnade – – Gnade – –! Ich komme – – komme – – – Gnade.«

Er faltete die Hände – – noch ein krampfhafter Bluterguß aus der Wunde, und sein Kopf sank zurück – er war tot!

Nun wußte ich, was ihn getrieben hatte, gegen mich sein Herz zu erleichtern – – Gottesfügung, hatte er gesagt. Er hatte gewünscht, für Winnetou sterben zu können; wie schnell war dieser Wunsch in Erfüllung gegangen! Die letzte Sühne, die er bringen wollte, er hatte sie gebracht. Gott ist die Liebe, die Barmherzigkeit; er zürnt dem Reuigen nicht ewig.

Winnetou bettete das Haupt des Toten in das Gras, stand langsam auf und sah seinen Vater fragend an.

»Dort liegt der Mörder; ich habe ihn niedergeschlagen,« sagte ich. »Er mag Euer sein.«

»Feuerwasser!«

Nur diese kurze Antwort kam aus dem Munde des Häuptlings, doch in welchem grimmig verächtlichen Tone.

»Ich will euer Freund, euer Bruder sein; ich gehe mit euch!« so drängte es sich mir über die Lippen.

Da spuckte er mir in das Gesicht und sagte:

»Räudiger Hund! Länderdieb für Geld! Stinkender Coyote! Wage es, uns zu folgen, so zermalme ich dich!«

Hätte mir das ein Anderer getan und gesagt, ich hätte ihm mit der Faust geantwortet. Warum tat ich es nicht? Hatte ich als Eindringling in fremdes Eigentum diese Züchtigung vielleicht verdient? Es war mehr instinktiv, daß ich sie mir gefallen ließ, doch, mich etwa nochmals anbieten, das konnte ich trotz des Versprechens, welches ich dem Toten gegeben hatte, nicht.

Die Weißen standen alle stumm dabei, voller Erwartung, was die beiden Apachen nun tun würden. Diese hatten keinen einzigen Blick mehr für uns. Sie hoben die Leiche auf das Pferd und banden sie da fest; dann stiegen sie auch in die Sättel, richteten den zusammensinkenden Körper Klekih-petras auf und ritten, ihn hüben und drüben stützend, langsam davon. Sie ließen kein Wort der Drohung, der Rache zurück; sie wendeten sich auch nicht einen einzigen Augenblick nach uns um; aber das war schlimmer, viel schlimmer, als wenn sie uns den fürchterlichsten Tod ganz offen geschworen hätten.

»Das war ja schrecklich und kann leicht noch schrecklicher werden!« sagte Sam Hawkens. »Dort liegt der Schurke, noch immer leblos von Eurem Hiebe und vom Spiritus. Was tun wir nun mit ihm?«

Ich antwortete nicht; ich sattelte mein Pferd und ritt fort; ich mußte allein sein, um diese fürchterliche halbe Stunde wenigstens äußerlich zu verwinden. Es war am späten Abend, als ich müd und matt, körperlich und seelisch wie zerschlagen, im Lager wieder eintraf. – – –

DRITTES KAPITEL.

Winnetou in Fesseln.

Damit der Bär nicht weit geschleppt zu werden brauchte, war während meiner Abwesenheit das Lager bis in die Nähe der Stelle, wo ich ihn erlegt hatte, vorgerückt worden. Er war so schwer, daß die vereinte Anstrengung von zehn kräftigen Männern hatte angewendet werden müssen, um ihn unter den Bäumen hervor und durch das Gebüsch nach dem im Freien brennenden Feuer zu schaffen.

Trotz der späten Stunde, in welcher ich zurückkehrte, waren außer Rattler alle noch wach. Dieser schlief seinen Rausch aus; er hatte getragen werden müssen und war wie ein Klotz ins Gras geworfen worden. Sam hatte dem Bären das Fell abgezogen, das Fleisch aber unberührt gelassen. Als ich vom Pferde gestiegen war und dasselbe versorgt hatte und an das Feuer trat, sagte der Kleine:

»Wo jagt Ihr denn herum, Sir? Wir haben mit Schmerzen auf Euch gewartet, weil wir das Bärenfleisch kosten und den Petz doch nicht ohne Euch anschneiden konnten. Habe ihm einstweilen den Rock ausgezogen. War ihm vom Schneider so gut angemessen worden, daß er auch nicht die kleinste Falte hatte, hihihihi. Hoffentlich habt Ihr nichts dagegen, wie? Und nun sagt, wie das Fleisch verteilt werden soll! Wir wollen, ehe wir uns schlafen legen, ein Stückchen davon braten.«

»Teilt, wie Ihr wollt,« antwortete ich. »Das Fleisch gehört allen.«

»*Well*, so will ich Euch etwas sagen. Das Beste sind die Tatzen; es gibt überhaupt nichts, was über Bärentatzen geht. Sie müssen aber längere Zeit liegen, bis sie den gehörigen Hautgout bekommen haben. Am delikatesten sind sie, wenn sie schon von Würmern durchbohrt sind. Aber so lange können wir nicht warten, denn ich fürchte, daß die Apachen sehr bald kommen und uns das Essen verderben werden. Darum wollen wir lieber beizeiten dazutun und uns gleich heut schon über die Tatzen machen, damit wir sie genossen haben, wenn wir von den Roten ausgelöscht werden. Habt Ihr etwas dagegen, Sir?«

»Nein.«

»*Well*, so mag das schöne Werk beginnen; der Appetit ist da, wenn ich mich nicht irre.«

Er löste die Tatzen von den Beinen und zerlegte sie dann in so viel Teile, wie Personen da waren. Ich bekam das beste Stück eines Vorderfußes, wickelte es ein und legte es beiseite, während die andern sich beeilten, ihre Portion an das Feuer zu bringen. Ich hatte zwar Hunger, aber keinen Appetit, so widersprechend dies auch klingen mag. Infolge des langen, anstrengenden Rittes fühlte ich wohl das Bedürfnis, Speise zu mir zu nehmen, aber es war mir unmöglich, zu essen. Ich konnte die Mordszene noch immer nicht verwinden. Ich sah mich mit Klekih-petra zusammensitzen; ich hörte seine Bekenntnisse, welche mir jetzt wie eine letzte Beichte vorkamen, und mußte immer wieder an seine Schlußworte denken, die wie die Vorahnung seines nahen Todes geklungen hatten. Ja, das Blatt seines Lebens war nicht leicht und leise abgefallen, sondern mit Gewalt abgerissen worden, und zwar von was für einem Menschen, aus was für einem Grunde und in was für einer Weise! Dort lag der Mörder, noch immer sinnlos betrunken. Ich hätte ihn niederschießen mögen, aber es ekelte mich vor ihm. Dieses Gefühl des Ekels war jedenfalls auch der Grund gewesen, daß die beiden Apachen ihn nicht auf der Stelle bestraft hatten. »Feuerwasser!« hatte Intschu tschuna im allerverächtlichsten Tone gesagt; welche Anklagen, welche Vorwürfe lagen in diesem einen Worte!

Wenn mich etwas über den blutigen Vorgang beruhigen konnte, so war es der Umstand, daß Klekih-petra am Herzen Winnetous gestorben war, daß sein Herz die für Winnetou bestimmte Kugel aufgefangen hatte; dies war ja sein letzter Wunsch gewesen. Aber die Bitte an mich, zu Winnetou zu halten und das begonnene Werk zu vollenden? Warum hatte er sie an mich gerichtet? Noch vor wenigen Minuten hatte er gemeint, daß wir uns wohl nicht wiedersehen würden, also daß mein Lebensweg wohl kein mich zu den Apachen führender sei, und nun erteilte er mir plötzlich eine Aufgabe, deren Lösung mich mit diesem Stamme in innige Beziehung bringen mußte. War dieser Wunsch ein zufälliges, leeres, weggeworfenes Wort? Oder ist dem Sterbenden vergönnt, wenn er von seinen Lieben scheidet, im letzten Augenblicke, wenn die eine Schwinge seiner Seele bereits im Jenseits schlägt, einen Blick in ihre Zukunft zu werfen? Fast scheint es so, denn es wurde mir später möglich, seine Bitte zu erfüllen, obgleich es jetzt den Anschein hatte, als ob eine Begegnung mit Winnetou mir nur Verderben bringen könne.

Warum hatte ich dem Sterbenden überhaupt mein Versprechen so schnell gegeben? Aus Mitleid? Ja, wahrscheinlich. Aber es war wohl noch ein anderer Grund vorhanden, wenn ich mir seiner auch nicht bewußt gewesen war: Winnetou hatte einen tiefen Eindruck auf mich gemacht, einen Eindruck, wie ich ihn noch bei keinem andern Menschen empfunden hatte. Er war grad so jung wie ich, und doch mir so überlegen! Das hatte ich gleich beim ersten Blicke herausgefühlt. Die ernste, stolze Klarheit seines samtweichen Auges, die ruhige Sicherheit seiner Haltung und jeder seiner Bewegungen und der wehmütige Hauch eines tiefen und verschwiegenen Grames, den ich auf seinem jugendlichen, schönen Gesichte zu entdecken glaubte, hatten mir es sofort angetan. Wie achtunggebietend war sein und seines Vaters Verhalten gewesen! Andere Menschen, mochten es nun Weiße oder Rote sein, hätten sich sofort auf den Mörder gestürzt und ihn getötet; diese beiden hatten ihn nicht eines Blickes gewürdigt und das, was in ihnen vorging, nicht durch die leiseste Bewegung eines Gesichtsmuskels verraten. Was für Leute waren doch wir dagegen! So saß ich, während die andern sich ihr Fleisch schmecken ließen, still am Feuer und grübelte in mich hinein, bis Sam Hawkens mich aus meinem Sinnen weckte:

»Was ist's mit Euch, Sir? Habt Ihr keinen Hunger?«

»Ich esse nicht.«

»So? Und haltet lieber Denkübungen! Ich sage Euch, daß Ihr Euch das nicht angewöhnen dürft. Auch mich ärgert das, was vorgekommen ist, gewaltig, aber der Westmann muß sich an solche Auftritte gewöhnen. Man nennt den Westen nicht umsonst die *›dark and bloody grounds‹* – die finstern und blutigen Gründe. Ihr könnt es glauben, daß hier der Boden auf jedem Schritte, den Ihr darauf tut, mit Blut getränkt ist, und wer eine so empfindliche Nase hat, daß er dies nicht erriechen kann, der mag daheim bleiben und Zuckerwasser trinken. Nehmt Euch die Geschichte nicht zu Herzen, und gebt Euer Tatzenstück her; ich will es Euch braten!«

»Danke, Sam; ich esse wirklich nicht. Habt ihr euch denn darüber geeinigt, was nun mit Rattler werden soll?«

»Haben allerdings darüber gesprochen.«

»Nun, was wird seine Strafe sein?«

»Strafe? Meint Ihr, daß wir ihn bestrafen sollen?«

»Natürlich meine ich das.«

»Ach so! Und wie denkt Ihr, daß wir dies anzufangen haben? Sollen wir ihn nach San Francisco, New York, oder Washington transportieren und dort als Mörder anklagen?«

»Unsinn! Die Obrigkeit, die ihn zu richten hat, sind wir; er ist den Gesetzen des Westens verfallen.«

»Seht doch an, was so ein Greenhorn alles von den Gesetzen des wilden Westens weiß. Seid Ihr etwa aus dem alten Germany herübergekommen, um hier den Lord Oberrichter zu spielen? War dieser Klekih-petra ein Verwandter oder sonstiger guter Freund von Euch?«

»Allerdings nicht.«

»Da habt Ihr den Punkt, auf den es ankommt. Ja, der wilde Westen hat seine feststehenden, eigentümlichen Gesetze. Er verlangt Auge für Auge, Zahn für Zahn, Blut für Blut, so wie es in der Bibel steht. Ist ein Mord geschehen, so kann der dazu Berechtigte den Mörder sofort töten, oder es wird eine Jury gebildet, welche das Urteil fällt und es dann ungesäumt vollzieht. Auf diese Weise entledigt man sich der schlimmen Elemente, welche den ehrlichen Jägern sonst über den Kopf wachsen würden.«

»Nun, so bilden wir also eine Jury.«

»Dazu würde zunächst ein Ankläger nötig sein.«

»Der bin ich!«

»Mit welchem Rechte?«

»Als Mensch, der nicht zugeben kann, daß ein solches Verbrechen ungeahndet bleibt.«

»*Pshaw!* Ihr redet eben, wie ein Greenhorn redet. Als Ankläger könnt Ihr in zwei Fällen auftreten. Nämlich erstens, wenn der Ermordete Euch als Verwandter oder Freund und Kamerad nahe gestanden hat; daß dies aber nicht der Fall ist, habt Ihr bereits zugegeben. Zweitens könnt Ihr auch dann als Ankläger gegen den Mörder auftreten, wenn Ihr selbst der Ermordete seid, hihihihi. Seid Ihr das?«

»Sam, die Sache ist keine solche, über welche man Witze reißen soll!«

»Weiß schon, weiß! Wollte diesen Punkt auch nur der Vollständigkeit wegen hinzufügen, weil, wenn ein Mord vorgekommen ist, der Ermordete das erste und größte Recht besitzt, die Bestrafung des Mörders zu beantragen. Also Ihr habt keinen Grund, den Ankläger zu machen, und bei uns andern ist ganz dasselbe der Fall; wo aber kein Kläger ist, da ist auch kein Richter. Es gibt hier gar kein Recht, eine Jury zusammenzustellen.«

»So soll Rattler also unbestraft ausgehen?«

»Davon ist keine Rede. Ereifert Euch nicht so! Ich gebe Euch mein Wort, daß ihn die Vergeltung so sicher treffen wird, wie jede Kugel aus meiner Liddy ihr Ziel erreicht. Die Apachen werden dafür sorgen.«

»Und uns trifft dann die Strafe mit!«

»Sehr wahrscheinlich. Aber meint Ihr, daß wir dies dadurch verhindern können, daß wir Rattler töten? Mitgegangen, mitgefangen, mitgehangen. Die Apachen sehen nicht ihn allein, sondern auch uns als Mörder an und werden uns ganz gewiß als solche behandeln, wenn sie uns in ihre Hände bekommen.«

»Auch wenn wir uns seiner entledigen?«

»Auch dann. Sie schießen uns nieder, ohne zu fragen, ob er

bei uns ist oder nicht. Aber wie wolltet Ihr Euch seiner wohl entledigen?«

»Ihn fortjagen.«

»Ja, darüber haben wir uns freilich auch schon beraten und sind zu der Ansicht gekommen, daß wir erstens kein Recht haben, ihn fortzujagen und dies, selbst wenn wir das Recht hätten, aus Klugheitsrücksichten nicht tun würden.«

»Aber, Sam, ich begreife Euch nicht! Wenn mir jemand nicht paßt, so trenne ich mich von ihm. Und nun gar ein Mörder! Sind wir etwa gezwungen, so einen Schurken, der noch dazu ein Trunkenbold ist und uns in immer neue Verlegenheiten bringen kann, noch länger bei uns zu dulden?«

»Ja, leider sind wir das. Rattler ist ebenso wie ich, Stone und Parker für Euch engagiert worden, und nur diejenigen, die ihn angestellt haben und besolden, können ihn entlassen. Wir müssen uns da streng nach dem Rechte halten.«

»Streng nach dem Rechte? Einem Menschen gegenüber, der Tag für Tag die göttlichen und menschlichen Gesetze mit Füßen tritt!«

»Wenn auch! Was Ihr da vorbringt, ist ja alles gut; aber man darf keinen Fehler begehen aus dem Grunde, weil ein Anderer ein Verbrechen begangen hat. Ich sage Euch, daß die Obrigkeit sich vor allen Dingen rein zu halten hat; aus diesem Grunde haben wir Westmänner, die wir gegebenen Falles die Obrigkeit spielen müssen, alle Veranlassung, unsern Ruf unbefleckt zu erhalten. Doch auch davon abgesehen, will ich Euch fragen, was Rattler wohl dann täte, wenn er von uns fortgejagt würde?«

»Das ist seine Sache!«

»Und die unserige ebenso! Wir befänden uns in jedem Augenblicke in Gefahr, da er höchst wahrscheinlich versuchen würde, sich an uns zu rächen. Es ist besser, ihn bei uns zu behalten, wo wir ihn beaufsichtigen können, als daß wir ihn fortjagen und er uns fortgesetzt umschleicht und jedem, dem er will, eine Kugel in den Kopf jagen kann. Ich denke, daß Ihr nun auch unserer Meinung seid.«

Er sah mich dabei mit einem Blicke an, den ich recht wohl verstand, denn er blinzelte dann in bezeichnender Weise zu Rattlers Genossen hinüber. Wenn wir gegen diesen vorgingen, so stand zu befürchten, daß sie gemeinschaftliche Sache mit ihm machen würden. Das sagte ich mir auch, denn es war ihnen nicht zu trauen. Darum antwortete ich:

»Ja, nachdem Ihr mir die Sache in dieser Weise klar gemacht habt, sehe ich wohl ein, daß wir sie laufen lassen müssen, wie sie läuft. Nur machen mir die Apachen Sorge, denn es unterliegt wohl keinem Zweifel, daß sie kommen werden, um sich zu rächen.«

»Sie kommen, und zwar um so sicherer, als sie nicht ein Wort der Drohung ausgesprochen haben. Sie haben nicht nur außerordentlich stolz, sondern auch sehr klug gehandelt. Hätten sie augenblicklich Vergeltung geübt, so wäre davon, selbst wenn wir es geduldet hätten, was keinesfalls so sicher war, doch nur Rattler betroffen worden. Sie hatten es aber auf uns alle abgesehen, weil er zu uns gehörte und weil sie uns infolge unserer Vermessungen als Feinde betrachten, die ihnen ihr Land und Eigentum rauben wollen. Darum haben sie sich in so außerordentlicher Weise beherrscht und sind davongeritten, ohne einen Finger gegen uns zu erheben. Desto sicherer aber werden sie zurückkehren, um uns alle in ihre Hände zu bekommen. Glückt ihnen das, so können wir uns auf einen bösen Tod gefaßt machen, denn das Ansehen, in welchem dieser Klekih-petra bei ihnen gestanden hat, erfordert eine doppelt und dreifach schwere Rache.«

»Und das alles um eines Trunkenboldes willen! Sie werden jedenfalls in größerer Anzahl kommen.«

»Natürlich! Es hängt da alles von der Frage ab, wann sie kommen werden. Wir hätten ja Zeit, zu fliehen, müßten aber alles im Stiche und die beinahe fertige Arbeit unvollendet lassen.«

»Das umgehen wir, wenn es nur halbwegs möglich ist.«

»Wann glaubt Ihr, fertig werden zu können, wenn Ihr Euch recht sputet?«

»In fünf Tagen.«

»Hm! So viel ich weiß, gibt es hier in der Nähe kein Apachenlager. Ich würde die nächsten Mescaleros wenigstens drei starke Tagesritte von hier suchen. Wenn ich mich hierin nicht irre, so haben Intschu tschuna und Winnetou, weil sie die Leiche transportieren, vier Tage zu reiten, ehe sie Sukkurs bekommen können; drei Tage dann nach hier zurück, das ergibt sieben Tage, und da Ihr glaubt, in fünf Tagen fertig zu werden, so meine ich, daß wir es wagen dürfen, mit der Vermessung fortzufahren.«

»Und wenn Eure Berechnung nicht richtig ist? Es ist ja möglich, daß die beiden Apachen die Leiche einstweilen an einen sichern Ort geschafft haben und dann zurückkommen, um aus dem Hinterhalte auf uns zu schießen. Ebenso ist es möglich, daß sie viel eher auf einen Trupp der Ihrigen treffen; ja, es läßt sich sogar annehmen, daß sie Freunde in der Nähe haben, denn es sollte mich wundern, wenn zwei Indianer, noch dazu Häuptlinge, sich ohne alle Begleitung so weit von ihrem Wohnsitze entfernten. Und da die Zeit der Büffeljagd gekommen ist, so wäre auch die Möglichkeit vorhanden, daß Intschu tschuna und Winnetou zu einem Jagdtruppe gehören, der sich in der Nähe befindet und von welchem sie sich aus irgend einem Grunde auf nur kurze Zeit entfernt haben. Das alles ist zu bedenken und zu beherzigen, wenn wir vor- und umsichtig sein wollen.«

Sam Hawkens kniff das eine seiner beiden kleinen Aeuglein zu, zog eine verwunderte Grimasse und rief aus:

»*Good lack*, was Ihr doch klug und weise seid! Wahrhaftig, heutzutage sind die Küchlein zehnmal gescheiter als die alte Henne, wenn ich mich nicht irre. Aber, um der Wahrheit die Ehre zu geben, so war das, was Ihr vorgebracht habt, gar nicht so dumm gesagt. Ich gebe Euch vollständig recht. Wir müssen unsere Augen auf alle diese möglichen Fälle richten. Darum ist es notwendig, zu erfahren, wohin die beiden Apachen sich gewendet haben. Ich werde ihnen also mit Tagesanbruch nachreiten.«

»Und ich reite mit,« sagte Will Parker.

»Ich auch,« erklärte Dick Stone.

Sam Hawkens sann eine kurze Weile nach und antwortete ihnen dann:

»Ihr bleibt hübsch da, ihr Beide. Ihr werdet hier gebraucht. Verstanden?«

Er sah dabei nach Rattlers Freunden hinüber, und er hatte recht. Wenn diese unzuverlässigen Menschen allein bei uns blieben, so könnte es nach ihres Anführers Erwachen leicht unliebsame Szenen geben. Da war es besser, Stone und Parker blieben da.

»Aber du kannst doch nicht allein reiten!« sagte der letztere.

»Ich könnte schon, wenn ich wollte; aber ich will nicht,« erwiderte Sam. »Werde mir einen Begleiter aussuchen.«

»Wen?«

»Dieses junge Greenhorn hier.«

Dabei deutete er auf mich.

»Nein, der darf nicht fort,« entgegnete da der Oberingenieur.

»Warum nicht, Mr. Bancroft?«

»Weil ich ihn brauche.«

»Möchte doch wissen, wozu!«

»Zur Arbeit natürlich. Wenn wir in fünf Tagen fertig werden wollen, müssen wir alle unsere Kräfte anspannen. Ich kann keinen missen.«

»Ja, alle Kräfte anspannen. Bisher habt Ihr das nicht getan; es hat vielmehr einer für alle arbeiten müssen; nun mögen sich auch einmal alle für diesen Einen anstrengen.«

»Mr. Hawkens, wollt Ihr mir etwa Vorschriften machen? Das möchte ich mir verbitten!«

»Fällt mir nicht ein. Eine Bemerkung ist noch lange keine Vorschrift.«

»Klang aber genau so!«

»Mag sein; habe auch gar nichts dagegen. Was Eure Arbeit betrifft, so wird es wohl keine gar so große Verzögerung nach sich ziehen, wenn morgen vier anstatt fünf sich daran beteiligen. Habe grad eine bestimmte Absicht dabei, dieses junge

Greenhorn, welches Shatterhand genannt worden ist, mitzunehmen.«

»Darf ich fragen, welche?«

»Warum nicht. Er soll einmal sehen, wie man es macht, wenn man Indianern nachschleicht. Wird ihm wahrscheinlich von Nutzen sein, eine Fährte richtig lesen zu können.«

»Das ist aber für mich nicht maßgebend.«

»Weiß schon. Es gibt noch einen zweiten Grund. Nämlich der Weg, den ich zu machen habe, ist ein gefährlicher. Da ist es vorteilhaft für mich und euch, wenn ich einen Begleiter bei mir habe, der eine solche Körperkraft besitzt und mit seinem Bärentöter so außerordentlich gut schießen kann.«

»Ich sehe wirklich nicht ein, inwiefern dies auch für uns von Vorteil sein könnte.«

»Nicht? Das wundert mich. Seid doch sonst ein außerordentlich pfiffiger und einsichtsvoller Gentleman,« antwortete Sam in leicht ironischem Tone. »Wie nun, wenn ich auf Feinde treffe, die hieher wollen und mich auslöschen? Da kann Euch niemand von der Gefahr benachrichtigen, und Ihr werdet überfallen und umgebracht. Habe ich aber dieses Greenhorn bei mir, welches mit seinen kleinen Ladieshänden den stämmigsten Kerl mit einem Schlage zu Boden schmettert, so ist es sehr wahrscheinlich, daß wir heiler Haut wiederkommen. Sehr Ihr das nun ein?«

»Hm, ja.«

»Und sodann kommt die Hauptsache: Er muß morgen mit, damit keine Reiberei entsteht, welche unglücklich enden kann. Ihr wißt, daß Rattler es ganz besonders auf ihn abgesehen hat. Wenn dieser Liebhaber eines Glases Brandy morgen erwacht, ist es sehr wahrscheinlich, daß er sich gleich an den macht, der ihn heut wieder niedergeschmettert hat. Wir müssen diese beiden wenigstens morgen, am ersten Tage nach der Mordtat, auseinander halten. Darum bleibt der Eine, den ich nicht brauchen kann, hier bei Euch, und den Andern nehme ich mit. Habt Ihr nun auch noch etwas dagegen?«

»Nein; er mag mit Euch reiten.«

»*Well*; so sind wir also einig.« Und indem er sich mir zuwendete, fügte er hinzu: »Ihr habt gehört, was Euch morgen für eine Anstrengung bevorsteht. Es kann leicht möglich sein, daß wir da keinen Augenblick zum Essen und zur Ruhe finden. Darum frage ich Euch, ob Ihr denn nicht wenigstens einige Bissen von Eurer Bärentatze probieren wollt.«

»Na, unter diesen Umständen will ich es wenigstens versuchen.«

»Versucht es nur, versucht es nur! Ich kenne diese Versuche, hihihihi! Man braucht nur einen Bissen zu nehmen, so hört man gewiß nicht eher auf, als bis man nichts mehr hat. Gebt die Tatze her; ich will sie Euch braten. So ein Greenhorn hat nicht den richtigen Verstand dazu. Also paßt hübsch auf, damit Ihr es lernt! Müßte ich Euch eine solche Delikatesse zum zweitenmal braten, so bekämet Ihr nichts davon, denn ich würde sie selber essen.«

Der gute Sam hatte ganz recht gesagt: kaum hatte ich, als er mit seinem kulinarischen Meisterstück fertig war, den ersten Bissen probiert, so stellte sich der vorhin vermißte Appetit ein; ich vergaß, was mich vorher bedrückt hatte, und aß, aß wirklich so lange, bis ich nichts mehr hatte.

»Seht Ihr's!« lachte er mich an. »Es ist wirklich weit angenehmer, einen Grizzlybären zu verspeisen, als zu erlegen; das habt Ihr nun wohl kennen gelernt. Jetzt werden wir uns einige tüchtige Stücke aus dem Schinken schneiden, um sie noch heut abend zu braten. Die nehmen wir morgen als Proviant mit, denn auf solchen Kundschafterritten muß man immer darauf gefaßt sein, daß man keine Zeit findet, ein Wild zu schießen und auch kein Feuer anbrennen darf, um es zu braten. Ihr aber legt Euch auf das Ohr und macht einen schnellen, tüchtigen Schlaf, denn wir brechen mit der Morgenröte wieder auf und werden morgen alle Kräfte brauchen.«

»*Well*, ich werde also schlafen. Aber vorher sagt mir, welches Pferd Ihr reiten werdet?«

»Welches Pferd? Gar keines.«

»Was denn?«

»Welche Frage! Meint Ihr denn, daß ich mich auf ein Krokodil oder einen andern sonstigen Vogel setzen werde?

Natürlich werde ich mein Maultier, meine neue Mary reiten.«

»Das würde ich nicht tun.«

»Warum?«

»Ihr kennt sie noch zu wenig.«

»Dafür kennt sie mich ganz genau. Hat gar gewaltigen Respekt vor mir, das Vieh, hihihihi!«

»Aber bei einem solchen Späherritte, wie wir morgen vorhaben, muß man sehr vorsichtig sein und alles vorher bedacht haben. Ein Pferd, dessen man nicht sicher ist, kann alles verderben.«

»So? Wirklich?« lachte er mich an.

»Ja,« antwortete ich eifrig. »Ich weiß, daß das Schnauben eines Pferdes seinem Reiter das Leben kosten kann.«

»Ah, das wißt Ihr? Gescheiter Kerl, der Ihr seid! Habt es wohl auch gelesen, Sir?«

»Ja.«

»Dachte es mir! Muß doch außerordentlich interessant sein, solche Bücher zu lesen. Wenn ich nicht selbst ein Westmann wäre, würde ich nach dem Osten ziehen, mich dort recht hübsch behaglich auf ein Kanapee setzen und solche schöne Indianergeschichten lesen. Ich glaube, man kann rund und fett dabei werden, obgleich man die Bärentatzen nur auf dem Papiere zu essen bekommt. Möchte wirklich wissen, ob die guten Gentlemen, welche solche Sachen schreiben, einmal über den alten Mississippi herübergekommen sind!«

»Die meisten von ihnen wahrscheinlich.«

»So? Denkt Ihr?«

»Ja.«

»Glaube es nicht. Habe meine sehr guten Gründe dazu, daran zu zweifeln.«

»Und diese Gründe sind?«

»Will's Euch sagen, Sir. Habe früher auch einmal schreiben gekonnt, aber es so schön verlernt, daß ich jetzt wohl kaum noch imstande wäre, meinen Namen auf ein Papier oder eine Schiefertafel zu bringen. Eine Hand, welche so lange ein Pferd gezügelt, die Büchse und das Messer geführt und den Lasso geschwungen hat, die ist nicht mehr geeignet dazu, allerlei Krikselkraksel auf das Papier zu malen. Wer ein richtiger Westmann ist, der hat sicher das Schreiben verlernt, und wer keiner ist, der mag es unterlassen, über Sachen zu schreiben, die er nicht versteht.«

»Hm! Man braucht sich doch nicht, um ein Buch über den Westen zu schreiben, so lange da aufzuhalten, bis man kein Schreibgelenk mehr in den Fingern hat.«

»Fehlgeschossen, Sir! Ich habe soeben gesagt, daß nur ein tüchtiger Westmann richtig und der Wahrheit gemäß schreiben könnte; aber grad so ein Mann kommt nie dazu.«

»Warum?«

»Weil es ihm nicht einfallen wird, den Westen, wo es keine Tintenfässer gibt, zu verlassen. Die Prairie ist wie die See; sie läßt denjenigen, der sie kennen gelernt und lieb gewonnen hat, niemals wieder von sich. Nein, alle diese Bücherschreiber kennen den Westen nicht, denn wenn sie ihn kennen gelernt hätten, so hätten sie ihn nicht verlassen, um ein paar hundert Papierseiten mit Tinte schwarz zu machen. Das ist so meine Ansicht, und ich vermute sehr, daß sie die richtige ist.«

»Nein. Ich kenne zum Beispiel einen, der den Westen lieb gewonnen hat und ein tüchtiger Jäger werden will. Dennoch wird er zuweilen in die Zivilisation zurückkehren, um über den Westen zu schreiben.«

»So? Wer wäre das?« fragte er, indem er mich neugierig ansah.

»Das könnt Ihr Euch denken.«

»Denken? Ich mir? Sollte es möglich sein, daß Ihr Euch da selbst gemeint habt?«

»Ja.«

»Alle Wetter! Ihr wollt also unter das unnütze Volk der Büchermacher gehen?«

»Wahrscheinlich.«

»Das laßt bleiben, Sir, ja das laßt bleiben; ich bitte Euch inständigst darum. Ihr würdet dabei elend zu Grunde gehen; das könnt Ihr mir glauben.«

»Ich bezweifle es.«

»Und ich behaupte es. Ich kann es sogar beschwören,« rief er eifrig. »Habt Ihr denn eine kleine Ahnung von dem Leben, welches Euch dann bevorsteht?«

»Ja.«

»Nun?«

»Ich mache Reisen, um Länder und Völker kennen zu lernen, und kehre zuweilen in die Heimat zurück, um meine Ansichten und Erfahrungen ungestört niederzuschreiben.«

»Aber zu welchem Zwecke denn, um aller Welt willen? Das kann ich nicht einsehen.«

»Um der Lehrer meiner Leser zu sein und mir nebenbei Geld zu verdienen.«

»*Zounds!* Der Lehrer seiner Leser! Und Geld verdienen! Sir, Ihr seid übergeschnappt, wenn ich mich nicht irre! Eure Leser werden gar nichts von Euch lernen, denn Ihr versteht ja selber nichts. Wie kann so ein Greenhorn, so ein ganz und gar ausgewachsenes und ausgestopftes Greenhorn der Lehrer seiner Leser sein! Ich versichere Euch, daß Ihr gar keine Leser finden werdet, nicht einen einzigen! Und sagt mir nur um des Himmels willen, warum Ihr, aber auch grad Ihr ein Lehrer werden wollt, und noch gar der Lehrer Eurer Leser, die Ihr gar nicht finden und haben werdet! Gibt es denn nicht Lehrer und Schulmeister genug auf Erden und in der Welt? Müßt Ihr die Summe dieser Leute denn vergrößern?«

»Hört, Sam, ein Lehrer zu sein, ist ein hochwichtiger, ein heiliger Beruf!«

»*Pshaw!* Ein Westmann ist viel wichtiger, tausend- und abertausendmal wichtiger! Das muß ich wissen, weil ich einer bin, während Ihr erst kaum mit der Nase hergerochen seid. Ich muß mir das also allen Ernstes verbitten, daß Ihr Lehrer Eurer Leser werden wollt! Und nun gar Geld dabei zu verdienen! Welch eine Idee, welch eine ganz und gar hirnlose Idee! Was kostet denn so ein Buch, wie Ihr schreiben wollt?«

»Einen Dollar, zwei Dollars, drei Dollars, je nach der Größe, denke ich.«

»Schön! Und was kostet ein Biberfell? Habt Ihr eine

Ahnung davon? Wenn Ihr Fallensteller werdet, verdient Ihr viel mehr, viel mehr, als wenn Ihr der Lehrer Eurer Leser seid, von dem sie, wenn er ja zu seinem und zu ihrem Unglücke welche finden sollte, nichts als nur Dummheiten lernen würden. Geld verdienen! Das kann man hier im Westen am leichtesten; da liegt es auf der Prairie, im Urwalde, zwischen den Felsen und auf dem Grunde der Flüsse ausgestreut. Und was für ein elendes Leben würdet Ihr als Buchmacher führen! Ihr müßtet anstatt des herrlichen Quellwassers des Westens dicke, schwarze Tinte trinken, an einer alten Gänsefeder kauen, anstatt an einer Bärentatze oder einer Büffellende. Ueber Euch würdet Ihr anstatt des blauen Himmels eine abgebröckelte Kalkdecke haben und unter Euch anstatt des weichen, grünen Grases eine alte Holzpritsche, auf welcher Ihr den Hexenschuß bekommt. Hier habt Ihr ein Pferd, dort einen zerrissenen Polsterstuhl zwischen den Beinen. Hier könnt Ihr bei jedem Regen und Gewitter die edle Gottesgabe aus erster Hand genießen, dort aber reckt Ihr beim ersten Tropfen, welcher fällt, einen roten oder grünen Schirm zum Himmel auf. Hier seid Ihr ein frischer, freier, froher Mann mit der Büchse in der Faust, dort hockt Ihr am Schreibepult und verschwendet Eure Körperkraft an einem Federhalter oder Bleistifte, der – – – na, ich will aufhören und mich nicht weiter aufregen. Aber wenn Ihr wirklich willens seid, der Lehrer Eurer Leser zu werden, so seid Ihr der beklagenswerteste Mann, den es auf Gottes schöner Erde geben kann!«

Er hatte sich in eine nicht geringe Aufregung hineingeredet; seine Aeuglein blitzten und seine Wangen glühten, soweit der dichte Vollbart dies sehen ließ, im allerschönsten Zinnoberrot, grad so wie seine Nasenspitze. Ich ahnte, was ihn so wild machte, und da es mir von Wert war, es aus seinem Munde zu hören, so schüttelte ich noch mehr Oel in das Feuer, indem ich sagte:

»Aber, liebster Sam, ich versichere Euch, daß es Euch selbst große Freude machen würde, wenn ich dazukäme, meinen Vorsatz auszuführen.«

»Freude? Mir? Bleibt mir doch mit solcher Albernheit vom Leibe; Ihr müßt nun endlich wissen, daß ich solche Witze nicht vertragen kann!«

»Es ist kein Scherz, sondern Ernst.«

»Ernst? Da schlage doch der Donner drein, wenn ich mich nicht irre! Inwiefern denn Ernst? Worüber sollte ich mich denn da freuen?«

»Ueber Euch.«

»Ueber mich?«

»Ja, über Euch selbst, denn Ihr würdet auch in meinen Büchern stehen.«

»Ich – ich?« fragte er, indem seine Aeuglein größer und immer größer wurden.

»Ja, Ihr. Ich würde natürlich auch von Euch schreiben.«

»Von mir? Etwa das, was ich tue, was ich rede?«

»Ja. Ich erzähle, was ich erlebt habe, und da ich mit Euch zusammengewesen bin, kommt Ihr auch mit in die Bücher, grad so, wie Ihr da vor mir sitzt.«

Da ergriff er sein Gewehr, warf das Schinkenstück hin, welches er während des Gespräches über das Feuer gehalten hatte, sprang empor, stellte sich in drohender Haltung vor mich hin und schrie mich an:

»Ich frage Euch allen Ernstes und vor allen diesen Zeugen, ob Ihr das wirklich tun wollt?«

»Natürlich!«

»So! Dann fordere ich Euch hiermit auf, es augenblicklich zu widerrufen und mir mit einigen Eiden zu versichern, daß Ihr es unterlassen werdet!«

»Warum?«

»Weil ich Euch sonst augenblicklich niederschießen oder niederschlagen werde, hier mit meiner alten Liddy, welche ich da in meinen Händen habe. Also, wollt Ihr oder nicht?!«

»Nein.«

»So haue ich zu!« schrie er, indem er mit dem Kolben seiner Liddy ausholte.

»Haut immer zu!« antwortete ich ruhig.

Der Kolben schwebte einige Augenblicke über meinem

Haupte; dann ließ er ihn sinken, warf das Gewehr ins Gras, schlug ganz trostlos die Hände zusammen und jammerte:

»Dieser Mensch ist übergeschnappt, ist verrückt geworden, vollständig verrückt! Ich ahnte es sogleich, als er Bücher schreiben und ein Lehrer seiner Leser werden wollte, und nun ist es wirklich eingetroffen. Nur ein Wahnsinniger kann so ruhig und kaltblütig sitzen bleiben, wenn meine Liddy über seinem Haupte schwebt. Was soll man nun mit diesem Menschen machen? Ich glaube kaum, daß er zu kurieren sein wird!«

»Es bedarf keiner Kur, lieber Sam,« antwortete ich. »Mein Verstand ist vollständig ungetrübt.«

»Warum aber tut Ihr mir da nicht meinen Willen? Warum verweigert Ihr mir die Eide und laßt Euch lieber erschlagen?«

»*Pshaw!* Sam Hawkens erschlägt mich nicht; das weiß ich ganz genau.«

»Das wißt Ihr? So, so, das wißt Ihr also! Und leider ist es auch wahr. Ich würde mich lieber selbst erschlagen, als Euch ein einziges Härlein krümmen.«

»Und Eide schwöre ich nicht. Bei mir pflegt das Wort zu gelten, grad so wie ein Schwur. Und endlich lasse ich mir ein Versprechen nicht durch Drohungen, selbst wenn es mit der Liddy wäre, abpressen. Die Sache mit den Büchern ist gar nicht so dumm, wie Ihr meint. Ihr kennt das nur nicht, und ich werde es Euch später, wenn wir mehr Zeit haben, einmal erklären.«

»Danke Euch!« meinte er, indem er sich niedersetzte und wieder nach dem Schinken griff. »Brauche keine Erklärung für etwas, was gar nicht erklärt werden kann. Lehrer seiner Leser! Geld verdienen mit dem Buchmachen! Lächerlich!«

»Und bedenkt die Ehre, Sam!«

»Welche Ehre?« fragte er, mir das Gesicht rasch wieder zuwendend.

»Die Ehre, von so vielen Leuten gelesen zu werden. Man wird dadurch berühmt.«

Da hob er die Rechte mit dem großen Schinkenstück hoch empor und schrie mich an:

»Sir, nun hört augenblicklich auf, sonst werfe ich Euch diese zwölf Pfund Bärenschinken an den Kopf! Dort gehört der Schinken hin, denn Ihr seid grad so dumm oder noch viel dümmer als der dümmste Grizzlybär. Durch das Buchmachen berühmt werden! Hat man jemals eine so jämmerliche Behauptung gehört! Ich noch nicht, wirklich noch nicht! Was wollt denn grad Ihr von Berühmtheit wissen! Ich will Euch sagen, wie man berühmt werden kann. Da liegt das Bärenfell; seht es Euch an! Schneidet die Ohren ab und steckt sie Euch an den Hut; nehmt die Krallen von den Tatzen und die Zähne aus dem Rachen, und fertigt Euch eine Kette daraus, die Ihr Euch um den Hals hängt. So macht es jeder weiße Westmann und jeder Indianer, der das große Glück gehabt hat, einen Grizzly zu erlegen. Dann heißt es, wohin er kommt und wo man ihn nur sieht: ›Schaut den Mann an! Der hat es mit dem grauen Bären aufgenommen!‹ So sagen alle; jeder wird ihm gern und voller Achtung Platz machen, und sein Name wird genannt von Zelt zu Zelt, von Ort zu Ort. So wird man berühmt. Verstanden! Nun steckt Euch einmal Eure Bücher an den Hut, und hängt Euch eine Bücherkette ums Genick! Was wird man sagen, he? Daß Ihr ein verrückter Kerl seid, ein ganz verrückter Kerl! Diese Berühmtheit und keine andere werdet Ihr von Eurem Bücherschreiben haben!«

»Aber, Sam, was ereifert Ihr Euch denn so? Es kann Euch doch ganz gleichgültig sein, was ich tue?«

»So? Gleichgültig? Mir? Alle Teufel, ist das ein Mensch, wenn ich mich nicht irre! Habe ihn lieb wie einen Sohn und meinen ganzen Narren an ihm gefressen, und da soll es mir gleichgültig sein, was er treibt! Das ist doch stark; das ist mehr als stark; das ist noch stärker! Der Kerl hat eine Kraft wie ein Büffel, Muskeln wie ein Mustang, Flechsen und Sehnen wie ein Hirsch, ein Auge wie ein Falke, Gehör wie eine Maus, und so ein fünf oder sechs Pfund Gehirn im Kopfe, wenn man nach seiner Stirne geht. Er schießt wie ein Alter, reitet wie der Geist der Savanne und geht, trotzdem er noch keinen gesehen hat, auf den Büffel und auf den

Grizzly los, als ob er es mit einem Meerschweinchen zu tun hätte. Und so ein Mensch, so ein Prairiejäger, so ein Kerl, der zum Westmann wie geschaffen ist und jetzt schon mehr leistet wie mancher Jäger, der zwanzig Jahre auf der Savanne herumgeritten ist, ich sage, so ein Mensch will nach Hause gehen und Bücher machen! Ist das denn nicht, um toll zu werden? Hat man sich da etwa darüber zu wundern, daß ein ehrlicher Westläufer, der es gut mit ihm meint, in Zorn gerät?«

Er sah mich dabei fragend, ja herausfordernd an. Natürlich erwartete er eine Antwort; ich aber gab ihm keine; ich hatte ihn gefangen. Ich zog den Sattel herbei, legte, ihn als Kissen benutzend, den Kopf darauf, streckte mich lang aus und machte die Augen zu.

»Nun, was ist denn das wieder für ein Benehmen?« fragte er, das Schinkenstück noch immer in der Hand. »Bin ich denn keiner Antwort wert?«

»O ja,« antwortete ich nur. »Gute Nacht, bester Sam; schlaft wohl!«

»Ihr wollt schlafen gehen?«

»Ja. Ihr habt es mir doch vorhin geraten.«

»Das war vorhin; jetzt aber sind wir noch nicht miteinander fertig, Sir.«

»O doch!«

»Nein; ich habe noch mit Euch zu reden.«

»Ich aber mit Euch nicht, denn ich weiß nun, was ich wissen wollte.«

»Wissen wollte? Was denn?«

»Das, womit herauszurücken Ihr Euch bisher stets so sehr gesträubt habt.«

»Ich mich gesträubt? Da möchte ich denn doch wissen, was das ist. Heraus damit!«

»O, weiter nichts, als daß ich zum Westmanne wie geschaffen bin und jetzt schon mehr leiste als mancher Jäger, der zwanzig Jahre auf der Savanne herumgeritten ist.«

Da ließ er die Hand mit dem Schinkenstücke vollends niedersinken, hustete einige Male sehr verlegen und sagte dann:

»Alle – – Teufel – – –! Dieser junge Kerl – – dieses Greenhorn – – hat mich – – – – hm, hm, hm!«

»Gute Nacht, Sam Hawkens, schlaft wohl!« wiederholte ich und wendete mich um.

Da fuhr er mich an:

»Ja, schlaft ein, Ihr Galgenstrick! Das ist besser, als wenn Ihr wacht. Denn so lange Ihr die Augen offen habt, ist kein ehrlicher Kerl sicher, nicht von Euch an der Nase herumgeführt zu werden. Zwischen uns ist's aus! Mit mir habt Ihr's verdorben! Ich habe Euch nun durchschaut. Ihr seid ein Filou, vor dem man sich in acht zu nehmen hat!«

Das hatte er in seinem zornigsten Tone gesprochen. Nach diesen Worten und diesem Tone hätte ich eigentlich annehmen müssen, daß nun zwischen uns wirklich alles aus sei; aber schon nach einer halben Minute hörte ich ihn mit weicher, freundlicher Stimme hinzufügen:

»Gute Nacht, Sir; schlaft schnell, damit Ihr kräftig seid, wenn ich Euch wecke!«

Er war doch ein lieber, guter, ehrlicher Mensch, der alte Sam Hawkens!

Ich schlief wirklich fest, bis er mich weckte. Parker und Stone waren auch schon munter; die Andern lagen noch im festen Schlafe, sogar Rattler auch noch. Wir aßen ein Stück Fleisch, tranken Wasser dazu, tränkten unsere Pferde und ritten dann fort, nachdem Sam den beiden Gefährten kurze Verhaltungsmaßregeln für alle vorauszusehenden Fälle gegeben hatte. Die Sonne war noch nicht aufgegangen, als wir diesen Ritt, der leicht gefährlich werden konnte, antraten. Mein erster, mein allererster Kundschafterritt! Ich war neugierig, wie er enden werde. Wie viele, viele solche Ritte habe ich dann später unternommen!

Wir schlugen natürlich die Richtung ein, in welcher die beiden Apachen fortgeritten waren, das Tal hinab und unten um die Waldesecke. Die Spuren waren im Grase noch zu sehen; selbst ich, das Greenhorn, bemerkte sie; sie führten nordwärts, während wir die Apachen doch im Süden von uns suchen mußten. Als wir uns hinter der Krümmung des Tales befanden, gab es in dem langsam zur Höhe aufsteigenden Walde eine Blöße, welche wahrscheinlich die Folge eines verderblichen Insektenfraßes war; dort hinauf führte die Spur. Die Blöße setzte sich oben eine lange Strecke fort, worauf wir auf eine Prairie kamen, welche wie ein regelmäßiges, langsam aufsteigendes grünes Dach nach Süden führte. Auch hier war die Spur sehr leicht zu verfolgen. Die Apachen hatten uns, wie wir bemerkten, umritten. Als wir uns oben auf dem Firste dieses Daches befanden, lag eine weite, ebene, grasige Fläche vor uns, welche nach Süden keine Grenze zu haben schien. Obgleich seit dem Verschwinden der Apachen beinahe dreiviertel Tag vergangen war, sahen wir ihre Spur wie eine gerade Linie über diese Ebene führen. Sam, welcher bis jetzt kein Wort gesprochen hatte, schüttelte nun den Kopf und brummte in den Bart:

»Gefällt mir nicht, diese Spur, ganz und gar nicht!«

»Und mir gefällt sie desto besser,« sagte ich.

»Weil Ihr ein Greenhorn seid, was Ihr gestern abend wieder einmal bestreiten wolltet, Sir. Bildet sich der junge Mann ein, daß ich ihn habe loben und gar mit einem Prairiejäger vergleichen wollen! So etwas sollte man nicht für möglich halten! Man braucht nur Eure jetzigen Worte zu hören, um sofort zu wissen, woran man mit Euch ist. Euch gefällt diese Spur? Ja, das glaube ich; weil sie so schön deutlich vor Euch liegt, daß ein Blinder sie mit Händen fassen könnte. Mir aber, der ich ein alter Savannenläufer bin, kommt das verdächtig vor.«

»Mir nicht.«

»Haltet den Schnabel, verehrtester Sir! Ich habe Euch nicht dazu mitgenommen, daß Ihr mir mit Euern jungen Ansichten über den Bart wischen sollt! Wenn zwei Indianer ihre Spur so sehen lassen, so ist das stets bedenklich, zumal unter diesen Umständen, wo sie uns in feindlicher Absicht verlassen haben. Es ist sehr zu vermuten, daß sie uns in eine Falle locken wollen. Denn sie wissen, daß wir ihnen folgen werden, das ist doch selbstverständlich.«

»Worin soll die Falle bestehen?«

»Das kann man jetzt noch nicht wissen.«

»Und wo soll sie liegen?«

»Natürlich dort im Süden. Sie haben es uns sehr leicht gemacht, ihnen dorthin zu folgen. Wenn das nicht mit einer bestimmten Absicht geschehen wäre, hätten sie sich Mühe gegeben, die Spur auszuwischen.«

»Hm!« brummte ich.

»Was?« fragte er.

»Nichts.«

»Oho! Das klang grad so, als ob Ihr etwas sagen wolltet.«

»Werde mich hüten!«

»Warum?«

»Ich habe allen Grund, meinen Schnabel zu halten, sonst denkt Ihr wieder, ich will Euch den Bart abwischen, wozu ich aber, wie ich Euch offen gestehe, weder Talent noch Lust besitze.«

»Redet doch kein solches Zeug! Zwischen Freunden dürfen Ausdrücke nicht auf diese Weise abgewogen werden. Ihr wollt doch etwas lernen; wie aber könnt Ihr das, wenn Ihr nicht redet! Also, was war das für ein Hm-Brummer, den Ihr soeben losgelassen habt?«

»Ich war anderer Meinung als Ihr. Ich glaube an keine Falle.«

»So! Warum?«

»Die beiden Apachen wollen zu den Ihrigen. Sie wollen sie schnell gegen uns führen und haben bei dieser Wärme eine Leiche bei sich. Das sind zwei triftige Gründe, ihren Ritt möglichst zu beschleunigen, sonst verfault ihnen die Leiche unterwegs und sodann kommen sie auch zu spät, uns noch zu erwischen. Sie haben sich also nicht Zeit nehmen können, ihre Spur zu verwischen. Das ist meiner Ansicht nach der einzige Grund, daß wir die Fährte so deutlich sehen.«

»Hm!« brummte Sam nun seinerseits.

»Und wenn ich nicht recht hätte,« fuhr ich fort, »so können wir ihnen dennoch getrost folgen. So lange wir uns auf dieser weiten Ebene befinden, haben wir nichts zu befürchten, weil wir jeden Feind schon von weitem sehen und uns also zur rechten Zeit zurückziehen können.«

»Hm!« brummte er abermals, indem er mich von der Seite her ansah. »Ihr redet da von der Leiche. Denkt Ihr, daß sie sie in dieser Wärme mit fortnehmen?«

»Ja.«

»Nicht unterwegs begraben?«

»Nein. Der Tote hat in hohen Ehren bei ihnen gestanden. Ihre Gewohnheiten erfordern, daß er mit allem indianischen Pompe begraben werde. Dieser Feierlichkeit würde die Krone aufgesetzt werden können, wenn es möglich wäre, seinen Mörder bei der Leiche sterben zu lassen. Sie werden diese letztere also aufheben und sich beeilen, Rattler und uns in die Hände zu bekommen. So, wie ich sie kenne, steht dies zu erwarten.«

»So, wie Ihr sie kennt? Ah, Ihr seid also im Apachenlande geboren?«

»Unsinn!«

»Woher kennt Ihr sie denn sonst?«

»Aus den Büchern, von denen Ihr nichts wissen wollt.«

»*Well!*« nickte er. »Reiten wir weiter!«

Er sagte mir nicht, ob er meinen Ansichten beistimme oder nicht; aber wenn er mir zuweilen von seitwärts her einen halben Blick zuwarf, ging durch seinen Bartwald ein leises Zucken. Ich kannte dieses Zucken; es war stets ein Zeichen, daß es ihm nicht leicht wurde, irgend etwas geistig zu verdauen.

Wir jagten nun im Galoppe über die Ebene hin. Sie war eine jener kurzgrasigen Savannen, wie sie sich da oben zwischen den Quellgebieten des Canadian und des Rio Pecos finden. Die Spur war dreireihig, wie mit einer großen, dreizinkigen Gabel gezogen. Die Pferde waren also hier noch immer so nebeneinander geführt worden, wie wir sie hatten von uns fortgehen sehen. Es mußte sehr anstrengend gewesen sein, die Leiche während eines so weiten Rittes aufrecht zu halten, denn bis jetzt hatten wir keine Spur davon gefunden, daß sie irgend eine Vorrichtung getroffen hätten, sich dies zu erleichtern. Ich sagte mir aber im stillen, daß sie das wohl nicht mehr lange ausgehalten hatten.

Jetzt nun glaubte Sam Hawkens die Zeit gekommen, seines Lehramtes zu walten. Er erklärte mir, aus welcher Beschaffenheit der Fährte zu schließen sei, ob die Reiter im Schritte oder im Galoppe geritten seien; das war sehr leicht zu sehen und zu merken.

Nach einer halben Stunde legte sich ein Wald scheinbar quer vor die Ebene, aber auch nur scheinbar, denn die Savanne machte eine Biegung; indem wir derselben folgten, hatten wir diesen Wald zu unserer Linken liegen. Die Bäume desselben standen so weit auseinander, daß ein ganzer Reitertrupp vereinzelt leicht hindurchkommen konnte; die Apachen hatten aber drei Pferde nebeneinander und also nicht hindurch gekonnt. Es war klar, daß sie aus diesem Grunde zu Umwegen gezwungen waren, denen wir gern folgten, weil auch wir da offenen Weg hatten. Später freilich, als ich ›ausgelernt‹ hatte, wäre es mir nie eingefallen, dieser Fährte so nachzureiten, sondern ich wäre geradeaus durch den Wald geritten und jenseits wieder auf sie getroffen, wodurch ich den Umweg abgeschnitten hätte.

Später verengte sich die Prairie zu einem schmäleren, nicht ganz offenen Wiesenstreifen, auf welchem vereinzeltes Buschwerk stand. Da kamen wir an eine Stelle, wo die Apachen angehalten hatten. Es war an einem Gesträuch, aus welchem hohes, schlankes Eichen- und Buchenholz ragte. Wir umritten es vorsichtig und näherten uns erst dann, als wir die Ueberzeugung hatten, daß die Roten längst nicht mehr darin steckten. Auf der einen Seite des Gebüsches war das Gras vollständig niedergetreten oder niedergelagert. Die Untersuchung ergab, daß die Apachen hier abgestiegen waren und die Leiche vom Pferde genommen und in das Gras gelegt hatten. Dann waren sie in das Gesträuch eingedrungen, um Eichenstangen zu schneiden und sie von den Nebenzweigen zu befreien; diese letzteren sahen wir am Boden liegen.

»Was mögen sie wohl mit diesen Stangen getan haben?«

fragte Sam, indem er mich wie ein Lehrer seinen Schüler anblickte.

»Eine Trage oder Schleife für die Leiche,« antwortete ich getrost.

»Woher wißt Ihr das?«

»Von mir.«

»Wieso?«

»Ich habe schon lange auf so etwas gewartet. Die Leiche so lange aufrecht zu halten, ist keine Kleinigkeit gewesen. Ich erwartete also, daß sie beim ersten Haltepunkt Abhilfe getroffen haben.«

»Nicht übel gedacht. Steht so etwas auch in Euren Büchern zu lesen, Sir?«

»Wörtlich und genau auf diesen Fall passend nicht; aber es kommt darauf an, wer ein solchen Buch liest und wie er es liest. Man kann wirklich viel daraus lernen und dann in der Wirklichkeit für andere, ähnliche Fälle anwenden.«

»Hm, sonderbar! Scheinen also doch im Westen gewesen zu sein, die so etwas schreiben! Uebrigens stimmt Eure Vermutung mit der meinigen zusammen. Wollen doch 'mal sehen, ob sie richtig ist.«

»Ich vermute, daß sie nicht eine Tragbahre, sondern eine Schleife angefertigt haben.«

»Warum?«

»Um einen Toten oder überhaupt etwas auf einer Bahre zu tragen, dazu sind zwei Pferde erforderlich, die entweder neben- oder hintereinander hergehen; die Apachen haben aber nur drei Pferde. Bei einer Schleife jedoch genügt ein einzelnes Pferd.«

»Richtig; aber die Schleife macht eine verteufelte Fährte, was für den Betreffenden verderblich werden kann. Uebrigens ist anzunehmen, daß sie gestern kurz vor Abend hier gewesen sind; es wird sich also bald zeigen, ob sie gelagert haben oder während der Nacht geritten sind.«

»Ich möchte das letztere behaupten, weil sie ja doppelten Grund zur Eile haben.«

»Ganz richtig; also laßt uns sehen.«

Wir waren abgestiegen und gingen, unsere Pferde hinter uns führend, auf der Fährte langsam weiter. Sie sah jetzt ganz anders aus als vorher, sie war zwar auch wieder dreifach, doch nicht in der früheren Weise. Der mittlere, breite Strich stammte von den Pferdehufen, und die beiden Seitenstriche waren von der Schleife eingeritzt worden. Sie bestand also wohl aus zwei Hauptstangen und mehreren Querhölzern, die aneinander befestigt und auf welche dann die Leiche gebunden worden war.

»Sind von hier aus hintereinander geritten,« meinte Sam. »Das muß einen Grund haben, denn es ist zum Nebeneinanderreiten genug Platz da. Folgen wir ihnen nach!«

Wir stiegen wieder auf und ritten im Trabe weiter, dabei dachte ich darüber nach, aus welchem Grunde sie wohl von jetzt an hintereinander geritten sein könnten. Ich sann und sann und glaubte bald, das Richtige gefunden zu haben. Darum sagte ich:

»Sam, strengt Eure Augen an! Es wird mit dieser Spur bald eine Aenderung eintreten, die wir nicht bemerken sollen.«

»Wieso? Eine Aenderung?« fragte er.

»Jawohl. Sie haben die Schleife angefertigt nicht nur um sich den Ritt zu erleichtern und die Leiche nicht mehr halten zu müssen, sondern auch um sich trennen zu können.«

»Was Ihr denkt! Sich trennen! Wird ihnen nicht im Traume einfallen, hihihihi!« lachte er.

»Im Traume nicht, aber im Wachen.«

»So sagt mir, wie Ihr auf diese Idee kommt! Da werden Eure Bücher Euch wohl gewaltig in die Irre geführt haben.«

»Das steht nicht darin, sondern ich habe es mir selbst gesagt, allerdings nur infolgedessen, daß ich diese Bücher sehr aufmerksam gelesen und mich in ihren Inhalt sehr lebhaft hineingedacht habe.«

»Nun also?«

»Bisher habt Ihr den Lehrer gemacht; nun werde ich Euch auch einmal fragen.«

»Wird viel Kluges werden; bin neugierig darauf!«

»Weshalb pflegen die Indianer überhaupt meist hintereinander zu reiten? Doch nicht der Bequemlichkeit oder der Geselligkeit halber?«

»Nein, sondern damit der, welcher auf ihre Fährte stößt, nicht zählen könne, wie viele Reiter es gewesen sind.«

»Schau! Ich glaube, ganz derselbe Grund liegt auch hier in diesem Falle vor.«

»Möchte wissen!«

»Aber warum reiten da die Beiden im Gänsemarsch, wo doch Platz wäre für mehr als drei Pferde?«

»Zufall, oder, was wohl das Richtige sein wird, des Toten wegen. Einer reitet vorn als Wegweiser; dann kommt das Pferd mit der Leiche und hinterher der Andere, welcher aufzupassen hat, daß die Schleife fest zusammenhält und der Tote nicht etwa herunterfällt.«

»Mag sein; aber ich muß daran denken, daß sie Eile haben, an uns zu kommen. Der Transport des Erschossenen geht zu langsam; also wird wohl einer von ihnen voraneilen, damit die Krieger der Apachen schneller benachrichtigt werden können.«

»Das gaukelt Euch die Phantasie so vor. Ich sage Euch, daß es ihnen gar nicht einfallen wird, sich voneinander zu trennen.«

Warum sollte ich mich mit ihm streiten? Ich konnte ja unrecht haben; ja, ich hatte es höchst wahrscheinlich, weil er ein erfahrener Scout und ich eben ein Greenhorn war. Darum schwieg ich, aber ich paßte scharf auf den Boden und auf die Fährte auf.

Nicht lange nachher kamen wir an einen nicht tiefen, sondern sehr flachen aber desto breiteren und jetzt vollständig ausgetrockneten Wasserlauf. Das war so eine Flußmulde, welche im Frühlinge die Gebirgswässer aufnimmt und dann, wenn diese sich verlaufen haben, während der übrigen Zeit trocken bleibt. Der Boden zwischen den beiden niedrigen Ufern bestand aus vom Wasser rund geschliffenem Steingrus, zwischen dem sich einzelne Lager feinen, leichten Sandes befanden. Die Spur führte quer hindurch.

Während wir langsam hinüberritten, betrachtete ich den

Grus und Sand auf beiden Seiten auf das genaueste. Wenn ich vorhin das Richtige erraten hatte, so war hier für einen der Apachen der geeignetste Ort, abzuweichen. Wenn er ein Stück die trockene Mulde hinunterritt und sein Pferd nicht auf den Sand, sondern nur auf den harten Grus treten ließ, der keine Spur annahm, so konnte er verschwinden, ohne eine Fährte zurückzulassen. Ritt dann der Andere weiter, mit dem Schleifenpferde hinter sich, so konnte man die Spur dieser beiden Pferde noch immer für die von dreien halten.

Ich hielt mich hinter Sam Hawkens. Schon war ich fast hinüber, da bemerkte ich in einer Sandlage, grad wo sie an eine Gruslage stieß, eine runde Vertiefung, deren Ränder eingefallen waren; sie hatte ungefähr die Weite einer großen Kaffeetasse. Ich hatte damals nicht den scharfen Blick, den Scharfsinn und die Erfahrung, die ich später besaß; aber was ich später behauptet und bewiesen hätte, das ahnte ich damals wenigstens, nämlich daß diese kleine Vertiefung von einem Pferdehufe rühre, der von dem höheren Grus in den tiefer liegenden Sand hinabgerutscht war. Als wir am andern Ufer angekommen waren, wollte Sam auf der Fährte weiterreiten; ich aber forderte ihn auf:

»Kommt einmal da nach links hinüber, Sam!«

»Warum?« fragte er.

»Will Euch etwas zeigen.«

»Was?«

»Werdet es gleich sehen. Kommt nur mit!«

Ich ritt am Ufer des Trockenbettes hinab; es war mit Gras bestanden. Wir hatten nicht mehr als zweihundert Pferdeschritte gemacht, da kam die Fährte eines Reiters aus dem Sande herauf und führte ganz deutlich über das Gras in südlicher Richtung hin.

»Was ist das hier, Sam?« fragte ich, nicht wenig stolz, als Neuling recht zu bekommen.

Seine kleinen Aeuglein schienen sich in ihre Höhlen verkriechen zu wollen, und sein listiges Gesicht zog sich in die Länge.

»Pferdestapfen!« antwortete er erstaunt.

»Wo sind sie hergekommen?«

Er blickte über das Trockenbett hinüber, und da er dort keine Spur bemerkte, meinte er:

»Jedenfalls hier aus dem Frühjahrsflusse.«

»Allerdings. Und wer mag der Reiter da gewesen sein?«

»Weiß ich es!«

»Nein, aber ich weiß es.«

»Nun, wer denn?«

»Einer von den beiden Apachen.«

Sein Gesicht dehnte sich noch mehr in die Länge, eine Fähigkeit, die ich ihm bisher gar nicht zugetraut hatte, und er rief aus:

»Von diesen beiden? Nicht möglich!«

»O doch! Sie haben sich getrennt, wie ich vorhin vermutete. Kommt nun zu unserer Fährte zurück! Wenn wir sie genau betrachten, so werden wir sehen, daß sie nun von nur zwei Pferden herrührt.«

»Das wäre ja ganz erstaunlich! Wollen einmal sehen. Bin fürchterlich neugierig!«

Wir ritten zurück und waren nun freilich aufmerksamer, als wir gewesen wären, wenn ich meine Entdeckung nicht gemacht hätte. Wir fanden wirklich heraus, daß von hier an nur zwei Pferde weitergegangen waren. Sam hustete einige Male, betrachtete mich mit mißtrauischen Augen vom Kopfe bis zu den Füßen herunter und fragte:

»Wie seid Ihr denn auf die Idee gekommen, daß die abgezweigte Spur da drüben aus dem Trockenbette kommen werde?«

»Ich habe einen Fußstapfen da unten im Sande gesehen und das übrige daraus geschlossen.«

»Das wäre! Zeigt mir doch einmal den Stapfen!«

Ich führte ihn hinunter, wo ich ihn sah. Da blickte er mich noch viel mißtrauischer an, als vorhin, und fragte:

»Sir, wollt Ihr mir einmal die Wahrheit sagen?«

»Ja. Glaubt Ihr vielleicht, daß ich Euch einmal belogen habe?«

»Hm, Ihr scheint ein wahrheitsliebender und ehrlicher

Kerl zu sein; aber in diesem Falle traue ich Euch doch nicht. Ihr seid noch nie in der Prairie gewesen?«

»Nein.«

»Ueberhaupt im wilden Westen nicht?«

»Nein.«

»Auch nicht in den Vereinigten Staaten?«

»Nie.«

»Oder gibt es ein anderes Land, wo es auch Prairien und Savannen gibt und so etwas wie hier der Westen, und dort seid Ihr gewesen?«

»Nein. Ich bin nie aus meiner Heimat weggekommen.«

»So hole Euch der Teufel, Ihr ganz und gar unbegreifliches Menschenkind!«

»Oho, Sam Hawkens! Ist das ein Segensspruch von einem Freunde, wie Ihr zu sein behauptet!«

»Na, nehmt mir's 'mal nicht übel, wenn mir bei solchen Dingen der Käfer über die Galle läuft! Kommt so ein Greenhorn nach dem Westen, hat noch kein Gras wachsen und keinen Erdfloh singen gehört und treibt schon gleich beim ersten Kundschafterritte dem alten Sam Hawkens die Schamröte ins Gesicht. Wenn man da kaltes Blut behalten soll, so müßte man im Sommer ein Eskimo und im Winter ein Grönländer sein, wenn ich mich nicht irre. Als ich so jung war, wie Ihr jetzt seid, da war ich zehnmal gescheiter als Ihr, und jetzt in meinen alten Tagen scheine ich zehnmal dümmer zu sein. Ist das nicht traurig für einen Westläufer, der seine Portion Ehrgefühl besitzt?«

»Braucht es Euch nicht so tief zu Herzen zu nehmen.«

»Oho, es greift an! Ich muß gestehen, daß Ihr recht gehabt habt. Woher kommt das nur?«

»Daher, daß ich logisch richtig gedacht und geschlossen habe. Das richtige Schließen ist sehr wichtig.«

»Schließen? Was ist das? Mit einem Schlüssel?«

»Nein. Schlüsse ziehen, meine ich.«

»Das verstehe ich nicht; ist mir zu hoch.«

»Nun, ich habe folgenden Schluß gezogen: Wenn Indianer hintereinander reiten, wollen sie ihre Spur verdekken; die beiden Apachen sind hintereinander geritten, folglich wollten sie ihre Spur verdecken. Das versteht Ihr doch?«

»Selbstverständlich.«

»Durch diesen richtigen Schluß bin ich zu der richtigen Entdeckung gekommen. Der richtige Westmann muß vor allem richtig denken können. Ich will Euch noch so einen Schluß sagen. Wollt Ihr ihn hören?«

»Warum nicht?«

»Ihr heißt Hawkens. Das soll doch ›Falke‹ sein?«

»*Yes!*«

»So hört! Der Falke frißt Feldmäuse. Ist das richtig?«

»Ja; wenn er sie fängt, da frißt er sie.«

»Nun also ist der Schluß: Der Falke frißt Feldmäuse; Ihr heißet Hawkens, folglich freßt Ihr Feldmäuse.«

Sam machte den Mund auf, jedenfalls um Atem und Gedanken schöpfen zu können, sah mich eine kleine Weile wie abwesend an und brach dann los:

»Sir, wollt Ihr Euch über mich lustig machen? Das verbitte ich mir! Ich bin noch lange kein Bajazzo, dem man auf dem Buckel herumspringen kann. Ihr habt mich beleidigt, schwer beleidigt mit der teuflischen Behauptung, daß ich Mäuse fresse, und noch dazu elende Feldmäuse. Dafür will ich Genugtuung haben. Was denkt Ihr vom Duell?«

»Großartig!«

»Jawohl! Ihr habt studiert, nicht wahr?«

»Ja.«

»So seid Ihr satisfaktionsfähig, und ich werde Euch also meinen Sekundaner schicken. Verstanden?«

»Ja. Aber habt Ihr studiert?«

»Nein.«

»So seid Ihr nicht satisfaktionsfähig, und ich werde Euch also meinen Tertianer oder Quartaner schicken. Verstanden?«

»Nein, das verstehe ich nicht,« meinte er, indem er ein verlegenes Gesicht zeigte.

»Nun, wenn Ihr die Regeln des Duells nicht versteht und

nicht einmal wißt, welche Bedeutung Euer Sekundaner und mein Tertianer und Quartaner dabei haben, so könnt Ihr mich doch nicht fordern. Ich will Euch freiwillig eine Genugtuung geben.«

»Welche?«

»Ich schenke Euch mein Grizzlybärenfell.«

Seine Aeuglein blitzten sofort wieder.

»Das braucht Ihr doch selbst!«

»Nein. Ich gebe es Euch.«

»Ist's wahr?«

»Ja.«

»*Heigh-day*, das nehme ich sofort an. Danke, Sir, danke außerordentlich! *Halloo*, werden sich die Andern ärgern! Wißt Ihr, was ich daraus mache?«

»Nun?«

»Einen neuen Jagdrock, einen Jagdrock aus Grizzlyleder! Welch ein Triumph! Werde ihn selber machen. Bin ein ausgezeichneter Jagdrockschneider. Seht Euch diesen da an, wie schön ich ihn ausgebessert habe!«

Er deutete auf den vorsintflutlichen Sack, in welchem er steckte. Da war allerdings ein Lederstück immer wieder auf das Andere geflickt, so daß der Rock die Dicke eines Brettes angenommen hatte.

»Aber,« fügte er in seiner großen Freude hinzu, »die Ohren, die Krallen und die Zähne bekommt Ihr, die brauche ich nicht zum Rocke, und Ihr habt Euch diese Trophäen mit größter Lebensgefahr erkämpft. Ich mache Euch eine Kette daraus; ich verstehe mich auf solche Arbeiten. Wollt Ihr?«

»Ja.«

»Recht so, recht so, denn dann hat ein jeder seine Freude. Ihr seid wirklich ein tüchtiger Kerl, ein ganz tüchtiger Kerl. Schenkt Eurem Sam Hawkens das Grizzlyfell. Nun könnt Ihr meinetwegen von mir behaupten, daß ich nicht nur Feldmäuse, sondern auch Ratten fresse, es wird meine Seelenruhe nicht im geringsten aus der Fassung bringen. Und das mit den Büchern – – – ich sehe doch, daß sie nicht ganz so übel sind, wie ich erst dachte; man kann wirklich vieles daraus lernen. Werdet Ihr wirklich eines schreiben?«

»Vielleicht mehrere.«

»Ueber Eure Erlebnisse?«

»Ja.«

»Und ich komme auch mit hinein?«

»Nur meine hervorragendsten Freunde, so ungefähr um ihnen ein schriftliches Denkmal zu setzen.«

»Hm, hm! Hervorragend! Denkmal setzen! Das klingt freilich ganz anders als gestern. Ich muß mich da sehr verhört haben. Also ich auch?«

»Wenn Ihr wollt, sonst nicht.«

»Hört, Sir, ich will. Ich bitte Euch sogar darum, mich mit hineinzusetzen.«

»Gut; es wird geschehen.«

»Schön! Aber da müßt Ihr mir einen Gefallen tun!«

»Welchen?«

»Ihr erzählt alles, was wir miteinander erlebt haben?«

»Ja.«

»So laßt das weg, daß ich die abgezweigte Spur hier nicht gefunden habe! Sam Hawkens, und so etwas nicht finden! Ich muß mich ja vor allen Lesern schämen, die von Euch lernen sollen. Wenn Ihr die Güte haben wollt, dies zu verheimlichen, so mögt Ihr dafür getrost das von den Mäusen und Ratten hineinsetzen. Was die Leute über mein Essen denken, das ist mir ganz und gar egal; aber wenn sie mich für einen Westmann hielten, der einen Indsman fortreiten läßt, ohne dies an der Fährte zu sehen, das würde mich wurmen, außerordentlich wurmen!«

»Das geht nicht, lieber Sam.«

»Nicht? Warum?«

»Weil ich jede Person, welche ich bringen werde, genau so beschreiben muß, wie sie ist. Da will ich Euch doch lieber weglassen.«

»Nein, nein, ich will mit hinein ins Buch, partout mit hinein! Es ist jedenfalls auch besser, wenn Ihr die Wahrheit sagt. Wenn Ihr meine Fehler bringt, so mag das für die Leser, die ebenso dumm sind, wie ich bin, ein warnendes Beispiel zur Aufmunterung sein, hihihihi; ich aber, da ich nun weiß, daß ich gedruckt werde, werde mir alle Mühe geben, um dergleichen Fehler fernerhin zu vermeiden. Also, wir sind einverstanden?«

»Ja.«

»So wollen wir weiter!«

»Welcher Spur? Der abgezweigten?«

»Nein, dieser hier.«

»Ja; das wird Winnetou sein.«

»Woraus schließt Ihr das?«

»Dieser hier soll mit der Leiche langsamer nachfolgen; der Andere aber reitet voraus, um schnell Krieger zu versammeln; also wird er wohl der Häuptling sein.«

»*Yes*; stimmt; bin derselben Ansicht. Der Häuptling geht uns jetzt nichts an. Wir reiten nur seinem Sohne nach.«

»Warum diesem?«

»Weil ich wissen will, ob er doch noch Lager gemacht hat; darauf kommt es mir an. Also vorwärts, Sir!«

Es ging im Trabe weiter, ohne daß etwas Erwähnenswertes geschah. Auch die Beschreibung der Gegend, durch welche wir kamen, würde kein Interesse bieten. Erst eine Stunde vor Mittag hielt Sam an und sagte:

»Nun ist's genug; wir kehren um. Auch Winnetou ist die ganze Nacht hindurch geritten; sie haben also große Eile, und wir können ihren Angriff bald erwarten, vielleicht noch innerhalb der fünf Tage, die Ihr zu arbeiten habt.«

»Das wäre bös!«

»Allerdings. Hört Ihr auf, und machen wir uns aus dem Staube, so bleibt die Arbeit unvollendet; bleiben wir aber da, so werden wir überfallen, und die Arbeit wird doch nicht fertig. Wir müssen die Sache mit Bancroft ernstlich besprechen.«

»Vielleicht bietet sich ein Ausweg.«

»Wüßte nicht, welcher?«

»Daß wir uns einstweilen in Sicherheit bringen und dann, wenn die Apachen sich zurückgezogen haben, den Rest vollenden.«

»Ja, das ginge vielleicht. Werden sehen, was die Andern dazu sagen. Wir müssen uns beeilen, noch vor nacht das Lager zu erreichen.«

Wir schlugen rückwärts denselben Weg ein, den wir herwärts geritten waren. Wir hatten unsere Tiere nicht geschont, aber mein Rotschimmel war noch ganz frisch, und die ›neue Mary‹ tat ganz so, als ob sie soeben erst aus dem Stalle gekommen sei. Wir legten in kurzer Zeit bedeutende Strecken zurück, bis wir ein fließendes Wasser erreichten, wo wir unsere Tiere trinken und ein Stündchen ausruhen lassen wollten. Da stiegen wir ab und streckten uns zwischen Büschen im weichen Grase aus.

Was wir uns zu sagen hatten, das war gesagt worden; darum lagen wir jetzt still da. Ich dachte an Winnetou und den wahrscheinlich bevorstehenden Kampf mit ihm und seinen Apachen, und Sam Hawkens hatte die Augen zugemacht und – – – ah, er schlief; ich sah es den regelmäßigen Bewegungen seiner Brust an. Er hatte in letzter Nacht nicht viel geschlafen. Hier konnte er ein kleines Nickerchen riskieren, weil ich wachte und wir auf dem Herwege in der ganzen Gegend nichts Verdächtiges bemerkt hatten.

Jetzt sollte ich ein Beispiel davon erleben, wie scharf die Sinne der Menschen und der Tiere im wilden Westen sind. Das Maultier steckte mitten im Gebüsch, so daß ich es nicht sehen konnte, und knusperte die Blätter von den Zweigen; es war kein geselliges Tier, mied die Pferde und war am liebsten allein. Mein Schimmel stand in meiner Nähe und mähte mit seinen scharfen Zähnen das Gras ab. Sam schlief, wie ich bereits gesagt habe.

Da ließ das Maultier ein kurzes, seltsames, ich möchte sagen, warnendes Schnauben hören, und im Nu war Sam aufgewacht und stand auf den Beinen.

»Ich schlief; die Mary schnaubte; das hat mich aufgeweckt. Es kommt ein Mensch oder ein Tier. Wo ist mein Maultier?«

»Da in den Büschen. Kommt!«

Wir krochen ins Gesträuch und sahen nun die Mary, wie

sie, vorsichtig hinter den Zweigen verborgen, durch dieselben blickte. Ihre langen Ohren bewegten sich lebhaft, und der Schwanz ging auf und nieder. Als sie sah, daß wir kamen, war sie beruhigt; Schwanz und Ohren standen still. Das Tier hatte sich wirklich in sehr guten Händen befunden, und Sam konnte sich beglückwünschen, anstatt eines Pferdes diese Mary gefangen zu haben.

Als wir durch die Zweige blickten, sahen wir sechs Indianer, einer hinter dem andern, von Norden her, wohin wir wollten, auf unserer Fährte geritten kommen. Der Vorderste von ihnen, eine nicht hohe, aber muskulöse Gestalt, hielt den Kopf gesenkt und schien die Augen nicht von der Fährte zu wenden. Sie trugen alle lederne Leggins und dunkle Wollenhemden. Bewaffnet waren sie mit Flinten, Messern und Tomahawks. Ihre Gesichter glänzten vor Fett; quer über dieses ging ein blauer und ein roter Strich hinweg.

Schon wollte diese Begegnung mir Sorge machen, da sagte Sam, ohne seine Stimme vorsichtig zu dämpfen:

»Welch ein Zusammentreffen! Das rettet uns, Sir!«

»Retten? Wieso? Wollt Ihr nicht leiser reden? Die Kerls sind schon so nahe, daß sie uns hören müssen.«

»Das sollen sie auch. Es sind Kiowas. Der, welcher voranreitet, ist Bao, was in ihrer Sprache Fuchs bedeutet, ein tapferer und auch schlauer Krieger, wie ja schon sein Name sagt. Der Häuptling dieser Leute heißt Tangua, ein unternehmender Indsman, aber mein guter Freund. Sie tragen die Kriegsfarben im Gesicht und sind also wahrscheinlich Kundschafter. Ich habe aber nicht gehört, daß irgend ein Stamm gegen den andern aufgetreten sei.«

Das Wort Kiowa wird Ke–i–o–weh ausgesprochen. Dieser rote Stamm scheint ein Mischvolk von Shoshonen und Pueblo-Indianern zu sein; es sind ihm im Indianerterritorium Reservationen angewiesen worden, aber es schweifen noch viele Abteilungen in den texanischen Wüsten, namentlich im sogenannten Pan-handle herum und bis nach Neu-Mexiko hinein. Diese Abteilungen sind sehr gut beritten und an Pferden reich. Sie werden den Weißen durch ihre Raublust sehr gefährlich, und darum sind die Ansiedler in den Grenzgebieten ihre erbittertsten Feinde. Auch mit den verschiedenen Apachenstämmen stehen sie auf schlechtem Fuße, da sie auch das Eigentum und Leben dieser ihrer roten Brüder nicht zu schonen pflegen. Sie sind mit einem Worte Räuberbanden. Wodurch sie das geworden sind, das braucht man nicht zu fragen.

Die sechs Kundschafter waren jetzt nahe herangekommen. Wie sie uns retten sollten, das leuchtete mir nicht ein. Sechs Indianer konnten uns wenig oder gar nichts helfen. Bald freilich sollte ich erfahren, wie Sam Hawkens es gemeint hatte. Für jetzt freute ich mich nur darüber, daß sie Sam kannten und wir also von ihnen wahrscheinlich nichts zu fürchten hatten.

Sie waren auf unserer Herfährte gekommen und sahen nun unsere Rückspur, welche in das Gebüsch führte. Daraus schlossen sie natürlich, daß sich Menschen in demselben befanden. Sofort rissen sie ihre außerordentlich kräftigen und beweglichen Pferde herum und jagten zurück, um aus der Tragweite unserer Gewehre zu kommen. Da trat Sam vor das Gebüsch hinaus, hielt beide Hände hohl an den Mund und stieß einen schrillen, weithin schallenden Ruf aus, welcher ihnen bekannt zu sein schien, denn sie hielten ihre Pferde an und schauten zurück. Er rief abermals und winkte ihnen dann. Sie verstanden beides, den Ruf und den Wink; sie sahen Sam, dessen eigentümliche Gestalt nicht zu verkennen war, und kamen im Galoppe zurück. Ich hatte mich neben Sam gestellt. Sie stürmten auf uns zu, als ob sie uns niederreiten wollten; wir blieben ruhig stehen; da rissen sie eine Elle von uns ihre Pferde in die Häksen, schnellten aus dem Sattel und ließen sie laufen.

»Unser weißer Bruder Sam ist hier?« fragte der Anführer. »Wie kommt er in den Weg seiner roten Freunde und Brüder?«

»Bao, der listige Fuchs, hat mich getroffen, weil er sich auf meiner Fährte befindet,« antwortete Sam.

»Wir glaubten, es sei die Spur der roten Hunde, die wir

suchen,« meinte der Fuchs in gebrochenem, aber ziemlich verständlichem Englisch.

»Welche Hunde meint mein roter Bruder?«

»Die Apachen vom Stamme der Mescaleros.«

»Warum nennt ihr sie Hunde? Ist ein Streit ausgebrochen zwischen ihnen und meinen Brüdern, den tapfern Kiowas?«

»Das Kriegsbeil ist ausgegraben zwischen uns und diesen räudigen Coyoten.«

»Uff! Das freut mich zu hören! Meine Brüder mögen sich zu uns setzen, denn ich habe ihnen Wichtiges zu sagen.«

Der Fuchs sah mich forschend an und fragte:

»Ich habe dieses Bleichgesicht noch nie gesehen; es ist noch jung; gehört es bereits unter die Krieger der weißen Männer? Hat es sich schon einen Namen erworben?«

Hätte Sam meinen deutschen Namen gesagt, so hätte derselbe keinen Effekt gemacht. Da besann er sich auf das Wort, welches Wheeler ausgesprochen hatte, und antwortete:

»Dieser mein liebster Freund und Bruder ist jüngst erst über das große Wasser gekommen und ein großer Krieger bei seinem Volke. Er hatte noch nie in seinem Leben einen Büffel oder einen Bären gesehen und dennoch vorgestern mit zwei alten Büffelbullen gekämpft und sie erlegt, um mir das Leben zu retten, und dann gestern den grauen Grizzly des Felsengebirges mit dem Messer erstochen, ohne daß ihm dabei die Haut geritzt worden ist.«

»Uff, uff!« riefen die Roten, mich bewundernd, aus, und Sam fuhr, allerdings in überschwänglicher Weise, fort:

»Seine Kugel verfehlt niemals ihr Ziel, und in seiner Hand wohnt so viel Kraft, daß er jeden Feind mit einem einzigen Hiebe seiner Faust zu Boden schmettert. Darum haben ihm die weißen Männer des Westens den Namen Old Shatterhand gegeben.«

So, da war ich ja ganz ohne meine Einwilligung mit einem Kriegsnamen ausgerüstet worden, den ich seit jener Zeit da drüben stets getragen habe. Das ist so Sitte im Westen. Oft kennen die besten Freunde gegenseitig ihre wirklichen Namen nicht.

Der Fuchs reichte mir die Hand und sagte in freundlichem Tone:

»Wenn Old Shatterhand es erlaubt, werden wir seine Freunde und Brüder sein. Wir lieben solche Männer, welche ihre Feinde mit einem Schlage niederschmettern. Darum wirst du hochwillkommen sein in unsern Zelten.«

Das hieß mit andern Worten: Wir brauchen Spitzbuben von einer solchen Körperkraft, wie du sie besitzest; darum komm zu uns. Wenn du mit uns und für uns mausest, stiehlst und raubst, sollst du es leidlich gut bei uns haben. Trotzdem antwortete ich so ziemlich mit jener Würde, welche ich mir später ganz zu eigen gemacht habe:

»Ich liebe die roten Männer, denn sie sind die Söhne des großen Geistes, dessen Kinder auch die Bleichgesichter sind. Wir sind Brüder und wollen uns beistehen gegen alle Feinde, welche uns und euch nicht achten!«

Ein wohlgefälliges Schmunzeln ging über sein mit Fett und Farbe beschmiertes Gesicht, als er mir hierauf versicherte:

»Old Shatterhand hat wohl gesprochen. Wir wollen die Pfeife des Friedens mit ihm rauchen.«

Hierauf setzten sie sich mit uns an das Wasser. Er zog eine Pfeife hervor, deren lieblich-niederträchtige Penetranz meine Nase schon von weitem empörte, und stopfte sie mit einer Mischung, welche aus zerstoßenen roten Rüben, Hanfblättern, geschnittenen Eicheln und Sauerampfer zu bestehen schien, versetzte sie in Brand, stand auf, tat einen Zug, blies den Rauch gen Himmel und gegen die Erde und sagte:

»Da oben wohnt der gute Geist, und hier auf der Erde wachsen die Pflanzen und die Tiere, welche er für die Krieger der Kiowas bestimmt hat.«

Hierauf tat er vier weitere Züge und fuhr fort, nachdem er den Rauch nach Norden, Süden, Osten und Westen geblasen hatte:

»Nach diesen Gegenden hin wohnen die roten und weißen Männer, welche diese Tiere und Pflanzen unrechtmäßiger Weise für sich behalten. Wir werden sie aber aufsuchen und uns nehmen, was uns gehört. Ich habe gesprochen. Howgh!«

Welch eine Rede! So ganz anders als diejenigen, welche ich bisher gelesen hatte oder später so oft gehört habe. Dieser Kiowa sagte ja hier mit offenen Worten, daß er die sämtlichen Erzeugnisse des Tier- und Pflanzenreiches als Eigentum seines Stammes ansehe und darum den Raub nicht nur für sein Recht halte, sondern sogar als seine Pflicht betrachte! Und ich sollte dieser Leute Freund nun sein! Aber wer unter die Musikanten gerät, muß mitblasen.

Der Fuchs reichte Sam die unfriedliche Friedenspfeife hin. Der Mann tat wacker seine sechs Züge und sagte:

»Der große Geist achtet nicht auf die verschiedene Haut der Menschen, denn die können sich mit Farbe beschmieren, um ihn zu täuschen, sondern er sieht das Herz an. Die Herzen der Krieger vom berühmten Stamme der Kiowas sind tapfer, unerschrocken und treu. Das meinige hängt an ihnen wie mein Maultier an dem Baume, an welchen ich es gebunden habe. So wird es hängen bleiben allezeit, wenn ich mich nicht irre. Ich habe gesprochen. Howgh!«

Das war nun freilich Sam Hawkens, der listig lustige kleine Mann, der jedem Dinge und jedem Verhältnisse eine erträgliche Seite abzugewinnen verstand. Seine Rede wurde mit einem allgemeinen, wiederholten »Uff, uff, uff!« belohnt. Leider beging er die Freveltat, nun mir das tönerne Stinktier in die Hand zu schieben. Ich war gezwungen, in den sauern Apfel zu beißen, und nahm mir vor, meine edle Würde zu bewahren und die Züge meines männlich ernsten Gesichtes zu beherrschen. Ich rauche sehr gern, und mir ist nie im Leben eine Zigarre zu stark gewesen. Ich habe sogar den famosen ›Dreimännertabak‹ geraucht, welcher diesen Namen seinem fürchterlichen Geschmacke verdankt; wer ihn raucht, muß, wenn er nicht umfallen will, von drei Männern festgehalten werden. Ich konnte also erwarten, daß mich auch diese indianische Friedensröhre nicht über den Haufen werfen werde. Ich erhob mich also, machte mit der linken Hand eine zur Andacht auffordernde Bewegung und tat den ersten Zug. Ja, es stimmte, die vorhin angegebenen Ingredienzien, nämlich Rüben, Hanf, Eicheln und Sauerampfer, waren alle in dem

Pfeifenkopfe anwesend; aber einen fünften Hauptstoff hatte ich nicht genannt; jetzt roch und schmeckte ich, daß auch ein Stückchen Filzschuh dabei sein müsse. Ich blies den Rauch auch gegen den Himmel und gegen die Erde und sagte dann:

»Vom Himmel kommt der Sonnenstrahl und der Regen; von ihm kommt jede gute Gabe und aller Segen. Die Erde empfängt die Wärme und Nässe und spendet dafür den Büffel und den Mustang, den Bären und den Hirsch, den Kürbis, den Mais und vor allem die edle Pflanze, aus welcher die klugen roten Männer den Kinnikinnik bereiten, welcher aus der Friedenspfeife den Duft der Liebe und Verbrüderung spendet.«

Ich hatte nämlich gelesen, daß die Indianer ihren Mischtabak Kinnikinnik nennen, und brachte diese Kenntnis heut schleunigst am richtigen Platz an. Nun sog ich mir den Mund zum zweitenmal voll von Rauch und blies denselben gegen die vier Himmelsgegenden. Der Geruch war noch voller und komplizierter als vorhin; ich glaubte ganz bestimmt, daß noch zwei weitere Bestandteile anzuführen seien, nämlich Kolophonium und abgeschnittene Fingernägel. Nach dieser trefflichen Entdeckung fuhr ich fort:

»Im Westen ragt das Felsengebirge empor, und im Osten dehnen sich die Ebenen; im Norden leuchten die Seen, und im Süden wallt das große Wasser des Meeres. Wäre alles Land mein, was zwischen diesen vier Grenzen liegt, ich würde es den Kriegern der Kiowas schenken, denn sie sind meine Brüder. Mögen sie in diesem Jahre zehnmal so viel Büffel und fünfzigmal so viel Grizzlybären jagen, als sie Köpfe zählen. Die Körner ihres Maises mögen wie Kürbisse sein und ihre Kürbisse so groß, daß man aus der Schale eines einzigen zwanzig Kanoes schneiden kann. Ich habe gesprochen. Howgh!«

Mir verursachte es keine unbezahlbaren Ausgaben, ihnen diese Herrlichkeiten zu wünschen, sie aber freuten sich darüber, als ob sie sie wirklich bekommen hätten. Meine Rede war die geistreichste, die ich in meinem Leben gehalten habe, und so wurde sie denn auch mit einem Jubel aufgenommen, welcher in anbetracht der von den Indianern stets bewahrten kalten Ruhe gewiß beispiellos war. So viel hatte ihnen noch kein Mensch, am allerwenigsten ein Weißer, gewünscht und gar schenken wollen; darum wollten die immer wiederkehrenden, anerkennenden »Uff, uff!« gar kein Ende nehmen. Der Fuchs drückte mir wiederholt die Hand, versicherte mich seiner Freundschaft für alle Zeiten und riß bei seinen Howgh, Howgh den Mund so weit auf, daß es mir glückte, die Friedens- und Ingredienzienpfeife loszuwerden, indem ich sie ihm zwischen die langen, gelben Zähne schob. Er schwieg sofort, um den Inhalt in dankbarer Sammlung weiter zu genießen.

Das war meine erste ›heilige Handlung‹ bei den Indianern, denn das Rauchen der Friedenspfeife wird bei ihnen in Wirklichkeit als eine Feierlichkeit betrachtet, welche sehr ernste Gründe und ebenso ernste Folgen hat. Wie oft habe ich später das Kalumet rauchen müssen und bin mir dabei des Ernstes, der Würde der Handlung voll bewußt gewesen. Hier und heut aber hatte sie mich gleich von vornherein angewidert und dann war mir bei Sams Herzen, das ›wie ein Maultier am Baume hing‹, die Prozedur gar drollig erschienen. Meine Hand stank nach der Pfeife, und meine ganze Seele jubelte im Stillen darüber, daß sie nun im Munde des Häuptlings und nicht in dem meinigen steckte. Ich zog, um selbst die Erinnerung an den Geschmack der Pfeife zu vernichten, eine Zigarre aus der Tasche und brannte sie an. Welch begierige Augen richteten da die Roten auf mich! Der Fuchs öffnete den Mund, daß ihm die Pfeife herausfiel; als geschulter Krieger hatte er die Geistesgegenwart, sie aufzufangen und wieder zwischen die Lippen zu stecken, aber es war ihm anzusehen, daß ihm in diesem Augenblicke eine einzige Zigarre lieber war als tausend Friedens- und Kinnikinnikpfeifen.

Da wir mit Santa Fé in Verbindung standen, von woher wir per Ochsenwagen unsere Bedürfnisse bekamen, war es mir nicht schwer gewesen, mich mit Zigarren zu versorgen. Sie waren ziemlich billig, und ich zog diesen Genuß vor, während die Andern sich mit Brandy betranken. Ich hatte heute früh welche mitgenommen und mich, weil wir womöglich auch erst morgen zurückkehren konnten, gleich für zwei Tage versehen; also konnte ich den sichtlich ungeheuren Appetit der Roten stillen; ich reichte jedem von ihnen eine Zigarre hin. Der Fuchs legte die Pfeife sofort weg und brannte die seinige an; seine Leute verfuhren aber anders; sie steckten die Zigarre nicht bloß mit der Spitze in den Mund, sondern sie schoben sie ganz hinein, um sie zu kauen. Der Geschmack der Menschenkinder ist verschieden. Ein altes Wort sagt, der Eine habe ihn vorn, der Andere hinten; jetzt sah ich, daß dieses Wort wirklich wahr ist, denn die Kiowas hatten ihn hinten. Ich schwur im Stillen, ihnen nie wieder etwas zu schenken, was zum Rauchen aber nicht zum Essen da ist.

Jetzt waren alle Formalitäten erfüllt und die Roten in der besten Stimmung. Sam begann also mit der Frage:

»Meine Brüder sagen, daß das Kriegsbeil zwischen ihnen und den Mescalero-Apachen ausgegraben sei. Ich weiß nichts davon. Seit wie lange ruht es nicht mehr in der Erde?«

»Seit der Zeit, welche die Bleichgesichter zwei Wochen nennen. Mein Bruder Sam wird sich in einer abgelegenen Gegend befunden haben, so daß er es nicht erfahren konnte.«

»Das ist richtig. Die Völker lebten aber doch in Frieden. Was ist der Grund, daß meine Brüder zu den Waffen gegriffen haben?«

»Die Hunde von Apachen haben vier von unsern Kriegern getötet.«

»Wo?«

»Am Rio Pecos.«

»Da stehen doch nicht eure Zelte?«

»Aber diejenigen der Mescaleros.«

»Was wollten eure Krieger dort?«

Der Kiowa besann sich keinen Augenblick, der Wahrheit gemäß zu antworten:

»Es zog eine Schar von unsern Kriegern aus, um des Nachts die Pferde der Mescalero-Apachen zu überfallen. Diese stinkenden Hunde aber wachten gut; sie wehrten sich und töteten unsere tapferen Männer. Darum ist zwischen uns und ihnen das Kriegsbeil ausgegraben worden.«

Also die Kiowas hatten Pferde stehlen wollen, waren aber ertappt und vertrieben worden. Daß dabei einige ihr Leben gelassen hatten, daran waren sie selbst schuld. Dennoch sollten das die Apachen büßen, welche in ihrem Rechte waren, indem sie ihr Eigentum verteidigt hatten. Am liebsten hätte ich den Spitzbuben dies ehrlich ins Gesicht gesagt; ich öffnete wohl auch schon den Mund, denn Sam winkte mir warnend zu und fragte weiter:

»Wissen die Apachen davon, daß eure Krieger gegen sie ausgezogen sind?«

»Denkt mein Bruder, daß wir es ihnen gesagt haben? Wir fallen heimlich über sie her, töten ihrer so viele, wie wir töten können, und nehmen dann alles mit, was wir von ihren Tieren und Sachen brauchen können.«

Das war ja schrecklich! Ich konnte mich nicht enthalten, jetzt die Frage einzuwerfen:

»Warum haben meine tapfern Brüder die Pferde der Apachen haben wollen? Ich habe gehört, daß der reiche Stamm der Kiowas viel mehr Pferde besitzt, als seine Krieger brauchen.«

Der Fuchs sah mir lächelnd in das Gesicht und antwortete:

»Mein junger Bruder Old Shatterhand ist über das große Wasser herübergekommen und weiß also wohl noch nicht, wie die Menschen diesseits dieses Wassers denken und leben. Ja, wir haben viele Pferde; aber es kamen weiße Männer zu uns, welche Pferde kaufen wollten, so viele Pferde, wie wir nicht entbehren konnten. Da erzählten sie uns von den Pferdeherden der Apachen und sagten uns, daß sie für ein Apachenpferd uns ebensoviel Waren und Brandy geben würden wie für ein Kiowapferd. Da sind unsere Krieger fort, um Apachenpferde zu holen.«

Also richtig! Wer war schuld an dem Tode der bisher Gefallenen und an dem Blutvergießen, welches nun noch bevorstand? Weiße Pferdehändler, welche mit Brandy bezahlen wollten und die Kiowas förmlich auf den Pferderaub hingewiesen hatten! Ich hätte wohl meinem Herzen Luft gemacht, aber Sam winkte mir sehr energisch zu und erkundigte sich:

»Mein Bruder, der Fuchs, ist als Kundschafter ausgegangen?«

»Ja.«

»Wann folgen eure Krieger nach?«

»Sie sind um den Ritt eines Tages hinter uns.«

»Von wem werden sie angeführt?«

»Von Tangua, dem tapfern Häuptlinge selbst.«

»Wieviel Krieger hat er bei sich?«

»Zweimal hundert.«

»Und ihr glaubt, die Apachen zu überraschen?«

»Wir werden über sie kommen, wie der Adler über die Krähen, die ihn nicht gesehen haben.«

»Mein Bruder irrt. Die Apachen wissen es, daß sie von den Kiowas überfallen werden sollen.«

Der Fuchs schüttelte ungläubig den Kopf und antwortete:

»Woher sollten sie es wissen? Reichen ihre Ohren bis zu den Zelten der Kiowas?«

»Ja.«

»Ich verstehe meinen Bruder Sam nicht. Er mag mir sagen, wie er dieses Wort meint.«

»Die Apachen haben Ohren, welche gehen und auch reiten können. Wir haben gestern zwei solche Ohren gesehen, welche bei den Zelten der Kiowas gewesen sind, um zu lauschen.«

»Uff! Zwei Ohren? Also zwei Späher?«

»Ja.«

»Da muß ich augenblicklich zum Häuptling zurück. Wir haben nur zweihundert Krieger mitgenommen, weil wir nicht mehr brauchen, wenn die Apachen nichts ahnen. Wenn sie es aber wissen, so brauchen wir weit mehr.«

»Meine Brüder haben nicht alles reiflich überlegt. Intschu tschuna, der Häuptling der Apachen, ist ein sehr kluger Krieger. Als er sah, daß seine Leute vier Kiowas getötet hatten, sagte er sich, daß die Kiowas den Tod dieser Leute rächen würden, und machte sich auf, euch zu beschleichen.«

»Uff, uff! Er selbst?«

»Ja, er und sein Sohn Winnetou.«

»Uff, auch dieser! Hätten wir das gewußt, so wären diese beiden Hunde gefangen worden! Sie werden nun eine ganze Menge Krieger versammeln, um uns zu empfangen. Ich muß dies dem Häuptling sagen, damit er halten bleibt und noch mehr Krieger nachkommen läßt. Werden Sam und Old Shatterhand mit mir reiten?«

»Ja.«

»So mögen sie rasch ihre Pferde besteigen!«

»Nur langsam! Ich habe vorher noch sehr notwendig mit dir zu reden.«

»Das magst du mir unterwegs sagen.«

»Nein. Ich werde mit dir reiten, aber nicht zu Tangua, dem Häuptlinge der Kiowas, sondern du wirst mich nach unserem Lager begleiten.«

»Mein Bruder Sam irrt sich da sehr.«

»Nein. Höre, was ich dir sage! Wollt ihr Intschu tschuna, den Häuptling der Apachen, lebendig fangen?«

»Uff!« rief der Kiowa wie elektrisiert, und seine Leute spitzten die Ohren.

»Und seinen Sohn Winnetou dazu?«

»Uff, uff! Ist das denn möglich?«

»Es ist sehr leicht.«

»Ich kenne meinen Bruder Sam, sonst würde ich glauben, auf seiner Zunge wohne jetzt ein Scherz, den ich nicht dulden darf.«

»*Pshaw!* Ich spreche im Ernste. Ihr könnt den Häuptling und seinen Sohn lebendig fangen.«

»Wann?«

»Ich glaubte, in fünf, sechs oder sieben Tagen; nun aber weiß ich, daß es viel früher geschehen kann.«

»Wo?«

»Bei unserm Lager.«

»Ich weiß nicht, wo es sich befindet.«

»Ihr werdet es sehen, denn ihr werdet uns sehr gern hinbegleiten, wenn ihr gehört habt, was ich euch jetzt sagen will.«

Er erzählte ihnen nun von unserer Sektion, von dem Zwecke derselben, gegen den sie ganz und gar nichts hatten, und dann von dem Zusammentreffen mit den beiden Apachen. Hieran fügte er die Bemerkung:

»Ich wunderte mich, die beiden Häuptlinge allein zu sehen, und nahm an, daß sie sich auf der Büffeljagd befänden und sich für kurze Zeit von ihren Kriegern getrennt hätten. Nun aber weiß ich sehr genau, woran ich bin. Die beiden Apachen sind bei euch gewesen, um zu kundschaften. Und daß sie, die Obersten der Apachen, diesen Ritt selbst gemacht haben, ist ein sicheres Zeichen dafür, daß sie diese Sache für höchst wichtig halten. Nun sind sie heim. Der Ritt Winnetous wird durch die Leiche verzögert; Intschu tschuna ist vorausgeeilt und wird, wenn es sein muß, sein Pferd totreiten, um seine Krieger schnell beisammen zu haben.«

»Darum muß ich unsern Häuptling ebenso schnell davon benachrichtigen!«

»Mein Bruder mag nur warten und mich aussprechen lassen! Die Apachen werden nach zweierlei Rache dürsten, nach Rache an euch und nach Rache an uns, wegen der Ermordung ihres weißen Klekih-petra. Sie werden eine größere Schar gegen euch und eine kleinere gegen uns senden, und bei der letzteren wird sich der Häuptling mit seinem Sohne befinden, um dann mit ihm, wenn er uns überfallen hat, zu der größeren Abteilung zu stoßen. Du reitest jetzt zu deinem Häuptlinge, nachdem ich dir unser Lager gezeigt habe, damit du es später finden kannst, und sagst ihm alles, was ich dir erzählt habe. Darauf kommt ihr mit euren zweihundert Kriegern zu uns, um Intschu tschuna mit seiner kleinen Schar zu erwarten und gefangen zu nehmen. Ihr seid zweihundert Krieger, und er wird nicht mehr als höchstens fünfzig mitbringen. Wir zählen zwanzig weiße Männer und werden euch natürlich helfen; es wird euch also kinderleicht sein, die Apachen zu überwältigen. Wenn ihr dann die beiden Häuptlinge in den Händen habt, ist dies grad so gut, als ob der ganze Stamm euch gehörte, und ihr könnt fordern und verlangen, was ihr wollt. Sieht mein Bruder dies alles ein?«

»Ja. Der Plan meines Bruders Sam ist sehr gut. Wenn der Häuptling ihn erfährt, wird er sich freuen, und wir werden schnell danach handeln.«

»So wollen wir aufbrechen und schnell reiten, damit wir noch vor Nacht das Lager erreichen!«

Wir stiegen auf die Pferde, die nun ausgeruht hatten, und flogen im Galopp davon. Diesmal hüteten wir uns, der Fährte wieder direkt zu folgen; wir ritten geradeaus und ersparten uns also die Umwege.

Ich muß sagen, daß ich von Sams Verhalten gar nicht erbaut war, sondern mich vielmehr über dasselbe ärgerte. Winnetou, der edle Winnetou sollte mit seinem Vater und und einer Schar von wohl fünfzig Kriegern in eine Falle gelockt werden! Wenn dies gelang, dann waren diese beiden und ihre Apachen verloren. Wie hatte Hawkens dies nur vorschlagen können! Er wußte ja, wie sympathisch mir Winnetou war, denn ich hatte es ihm gesagt, und ich wiederum wußte von ihm, daß er dem jungen Apachenhäuptlinge auch gewogen war.

Alle meine Bemühungen, unterwegs an ihn zu kommen und ihn für auch nur kurze Zeit von den Kiowas abzubringen, waren vergeblich. Ich wollte ihn, ohne daß sie es hörten, von seinem Plane weg- und auf einen andern führen; aber er schien dies zu ahnen und wich nicht von der Seite des Anführers der Kundschafter. Dies machte mich noch zorniger auf ihn, und wenn ich, der ich nicht die geringste Anlage zur Launenhaftigkeit besitze, jemals bei schlechter Laune gewesen bin, so war es an jenem Tage, als wir in der Dämmerung im Lager ankamen. Ich stieg vom Pferde, schirrte es ab und legte mich mißmutig ins Gras, denn ich mußte einsehen, daß ich es jetzt zu einem Meinungsaustausch mit Sam nicht bringen könne. Er hatte alle meine Winke unbeachtet gelassen und erzählte jetzt den Lagergenossen, wie wir den Kiowas begegnet waren und was nun geschehen sollte. Sie waren anfangs über das Erscheinen der Indianer erschrocken gewesen; um so mehr freuten sie sich nun, als sie hörten, daß diese unsere Freunde und Verbündete seien und wir nun wegen der Apachen nicht länger Sorge zu hegen brauchten. Wir konnten, von den zweihundert Kiowas umgeben und beschützt, unsere Arbeit fortsetzen und überzeugt sein, daß der erwartete Ueberfall uns gar nichts schaden werde.

Die Kiowas wurden gastlich behandelt, bekamen tüchtig Bärenfleisch zu essen und ritten dann fort. Sie wollten die ganze Nacht unterwegs sein, um den Ihrigen die Botschaft so bald wie möglich zu bringen. Dann erst, als sie fort waren, kam Sam zu mir, legte sich neben mich hin und sagte in seinem gewöhnlichen überlegenen Tone:

»Ihr macht heut abend gar kein gutes Gesicht, Sir. Muß eine Störung zugrunde liegen, entweder der Verdauung oder der seelischen Eingeweide, hihihihi. Welches von beiden wird wohl das richtige sein. Glaube, das letztere. Nicht?«

»Allerdings!« antwortete ich nicht eben freundlich.

»So taut Euer Herz auf, und sagt mir, woran es ist! Werde Euch kurieren.«

»Sollte mir lieb sein, wenn Ihr das könntet, Sam; zweifle aber daran.«

»Ich kann es, ich kann es; darauf dürft Ihr Euch verlassen.«

»So sagt einmal, Sam, wie Euch Winnetou gefallen hat?«

»Ausgezeichnet. Euch doch auch!«

»Und Ihr wollt ihn in das Verderben stürzen! Wie hängt das zusammen?«

»Ins Verderben? Ich ihn? Das ist dem Sohne meines Vaters gar nicht eingefallen.«

»Aber er soll gefangen werden!«

»Allerdings.«

»Und das wird sein Verderben sein!«

»Glaubt doch nicht an Gespenster, Sir! Winnetou gefällt mir so, daß ich, wenn er sich in einer Gefahr befände, sofort und gern mein Leben wagen würde, ihn aus derselben zu befreien.«

»Warum aber lockt Ihr ihn da in die Falle?«

»Um uns vor ihm und seinen Apachen zu retten.«

»Und dann?«

»Dann, hm! Ihr möchtet Euch wohl zu gern dieses jungen Apachen annehmen, Sir?«

»Ich möchte nicht bloß, sondern ich werde es wirklich tun! Wenn er gefangen wird, werde ich ihn befreien. Und wenn etwa gar die Waffen gegen ihn gebraucht werden sollen, so stelle ich mich auf seine Seite und kämpfe für ihn. Das will ich Euch offen und ehrlich sagen.«

»So? Das werdet Ihr tun? Wirklich?«

»Ja; ich habe es einem Sterbenden in die Hand versprochen, und ein solches Gelöbnis ist mir, der ich selbst ein einfaches, gewöhnliches Versprechen nie breche, so heilig wie ein Eid.«

»Freut mich, freut mich sehr. Stimmen da ganz genau überein, wir beide.«

»Aber,« drängte ich nun ungeduldig, »so sagt mir doch, wie diese Eure schönen Reden mit Euern bösen Vorsätzen in Einklang gebracht werden können!«

»Das also möchtet Ihr wissen? Hm, ja, Euer alter Sam Hawkens hat gar wohl bemerkt, daß Ihr unterwegs gern mit ihm reden wolltet. Durfte aber nicht sein; hätte mir meinen ganzen, schönen Plan zu Schanden machen können. Bin ein ganz anderer Kerl und meine es auch ganz anders, als es scheint. Will nur nicht jeden in meine Karte gucken lassen, hihihihi! Euch kann ich es mitteilen; werdet mir mithelfen, und Dick Stone und Will Parker auch, wenn ich mich nicht irre. Also: Wie ich Intschu tschuna beurteile, ist er nicht etwa mit Winnetou einstweilen bloß auf Kundschaft gewesen, sondern hat inzwischen rüsten und seine Krieger ausrücken lassen. Die sind jedenfalls schon ein tüchtiges Stück vorgedrungen, und da er, wie auch Winnetou, die ganze Nacht hindurch reitet, vermute ich, daß er schon morgen früh oder Vormittag auf sie trifft, sonst würde er sein Pferd nicht so anstrengen. Uebermorgen abend kann er dann schon wieder hier sein. Da seht Ihr, in welcher Gefahr wir uns befinden und wie nahe sie uns ist. Wie gut also, daß wir ihm nachgeritten sind! Ich hätte ihn auf keinen Fall so bald zurückerwartet. Und wie gut, daß wir die Kiowas getroffen und von ihnen alles erfahren haben! Die holen ihre zweihundert Reiter her und ---«

»Ich werde Winnetou vor den Kiowas warnen,« fiel ich ihm in die Rede.

»Um des Himmels willen nicht!« rief er aus. »Das würde uns nur schaden, denn die Apachen entkämen und wir behielten sie dann trotz der Kiowas auf dem Nacken. Nein, sie müssen wirklich gefangen genommen werden und ihren Tod vor Augen sehen. Wenn wir sie dann heimlich befreien, so müssen sie uns dankbar sein und ihre Rache aufgeben. Höchstens werden sie nur Rattlern von uns fordern und den würde ich ihnen nicht verweigern. Was sagt Ihr nun, Ihr zorniger Gentleman?«

Ich reichte ihm die Hand und antwortete:

»Ich bin vollständig beruhigt, mein lieber Sam; das habt Ihr sehr gut ausgedacht!«

»Nicht wahr? Der Sam Hawkens soll zwar, wie ein gewisser jemand gesagt hat, Feldmäuse fressen, aber er hat auch seine guten Seiten, hihihihi! Also, Ihr seid mir wieder gut?«

»Ja, alter Sam.«

»So legt Euch auf die Ohren und schlaft bald ein. Morgen gibt es viel zu tun. Ich will nun Stone und Parker unterrichten, damit auch sie wissen, woran sie sind.«

War er nicht ein lieber, guter Kerl, dieser alte Sam Hawkens? Uebrigens wenn ich ›alt‹ sage, so ist das nicht ganz wörtlich zu nehmen. Er zählte gar nicht viel über vierzig Jahre; aber der Bartwald, welcher sein Gesicht fast ganz bedeckte, die schreckliche Nase, welche wie ein Aussichtsturm aus demselben hervorragte, und der wie aus steifen Brettern zusammengenagelte Lederrock, welchen er trug, ließen ihn viel älter erscheinen, als er war.

Ueberhaupt wird eine Bemerkung über das Wort old, alt, hier am Platze sein. Auch wir Deutschen bedienen uns dieses Wortes nicht bloß zur Bezeichnung des Alters, sondern oft auch als sogenanntes Kosewort. Eine ›alte, gute Haut‹, ein ›alter, guter Kerl‹ braucht gar nicht alt zu sein; man hört im Gegenteile oft sehr jugendliche Personen so nennen. Und auch noch eine andere Bedeutung hat dieses Wort. Es kommen im gewöhnlichen Verkehre Ausdrücke vor wie: ein alter Lüdrian, ein alter Brummbär, ein alter Wortfänger, ein alter Faselhans. Hier dient ›alt‹ als Bekräftigungs- oder gar als Steigerungswort. Die Eigenschaft, welche durch das Hauptwort ausgedrückt wird, soll noch besonders bestätigt oder als in höherem Grade vorhanden hervorgehoben werden.

Grad so wird auch im wilden Westen das Wort Old gebraucht. Einer der berühmtesten Prairiejäger war Old Firehand. Nahm er seine Büchse einmal in die Hand, so war das Feuer derselben stets todbringend; daher der Kriegsname Feuerhand. Das vorangesetzte Old sollte diese Treffsicherheit besonders hervorheben. Auch dem Namen Shatterhand, den ich bekommen hatte, wurde später stets dieses Old beigegeben.

Nachdem Sam sich entfernt hatte, versuchte ich, zu schlafen, doch brachte ich es lange nicht dazu. Die Lagergenossen waren ganz glücklich über das bevorstehende Eintreffen der Kiowas und behandelten dasselbe in einem so lauten Gespräche, daß es eine Kunst war, dabei einzuschlafen; auch ließen mich meine eigenen Gedanken nicht zur Ruhe kommen. Hawkens hatte so zuversichtlich von seinem Plane gesprochen, als ob ein Mißlingen desselben vollständig ausgeschlossen sei; ich aber vermochte es nicht, mich dieser Meinung beizugesellen. Wir wollten Winnetou und seinen Vater befreien. Ob auch die andern gefangenen Apachen, das war nicht gesagt worden. Sollten sie in den Händen der Kiowas bleiben, während ihre beiden Häuptlinge gerettet wurden? Das kam mir wie ein Unrecht vor. Aber die Befreiung sämtlicher Apachen konnte uns vier Männern wohl schwer oder gar nicht gelingen, besonders da es so heimlich geschehen mußte, daß kein Verdacht auf uns fallen konnte. Und auf welche Weise würden die Apachen in die Hände der Kiowas geraten? So fragte ich mich. Ohne Kampf wohl nicht, und da war vorauszusehen, daß gerade die beiden, welche wir retten wollten, sich am tapfersten wehren und also der Todesgefahr am meisten ausgesetzt sein würden. Wie konnten wir das verhindern? Wenn sie sich nicht überwältigen, nicht gefangen nehmen ließen, so würden sie, wie vorauszusehen war, von den Kiowas getötet; dies durfte aber auf keinen Fall geschehen.

Ich sann lange darüber nach und wälzte mich hin und her, ohne einen Ausweg zu finden. Der einzige Gedanke, welcher mich schließlich einigermaßen beruhigte, war der, daß der kleine, listige Sam wohl Rettung finden werde. Auf alle Fälle aber nahm ich mir vor, für die beiden Häuptlinge einzutreten und sie nötigenfalls sogar mit meinem Körper zu decken. Dann schlief ich endlich ein.

Am nächsten Morgen beteiligte ich mich mit doppeltem Eifer an der Arbeit, weil ich gestern bei derselben gefehlt hatte. Da jeder sich Mühe gab, so rückten wir viel schneller vorwärts als sonst. Rattler hielt sich fern von uns. Er bummelte beschäftigungslos hin und her, wurde aber von seinen ›Westmännern‹ ganz freundlich behandelt, als ob gar nichts vorgekommen wäre. Dies brachte mich zu der Ueberzeugung, daß wir, falls es noch einmal zu einem Konflikt mit ihm kommen sollte, wenig auf sie rechnen könnten. Am Abende hatten wir, obgleich das Terrain heut schwieriger als während der letzten Tage gewesen war, eine fast doppelt so lange Strecke als sonst vermessen. Darum wurden wir sehr ermüdet und legten uns nach dem Abendessen zeitig schlafen. Das Lager war natürlich weiter vorgeschoben worden.

Am nächsten Tage waren wir ebenso fleißig, bis es zu Mittag eine Störung gab, es stellten sich nämlich die Kiowas ein. Ihre Kundschafter hatten sich von dem Lagerplatze, an welchem sie bei uns gewesen waren, leicht zu uns finden können, weil die Spuren, welche wir zurückgelassen hatten, mehr als deutlich waren.

Diese Indianer zeigten kräftige, kriegerische Gestalten; sie waren sehr gut beritten und alle ohne Ausnahme mit Gewehr, Messern und Tomahawks bewaffnet. Ich zählte über zweihundert Mann. Ihr Anführer war von wirklich imposantem Wuchse, hatte strenge, finstere Gesichtszüge und ein paar Raubtieraugen, denen nichts Gutes zuzutrauen war. Es sprach die offenbarste Raub- und Kampfeslust aus ihnen. Er hieß Tangua, ein Wort, welches wörtlich Häuptling bedeutet. Daraus war zu schließen, daß er als Häuptling jedenfalls keinen Vergleich zu scheuen brauche. Wenn ich sein Gesicht und seine Augen sah, so wollte es mir um Intschu tschuna und Winnetou, falls sie wirklich in seine Hände geraten sollten, angst und bange werden.

Er kam als unser Freund und Verbündeter, verhielt sich aber keineswegs sehr freundlich gegen uns. Sein Auftreten war, um mich eines Vergleiches zu bedienen, dasjenige eines Tigers, der sich mit einem Leoparden zur Jagd vereint, um ihn nach derselben auch mit aufzufressen. Er hatte sich mit dem ›Fuchse‹, dem Anführer seiner Kundschafter, an der Spitze der roten Schar befunden und stieg, als er bei uns anlangte, nicht etwa ab, um uns zu begrüßen, sondern machte eine befehlende Armbewegung, auf welche wir von seinen Leuten umzingelt wurden. Dann ritt er zu unserm Wagen und hob die Plane auf, um hineinzublicken. Der Inhalt schien ihn anzuziehen, denn er stieg vom Pferde und in den Wagen, um das, was sich auf und in demselben befand, zu untersuchen.

»Oho!« meinte da Sam Hawkens, welcher an meiner Seite stand. »Der scheint uns und unser Eigentum als gute Beute zu betrachten, ehe er überhaupt ein Wort mit uns gesprochen hat, wenn ich mich nicht irre. Wenn er etwa glaubt, daß Sam Hawkens so dumm ist, sich den Bock als Gärtner zu bestellen, so irrt er sich. Das werde ich ihm gleich zeigen.«

»Keine Unvorsichtigkeit, Sam!« bat ich. »Diese zweihundert Kerls sind uns überlegen.«

»An Zahl, ja, an Witz aber jedenfalls nicht, hihihihi!« antwortete er.

»Aber sie haben uns umzingelt!«

»*Well*, das sehe ich auch. Oder denkt Ihr, daß ich keine Augen habe? Wir haben uns da, wie es scheint, keine guten Helfershelfer kommen lassen. Daß er uns eingeschlossen hat, läßt vermuten, daß er uns mitsamt den Apachen in die Tasche stecken oder gar auffressen will. Dieser Bissen sollte ihm aber schwer im Magen liegen; das versichere ich Euch. Kommt mit hin zum Wagen, damit Ihr hört, wie Sam Hawkens mit solchen Spitzbuben redet! Bin ein guter Bekannter von Tangua und er weiß, wenn er mich auch nicht schon gesehen hätte, ganz genau, daß ich mich hier befinde. Sein Verhalten ist also nicht nur ärgerlich für mich, sondern Verdacht erregend für uns alle. Seht nur die martialischen Gesichter, welche seine Kerls auf uns machen! Werde ihnen gleich zeigen, daß Sam Hawkens hier am Platze ist. Also kommt!«

Wir hatten unsere Gewehre in den Händen und gingen zu dem Wagen, in welchem Tangua herumstöberte. Mir war nicht ganz wohl dabei. Dort angekommen, fragte Sam in warnendem Tone:

»Hat der berühmte Häuptling der Kiowas Lust, in einigen Augenblicken in die ewigen Jagdgründe zu gehen?«

Der Gefragte, welcher uns den Rücken zukehrte, richtete sich aus seiner gebückten Haltung auf, drehte sich zu uns herum und antwortete grob:

»Warum stören mich die Bleichgesichter mit dieser albernen Frage? Tangua wird einst in den ewigen Jagdgründen als großer Häuptling herrschen; aber es muß noch eine lange Zeit vergehen, ehe er den Weg dorthin macht.«

»Diese Zeit wird vielleicht nur eine Minute sein.«

»Warum?«

»Steig herab vom Wagen, so werde ich es dir sagen; aber mach ja schnell!«

»Ich bleibe hier!«

»Gut, so flieg in die Luft!«

Sam wendete sich nach diesen Worten ab und tat so, als ob er sich entfernen wolle. Da aber kam der Häuptling mit einem raschen Sprunge vom Wagen herunter, faßte ihn am Arme und rief:

»In die Luft fliegen? Warum redet Sam Hawkens solche Worte?«

»Um dich zu warnen.«

»Vor was?«

»Vor dem Tod, der dich ergriffen hätte, wenn du nur noch einige Augenblicke da oben geblieben wärest.«

»Uff! Der Tod ist auf dem Wagen?«

»Ja.«

»Wo? Zeige ihn mir!«

»Später vielleicht. Haben dir deine Kundschafter nicht gesagt, weshalb wir uns hier befinden?«

»Ich habe es von ihnen erfahren. Ihr wollt einen Weg für das Feuerroß der Bleichgesichter bauen.«

»Richtig! So ein Weg geht über Flüsse und Abgründe und durch Felsen, welche wir auseinander sprengen. Ich denke, daß du das wissen wirst.«

»Ich weiß es. Aber was hat das mit dem Tode zu tun, der mich bedroht haben soll?«

»Sehr viel, und weit mehr als du ahnst. Hast du vielleicht gehört, womit wir die Felsen sprengen, welche dem Pfade unseres Feuerrosses im Wege stehen? Etwa mit dem Pulver, mit welchem ihr aus euern Gewehren schießet?«

»Nein. Die Bleichgesichter haben eine andere Erfindung gemacht, mit welcher sie ganze Berge zersprengen können.«

»Richtig! Und diese Erfindung haben wir hier auf diesem Wagen. Sie ist zwar gut eingepackt, aber wer nicht weiß, wie so ein Paket angefaßt werden soll, der ist verloren, sobald er es berührt, denn es zerplatzt in seiner Hand und zerschmettert ihn in tausend kleine Stücke.«

»Uff, uff!« rief er aus, nun sichtlich erschrocken. »Bin ich diesen Paketen nahe gewesen?«

»So nahe, daß du, wenn du nicht herabgesprungen wärest, dich jetzt in diesem Augenblicke schon in den ewigen Jagdgründen befändest. Aber was wäre da von dir zu sehen? Keine Medizin, keine Skalplocke, nichts, gar nichts als nur kleine Fleisch- und Knochenstücke. Wie könntest du in solcher Gestalt als großer Häuptling in den ewigen Jagdgründen herrschen? Deine Ueberreste wären dort von den Geisterrossen vollends zermalmt und zertreten worden.«

Ein Indianer, welcher ohne Skalplocke und Medizin in die ewigen Jagdgründe gelangt, wird dort von den verstorbenen Helden mit Verachtung empfangen und hat, während sie in allen indianischen Genüssen schwelgen, sich vor den Augen dieser Glücklichen zu verbergen. Das ist der Glaube der Roten. Welches Unglück erst, in kleinen, auseinander geschmetterten Stücken dort anzukommen! Man sah trotz der dunkeln Farbe, daß dem Häuptlinge vor Schreck das Blut aus dem Gesichte wich, und er rief aus:

»Uff! Wie gut, daß du es mir noch zur rechten Zeit gesagt hast! Aber warum verwahrt ihr diese Erfindung auf dem Wagen, auf dem sich doch viele andere und so nützliche Dinge befinden?«

»Sollen wir diese wichtigen Pakete etwa auf die Erde legen, wo sie verderben und bei der geringsten Berührung das größte Unheil anrichten können? Ich sage dir, sie sind selbst auf dem Wagen da gefährlich genug. Wenn so ein Paket platzt, fliegt alles in die Luft, was sich in der Nähe befindet.«

»Auch die Menschen?«

»Natürlich auch die Menschen und die Tiere in einem Umkreise, welcher zehnmal hundert Pferdelängen beträgt.«

»Da muß ich meinen Kriegern sagen, daß keiner von ihnen sich diesem gefährlichen Wagen nähern soll.«

»Tue das; ich bitte dich darum, damit wir nicht alle zusammen wegen einer Unvorsichtigkeit zu Grunde gehen müssen! Du siehst, wie besorgt ich für euch bin, weil ich denke, daß die Krieger der Kiowas unsere Freunde sind. Es scheint aber, daß ich mich geirrt habe. Wenn Freunde sich treffen, so begrüßen sie sich und rauchen die Pfeife des Friedens miteinander. Willst du das heute etwa unterlassen?«

»Du hast doch schon mit dem Fuchse, meinem Späher, die Pfeife geraucht!«

»Nur ich und der weiße Krieger, der hier neben mir steht, die andern aber nicht. Willst du diese nicht auch begrüßen, so muß ich annehmen, daß eure Freundschaft für uns keine aufrichtige ist.«

Tangua sah eine Weile sinnend vor sich nieder und antwortete dann mit einer Ausrede:

»Wir befinden uns auf einem Kriegszuge und haben also nicht den Kinnikinnik des Friedens bei uns.«

»Der Mund des Häuptlings der Kiowas redet anders als sein Herz denkt. Ich sehe den Beutel des Kinnikinnik da an deinem Gürtel hängen, und er scheint voll zu sein. Wir brauchen ihn nicht, denn wir haben selbst Tabak genug bei uns. Es brauchen sich ja nicht alle am Calumet zu beteiligen; du rauchest für dich und deine Krieger, und ich rauche für mich und die hier anwesenden Weißen; dann gilt der Freundschaftsbund für alle Männer, welche sich hier befinden.«

»Warum sollen wir beide rauchen, die wir doch schon Brüder sind! Sam Hawkens mag annehmen, wir hätten das Calumet für alle geraucht.«

»Ganz wie du willst! Aber dann werden wir tun, was uns beliebt, und du wirst die Apachen nicht in deine Gewalt bekommen.«

»Willst du sie etwa warnen?« fragte Tangua, indem seine Augen gefährlich aufblitzten.

»Nein; das fällt mir nicht ein, den sie sind unsere Feinde und wollen uns töten. Aber ich werde dir nicht sagen, auf welche Weise du sie fangen kannst.«

»Dazu brauche ich dich nicht; ich weiß es selbst.«

»Oho! Ist dir bekannt, wann und aus welcher Richtung sie kommen und wo wir auf sie treffen können?«

»Ich werde es erfahren, denn ich sende ihnen Kundschafter entgegen.«

»Das wirst du nicht tun, denn du bist klug genug, dir zu sagen, daß die Apachen die Spuren deiner Kundschafter finden und sich auf den Kampf vorbereiten würden. Sie würden jeden Schritt mit größter Vorsicht tun, und da fragt es sich sehr, ob du sie in deine Hände bekämst, während sie nach dem Plane, den ich ausführen will, ganz unvorbereitet von euch eingeschlossen und gefangen genommen werden können, wenn ich mich nicht irre.«

Ich sah, daß diese Darlegung ihren Eindruck nicht verfehlte. Tangua erklärte nach einer kurzen Pause des Nachdenkens:

»Ich werde mit meinen Kriegern sprechen.«

Darauf entfernte er sich von uns. Er ging zu dem Fuchse, winkte noch einige Rote zu sich hin, und dann sahen wir, wie sie sich berieten.

»Damit, daß er erst mit den Kerlen reden will, gibt er zu, daß er in Beziehung auf uns nichts Gutes im Schilde führte,« sagte Sam.

»Das ist schlecht von ihm, da Ihr sein Freund seid und ihm nichts getan habt,« antwortete ich.

»Freund? Was nennt Ihr Freund bei diesen Kiowas! Sie sind Spitzbuben und leben nur vom Raube. Man ist nur so lange ihr Freund, als sie einem nichts nehmen können. Hier aber haben wir einen Wagen voll Viktualien und sonstigen Dingen, welche für die Roten großen Wert besitzen. Das haben die Kundschafter ihrem Anführer gesagt, und von diesem Augenblicke an war es beschlossene Sache, daß wir ausgeraubt werden sollten.«

»Und nun?«

»Nun? Hm, nun sind wir sicher.«

»Wenn es wahr wäre, sollte es mich freuen.«

»Ich denke, daß es wahr ist. Ich kenne diese Leute. Brillanter Gedanke von mir, diesem Kerl weiszumachen, daß wir so eine Art *Giantpowder* hier auf dem Wagen haben, hihihihi! Er sah alles, was sich darauf befand, schon als gute, sichere Prise an; sein erster Schritt war ja gleich hinauf. Jetzt bin ich überzeugt, daß kein Roter es wagen wird, etwas davon anzurühren. Ja, ich hoffe sogar, daß uns diese Furcht auch noch späterhin von Nutzen sein wird. Werde mir eine Büchse mit Oelsardinen einstecken und ihnen weismachen, daß sie einen Sprengstoff enthalte. Ihr habt ja auch schon eine bei Euch, mit den Papieren drin. Könnt Euch das für zukünftige Fälle merken.«

»Schön! Will hoffen, daß es dann auch die beabsichtigte Wirkung hat. Was meint Ihr nun aber hinsichtlich der Friedenspfeife?«

»Da war freilich ausgemacht, daß sie nicht geraucht werden sollte; nun aber denke ich, daß die Kerle sich anders besinnen werden. Mein Argument hat dem Häuptlinge eingeleuchtet und wird auch die andern überzeugen. Aber trauen dürfen wir ihnen trotzdem später nicht.«

»Da seht Ihr, Sam, daß ich vorgestern doch einigermaßen recht hatte. Ihr wolltet Euern Plan mit Hilfe der Kiowas ausführen und habt dadurch Euch und uns in ihre Gewalt gebracht. Ich bin neugierig, was daraus werden wird!«

»Nichts anderes als das, was ich erwarte; darauf könnt Ihr Euch verlassen. Der Häuptling wollte uns freilich ausrauben und dann die Apachen auf eigene Faust empfangen. Nun aber muß er einsehen, daß sie zu schlau sind, sich in seiner Weise fangen und niedermetzeln zu lassen. Wie ich ihm selbst gesagt habe, würden sie die Spuren seiner Kundschafter, die er ihnen entgegenschicken müßte, entdecken, und dann könnte er warten, bis sie ihm wie blinde Prairiehühner in die Hände liefen. Jetzt sind sie fertig und er kommt. Nun wird es sich entscheiden.«

Die Entscheidung sahen wir schon, ehe er sich uns ganz genähert hatte, denn auf einige Zurufe des ›Fuchses‹ zog sich der Kreis der Roten, von dem wir umgeben gewesen waren, auseinander und die Reiter stiegen von ihren Pferden. Wir waren also nicht mehr umzingelt. Tangua zeigte jetzt eine weniger finstere Miene als vorher:

»Ich habe mich mit meinen Kriegern beraten,« sagte er. »Sie sind mit mir einverstanden, daß ich das Calumet mit meinem Bruder Sam rauche; das soll dann für alle gelten.«

»Das habe ich erwartet, denn du bist nicht nur ein tapferer, sondern auch ein kluger Mann. Die Krieger der Kiowas mögen einen Halbkreis bilden und Zeugen sein, daß wir miteinander den Rauch des Friedens und der Freundschaft austauschen.«

So geschah es. Tangua und Sam Hawkens rauchten das Calumet unter den bereits kurz beschriebenen Zeremonien, und dann gingen wir Weißen alle von einem Roten zum andern, um ihm die Hand zu geben. Hierauf konnten wir annehmen, daß sie wenigstens für heut und die nächsten Tage keine feindseligen Absichten mehr gegen uns hegten. Wie und was sie später denken und tun würden, das konnten wir freilich nicht wissen.

Wenn ich gesagt habe, das Calumet oder die Friedenspfeife rauchen, so bediene ich mich des bei uns gebräuchlichen Ausdruckes. Der Indianer sagt nämlich nicht Tabak rauchen, sondern Tabak trinken. Er trinkt ihn eigentlich auch, denn wenn er nach indianischer Weise raucht, so schluckt er den Rauch hinunter, sammelt ihn im Magen an und gibt ihn dann in einzelnen, langsamen Stößen wieder von sich.

Hierin stimmt er eigentümlicherweise mit dem Türken überein, welcher auch nicht ›Tabak rauchen‹ sagt. Tabak heißt im Türkischen tütün, Tabak oder Pfeife rauchen ›tütün‹ oder ›tschibuk itschmek‹; itschmek aber heißt nicht rauchen, sondern trinken.

In wie hohem Ansehen übrigens die Tabakspfeife bei den Indianern steht, erhellt aus dem Umstande, daß sie z. B. in der Sprache der Jemesindianer und in allen Apachendialekten mit demselben Worte bezeichnet wird, das auch für Häuptling steht. Im Jemes heißt Häuptling Fui und Tabakspfeife Fui-tschasch, im Apache Häuptling Natan und Tabakspfeife Natan-tsé. Dieses Tsé als Endung bedeutet Stein und zeigt ebensowohl auf irdene, gebrannte Pfeifen als auch auf solche hin, deren Kopf aus Stein gefertigt ist. Der Kopf einer jeden Pfeife, welche als Calumet benutzt wird, soll aus dem heiligen Ton geschnitten sein, dessen Fundort in Dakota liegt.

Nach der Herstellung dieses, wenigstens einstweiligen, guten Einvernehmens verlangte Tangua das Abhalten einer großen Beratung, an welcher alle Weißen teilnehmen sollten. Dies war mir unlieb, denn es hielt uns von der Arbeit ab, die doch so notwendig war. Darum bat ich Sam, dahin zu wirken, daß diese Beratung für den Abend aufgehoben werde, denn ich hatte gelesen und gehört, daß, wenn die Roten sich einmal bei einem solchen Palaver befinden, dieses, wenn keine Gefahr zum Schlusse desselben treibt, fast kein Ende zu nehmen pflegt. Hawkens sprach mit dem Häuptlinge und berichtete mir dann:

»Er geht als echter Indsman nicht von seinem Willen ab. Die Apachen sind noch lange nicht zu erwarten, und so verlangt er eine Sitzung, in welcher ich meinen Plan entwickeln und nach welcher jedenfalls tüchtig gegessen werden soll. Vorrat haben wir ja, und die Kiowas haben auch gedörrtes Fleisch genug auf ihren Packpferden mitgebracht. Glücklicherweise habe ich so viel erreicht, daß nur ich, Dick Stone und Will Parker teilzunehmen brauchen; ihr Andern sollt an eure Arbeit gehen dürfen.«

»Dürfen? Als ob wir dazu die Erlaubnis der Indsmen nötig hätten! Ich werde mich so gegen sie verhalten, daß sie erkennen, ich betrachte mich als vollständig unabhängig von ihnen.«

»Macht mir keinen Strich durch die Rechnung, Sir! Tut lieber so, als ob Ihr so etwas gar nicht merktet! Wir dürfen sie nicht gegen uns aufbringen, wenn alles gut gehen soll.«

»Aber ich möchte an der Beratung auch teilnehmen!«

»Ist gar nicht nötig.«

»Nicht? Ich denke das Gegenteil. Ich muß doch auch wissen, was beschlossen wird!«

»Das werdet Ihr dann sofort erfahren.«

»Aber wenn Ihr Euch etwas vornehmt, was ich nicht gutheißen kann?«

»Gutheißen? Ihr? Seht doch einmal dieses Greenhorn an! Bildet sich wahrscheinlich ein, das, was Sam Hawkens beschließt, erst genehmigen zu müssen! Soll Euch wohl auch erst um die Erlaubnis bitten, wenn ich es für gut halte, mir meine Fingernägel zu beschneiden oder meine Stiefel auszubessern?«

»So war es natürlich nicht gemeint. Ich möchte nur sicher sein, daß nichts beschlossen wird, bei dessen Ausführung das Leben unserer beiden Apachen gefährdet ist.«

»Was das betrifft, so könnt Ihr Euch auf Euren alten Sam Hawkens verlassen. Ich gebe Euch mein Wort, daß sie mit vollständig heiler Haut davonkommen werden. Ist Euch das genug?«

»Ja. Euer Wort halte ich in Ehren, denn ich denke, wenn

Ihr es einmal gegeben habt, so werdet Ihr auch darauf sehen, daß es in Erfüllung geht.«

»*Well!* Macht Euch also an Eure Arbeit, und seid überzeugt, daß die Sache auch ohne Euch die Richtung nimmt, die sie nehmen würde, wenn Ihr Eure Nase auch mit hineinstecken könntet!«

Ich mußte mich fügen, denn es lag mir alles daran, unsere Vermessungen noch vor dem Zusammenstoße mit den Apachen zu Ende zu führen. Wir machten uns also mit abermaligem Eifer über unsere Strecke her und kamen außerordentlich schnell vorwärts, denn Bancroft und seine drei anderen Untergebenen strengten alle ihre Kräfte an. Dies hatte seinen Grund in einer Vorstellung, die ich ihnen gemacht hatte.

Wenn wir nicht allen Fleiß aufwandten, so kamen die Apachen, ehe wir fertig waren, und dann konnte es uns von ihnen oder auch den Kiowas schlimm ergehen. Führten wir unser Werk aber vor ihrer Ankunft zu Ende, so war es uns vielleicht möglich, uns aus dem Staube zu machen und unsere Personen und Zeichnungen in Sicherheit zu bringen. Das hatte ich ihnen vorgestellt, und darum arbeiteten sie mit einem Fleiße und einer Ausdauer, die vorher niemals bei ihnen zu bemerken gewesen waren. Mein Zweck war also erreicht. Im stillen aber dachte ich gar nicht daran, mich in dieser Weise aus dem Staube zu machen. Mir lag Winnetou am Herzen. Die Andern mochten tun, was sie wollten, ich aber war entschlossen, nicht eher fortzugehen, als bis ich überzeugt sein konnte, daß keine Gefahr mehr für ihn vorhanden sei.

Meine Arbeit war eigentlich eine doppelte. Ich hatte zu messen und auch Buch zu führen und die Zeichnungen herzustellen. Das letztere tat ich im Duplikate. Ein Exemplar bekam der Oberingenieur als unser Vorgesetzter und eines fertigte ich mir heimlich an, um es für den Fall der Not aufzuheben. Unsere Lage war eine so gefährliche, daß diese Vorsicht als ganz gerechtfertigt erschien.

Die Beratung dauerte wirklich, wie ich es erwartet hatte, bis zum Abende; sie war grad zu Ende, als wir von der Dunkelheit gezwungen wurden, aufzuhören. Die Kiowas befanden sich in der vortrefflichsten Stimmung, denn Sam Hawkens hatte den Fehler oder auch die Klugheit begangen, ihnen unsern ganzen Rest von Brandy auszuhändigen. Sich da vorher der Einwilligung Rattlers zu versichern, war ihm wohl nicht eingefallen. Es brannten mehrere Feuer, um welche die schmausenden Roten saßen; dabei grasten die Pferde, und weiter draußen im Dunkeln standen die Posten, welche von dem Häuptlinge ausgestellt worden waren.

Ich setzte mich zu Sam und seinen unzertrennlichen Gefährten Parker und Stone, aß mein Abendbrot und ließ die Augen über das Lager schweifen, welches mir, dem Neulinge, einen mir bisher unbekannten Anblick bot. Kriegerisch genug sah es aus. Indem ich eines der roten Gesichter nach dem andern betrachtete, sah ich keines, welches ich einem Feinde gegenüber einer mitleidigen Regung für fähig gehalten hätte. Unser Brandy hatte nur so weit gereicht, daß auf jeden nur fünf oder sechs Schluck gekommen waren; ich bemerkte also keinen Betrunkenen, aber das Feuerwasser hatte, weil sie es so selten haben konnten, doch immerhin eine aufregende Wirkung geäußert. Die Indsmen waren in ihren Bewegungen weit lebhafter und in ihrem Gespräche lauter, als sie es gewöhnlich zu sein pflegen.

Natürlich erkundigte ich mich bei Sam nach dem Resultate der Beratung.

»Ihr könnt zufrieden sein,« meinte er; »Euern beiden Lieblingen wird nichts geschehen.«

»Aber wenn sie sich wehren?«

»Kommen gar nicht dazu; werden überwältigt und gefesselt, ehe sie auf den Gedanken kommen können, daß so etwas möglich ist.«

»So? Wie denkt Ihr Euch denn eigentlich die Sache, alter Sam?«

»Sehr einfach. Die Apachen kommen auf einem ganz bestimmten Wege. Könnt Ihr den vielleicht erraten, Sir?«

»Ja. Sie werden natürlich zunächst dorthin gehen, wo sie uns getroffen haben und dann unsern Spuren weiter folgen.«

»Richtig! Ihr seid wirklich nicht so dumm, wie es, wenn man Euer Gesicht betrachtet, den Anschein hat. Also das erste, was wir wissen müssen, ist uns bekannt, nämlich die Richtung, aus welcher wir sie zu erwarten haben. Das zweitwichtigste ist die Zeit, wann sie kommen.«

»Das kann man nicht genau berechnen, aber doch vermuten.«

»Ja, wer Grütze genug im Kopfe hat, der kann so etwas schon vermuten; aber mit einer bloßen Vermutung ist uns nicht gedient. Wer in einer Lage, wie die unserige ist, nach Vermutungen handelt, trägt ganz gewiß sein Fell zu Markte. Gewißheit ist's, volle Gewißheit, die wir haben müssen.«

»Die können wir nur dadurch erhalten, daß wir ihnen Kundschafter entgegenschicken, und das habt Ihr ja verpönt, lieber Sam. Ihr seid doch der Ansicht gewesen, daß die Spuren der Späher uns verraten würden.«

»Der roten Späher; merkt Euch wohl, der roten, Sir! Daß wir hier sind, das wissen die Apachen, und wenn sie auf die Fährte eines weißen Mannes treffen, kann das in ihnen kein Mißtrauen erwecken. Fänden sie aber die Stapfen von Indianern, so wäre das etwas ganz anderes; sie würden gewarnt sein und sich ungeheuer in acht nehmen. Da Ihr so ein ausnehmend gescheiter Kopf seid, könnt Ihr Euch ja denken, was sie vermuten würden.«

»Daß Kiowas in der Nähe sind?«

»Ja, habt's wirklich erraten! Wenn ich meine alte Perücke nicht gar so sehr schonen müßte, würde ich vor allerhand Hochachtung jetzt den Hut vor Euch abnehmen. Denkt Euch hiermit, daß es geschehen ist!«

»Danke, Sam! Ich will hoffen, daß diese Hochachtung sich nicht im Sande verläuft. Doch weiter! Ihr meint also, daß wir den Apachen nicht rote, sondern weiße Späher entgegenschicken werden?«

»Ja, aber nicht mehrere, sondern nur einen.«

»Ist das nicht zu wenig?«

»Nein, denn dieser eine ist ein Kerl, auf den man sich verlassen kann; heißt nämlich Sam Hawkens, wenn ich mich nicht irre, und pflegt Feldmäuse zu fressen, hihihihi! Kennt Ihr diesen Mann vielleicht, Sir?«

»Ja,« nickte ich. »Wenn der allerdings die Sache übernimmt, so können wir ohne Sorge sein. Er wird sich von den Apachen nicht erwischen lassen.«

»Nein, erwischen nicht, aber sehen.«

»Was? Sie sollen Euch sehen?«

»Ja.«

»Da fangen oder töten sie Euch!«

»Fällt ihnen gar nicht ein; sind viel zu klug dazu. Ich richte es so ein, daß sie mich sehen müssen, damit sie nicht auf den Gedanken kommen, daß Andere zu uns gestoßen sind. Und wenn ich so recht gemütlich vor ihren Augen umherspaziere, so werden sie meinen, wir fühlen uns so sicher wie im Schoße Abrahams. Tun werden sie mir nichts, gar nichts, weil ihr Verdacht schöpfen müßtet, wenn ich nicht ins Lager zurückkehrte. Nach ihrer Ansicht bin ich ihnen ja später sicher genug.«

»Aber, Sam, ist es nicht möglich, daß sie Euch sehen, aber Ihr nicht sie?«

»Sir,« brauste er im Scherze auf, »wenn Ihr mir eine solche moralische Ohrfeige gebt, so ist es aus zwischen uns beiden! Ich und sie nicht sehen! Die Aeuglein von Sam Hawkens sind zwar klein, aber scharf. Die Apachen werden zwar nicht in hellen Haufen angerückt kommen, sondern einige Kundschafter voraussenden; aber die können mir nicht entgehen, denn ich werde mich so aufstellen, daß ich sie sehen muß. Wißt Ihr, es gibt Oertlichkeiten, wo selbst der feinste Scout keine Deckung findet und heraus auf eine offene Stelle muß. Solche Orte sucht man sich aus, wenn man Kundschafter beobachten will. Sobald ich sie gesehen habe, melde ich sie Euch, damit Ihr, wenn sie dann das Lager umschleichen, Euch recht unbefangen zeigen mögt.«

»Dann sehen sie aber doch die Kiowas und werden dies ihrem Häuptling melden!«

»Wen sehen sie? Die Kiowas? Mensch, Greenhorn und ehrenwerter Jüngling, glaubt Ihr denn, daß das Gehirn von Sam

Hawkens aus Watte oder Löschpapier bestehe, he? Ich werde dann schon dafür gesorgt haben, daß die Kiowas nicht zu sehen sind, auch keine Spur von ihnen, nicht die allergeringste Spur, verstanden! Diese unsere sehr lieben Freunde, die Kiowas, werden sich sehr gut verstecken, um im geeigneten Augenblicke hervorzubrechen. Die Kundschafter der Apachen dürfen natürlich nur diejenigen Personen sehen, welche im Lager waren, als Winnetou mit seinem Vater in demselben war.«

»Ah, das ist freilich etwas Anderes!«

»Nicht wahr! Die Kundschafter der Apachen mögen uns also ganz ruhig umschleichen und die Gewißheit gewinnen, daß wir nichts Böses ahnen. Wenn sie sich dann entfernen, schleiche ich ihnen nach, um die Ankunft der ganzen Schar zu erspähen. Die wird natürlich nicht am Tage kommen, sondern des Nachts, und sich unserm Lager so weit nähern, wie möglich ist. Dann fallen die wackern Apachen über uns her.«

»Und nehmen uns gefangen oder ermorden uns gar, wenigstens einige von uns!«

»Hört, Sir, Ihr könnt mir wirklich leid tun! Ihr wollt ein studierter Mann sein und wißt doch nicht einmal, daß man ausreißen muß, wenn man sich nicht fangen lassen will! Das weiß heutzutage jeder Hase, ja sogar jenes kleine, schwarze und bissige Insekt, welches sechshundertmal höher springt, als seine Körperlänge beträgt. Und Ihr, Ihr wißt das nicht! Hm, steht das denn nicht in den vielen Büchern, die Ihr gelesen habt?«

»Nein, denn ein wackerer Westmann soll nicht so hoch springen, wie das Insekt, von welchem Ihr redet, sechshundertmal höher als er ist. Ihr meint also, daß wir uns in Sicherheit bringen?«

»Ja. Wir brennen natürlich ein Lagerfeuer an, damit sie uns recht deutlich sehen können. So lange dieses leuchtet, bleiben die Apachen sicherlich versteckt. Wir lassen es niederbrennen und machen uns, sobald es dunkel ist, davon, um die Kiowas leise und schnell herbeizuholen. Jetzt werfen sich die Apachen auf unser Lager und – – – finden keinen Menschen, hihihihi! Sie sind natürlich ganz erstaunt und brennen das Feuer wieder an, um nach uns zu suchen. Da sehen wir sie so deutlich, wie sie uns vorher gesehen haben, und nun wird der Spieß umgedreht: sie sind es, welche überfallen werden. Welcher Schreck für sie! Das ist ein Coup, von dem man noch lange Zeit erzählen wird. Und dabei wird man sagen: Sam Hawkens war's, der sich das ausgesonnen hat, wenn ich mich nicht irre.«

»Ja, das wäre wohl recht gut, wenn es grad so und nicht anders würde, als wie Ihr es Euch denkt.«

»Es wird nicht anders; will schon dafür sorgen.«

»Und aber dann? Dann lassen wir die Apachen heimlich frei?«

»Wenigstens Intschu tschuna und Winnetou.«

»Die andern nicht?«

»So viel von ihnen, wie wir können, ohne daß wir uns verraten.«

»Wie wird es dann den übrigen ergehen?«

»Gar nicht sehr schlimm, Sir; das kann ich Euch versichern. Die Kiowas werden im ersten Augenblicke weniger an diese denken als daran, die Flüchtlinge wieder einzufangen. Und sollten sie sich wirklich blutgierig zeigen, so ist Sam Hawkens auch noch da. Ueberhaupt, was nachher zu geschehen hat, darüber wollen wir uns die Köpfe nicht zerbrechen; wenigstens Ihr könnt von dem Eurigen eine bessere Anwendung machen. Was später kommt, das wird sich eben auch erst später zeigen. Jetzt haben wir uns vor allen Dingen nach einem Platze umzusehen, der für die Ausführung unseres Vorhabens paßt, denn nicht jeder Ort ist zu so etwas geeignet. Das werde ich morgen früh besorgen. Gesprochen haben wir heute genug; von morgen an werden wir handeln.«

Er hatte recht. Reden und weiter Pläne schmieden war jetzt überflüssig; wir konnten hier jetzt nichts anders tun, als die Ereignisse abwarten.

Die heutige Nacht war ziemlich ungemütlich. Es erhob sich ein Wind, der nach und nach zum Sturme wurde, und gegen Morgen trat eine Kühle ein, welche für diese Gegend eine

Seltenheit war. Wir befanden uns ungefähr auf der Breite von Damaskus und wurden doch von der Kälte aufgeweckt. Sam Hawkens prüfte den Himmel und meinte dann:

»Heut wird in dieser Gegend wahrscheinlich etwas geschehen, was hier sehr selten vorkommt; es wird nämlich regnen, wenn ich mich nicht irre. Und das ist sehr vorteilhaft für unsern Plan.«

»Wieso?« fragte ich.

»Könnt Euch das nicht denken? Schauet doch umher, wie das Gras niedergelagert ist! Wenn die Apachen da vorüberkommen, müssen sie doch gleich sehen, daß hier mehr Menschen und Tiere gewesen sind, als wir eigentlich zählen. Kommt aber ein Regen, so richtet sich das Gras rasch wieder auf, während die Spuren dieses Lagers sonst noch nach drei oder vier Tagen zu sehen wären. Ich werde mich mit den Roten so rasch wie möglich davonmachen.«

»Um eine Stelle zum Ueberfalle zu suchen?«

»Ja. Könnte die Kiowas zwar einstweilen hier lassen und sie dann holen, aber je eher sie fortgehen, desto eher verschwinden die Spuren. Ihr könnt inzwischen weiter arbeiten.«

Er teilte dem Häuptling seine Absicht mit, und dieser ging auf dieselbe ein. Nach kurzer Zeit ritten die Indianer mit Sam und seinen beiden Gefährten fort. Es versteht sich ganz von selbst, daß der Platz, welchen er sich auswählen wollte, an der Linie liegen mußte, welcher wir als Feldmesser zu folgen hatten. Das Gegenteil hätte uns Zeit gekostet und den Apachen auffallen müssen.

Wir folgten den Vorangerittenen langsam, so wie unsere Arbeit nach und nach vorwärts schritt. Gegen Mittag erfüllte sich Sams Vorhersage; es regnete, und zwar in einer Weise, wie es nur in jenen Breiten regnen kann, nämlich wenn es überhaupt da einmal regnet. Es schien wie ein See vom Himmel herabzustürzen.

Mitten in diesem Wassergusse kam Sam mit Dick und Will zurück. Wir sahen sie nicht eher, als bis sie sich uns auf vielleicht zwölf oder fünfzehn Schritte genähert hatten, so dicht fiel der Regen. Sie hatten einen passenden Ort gefunden. Parker und Stone sollten uns denselben zeigen; Hawkens aber ging, nachdem er sich mit Proviant versehen hatte, trotz des Unwetters fort, um sein Späheramt anzutreten. Er wollte seine Aufgabe zu Fuße lösen, weil er sich da besser verstecken konnte, als wenn er sein Maultier mitgenommen hätte. Als er hinter dem dichten Vorhange des Regens verschwand, hatte ich das Gefühl, als ob die Katastrophe sich uns nun im Eilschritte nähere.

So ungewöhnlich der Wasserguß gewesen war, fast wie ein Wolkenbruch, so schnell hörte er wieder auf. Die Schleusen des Himmels schlossen sich mit einem Male, und dann strahlte die Sonne ebenso warm wie gestern auf uns nieder. Wir hatten die Arbeit unterbrochen und nahmen sie nun wieder auf.

Wir befanden uns auf einer ebenen, nicht zu großen und von drei Seiten mit Wald umgebenen Savanne, auf welcher es von Zeit zu Zeit ein Buschwerk gab. Dies war für uns ein sehr günstiges Terrain, und so kam es, daß wir rasche Fortschritte machten. Hierbei machte ich die Bemerkung, daß Sam Hawkens heut früh die Wirkung des Regens ganz richtig vorhergesagt hatte: die Kiowas waren vor uns genau da geritten, wo wir uns jetzt befanden, und doch war keine Spur von den Huftritten ihrer Pferde zu sehen. Wenn die Apachen uns folgten, konnten sie unmöglich ahnen, daß wir zweihundert Verbündete in unserer Nähe hatten.

Als es zu dunkeln begann und wir unsere Arbeit einstellten, erfuhren wir von Stone und Parker, daß wir uns in der Nähe des voraussichtlichen Kampfplatzes befänden. Ich hätte ihn gern in Augenschein genommen, dazu war es aber heut zu spät.

Am andern Morgen erreichten wir schon nach kurzer Arbeitszeit einen Bach, der ein ziemlich großes, teichartiges Becken bildete, welches wahrscheinlich stets mit Wasser gefüllt war, während das Bett des Baches wohl meist halb trokken lag. Infolge des gestrigen Regens aber war er bis an die Ränder angefüllt. Zu diesem Teiche führte eine schmale, freie Savannenzunge, welche rechts und links von Bäumen und Sträuchern eingesäumt wurde. In das Wasser ragte eine Halbinsel hinein, auf welcher es auch Sträucher und Bäume gab; sie war da, wo sie mit dem Lande zusammenhing, schmal und verbreiterte sich dann so, daß sie eine fast kreisrunde Gestalt annahm. Sie konnte mit einer Kasserole verglichen werden, welche mit ihrem Griffe am Lande hing. Jenseits des Teiches stieg eine sanfte Höhe an, welche dichter Wald bedeckte.

»Dies ist die Stelle, für welche sich unser Sam entschlossen hat,« sagte Stone, indem er mit Kennermiene um sich blickte. »Sie kann für das, was wir vorhaben, auch wirklich gar nicht besser passen.«

Das veranlaßte mich natürlich, mich nach allen Seiten umzusehen.

»Wo sind denn die Kiowas, Mr. Stone?« fragte ich ihn.

»Versteckt, sehr gut versteckt,« antwortete er. »Ihr könnt Euch die größte Mühe geben und werdet doch keine Spur von ihnen wahrnehmen, obgleich ich weiß, daß sie uns sehr gut sehen und scharf beobachten können.«

»Also wo?«

»Wartet nur, Sir! Erst muß ich Euch erklären, warum Sam, der Pfiffige, diesen Platz gewählt hat. Die Savanne, über welche wir jetzt gekommen sind, ist mit vielen einzelnen Büschen bestanden. Das macht es den Kundschaftern der Apachen leicht, uns unbemerkt zu folgen, weil sie durch diese Sträucher Deckung finden. Seht ferner die offene Graszunge, welche hierher führt. Ein Lagerfeuer, welches wir hier anbrennen, leuchtet über diese Zunge weg und in die Savanne hinein, über welche die Feinde kommen; es wird die Apachen also anlocken, und diese können sich uns ganz bequem nähern, wenn sie sich zwischen den Bäumen und Sträuchern halten, welche zu beiden Seiten dieser Zunge stehen. Ich sage euch, Mesch'schurs, wir konnten, um von den Roten überfallen zu werden, gar keinen bessern Platz finden!«

Sein langes, hageres, wetterhartes Gesicht glänzte dabei

förmlich vor äußerster Zufriedenheit; der Oberingenieur aber stimmte gar nicht in dieses Entzücken ein; er meinte, indem er den Kopf schüttelte:

»Was seid ihr doch für Menschen, Mr. Stone! Freut sich dieser Mann darüber, daß er so schön überfallen werden kann! Ich sage euch, ich freue mich so wenig darüber, daß ich mich aus dem Staube machen werde!«

»Um dann desto sicherer in die Hände der Apachen zu fallen! Laßt Euch doch nicht solches Zeug in den Sinn kommen, Mr. Bancroft! Natürlich muß ich mich über diesen Ort freuen, denn wenn er es den Apachen erleichtert, uns zu fangen, so haben wir es nachher noch viel leichter, sie zu fassen. Seht doch einmal über das Wasser hinüber! Droben auf der Höhe, also mitten im Walde, stecken die Kiowas. Ihre Späher sitzen auf den höchsten Bäumen und haben uns sicher kommen sehen. Ebenso werden sie bemerken, wenn die Apachen kommen, denn sie können von dort oben aus weit über die Savanne blicken.«

»Aber,« fiel der Oberingenieur ein, »was kann es uns, wenn wir überfallen werden, nützen, daß die Kiowas sich jenseits des Wassers da drüben im Walde befinden!«

»Da stecken sie nur einstweilen, denn sie können doch nicht hier sein, weil sie von den Spähern der Apachen entdeckt würden. Sind diese aber fort, so kommen sie herab und herüber zu uns und verstecken sich auf der Halbinsel, wo sie nicht bemerkt werden können.«

»Können die Kundschafter der Apachen nicht auch dorthin?«

»Sie könnten wohl, aber wir lassen sie nicht.«

»Da müßtet Ihr sie also verjagen, und doch sollen wir nicht merken lassen, daß wir von ihrer Gegenwart wissen. Wie reimt Ihr das zusammen, Mr. Stone?«

»Sehr leicht. Wir dürfen allerdings nicht tun, als ob wir sie suchen, und können ihnen also nicht verbieten, die Halbinsel zu betreten. Aber diese ist da, wo sie mit dem Ufer zusammenhängt, nur dreißig Schritte breit, und diese Breite verbarrikadieren wir mit unsern Pferden.«

»Pferde als Barrikade? Ist das möglich?«

»Jawohl. Wir binden die Pferde dort an die Bäume; dann könnt Ihr sicher sein, daß kein Indianer sich nähert, da die Pferde ihn durch ihr Schnauben verraten würden. Also wir lassen die Späher ruhig kommen und sich umsehen; die Halbinsel betreten sie nicht. Wenn sie fort sind, um ihre Krieger zu holen, rücken die Kiowas heran und verstecken sich auf der Halbinsel. Dann schleichen sich die Apachen alle herbei und warten, bis wir uns schlafen legen.«

»Wenn sie aber nicht so lange warten?« fiel ich ihm in die Rede. »Da können wir uns doch nicht zurückziehen!«

»Das wäre auch nicht gefährlich,« antwortete er, »denn die Kiowas würden uns sofort zu Hilfe kommen.«

»Aber das würde nicht ohne Blutvergießen ablaufen, und grad das wollen wir vermeiden.«

»Ja, Sir, hier im Westen darf es auf einen Tropfen Blut nicht ankommen. Aber habt nur keine Sorge! Grad ganz dasselbe wird die Apachen abhalten, uns anzugreifen, während wir noch wach sind. Sie müssen sich doch sagen, daß wir uns verteidigen würden, und wenn wir auch nur zwanzig Köpfe zählen, so würden doch sicher mehrere von ihnen fallen, ehe es ihnen glückte, uns unschädlich zu machen. Nein, die schonen ihr Blut und Leben ebenso wie wir das unserige. Darum werden sie warten, bis wir uns schlafen gelegt haben, und dann lassen wir schnell das Feuer ausgehen und retirieren nach der Insel.«

»Und was tun wir bis dahin? Können wir arbeiten?«

»Ja; nur müßt Ihr zur entscheidenden Stunde hier sein.«

»So wollen wir keine Zeit versäumen. Kommt, Mesch'schurs, damit wir noch etwas fertig bringen!«

Sie folgten meiner Aufforderung, obgleich es ihnen wohl nicht wie arbeiten war. Ich bin überzeugt, daß sie alle davongelaufen wären, aber dann wäre die Arbeit nicht beendet worden, und dann hatten sie dem Kontrakte nach keine Bezahlung zu verlangen. Die wollten sie doch nicht einbüßen. Und wenn sie dennoch die Flucht ergriffen hätten, die Apachen wären doch schnell hinter ihnen her gewesen. Nein, sie sahen ein, daß ihre Sicherheit hier die relativ größte war, und darum blieben sie.

Was mich betraf, so gestehe ich aufrichtig ein, das ich den kommenden Ereignissen ganz und gar nicht gleichgültig gegenüberstand. Es hatte sich ein Zustand meiner bemächtigt, ähnlich demjenigen, welchen man im gewöhnlichen Leben Kanonenfieber zu nennen pflegt. Das war nicht etwa Angst, o nein, denn zur Angst hätte ich viel mehr Veranlassung gehabt, als ich die Büffel und dann den Bären erlegte. Heute handelte es sich um Menschen; das war es, was mich beunruhigte. Um mein Leben handelte es sich weniger; das würde ich schon verteidigen; aber Intschu tschuna und Winnetou! Ich hatte während der letzten Tage so viel an Winnetou gedacht, daß er mir innerlich immer näher getreten war; er war mir wert geworden, ohne daß es seiner Gegenwart oder gar seiner Freundschaft bedurft hatte, gewiß ein eigenartiger seelischer Vorgang, wenn auch nicht grad ein psychologisches Rätsel. Und sonderbar! Ich habe später von Winnetou erfahren, daß er damals ebenso oft an mich gedacht hat, wie ich an ihn!

Meine innere Unruhe wurde auch durch die Arbeit nicht geändert, doch wußte ich gewiß, daß sie im Augenblicke der Entscheidung plötzlich verschwinden werde; darum wünschte ich mir diese nun, da ihr nicht auszuweichen war, recht schnell herbei. Dieser Wunsch sollte in Erfüllung gehen, denn es war erst wenig nach Mittag, so sahen wir Sam Hawkens auf uns zukommen. Der kleine Mann war sichtlich ermüdet, aber die kleinen, listigen Aeuglein blickten außerordentlich heiter über den dunklen Bartwald herüber.

»Alles gelungen?« fragte ich. »Ich sehe es Euch an, alter, lieber Sam.«

»So?« lachte er. »Wo steht das denn geschrieben? Auf meiner Nase oder nur in Eurer Einbildung?«

»Einbildung? *Pshaw!* Wer Eure Augen sieht, der kann nicht zweifeln.«

»So, also meine Augen verraten mich. Gut für ein anderes

Mal, daß ich es weiß. Aber Ihr habt recht. Es ist mir gelungen, weit, weit besser gelungen, als ich denken konnte.«

»So habt Ihr die Kundschafter gesehen?«

»Kundschafter? Gesehen? Weit mehr, weit mehr! Nicht bloß die Kundschafter, sondern die ganze Schar, und nicht nur gesehen, sondern sogar gehört, belauscht habe ich sie.«

»Belauscht? Ah, so sagt schnell, was Ihr da erfahren habt!«

»Nicht jetzt und nicht hier. Nehmt Eure Instrumente zusammen und geht zum Lager! Ich komme nach; muß nur vorher schnell hinüber zu den Kiowas, um ihnen zu sagen, was ich erfahren habe und wie sie sich verhalten sollen.«

Er schritt oberhalb des Teiches auf den Bach zu, sprang hinüber und verschwand dann jenseits unter den Bäumen des Waldes. Wir packten unsere Siebensachen zusammen und suchten das Lager auf, wo wir auf Sams Wiederkehr warteten. Wir hatten ihn weder kommen sehen, noch kommen hören, aber ganz plötzlich stand er mitten unter uns und sagte in übermütigem Tone:

»Da habt ihr mich, Mylords! Habt ihr denn weder Augen noch Ohren? Euch kann ja ein Elefant überrumpeln, dessen Schritte man eine Viertelstunde weit hört!«

»Jedenfalls seid Ihr aber nicht wie ein solcher Elefant aufgetreten,« antwortete ich.

»Mag sein. Wollte euch nur zeigen, wie man an die Menschen kommt, ohne daß sie es bemerken. Habt ruhig dagesessen und nicht gesprochen; seid ganz still gewesen und habt mich doch nicht gehört, als ich herangeschlichen kam. So, grad so war es gestern auch, als ich mich an die Apachen machte.«

»Erzählt uns das, erzählt!«

»*Well*, sollt es hören. Muß mich aber dazu setzen, denn ich bin sehr müde. Meine Beine sind an das Reiten gewöhnt und wollen sich auf das Laufen nicht mehr einlassen. Ist auch nobler, zu der Kavallerie als zur Infanterie zu gehören, wenn ich mich nicht irre.«

Er setzte sich in meine Nähe, blinzelte uns rundum Einen

nach dem Andern an und sagte dann, sehr bedeutsam mit dem Kopfe dazu nickend:

»Also, heute abend geht der Tanz los!«

»Heute abend schon?« fragte ich, halb überrascht und halb erfreut, weil ich mir die Entscheidung bald herbeigewünscht hatte. »Das ist gut; das ist sehr gut!«

»Hm, Ihr scheint ja ganz erpicht darauf zu sein, in die Hände der Apachen zu geraten! Aber recht habt Ihr; es ist gut und ich freue mich auch darüber, daß wir nicht länger zu warten brauchen. Ist kein sehr angenehmes Ding, auf etwas warten zu müssen, was doch einen andern Ausgang nehmen kann, als man denkt.«

»Als man denkt! Ist etwa ein Grund eingetreten, Besorgnisse zu hegen?«

»Ganz und gar nicht. Grad im Gegenteile! Bin nun erst recht überzeugt, daß alles gut ablaufen wird. Aber ein erfahrener Mann weiß, daß aus dem besten Kinde später ein schlimmer Strolch werden kann. So ist's auch mit den Begebenheiten. Die schönste Sache kann durch irgend einen Zufall auf einen falschen Weg geraten.«

»Aber das ist doch hier nicht zu befürchten?«

»Nein. Nach allem, was ich gehört habe, wird der Erfolg ein ganz vorzüglicher sein.«

»Was habt Ihr denn gehört? Erzählt doch nur, erzählt!«

»Sachte, sachte, mein junger Sir! Alles der Reihe nach! Was ich gehört habe, kann ich jetzt noch nicht sagen, weil Ihr doch wissen müßt, was vorher geschehen ist. Ich ging mitten im Regenwetter fort; brauchte sein Ende nicht abzuwarten, weil der Regen nicht hier durch meinen Rock dringen kann, auch der stärkste nicht – hihihihi! Bin bis beinahe zu der Stelle gelaufen, wo wir lagerten, als die beiden Apachen zu uns kamen; da aber mußte ich mich verstecken, denn ich sah drei Rote, welche da herumschnüffelten. Sind Apachenkundschafter, dachte ich, und laufen nicht weiter, weil sie nur bis hierher gehen sollen. So war es auch. Sie suchten die Gegend ab, ohne meine Spur zu finden, und setzten sich dann unter die Bäume, weil es außerhalb des Waldes zum Sitzen zu naß war. Da saßen sie wartend wohl an die zwei Stunden. Hatte mich auch unter einen Baum gemacht und wartete auch zwei Stunden lang. Mußte doch wissen, was es nun geben würde. Da kam ein Reitertrupp, mit den Kriegsfarben bemalt. Kannte sie sofort, Intschu tschuna und Winnetou mit ihren Apachen.«

»Wieviel waren es?«

»Grad so, wie ich gedacht hatte. Habe ungefähr fünfzig Mann gezählt. Die Späher kamen unter den Bäumen hervor und erstatteten den beiden Häuptlingen Bericht. Dann mußten sie wieder vorangehen, und die Schar folgte langsam nach. Könnt euch denken, Gentlemen, daß Sam Hawkens sich hinterher machte. Der Regen hatte die gewöhnlichen Spuren verwischt, aber eure eingerammten Pfähle waren ja da und dienten als untrügliche Wegweiser. Wollte, ich hätte, so lange ich lebe, lauter so schöne, deutliche Fährten zu lesen. Mußten aber sehr vorsichtig sein, die Apachen, weil sie hinter jeder Biegung des Waldes, hinter jeder Ecke des Gebüsches auf uns treffen konnten, und machten darum nur langsame Fortschritte. Fingen es sehr schlau und vorsichtig an; habe meine helle Freude über sie gehabt und meine nun wie immer, daß die Apachen allen andern roten Nationen über sind. Intschu tschuna ist ein tüchtiger Kerl und Winnetou nicht minder. Die kleinste Bewegung dieser beiden Roten war berechnet. Kein Wort wurde gesprochen; man verständigte sich nur durch Zeichen. Zwei Meilen hinter der Stelle, wo ich sie zuerst gesehen hatte, brach der Abend an. Sie stiegen ab, hobbelten ihre Pferde an und verschwanden im Walde, wo sie bis früh lagern wollten.«

»Und da habt Ihr sie belauscht?« fragte ich.

»Ja. Sie brannten als kluge Kerls kein Feuer an, und weil Sam Hawkens ebenso klug ist wie sie, dachte ich, daß sie mich da nicht leicht sehen könnten. Darum machte ich mich auch unter die Bäume und kroch auf meinem eigenen Bauche, weil ich sonst keinen andern dazu hatte, so weit vor, bis ich in ihre Nähe kam und alles hörte, was sie sprachen.«

»Verstandet Ihr denn alles?«

»Unvernünftige Frage! Werde doch hören, was gesprochen wird!«

»Ich meine, ob sie sich des englisch-indianischen Jargons bedienten?«

»Sie bedienten einander gar nicht, sondern sie sprachen miteinander, wenn ich mich nicht irre, und zwar im Dialekte der Mescaleros, den ich so leidlich inne habe. Ich rückte langsam weiter und weiter vor, bis ich mich in der Nähe der beiden Häuptlinge befand. Die tauschten zuweilen einige Worte miteinander aus, zwar kurz, nach Indianerweise, aber inhaltsreich. Habe da genug erfahren und weiß, woran ich bin.«

»So schießt also los,« bat ich, als er jetzt eine Pause machte.

»So macht Euch beiseite, Sir, wenn Euch mein Schuß nicht treffen soll! Haben es also wirklich auf uns abgesehen. Wollen uns lebendig fangen.«

»Also nicht töten?«

»O doch, ein wenig töten wollen sie uns, aber nicht sofort. Wollen uns nur fangen, ohne uns zu beschädigen, und uns nach den Dörfern der Mescaleros am Rio Pecos schaffen, wo wir an die Marterpfähle gebunden und lebendig geschmort werden sollen. *Well*, ganz wie Karpfen, die man fängt, nach Hause schafft, ins Wasser setzt und füttert, um sie dann mit allerlei Gewürz zu sieden. Soll mich wundern, was für ein Fleisch der alte Sam da geben wird, besonders wenn sie mich da ganz in die Pfanne tun und mich in meinem Jagdrocke braten – hihihihi!«

Er lachte in seiner stillen, heimlichen Weise vor sich hin und fuhr dann fort:

»Haben es ganz besonders auf Mr. Rattler abgesehen, der so still entzückt da unter euch sitzt und mich verklärt anschaut, als ob der Himmel nur so auf ihn warte mit allen seinen Seligkeiten. Ja, Mr. Rattler, habt Euch eine Suppe eingebrockt, die ich nicht auslöffeln möchte. Ihr werdet gespießt, gepfählt, vergiftet, erstochen, erschossen, gerädert und aufgehängt, immer eins hübsch nach dem andern, und von jedem stets nur ein kleines Bißchen, damit Ihr recht lange dabei leben bleibt und alle diese Qualen und Todesarten mit richtigem Geschmack auskosten könnt. Und wenn Ihr dann trotz alledem noch nicht gestorben seid, so werdet Ihr mit Klekih-petra, den Ihr erschossen habt, in eine Grube gelegt und lebendig begraben.«

»Mein Himmel! Sagten sie das?« fragte Rattler, dessen Gesicht vor Entsetzen todesbleich wurde.

»Freilich sagten sie es. Habt es auch verdient; kann Euch da nicht helfen. Will nur wünschen, daß Ihr dann, wenn Ihr alle diese Todesarten hinter Euch habt, nicht wieder eine so ruchlose Tat begeht. Denke aber, daß Ihr es bleiben lassen werdet. Die Leiche Klekih-petras ist einem Medizinmanne übergeben worden, der sie nach Hause schafft. Ihr müßt nämlich wissen, daß diese Roten des Südens ihre Toten so zu behandeln und zu konservieren verstehen, daß sie sich lange halten. Habe selbst Mumien von Indianerkindern gesehen, welche selbst nach einer Zeit von über hundert Jahren so frisch aussahen, als ob sie gestern noch gelebt hätten. Wenn wir alle gefangen werden, wird man uns das Vergnügen machen, zuzusehen, wie sie Mr. Rattlern bei lebendigem Leibe in eine solche Mumie verwandeln.«

»Ich bleibe nicht hier!« rief der Genannte aus. »Ich gehe fort! Mich bekommen sie nicht!«

Er wollte aufspringen; Sam Hawkens zog ihn wieder nieder und warnte:

»Keinen Schritt von hier fort, wenn Euch Euer Leben lieb ist! Ich sage Euch, daß die Apachen vielleicht schon die ganze Umgegend hier besetzt haben. Ihr würdet ihnen direkt in die Hände laufen.«

»Glaubt Ihr das wirklich, Sam?« fragte ich ihn.

»Ja. Es ist keine leere Drohung, sondern ich habe alle Ursache, dies anzunehmen. Habe mich auch in anderer Beziehung nicht getäuscht. Die Apachen sind wirklich schon auch gegen die Kiowas ausgerückt, ein ganzes Heer, zu dem die beiden Häuptlinge stoßen wollen, sobald sie hier mit uns fertig sind. Nur darum ist es möglich geworden, daß sie so rasch zu uns zurückkehren konnten. Sie brauchten, um Krieger gegen uns zu holen, nicht bis in ihre Dörfer zu reiten, sondern sie trafen die gegen die Kiowas ausgezogenen Scharen unterwegs, übergaben Klekih-petras Leiche dem Medizinmanne und einigen andern Leuten zum Heimschaffen, und suchten sich fünfzig gute Reiter aus, um uns aufzusuchen.«

»Wo befinden sich die Trupps, welche gegen die Kiowas bestimmt sind?«

»Weiß es nicht. Ist kein Wort darüber gesprochen worden. Kann uns auch ganz gleichgültig sein.«

Da sollte der kleine Sam unrecht haben. Es war gar nicht gleichgültig für uns, wo sich diese zahlreichen Scharen befanden. Das erfuhren wir schon nach einigen Tagen. Sam erzählte weiter:

»Als ich genug gehört hatte, hätte ich mich gleich zu euch aufmachen können; aber es ist des Nachts schwer, die Fährte zu verbergen; sie hätten sie früh sehen können, und sodann wollte ich sie auch noch gern am Morgen beobachten. Darum blieb ich die ganze Nacht im Walde versteckt und machte mich erst wieder auf die Beine, als sie aufgebrochen waren. Bin ihnen gefolgt bis ungefähr sechs Meilen von hier und habe dann einen Umweg gemacht, um unbemerkt zu euch zu kommen. *Well*, da habt ihr alles, was ich euch sagen kann.«

»Ihr habt Euch also nicht von ihnen sehen lassen?«

»Nein.«

»Und auch dafür gesorgt, daß sie Eure Spur nicht entdekken?«

»Ja.«

»Aber Ihr sagtet doch, daß Ihr Euch ihnen zeigen wolltet und – – –«

»Weiß schon, weiß! Hätte es auch getan; war aber nicht nötig, denn weil – – – halt, habt ihr es gehört?«

Er war in seiner Rede durch den dreimaligen Schrei eines Adlers unterbrochen worden.

»Das sind die Späher der Kiowas,« sagte er. »Sie sitzen da oben auf den Bäumen. Habe ihnen gesagt, mir dieses Zeichen zu geben, wenn sie die Apachen draußen auf der Savanne erblicken. Kommt, Sir; wollen einmal probieren, was Ihr in dieser Beziehung für Augen habt!«

Diese Aufforderung war an mich gerichtet. Er stand auf, um zu gehen, und ich nahm mein Gewehr, um ihm zu folgen.

»Halt!« sagte er. »Laßt das Gewehr hier! Der Westmann soll sich zwar nicht von seiner Büchse trennen; aber hier erleidet diese Regel eine Ausnahme, weil wir so tun müssen, als ob wir an gar keine Gefahr dächten. Wir wollen uns den Anschein geben, als ob wir Holz zu einem Feuer sammelten. Daraus werden die Apachen schließen, daß wir hier am Abende lagern werden, was ein Vorteil für uns ist.«

Wir schlenderten miteinander, scheinbar ganz harmlos, zwischen den Baum- und Sträucherreihen auf dem offenen Rasenstreifen hin und auf die Savanne hinaus. Dort sammelten wir vom Rande des Gebüsches dürre Aeste und sahen uns dabei verstohlen nach Apachen um. Wenn sich welche in der Nähe befanden, so mußten sie hinter den Sträuchern stecken, welche auf der Savanne, mehr oder weniger entfernt von uns, zerstreut standen.

»Seht Ihr einen?« fragte ich Sam nach einer Weile.

»Nein,« antwortete er.

»Ich auch nicht.«

Wir strengten unsere Augen möglichst an, konnten aber nichts entdecken. Und doch erfuhr ich später von Winnetou selbst, daß er höchstens fünfzig Schritte von uns entfernt hinter einem Busche gelegen und uns beobachtet hatte. Es ist nicht genug, daß man scharfe Augen besitzt, sie müssen auch geübt sein, und das waren die meinigen damals noch nicht. Heut würde ich Winnetou sofort entdecken, und wenn es nur infolge der Mücken wäre, die, von seiner Person angezogen, um den Busch weit dichter spielten als anderswo.

Wir kehrten also unverrichteter Dinge zu den Andern zurück und beschäftigten uns nun alle mit dem Sammeln zum Holze für das Lagerfeuer. Wir brachten mehr zusammen, als wir brauchten.

»Recht so,« meinte Sam. »Wir müssen einen Haufen für die Apachen liegen haben, denn sie sollen, wenn sie uns ergreifen wollen und wir aber verschwunden sind, schnell ein Feuer machen können.«

Hierauf wurde es dunkel. Sam, als der Erfahrenste, versteckte sich ganz vorn, da wo der Grasstreifen, an dessen Ende wir saßen, bei der Savanne seinen Anfang nahm. Er wollte das Kommen der Späher erlauschen, die wir mit Sicherheit zu erwarten hatten, da sie unser Lager auszukundschaften hatten. Das Feuer wurde angezündet und leuchtete über den Grasstreifen hinweg weit in die Savanne hinaus. Für was für unvorsichtige und unerfahrene Menschen mußten die Apachen uns da halten! Dieses große Feuer war ja ganz geeignet, dem Feinde aus weiter Ferne den Weg zu uns zu zeigen.

Wir aßen Abendbrot und lagerten uns so, als ob wir ganz entfernt davon seien, an etwas Arges zu denken. Die Gewehre lagen ein großes Stück von uns entfernt, doch nach der Halbinsel zu, damit wir sie später mitnehmen konnten. Diese letztere war, wie Sam bestimmt hatte, durch unsere Pferde abgeschlossen worden.

Es waren seit Anbruch der Dunkelheit wohl drei Stunden vergangen, da kehrte Sam lautlos wie ein Schatten zurück und meldete mit leiser Stimme:

»Die Kundschafter kommen, zwei Mann, einer auf dieser und der andere auf jener Seite. Habe sie gehört und sogar auch gesehen.«

Sie näherten sich also auf beiden Seiten des Grasstreifens, indem sie sich im Dunkel des Gebüsches hielten. Sam setzte sich zu uns und begann mit lauter Stimme eine Unterhaltung über den ersten besten Gegenstand, der ihm eben einfiel. Wir antworteten ihm, und so entspann sich ein Gespräch, dessen Lebhaftigkeit darauf berechnet war, die Späher in Sicherheit zu wiegen. Wir wußten, daß sie da waren und uns scharf beobachteten, hüteten uns aber sehr, auch nur einen einzigen mißtrauischen Blick in das Gebüsch zu werfen.

Jetzt galt es vor allen Dingen, zu erfahren, wann sie sich wieder entfernten. Hören konnten wir es nicht und sehen auch nicht, und doch durften wir von dem Augenblicke ihres

Rückzuges an keinen Augenblick verlieren, denn es stand zu erwarten, daß dann schon nach kurzer Zeit die ganze Schar heranschleichen werde. Inzwischen aber mußten die Kiowas die Halbinsel besetzen. Da war es wohl am besten, nicht zu warten, bis sie sich entfernten, sondern sie dazu zu zwingen. Darum stand Sam auf, tat, als ob er nach Holz suchen wolle, und drang auf der einen Seite in die Büsche ein; ich tat dasselbe auf der andern Seite. Wir konnten nun sicher sein, daß die Späher sich fortgeschlichen hatten. Da hielt Sam die beiden Hände auf den Mund und ließ dreimal den Schrei eines Ochsenfrosches hören. Dies war das Zeichen, daß die Kiowas kommen sollten. Weil wir uns an einem Wasser befanden, konnte der Ruf des Ochsenfrosches nicht auffallen. Hierauf schlich sich Sam wieder vor auf seinen Lauscherposten, um uns die Ankunft des Gros der Feinde melden zu können.

Noch waren kaum zwei Minuten seit dem Rufe des Frosches vergangen, so kamen die Kiowas herbeigehuscht, einer hart hinter dem andern, eine lange Reihe von zweihundert Kriegern. Sie hatten nicht im Wald gewartet, sondern waren, um dem Zeichen rascher folgen zu können, schon vorher bis an den Bach vorgedrungen und dann über denselben gesprungen. Wie Schlangen schoben sie sich hinter uns in unserm Schatten tief am Boden hin und der Halbinsel zu. Das ging so gewandt und schnell, daß höchstens nach drei Minuten der letzte an uns vorüber war.

Nun warteten wir auf Sam. Er kam und raunte uns leise zu:

»Sie nähern sich, und zwar wieder auf beiden Seiten, wie ich gehört habe. Legt kein Holz mehr an! Wir müssen dafür sorgen, daß, wenn die Flamme verlöscht, noch eine Glut übrig bleibt, an welcher die Roten das Feuer rasch wieder entzünden können.«

Wir schichteten den Holzvorrat, den wir noch hatten, so rund um das Feuer auf, daß dann diese Glut keinen Schein werfen und unser Verschwinden vorzeitig verraten konnte. Als dies geschehen war, mußte ein jeder von uns mehr oder weniger Schauspieler sein. Wir wußten fünfzig Apachen in unmittelbarster Nähe und durften es doch nicht merken lassen. Es hing sehr vieles, ja unser Leben, am nächsten Augenblicke. Wir hatten angenommen, daß sie warten würden, bis wir eingeschlafen zu sein schienen; aber wie nun, wenn sie dies nicht taten, wenn sie eher über uns herfielen? Dann hatten wir zwar in den Kiowas zweihundert Helfer, aber es mußte zum Kampfe, zum Blutvergießen kommen, und das konnte manchem von uns das Leben kosten. Die Katastrophe war da, und das, was ich gewußt hatte, traf zu: ich war ruhig, so ruhig, als ob es nur gelte, eine Partie Schach oder Domino zu spielen. Höchst interessant war es, die Andern zu beobachten. Rattler lag lang ausgestreckt am Boden; er hatte sein Gesicht der Erde zugekehrt und stellte sich schlafend. Die Todesangst hatte ihn mit eiskalten Händen ergriffen. Seine ›berühmten Westmänner‹ stierten einander bleichen Angesichts an; sie konnten nur abgerissene Worte hervorbringen und sollten doch an unserer Unterhaltung teilnehmen. Will Parker und Dick Stone saßen so gemütlich da, als ob es in der ganzen Welt nicht einen einzigen Apachen gäbe. Sam Hawkens machte einen Witz über den andern, und ich lachte möglichst lustig über seine Scherze.

Als in dieser Weise über eine halbe Stunde vergangen war, hatten wir die Ueberzeugung, daß der Ueberfall nach dem Einschlafen erfolgen solle, denn sonst wäre er nun längst unternommen worden. Das Feuer war ziemlich niedergebrannt, und ich hielt es für geraten, die Entscheidung nicht länger zu verzögern. Darum gähnte ich einige Male, dehnte mich und sagte:

»Ich bin müde und möchte schlafen. Ihr nicht auch, Sam Hawkens?«

»Habe nichts dagegen; werde es auch so machen,« antwortete er. »Das Feuer geht aus. Gute Nacht!«

»Gute Nacht!« sagten auch Stone und Parker; dann rückten wir möglichst weit, aber so, daß es nicht auffallen konnte, vom Feuer weg und streckten uns da aus.

Die Flamme wurde kleiner und kleiner, bis sie ganz erlosch; nur die Asche glühte noch; ihr Schein konnte aber wegen des aufgeschichteten Holzes nicht zu uns dringen. Wir lagen alle vollständig im Dunkeln. Jetzt galt es, uns leise, ganz leise in Sicherheit zu bringen. Ich langte nach meinem Gewehre und schob mich langsam fort; Sam hielt sich an meiner Seite, und die Andern folgten. Sollte einer von ihnen ja ein Geräusch verursachen, so versuchte ich, dasselbe dadurch unhörbar zu machen, daß ich, als ich die Pferde erreichte, eins derselben zum lauten Stampfen brachte, indem ich es hin und her schob; das mußte jeden verräterischen Schall übertönen. Es gelang auch wirklich Allen, die Kiowas zu erreichen, welche schon wie kampfbegierige Panther auf der Lauer standen.

»Sam,« flüsterte ich diesem zu, »wenn die beiden Häuptlinge wirklich geschont werden sollen, so dürfen wir keinen Kiowa über sie lassen. Seid Ihr einverstanden?«

»Ja.«

»Ich nehme Winnetou auf mich; Ihr, Stone und Parker mögt Euch an Intschu tschuna machen.«

»Ihr einen und wir drei zusammen auch nur einen? Dieses Exempel ist nicht richtig – wenn ich mich nicht irre.«

»Es ist richtig. Ich werde mit Winnetou schnell fertig; ihr aber müßt zu dreien sein, damit sein Vater sich gar nicht wehren kann, denn wenn er Zeit und Raum zur Verteidigung bekommt, kann dies für ihn leicht Verletzungen oder gar den Tod nach sich ziehen.«

»*Well*, habt recht! Aber, damit uns da kein Kiowa zuvorkommt, wollen wir ein Stückchen avancieren, damit wir dann gleich die Ersten sind. Kommt!«

Wir postierten uns dem Feuer mehrere Schritte näher und warteten nun in größter Spannung auf das Kampfgeschrei der Apachen, denn daß sie den Angriff ohne dieses nicht unternehmen würden, stand zu erwarten. Es ist ihre Gewohnheit, daß der Anführer durch einen Schrei das Zeichen gibt, und dann stimmen die Andern in möglichst höllischer Weise ein. Dieses Geheul hat den Zweck, dem Angegriffenen den Mut zur Gegenwehr zu rauben. Man kann es so, wie es bei den meisten Stämmen klingt, dadurch nachahmen, daß man im höchsten Fisteltone ein langes ›Hiiiiiiiiih!‹ ausstößt und dabei mit der flachen Hand sehr schnell aufeinander folgende Schläge gegen die Lippen führt, so daß der Ton als Triller zu hören ist.

Die Kiowas befanden sich in derselben Spannung wie wir. Jeder von ihnen wollte gern auch der Erste sein, und darum drängten sie nach vorn, so daß wir weiter und weiter vorgeschoben wurden. Das konnte dadurch, daß wir den Apachen zu nahe rückten, für uns gefährlich werden, und so wünschte ich sehr, daß ihr Angriff bald erfolgen möge.

Dieser Wunsch wurde endlich, endlich erfüllt. Es ertönte das erwähnte ›Hiiiiiiiiih!‹ in einem so schrillen, durchdringenden Tone, daß es mir durch Mark und Bein fuhr, und darauf folgte ein Geheul, welches so schrecklich klang, als ob es von tausend Teufeln ausgestoßen würde. Wir hörten trotz der Weichheit des Erdbodens schnelle Schritte und Sprünge. Dann war plötzlich alles still. Einige Augenblicke regte sich nichts rundum. Man hätte, wie man sich auszudrücken pflegt, eine Ameise laufen hören können. Dann hörten wir Intschu tschuna das eine kurze Wort ›Ko!‹ rufen.

Dieses Wort bedeutet Feuer, also Feuer machen. Unsere Asche glühte noch immer, und das dürre Holz und Gezweig, welches dabei lag, brannte leicht. Die Apachen gehorchten dem Befehle schnell und warfen von dem Holze auf die glimmende Asche. Es dauerte nur wenige Sekunden, so loderte die Flamme neu empor, und die Umgebung des Feuers war erhellt.

Intschu tschuna und Winnetou standen neben einander, und es bildete sich schnell ein Kreis von Kriegern um sie, als die Apachen zu ihrem Erstaunen sahen, daß wir fort waren.

»Uff, uff, uff!« riefen sie verwundert.

Winnetou zeigte schon jetzt, trotz seiner Jugend, die Umsicht, welche ich später so oft an ihm bewundert habe. Er sagte sich, daß wir uns noch in der Nähe befinden müßten und die an dem Feuer stehenden, also beleuchteten Apachen im Nachteile seien, weil sie uns für unsere Gewehre ein sicheres Zielen gestatteten. Darum rief er:

»Tatischa, tatischa!«

Dieses Wort heißt, sich entfernen. Er setzte auch schon zum Sprunge an, doch ich kam ihm zuvor. Vier, fünf schnelle Schritte hatten mich an den Kreis gebracht, welcher ihn umgab. Rechts und links die mir im Wege stehenden Apachen auseinander werfend, drang ich hindurch, und Hawkens, Stone und Parker folgten mir auf dem Fuße. Eben als Winnetou sein lautes ›Tatischa, tatischa!‹ gerufen hatte und sich zum Fortspringen umwendete, stand er vor mir und wir sahen uns einen Moment lang in die Gesichter. Seine Hand fuhr blitzschnell in den Gürtel, um das Messer zu ziehen, da aber traf ihn schon mein Faustschlag gegen die Schläfe. Er wankte und brach auf die Erde nieder. Zugleich sah ich, daß Sam, Will und Dick seinen Vater gepackt hatten.

Die Apachen heulten vor Wut auf; aber ihr Geheul war nicht zu hören, denn es wurde übertönt von dem schrecklichen Brüllen der Kiowas, welche sich nun auf sie warfen.

Ich stand, da ich den Kreis der Apachen durchbrochen hatte, mitten in dem kämpfenden und heulenden Knäuel von Menschen, welche miteinander rangen. Zweihundert Kiowas gegen vielleicht fünfzig Apachen, also vier gegen einen! Aber die braven Krieger Winnetous wehrten sich aus allen Kräften. Ich hatte zunächst alles aufzubieten, mehrere von ihnen von mir abzuhalten, und mußte mich darum, da ich mich in ihrer Mitte befand, wie ein Kreisel im Kreise drehen. Dabei gebrauchte ich nur meine Fäuste, denn ich wollte keinen verwunden oder gar töten. Als ich noch vier oder fünf niedergeschlagen hatte, bekam ich Luft, und zu gleicher Zeit wurde der allgemeine Widerstand schwächer. Nach fünf Minuten seit unserm Angriffe war der Kampf zu Ende. Fünf Minuten nur! Aber in einem solchen Falle bedeuten sie doch eine lange Zeit!

Der Häuptling Intschu tschuna lag gefesselt am Boden, neben ihm Winnetou besinnungslos; er wurde auch gebunden. Es war kein einziger Apache entkommen, wohl meist deshalb, weil es diesen tapfern Leuten gar nicht in den Sinn gekommen war, ihre beiden Häuptlinge, welche sofort überwältigt worden waren, zu verlassen und die Flucht zu ergreifen. Viele von ihnen waren verwundet, ebenso eine Anzahl der Kiowas, und leider gab es bei den letzteren auch drei und bei den Apachen fünf Tote. Das hatte freilich nicht in unserer Absicht gelegen; aber der energische Widerstand der Apachen hatte die Kiowas veranlaßt, ihre Waffen nachdrücklicher, als wir es gewünscht hatten, zu gebrauchen.

Die besiegten Feinde waren alle gefesselt. Dazu hatte es gar keines großen Kunststückes bedurft, denn da Vier, oder weil wir Weißen uns doch auch mitrechnen mußten, fast Fünf gegen Einen gestanden hatten, war es nur nötig gewesen, daß drei Kiowas einen Apachen festhielten und der vierte oder fünfte ihn schnell fesselte.

Die Leichen wurden auf die Seite geschafft, und da die verwundeten Kiowas Hilfe bei den Ihrigen fanden, so machten wir Weißen uns daran, die verletzten Apachen zu untersuchen und zu verbinden. Wir bekamen dabei freilich nicht nur die finstersten Gesichter zu sehen, sondern fanden sogar bei Einigen Widerstand. Sie waren zu stolz, sich von ihren Gegnern einen Dienst erweisen zu lassen, und ließen lieber ihre Wunden bluten. Ich fühlte mich dadurch nicht beunruhigt, da die Verletzungen dieser Leute nur leichte waren.

Als wir diese Arbeit beendet hatten, fragten wir uns zunächst, wie die Gefangenen die Nacht hinbringen sollten. Ich wollte es ihnen so leicht wie möglich machen; da aber fuhr mich Tangua, der Häuptling der Kiowas, an:

»Diese Hunde gehören nicht euch, sondern uns, und ich allein habe zu bestimmen, was mit ihnen geschehen soll.«

»Nun – was?« fragte ich ihn.

»Wir würden sie aufbewahren, bis wir in unsere Dörfer zurückkehren; aber da wir die Ihrigen überfallen wollen und bis dahin noch einen weiten Weg haben, so werden wir uns nicht lange mit ihnen schleppen. Sie kommen an den Marterpfahl.«

»Alle?«

»Alle!«

»Das glaube ich nicht.«

»Warum?«

»Weil du vorhin im Irrtum gewesen bist.«

»Wann?«

»Als du sagtest, daß die Apachen euch gehörten. Das war falsch.«

»Das war richtig!«

»Nein. Nach den Gesetzen des Westens gehört der Gefangene dem, der ihn zum Gefangenen gemacht hat. Nehmt euch also die Apachen, welche ihr überwunden habt; dagegen will ich gar nichts haben. Diejenigen aber, die wir ergriffen haben, gehören uns.«

»Uff, uff! Wie klug du redest. Da wollt ihr wohl auch Intschu tschuna und Winnetou behalten?«

»Natürlich!«

»Und wenn ich sie euch nicht lasse?«

»Du wirst sie uns lassen!«

Er sprach in feindseligem Tone; ich antwortete ihm ruhig und bestimmt. Da zog er sein Messer, stieß es bis an das Heft in die Erde und sagte, indem seine Augen mich drohend anfunkelten:

»Legt ihr nur eine Hand an einen einzigen Apachen, so werden eure Leiber sein wie diese Stelle hier, in welcher mein Messer steckt. Ich habe gesprochen. Howgh!«

Das war sehr ernst gemeint; ich hätte ihm aber doch gezeigt, daß ich keine Lust hatte, mich einschüchtern zu lassen, wenn Sam Hawkens nicht so klug gewesen wäre, mir einen warnenden Blick zuzuwerfen, welcher mich zur Ruhe und Vorsicht mahnte. Ich zog es also vor, zu schweigen.

Die gefesselten Apachen lagen rund um das Feuer, und es wäre am einfachsten gewesen, sie da liegen zu lassen, wo sie ohne Mühe bewacht werden konnten. Aber Tangua wollte mir zeigen, daß er sie wirklich als sein Eigentum betrachte und mit ihnen nach Belieben verfahren könne, darum gab er den Befehl, sie aufrecht an die nahestehenden Bäume zu binden.

Dies geschah, und zwar nicht in zarter Weise, wie man sich

leicht denken kann. Die Kiowas verfuhren dabei möglichst schonungslos und waren bemüht, den Gefesselten möglichst große Schmerzen zu bereiten. Keiner der Apachen verzog dabei eine Miene. Sie waren im Erdulden aller Qualen streng erzogen und geübt. Am rohesten verfuhr man gegen die beiden Häuptlinge, deren Fesseln so fest zusammengezogen wurden, daß das Blut aus dem angeschwollenen Fleische spritzen wollte.

Es war ganz unmöglich, daß ein Gefangener nun aus eigener Anstrengung loskommen und entfliehen konnte, dennoch stellte Tangua Wachen rund um das Lager aus.

Unser wieder angefachtes Feuer brannte, wie bereits erwähnt, am inneren Ende des sich nach dem Wasser ziehenden Grasstreifens. Wir lagerten uns um dasselbe und hatten die Absicht, keinen Kiowa bei uns zu dulden, da dies die Befreiung Winnetous und seines Vaters entweder erschweren oder gar unmöglich machen mußte; aber es fiel ihnen auch gar nicht ein, zu uns zu kommen. Sie hatten sich gleich, als sie bei uns ankamen, nicht als freundlich erwiesen, und mein jetziger Wortwechsel mit ihrem Häuptlinge war nicht geeignet gewesen, ihre Gesinnungen zu ändern. Die kalten, fast verächtlichen Blicke, welche sie uns zuwarfen, waren keineswegs vertrauenerweckend, und wir mußten uns sagen, daß wir nur froh sein dürften, wenn es uns gelingen sollte, mit ihnen ohne einen vorherigen Zusammenstoß auseinander zu kommen.

Sie brannten für sich in einer Entfernung von uns, weiter nach der Savanne hinaus, mehrere Feuer an, um welche sie sich lagerten. Dort sprachen sie miteinander nicht in dem zwischen Weißen und Roten gebräuchlichen Idiom, sondern in der Sprache ihres Volkes. Wir sollten sie nicht verstehen, was wir auch als ein für uns ungünstiges Zeichen betrachten mußten. Sie hielten sich für die Herren der Situation, und ihr Verhalten zu uns glich demjenigen eines Menagerielöwen, der ein Hündchen bei sich duldet.

Die Ausführung unseres Vorhabens wurde dadurch erschwert, daß nur vier Personen davon wissen durften, nämlich Sam Hawkens, Dick Stone, Will Parker und ich. Die Andern wollten und durften wir nicht in das Geheimnis ziehen, weil sie wahrscheinlich dagegen gewesen und die Ausführung desselben hintertrieben oder gar den Kiowas Mitteilung davon gemacht hätten. Die lagen hier bei uns, und wir mußten hoffen, daß sie später alle schlafen würden. Deshalb und weil, wenn unser Vorhaben gelang, dann von einer Ruhe für uns wohl keine Rede war, meinte Sam, daß es für uns angezeigt sei, zu versuchen, ob wir jetzt ein wenig schlafen könnten. Wir legten uns also nieder, und ich war trotz der seelischen Aufregung, in welcher ich mich befand, so glücklich, bald einzuschlafen. Später wurde ich von Sam geweckt. Damals verstand ich es noch nicht so wie später, die Zeit nach dem Stande der Sterne zu bestimmen; aber es mochte kurz nach Mitternacht sein. Unsere Gefährten schliefen und das Feuer war niedergebrannt. Die Kiowas unterhielten nur ein Feuer und hatten die andern ausgehen lassen. Wir konnten miteinander sprechen, was allerdings nur leise geschehen durfte. Parker und Stone waren auch wach. Sam flüsterte mir zu:

»Es gilt vor allen Dingen, eine Wahl zu treffen, denn alle Vier dürfen wir nicht fort von hier. Es genügen Zwei.«

»Zu denen gehöre natürlich ich!« antwortete ich ihm in bestimmtem Tone.

»Oho, nicht so eilig, bester Sir! – Die Sache ist lebensgefährlich.«

»Das weiß ich.«

»Und Ihr wollt Euer Leben wagen?«

»Ja.«

»*Well!* Ihr seid eben ein braver Kerl, wenn ich mich nicht irre. Aber wir haben es mit noch einer andern Gefahr zu tun, nicht nur mit derjenigen, in welche wir unser Leben bringen.«

»Welche meint Ihr?«

»Es hängt das Gelingen unsres Vorhabens von den Personen ab, die es ausführen.«

»Das ist richtig.«

»Freut mich, daß Ihr dies zugebt, und darum denke ich, daß Ihr darauf verzichten werdet, selbst mitzutun.«

»Fällt mir nicht ein!«

»Seid vernünftig, Sir! Laßt mich mit Dick Stone gehen!«

»Nein!«

»Ihr seid noch zu neu. Ihr versteht vom Anschleichen so gut wie noch gar nichts.«

»Möglich. Heute aber werde ich Euch beweisen, daß man auch etwas fertig bringt, was man nicht versteht. Man muß nur Lust dazu haben.«

»Und Geschick, Sir, Geschick! Und das habt Ihr eben nicht. Das muß erstens angeboren sein und dann geübt werden. Die Uebung aber ist's, die Euch fehlt.«

»Es kommt auf eine Probe an.«

»Wollt Ihr eine machen?«

»Ja.«

»Welche?«

»Wißt Ihr, ob der Häuptling Tangua schläft?«

»Nein.«

»Und doch ist es für uns wichtig, dies zu wissen, nicht wahr, Sam?«

»Ja. Ich will mich nachher einmal hinschleichen.«

»Nein; das werde ich tun.«

»Ihr? – Warum?«

»Eben um die Probe zu machen.«

»Ah, so! Aber wenn man Euch entdeckt?«

»So schadet es nichts, denn es gibt eine gute Ausrede. Ich habe mich überzeugen wollen, daß die Wachen ihre Schuldigkeit tun.«

»*Well*, das geht. Aber wozu soll denn diese Probe dienen?«

»Um mir Euer Vertrauen zu erwerben. Ich denke, wenn ich sie bestehe, so weigert Ihr Euch nicht, mich mit zu Winnetou zu nehmen.«

»Hm! Darüber müßten wir dann noch reden.«

»Meinetwegen! Also ich darf jetzt fort zum Häuptling?«

»Ja. Aber nehmt Euch in acht! Wenn man Euch erwischt, so schöpft man Verdacht, wenn auch nicht jetzt, so doch später, wenn Winnetou fort ist. Man wird denken, daß Ihr ihn losgeschnitten habt.«

»Und sich dabei in keinem sehr großen Irrtum befinden.«

»Nehmt ja jeden Baum und jeden Strauch zur Deckung, und hütet Euch, eine Stelle zu berühren, wohin der Schein des Feuers fällt. Müßt Euch stets im Dunkeln halten!«

»Werde mich im Dunkeln halten, Sam!«

»Hoffe es. Es sind noch wenigstens dreißig Kiowas munter, wenn ich mich nicht irre, die Wächter gar nicht mitgerechnet. Wenn Ihr es fertig bringt, nicht bemerkt zu werden, so will ich Euch loben und bei mir denken, daß doch noch einmal, vielleicht nach zehn Jahren, ein Westmann aus Euch werden kann, obgleich Ihr trotz aller meiner guten Lehren jetzt noch ein Greenhorn seid, wie man es so schön grün und unerfahren in keinem Panoptikum zu sehen bekommt, hihihihi!«

Ich schob das Messer und die Revolver, um sie nicht etwa unterwegs zu verlieren, so tief wie möglich in den Gürtel und kroch von dem Feuer fort. Heut, wo ich dieses erzähle, kenne ich die ganze Verantwortlichkeit, welche ich damals so leicht auf mich nahm, die ganze Verwegenheit des Vorsatzes, den ich gefaßt hatte. Ich wollte nämlich den Häuptling nicht beschleichen!

Ich hatte Winnetou liebgewonnen und wollte ihm das beweisen, womöglich durch eine Tat, bei welcher ich mein Leben wagte. Dazu gab es jetzt die trefflichste Gelegenheit; ich konnte ihn befreien. Aber ich wollte das tun, ich selbst! Und nun kam mir Sam mit seinen Bedenken dazwischen! Er wollte das, worauf ich mich so freute, mit Dick Stone ausführen. Selbst wenn ich jetzt den Häuptling ganz glücklich beschlich, war anzunehmen, daß Sam seine Bedenken doch nicht fallen lassen werde. Darum war ich auf den Gedanken gekommen, gar nicht erst darum zu betteln und mir Mühe zu geben, ihn meinem Wunsche geneigt zu machen. Nein, ich wollte nicht hin zum Häuptling, sondern zu Winnetou!

Dabei setzte ich nicht nur mein Leben, sondern auch das meiner Gefährten aufs Spiel. Wenn ich bei der Ausführung meines Vorhabens erwischt wurde, war es um mich und um sie geschehen. Das wußte ich damals zwar auch, ging aber in jugendlichem Tatendrange leicht darüber hinweg.

Vom Anschleichen hatte ich oft gelesen und seit ich mich im wilden Westen befand, auch oft genug gehört. Besonders Sam hatte mir oft gesagt und es mir auch oft gezeigt, wie es zu machen sei. Ich hatte es ihm nachgemacht; aber von der Fertigkeit, die ich heute eigentlich brauchte, war keine Rede. Das hinderte mich aber keineswegs, fest an mich und an das Gelingen meiner Absicht zu glauben.

Ich lag im Grase und schob mich fort, in die Büsche hinein. Von unserm Lager bis dahin, wo Intschu tschuna und Winnetou nebeneinander an je einen Baum gebunden waren, war es ungefähr fünfzig Schritte weit. Ich hätte mich eigentlich so fortschieben sollen, daß nur meine Finger- und die Stiefelspitzen den Boden berührten; dazu gehört aber eine Kraft und Ausdauer in den Zehen und Fingern, die man sich nur durch lange Uebung aneignen kann; ich besaß sie noch nicht. Darum schob ich mich auf den Knieen und Vorderarmen nach Art eines vierfüßigen Tieres fort. Ehe ich die Hände an eine Stelle setzte, betastete ich sie erst, ob vielleicht ein Stück dürres Holz daliege, welches durch den Druck meines Körpers zerknickt werden und dadurch ein Geräusch verursachen könne. Mußte ich zwischen oder unter Zweigen durch, so flocht ich sie vorher sorgfältig zusammen, so daß sie mir, ohne daß ich sie berührte, dann Durchlaß boten. Das ging langsam, sehr, sehr langsam, aber ich kam doch vorwärts.

Die Apachen waren zu beiden Seiten des offenen Grasstreifens an die Bäume gebunden worden. Die beiden Häuptlinge befanden sich, von unserm Lagerplatze aus gerechnet, auf der linken Seite. Ihre Bäume standen am Rande des Streifens, und ungefähr vier oder fünf Schritte vor ihnen saß, mit dem Gesichte ihnen zugekehrt, ein Indianer, der sie, weil ihre Personen von solcher Wichtigkeit waren, speziell zu bewachen hatte. Dieser Umstand mußte mir mein Werk erschweren, wohl gar unmöglich machen, doch hatte ich mir zurecht gelegt, auf welche Weise ich seine Aufmerksamkeit ablenken wollte, wenigstens für kurze Zeit. Es gehörten hierzu Steine, die es aber leider hier nicht zu geben schien.

Ich hatte vielleicht die Hälfte meines Weges zurückgelegt und dazu über eine halbe Stunde gebraucht; man denke, in einer halben Stunde fünfundzwanzig Schritte! Da sah ich mir zur Seite etwas Helles schimmern. Ich kroch hin und bemerkte zu meiner großen Freude eine kleine, vielleicht zwei Ellen im Durchmesser haltende Bodenvertiefung, welche mit Sand angefüllt war. Wenn der Regen einmal das kleine Flüßchen und den Teich angefüllt hatte, so war das Wasser übergelaufen, nach dieser Seite abgeflossen und hatte diesen Sand hier angeschwemmt. Ich füllte schnell eine Tasche damit und kroch dann weiter.

Nach wieder einer guten halben Stunde befand ich mich endlich hinter Winnetou und seinem Vater, vielleicht vier Schritte von ihnen entfernt. Die Bäume, an welchen sie, mit den Rücken mir zugekehrt, gebunden lehnten, waren nicht ganz mannesstark. Ich hätte mich nicht vollends nähern können, wenn nicht glücklicherweise am Fuße dieser Bäume einiges belaubte Gezweig gestanden hätte, welches mir hinlänglich erschien, mich dem Wächter zu verbergen. Zu erwähnen ist, daß mehrere Schritte seitwärts hinter diesem ein stacheliger Strauch stand, auf den ich es abgesehen hatte.

Ich schob mich zuerst bis hinter Winnetou hinan und blieb da einige Minuten still liegen, um den Wächter zu beobachten. Er schien müde zu sein, denn er hielt die Augen geschlossen und öffnete sie dann und wann in einer Weise, als ob ihm dies Anstrengung koste. Das war mir lieb.

Zunächst galt es zu erfahren, in welcher Weise Winnetou gefesselt war. Ich langte also vorsichtig um den Stamm hinum und betastete seinen Fuß und Unterschenkel. Das mußte er natürlich fühlen, und ich hatte befürchtet, daß er eine Bewegung machen werde, durch welche ich verraten werden könnte; dies geschah aber nicht; er war zu klug und zu geistesgegenwärtig dazu. Ich fand, daß ihm die Füße an den Knöcheln zusammengebunden waren, und außerdem hatte man um sie und den Baum einen Riemen gezogen; es waren hier also zwei Messerschnitte notwendig.

Dann blickte ich nach oben. Beim flackernden Feuerscheine sah ich, daß man seine Hände rückwärts von rechts und links um den Baum gezogen und dort hinter demselben mit einem Riemen zusammengebunden hatte. Da brauchte ich nur einen Schnitt zu tun.

Jetzt nun fiel mir ein Umstand ein, an den ich vorher nicht gedacht hatte. Wenn ich Winnetou losschnitt, so stand nach meinem Dafürhalten zu erwarten, daß er augenblicklich die Flucht ergreifen werde. Das mußte mich in die größte Gefahr bringen. Ich sann hin und her, wie dies vermieden werden könne, fand aber keinen Ausweg; ich mußte es eben riskieren und, falls der Apache sofort entsprang, mich ebenso schnell salvieren.

Wie irrte ich mich da in Winnetou! Ich kannte ihn eben nicht. Als wir später über seine Befreiung sprachen, teilte er mir seine Gedanken mit, die er dabei gehabt hatte. Er hatte, als er meine tastende Hand fühlte, geglaubt, es sei ein Apache. Zwar waren alle, welche er bei sich hatte, gefangen; aber es war doch möglich, daß irgend ein Späher oder Bote ihnen, ohne daß sie davon wußten, gefolgt war, um ihnen von ihrem Haupttruppe eine Nachricht zu bringen. Er war sofort seiner Befreiung sicher gewesen und hatte auf die erlösenden Messerschnitte gewartet. Aber er hätte seine Stellung am Baume ganz gewiß nicht gleich verändert, sondern sie einstweilen noch beibehalten, denn er wäre auf keinen Fall ohne seinen Vater entflohen und wollte auch den, welcher ihn befreite, nicht durch ein augenblickliches Entspringen in Gefahr bringen.

Ich durchschnitt zunächst die beiden unteren Riemen. Den oberen konnte ich in meiner liegenden Stellung nicht erreichen. Und selbst wenn ich ihn hätte erlangen können, so war doch Behutsamkeit geboten, um Winnetou nicht in die Hände zu schneiden. Ich mußte also aufstehen. Da aber war es beinahe sicher, daß mich der Wächter sehen mußte. Um seine Aufmerksamkeit abzulenken, hatte ich den Sand mitgebracht; kleine Steine wären mir freilich lieber gewesen. Ich griff in die Tasche, nahm eine Wenigkeit davon heraus und warf sie an Winnetou und dem Wächter vorbei, auf den Stachelstrauch. Das verursachte ein Rascheln. Der Rote wendete sich um und sah nach dem Strauche, beruhigte sich aber bald wieder. Ein zweiter Wurf erregte sein Bedenken. Es konnte ein giftiges Reptil im Strauche verborgen sein. Er stand auf, ging hin und betrachtete ihn forschend. Dabei kehrte er uns den Rücken zu. Schnell war ich auf und durchschnitt die Riemen. Dabei fiel mir das herrliche Haar Winnetous in die Augen, welches auf dem Kopfe einen helmartigen Schopf bildete und dann noch schwer und lang auf den Rücken niederfiel. Mit der linken Hand eine dünne Strähne desselben fassend, schnitt ich sie mit der Rechten ab und ließ mich dann wieder zu Boden sinken.

Warum ich das tat? Um nötigenfalls einen Beweis in den Händen zu haben, daß ich es war, der ihn losgeschnitten hatte.

Zu meiner Freude machte Winnetou nicht die geringste Bewegung; er stand genau so wie vorher da. Ich wickelte das Haar um die Finger zu einem Ring zusammen und steckte es ein. Dann kroch ich zu Intschu tschuna hinüber, dessen Fesseln ich auf ganz dieselbe Weise untersuchte. Er war genau so gebunden und an den Baum befestigt wie Winnetou und blieb auch so unbeweglich, als er die Berührung meiner Hand fühlte. Ich schnitt auch ihn erst unten los. Dann gelang es mir, auf ganz gleiche Weise die Aufmerksamkeit des Wächters wieder abzulenken, so daß ich auch die Hände des Häuptlings von dem Riemen befreien konnte. Er war grad so bedächtig wie sein Sohn und rührte sich nicht.

Da kam mir der Gedanke, daß es besser sei, die zu Boden gefallenen Riemen nicht finden zu lassen. Die Kiowas brauchten gar nicht zu wissen, auf welche Weise die Gefangenen frei geworden waren. Fanden sie hingegen die Riemen, so sahen sie, daß dieselben durchschnitten worden waren, und dann mußte sich ihr Verdacht auf uns richten. Ich nahm also erst hüben bei Intschu tschuna die Riemen weg und huschte dann wieder hinüber zu Winnetou, um dort dasselbe zu tun, steckte sie ein und machte mich dann auf den Rückweg.

Wenn die beiden Häuptlinge verschwanden, so machte der Wächter augenblicklich Alarm, und dann durfte ich mich nicht mehr in der Nähe befinden. Ich mußte mich beeilen. Darum kroch ich zunächst tiefer in das Gebüsch hinein, bis ich, falls ich mich aufrichtete, nicht gesehen werden konnte, stand dann auf und schlich mich nun, zwar auch vorsichtig, aber bedeutend schneller als vorher, nach unserm Lagerplatze zurück. Erst als ich in der Nähe desselben angekommen war, legte ich mich wieder nieder, um den kleinen Rest des Weges kriechend zu machen.

Meine drei Gefährten hatten große Sorge um mich gehabt. Als ich bei ihnen angekommen war und wieder zwischen ihnen lag, flüsterte mir Sam zu:

»Wir hatten beinahe Angst, Sir! Wißt Ihr, wie lange Ihr fort gewesen seid?«

»Nun?«

»Beinahe zwei Stunden.«

»Das stimmt. Eine halbe Stunde hin, eine halbe her und eine ganze dort geblieben.«

»Warum mußtet Ihr so lange dort bleiben?«

»Um ganz genau zu erfahren, ob der Häuptling schläft.«

»Wie habt Ihr das denn angefangen?«

»Ich habe so lange nach ihm hingeschaut, und als er sich dann immer noch nicht bewegte, so konnte ich überzeugt sein, daß er schläft.«

»So, ach, schön! Habt ihr's gehört, Dick und Will? Um zu erfahren, ob der Häuptling munter ist oder schläft, hat er ihn eine ganze Stunde lang angestarrt, hihihihi! Er ist und bleibt ein Greenhorn, ein unverbesserliches Greenhorn! Habt Ihr denn gar kein Hirn im Kopfe, daß Euch kein besseres Mittel eingefallen ist? Ihr habt doch jedenfalls unterwegs genug kleine Holz- oder Rindenstücke gefunden? – Nicht?«

»Ja,« antwortete ich, da die letzten Worte wieder an mich gerichtet waren.

»So brauchtet Ihr nur, wenn Ihr nahe genug gekommen waret, so ein Holzstückchen oder ein kleines bißchen Erde nach dem Häuptlinge zu werfen. Wäre er wach gewesen, so hätte er sich sicher augenblicklich bewegt. Na, Ihr habt freilich auch geworfen, wenn ich mich nicht irre, nämlich Blick auf Blick, eine ganze Stunde lang, hihihihi!«

»Mag sein; aber meine Probe habe ich doch bestanden!«

Während ich sprach, richtete ich meine Augen mit Spannung auf die beiden Apachen. Ich wunderte mich, daß sie noch immer so an den Bäumen standen, als ob sie gefesselt wären. Sie konnten schon fort sein. Der Grund war ein sehr einfacher. Winnetou hatte angenommen, daß ich ihn zuerst abgeschnitten hätte und dann zu seinem Vater geschlichen sei, und erwartete nun ein Zeichen von mir. Dasselbe war auch mit seinem Vater der Fall, nur umgekehrt. Intschu tschuna glaubte, ich hätte noch mit Winnetou zu tun. Als dann gar kein Zeichen meinerseits erfolgte, wartete Winnetou einen Augenblick ab, an welchem der Wächter die müden Augen wieder einmal geschlossen hatte, und bewegte dann den Arm, um seinem Vater zu zeigen, daß er nicht mehr gefesselt sei; der Häuptling gab ihm dasselbe Zeichen zurück; sie wußten nun, woran sie waren, und verschwanden augenblicklich von ihren Plätzen.

»Ja, Eure Probe habt Ihr bestanden,« gab Sam Hawkens zu. »Ihr habt den Häuptling eine ganze Stunde lang beobachtet, ohne daß Ihr dabei erwischt worden seid.«

»Folglich werdet Ihr mir nun zutrauen, daß ich auch mit zu Winnetou kann, ohne daß ich Dummheiten mache.«

»Hm! Glaubt Ihr, daß Ihr die beiden Häuptlinge dadurch befreien könnt, daß Ihr sie auch eine voll geschlagene Stunde mit Euern Blicken bombardiert?«

»Nein. Wir schneiden sie los.«

»Das sagt Ihr, als ob es so leicht wäre, wie man einen Ast vom Busche schneidet. Seht Ihr nicht, daß ein Wächter bei ihnen sitzt?«

»Das sehe ich sehr wohl.«

»Der macht es grad so wie Ihr; er kanoniert sie auch mit

seinen Blicken. Sie trotz dieser seiner Wachsamkeit loszumachen, dazu seid Ihr noch nicht fertig genug. Es ist so schwer, daß ich nicht einmal weiß, ob es mir gelingen wird. Seht nur einmal hin, Sir! Schon das Anschleichen bis dorthin ist ein wahres Meisterstück, und wenn man dann glücklich bei ihnen angekommen ist, dann – – – – *good lack!* Was ist denn das?«

Er hatte seine Augen auf die Apachen gerichtet gehabt und hielt mitten in seiner Rede inne, weil sie eben jetzt von ihren Bäumen verschwanden. Ich tat, als ob ich das nicht gesehen hätte, und fragte:

»Was ist los? Warum sprecht Ihr nicht weiter?«

»Warum? Weil – – weil – – – Ist es denn richtig oder täusche ich mich?«

Er rieb sich die Augen und fuhr dann fort:

»Ja, bei Gott, es ist richtig! Dick, Will, schaut doch einmal hin, ob ihr Winnetou und Intschu tschuna noch seht!«

Sie wendeten sich nach der betreffenden Seite und wollten eben ihrem Erstaunen Ausdruck geben, als der Wächter, der die ihm Anvertrauten jetzt auch vermißte, aufsprang, die beiden verlassenen Bäume einige Augenblicke lang anstarrte und dann einen lauten, durchdringenden Schrei ausstieß. Dieser weckte sämtliche Schläfer. Der Wächter schrie ihnen das Geschehene in seiner Sprache, die ich nicht verstand, zu, und nun gab es einen Tumult, welcher ganz unbeschreiblich war.

Alles rannte nach den Bäumen, die Weißen auch alle. Ich folgte ihnen, denn ich mußte so tun, als ob ich gar nichts wisse. Dabei zog ich die Tasche heraus, kehrte sie um und ließ den Sand zu Boden fallen.

Schade, daß ich nur Winnetou und Intschu tschuna hatte losmachen können! Wie gern hätte ich noch mehrere, am liebsten alle befreit, aber es hätte an Verrücktheit gegrenzt, dies auch nur zu versuchen.

Zweihundert und noch mehr Menschen umdrängten die beiden Stellen, an denen die Entflohenen noch vor wenigen Augenblicken gestanden hatten. Dabei gab es ein Geschrei oder ein Wutgeheul, welches mir sehr deutlich sagte, was meiner wartete, falls die Wahrheit an den Tag kommen sollte. Endlich gebot Tangua Ruhe und erteilte seine Befehle, auf welche wenigstens die Hälfte seiner Leute forteilte, um sich draußen auf der Savanne zu zerstreuen und trotz der Dunkelheit nach den Entflohenen zu suchen. Der Häuptling schäumte förmlich vor Wut. Er schlug dem unaufmerksamen Wächter mit der Faust in das Gesicht und riß ihm den Medizinbeutel vom Halse, um denselben unter die Füße zu treten. Damit war der arme Teufel für ehrlos erklärt.

Man darf nämlich nicht etwa auf Grund des Wortes Medizin annehmen, daß es sich dabei um ein Arznei- oder Heilmittel handle. Das Wort Medizin ist bei den Indianern erst nach dem Auftreten der Weißen in Gebrauch gekommen. Die Heilmittel der Bleichgesichter waren ihnen unbekannt, und sie hielten die Wirkungen derselben für die Folgen eines Zaubers, eines mit dem Uebersinnlichen in Verbindung stehenden Geheimnisses. Seitdem bezeichnen sie alles, was sie für Zauberei halten oder was ihnen nicht erklärlich ist, was sie für die Folgen eines höheren Einflusses, einer höheren Eingebung halten, mit dem Worte Medizin. Natürlich hat jeder Stamm auch einen eigenen, seiner Sprache angehörigen Ausdruck dafür. So heißt Medizin in der Sprache der Mandans *Hopenesch*, der Tuskaroras *Yunnjuh queht*, der Schwarzfüße *Nehtowa*, der Sioux *Wehkon* und der Riccarehs *Wehrootih*.

Jeder erwachsene Mann, jeder Krieger hat eine Medizin. Der Jüngling, welcher unter die Männer, die Krieger aufgenommen werden will, verschwindet plötzlich und sucht die Einsamkeit auf. Dort fastet und hungert er und versagt sich sogar den Genuß des Wassers. Er denkt über seine Hoffnungen, Wünsche und Pläne nach. Die Anstrengung des Geistes, verbunden mit solchen körperlichen Entbehrungen, versetzt ihn in einen fieberhaften Zustand, in welchem er den Schein von der Wirklichkeit nicht mehr zu unterscheiden weiß. Er glaubt, höhere Eingebungen zu empfangen; der Traum ist ihm dann eine überirdische Offenbarung. Hat er dieses Stadium erreicht, so wartet er auf den ersten Gegenstand, der ihm vom Traume oder sonstwie vorgegaukelt wird, und dieser ist ihm dann fürs ganze Leben heilig, ist seine ›Medizin‹. Sollte dieser Gegenstand zum Beispiele eine Fledermaus sein, so ruht er nicht, bis er eine solche fängt. Ist ihm dies gelungen, so kehrt er mit ihr zum Stamme zurück und übergibt sie dem Medizinmanne, dem Zauberer, welcher sie zu präparieren hat. Sie findet ihren Platz in dem verschieden-, jedoch stets eigenartig ausgestatteten Medizinbeutel, welcher stets getragen werden muß, und ist das kostbarste Eigentum eines jeden Indianers. Medizin verloren, Ehre verloren. So ein Unglücklicher kann sich nur dadurch rehabilitieren, daß er einen berühmten Feind tötet und dann dessen Medizin vorzeigt; sie wird die seinige.

Man kann also denken, welche Strafe es für den Wächter war, daß ihm seine Medizin entrissen und zertreten wurde. Er sagte kein Wort der Entschuldigung oder des Zornes, schulterte sein Gewehr und verschwand zwischen den Bäumen. Er war von heut an für seinen Stamm tot und konnte nur in dem oben angegebenen Falle wieder aufgenommen werden.

Die Wut des Häuptlings richtete sich nicht nur gegen diesen Schuldigen, sondern auch gegen mich. Er kam auf mich zu und schrie mich an:

»Du wolltest diese zwei Hunde für dich haben. Lauf ihnen doch nach und fange sie wieder ein!«

Ich wollte mich von ihm abwenden, ohne zu antworten, da ergriff er mich beim Arme und rief:

»Hast du gehört, was ich dir befohlen habe? Verfolgen sollst du sie!«

Ich schüttelte ihn von mir ab und antwortete:

»Befohlen? Hast du mir zu befehlen?«

»Ja, denn ich bin der Häuptling dieses Lagers, und ihr habt mir zu gehorchen!«

Da zog ich die Sardinenbüchse aus der Tasche und sagte:

»Soll ich dir die richtige Antwort geben, indem ich dich mit allen deinen Kriegern in die Luft sprenge? Sprich noch ein Wort, was mir nicht gefällt, und ich vertilge euch alle mit dieser Medizin!«

Ich war neugierig, ob dieses Possenspiel die beabsichtigte Wirkung hervorbringen werde. Ja, und wie! Er wich weit zurück und schrie:

»Uff, uff! Behalte diese Medizin für dich, und sei ein Hund, wie jeder Apache einer ist!«

Das war eine Beleidigung, die ich wohl nicht so ruhig hingenommen hätte, wenn es nicht klug gewesen wäre, auf seine Aufregung und die Ueberzahl seiner Leute Rücksicht zu nehmen. Wir Weißen kehrten nach unserer Lagerstelle zurück, wo das Ereignis natürlich von allen Seiten beleuchtet wurde, ohne daß einer die gewünschte Erklärung fand. Ich schwieg nicht nur gegen die Andern, sondern auch gegen Sam, Dick und Will. Es machte mir heimlich Spaß, die Erklärung dieses plötzlichen Verschwindens der Gefangenen in den Händen zu haben, während sie so eifrig und doch vergeblich danach suchten. Die Haarlocke Winnetous habe ich auf allen meinen Wanderungen durch den Westen bei mir getragen und besitze sie heute noch. –

VIERTES KAPITEL.

Zweimal um das Leben gekämpft.

Das Verhalten der Kiowas ließ uns, obgleich wir sie nicht als ausgesprochene Feinde betrachten konnten, für unsere Sicherheit besorgt sein. Darum wurde, als wir uns wieder schlafen legten, bestimmt, daß wir, einander stündlich abwechselnd, bis zum Morgen wachen wollten. Dies geschah, und die Roten bemerkten natürlich, daß wir diese Vorsichtsmaßregel getroffen hatten; es verstand sich ganz von selbst, daß sie uns das übel nahmen und nun noch weniger Freundschaft für uns fühlten als vorher.

Als der Tag anbrach, weckte uns unser Wächter. Wir sahen, daß die Kiowas beschäftigt waren, nach den Spuren der entflohenen Häuptlinge zu suchen, die sie in der Nacht nicht hatten finden können. Sie trafen auf die Fährte und folgten ihr; sie führte nach der Stelle, an welcher die Apachen vor dem Ueberfalle ihre Pferde zurückgelassen hatten, natürlich unter der Beaufsichtigung einiger Wächter. Intschu tschuna und Winnetou waren mit diesen Wächtern fortgeritten und hatten keines der Pferde mitgenommen, sondern sie alle stehen lassen. Als wir dies erfuhren, machte Sam Hawkens eines seiner listigen Gesichter und fragte mich:

»Könnt Ihr Euch vielleicht denken, Sir, weshalb die beiden Häuptlinge dies getan haben?«

»Ja. Es ist gar nicht schwer, es zu erraten.«

»Oho, Sir! So ein Greenhorn, wie Ihr seid, darf sich ja nicht einbilden, aus reinem Zufalle gleich auf den richtigen Gedanken zu kommen. Es gehört Erfahrung dazu, meine Frage zu beantworten.«

»Die habe ich ja!«

»Ihr? Erfahrung? Möchte wissen, woher die Euch kommen sollte! Wollt Ihr mir das vielleicht sagen?«

»Warum nicht? Die Erfahrung, welche ich meine, habe ich aus Büchern geschöpft.«

»Wieder Eure Bücher! Es mag Euch einmal glücken, etwas gelesen zu haben, was Euch hier Nutzen bringt, aber da dürft Ihr doch nicht gleich denken, daß Ihr die Gescheitheit nur so mit Löffeln gegessen habt. Ich werde Euch gleich beweisen, daß Ihr nichts, aber auch gar nichts wißt. Also, warum haben die beiden entflohenen Häuptlinge nur ihre eigenen Pferde mitgenommen, aber diejenigen der Gefangenen dagelassen?«

»Eben um dieser Gefangenen willen.«

»Ah! Wieso?«

»Weil diese ihre Pferde noch sehr notwendig brauchen werden.«

»Meint Ihr? Inwiefern können denn Gefangene Pferde brauchen?«

Ich fühlte mich durch seine Fragen nicht etwa in meinem Ehrgefühle verletzt; es war nun einmal so seine Weise. Darum antwortete ich:

»Es kann zweierlei geschehen. Entweder kehren die beiden Häuptlinge bald mit einer genügenden Apachenschar zurück, um die Gefangenen zu befreien. Warum sollen sie da die Pferde erst mitnehmen und dann wieder mitbringen? Oder die Kiowas warten die Ankunft der Apachen nicht ab und verlassen mit ihren Gefangenen diese Gegend. Dann ist den letzteren ihre Lage dadurch erleichtert, daß sie reiten können. Ihr Transport verursacht da weniger Schwierigkeiten, und es ist zu hoffen, daß sie nach den Dörfern der Kiowas geschafft werden und unterwegs befreit werden können. Hätten sie aber keine Pferde, so daß sie laufen müßten, so könnten die Kiowas leicht auf den Gedanken kommen, den schwierigen und langweiligen Transport dadurch zu umgehen, daß sie sie hier und jetzt gleich umbringen.«

»Hm! Das ist wirklich gar nicht so dumm gedacht, wie man aus Eurem Gesichte schließen könnte. Aber Ihr habt einen dritten Fall vergessen. Es ist nämlich möglich, daß die Kiowas ihre Gefangenen trotz der Pferde töten.«

»Nein; das ist nicht möglich.«

»Nicht? Sir, wie kommt Ihr denn auf die Idee, etwas für

unmöglich zu erklären, was Sam Hawkens für leicht möglich hält?«

»Weil dieser Sam Hawkens vergessen zu haben scheint, daß ich hier bin.«

»Ah, Ihr seid hier? Ist das wahr? Ihr haltet Eure hochverehrte Gegenwart wohl für ein ganz außerordentliches oder sogar welterschütterndes Ereignis?«

»Nein. Ich wollte nur sagen, daß die Gefangenen, so lange ich da bin und ein Glied für sie rühren kann, nicht ermordet werden.«

»Wirklich? Was Ihr doch für ein hochbedeutender Kerl seid, hihihihi! Die Kiowas sind zweihundert Mann stark, und Ihr, der einzelne Mensch, das Greenhorn, will sie hindern, zu tun, was ihnen beliebt!«

»Ich werde hoffentlich nicht einzeln dastehen.«

»Nicht? Auf wen rechnet Ihr denn noch?«

»Auf Euch, Sam, und auch auf Dick Stone und Will Parker! Ich hege das feste Vertrauen zu euch, daß ihr euch so einem Massenmorde ernstlich widersetzen würdet.«

»So! Also Vertrauen habt Ihr doch zu uns! Bin Euch sehr dankbar dafür, denn es ist wirklich kein Spaß, das Vertrauen eines solchen Mannes, wie Ihr seid, zu besitzen. Ich bilde mir natürlich außerordentlich viel darauf ein, wenn ich mich nicht irre!«

»Hört, Sam, ich spreche im Ernste und habe gar nicht die Absicht, diese Angelegenheit in das Scherzhafte zu ziehen. Wenn es sich um so viele Menschenleben handelt, da hat der Spaß einfach aufzuhören!«

Da blitzte er mich aus seinen kleinen Aeuglein ironisch listig an und sagte:

»*Thunder-storm!* Es ist Euch also wirklich Ernst? Ja, dann muß ich freilich ein ganz anderes Gesicht dazu machen. Aber wie denkt Ihr Euch denn eigentlich die Sache, Sir? Auf die Andern können wir nicht rechnen; wir sind also nur vier Personen, welche unter Umständen mit zweihundert Kiowas anbinden wollen. Meint Ihr denn, daß dies ein gutes Ende für uns nehmen könnte?«

»Nach dem Ende frage ich nicht. Ich dulde nicht, daß in meiner Gegenwart ein solcher Mord geschieht.«

»Dann wird er trotzdem geschehen, doch mit dem Unterschiede, daß Ihr auch mit ausgelöscht werdet. Oder wollt Ihr Euch auf Euern neuen Namen Old Shatterhand verlassen? Meint Ihr, daß Ihr zweihundert rote Krieger mit Euern Fäusten niederschlagen könnt?«

»Unsinn! Ich habe mir diesen Namen nicht gegeben und weiß genau, daß wir Vier nicht gegen die Zweihundert aufkommen könnten. Aber ist denn die Anwendung von Gewalt durchaus notwendig? List ist da oft besser.«

»So? Das habt Ihr wohl gelesen?«

»Ja.«

»Richtig! Ihr seid dadurch aber auch ein furchtbar gescheiter Kerl geworden. Ich möchte Euch wirklich gern einmal listig sehen. Was würdet Ihr denn ungefähr für Gesichter dabei machen? Ich sage Euch, daß hier mit aller Eurer List nichts zu erreichen ist. Die Roten werden machen, was sie wollen, und sich gar nicht darum kümmern, ob wir drohende oder listige Mienen dazu schneiden.«

»Gut! Ich sehe, daß ich mich nicht auf Euch verlassen kann, und werde also, wenn man mich dazu zwingt, allein handeln.«

»Um Gottes willen, macht keine Dummheiten, Sir! Ihr habt gar nichts allein zu machen, sondern Euch in allem, was Ihr tut, nach uns zu richten. Ich habe ja gar nicht sagen wollen, daß ich mich der Apachen, falls ihnen Gefahr drohen sollte, nicht annehmen will, aber es ist nie meine Art gewesen, mit dem Kopfe dicke Mauern einzurennen. Ich sage Euch, die Mauern sind stets härter als die Köpfe.«

»Und ich habe ebensowenig sagen wollen, daß ich Unmögliches machen will. Jetzt wissen wir noch gar nicht, wie die Kiowas über ihre Gefangenen bestimmt haben, und brauchen uns also noch nicht mit Sorgen zu quälen. Sollten wir aber später zum Handeln gezwungen sein, so wird sich jedenfalls dann die beste Art und Weise dazu finden.«

»Möglich; aber darauf darf sich ein vorsichtiger Mann

nicht verlassen. Was sich finden könnte, das geht mich gar nichts an. Wir haben mit einer ganz bestimmten Frage zu rechnen, und diese lautet: Was tun wir, falls die Apachen getötet werden sollen?«

»Wir geben es nicht zu.«

»Das ist nichts gesagt, gar nichts gesagt. Nicht zugeben! Drückt Euch deutlicher aus!«

»Wir erheben Einspruch dagegen.«

»Das wird keinen Erfolg haben.«

»So zwinge ich den Häuptling, sich nach meinem Willen zu richten.«

»Wie wollt Ihr das anfangen?«

»Ich werde mich, falls es gar nicht anders geht, seiner Person bemächtigen und ihm das Messer auf die Brust setzen.«

»Und ihn erstechen?«

»Wenn er mir nicht gehorcht, ja.«

»*All devils*, seid Ihr ein rabiater Mensch!« rief er erschrokken aus. »So etwas ist Euch wirklich zuzutrauen?«

»Ich versichere Euch, daß ich es tun werde!«

»Das ist -- das ist ---« Er hielt inne; seine erst erschrokkene und dann besorgte Miene nahm nach und nach einen andern Ausdruck an, und endlich fuhr er fort: »Hört, dieser Gedanke ist gar nicht so übel. Dem Häuptlinge das Messer an die Kehle legen, das ist in diesem Falle wohl die einzige Art und Weise, ihn zu zwingen, das zu tun, was wir wollen. Es ist wirklich wahr, daß ein Greenhorn auch einmal eine kleine, sogenannte Idee haben kann. Die wollen wir festhalten.«

Er wollte weiter sprechen, aber da trat Bancroft zu uns und forderte mich auf, an die Arbeit zu gehen. Der Ingenieur hatte recht. Wir durften keine Stunde versäumen, um mit unserm Pensum womöglich noch fertig zu werden, ehe Intschu tschuna und Winnetou mit ihren Kriegern eintreffen konnten.

Wir waren bis Mittag in unausgesetzter, angestrengter Tätigkeit; da kam Sam Hawkens zu mir und sagte:

»Ich muß Euch leider stören, Sir, denn die Kiowas scheinen mit ihren Gefangenen etwas los zu haben.«

»Etwas? Das ist sehr unbestimmt. Wißt Ihr denn nicht, was?«

»Kann es vermuten, wenn ich mich nicht irre. Sie scheinen sie an dem Marterpfahle sterben lassen zu wollen.«

»Wann? Später oder bald?«

»Natürlich bald; sonst wäre ich nicht jetzt zu Euch gekommen. Sie haben Vorbereitungen getroffen, aus denen ich schließe, daß die Apachen gemartert werden sollen. Und zwar scheinen sie die Absicht zu haben, damit sehr bald zu beginnen.«

»Das wollen wir uns verbitten! Wo ist der Häuptling?«

»Mitten unter seinen Kriegern.«

»So müssen wir ihn von ihnen fortlocken. Wollt Ihr das besorgen, Sam?«

»Ja; doch auf welche Weise?«

Ich warf einen forschenden Blick zurück. Die Kiowas befanden sich auch nicht mehr da, wo wir gestern gelagert hatten. Sie waren unsern Vermessungsarbeiten gefolgt und hatten sich am Rande eines kleinen Prairiewäldchens niedergelassen. Rattler mit seinen Leuten war bei ihnen, und Sam Hawkens hatte sich, um sie zu beobachten, bis jetzt in ihrer Nähe herumgetrieben, während Parker und Stone in meiner Nähe saßen. Zwischen den Roten und der Stelle, an welcher ich in diesem Augenblicke stand, gab es ein Gebüsch, welches für meine Absicht sehr geeignet war, denn es erlaubte den Kiowas nicht, zu sehen, was bei uns geschah. Ich antwortete auf Sams Frage:

»Sagt ihm ganz einfach, ich hätte ihm etwas zu sagen, könne aber nicht von meiner Arbeit fort. Da wird er kommen.«

»Ich hoffe es. Aber wenn er einige Andere mitbringt?«

»Die überlasse ich Euch und Stone und Parker; ihn nehme ich auf mich. Haltet Riemen bereit, sie zu binden. Die Sache muß rasch, aber dabei möglichst ruhig vor sich gehen.«

»*Well!* Ich weiß nicht, ob das, was Ihr vorhabt, das Richtige ist; aber da mir nichts Besseres einfällt, so sollt Ihr Euren Willen haben. Wir riskieren das Leben; aber da ich keine Lust zum Sterben habe, so denke ich, daß wir mit einem oder mit einigen blauen Augen davonkommen werden – hihihihi!«

So in seiner bekannten Weise heimlich in sich hineinlachend, entfernte er sich. Meine Herren Kollegen befanden sich gar nicht weit von mir, hatten aber unser Gespräch nicht hören können. Es fiel mir auch gar nicht ein, ihnen mitzuteilen, was ich tun wollte, denn ich war überzeugt, daß sie mich an der Ausführung gehindert hätten. Ihr Leben stand ihnen höher als das der gefangenen Apachen.

Ich war mir dessen, was ich riskierte, wohl bewußt. Durfte ich Dick Stone und Will Parker in die Gefahr, welche ich heraufbeschwören wollte, mit hineinziehen, ohne sie vorher zu benachrichtigen? Nein. Ich fragte sie also, ob ich sie aus dem Spiele lassen solle. Da antwortete Stone:

»Was fällt Euch ein, Sir! Haltet Ihr uns für Halunken, die einen Freund im Stich lassen, wenn er sich in Not befindet? Das, was Ihr vorhabt, ist ein echter, richtiger Westmannsstreich, an welchem wir uns mit wahrer Wonne beteiligen werden. Nicht wahr, alter Will?«

»Ja,« nickte Parker. »Möchte doch sehen, ob wir Vier nicht die Leute dazu sind, es mit zweihundert Indsmen aufzunehmen! Freue mich schon darauf, wenn sie angebrüllt kommen werden und uns doch nichts tun dürfen!«

Ich arbeitete ruhig weiter und blickte nicht zurück, bis mir nach einiger Zeit Stone zurief:

»Macht Euch fertig, Sir; sie kommen!«

Nun wendete ich mich um. Sam kam mit Tangua. Leider waren noch drei Rote dabei.

»Jeder einen Mann,« sagte ich. »Ich nehme den Häuptling. Aber faßt sie bei der Gurgel, damit sie nicht schreien können, und wartet hübsch, bis ich anfange; ja nicht früher.«

Ich ging Tangua langsamen Schrittes entgegen; Stone und Parker folgten mir. Als wir zusammentrafen, standen wir so, daß die Kiowas uns wegen des bereits erwähnten Gebüsches nicht sehen konnten. Der Häuptling zeigte kein freundliches Gesicht und sagte in ebenso unfreundlichem Tone:

»Das Bleichgesicht, welches Old Shatterhand genannt wird, hat mich kommen lassen. Hast du vergessen, daß ich der Häuptling der Kiowas bin?«

»Nein; ich weiß, daß du es bist,« antwortete ich ihm.

»So hättest du zu mir kommen müssen, anstatt ich zu dir. Da ich aber weiß, daß du dich erst seit kurzer Zeit in diesem Lande befindest und also erst lernen mußt, höflich zu sein, will ich dir diesen Fehler verzeihen. Was hast du mir zu sagen? Sprich kurz, denn ich habe keine Zeit!«

»Was ist es, was du so Notwendiges zu tun hast?«

»Wir wollen die Hunde der Apachen heulen lassen.«

»Wann?«

»Jetzt.«

»Warum so bald? Ich dachte, ihr würdet die Gefangenen mit in eure Wigwams nehmen, um sie dort, in Gegenwart eurer Squaws und Kinder, an dem Marterpfahle sterben zu lassen.«

»Wir wollten es; aber sie würden uns hindern, den Kriegszug auszuführen, auf welchem wir uns befinden. Darum sollen sie schon heut ihr Leben lassen.«

»Ich bitte dich, dies nicht zu tun!«

»Du hast nichts zu bitten,« fuhr er mich an.

»Willst du nicht ebenso höflich sprechen, wie ich mit dir rede? Ich habe nur eine Bitte ausgesprochen. Hätte ich die Absicht gehabt, dir einen Befehl zu geben, so könntest du vielleicht Veranlassung haben, grob zu sein.«

»Ich mag von euch nichts hören, weder einen Befehl, noch eine Bitte. Ich werde keines Bleichgesichtes wegen an dem, was ich beschlossen habe, etwas ändern.«

»Vielleicht doch! Habt ihr das Recht, die Gefangenen zu töten? Ich will deine Antwort nicht hören, denn ich kenne sie und werde nicht mit dir darüber streiten; aber es ist ein Unterschied, einen Menschen schnell und schmerzlos zu töten oder ihn langsam zu Tode zu martern. Wir werden es nicht zugeben, daß dies Letztere in unserer Gegenwart geschieht.«

Da reckte er seine Gestalt höher auf und antwortete in verächtlichem Tone:

»Nicht zugeben? Für wen hältst du dich! Du bist gegen mich wie eine Kröte, welche sich gegen den Bär des Felsengebirges auflehnen will. Die Gefangenen sind mein Eigentum, und ich tue mit ihnen, was ich will.«

»Sie gerieten nur durch unsere Hilfe in eure Hände; darum haben wir ganz dasselbe Recht auf sie wie ihr. Wir wünschen, daß sie leben bleiben.«

»Wünsche, was du willst, du weißer Hund; ich verlache deine Worte!«

Er spuckte vor mir aus und wollte sich abwenden; da traf ihn meine Faust, daß er niederstürzte. Aber er hatte einen harten Schädel; er war nicht vollständig betäubt und wollte wieder auf. Darum mußte ich mich zu ihm niederbücken, um ihm noch einen Hieb zu geben, und konnte also für einen Augenblick nicht auf die Andern achten. Als ich ihm den zweiten Schlag versetzt hatte und mich wieder aufrichtete, sah ich Sam Hawkens auf einem Roten knieen, den er beim Halse gepackt hatte. Stone und Parker rangen den Zweiten nieder; der Dritte rannte laut schreiend davon.

Ich kam Sam zu Hilfe. Als dies geschehen war und wir seinen Kiowa gebunden hatten, waren Dick und Will mit dem Ihrigen auch fertig.

»Das war nicht schlau von euch,« sagte ich ihnen. »Warum habt ihr den Dritten entkommen lassen?«

»Weil ich grad denselben packte, auf den es Stone auch abgesehen hatte,« antwortete Parker. »Dadurch gingen nur zwei Sekunden verloren, aber doch Zeit genug für den Halunken, sich davonzumachen.«

»Schadet nichts,« tröstete Sam Hawkens. »Es hat ja keine andere üble Folge, als daß der Tanz etwas eher beginnt. Darüber wollen wir uns die Köpfe ja nicht zerstoßen. In zwei oder drei Minuten sind die Roten da. Wollen dafür sorgen, daß wir freies Feld zwischen uns und ihnen haben!«

Wir fesselten schnell auch den Häuptling. Die Surveyors hatten mit großem Schreck gesehen, was wir taten. Der Oberingenieur kam auf uns zugesprungen und schrie entsetzt:

»Was fällt euch ein, ihr Leute! Was haben euch die Indianer getan? Wir werden alle des Todes sein!«

»Das werdet Ihr allerdings, Sir, wenn Ihr Euch uns nicht schnell zugesellt,« antwortete Sam. »Ruft Eure Leute herbei, und kommt mit uns! Wir werden euch beschützen.«

»Ihr uns beschützen? Das ist doch – – –«

»Schweigt!« fiel ihm der Kleine in die Rede. »Wir wissen ganz genau, was wir wollen. Wenn ihr euch nicht zu uns haltet, seid ihr verloren. Also schnell!«

Wir rafften die drei gefesselten Indianer auf und trugen sie eiligst fort, ein Stück in die offene Prairie hinein, wo wir halten blieben und sie niederlegten. Bancroft war uns mit den drei Surveyors nachgekommen. Wir hatten unsern jetzigen Haltepunkt ausgewählt, weil wir auf einem freien Terrain sicherer waren als an einer Stelle, die wir nicht ganz überblicken konnten.

»Wer soll mit den Roten sprechen, wenn sie kommen? Vielleicht ich?« fragte ich.

»Nein, Sir,« antwortete Sam. »Ich werde es tun, denn Ihr seid des halbindianischen Mischmasch noch nicht mächtig. Unterstützt mich aber im geeigneten Augenblicke, indem Ihr so tut, als ob Ihr den Häuptling erstechen wolltet.«

Kaum hatte er das gesagt, so hörten wir das Wutgeheul der Kiowas, und einige Augenblicke später sahen wir sie bei dem schon erwähnten Gebüsch erscheinen, welches uns sozusagen als Gardine gedient hatte. Sie kamen um dasselbe herumgesprungen und auf uns zugerannt; da aber der Eine schneller als der Andere war, bildeten sie keinen zusammenhängenden Haufen, sondern eine ziemlich lange Reihe einzelner Läufer. Dies war für uns günstig, weil eine geschlossene Schar nicht so leicht zum Stehen zu bringen gewesen wäre.

Der mutige Sam ging ihnen eine kurze Strecke entgegen und gab ihnen mit beiden Armen das Zeichen, stehen zu bleiben. Ich hörte, daß er ihnen etwas zurief, verstand es aber nicht. Es hatte nicht sofort die beabsichtigte Wirkung, doch als er seinen Ruf noch einige Male wiederholt hatte, sah ich, daß die vordersten Kiowas stehen blieben; die nachfolgenden Roten taten dann dasselbe. Er sprach zu ihnen und deutete dabei wiederholt auf uns. Da forderte ich Stone und Parker auf, den Häuptling stehend aufzurichten, und schwang ein Messer drohend gegen ihn. Die Roten ließen ein Geheul des Schreckens hören.

Sam redete weiter zu ihnen und dann sahen wir, daß einer von ihnen, der ein Unterhäuptling war, sich von der Schar trennte und mit Sam langsamen, würdevollen Schrittes zu uns kam. Als sie uns erreichten, deutete Sam auf unsere drei Gefangenen und sagte zu ihm:

»Du siehst, daß du die Wahrheit von mir gehört hast. Sie befinden sich vollständig in unserer Gewalt.«

Der Unterhäuptling, welchem man den Grimm, der ihn beherrschte, ansah, betrachtete die Drei und antwortete:

»Diese beiden gefesselten roten Krieger befinden sich noch am Leben; der Häuptling aber scheint tot zu sein!«

»Er ist nicht tot. Die Faust Old Shatterhands hat ihn zu Boden gestreckt; da ist die Besinnung von ihm gegangen; sie wird ihm aber zurückkehren. Warte so lange, indem du dich bei uns niedersetzest. Wenn der Häuptling zu sich gekommen ist und wieder sprechen kann, werden wir uns mit euch beraten. Aber sobald einer der Kiowas eine Waffe gegen uns erhebt, fährt das Messer Old Shatterhands in Tanguas Herz; darauf kannst du dich verlassen.«

»Wie dürft ihr die Hand gegen uns erheben, die wir eure Freunde sind!«

»Freunde? Da glaubst du wohl selber das nicht, was du sagst!«

»Ich glaube es. Haben wir nicht die Pfeife des Friedens mit euch geraucht?«

»Ja, aber diesem Frieden ist nicht recht zu trauen.«

»Warum?«

»Ist es Sitte der Kiowas, ihre Freunde und Brüder zu beleidigen?«

»Nein.«

»Nun, euer Häuptling hat Old Shatterhand beleidigt, folglich dürfen wir euch nicht als Brüder betrachten. Schau, er beginnt, sich zu bewegen!«

Tangua, den Stone und Parker wieder niedergelegt hatten, regte sich allerdings; bald schlug er die Augen auf und sah Einen nach dem Andern von uns an, als ob er sich auf das, was geschehen war, besinnen müsse; dann schien ihm das Bewußtsein vollständig zurückzukehren, und er rief aus:

»Uff, uff! Old Shatterhand hat mich niedergeschlagen. Wer fesselte mich?«

»Ich,« antwortete ich.

»Man nehme mir die Riemen ab; ich befehle es!«

»Vorhin hörtest du nicht auf meine Bitte; nun höre ich nicht auf deinen Befehl. Du hast uns nichts zu befehlen!«

Seine Augen richteten sich mit einem wütenden Blicke auf mich, und er knirschte:

»Schweig, Knabe, sonst zermalme ich dich!«

»Das Schweigen wäre für dich rätlicher als für mich. Du hast mich vorhin beleidigt und wurdest dafür von mir zu Boden geschlagen. Old Shatterhand läßt sich nicht ungestraft eine Kröte und einen weißen Hund nennen. Wenn du nicht höflich wirst, kann es dir noch schlimmer ergehen.«

»Ich verlange, frei zu sein! Wenn du mir nicht gehorchst, werdet ihr von meinen Kriegern von der Erde vertilgt werden!«

»Da würdest du der Erste sein, den das Verderben träfe; denn höre, was ich dir sage: Dort stehen deine Leute; wenn ein Einziger von ihnen den Fuß erhebt, um sich ohne Erlaubnis uns zu nähern, fährt dir diese meine Messerklinge in das Herz. Howgh!«

Ich setzte ihm die Messerspitze auf die Brust. Er mußte einsehen, daß er sich in unserer Gewalt befand; er zweifelte wohl auch nicht daran, daß ich gegebenen Falles meine Drohung wahr machen würde; es trat eine Pause ein, während welcher er uns mit seinen wild rollenden Augen verschlingen zu wollen schien; dann gab er sich Mühe, seinen Zorn zu beherrschen, und fragte in ruhigerem Tone:

»Was willst du denn von mir?«

»Nichts anderes als das, um was ich dich vorhin gebeten habe: Die Apachen sollen nicht am Marterpfahle sterben.«

»Ihr verlangt wohl gar, daß sie überhaupt nicht getötet werden sollen?«

»Tut später mit ihnen, was ihr wollt; aber so lange wir bei euch und ihnen sind, darf ihnen nichts geschehen.«

Wieder ließ er eine Weile schweigend vorübergehen. Trotz der Kriegsfarben, welche sein Gesicht bedeckten, sah man, daß der Ausdruck verschiedener Empfindungen, Zorn, Haß, Schadenfreude, über dasselbe ging. Ich hatte angenommen, daß das Wortgefecht zwischen ihm und mir ein lang anhaltendes sein werde, und glaubte dies auch jetzt noch; darum wunderte ich mich nicht wenig, als er nun sagte:

»Es soll nach deinem Wunsche geschehen; ja, ich will dir noch mehr als ihn erfüllen, wenn du auf den Vorschlag eingehst, den ich dir machen werde.«

»Welcher Vorschlag ist das?«

»Zuvor muß ich dir sagen, daß du ja nicht denken darfst, ich fürchte mich vor deinem Messer. Du wirst dich hüten, mich zu erstechen, denn wenn du dies tätest, so würdet ihr in wenigen Minuten von meinen Kriegern in Stücke zerrissen. Ihr mögt noch so tapfer sein, zweihundert Gegner könnt ihr nicht besiegen. Also deine Drohung, mich zu erstechen, verlache ich. Ich könnte ruhig sagen, daß ich dein Verlangen nicht erfülle, und doch würdest du mir nichts tun. Dennoch sollen die Hunde der Apachen nicht am Marterpfahle sterben; ich verspreche dir sogar, daß wir sie überhaupt nicht töten werden, wenn du darauf eingehst, für sie auf Leben und Tod zu kämpfen.«

»Mit wem?«

»Mit einem meiner Krieger, welchen ich bestimmen werde.«

»Welche Waffe?«

»Nur das Messer. Wenn er dich ersticht, müssen auch die Apachen sterben; erstichst du aber ihn, so bleiben sie leben.«

»Und kommen frei?«

»Ja.«

Ich konnte mir wohl denken, daß er irgend einen Hintergedanken dabei hegte. Wahrscheinlich hielt er mich für den gefährlichsten unter den anwesenden Weißen und wollte mich unschädlich machen; denn es verstand sich ganz von selbst, daß seine Wahl nur auf einen Meister im Messerfechten fallen würde. Dennoch antwortete ich, ohne mich lange zu besinnen:

»Ich bin einverstanden. Wir werden die Bedingungen vereinbaren und die Pfeife des Schwures darüber rauchen; dann kann der Kampf sogleich beginnen.«

»Was fällt Euch ein!« rief da Sam Hawkens aus. »Ich kann unmöglich zugeben, daß Ihr die Dummheit begeht, auf diesen Kampf einzugehen, Sir!«

»Es ist keine Dummheit, lieber Sam.«

»Die größte, welche es geben kann. Bei einem gerechten und ehrlichen Kampfe müssen die Chancen gleich stehen; dies ist aber hier nicht der Fall.«

»O doch!«

»Nein, ganz und gar nicht. Habt Ihr denn einmal mit irgend einem Menschen mit dem Messer auf Leben und Tod gekämpft?«

»Nein.«

»Da habt Ihr es! Ihr werdet natürlich einen Gegner bekommen, welcher Virtuos im Stechen ist. Und bedenkt die verschiedenen Folgen des Sieges! Werdet Ihr erstochen, so sterben die Apachen auch. Wird aber Euer Gegner erstochen, wer stirbt dann? Kein Mensch!«

»Aber die Apachen erhalten ihr Leben und die Freiheit dazu.«

»Glaubt Ihr das wirklich?«

»Ja, denn es wird mit dem Kalumet beraucht, was als Schwur gilt.«

»Der Teufel traue einem Schwure, bei welchem hundert Hintergedanken zu vermuten sind! Und selbst dann, wenn er ehrlich gemeint ist, seid Ihr ein Greenhorn und – – –«

»Seid still mit Eurem Greenhorn, lieber Sam!« fiel ich ihm

in die Rede. »Ihr habt es ja wiederholt erlebt, daß dieses Greenhorn stets weiß, was es tut.«

Er widersprach trotzdem noch längere Zeit; auch Dick Stone und Will Parker rieten mir ab; ich blieb aber meinem Entschlusse treu, und so rief Sam endlich unmutig aus:

»Nun gut, rennt mit Eurem Dickkopfe meinetwegen durch zehn oder zwanzig Mauern; ich habe nichts mehr dagegen! Aber ich werde aufpassen, daß bei dem Kampfe alles ehrlich zugeht, und wehe dem, der Euch oder überhaupt uns betrügen will! Ich schieße ihn mit meiner Liddy in die Luft, daß er in tausend und abertausend Stücken droben in den Wolken hängen bleibt, wenn ich mich nicht irre!«

Nun wurde Folgendes vereinbart: Es sollte auf einer graslosen Stelle, welche in der Nähe lag, im Sande eine Acht (also 8) gebildet werden, die Zahl, welche aus zwei Schlingen oder Nullen besteht. Jeder der beiden Gegner sollte sich in eine dieser Nullen stellen, aus welcher er während des Kampfes nicht treten durfte. Schonung sollte es nicht geben; Einer von Beiden mußte sterben, doch durfte der Tote nicht von seinen Angehörigen an dem Sieger gerächt werden. Die übrigen Bedingungen und die Folgen des Sieges waren schon festgestellt worden.

Als wir uns hierüber geeinigt hatten, wurden dem Häuptling die Fesseln abgenommen, und ich rauchte das Kalumet mit ihm. Dann ließen wir auch die beiden andern Gebundenen frei, und die vier Roten begaben sich zu ihren Kriegern, um sie von dem zu erwartenden Schauspiele zu benachrichtigen.

Der Oberingenieur und die andern Surveyors machten mir Vorwürfe; ich achtete nicht auf ihre Reden. Auch Sam, Dick und Will waren nicht mit mir einverstanden, doch zankten sie wenigstens nicht mit mir. Hawkens meinte in besorgtem Tone:

»Hättet etwas Besseres tun können, als auf diese Teufelei eingehen, Sir! Aber ich habe es immer gesagt und sage es jetzt wieder: Ihr seid ein leichtsinniger Mensch, ein außerordentlich leichtsinniger Mensch! Was habt Ihr denn eigentlich davon, wenn Ihr erstochen werdet, heh? Sagt mir das doch einmal!«

»Was ich davon habe? Den Tod natürlich, weiter nichts.«

»Weiter nichts? Hört, macht ja nicht auch noch schlechte Witze dazu! Der Tod ist alles, was einem widerfahren kann, denn wenn man gestorben ist, kann einem nichts mehr widerfahren.«

»O doch!«

»So? Was denn zum Beispiele?«

»Man kann begraben werden.«

»Haltet den Schnabel, edler Sir! Wenn Ihr weiter nichts wißt, als mich zu aller Kränkung auch noch zu ärgern, so wollte ich, ich hätte meine Liebe an ein würdigeres Subjekt verschwendet.«

»Kränkt Ihr Euch denn wirklich, lieber Sam?«

»Natürlich kränke ich mich. Fragt doch nicht so dumm! Es ist ja fast sicher, daß Ihr ausgelöscht werdet, vollständig ausgelöscht. Was tue ich dann auf meine alten Tage auf dieser Welt? Heh, was tue ich? Ich muß ein Greenhorn haben, mit dem ich mich zuweilen zanken kann. Was soll aber dann geschehen, und mit wem soll ich mich dann zanken, wenn Ihr erstochen worden seid?«

»Ihr zankt Euch ganz einfach mit einem andern Greenhorn.«

»Das ist leichter gesagt als geschehen, denn so ein ganz und gar ausgemachtes und unverbesserliches Greenhorn, wie Ihr seid, finde ich all mein Lebtage nicht wieder. Aber ich sage Euch, Sir, wenn Euch etwas geschieht, so sollen diese Roten an mich denken! Ich fahre wie ein rasender Uhland mitten unter sie hinein und – – –«

»Roland, Roland muß es heißen, lieber Sam,« unterbrach ich ihn.

»Ist mir ganz gleich, ob ich dann ein rasender Roland oder Uhland bin; ich lasse es mir aber partout nicht gefallen, daß Ihr erstochen werden sollt. Und, wie ist es denn, Sir, mit Eurer Humanität? Ich weiß, Ihr habt ein gutes Herz und schlagt nicht gern einen Menschen tot. Ihr hegt doch nicht etwa die heimliche Absicht, den Kerl zu schonen, mit dem Ihr kämpfen müßt?«

»Hm, hm!«

»Hm, hm? Hier wird gar nichts gehmhmt! Es geht auf Leben und Tod, Sir!«

»Wenn ich ihn nun bloß verwunde?«

»Das gilt nichts, wie Ihr gehört habt.«

»Ich meine, daß ich ihn so verwunde, daß er nicht weiterkämpfen kann.«

»Gilt ebensowenig; Ihr seid dann nicht Sieger und müßt einen neuen Kampf mit einem Andern beginnen. Ihr habt ja gehört, daß der Besiegte sterben muß, hört Ihr es – muß, muß! Wenn es Euch also gelingen sollte, Euren Gegner kampfunfähig zu machen, so müßt Ihr ihn vollends erstechen, ihm den Gnadenstoß geben, sonst gilt es nichts. Macht Euch nur ja kein Gewissen daraus! Wenn Ihr ein tüchtiger Westmann werden wollt, so wird Euer Messer noch manches Stück Menschenfleisch zu kosten bekommen. Denkt, daß diese Kiowas alle räuberische Schufte sind, daß sie die Schuld tragen an allem, was jetzt geschieht, weil sie die Pferde der Apachen stehlen wollten. Wenn Ihr einen solchen Schurken tötet, rettet Ihr so vielen braven Apachen das Leben; wenn Ihr ihn aber schont, so sind sie verloren; das müßt Ihr bedenken, wenn ich mich nicht irre. Nun sagt mir also aufrichtig, ob Ihr wacker draufgehn wollt wie ein richtiger Westmann, der nicht vor Schreck in Ohnmacht fällt, wenn er einen Blutstropfen rinnen sieht. Beruhigt mich, indem Ihr mir dies sagt!«

»Wenn es Euch beruhigt, so seid überzeugt, daß ich nicht nachsichtig sein werde, denn es wird ihm auch nicht einfallen, mich zu schonen. Ich rette dadurch so viele Menschenleben. Es ist ein Zweikampf. Drüben im alten Lande gehen die angesehensten Kavaliere wegen einer Kleinigkeit gegen einander los; hier steht aber mehr auf dem Spiele, und ich habe es nicht mit einem Kavalier, sondern mit einem roten Spitzbuben und Mörder zu tun. Ich verspreche Euch also, daß ich mich gar nicht mit zarten Gedanken und Bedenken herumtragen werde.«

»Schön! Das ist ein Wort, welches ich gelten lasse; ich sehe dem Dinge nun mit größerer Ruhe entgegen; aber dennoch ist es mir, als ob ein Sohn von mir zur Schlachtbank geführt werden solle. Am liebsten würde ich an Eurer Stelle kämpfen. Wollt Ihr mir das nicht überlassen, Sir?«

»Nein, bester Sam. Erstens denke ich, aufrichtig gesagt, daß es besser ist, ein Greenhorn stirbt, als so ein tüchtiger Westmann, wie Ihr seid, und zweitens ---«

»Haltet abermals den Schnabel! An mir liegt nicht viel, wenn ich alter Kerl sterbe. Aber wenn so ein junger, hoff ---«

»Nein, haltet Ihr den Mund!« unterbrach ich ihn so, wie er mich vorher unterbrochen hatte. »Und zweitens wäre es geradezu ehrlos und feig von mir, wenn ich mich zurückziehen und einen Andern an meine Stelle treten lassen wollte. Uebrigens würde der Häuptling das gar nicht zugeben, denn er hat es grad auf mich abgesehen.«

»Das ist es ja grad, was mir nicht in den Kopf will! Er hat es auf Euch abgesehen, partout auf Euch. Ich will hoffen, daß sein Kanoe anders schwimmt, als er zu steuern gedenkt. Paßt auf; dort kommen sie!«

Die Indianer kamen jetzt langsam heranmarschiert. Sie zählten nicht zweihundert, weil eine Anzahl von ihnen als Wächter bei den gefangenen Apachen zurückgeblieben war. Tangua führte sie an uns vorüber bis an die Stelle, welche ich vorhin erwähnte. Dort angekommen, bildeten sie einen Dreiviertelkreis; das vierte Viertel sollten wir Weißen ausfüllen. Wir taten es. Dann winkte der Häuptling. Aus der Reihe der Roten trat ein Krieger von wahrhaft herkulischen Körperformen und legte alle seine Waffen außer dem Messer ab. Dann entkleidete er die obere Hälfte seines Körpers. Wer diese nun enthüllten Muskeln sah, dem mußte um mich angst und bange werden. Der Häuptling führte ihn in die Mitte und verkündete uns mit einer Stimme, aus welcher die Gewißheit des Sieges klang:

»Hier steht Metan-akva[1], der stärkste Krieger der Kio-

[1] Das Blitzmesser.

was, dessen Messer noch kein Krieger widerstanden hat; der Feind stürzt unter seinem Stiche wie vom Blitz getroffen nieder. Er wird mit Old Shatterhand, dem Bleichgesichte, kämpfen.«

»*All devils!*« flüsterte Sam mir zu. »Das ist ein wahrer Goliath! Hört, lieber Sir, es ist aus mit Euch!«

»*Pshaw!*«

»Unsinn! Bildet Euch nichts ein! Es gibt nur eine Weise, dieses Kerls Herr zu werden.«

»Welche?«

»Laßt Euch auf keinen langen Kampf ein, sondern drückt auf ein rasches Ende, sonst ermüdet er Euch, und Ihr seid verloren. Wie steht es mit Eurem Puls?«

Er faßte mich beim Handgelenk und lauschte; dann fuhr er fort:

»Gott sei Dank, nicht mehr als sechzig Schläge, also ganz regelrecht. Ihr seid nicht aufgeregt? Habt keine Angst?«

»Das fehlte noch! Aufregung und Angst in einer Lage, wo das Leben vom ruhigen Blute und Blicke abhängig ist! Der Name dieses Riesen sagt ebensoviel wie seine Gestalt. Weil er der Stärkste ist und ein unüberwindliches Messer führt, hat mir der Häuptling den Vorschlag gemacht, mit dem Messer für die Apachen zu kämpfen. Werden sehen, ob er wirklich so unüberwindlich ist.«

Ich hatte während dieser leise gesprochenen Worte meinen Oberkörper auch entkleidet. Das war zwar nicht zur Bedingung gemacht worden, aber es sollte nicht die Meinung aufkommen, daß ich in der Kleidung einen, wenn auch noch so geringen Schutz gegen das Messer des Gegners suchen wolle. Den Bärentöter und die Revolver übergab ich Sam; dann trat ich in die Mitte des Kreises vor. Dem guten Hawkens klopfte das Herz überlaut; ich aber fühlte keine Bangigkeit. Getrost sein, das ist das erste Erfordernis in jeder Gefahr.

Nun wurde mit dem Stiele eines Tomahawk eine ziemlich große Acht in den Sand gegraben, worauf der Häuptling uns aufforderte, unsere Plätze einzunehmen. ›Blitzmesser‹ musterte mich mit einem höchst verächtlichen Blicke und sagte mit lauter Stimme:

»Der Körper dieses schwachen Bleichgesichtes bebt vor Angst. Wird er es wagen, diese Figur zu betreten?«

Kaum hatte er diese Worte gesprochen, so trat ich in die nach Süden liegende Schleife der Acht. Dazu hatte ich zwei Gründe. Ich bekam nämlich dadurch die Sonne in den Rükken, während der Rote, welcher ihr nun das Gesicht zuwenden mußte, von ihr geblendet wurde. Man mag dies eine unehrliche Uebervorteilung nennen; aber er hatte meiner gespottet und gelogen, als er behauptete, daß mein Körper vor Angst bebe; dafür nun dies als Strafe. Das Zartgefühl, ihn in meine Schleife treten zu lassen, wäre hier am ganz unrechten Platze gewesen. Ich sage hier noch einmal, es war schrecklich, daß es auf Tod und Leben ging. Einen Menschen töten zu müssen, ist entsetzlich, aber hier mußte mir die geringste Schonung das Leben kosten, und so war ich fest entschlossen, diesen Simson zu erstechen. Kaltblütig war ich trotz seiner Gestalt und seines imponierenden Namens geblieben, weil ich keinen Grund hatte, mich für einen schlechten Fechter zu halten, obgleich ich jetzt zum erstenmal im Leben einem Menschen mit dem Messer in der Hand gegenüberstand.

»Er wagt es wirklich!« hohnlachte er. »Mein Messer wird ihn fressen. Der große Geist gibt ihn in meine Hand, indem er ihm den Verstand genommen hat.«

Bei den Indianern sind solche Redevorspiele gebräuchlich; ich wäre für feig gehalten worden, wenn ich geschwiegen hätte; darum antwortete ich:

»Du kämpfest mit dem Munde; ich aber stehe hier mit dem Messer. Nimm deinen Platz ein, wenn du dich nicht fürchtest!«

Da sprang er mit einem Satze in die andere Schlinge der Acht und schrie zornig:

»Fürchten? Metan-akva soll sich fürchten! Habt ihr es gehört, ihr Krieger der Kiowas? – Ich werde diesem weißen Hunde mit dem ersten Stiche das Leben nehmen!«

»Mein erster Stich wird dich um das deinige bringen. Nun schweig! Du solltest eigentlich nicht Metan-akva, sondern Avat-ya[1] heißen.«

»Avat-ya, Avat-ya! Dieser stinkige Coyote wagte es, mich zu beschimpfen! Wohlan, die Geier sollen seine Eingeweide fressen!«

Diese letztere Drohung war eine große Unvorsichtigkeit, ja geradezu eine Dummheit von ihm, denn sie machte mich aufmerksam auf die Art und Weise, in welcher er seine Waffe brauchen wollte. Meine Eingeweide! Also wahrscheinlich nicht einen Stich ins Herz, sondern ein Hieb, ein Messerstich von unten herauf, um mir den Leib aufzuschlitzen!

Wir standen so weit auseinander, daß man sich nur wenig vorzubeugen brauchte, um den Gegner mit dem Messer zu erreichen. Er bohrte seinen Blick in mein Auge. Sein rechter Arm hing grad herab; er hielt das Messer so, daß das Heftende am kleinen Finger lag und die Klinge vorn zwischen dem Daumen und dem Zeigefinger hervorragte; diese Klinge war mit der Schärfe der Schneide nach oben gerichtet. Er wollte also wirklich, wie ich vermutet hatte, einen Streich von unten nach oben führen, denn wer von oben nach unten stößt, der hält das Messer grad umgedreht, nämlich so, daß das Heftende beim Daumen liegt und die Klinge am kleinen Finger aus der Faust hervorragt.

Also die Richtung seines Angriffes kannte ich; nun war die Hauptsache die Zeit desselben; die mußte mir das Auge sagen. Ich kannte das eigentümliche, blitzartige Zucken, welches in jedem solchen Falle einen Moment vorher im Auge zu bemerken ist. Ich senkte die Lider, um ihn sicher zu machen, beobachtete ihn aber um so schärfer durch die Wimpern.

»Stich zu, Hund!« forderte er mich auf.

»Sprich nicht abermals, sondern handle, roter Knabe!« antwortete ich.

Das war eine große Beleidigung, auf welche entweder eine zornige Antwort oder der Angriff erfolgen mußte; es war das

[1] Großmaul.

letztere der Fall. Eine blitzartige Erweiterung seiner Pupille verkündigte es mir, und im nächsten Augenblicke stieß er den rechten Arm mit dem Messer kraftvoll vor und nach oben, um mir den Leib aufzuschlitzen. Hätte ich einen Messerstoß von oben herab erwartet, so wäre es um mich geschehen gewesen; so aber parierte ich seinen Schnitt, indem ich ihm meine Klinge gedankenschnell abwärts in den Vorderarm stieß und ihm denselben aufschlitzte.

»Hund, räudiger!« brüllte er, indem er den Arm zurückzog und vor Schreck und Schmerz das Messer fallen ließ.

»Nicht sprechen, sondern kämpfen!« antwortete ich abermals, meinen Arm emporwerfend, und dann – – – saß ihm meine Klinge bis an das Heft im Herzen. Ich zog sie augenblicklich wieder heraus. Der Stich saß so gut, daß ein fingerstarker, roter, warmer Blutstrahl auf mich spritzte. Der Riese wankte nur einmal hin und her, wollte schreien, brachte aber bloß einen ächzenden Seufzer hervor und stürzte dann tot zu Boden.

Die Indianer erhoben ein wütendes Geheul; nur einer von ihnen stimmte nicht ein, nämlich Tangua, der Häuptling. Er kam herbei, bückte sich zu meinem Gegner nieder, betastete die Ränder der Stichwunde, richtete sich wieder auf und betrachtete mich mit einem Blicke, den ich lange nicht vergessen konnte. Es lag in demselben ein Gemisch von Wut, Entsetzen, Furcht, Bewunderung und Anerkennung. Dann wollte er sich wortlos entfernen. Da sagte ich:

»Siehst du, daß ich noch auf meinem Platze stehe? Metanakva aber hat den seinigen verlassen und liegt außerhalb der Figur. Wer hat gesiegt?«

»Du!« antwortete er wütend und ging fort; aber er hatte vielleicht erst fünf oder sechs Schritte getan, so kehrte er wieder um und zischte mir zu: »Du bist ein weißer Sohn des bösen, schwarzen Geistes. Unser Medizinmann soll dir den Zauber nehmen, und dann wirst du uns dein Leben geben müssen!«

»Tu mit deinem Medizinmanne, was dir beliebt, aber halte nun dein Wort, welches du uns gegeben hast!«

»Welches Wort?« fragte er höhnisch.

»Daß die Apachen nicht getötet werden.«

»Wir werden sie nicht töten; ich habe es gesagt und halte es.«

»Und sie werden frei sein?«

»Ja, sie sollen ihre Freiheit wieder haben. Was Tangua, der Häuptling der Kiowas, sagt, das geht stets in Erfüllung.«

»So werde ich jetzt mit meinen Freunden gehen, um den Gefangenen die Fesseln abzunehmen.«

»Das tue ich selbst, sobald die Zeit gekommen ist.«

»Sie ist gekommen; sie ist da, denn ich habe jetzt gesiegt.«

»Schweig! Haben wir vorhin über die Zeit gesprochen?«

»Sie wurde nicht besonders erwähnt; aber es versteht sich doch ganz von selbst, daß – – –«

»Schweig!« donnerte er mich abermals an. »Die Zeit habe ich zu bestimmen. Wir werden die Hunde der Apachen nicht töten; aber was können wir dafür, daß sie sterben, wenn sie nichts zu essen und kein Wasser bekommen? Was kann ich dafür, daß sie eher verhungern und verdürsten, als ich sie freigeben kann!«

»Schuft!« sagte ich ihm in das Gesicht.

»Hund, sprich noch ein Wort, so – – – –«

Er wollte seine Drohung vollends aussprechen, hielt aber inne und starrte mir erschrocken in das Gesicht, dessen Ausdruck ihm wohl nicht behagen mochte. Ich hingegen setzte seine unterbrochene Rede fort:

»– so schlage ich dich mit dieser meiner Faust zu Boden, dich, der der schändlichste aller Lügner ist!«

Er fuhr rasch einige Schritte zurück, zog sein Messer und drohte:

»Mit deiner Faust kommst du mir nicht wieder zu nahe. Sobald du so weit zu mir herkämst, daß du mich berühren könntest, würde ich dich niederstechen.«

»Das hat ›Blitzmesser‹ auch gesagt und gewollt; nun liegt er selber da. Dir würde es ganz ebenso ergehen. Ueber das, was mit den Apachen geschehen soll, werde ich mit meinen weißen Brüdern sprechen. Krümmst du ihnen nur ein Haar, so ist es um dich und all die Deinen geschehen. Du weißt, daß wir euch alle in die Luft sprengen können.«

Erst nach diesen Worten trat ich aus der Acht heraus und ging zu Sam. Dieser hatte wegen des Wehegeschreies der Roten nicht hören können, was zwischen dem Häuptling und mir gesprochen worden war. Er kam mir entgegengesprungen, faßte mich mit beiden Händen und rief in hellem Entzücken:

»Willkommen, willkommen, Sir! Das rufe ich Euch zu, denn Ihr kommt aus dem Reiche des Todes zurück, welchem Ihr unbedingt verfallen waret. Mensch, Freund, Schatz, Jüngling und Greenhorn, was seid Ihr doch für ein Geschöpf! Hat noch keine Büffel gesehen und schießt die stärksten aus der Herde! Hat noch keinen Grizzly gesehen und sticht ihn nieder, wie man in einen Apfel sticht! Hat noch keinen Mustang gesehen und holt mir grad die neue Mary heraus! Und nun hier stellt er sich vor den stärksten und berühmtesten roten Messermann und trifft ihn gleich mit dem ersten Stiche ins Herz, ohne selbst einen einzigen Tropfen Blutes zu verlieren! Dick und Will, kommt doch mal her, und seht euch diesen deutschen Surveyor an! Was soll man aus ihm machen?«

»Einen Gesellen,« schmunzelte Stone.

»Einen Gesellen? – Was meinst du damit?«

»Er hat abermals bewiesen, daß er kein Greenhorn mehr ist, kein Lehrling. Wir wollen ihn zum Gesellen machen; später kann er dann Meister werden.«

»Kein Greenhorn mehr? Zum Gesellen machen? Wenn du wirklich einmal etwas sagen willst, so rede doch wenigstens keine solchen unreifen Preißelbeeren! Der Kerl ist ein Greenhorn durch und durch, sonst hätte er es nicht gewagt, mit diesem gewandten und riesigen Indianer anzubinden, aber leichtsinnige Menschen haben das größte Glück, und die dümmsten Bauern bekommen die größten Kartoffeln, so ist es bei ihm; dumm, leichtsinnig und Greenhorn! Daß er noch lebt, hat er nicht sich, sondern seiner Dummheit zu verdanken, wenn ich mich nicht irre. Als er losging, stand mir das

Herz still; ich konnte kaum Atem holen und war mit allen meinen Gedanken mit dem Testamente dieses Greenhorns beschäftigt. Da, ein Hieb und ein Stoß, und der Rote prasselte zur Erde nieder! Nun haben wir erreicht, was wir wollten, nämlich das Leben und die Freiheit der gefangenen Apachen!«

»Da werdet Ihr Euch wohl irren,« antwortete ich, ohne ihm wegen der Art und Weise, in der er über mich sprach, zu zürnen.

»Mich irren? – Wie so?«

»Der Häuptling hat, als er uns sein Versprechen gab, sich im stillen Vorbehalte gemacht, die er nun zur Geltung bringt.«

»Dachte es mir, daß er Hintergedanken haben würde! Von welchen Vorbehalten redet Ihr denn da?«

Ich wiederholte ihm die Worte Tanguas; er war darüber so erzürnt, daß er augenblicklich zu ihm hinging, um ihn zur Rede zu stellen. Ich benutzte dies, mich wieder anzukleiden und meine Waffen wieder zu mir zu nehmen.

Die Kiowas waren vollständig überzeugt gewesen, daß ›Blitzmesser‹ mich niederstechen würde. Der so ganz entgegengesetzte Ausgang des Kampfes hatte sie mit Trauer und aber auch mit Wut gegen uns erfüllt. Sie wären gewiß am liebsten über uns hergefallen; das aber durften sie nicht, weil es nicht nur ausgemacht, sondern sogar mit der Friedenspfeife beraucht worden war, daß die Partei des Besiegten den Tod desselben nicht an dem Sieger rächen dürfe. Daran war nun nicht zu rütteln. Jedenfalls aber gedachten sie, bald einen andern Grund zur Feindseligkeit gegen uns zu finden. Sie konnten jetzt noch warten, denn wir waren ihnen sicher. Darum drängten sie einstweilen ihren Grimm zurück und beschäftigten sich mit der Leiche ihres gefallenen Kameraden. Der Häuptling befand sich auch bei derselben, und da läßt es sich denken, daß Sam Hawkens für seine Vorstellungen kein williges oder gar freundliches Gehör fand. Er kehrte höchst verdrießlich zurück und meldete uns:

»Der Kerl will wirklich nicht Wort halten. Er scheint die

Gefangenen verschmachten lassen zu wollen. Und das nennt der Schuft ›nicht töten‹! Wir werden aber die Augen offen halten, wenn ich mich nicht irre, und ihm doch ein Schnippchen schlagen, hihihihi!«

»Wenn nur dieses Schnippchen uns nicht selbst geschlagen wird!« bemerkte ich. »Es ist schwer, Andere zu beschützen, wenn man des Schutzes selbst so sehr bedarf.«

»Ich glaube gar, Ihr fürchtet Euch vor diesen Roten, Sir!«

»*Pshaw!* Daß ich mich nicht fürchte, wißt Ihr ebenso gut wie ich selbst.«

»Mit nur einem Unterschiede. Nämlich da, wo ich mich scheuen würde, geht Ihr dick darauf wie der Ochse auf ein rotes Tuch. Und wo es den eigentlichen richtigen Mut gilt, da zeigt Ihr Bedenklichkeit. Das ist aber stets so Greenhornsweise. Was denkt Ihr denn eigentlich so jetzt in Euern Sinnen?«

»Worüber?«

»Ueber den Messerkampf, den Ihr bestanden habt.«

»Da denke ich, daß Ihr wahrscheinlich mit mir zufrieden sein werdet.«

»Das meine ich nicht. Ich rede von den etwaigen Vorwürfen.«

»Vorwürfe? Wer sollte mir die machen? Etwa Ihr?«

»Mein Himmel, seid Ihr doch schwer von Begriffen! Sagt einmal aufrichtig, Sir, habt Ihr vielleicht da drüben im alten Lande als Mörder irgend eines Menschen auf dem Schafott gestanden?«

»Glaube nicht. Wenigstens ist mir nichts davon erinnerlich,« antwortete ich auf seine so drastische Frage.

»So habt Ihr also noch niemand umgebracht?«

»Nein.«

»So habt Ihr also heut Euern ersten Totschlag verübt. Wie ist es Euch nun da innerlich zu Mute? Das ist es, was ich wissen wollte.«

»Hm! Ein angenehmes Bewußtsein ist es wahrlich nicht. Es wird mir wohl nicht so leicht wieder geschehen, daß ich einem Menschen das Leben nehme. Es regt sich etwas in meinem Innern, was die größte Aehnlichkeit mit einem bösen Gewissen hat.«

»Bildet Euch nichts ein, und macht Euch keine dummen Gedanken! Es kann Euch, ohne daß Ihr es wollt, hier alle Tage vorkommen, daß Ihr einen Menschen auslöschen müßt, um Euer eigenes Leben zu retten. In einem solchen Falle muß man – – – *heavens*, da ist ja gleich ein solcher Fall!« unterbrach er sich. »Da sind wahrhaftig die Apachen schon! Da wird es blutige Köpfe geben. Macht Euch zum Kampfe fertig, Mesch'schurs!«

Es erscholl nämlich von da, wo die Gefangenen sich mit ihren Wächtern befanden, das hoch- und schrilltönende Hiiiiiiiih, der Kriegsruf der Apachen. Intschu tschuna und Winnetou waren wider alles Erwarten jetzt schon da; sie überfielen das Lager der Kiowas. Diese, welche sich bei uns befanden, horchten erschrocken auf; dann schrie der Häuptling:

»Feinde da unten bei unsern Brüdern! Schnell hin, schnell ihnen zu Hilfe!«

Er wollte fortstürmen; da aber trat ihm Sam Hawkens entgegen und rief:

»Ihr könnt nicht hin; bleibt immer da, denn wir sind jedenfalls auch schon umringt. Oder meint Ihr, die beiden Häuptlinge der Apachen seien so dumm, nur Eure Wächter anzugreifen und nicht zu wissen, wo Ihr Euch befindet! Sie werden in nächsten Augen – – – –«

Er hatte schnell und hastig gesprochen, kam aber dennoch nicht zu Ende, denn jetzt erscholl der fürchterliche, durch Mark und Bein schneidende Schlachtruf auch rund um uns her. Wir befanden uns, wie schon erwähnt, zwar auf der offenen Prairie, doch standen auf derselben Büsche zerstreut, hinter welche sich die Apachen, von uns unbemerkt, weil wir so sehr mit uns beschäftigt gewesen waren, so geschlichen hatten, daß wir von ihnen vollständig umzingelt waren. Jetzt kamen sie in hellen Haufen von allen Seiten auf uns zugesprungen. Die Kiowas schossen auf sie und machten auch einige Treffer, doch so wenige, daß dieselben gar nicht zu rechnen waren. Dann waren die Angreifer auch schon dabei.

»Tötet keinen Apachen, ja keinen!« rief ich Sam, Dick und Will zu; dann tobte aber auch schon der Nahekampf um uns her. Wir Vier beteiligten uns nicht an demselben; der Oberingenieur aber und die drei Surveyors wehrten sich; sie wurden niedergeschossen. Das war entsetzlich. Indem mein Auge an dieser Stelle hing, sah ich nicht, was hinter mir vorging. Wir wurden von da aus von einer bedeutenden Schar angefallen und auseinander gerissen. Zwar riefen wir diesen Leuten zu, daß wir ihre Freunde seien, doch ohne Erfolg; sie drangen mit Messern und Tomahawks auf uns ein, so daß wir uns wehren mußten, obwohl wir eigentlich nicht wollten. Wir schlugen mehrere von ihnen mit dem Kolben nieder, so daß sie Respekt bekamen und von uns ließen.

Diesen freien Augenblick benutzte ich zu einem schnellen Rundblicke. Es gab keinen Kiowa, der nicht mehrere Apachen gegen sich hatte. Sam sah das auch und rief:

»Schnell fort! Dort in die Sträucher hinein!«

Er deutete nach dem schon mehrfach erwähnten Gebüsch, welches uns Deckung gegen das Lager hin gegeben hatte, und rannte demselben zu. Dick Stone und Will Parker folgten ihm. Ich zögerte einige Augenblicke, indem ich nach der Stelle sah, wo sich die Surveyors befunden hatten. Sie waren Weiße, und ich hätte ihnen gern Hilfe gebracht; aber es war zu spät dazu. Darum wendete ich mich nun auch den Büschen zu. Ich hatte sie noch lange nicht erreicht, da sah ich Intschu tschuna bei denselben erscheinen.

Er hatte sich mit Winnetou bei der Abteilung der Apachen befunden, deren Aufgabe der Ueberfall des Lagers und die Befreiung der Gefangenen war. Als sie dies erreicht hatten, waren die beiden Häuptlinge von dort fortgerannt, um nach den Erfolgen der größeren Abteilung zu sehen, mit welcher wir es zu tun hatten. Intschu tschuna war seinem Sohne eine ziemliche Strecke voran. Als er um die Büsche gebogen war, erblickte er mich.

»Der Länderdieb!« rief er mir entgegen und drang mit seiner umgekehrten Silberbüchse auf mich ein, um mich niederzuschlagen. Ich rief ihm zwar einige erklärende Worte zu, die ihm sagen sollten, daß ich kein Feind von ihm sei; aber er hörte nicht darauf und verdoppelte seine Stöße und Hiebe. Es ging gar nicht anders an, wenn ich nicht schwer verletzt oder gar erschlagen sein wollte, mußte ich ihm wehe tun. Grad als er wieder zum Hiebe ausholte, warf ich meinen Bärentöter, mit welchem ich pariert hatte, weg, hing im nächsten Momente mit der linken Hand an seinem Halse, während ich ihm mit der rechten Faust einige Hiebe gegen die Schläfe versetzte. Er ließ seine Büchse fallen, röchelte kurz auf und fiel dann auf die Erde nieder. Da ertönte hinter mir eine jubelnde Stimme:

»Das ist Intschu tschuna, der oberste der Apachenhunde! Ich muß sein Fell, seinen Skalp haben!«

Mich umdrehend, gewahrte ich Tangua, den Kiowahäuptling, welcher aus irgend einem Grunde dieselbe Richtung wie ich eingeschlagen hatte. Er warf sein Gewehr weg, zog sein Messer und stürzte sich auf den besinnungslosen Apachen, um ihn zu skalpieren. Ich faßte ihn beim Arme und gebot:

»Laß die Hand davon! Den habe ich besiegt; er gehört also nicht dir, sondern mir!«

»Schweig, weißes Ungeziefer!« antwortete er mir. »Was habe ich nach dir zu fragen. Der Häuptling ist mein! Laß mich los, sonst – – –«

Er stach mit dem Messer nach mir und traf mich in das linke Handgelenk. Ich wollte ihn nicht erstechen und ließ darum mein Messer im Gürtel stecken, warf mich aber auf ihn und gab mir Mühe, ihn wegzuziehen. Da mir dies nicht gelang, drückte ich ihm die Kehle zusammen, bis er sich nicht mehr bewegte; dann beugte ich mich zu Intschu tschuna nieder, dessen Gesicht aus meiner Handwunde mit Blut betropft worden war. In diesem Augenblicke hörte ich ein Geräusch hinter mir und machte eine Wendung, um mich umzusehen. Diese Bewegung rettete mir das Leben, denn ich erhielt auf die Schulter einen fürchterlichen Kolbenhieb, welcher meinem Kopfe gegolten hatte. Wäre dieser getroffen worden, so hätte der Schlag mir den Schädel zerschmettert. Der mir ihn gab, war Winnetou.

Er war, wie bereits erwähnt, hinter seinem Vater zurückgewesen. Um das Gebüsch biegend, sah er mich bei seinem Vater knien, welcher wie leblos lag und mit Blut bespritzt war. Winnetou holte sofort zum tödlichen Kolbenhiebe aus, der aber glücklicherweise nur meine Schulter traf. Dann ließ er sein Gewehr fallen, zog sein Messer und stürzte sich auf mich.

Meine Lage war so schlimm wie möglich. Der Hieb hatte meinen ganzen Körper erschüttert und mir den Arm gelähmt. Ich hätte Winnetou gern eine Erklärung gegeben; aber dies alles ging so schnell, daß gar keine Zeit zu einem Worte vorhanden war. Er holte zum Stoße gegen meine Brust aus, zu einem Stoße, der mir die ganze Klinge in das Herz getrieben hätte. Ich brachte nur eine ganz geringe Körperwendung fertig; das Messer fuhr in meine linke Brusttasche, traf dort die schon erwähnte Sardinenbüchse, in welcher ich meine Papiere verwahrte, glitt an dem Bleche derselben ab und drang mir oberhalb des Halses und innerhalb der Kinnlade in den Mund und durch die Zunge. Dann zog er es wieder heraus und holte, mich mit der linken Hand an der Gurgel packend, zum zweiten Stoße aus. Die Todesangst verdoppelt die Kräfte; ich konnte nur eine Hand, einen Arm brauchen, und er lag von seitwärts her auf mir; es gelang mir eine weitere Wendung; ich faßte seine rechte Hand und preßte diese so zusammen, daß er das Messer vor Schmerz fallen lassen mußte; dann nahm ich schnell seinen linken Arm beim Ellbogen und drückte ihn so nach oben, daß er, wenn er ihn nicht brechen wollte, die Hand von meinem Halse lassen mußte. Nun zog ich die Knie an und schnellte mich mit aller Gewalt empor; er wurde abgeschleudert, so daß er mit dem Vorderleibe die Erde berührte. Im nächsten Augenblicke lag ich ihm so auf dem Rücken wie er vorher auf dem meinigen gelegen hatte.

Jetzt galt es, ihn nieder zu halten, denn wenn er wieder aufkam, war ich verloren. Ein Knie ihm quer über die beiden

Oberschenkel und das andere auf den einen Arm setzend, nahm ich ihn mit der einen brauchbaren Hand beim Genick, während er mit seiner andern, freien Hand nach dem entfallenen Messer suchte, glücklicherweise vergeblich. Nun gab es ein wahrhaft satanisches Ringen zwischen uns. Man denke, Winnetou, der nie besiegt worden war und später auch nie wieder besiegt worden ist, mit seiner schlangenglatten Geschmeidigkeit, den eisernen Muskeln und stählernen Flechsen. Jetzt hätte ich Zeit zum Sprechen gehabt; einige Worte hätten zur Aufklärung genügt; aber das Blut schoß mir in Strömen aus dem Munde, und als ich mit der durchstochenen Zunge zu sprechen versuchte, brachte ich nur ein unverständliches Lallen hervor. Er wendete alle seine Kraft an, mich abzuwerfen, und ich lag auf ihm wie ein Alp, der nicht abzuschütteln ist. Er begann zu keuchen und keuchte immer stärker; ich preßte ihm mit den Fingerspitzen den Kehlkopf so fest nach innen, daß ihm der Atem ausging. Sollte er ersticken? Nein, auf keinen Fall! Ich gab also für einen Augenblick seinen Hals frei, worauf er sofort den Kopf hob; das brachte diesen für meine Absicht in die richtige Stellung – – zwei, drei rasch aufeinander folgende Faustschläge, und Winnetou war betäubt; ich hatte ihn, den Unbesieglichen, besiegt. Denn daß ich ihn schon einmal niedergeschlagen hatte, das war kein Sieg zu nennen, weil kein Kampf vorangegangen war.

Ich holte tief, tief Atem, wobei ich mich in acht nehmen mußte, nicht das Blut zu verschlucken, welches mir den Mund füllte, so daß ich ihn offen halten mußte, damit es Abfluß fand; auch aus der äußeren Wundöffnung floß es in einem beinahe fingerdicken Strahle. Eben wollte ich mich vom Boden erheben, da hörte ich einen zornigen indianischen Ruf hinter mir und bekam einen Kolbenhieb gegen den Kopf, der mich besinnungslos niederstreckte.

Als ich wieder zu mir kam, war es Abend; so lange hatte ich ohne Besinnung gelegen. Zunächst war es mir wie im Traume: Ich war in das tiefe Mauerlager eines Mühlrades gestürzt. Die Mühle ging nicht, weil sich das Rad nicht bewegen konnte, da ich zwischen ihm und der Mauer steckte. Das

Wasser rauschte über mir herab, und die Kraft, mit welcher es auf das Rad wirkte, preßte mich fester und fester zusammen, daß ich glaubte, ich würde zermalmt. Alle meine Glieder schmerzten, besonders aber der Kopf und die eine Schulter. Nach und nach erkannte ich, daß dies nicht Wirklichkeit, aber auch nicht Traum war. Das Rauschen und Brausen kam nicht vom Wasser; es wohnte in meinem Kopfe und war die Folge des Kolbenhiebes, welcher mich niedergeworfen hatte. Und die Schmerzen in der Schulter wurden nicht durch ein Mühlenrad verursacht, welches mich zusammenpreßte, sondern durch den Hieb, den ich von Winnetou bekommen hatte. Das Blut lief mir noch immer aus dem Munde; es wollte mir in die Kehle dringen und mich ersticken; ich hörte ein fürchterliches Röcheln und Gurgeln und erwachte vollends. Derjenige, der so geröchelt hatte, war ich selbst.

»Er bewegt sich! Gott sei Dank, er bewegt sich!« hörte ich Sams Stimme rufen.

»Ja, ich habe es auch gesehen,« antwortete Dick Stone.

»Jetzt macht er die Augen auf! Er lebt, er lebt!« fügte Will Parker hinzu.

Ich hatte allerdings die Augen geöffnet. Das, was der erste Blick mir zeigte, war keineswegs tröstlich. Wir befanden uns noch auf dem Platze, wo der Kampf stattgefunden hatte. Es brannten wohl über zwanzig Lagerfeuer, zwischen denen wohl über fünfhundert Apachen sich bewegten. Viele von ihnen waren verwundet. Auch eine bedeutende Anzahl von Toten sah ich in zwei Abteilungen liegen. Die erste Abteilung bestand aus Apachen und die zweite aus Kiowas. Die ersteren hatten elf und die letzteren dreißig ihrer Krieger eingebüßt. Rings um uns lagen die gefangenen Kiowas, alle streng gefesselt. Es war kein einziger entkommen. Auch Tangua, der Häuptling, befand sich unter ihnen. Den Oberingenieur und die drei Surveyors sah ich jetzt nicht. Sie waren niedergemacht worden, weil sie sich unklugerweise gewehrt hatten.

In geringer Entfernung von uns sah ich einen Menschen liegen, dessen Körper ringförmig zusammengezogen war, ungefähr so, wie es früher, in den Zeiten der Tortur, bei der Anwendung des sogenannten spanischen Bockes zu geschehen pflegte. Es war Rattler. Die Apachen hatten ihn krumm geschnürt, um ihm Schmerzen zu bereiten. Er stöhnte, daß es trotz seiner moralischen Verkommenheit zum Erbarmen war. Seine Gefährten lebten nicht mehr. Sie waren gleich beim ersten Angriffe erschossen worden. Ihn hatte man verschont, weil er als der Mörder Klekih-petras für einen langsamern und qualvollern Tod aufgehoben werden sollte.

Auch ich war an Händen und Füßen gefesselt, ebenso Parker und Stone, welche mir zur Linken lagen. Zu meiner Rechten saß Sam Hawkens. Er war an den Füßen gefesselt; seine rechte Hand hatte man ihm auf den Rücken gebunden, die linke aber frei gelassen, damit er, wie ich später erfuhr, mir Hilfe leisten könne.

»Dem Himmel sei Dank, daß Ihr wieder bei Euch seid, lieber Sir!« sagte er, indem er mir mit der freien Hand liebkosend über das Gesicht strich. »Wie ist es nur gekommen, daß Ihr niedergeschlagen worden seid?«

Ich wollte antworten, konnte aber nicht, weil ich den Mund voll Blut hatte.

»Spuckt es heraus!« sagte er.

Ich folgte dieser Weisung, brachte aber nur wenige, undeutliche Worte hervor, dann hatte sich der Mund schon wieder mit Blut gefüllt. Infolge dieses großen Blutverlustes war ich zum Sterben matt. Meine Antwort konnte ich nur in kurzen, weit auseinander gedehnten Absätzen geben und zwar so leise, daß Sam sie kaum verstehen konnte:

»Intschu tschuna gekämpft – – – Winnetou dazu – – – Mund gestochen – – – Kolbenhieb auf Kopf – – – von – – – weiß es nicht.«

Die dazwischen liegenden Worte erstickten in dem Blute. Es hatte, wie ich jetzt bemerkte, eine Lache gebildet, in welcher ich lag.

»Alle Wetter! Wer konnte das ahnen! Wir hätten uns ja gern ergeben, aber diese Apachen hörten gar nicht auf unsere Worte. Darum machten wir uns in das Gesträuch hinein, um zu warten, bis ihr Grimm sich gelegt haben würde, wenn ich mich nicht irre. Wir glaubten, Ihr hättet das auch getan, und suchten nach Euch. Als wir Euch aber nicht fanden, kroch ich nach dem Rande des Gesträuches, um nach Euch auszuschauen. Da stand eine heulende Gruppe von Apachen um Intschu tschuna und Winnetou, welche tot zu sein schienen, aber bald zu sich kamen. Ihr lagt, auch wie tot, daneben. Das erschreckte mich so, daß ich sofort hier diesen Will Parker und diesen Dick Stone holte und mit ihnen zu Euch hinlief, um zu sehen, ob vielleicht noch Leben in Euch sei. Wir wurden natürlich gleich festgenommen. Ich sagte Intschu tschuna, daß wir Freunde der Apachen seien und gestern abend die Absicht gehabt hätten, die beiden gefangenen Häuptlinge zu befreien. Er aber lachte mich grimmig aus, und nur Winnetou habe ich es zu verdanken, daß man mir diese eine Hand freigelassen hat. Er ist es auch gewesen, der Euch am Halse verbunden hat, sonst wäret Ihr gar nicht wieder aufgewacht, sondern hättet Euch verblutet, wenn ich mich nicht irre. Ist der Stich tief eingedrungen?«

»Durch -- die -- Zunge,« lallte ich.

»Alle Teufel! Das ist gefährlich. Werdet da ein Wundfieberchen bekommen, welches ich zwar nicht haben möchte, aber doch lieber auf mich nehmen würde, weil so ein alter Waschbär, wie ich bin, es leichter übersteht als so ein Greenhorn, welches, wie ich vermute, Blut bis jetzt nur in der Wurst gesehen hat. Ihr seid doch nicht etwa noch sonst blessiert?«

»Kolbenhiebe --- Kopf und --- Schulter,« antwortete ich.

»Also niedergeschlagen seid Ihr worden? Ich dachte, der Stich sei allein schuld. Da wird Euch freilich der Kopf verteufelt brummen. Aber das vergeht; die Hauptsache ist, daß das bißchen Verstand, welches Ihr hattet, nicht mit erschlagen worden ist. Die Gefahr, in welcher Ihr schwebt, liegt in der zerstochenen Zunge, die man nicht verbinden kann. Ich werde -«

Mehr hörte ich nicht, weil ich jetzt wieder in Ohnmacht fiel.

Als ich aus derselben erwachte, fühlte ich, daß ich mich in Bewegung befand; ich hörte den Huftritt vieler Pferde und schlug die Augen auf. Ich lag – man denke sich! – auf der Haut des Grizzlybären, den ich erstochen hatte. Sie war in die ungefähre Form einer Hängematte zusammengeschnürt worden und hing zwischen zwei Pferden, die mich auf diese Weise tragen mußten. Ich steckte so tief in dem Felle, daß ich nur die Köpfe dieser beiden Pferde und den Himmel sehen konnte, mehr nicht. Die Sonne warf glühende Strahlen auf mich herab, und brennend, wie flüssiges Blei, flutete es mir in den Adern. Mein Mund war geschwollen und von geronnenem Blute voll. Ich wollte es mit der Zunge ausstoßen, konnte sie aber nicht bewegen.

»Wasser, Wasser!« wollte ich rufen, denn ich fühlte einen geradezu entsetzlichen Durst, brachte aber keinen Laut, nicht einmal einen hörbaren Hauch hervor. Ich sagte mir, daß es um mich geschehen sei, und wollte, wie jeder Sterbende es soll, an Gott und das, was jenseits dieses Lebens liegt, denken, wurde aber von der Ohnmacht wieder übermannt.

Nachher kämpfte ich mit Indianern, Büffeln und Bären, machte Todesritte durch die ausgedorrten Steppen, schwamm monatelang über uferlose Meere – – – es war im Wundfieber, in welchem ich lange, lange mit dem Tode rang. Zuweilen hörte ich Sam Hawkens' Stimme wie aus weiter, weiter Ferne; zuweilen sah ich zwei dunkle, sammetne Augen vor mir, die Augen Winnetous; dann starb ich, wurde in den Sarg gelegt und begraben; ich hörte, daß die Erdschollen auf den Sarg geschaufelt wurden, und lag dann eine ganze, ganze Ewigkeit, ohne mich bewegen zu können, in der Erde, bis auf einmal der Deckel meines Sarges geräuschlos nach oben schwebte und dann verschwand. Ich sah den hellen Himmel über mir; die vier Seiten des Grabes senkten sich. War dies denn wahr? Konnte dies geschehen? Ich fuhr mir mit der Hand nach der Stirn und – – –

»Halleluja, Halleluja! Er erwacht vom Tode; er erwacht!« jubelte Sam.

Ich wendete den Kopf.

»Seht ihr es, daß er sich mit der Hand nach dem Kopf gegriffen, daß er jetzt sogar den Kopf herumgedreht hat!« schrie der Kleine.

Er beugte sich über mich. Sein Gesicht strahlte förmlich vor Entzücken; das sah ich, trotzdem der dichte Bartwald es fast ganz bedeckte.

»Seht Ihr mich, Sir, geliebter Sir?« fragte er. »Ihr habt die Augen geöffnet und Euch bewegt. Ihr lebt also wieder. Seht Ihr mich?«

Ich wollte antworten, konnte aber nicht, erstens vor übergroßer Mattigkeit und zweitens weil die Zunge mir schwer wie Blei im Munde lag. Darum nickte ich.

»Und hört Ihr mich?« fuhr er fort.

Ich nickte wieder.

»Da seht ihn an – seht her – seht her!«

Sein Gesicht verschwand und dafür erschienen die beiden Köpfe von Stone und Parker. Die braven Kerls hatten Freudentränen in den Augen. Sie wollten auf mich einsprechen; aber Sam schob sie fort und sagte:

»Laßt mich zu ihm! Ich will mit ihm reden, ich, ich!«

Er nahm meine beiden Hände, drückte diejenige Stelle seines Bartes, unter welcher der Mund zu vermuten war, darauf und fragte:

»Habt Ihr Hunger, Sir? Habt Ihr Durst? Werdet Ihr etwas essen oder trinken können?«

Ich schüttelte den Kopf, denn ich fühlte kein Bedürfnis, irgend etwas zu genießen. Ich lag in einer Schwäche, welche selbst den Genuß eines einzigen Wassertropfens ausschloß.

»Nicht? Wirklich nicht? Herrgott, ist das denn möglich! Wißt Ihr, wie lange Ihr hier gelegen habt?«

Ich antwortete wieder durch ein leises Schütteln.

»Drei Wochen, volle, ganze drei Wochen! Denkt Euch nur! Ihr wißt jedenfalls auch gar nicht, was nach Eurer Verwundung geschehen ist und wo Ihr Euch befindet. Ihr habt ein fürchterliches Wundfieber gehabt und seid dann in Starrkrampf gefallen. Die Apachen wollten Euch einscharren;

aber ich konnte nicht an Euern Tod glauben und habe so lange gebettelt, bis Winnetou mit seinem Vater sprach und dieser die Erlaubnis gab, Euch erst dann zu begraben, wenn die Fäulnis eintreten werde. Das haben wir der Fürsprache Winnetous zu verdanken. Ich muß hin zu ihm, muß ihn holen!«

Ich schloß die Augen und lag nun wieder still, doch nicht im Grabe, sondern in einer seligen Müdigkeit, einem wonnigen Frieden. Ich wünschte, ewig, ewig so liegen bleiben zu können. Da hörte ich Schritte. Eine Hand betastete mich und bewegte meinen Arm; dann vernahm ich die Stimme Winnetous:

»Hat Sam Hawkens sich nicht geirrt? Ist Selki lata[1] wirklich wach gewesen?«

»Ja, ja. Wir drei haben es ganz deutlich gesehen. Er hat sogar mit Kopfnicken und Schütteln auf meine Fragen geantwortet.«

»So ist ein großes Wunder geschehen. Aber es wäre besser, wenn es nicht geschehen, wenn er tot geblieben wäre. Er ist nur, um zu sterben, in das Leben zurückgekehrt. Er wird mit Euch wieder in den Tod gehen.«

»Aber er ist der beste Freund der Apachen!«

»Er hat mich zweimal niedergeschlagen!«

»Weil er mußte!«

»Er hat nicht gemußt!«

»O doch! Das erstemal tat er es, um dir das Leben zu retten. Du hattest dich gewehrt und wärst von den Kiowas ermordet worden. Und das zweitemal hat er sich gegen dich wehren müssen. Wir wollten uns euch freiwillig ergeben, konnten das aber nicht, weil eure Krieger nicht auf unsere Versicherungen hörten.«

»Das sagt Hawkens nur, um sich zu retten.«

»Nein; es ist die Wahrheit!«

»Deine Zunge lügt. Alles, was du mir erzählt hast, um dem Martertode zu entgehen, hat nur die Folge gehabt, uns zu

[1] Old Shatterhand.

überzeugen, daß ihr noch größere Feinde von uns waret als selbst die Hunde von Kiowas. Du bist uns entgegengeschlichen und hast uns belauscht. Wärst du unser Freund gewesen, so hättest du uns gewarnt; dann wären wir nicht dort am Wasser überfallen und an die Bäume gebunden worden.«

»Aber ihr hättet den Tod Klekih-petras an uns gerächt, oder, wenn dies aus Dankbarkeit vielleicht nicht geschehen wäre, so hättet ihr uns wenigstens gehindert, unsere Arbeiten fortzusetzen und zu beendigen.«

»Ihr habt dies auch so nicht tun können. Du ersinnst Ausreden, welche ein jedes Kind durchschauen muß. Hältst du Intschu tschuna und Winnetou für so dumm, ja, für noch dümmer als so ein kleines Kind?«

»Das fällt mir ganz und gar nicht ein. Old Shatterhand ist wieder ohnmächtig geworden. Wäre er bei Bewußtsein und könnte er sprechen, so würde er dir mitteilen, daß ich die Wahrheit gesagt habe.«

»Ja, er würde ebenso lügen wie du. Die Bleichgesichter sind alle Lügner und Betrüger. Ich habe nur einen einzigen Weißen gekannt, in dessen Herz die Wahrheit wohnte; dieser war Klekih-petra, den ihr uns ermordet habt. In diesem Old Shatterhand hätte ich mich beinahe getäuscht. Ich sah seine Kühnheit und seine Körperkraft und bewunderte ihn. In seinem Auge schien die Aufrichtigkeit ihren Sitz zu haben, und ich glaubte, ihn lieben zu können. Aber er war genau ein solcher Länderdieb wie die Andern; er verhinderte euch nicht, uns in die Falle zu locken, und hat mir zweimal seine Faust an den Kopf geschlagen. Warum hat der große Geist einen solchen Mann geschaffen und ihm ein so falsches Herz gegeben?«

Ich hatte ihn, als er mich berührte, ansehen wollen; aber der Wille fand bei den matten Bewegungsnerven keinen Gehorsam. Mein Körper schien aus Aether zu bestehen, ja, gar nicht aus durch die Sinne wahrnehmbaren Stoffen zusammengesetzt zu sein und also auch gar nichts Wahrnehmbares vernehmen zu können. Aber jetzt, als ich dieses Urteil Winnetous hörte, gehorchten mir die Augenlider. Sie öffneten sich und ich sah ihn neben mir stehen. Er war jetzt in ein leichtes, leinenes Gewand gekleidet, trug keine Waffe und hielt ein Buch in der Hand, auf dessen Einband in großer Goldschrift das Wort *Hiawatha* zu lesen war. Dieser Indianer, dieser Sohn eines Volkes, welches man zu den ›Wilden‹ zählt, konnte also nicht nur lesen, sondern er besaß sogar Sinn und Geschmack für das Höhere. Longfellows berühmtes Gedicht in der Hand eines Apache-Indianers! Das hätte ich mir nie träumen lassen!

»Er hat die Augen wieder offen!« rief da Sam, und Winnetou drehte sich zu mir um. Er trat wieder zu mir heran, richtete sein Auge lange, lange auf das meinige und fragte dann:

»Kannst du reden?«

Ich schüttelte den Kopf.

»Hast du Schmerzen im Körper?«

Dieselbe Antwort.

»Sei aufrichtig mit mir! Wenn man vom Tode erwacht, kann man keine Unwahrheit sagen. Habt ihr vier Männer uns wirklich retten wollen?«

Ich nickte zweimal.

Da machte er eine verächtliche Handbewegung und rief im Tone sittlicher Empörung aus:

»Lüge, Lüge, Lüge! Selbst am wieder geöffneten Grabe Lüge! Hättest du mir die Wahrheit gestanden, so wäre mir vielleicht der Gedanke gekommen, daß du anders, daß du besser werden könntest, und ich hätte Intschu tschuna, meinen Vater, gebeten, dir das Leben zu schenken. Aber du bist eine solche Fürbitte nicht wert und mußt sterben. Wir werden dich sehr aufmerksam pflegen, damit du sehr schnell wieder gesund und kräftig wirst, die Qualen, welche deiner warten, lange auszuhalten. Als kranker, schwacher Mann sehr schnell zu sterben, das ist keine Strafe.«

Länger konnte ich die Augen nicht offen halten; ich schloß sie wieder. Hätte ich doch reden können! Sam, der sonst so listige Sam Hawkens, führte unsere Verteidigung in einer nichts weniger als scharfsinnigen Weise; ich hätte ganz anders gesprochen als er. Als ob er diesen meinen Gedanken erraten hätte, stellte er jetzt dem jungen Apachenhäuptlinge vor:

»Aber wir haben dir doch bewiesen, klar und unwiderleglich bewiesen, daß wir auf eurer Seite gewesen sind. Eure Krieger sollten gemartert werden, und um dies zu verhindern, hat Old Shatterhand mit ›Blitzmesser‹ gekämpft und ihn besiegt. Er hat also sein Leben für euch gewagt und soll nun zum Lohne dafür gemartert werden!«

»Ihr habt mir nichts bewiesen, denn auch diese Erzählung war nichts als Lüge.«

»Frage Tangua, den Häuptling der Kiowas, welcher sich noch in euren Händen befindet!«

»Ich habe ihn gefragt.«

»Was sagte er?«

»Daß du lügst. Old Shatterhand hat nicht mit ›Blitzmesser‹ gekämpft, sondern dieser ist, als wir euch überfielen, von unsern Kriegern getötet worden.«

»Das ist eine großartige Schlechtigkeit von Tangua. Er weiß, daß wir heimlich auf eurer Seite standen, und will sich nun dafür dadurch rächen, daß er uns in das Verderben bringt.«

»Er hat es mir beim großen Geiste geschworen, also glaube ich ihm und nicht euch. Ich sage dir dasselbe, was ich soeben Old Shatterhand gesagt habe: Würdet ihr ein offenes Geständnis abgelegt haben, so hätte ich für euch gebeten. Klekih-petra, welcher mein Vater, Freund und Lehrer gewesen ist, hat die Gesinnung des Friedens und der Milde in mein Herz gelegt. Ich trachte nicht nach Blut, und mein Vater, der Häuptling, tut stets, um was ich ihn bitte. Darum haben wir von allen den Kiowas, welche wir noch immer hier gefangen halten, noch keinen getötet; sie mögen das, was sie getan haben, nicht mit ihrem Leben, sondern mit Pferden und Waffen, Zelten und Decken bezahlen. Wir sind mit ihnen noch nicht ganz einig über den Preis, doch wird der Abschluß bald zustande kommen. Rattler ist Klekih-petras Mörder, er muß sterben. Ihr seid seine Genossen, dennoch würden wir vielleicht Nachsicht haben, wenn ihr aufrichtig wäret; da ihr dies aber nicht seid, so werdet ihr sein Schicksal teilen.«

Das war ein lange Rede, so lang, wie ich aus dem Mund des schweigsamen Winnetou später nur selten und nur bei den wichtigsten Veranlassungen wieder eine gehört habe. Unser Schicksal lag ihm also wohl mehr am Herzen, als er eingestehen wollte.

»Wir können uns doch unmöglich als eure Feinde erklären, wenn wir eure Freunde sind,« entgegnete Sam.

»Schweig! Ich sehe ein, daß du mit dieser großen Lüge auf den Lippen sterben wirst. Wir haben euch bisher mehr Freiheit gelassen als den andern Gefangenen, damit ihr diesem Old Shatterhand Hilfe leisten konntet. Ihr seid dieser Nachsicht nicht wert und werdet von jetzt an strenger gehalten werden. Der Kranke braucht euch nicht mehr. Folgt mir jetzt! Ich werde euch den Ort anweisen, den ihr nun nicht mehr verlassen dürft.«

»Das nicht, Winnetou, nur das nicht!« rief Sam erschrokken aus. »Ich kann mich unmöglich von Old Shatterhand trennen!«

»Du kannst es, denn ich befehle es dir! Was ich will, das wird geschehen!«

»Aber wir bitten dich, uns wenigstens – – –«

»Still!« unterbrach ihn der Apache im strengsten Tone. »Ich will kein Wort dagegen hören! Werdet ihr mit mir gehen, oder soll ich euch durch meine Krieger binden und fortschaffen lassen?«

»Wir befinden uns in eurer Gewalt und sind also gezwungen, zu gehorchen. Wann dürfen wir Old Shatterhand wiedersehen?«

»Am Tage eures und seines Todes.«

»Eher nicht?«

»Nein.«

»So laß uns, ehe wir dir jetzt folgen, von ihm Abschied nehmen!«

Er ergriff meine Hände, und ich fühlte seinen Bartwald auf meinem Gesichte, denn er gab mir einen Kuß auf die

Stirn. Parker und Stone taten ebenso; dann gingen sie mit Winnetou fort, und ich lag einige Zeit allein, bis einige Apachen kamen und mich forttrugen, wohin, das wußte ich nicht, da ich zu schwach war, die Augen noch einmal aufzuschlagen. Noch indem sie mich trugen, schlief ich wieder ein.

Wie lange ich da geschlafen habe, weiß ich nicht. Es war der Genesungsschlaf, welcher immer tief zu sein und sehr lange zu währen pflegt. Als ich erwachte, wurde es mir gar nicht schwer, die Augen zu öffnen, und ich war bei weitem nicht mehr so schwach wie vorher. Ich konnte die Zunge einigermaßen bewegen und mit dem Finger in den Mund langen, um diesen von dem geronnenen Blute und von dem Wundeiter zu reinigen.

Ich befand mich zu meinem Erstaunen in einem gemachähnlichen, viereckigen Raume, dessen Seiten aus steinernen Mauern bestanden. Er erhielt sein Licht durch die Eingangsöffnung, welche durch keine Türe verschlossen war. Mein Lager befand sich in der hintern Ecke. Man hatte da mehrere Grizzlybärenfelle übereinander gelegt und eine sehr schöne, indianische Santillodecke über mich gebreitet. In der Ecke neben der Türe saßen zwei Indianerinnen, jedenfalls mir zur Pflege und zugleich Bewachung, eine alte und eine junge. Die alte war häßlich, wie die meisten alten, roten Squaws, was eine Folge der Ueberanstrengung ist, da die Frauen alle selbst die schwersten Arbeiten verrichten müssen, während die Männer nur dem Kriege und der Jagd leben und die übrige Zeit untätig verbringen. Die junge war schön, sogar sehr schön. Europäisch gekleidet, hätte sie gewiß in jedem Salon Bewunderung erregt. Sie trug ein langes, hellblaues, hemdartiges Gewand, welches den Hals eng umschloß und an der Taille von einer Klapperschlangenhaut als Gürtel zusammengehalten wurde. Es war an ihr kein Schmuckgegenstand zu sehen, etwa Glasperlen oder billige Münzen, mit denen die Indianerinnen sich so gern behängen. Ihr einziger Schmuck bestand aus ihrem langen, herrlichen Haare, welches in zwei starken, bläulich schwarzen Zöpfen ihr weit über die Hüften herabreichte. Dieses Haar erinnerte mich an dasjenige von Winnetou. Auch ihre Gesichtszüge waren den seinigen ähnlich. Sie hatte dieselbe Sammetschwärze der Augen, welche unter langen, schweren Wimpern halb verborgen lagen, wie Geheimnisse, welche nicht ergründet werden sollen. Von indianisch vorstehenden Backenknochen war keine Spur. Die weich und warm gezeichneten vollen Wangen vereinigten sich unten in einem Kinn, dessen Grübchen bei einer Europäerin auf Schelmerei hätte schließen lassen. Sie sprach, jedenfalls um mich nicht aus dem Schlaf zu wecken, leise mit der Alten, und als sie dabei den schön geschnittenen Mund zu einem Lächeln öffnete, blitzten die Zähne wie reinstes Elfenbein zwischen den roten Lippen hervor. Die feingeflügelte Nase hätte weit eher auf griechische als auf indianische Abstammung deuten können. Die Farbe ihrer Haut war eine helle Kupferbronze mit einem Silberhauch. Dieses Mädchen mochte achtzehn Jahre zählen, und ich wäre jede Wette darauf eingegangen, daß es die Schwester Winnetous sei.

Diese beiden Squaws waren damit beschäftigt, einen weißgegerbten Ledergürtel mit roten Stichen und Arabesken zu verzieren.

Ich richtete mich auf, jawohl, ich richtete mich auf, und dies wurde mir gar nicht sehr schwer, während ich, ehe ich zum letztenmale eingeschlafen war, vor Schwäche nicht einmal die Augen hatte öffnen können. Die Alte hörte diese meine Bewegung, sah zu mir her und rief, indem sie auf mich deutete:

»Uff! Aguan inta-hinta!«

Uff ist der Ausruf des Erstaunens, und aguan inta-hinta heißt: er ist munter. Das Mädchen blickte von ihrer Arbeit auf und erhob sich, als sie mich sitzen sah, um sich mir zu nähern.

»Du bist wach geworden,« sagte sie zu meinem Erstaunen in einem ziemlich geläufigen Englisch. »Hast du einen Wunsch?«

Ich öffnete wohl den Mund, um zu antworten, schloß ihn

aber wieder, denn es fiel mir ein, woran ich nicht gedacht hatte, nämlich, daß ich nicht sprechen konnte. Aber ich hatte mich aufsetzen können, da war es vielleicht möglich, daß es auch mit der Sprache besser ging. Ich machte also den Versuch und antwortete:

»Ja; ich – – habe sogar – – mehrere Wünsche.«

Wie froh war ich, als ich meine Stimme hörte. Sie klang mir freilich fremd; die Worte kamen gepreßt und pfeifend heraus; sie verursachten mir im hintern Munde Schmerzen; aber es waren doch eben wieder Worte, nachdem ich drei Wochen lang zu keiner Silbe fähig gewesen war.

»Sprich leise, oder nur durch Zeichen,« sagte sie. »Nscho-tschi hört, daß dich das Reden schmerzt.«

»Nscho-tschi ist dein Name?« sagte ich.

»Ja.«

»So danke dem, der ihn dir gegeben hat. Du konntest keinen passenderen bekommen, denn du bist wie ein schöner Frühlingstag, an welchem die ersten Blumen des Jahres zu duften beginnen.«

Nscho-tschi heißt nämlich ›schöner Tag‹. Sie errötete leicht und erinnerte mich:

»Du wolltest mir deine Wünsche sagen.«

»Sage mir vorher, ob du vielleicht meinetwegen hier bist!«

»Ja, denn ich habe den Befehl erhalten, dich zu pflegen.«

»Von wem?«

»Von Winnetou, der mein Bruder ist.«

»Ich dachte es mir, denn du siehst diesem jungen, tapfern Krieger außerordentlich ähnlich.«

»Du hast ihn töten wollen!«

Das klang halb wie eine Behauptung und halb wie eine Frage. Sie blickte mir dabei so forschend in die Augen, als ob sie mein ganzes Innere ergründen wolle.

»Nein,« entgegnete ich.

»Er glaubt das nicht und hält dich für seinen Feind. Du hast ihn, den noch keiner überwinden konnte, zweimal zu Boden geschlagen!«

»Einmal, um ihn zu retten, und das andere Mal, weil er

mich töten wollte. Ich habe ihn lieb gehabt, gleich als ich ihn zum erstenmal sah.«

Wieder ruhte ihr dunkles Auge längere Zeit auf meinem Angesichte; dann sagte sie:

»Er glaubt euch nicht, und ich bin seine Schwester. Hast du Schmerzen im Munde?«

»Jetzt nicht.«

»Wirst du schlingen können?«

»Ich möchte es versuchen. Darfst du mir Wasser zum Trinken geben?«

»Ja, und auch zum Waschen; ich werde dir welches holen.«

Sie ging mit der Alten fort. Was war das? Wie sollte ich es mir deuten? Winnetou hielt uns für seine Feinde, schenkte unsern Beteuerungen vom Gegenteil keinen Glauben und hatte mich doch der Pflege seiner eigenen Schwester übergeben! Der Grund dazu wurde mir vielleicht später klar.

Nach einiger Zeit kamen die beiden Squaws zurück. Die jüngere hatte ein tassenähnliches Gefäß aus braunem Ton in der Hand, wie die Pueblo-Indianer sie zu fertigen pflegen. Es war mit kühlem Wasser gefüllt. Sie hielt mich für noch zu schwach, ohne Hilfe zu trinken, und gab es mir deshalb an den Mund. Das Schlingen wurde mir schwer, sehr schwer und machte mir große Schmerzen; aber es ging, es mußte gehen; ich trank in kleinen Schlucken und großen Pausen, so lange, bis das Gefäß leer war.

Wie erquickte mich das! Nscho-tschi mochte mir das ansehen, denn sie sagte:

»Das hat dir wohlgetan. Ich werde dir später noch etwas Anderes bringen. Du mußt viel Durst und Hunger haben. Willst du dich waschen?«

»Ob ich es können werde?«

»Versuche es!«

Die Alte hatte eine ausgehöhlte Kürbishälfte voll Wasser gebracht. Nscho-tschi setzte es mir neben das Lager und gab mir ein handtuchähnliches Geflecht aus feinem, weichem Bast. Ich versuchte es, aber es ging nicht; ich war noch zu schwach. Da tauchte sie einen Zipfel des Geflechtes in das Wasser und begann, mir das Gesicht und die Hände zu reinigen, sie, dem vermeintlichen Todfeinde ihres Bruders und Vaters. Als sie fertig war, fragte sie mich mit einem leisen, aber sichtbar mitleidigen Lächeln:

»Bist du stets so hager gewesen wie jetzt?«

Hager? Ach, daran hatte ich noch gar nicht gedacht! Drei lange Fieberwochen und dabei den Wundstarrkrampf, welcher fast stets tödlich zu verlaufen pflegt! Dazu keinen Bissen gegessen und keinen Tropfen getrunken! Das konnte natürlich nicht ohne Wirkung geblieben sein. Ich befühlte meine Wangen und antwortete dann:

»Ich bin nie hager gewesen.«

»So sieh einmal dein Bild im Wasser hier!«

Ich schaute in den Kürbis und fuhr erschrocken zurück, denn es blickte mir aus dem Wasser der Kopf eines Gespenstes, eines Skeletts entgegen.

»Welch ein Wunder, daß ich noch lebe!« rief ich aus.

»Ja, Winnetou sagte das auch. Du hast sogar den langen Ritt hierher überstanden. Der große, gute Geist hat dir einen außerordentlich starken Körper gegeben, denn ein Anderer hätte es nicht fünf Tage unterwegs ausgehalten.«

»Fünf Tage? Wo befinden wir uns?«

»In unserm Pueblo[1] am Rio Pecos.«

»Sind alle eure Krieger, die uns gefangen nahmen, hierher zurückgekehrt?«

»Ja, alle. Sie wohnen in der Nähe des Pueblo.«

»Und die gefangenen Kiowas sind auch da?«

»Auch. Eigentlich sollten sie getötet werden. Jeder andere Stamm würde sie zu Tode martern, aber der gute Klekih-petra ist unser Lehrer gewesen und hat uns über die Güte des großen Geistes belehrt. Wenn die Kiowas einen Preis der Sühne zahlen, dürfen sie heimkehren.«

»Und meine drei Gefährten? Weißt du, wo sie sich befinden?«

[1] Burgartiger Steinbau der Indianer.

»Sie sind in einem ähnlichen Raume wie dieser hier, der aber finster ist, angebunden.«

»Wie geht es ihnen?«

»Sie leiden keine Not, denn wer am Marterpfahle sterben soll, muß kräftig sein, daß er viel aushalten kann, sonst ist es keine Strafe für ihn.«

»Also sie sollen sterben – wirklich sterben?«

»Ja.«

»Auch ich?«

»Auch du!«

In dem Tone, in welchem sie dies sagte, lag nicht eine Spur von Bedauern. War dieses schöne Mädchen so gefühllos, daß die qualvolle Ermordung eines Menschen sie gar nicht berührte?

»Sage mir, ob ich sie vielleicht einmal sprechen kann?« bat ich.

»Das ist verboten.«

»Auch nicht bloß einmal sehen, nur von weitem?«

»Auch das nicht.«

»So darf ich ihnen aber doch wenigstens eine Botschaft senden?«

»Auch das ist untersagt.«

»Ihnen nur sagen lassen, wie ich mich befinde?«

Sie überlegte eine kleine Weile und antwortete dann:

»Ich will Winnetou, meinen Bruder, darum bitten, daß sie zuweilen erfahren, wie es dir geht.«

»Wird Winnetou einmal zu mir kommen?«

»Nein.«

»Aber ich habe mit ihm zu sprechen!«

»Er nicht mit dir.«

»Was ich ihm zu sagen habe, ist sehr notwendig.«

»Für ihn?«

»Für mich und meine Gefährten.«

»Er wird nicht kommen. Soll vielleicht ich es ihm sagen, wenn es etwas ist, was du mir anvertrauen kannst?«

»Nein; ich danke dir! Ich könnte es dir wohl sagen; ich könnte dir überhaupt alles, alles anvertrauen; aber wenn er zu stolz ist, mit mir zu sprechen, so habe auch ich meinen Stolz, nicht durch einen Boten mit ihm zu reden.«

»Du wirst ihn nicht eher als am Tage deines Todes sehen. Wir werden jetzt gehen. Wenn du etwas wünschest oder brauchst, so gieb ein Zeichen. Wir hören es, und es wird dann sogleich jemand kommen.«

Sie zog ein kleines, tönernes Pfeifchen aus der Tasche und gab es mir; dann entfernte sie sich mit der Alten.

War es nicht eine ganz abenteuerliche Lage, in der ich mich befand? Ich lag todkrank und sollte gut gepflegt werden, um dann gute Kräfte zum langsamen Sterben zu haben! Der, welcher meinen Tod forderte, ließ mich durch seine Schwester pflegen und nicht etwa durch eine alte, unsaubere, häßliche Indianersquaw!

Es braucht wohl kaum erwähnt zu werden, daß mein Gespräch mit Nscho-tschi nicht so glatt verlief, wie es sich lesen läßt. Das Reden machte mir Schwierigkeit und war mit ziemlich großen Schmerzen verbunden; ich sprach also sehr langsam und mußte oft innehalten, um auszuruhen. Das ermattete mich, und darum schlief ich ein, als ›Schöner Tag‹ sich entfernt hatte.

Als ich einige Stunden darauf erwachte, hatte ich großen Durst und einen wahrhaft bärenmäßigen Appetit. Ich versuchte das Zaubermittel und blies in das Pfeifchen. Augenblicklich erschien die Alte, welche draußen vor der Tür gesessen haben mußte, steckte den Kopf herein und sprach eine Frage aus. Ich verstand nur die Worte ischha und ischtla, wußte aber nicht, was sie bedeuteten. Sie hatte mich gefragt, ob ich essen oder trinken wolle. Ich machte das Zeichen des Trinkens und des Kauens, worauf sie verschwand. Kurze Zeit darauf kam Nscho-tschi mit einer tönernen Schüssel und einem Löffel. Sie kniete neben meinem Lager nieder und gab mir löffelweise zu essen, wie einem Kinde, welches noch nicht selbstständig essen kann. Die wilden Indianer führen derartige Gefäße und Geräte nicht; der tote Klekih-petra war auch hierin der Lehrer der Apachen gewesen.

Die Schüssel enthielt eine sehr konsistente Fleischbrühe

mit Maismehl, welches die Indianerinnen derart bereiten, daß sie die Maiskörner mühsam zwischen Steinen zerstoßen und zerreiben. Für den Haushalt Intschu tschunas aber hatte Klekih-petra zu diesem Zwecke eine Handmühle gebaut, die mir später als eine große Sehenswürdigkeit gezeigt wurde.

Das Essen wurde mir natürlich noch viel schwerer als das Trinken; ich konnte die Schmerzen kaum aushalten und hätte bei jedem Löffel laut aufschreien mögen; aber die Natur verlangte Speise, und wenn ich nicht verhungern wollte, so mußte ich etwas genießen. Darum gab ich mir Mühe, von der Qual, welche ich hatte, nichts merken zu lassen, konnte aber nicht verhindern, daß mir das Wasser dabei aus den Augen lief. Nscho-tschi bemerkte dies gar wohl und sagte, als ich den letzten Löffel voll glücklich überwunden hatte:

»Du bist zum Umfallen schwach, aber dennoch ein starker Mann, ein Held. Wärest du doch als Apache und nicht als lügenhaftes Bleichgesicht geboren!«

»Ich lüge nicht; ich lüge nie; das wirst du schon noch einsehen!«

»Ich möchte es dir sehr gern glauben; aber es gab nur ein einziges Bleichgesicht, welches die Wahrheit redete; das war Klekih-petra, den wir alle liebten. Er war mißgestaltet, hatte aber einen hellen Geist und ein gutes, schönes Herz. Ihr habt ihn ermordet, ohne daß er euch beleidigte; dafür werdet ihr sterben müssen und mit ihm begraben werden.«

»Wie? Er ist noch nicht begraben?«

»Nein.«

»Aber seine Leiche kann sich doch unmöglich so lange gehalten haben!«

»Er liegt in einem festen Sarge, durch welchen keine Luft zu dringen vermag. Du wirst diesen Sarg kurz vor deinem Tode zu sehen bekommen.«

Nach dieser tröstlichen Versicherung entfernte sie sich. Es ist doch für einen, der zu Tode gemartert werden soll, eine ungeheure Beruhigung, vorher den Sarg eines Andern ansehen zu dürfen! Uebrigens dachte ich jetzt noch gar nicht im Ernste an meinen Tod. Ich war im Gegenteile überzeugt, daß ich leben bleiben würde; ich besaß ja ein unfehlbares Mittel, unsere Unschuld zu beweisen, nämlich die Haarlocke, welche ich Winnetou, als ich ihn befreite, abgeschnitten hatte.

Aber besaß ich sie wirklich noch? Hatte man sie mir nicht abgenommen? Ich erschrak, als ich mir diese Frage stellte; ich hatte während der kurzen Augenblicke, in denen ich wach gewesen war, gar nicht daran gedacht, daß die Indianer ihre Gefangenen auszuplündern pflegen. Ich mußte also meine Taschen untersuchen.

Ich trug noch meinen vollständigen Anzug, von welchem man mir kein Stück genommen hatte. Was das heißt, drei Wochen lang in einem solchen Anzuge im Wundfieber zu liegen, das kann man sich wohl denken. Es gibt Verhältnisse, die man zwar durchmachen und erleben kann, niemals aber in einem Buche miterzählen darf. Der Leser eines solchen Buches beneidet wohl einen solchen weitgereisten, vielerfahrenen Mann, würde sich aber, wenn er die mit Schweigen übergangenen Nebendinge erführe, sehr hüten, in seine Fußstapfen zu treten. Wie oft bekomme ich Briefe von begeisterten Lesern meiner Werke, in denen sie mich benachrichtigen, daß sie ähnliche Reisen unternehmen wollen. Sie fragen mich nach den Kosten, nach der Ausrüstung, wenige aber auch nach den Kenntnissen, welche dazu gehören, und nach den Sprachen, die man vorher zu lernen hat. Diese abenteuerlichen Herren kuriere ich mit untrüglicher Sicherheit durch meine aufrichtigen Antworten, in denen ich den Vorhang von jenen verschwiegenen Dingen ziehe.

Also, ich untersuchte meine Taschen und fand zu meinem freudigen Erstaunen, daß ich noch alles, alles besaß; man hatte mir nur die Waffen abgenommen. Ich zog die Sardinenbüchse hervor; meine Aufzeichnungen befanden sich noch drin und zwischen ihnen die Locke Winnetous. Ich steckte sie wieder ein und legte mich beruhigt nieder, um wieder einzuschlafen. Kaum war ich gegen Abend wieder erwacht, so erschien, ohne daß ich das Zeichen gegeben hatte, Nscho-tschi und brachte mir wieder Essen und frisches Wasser. Ich aß diesmal ohne ihre Hilfe und legte ihr dabei verschiedene Fragen vor, welche sie je nach dem Inhalte derselben beantwortete oder nicht. Es waren ihr natürlich Verhaltungsmaßregeln gegeben worden, nach denen sie sich streng zu richten hatte. Es gab da vieles, was ich nicht wissen durfte. Ich fragte sie auch, warum ich nicht ausgeplündert worden sei.

»Winnetou, mein Bruder, hat es so befohlen,« antwortete sie.

»Weißt du den Grund davon?«

»Nein; ich habe nicht gefragt. Aber etwas Anderes, Besseres kann ich dir sagen.«

»Was?«

»Ich war bei den drei Bleichgesichtern, die mit dir gefangen worden sind.«

»Du selbst?« fragte ich erfreut.

»Ja. Ich wollte ihnen sagen, daß du dich besser fühlst und bald wieder gesund sein wirst. Da bat mich der, welcher Sam Hawkens hieß, dir etwas zu geben, was er während der drei Wochen, in denen er dich pflegte, für dich angefertigt hat.«

»Was ist es?«

»Ich habe Winnetou gefragt, ob ich es dir bringen darf, und er hat es erlaubt. Hier ist es. Du mußt ein starker und kühner Mann sein, daß du es wagest, den grauen Bären bloß mit dem Messer anzugreifen. Sam Hawkens hat es mir erzählt.«

Sie gab mir eine Kette, welche Sam von den Zähnen und Krallen des Grizzly angefertigt hatte; die beiden Ohrenspitzen waren auch dabei.

»Wie hat er das machen können?« fragte ich verwundert. »Doch nicht mit den Händen allein. Hat man ihm sein Messer und sein anderes Eigentum gelassen?«

»Nein, du bist der Einzige, dem man nichts genommen hat. Aber er sagte meinem Bruder, daß er diese Kette machen wolle, und bat sich die Krallen und Zähne des Bären zurück. Winnetou erfüllte ihm diesen Wunsch und gab ihm auch die Gegenstände, welche zur Anfertigung der Kette nötig waren.

Trage sie gleich heute, denn du wirst dich nicht lange über sie freuen können.«

»Wohl weil ich nun bald sterben muß?«

»Ja.«

Sie nahm mir die Kette aus der Hand und legte sie mir um den Hals. Ich habe sie von diesem Tage an stets getragen, so oft ich im wilden Westen war, und antwortete jetzt der schönen Indianerin:

»Dieses Andenken konntest du mir auch später bringen. Es eilt nicht so, denn ich werde es hoffentlich noch viele Jahre tragen.«

»Nein, nur kurze, sehr kurze Zeit.«

»Glaube das nicht! Eure Krieger werden mich nicht töten!«

»Gewiß! Es ist im Rate der Alten beschlossen.«

»So werden sie anders beschließen, wenn sie hören, daß ich unschuldig bin.«

»Das glauben sie nicht!«

»Sie werden es glauben, denn ich kann es ihnen beweisen.«

»Beweise es, beweise es! Ich würde mich sehr, sehr freuen, wenn ich hörte, daß du kein Lügner und kein Verräter bist! Sage mir, womit du es beweisen kannst, damit ich es Winnetou, meinem Bruder, mitteile!«

»Er mag zu mir kommen, um es zu erfahren.«

»Das tut er nicht.«

»So erfährt er es nicht. Ich bin nicht gewöhnt, mir Freundschaft zu erbetteln oder durch Boten mit jemand zu verkehren, der selber zu mir kommen kann.«

»Was seid ihr Krieger doch für harte Leute! Ich hätte dir so gern die Verzeihung Winnetous gebracht; du wirst sie aber nicht erhalten.«

»Verzeihung brauche ich nicht, denn ich habe nichts getan, was mir vergeben werden müßte. Aber um einen andern Gefallen werde ich dich bitten.«

»Um welchen?«

»Falls du wieder zu Sam Hawkens kommen solltest, so sage ihm, daß er keine Sorge zu haben brauche. Sobald ich mich von meiner Krankheit erholt habe, werden wir frei sein.«

»Das glaube ja nicht! Diese Hoffnung wird dir nicht in Erfüllung gehen.«

»Es ist keine Hoffnung, sondern eine vollständige Gewißheit. Du wirst mir später sagen, daß ich recht gehabt habe.«

Der Ton, in welchem ich dies sagte, war so überzeugt, daß sie es aufgab, mir zu widersprechen. Sie ging.

Mein Gefängnis lag also am Pecosflusse, jedenfalls in einem Nebentale desselben, denn wenn ich durch die Tür blickte, so fiel mein Auge auf die gegenüberliegende Felswand, die gar nicht weit entfernt war, während das Tal des Rio Pecos viel breiter sein mußte. Gern hätte ich das Pueblo, in oder auf welchem ich mich befand, gesehen; aber ich konnte nicht vom Lager auf, und selbst wenn ich stark genug zum Gehen gewesen wäre, wußte ich nicht, ob es mir erlaubt war, den Raum zu verlassen, in welchem ich mich befand.

Als es dunkel wurde, kam die Alte und setzte sich in die Ecke. Sie brachte eine Lampe mit, welche aus einem kleinen ausgehöhlten Kürbis bestand und die ganze Nacht brannte. Diese Alte hatte die gröberen Arbeiten zu verrichten, während Nscho-tschi, um mich so auszudrücken, das Prinzip der Gastlichkeit vertreten sollte.

Ich tat die ganze Nacht hindurch wieder einen tiefen, kräftigenden Schlaf und fühlte mich am andern Morgen stärker als am vorhergehenden Tage. Heut bekam ich nicht weniger als sechsmal zu essen, immer dicke Fleischbrühe mit Maismehl; das war ebenso nahrhaft wie leichtverdaulich und wurde auch die nächsten Tage und so lange fortgesetzt, bis ich besser schlingen und also festere Nahrung, besonders Fleisch, zu mir nehmen konnte.

Mein Zustand verbesserte sich von Tag zu Tag. Das Skelett bekam wieder Muskeln, und die Geschwulst im Munde nahm stetig ab. Nscho-tschi blieb ganz dieselbe, immer freundlich besorgt und dabei überzeugt, daß mir der Tod immer näher rücke. Später bemerkte ich, daß ihr Auge, wenn sie sich unbeachtet glaubte, mit einem wehmütigen, still fragenden Blicke auf mir ruhte. Es schien, daß sie begann, mich zu bedauern. Ich hatte ihr also unrecht getan, als ich annahm, daß sie kein Herz besitze. Ich fragte sie, ob es mir erlaubt sei, meinen Kerker, dessen Tür stets offen stand, zu verlassen; sie verneinte dies und teilte mir mit, daß Tag und Nacht, ohne von mir bemerkt worden zu sein, zwei Wächter vor der Tür gesessen hätten und mich auch ferner bewachen würden. Ich hatte es nur meiner Schwäche zu verdanken, daß ich nicht gefesselt worden war, und sie glaubte, daß man mir nun bald Riemen anlegen werde.

Das forderte mich zur Vorsicht auf. Ich verließ mich zwar auf die Haarlocke, aber es war doch vielleicht möglich, daß sie die beabsichtigte Wirkung verfehlte; dann konnte ich mich nur auf mich selbst verlassen, auf mich und meine Körperstärke, und diese Kraft mußte ich üben. Aber wie?

Ich lag nur, wenn ich schlief, auf den Bärenfellen; sonst saß ich auf oder ging im Raume auf und ab. Ich sagte Nscho-tschi, daß ich das niedrige Sitzen nicht gewöhnt sei, und fragte sie, ob nicht ein Stein zu bekommen sei, der mir als Sitz dienen könne. Dieser Wunsch wurde Winnetou vorgetragen, und er schickte mir mehrere von verschiedener Größe; der schwerste konnte etwas über einen Zentner wiegen. Mit diesen Steinen übte ich mich, so oft ich allein war. Gegen meine Pflegerinnen simulierte ich noch Schwäche; in Wirklichkeit aber wurde es mir schon nach vierzehn Tagen nicht mehr schwer, den großen Stein vielmal nacheinander hoch emporzuheben. Das verbesserte sich noch weiter, und als die dritte Woche vergangen war, wußte ich, daß ich meine frühere Körperkraft vollständig wieder hatte.

Ich war nun sechs Wochen hier und hatte nicht gehört, daß die gefangenen Kiowas entlassen worden seien. Das war eine Leistung, gegen zweihundert Mann so lange zu ernähren! Jedenfalls aber hatten die Kiowas dafür zu zahlen. Je länger sie blieben, ohne auf die Vorschläge der Apachen einzugehen, desto bedeutender wurde natürlich das Lösegeld.

Da, es war an einem schönen, sonnigen Spätherbstmorgen, brachte Nscho-tschi mir mein Frühessen und setzte sich, während ich aß, bei mir nieder, während sie sich in der letzten Zeit sofort entfernt hatte. Ihr Auge blieb weich und mit einem feuchten Schimmer auf mir haften, und endlich rollte ihr gar ein Tränentropfen über die Wange herab.

»Du weinst?« fragte ich. »Was ist geschehen, das dich so betrübt?«

»Es soll erst geschehen, heute.«

»Was?«

»Die Kiowas werden frei und ziehen fort. Ihre Boten sind in dieser Nacht unten am Flusse angekommen mit all den Gegenständen, die sie uns bezahlen müssen.«

»Und das betrübt dich so? Du müßtest doch eigentlich Freude darüber haben!«

»Du weißt nicht, was du sprichst, und ahnst nicht, was dir bevorsteht. Der Abschied der Kiowas soll dadurch gefeiert werden, daß man dich und deine drei weißen Brüder an die Marterpfähle bindet.«

Ich hatte das schon lange kommen sehen und erschrak doch, als ich es hörte. Also heut war der Tag der Entscheidung, vielleicht mein letzter Tag! Was würde er mir gebracht haben, wenn er sich am Abende zur Rüste neigte? Ich heuchelte Gleichgültigkeit und aß, scheinbar ruhig, weiter; als ich fertig war, gab ich ihr das Gefäß. Sie nahm es, stand auf und ging. Unter dem Eingange drehte sie sich um, kam noch einmal auf mich zu, reichte mir die Hand und sagte, ihre Tränen nicht länger zurückhaltend:

»Ich kann jetzt zum letztenmale zu dir sprechen. Leb wohl! Du wirst Old Shatterhand genannt und bist ein starker Krieger. Sei auch stark, wenn sie dich martern! Nscho-tschi ist sehr betrübt über deinen Tod; aber sie würde sich sehr freuen, wenn keine Qual es vermöchte, dir einen Laut des Schmerzes und der Klage zu entlocken. Mache mir diese Freude und stirb als ein Held!«

Nach dieser Bitte eilte sie hinaus. Ich trat an den Eingang, um ihr nachzublicken; da wurden die Läufe zweier Gewehre auf mich gerichtet; die beiden Wächter taten ihre Pflicht. Hätte ich einen Schritt hinaus getan, so wäre ich sicher erschossen oder absichtlich so verwundet worden, daß ich nicht weiter konnte. An eine Flucht war nicht zu denken, die überhaupt mißlingen mußte, weil ich die Oertlichkeit nicht kannte. Ich zog mich also schnell in mein Gefängnis zurück.

Was sollte ich tun? Das Beste war jedenfalls, das Kommende ruhig abzuwarten und im gegebenen Augenblicke die Wirkung der Haarlocke zu versuchen. Der Blick, welchen ich jetzt in das Freie geworfen hatte, war ganz geeignet, mich davon zu überzeugen, daß ein Fluchtgedanke Wahnsinn gewesen wäre. Ich hatte zwar von den indianischen Pueblos gelesen, aber noch keines gesehen. Sie sind zum Zwecke der Verteidigung errichtet, und ihre Bauart, so eigenartig sie ist, entspricht dieser Bestimmung auf das allerbeste.

Sie füllen gewöhnlich tiefe Felsenlücken aus, bestehen durchweg aus festem Stein- und Mauerwerk und setzen sich aus einzelnen Stockwerken zusammen, deren Zahl sich nach der Oertlichkeit richtet. Jedes höhere Stockwerk tritt ein Stück zurück, so daß vor ihm eine Plattform liegt, welche von der Decke des darunterliegenden Stockes gebildet wird. Das Ganze gewährt den Anblick einer Stufenpyramide, deren Etagen sich je höher desto mehr und tiefer in die Felsenlücke hineinziehen. Das Parterre steht also am weitesten vor und ist am breitesten, während die folgenden Etagen immer schmäler werden. Diese Stockwerke sind nicht etwa, wie bei unsern Häusern, in ihrem Innern durch Treppen verbunden, sondern man gelangt zu ihnen nur von außen mittelst Leitern, welche angelegt und wieder weggenommen werden können. Rückt ein Feind heran, so werden diese Leitern entfernt, und er kann nicht herauf, außer er hätte Leitern mitgebracht; aber auch in diesem Falle müßte er jede Etage einzeln erstürmen und sich den Geschossen der auf den oberen Plattformen stehenden Verteidiger aussetzen, während diese vor seinen Waffen vollständig sicher sind.

Auf einem solchen Pyramidenpueblo befand ich mich, und zwar, wie ich jetzt gesehen hatte, auf dem achten oder neunten Stockwerke derselben. Wie konnte man da fliehend hinunterkommen, da sich auf allen unter mir liegenden Plattformen Indianer befanden! Nein, ich mußte bleiben. Ich warf mich also auf mein Lager und wartete.

Das waren schlimme, beinahe unerträgliche Stunden; die Zeit rückte mit wahrer Schneckenlangsamkeit vor, und es wurde fast Mittag, ohne daß etwas eintrat, was die Vorhersage der Indianerin bestätigte. Da, endlich hörte ich draußen die nahenden Schritte mehrerer Personen. Winnetou kam herein, gefolgt von fünf Apachen. Ich blieb, mich ganz unbefangen stellend, liegen. Er ließ einen langen, forschenden Blick über mich gleiten und sagte dann:

»Old Shatterhand mag mir mitteilen, ob er jetzt wieder gesund ist!«

»Noch nicht ganz,« antwortete ich.

»Aber sprechen kannst du, wie ich höre?«

»Ja.«

»Und laufen auch?«

»Ich denke es.«

»Hast du das Schwimmen gelernt?«

»Ein wenig.«

»Das ist gut, denn du wirst schwimmen müssen. Weißt du noch, an welchem Tage du mich wiedersehen solltest?«

»An meinem Todestage.«

»Du hast es dir gemerkt. Dieser Tag ist heute da. Steh auf; du sollst gefesselt werden.«

Es wäre Unsinn gewesen, dieser Aufforderung nicht Folge zu leisten. Ich hatte sechs Rote gegen mich, denen es nicht schwer werden konnte, mich mit Gewalt aufzurichten. Ich hätte zwar einige von ihnen niederschlagen können, aber dadurch nichts erreicht, als daß das Verhalten der andern dadurch gegen mich verschärft worden wäre. Ich erhob mich also von dem Lager und hielt ihnen meine Hände hin; sie wurden mir vorn zusammengebunden, und dann bekam ich zwei Riemen so an die Füße, daß ich zwar langsam gehen oder auch steigen, aber nicht in weiten, schnellen Sätzen entspringen konnte. Dann schaffte man mich hinaus auf die Plattform.

Von hier führte eine Leiter nach der nächst unteren Etage;

es war nicht eine Leiter nach unserem Begriffe, sondern ein starker Holzpfahl, in welchen tiefe Kerben eingeschnitten waren, die als Stufen dienten. Drei Rote stiegen hinab; hierauf mußte ich folgen, was trotz der Fesseln keine Schwierigkeit bot, und dann folgten die beiden andern. In dieser Weise ging es von Stockwerk zu Stockwerk, immer weiter hinab. Auf allen Plattformen standen Weiber und Kinder, welche mich neugierig aber still betrachteten und dann hinter uns herkamen. Sie zählten, als wir nach dem untersten Stockwerke den Boden erreichten, einige Hundert und bildeten auch weiterhin unser Gefolge, das Publikum, welches das Schauspiel unseres Todes genießen wollte.

Es war so, wie ich gedacht hatte; das Pueblo lag in einem schmalen Seitentale, welches bald auf das breite Tal des Rio Pecos mündete. Nach diesem letzteren wurde ich geführt. Der Pecos ist überhaupt kein wasserreicher Fluß und hat im Sommer und Herbste noch weniger Wasser als im Winter und Frühling; doch gibt es tiefe Stellen, bei denen man auch während der heißen Jahreszeit fast gar keine Abnahme bemerkt; da gibt es dann fetten Gras- und reichen Baumwuchs, welcher die Indianer zum Aufenthalte veranlaßt, weil ihre Pferde hier immer Weide finden. Eine solche Stelle sah ich vor mir liegen. Das Tal des Flusses war wohl eine gute halbe Wegsstunde breit und an beiden Ufern rechts und links von uns mit Busch und Wald bestanden, woran sich grüne Grasstreifen schlossen. Grad vor uns aber erlitt der Wald, auch auf beiden Ufern, eine Unterbrechung, über deren Ursache nachzudenken ich jetzt nicht Zeit hatte. Grad da, wo das Seitental, in welchem sich das Quertal befand, auf das Tal des Flusses mündete, gab es einen Sandstreifen, welcher wohl fünfhundert Schritte breit war, in ganz gerader Richtung auf das Wasser führte und sich jenseits desselben, am andern Ufer, fortsetzte; er glich also einem hellen Striche, welcher quer über das grüne Tal des Rio Pecos gezogen war. Auf dieser breiten, sandigen Linie war kein Gras, kein Strauch, kein Baum zu sehen, eine riesige Zeder ausgenommen, welche jenseits des Flusses mitten auf dem unfruchtbaren Streifen stand. Sie hatte infolge ihrer Stärke dem Naturereignisse widerstanden, durch welches der Sandstreifen quer über das Tal gezogen worden war. Sie stand nicht am Ufer, sondern in ziemlicher Entfernung von demselben und war von Intschu tschuna bestimmt worden, bei dem Ereignisse des heutigen Tages eine Rolle zu spielen.

Am diesseitigen Ufer herrschte reges Leben. Da sah ich zunächst unsern Ochsenwagen, den die Apachen erbeutet und mitgenommen hatten. Jenseits des unfruchtbaren Sandes weideten die Pferde, welche die Kiowas gebracht hatten, um die Gefangenen auszulösen. Da waren auch die Zelte aufgeschlagen und die verschiedenen Waffen ausgestellt, welche ebenso als Lösegeld dienten. Dazwischen bewegte sich Intschu tschuna mit denjenigen seiner Leute, welche diese Tribute zu taxieren hatten. Tangua war bei ihnen, denn man hatte ihn und die Gefangenen schon freigelassen. Ein kurzer Blick auf das Gewühl von roten, phantastisch gekleideten Gestalten sagte mir, daß gewiß sechshundert Apachen anwesend waren.

Als sie uns kommen sahen, zogen sie sich schnell zusammen und bildeten einen weiten, mehrgliedrigen Halbkreis um den Ochsenwagen, zu dem ich geführt wurde. Die Kiowas gesellten sich auch zu ihnen.

Als wir den Wagen erreichten, sah ich Hawkens, Stone und Parker, welche dort angebunden waren, doch nicht an den Wagen, sondern an Pfählen, welche fest und tief in die Erde gerammt waren. Ein vierter war leer; an diesen wurde ich befestigt. Das also waren die Marterpfähle, an denen wir unser Leben in elender, schmerz- und qualhafter Weise beschließen sollten! Sie waren in einer Reihe nebeneinander eingeschlagen, und zwar so, daß wir nur durch geringe Zwischenräume voneinander getrennt wurden und miteinander sprechen konnten. Sam befand sich neben mir; dann kamen Stone und Parker. In unserer Nähe lagen viele Bündel dürren Holzes, welche dazu bestimmt waren, um uns aufgehäuft zu werden, wenn wir nach den vorangegangenen, vielartigen Martern verbrannt werden sollten.

Meine drei Gefährten schienen während ihrer Gefangenschaft auch keine Not gelitten zu haben, denn sie sahen ganz wohlgenährt aus, machten aber nichts weniger als frohe Gesichter.

»Ah, Sir, da kommt auch Ihr!« sagte Sam. »Ist eine armselige, eine ganz armselige Operation, welche sie mit uns vornehmen wollen, und ich glaube nicht, daß wir sie überstehen werden. Das Sterben und Totgeschlagenwerden greift den Körper so sehr an, daß man es nur selten überlebt. Sollen nachher sogar noch verbrannt werden, wenn ich mich nicht irre. Was sagt Ihr dazu, Sir?«

»Habt Ihr Hoffnung auf Rettung, Sam?« fragte ich ihn.

»Wüßte nicht, wer kommen sollte, uns herauszuholen. Habe schon wochenlang alle meine drei Gedanken angestrengt, aber keine einzige passende Idee gefunden. Wir steckten in einem finstern Felsenloche, waren überdies fest angebunden und hatten außerdem noch mehrere Wächter. Wie will man da loskommen! Wie habt denn Ihr es gehabt?«

»Sehr gut!«

»Glaube es; man sieht es Euch an. Seid ja herausgefüttert wie ein Gänserich, der zu Martini gebraten werden soll! Wie steht es denn mit der Wunde?«

»Leidlich. Sprechen kann ich wieder, wir ihr hört, und die Geschwulst, die noch übrig ist, wird wohl auch bald verschwinden.«

»Bin überzeugt davon! Diese liebe Geschwulst wird heut so radikal geheilt werden, daß nichts von ihr übrig bleibt, aber auch von Euch selber nichts, als ein Häufchen Menschenasche. Ich sehe keine Rettung für uns, und dennoch ist es mir gar nicht wie Sterben zu Mute. Ihr mögt es mir glauben oder nicht, ich habe keine Angst und keine Sorge. Es ist mir ganz so, als ob diese Roten uns ganz und gar nichts anhaben könnten, als ob ganz plötzlich irgendwoher ein Befreier kommen werde.«

»Möglich! Auch ich habe die Hoffnung noch nicht verloren. Ich möchte sogar wetten, daß wir uns heut abend, am

Schlusse dieses so gefährlichen Tages, ganz wohl befinden werden.«

»Das könnt eben nur Ihr sagen, der Ihr ein ausgemachtes Greenhorn seid. Ganz wohl befinden werden! Dummheit! Von ›ganz wohl‹ kann keine Rede sein; ich würde Gott danken, wenn ich mich heut abend überhaupt befände.«

»Ich habe Euch doch öfters gesagt und wohl auch bewiesen, daß deutsche Greenhörner ganz andere Kerls sind als die hiesigen.«

»So? Was wollt Ihr damit sagen? Ihr habt so einen eigenen Ton dabei. Ist Euch vielleicht ein guter Gedanke gekommen?«

»Ja.«

»Welcher? Und wann?«

»An dem Abende, an welchem es Winnetou und seinem Vater gelang, zu entfliehen.«

»Da kam Euch ein Gedanke? Sonderbar! Der wird uns heut nichts nützen, denn als er Euch damals kam, da wußtet Ihr ja nicht, daß wir hier bei den Apachen so schöne Garçonlogis bekommen würden. Wie heißt denn dieser Gedanke?«

»Haarlocke.«

»Haarlocke?« wiederholte er erstaunt. »Sagt einmal, Sir, wie es sich mit Eurem Oberstübchen verhält! Habt Ihr etwa ein Rattennest darin?«

»Glaube nicht.«

»Aber was faselt Ihr denn da von einer Haarlocke? Hat Euch etwa eine frühere Geliebte ihren Zopf geschenkt, den Ihr den Apachen zum Präsent machen wollt?«

»Nein, sondern ich habe sie von einem Manne.«

Er sah mich an, als ob er an meinem Verstande zweifle, schüttelte den Kopf und sagte:

»Hört, geliebter Sir, es ist wirklich nicht richtig in Eurem Kopfe. Eure Verwundung muß da etwas zurückgelassen haben, was überflüssig ist. Wahrscheinlich habt Ihr die Haarlocke im Gehirn, nicht aber in der Tasche. Denn ich wüßte nicht, wie wir durch einen Haarzopf hier von den Marterpfählen loskommen könnten.«

»Hm, ja; es ist eben eine Greenhornidee, und wir müssen ruhig abwarten, ob sie sich bewährt oder nicht. Was übrigens das Loskommen von den Marterpfählen betrifft, so bin ich wenigstens in Beziehung auf meine Person sicher, daß ich nicht an dem meinigen hängen bleibe.«

»Natürlich! Wenn man Euch verbrannt hat, hängt Ihr nicht mehr daran.«

»*Pshaw!* Ich komme los, ehe man die Martern mit uns beginnt.«

»So? Welchen Grund habt Ihr, dies zu glauben?«

»Ich soll schwimmen.«

»Schwimmen?« fragte er, indem er abermals einen Blick so auf mich richtete, wie ungefähr der Irrenarzt auf seinen Patienten.

»Ja, schwimmen. Und das kann ich doch hier am Pfahle nicht. Man muß mich also losbinden.«

»Alle Wetter! Wer hat Euch denn gesagt, daß Ihr schwimmen sollt?«

»Winnetou.«

»Und wann sollt Ihr schwimmen?«

»Heut natürlich – jetzt.«

»*Good lack!* Wenn er dies gesagt hat, so ist es freilich grad wie ein Sonnenstrahl, der durch die Wolken bricht. Es scheint, Ihr sollt um Euer Leben kämpfen.«

»Das denke ich auch.«

»So wird es mit uns ebenso der Fall sein, denn ich glaube nicht, daß man mit Euch anders verfahren wird als mit uns. In diesem Falle ist unsere Lage allerdings nicht so verzweifelt, wie ich bisher angenommen habe.«

»Das denke ich auch. Wir werden uns wahrscheinlich retten können.«

»Oho! Bildet Euch nun nur nicht gleich zu viel ein! Wenn man uns um das Leben kämpfen läßt, so wird man uns die Sache möglichst schwierig machen. Aber es gibt Beispiele, daß in solchen Fällen weiße Gefangene gerettet worden sind. Habt Ihr denn das Schwimmen gelernt, Sir?«

»Ja.«

»Aber wie!«

»So, daß ich glaube, mich vor keinem Indianer fürchten zu müssen.«

»Hört, bildet Euch nichts ein! Diese Kerls schwimmen wie die Wasserratten, wie die Fische.«

»Und ich wie ein Fischotter, der Fische fängt und frißt.«

»Ihr schneidet auf.«

»Nein. Das Schwimmen ist eine meiner Lieblingsbeschäftigungen gewesen. Habt Ihr vielleicht einmal vom Wassertreten gehört?«

»Ja.«

»Könnt Ihr es?«

»Nein; ich habe es auch nicht gesehen.«

»So ist es möglich, daß Ihr es heut zu sehen bekommt. Wenn es sich wirklich darum handelt, daß man mir Gelegenheit bieten will, mein Leben durchs Schwimmen zu retten, so bin ich fast überzeugt, daß ich diesen Tag überleben werde.«

»Will es Euch wünschen, Sir! Und hoffentlich bietet man uns eine ähnliche Gelegenheit. Das ist immer besser, als hier am Pfahle hängen zu bleiben. Ich will doch lieber im Kampfe fallen, als mich zu Tode martern lassen.«

Wir waren nicht gehindert worden, miteinander zu sprechen, denn Winnetou stand, ohne zunächst weiter auf uns zu achten, mit seinem Vater und Tangua redend zusammen, und die andern Apachen, welche mich mitgebracht hatten, waren damit beschäftigt, Ordnung in dem Halbring zu schaffen, welcher sich vor und um uns gebildet hatte.

Im Innern desselben saßen zunächst die Kinder und hinter diesen die Mädchen und Frauen, bei denen sich auch Nschotschi befand, die, wie ich bemerkte, nur selten ihr Auge von mir verwendete. Dann kamen die jungen Burschen, hinter denen die erwachsenen Krieger standen. So weit war die Ordnung gediehen, als Sam die zuletzt erwähnten Worte gesprochen hatte. Da erhob Intschu tschuna, der mit Winnetou und Tangua zwischen uns und den Zuschauern stand, seine Stimme und sagte so laut, daß alle es deutlich hören konnten:

»Meine roten Brüder, Schwestern und Kinder und auch die

Männer vom Stamme der Kiowas mögen hören, was ich ihnen zu sagen habe!«

Er machte eine Pause, und als er sah, daß die Aufmerksamkeit Aller auf ihn gerichtet war, fuhr er fort:

»Die Bleichgesichter sind die Feinde der roten Männer; es gibt nur selten eins unter ihnen, dessen Auge freundlich auf uns gerichtet war. Der edelste unter diesen wenigen Weißen kam zu dem Volke der Apachen, um ein Freund und Vater desselben zu sein. Darum haben wir ihm den Namen Klekih-petra – weißer Vater – gegeben. Meine Brüder und Schwestern haben ihn alle gekannt und lieb gehabt. Sie mögen es mir bezeugen!«

»Howgh!« ertönte das Wort der Beteuerung im Kreise. Der Häuptling sprach weiter:

»Klekih-petra ist unser Lehrer gewesen in allen Dingen, die wir nicht kannten, die aber gut und nützlich für uns sind; er hat auch von der Religion der Weißen gesprochen und von dem großen Geiste, welcher der Schöpfer und Ernährer aller Menschen ist. Dieser große Geist hat befohlen, daß die roten und die weißen Leute untereinander Brüder sein und sich lieben sollen. Haben aber die Weißen diesen seinen Willen erfüllt, haben sie uns Liebe gebracht? Nein! Meine Brüder und Schwestern mögen dies bezeugen!«

»Howgh!« erklang es im Chore.

»Sie sind vielmehr gekommen, um uns unser Eigentum zu rauben und uns auszurotten. Dies gelingt ihnen, weil sie stärker sind als wir. Da, wo die Büffel und die Mustangs grasten, haben sie große Städte gebaut, von denen alles Böse ausgeht, was über uns kommt. Wo der rote Jäger durch den Urwald oder über die Savanne ging, da rennt jetzt das dampfende Feuerroß mit den großen Wagen, in denen es unsere Feinde zu uns bringt. Und wenn der rote Mann vor ihm in die Gründe flieht, die man ihm noch gelassen hat und wo er im Frieden sterben und verhungern will, so dauert es nicht lange, bis er auf Bleichgesichter trifft, die ihm nachgefolgt sind, um dem Feuerrosse auf diesem rechtmäßigen Grund und Boden des roten Mannes neue Pfade zu bauen. Wir haben solche Weiße getroffen und friedlich mit ihnen gesprochen. Wir haben ihnen gesagt, daß dieses Land unser Eigentum sei und ihnen nicht gehöre. Sie haben nichts dagegen vorbringen können, sondern es zugeben müssen. Aber als wir sie aufforderten, fortzugehen und darauf zu verzichten, das Feuerroß nach unsern Weideplätzen zu bringen, da sind sie unserer Aufforderung nicht gefolgt und haben Klekih-petra, den wir liebten und verehrten, erschossen. Meine Brüder und Schwestern mögen bestätigen, daß ich die Wahrheit gesprochen habe!«

»Howgh!« erklang laut und einstimmig diese Bestätigung.

»Wir haben die Leiche des Ermordeten hierhergebracht und auf den Tag der Rache aufbewahrt; dieser Tag ist heut angebrochen. Klekih-petra soll heut begraben werden und mit ihm der, der ihn ermordet hat. Mit ihm haben wir auch diejenigen gefangen, welche bei ihm waren, als die Tat geschah. Sie sind seine Freunde und Genossen und haben uns in die Hände der Kiowas geliefert; aber sie leugnen es. Bei allen andern roten Männern würde das, was wir von ihnen wissen, genügen, sie in den Martertod zu führen; wir aber wollen den Lehren unsers weißen Vaters Klekih-petra gehorchen und gerechte Richter sein. Da sie nicht zugeben, unsere Feinde gewesen zu sein, so wollen wir sie verhören, und ihr Schicksal soll nach dem bestimmt werden, was wir dabei erfahren. Meine Brüder und Schwestern mögen mir ihre Zustimmung erteilen!«

»Howgh!« erklang der Beifall rund umher.

»Hört, Sir, das klingt günstig für uns,« sagte da Sam zu mir. »Wenn sie uns verhören wollen, liegt die Sache gar nicht so schlimm für uns, wie wir gedacht haben. Ich hoffe, es gelingt uns, unsere Unschuld zu beweisen. Ich werde diesen Leuten alles so klar machen und sie so überzeugen, daß sie uns freilassen werden.«

»Sam, das bringt Ihr nicht fertig,« antwortete ich ihm.

»Nicht? Warum? Meint Ihr etwa, daß ich nicht reden kann?«

»O, das Sprechen hat man Euch wohl schon als Kind so

nach und nach beigebracht; aber wir sind sechs Wochen hier gefangen gewesen, und während dieser ganzen, langen Zeit ist es Euch nicht gelungen, den Apachen eine bessere Meinung beizubringen.«

»Euch auch nicht, Sir!«

»Allerdings nicht, Sam, denn erst konnte ich nicht reden, und dann, als es mir wieder möglich war, die Zunge zu bewegen, hat sich kein einziger Roter bei mir sehen lassen. Ihr werdet also wohl zugeben, daß ich nicht einmal einen Versuch habe machen können, uns gegen einen der Häuptlinge zu verteidigen.«

»So macht ihn ja auch jetzt nicht!«

»Warum?«

»Weil es Euch nicht gelingen würde. Ihr seid als Greenhorn viel zu unerfahren in solchen Dingen und könnt Euch darauf verlassen, daß Ihr uns nicht heraushelfen, sondern ganz im Gegenteile uns immer tiefer hineinreiten würdet. Ihr besitzt zwar eine riesige Körperkraft, die uns aber hier gar nichts nützen kann, denn hier kommt es vor allen Dingen auf die richtige Erfahrung, auf den Scharfsinn und die Schlauheit an, die Euch abgehen. Ihr könnt ja nichts dafür, denn Ihr seid nun einmal ohne diese schönen Eigenschaften geboren worden, aber grad darum müßt Ihr die Hand aus dem Spiele lassen und es erlauben, daß ich unsere Verteidigung übernehme.«

»So wünsche ich Euch nur bessern Erfolg, als Ihr bisher gehabt habt, lieber Sam!«

»Wird nicht fehlen, denn Ihr sollt hören, daß ich meine Sache gut machen werde.«

Dieser unser Meinungsaustausch hatte ungestört stattfinden können, weil unsere Vernehmung nicht sofort begonnen hatte. Intschu tschuna und Winnetou unterhielten sich leise mit Tangua und hielten dabei ihre Augen oft auf uns gerichtet. Sie sprachen also von uns. Die Blicke der beiden Ersteren wurden immer finsterer und strenger, und die Bewegungen und Mienen des Kiowa waren diejenigen eines Mannes, welcher auf Jemand eifrig einspricht, um Andere bei ihm zu verdächtigen. Wer weiß, was er für Lügen von uns erzählte, um uns zu verderben! Dann kamen sie auf uns zu. Die beiden Apachen stellten sich rechts von uns auf, während Tangua sich links neben mich postierte. Nun sagte Intschu tschuna zu uns, wieder mit lauter Stimme, so daß es Alle hören konnten:

»Ihr habt vernommen, was ich vorhin gesprochen habe. Ihr sollt uns die Wahrheit sagen und euch verteidigen dürfen. Beantwortet mir die Fragen, welche ich an euch richte! Ihr gehörtet zu den Weißen, welche die neue Bahn des Feuerrosses vermessen haben?«

»Ja. Doch muß ich dir sagen, daß wir Drei hier nicht mit gemessen haben, sondern ihnen nur zum Schutze mitgegeben worden sind,« antwortete Sam. »Und was den Vierten hier betrifft, Old Shatterhand genannt, so – – –«

»Schweig!« unterbrach ihn der Häuptling. »Du hast nur meine Fragen zu beantworten und kein weiteres Wort zu sprechen. Redest du mehr, so laß ich dich peitschen, daß dir die Haut aufspringt! Also ihr gehörtet zu diesen Bleichgesichtern? Antworte kurz mit Ja oder mit Nein!«

»Ja,« sagte Sam, um sich nicht schlagen lassen zu müssen.

»Old Shatterhand hat mit vermessen?«

»Ja.«

»Und ihr Drei beschütztet diese Leute?«

»Ja.«

»So seid ihr noch schlimmer als sie, denn wer Diebe und Räuber beschützt, der hat doppelte Strafe verdient. Rattler, der Mörder, war euer Gefährte?«

»Ja, doch muß ich dir sagen, daß wir nicht seine Freunde ge – – –«

»Schweig, Hund!« fuhr ihn Intschu tschuna an. »Du hast nur das zu sagen, was ich wissen will, mehr aber nicht! Kennst du die Gesetze des wilden Westens?«

»Ja.«

»Wie wird ein Pferdedieb bestraft?«

»Mit dem Tode.«

»Was ist wertvoller, ein Pferd oder das große, weite Land, welches den Apachen gehört?«

Sam antwortete nicht, um sich nicht selbst das Todesurteil zu sprechen.

»Sprich, sonst laß ich dich mit dem Lasso bis auf das Blut peitschen!«

Da knurrte der kleine, mutige Sam:

»Schlagt zu! Sam Hawkens ist nicht derjenige, welcher sich zum Reden zwingen läßt, wenn er nicht reden will!«

Da wendete ich ihm das Gesicht zu und bat ihn:

»Redet, Sam; es ist besser für uns!«

»*Well,*« antwortete er. »Wenn Ihr es wollt, so will ich mich einmal dazu hergeben, zu reden, wo ich eigentlich schweigen sollte.«

»Also, was ist wertvoller, ein Pferd oder dieses Land?«

»Das Land.«

»So hat ein Länderdieb also noch viel eher den Tod verdient als ein Pferdedieb, und ihr habt uns unser Land rauben wollen. Dazu kommt, daß ihr die Genossen des Menschen seid, welcher Klekih-petra ermordet hat. Das verschärft die Strafe. Als Länderdiebe wäret ihr erschossen worden, ohne vorher Qualen zu erleiden; da ihr aber Mörder seid, so werdet ihr vor euerm Tode den Marterpfahl durchmachen müssen. Aber wir sind mit der Aufzählung eurer Taten noch nicht fertig. Ihr habt uns in die Hände der Kiowas, welche unsere Feinde waren, geliefert?«

»Nein.«

»Das ist Lüge!«

»Es ist die Wahrheit.«

»Bist du nicht mit Old Shatterhand uns nachgeritten, als wir euch verlassen hatten?«

»Ja.«

»Das ist doch ein sicheres Zeichen der Feindschaft!«

»Nein. Ihr hattet uns gedroht, und so mußten wir nach den Regeln, nach welchen man im wilden Westen lebt, wissen, ob ihr euch wirklich entfernt hattet oder nicht. Ihr konntet euch versteckt haben und auf uns schießen wollen. Nur deshalb ritten wir hinter euch her.«

»Weshalb du nicht allein? Weshalb nahmst du diesen Old Shatterhand mit?«

»Um ihn im Lesen der Spuren zu unterrichten, da er noch Neuling ist.«

»Wenn eure Absicht eine so friedliche war und ihr uns nur der Vorsicht wegen folgtet, warum rieft ihr da die Hilfe der Kiowas an?«

»Weil wir sahen, daß du vorausgeeilt warest. Du wolltest deine Krieger schnell holen, um uns zu überfallen.«

»War es da wirklich nötig, euch an die Kiowas zu wenden?«

»Ja.«

»Gab es keinen andern Ausweg?«

»Nein.«

»Du lügst abermals. Um uns zu entgehen, brauchtet ihr nur das zu tun, was ich euch befohlen hatte, nämlich unser Gebiet zu verlassen. Warum habt ihr das nicht getan?«

»Weil wir nicht eher gehen konnten, als bis unsere Arbeit vollendet war.«

»Also ihr wolltet den Raub, den ich euch verboten hatte, vollständig ausführen und rieft darum die Kiowas zu Hilfe. Wer aber unsere Feinde auf uns hetzt, ist auch unser Feind und muß getötet werden. Das ist ein neuer Grund für uns, euch das Leben zu nehmen. Aber ihr habt es dann nicht etwa den Kiowas allein überlassen, uns zu empfangen, anzugreifen und zu besiegen, sondern ihr habt ihnen dabei geholfen. Giebst du das zu?«

»Was wir getan haben, das taten wir nur, um Blutvergießen zu vermeiden.«

»Willst du, daß ich dich verlache? Bist du uns nicht entgegen gegangen, als wir kamen?«

»Ja.«

»Hast uns belauscht?«

»Ja.«

»Und eine ganze Nacht in unserer Nähe zugebracht? Ist es so oder nicht?«

»Es ist so.«

»Hast du nicht die Bleichgesichter nach dem Wasser

geführt, um uns dorthin zu locken, und dann die Kiowas in den Wald versteckt, damit sie über uns herfallen sollten?«

»Das ist wahr; aber ich muß – – –«

»Schweig! Ich will eine kurze Antwort, aber keine lange Rede haben. Es wurde uns eine Falle gestellt! Wer hat diese ersonnen?«

»Ich.«

»Diesmal sagst du die Wahrheit. Mehrere von uns wurden verwundet, Einige getötet, die Anderen aber gefangen genommen. Daran seid ihr schuld; dieses vergossene Blut kommt über euch und ist ein weiterer Grund, daß ihr sterben müßt.«

»Es lag in meinem Plane, daß – – –«

»Schweig! Ich habe dich jetzt nicht gefragt. Der große, gute Geist sandte uns einen unbekannten, unsichtbaren Retter. Ich kam mit Winnetou, meinem Sohne, frei. Wir schlichen zu unsern Pferden, nahmen aber nur die, welche wir brauchten, damit die Gefangenen, wenn wir sie befreiten, gleich ihre Pferde hätten. Wir ritten fort, um unsere Krieger zu holen, welche gegen die Kiowas zogen. Sie waren auf die Spur derselben getroffen und ihnen gefolgt; darum stieß ich so schnell mit ihnen zusammen, daß wir schon am nächsten Tage bei euch sein konnten. Da ist wieder viel Blut geflossen; wir haben im ganzen sechzehn Tote, ohne das Blut und die Schmerzen der Verwundeten zu rächen, ein abermaliger Grund, daß ihr sterben müßt. Ihr habt weder Gnade noch Erbarmen zu erwarten und – – –«

»Gnade wollen wir gar nicht, sondern nur Gerechtigkeit,« fiel Sam ihm in die Rede. »Ich kann – – –«

»Wirst du wohl schweigen, Hund!« unterbrach ihn Intschu tschuna zornig. »Du hast nur zu sprechen, wenn ich dich frage. Ich bin überhaupt nun mit dir, mit euch fertig. Da du aber von Gerechtigkeit redest, so sollt ihr nicht nur nach deiner eigenen Aussage verurteilt werden, sondern ich will euch einen Zeugen gegenüberstellen. Tangua, der Häuptling der Kiowas, mag sich herablassen, in dieser Angelegenheit seine Stimme zu erheben. Sind diese Bleichgesichter unsere Freunde?«

»Nein,« antwortete der Kiowa, dem man die Genugtuung darüber, daß die Sache für uns einen so bedenklichen Lauf nahm, deutlich ansah.

»Haben sie uns schonen wollen?«

»Nein. Sie haben mich vielmehr gegen euch aufgehetzt und mich gebeten, ja keine Nachsicht mit euch zu haben, sondern euch zu töten, alle zu töten.«

Diese Unwahrheit empörte mich so, daß ich mein bisheriges Schweigen brach und ihm in das Gesicht sagte:

»Das ist eine so große, unverschämte Lüge, daß ich dich sofort zu Boden schlagen würde, wenn ich nur eine Hand frei hätte!«

»Hund, stinkender!« brauste er auf. »Soll ich es sein, der dich erschlägt?«

Er hob die Faust empor; ich antwortete:

»Schlag zu, wenn du dich nicht schämst, dich an Jemandem zu vergreifen, der sich nicht wehren kann! Ihr redet da von einem Verhöre und von Gerechtigkeit? Ist das ein Verhör, und ist das Gerechtigkeit, wenn man nicht sagen darf, was man zu sagen hat? Wir sollen uns verteidigen dürfen? Können wir das, wenn wir bis auf das Blut geschlagen werden sollen, falls wir nur ein einziges Wort mehr reden, als ihr hören wollt? Intschu tschuna verfährt wie ein ungerechter Richter. Er stellt die Fragen so, daß uns die Antworten, welche er uns erlaubt, ins Verderben führen müssen; andere Antworten dürfen wir nicht geben, und wenn wir die Wahrheit sagen wollen, welche uns retten würde, so unterbricht er uns, läßt uns nicht ausreden und droht uns mit Mißhandlungen. Ein solches Verhör und eine solche Gerechtigkeit brauchen wir nicht. Da beginnt doch lieber gleich mit den Martern, die ihr uns zugedacht habt! Ihr werdet keinen Laut des Schmerzes von uns zu hören bekommen.«

»Uff, uff!« hörte ich eine weibliche Stimme bewundernd rufen. Es war die Schwester Winnetous.

»Uff, uff, uff!« riefen viele Apachen ihr nach.

Der Mut ist das, was der Indianer stets achtet und selbst an seinem Feinde anerkennt; daher die Ausrufe der Bewunderung, welche ich jetzt zu hören bekam. Ich fuhr fort:

»Als ich Intschu tschuna und Winnetou zum erstenmale erblickte, sagte mir mein Herz, daß sie tapfere und gerechte Männer seien, die ich lieben und auch achten könne. Ich habe mich geirrt. Sie sind nicht besser als alle Andern, denn sie hören auf die Stimme eines Lügners und lassen die Wahrheit nicht zu Worte kommen. Sam Hawkens hat sich einschüchtern lassen; ich aber höre nicht auf eure Drohungen und verachte Jeden, der den Gefangenen unterdrückt, nur weil er sich nicht verteidigen kann. Wäre ich frei, so wollte ich noch ganz anders mit euch reden!«

»Hund, du schimpfest mich einen Lügner!« schrie Tangua. »Ich zerschmettere dir die Knochen!«

Er hielt sein Gewehr in der Hand, drehte es um und wollte mit dem Kolben nach mir schlagen; da sprang Winnetou herbei, hielt ihn davon ab und sagte:

»Der Häuptling der Kiowas mag ruhig bleiben! Dieser Old Shatterhand hat sehr kühn gesprochen, aber ich stimme einigen seiner Worte bei. Intschu tschuna, mein Vater, der Oberhäuptling aller Apachen, mag ihm die Erlaubnis erteilen, zu sagen, was er zu sagen hat!«

Tangua mußte sich beruhigen, und Intschu tschuna entschloß sich, dem Wunsche seines Sohnes Folge zu geben. Er trat näher zu mir heran und sagte:

»Old Shatterhand ist wie ein Raubvogel, der selbst dann noch beißt, wenn man ihn gefangen hat. Hast du nicht Winnetou zweimal niedergeschlagen? Hast du nicht selbst mich mit deiner Faust betäubt?«

»Habe ich das freiwillig getan? Hast du mich nicht dazu gezwungen?«

»Gezwungen?« fragte er erstaunt.

»Ja. Wir wollten uns ohne Gegenwehr ergeben, aber eure Krieger hörten nicht auf das, was wir sagten. Sie fielen so über uns her, daß wir uns verteidigen mußten. Aber frage die Betreffenden, ob wir sie auch nur verwundet haben, obgleich wir sie töten konnten. Wir sind vielmehr, um keinen von ihnen verletzen zu müssen, geflohen. Da kamst du und griffst mich auch an, ohne auf meine Worte zu achten. Ich mußte mich wehren, und hätte dich erstechen oder erschießen können, aber ich schlug dich nur nieder, weil ich dein Freund bin und dich schonen wollte. Da kam Tangua, der Häuptling der Kiowas, und wollte dir den Skalp nehmen; weil ich dies nicht zugab, kämpfte er mit mir, doch ich besiegte ihn. Ich habe dir also nicht nur das Leben, sondern auch den Skalp erhalten. Dann als – – –«

»Dieser verfluchte Coyote lügt, als ob er hundert verschiedene Zungen hätte!« schrie Tangua wütend.

»Ist es wirklich Lüge?« fragte ihn Winnetou.

»Ja. Mein roter Bruder Winnetou zweifelt hoffentlich nicht an der Wahrheit meiner Worte?«

»Ich kam dazu. Du lagst unbeweglich und mein Vater auch. Das stimmt. Old Shatterhand mag fortfahren!«

»Also ich hatte Tangua besiegt, um Intschu tschuna zu retten; da kam Winnetou. Ich sah ihn nicht und erhielt von ihm einen Kolbenschlag, der aber nicht meinen Kopf traf. Winnetou stach mich in den Mund und durch die Zunge; ich konnte also nicht sprechen, sonst hätte ich gesagt, daß ich ihn lieb habe und sein Freund und Bruder sein möchte. Ich war verwundet und am Arm gelähmt; ich habe ihn trotzdem besiegt; er lag betäubt vor mir, grad so wie Intschu tschuna auch; ich konnte Beide töten. Habe ich es getan?«

»Du hättest es noch getan,« antwortete Intschu tschuna; »aber ein Apachenkrieger kam und schlug dich mit dem Kolben nieder.«

»Nein; ich hätte es nicht getan. Sind nicht diese drei Bleichgesichter, welche hier mit mir angebunden sind, freiwillig zu euch gekommen, um sich euch auszuliefern? Hätten sie dies getan, wenn sie euch als Feinde betrachtet hätten?«

»Sie haben es getan, weil sie einsahen, daß sie nicht entkommen konnten. Da hielten sie es für klüger, sich freiwillig zu ergeben. Ich gebe zu, daß an deinen Worten etwas ist, was beinahe Glauben erwecken könnte; aber als du meinen Sohn

Winnetou zum erstenmal betäubtest, warst du nicht dazu gezwungen.«

»O doch.«

»Durch wen?«

»Durch die Vorsicht. Wir wollten dich und ihn retten. Ihr seid sehr tapfere Krieger; ihr hättet euch ganz gewiß gewehrt und wäret dann verwundet oder gar getötet worden. Das wollten wir verhindern; darum schlug ich Winnetou nieder, und du wurdest von meinen drei weißen Freunden überwältigt. Ich hoffe, daß du meinen Worten nun Glauben schenkst.«

»Lüge sind sie, nichts als Lüge!« rief Tangua. »Ich kam eben dazu, als er dich niedergeschlagen hatte. Nicht ich, sondern er war es, der dir den Skalp nehmen wollte. Ich wollte ihn daran hindern, da traf mich seine Hand, in welcher der große, böse Geist zu wohnen scheint, denn ihr kann Niemand, selbst der stärkste Mann nicht, widerstehen.«

Da wendete ich mich ihm wieder zu und sagte in drohendem Tone:

»Ja, ihr kann Niemand widerstehen. Ich wende sie nur an, weil ich nicht das Blut eines Menschen vergießen will; aber wenn ich wieder mit dir kämpfe, werde ich es nicht mit der Hand, sondern mit der Waffe tun, und dann kommst du nicht mit einer bloßen Betäubung weg. Das merke dir!«

»Du mit mir kämpfen?« hohnlachte er. »Wir werden dich verbrennen und deine Asche in alle Winde zerstreuen!«

»Das denke nicht. Ich werde eher frei sein, als du ahnst, und dann Rechenschaft von dir fordern!«

»Die kannst du bekommen; ich gebe sie dir. Ich wünsche, deine Worte könnten in Erfüllung gehen. Ich würde dann gern mit dir kämpfen, denn ich weiß, daß ich dich zermalmen würde.«

Intschu tschuna machte diesem Intermezzo ein Ende, indem er zu mir sagte:

»Old Shatterhand ist sehr kühn, wenn er glaubt, wieder freizukommen. Er mag bedenken, wie viel Fälle gegen ihn vorliegen; wenn auch einer derselben aufgegeben würde, so könnte das an seinem Schicksale nichts ändern. Er hat nur Behauptungen ausgesprochen, aber keine Beweise erbracht.«

»Habe ich nicht Rattler niedergeschlagen, als er auf Winnetou schoß und Klekih-petra traf? Ist auch das kein Beweis?«

»Nein. Du kannst dies auch aus andern Gründen getan haben. Hast du noch etwas zu sagen?«

»Jetzt nicht; vielleicht später.«

»Sage es jetzt, denn später wirst du nichts mehr sagen können!«

»Nein, jetzt nicht. Wenn ich es später sagen will, werdet ihr darauf hören, denn Old Shatterhand ist nicht der Mann, dessen Worte man mißachten darf. Ich schweige jetzt, weil ich neugierig bin, das Urteil zu hören, welches ihr nun über uns fällen werdet.«

Intschu tschuna wendete sich von mir ab und gab einen Wink. Auf diesen traten mehrere alte Krieger aus dem Halbkreise hervor und setzten sich mit den drei Häuptlingen zusammen nieder, um Beratung zu halten. Bei derselben gab sich Tangua natürlich alle Mühe, das Urteil so viel wie möglich zu verschärfen. Inzwischen hatten wir Zeit, Bemerkungen gegenseitig auszutauschen.

»Bin neugierig, was sie zusammenbrauen werden,« meinte Dick Stone. »Viel Kluges wird es jedenfalls nicht sein.«

»Ich bin überzeugt, daß es uns an Kopf und Kragen geht,« sagte Will Parker.

»Ich auch,« stimmte Sam Hawkens bei. »Die Kerls glauben ja nichts, wir können vorbringen, was wir wollen! – Habt Eure Sache übrigens gar nicht so übel gemacht, Sir! – Habe mich über Intschu tschuna gewundert.«

»Warum?« fragte ich.

»Daß er Euch so schwatzen ließ. Mir ist er gleich über den Mund gefahren, wenn ich ihn öffnete.«

»Schwatzen? Ist das Euer Ernst, Sam?«

»Ja.«

»Danke für diese Höflichkeit!«

»Schwatzen nenne ich jedes Reden, welches keinen Erfolg

hat, wenn ich mich nicht irre. Und Erfolg habt Ihr ja ebenso wenig gehabt wie ich.«

»Ich denke anders.«

»Aber ohne Ursache!«

»Nein, sondern mit ganz gutem Grunde. Winnetou hat vom Schwimmen gesprochen; das ist beschlossene Sache gewesen; darum denke ich, daß sie nur im Verhöre so scharf gewesen sind, um uns bange zu machen. Das Urteil wird wohl viel besser lauten.«

»Sir, bildet Euch das ja nicht ein! Meint Ihr etwa, daß man Euch Gelegenheit geben wird, Euch durchs Schwimmen zu retten?«

»Ja.«

»Unsinn, welch ein Unsinn! Ja, wenn es so ausgemacht ist, wird man Euch schwimmen lassen; aber wißt Ihr auch, wohin?«

»Nun?«

»Mitten in den Rachen des Todes hinein. Dann, wenn Ihr tot seid, so denkt daran, daß ich recht gehabt habe – hihihihi!«

Dieser kleine, sonderbare Kerl brachte es selbst in der schlimmen Lage, in welcher wir uns befanden, fertig, über diesen seinen zweifelhaften Witz vergnügt in sich hineinzukichern. Seine Lustigkeit währte freilich nur einen Augenblick, denn die Beratung war jetzt zu Ende; die Krieger, welche an derselben teilgenommen hatten, zogen sich in den Halbkreis zurück, und Intschu tschuna verkündete mit lauter Stimme:

»Hört, ihr Krieger der Apachen und Kiowas, was über diese vier gefangenen Bleichgesichter beschlossen worden ist! Im Rate der Alten war schon vorher verabredet worden, daß wir sie im Wasser jagen, dann miteinander kämpfen lassen und sie endlich verbrennen wollten. Aber Old Shatterhand, der jüngste von ihnen, hat Worte gesprochen, in denen sich Stellen mit der Weisheit des Alters befanden. Sie haben den Tod verdient, aber es scheint doch, als ob sie es nicht so bös gemeint hätten, wie wir geglaubt haben. Darum ist unser ursprünglicher Beschluß aufgehoben worden, und wir wollen den großen Geist zwischen uns und ihnen entscheiden lassen.«

Er hielt einige Augenblicke inne, jedenfalls um die Spannung seiner Zuhörer zu vergrößern. Dies benutzte Sam zu der Bemerkung:

»Alle Wetter, das wird interessant, hochinteressant! Wißt Ihr, was er meint, Sir?«

»Ich ahne es,« antwortete ich.

»Nun, was?«

»Einen Zweikampf, ein sogenanntes Gottesurteil. Habe ich recht geraten?«

»Ja, jedenfalls einen Zweikampf. Aber zwischen wem? Bin furchtbar neugierig, es zu hören.«

Jetzt fuhr der Häuptling fort:

»Dasjenige Bleichgesicht, welches Old Shatterhand genannt wird, scheint das vornehmste von ihnen zu sein; also soll die Entscheidung in seine Hände gelegt werden. Sie soll abhängig sein von demjenigen unter uns, welcher am Range auch der höchste ist. Der bin ich, Intschu tschuna, der Häuptling der Apachen.«

»Alle Wetter, alle Wetter! Ihr und er!« flüsterte Sam in großer Erregung.

»Uff, uff, uff!« gingen die Rufe der Verwunderung durch die Reihen der Roten.

Sie waren jedenfalls erstaunt darüber, daß er selbst mit mir kämpfen wollte. Er hätte sich der Gefahr, die es dabei doch wohl auch für ihn gab, entziehen und einen Andern damit beauftragen können. Er gab die Erklärung, indem er weitersprach:

»Intschu tschuna und Winnetou sind in ihrem Ruhme dadurch gekränkt worden, daß es nur der Faust eines Bleichgesichts bedurfte, sie niederzuschlagen und zu betäuben. Sie müssen diesen Flecken wegwaschen, indem einer von ihnen mit diesem Bleichgesichte kämpft. Winnetou muß zurücktreten, denn ich bin älter und der erste Häuptling der Apachen. Er ist damit einverstanden, denn ich werde mit meiner

Ehre auch die seinige dadurch reinigen, daß ich Old Shatterhand töte.«

Er ließ wieder eine Pause eintreten.

»Könnt Euch freuen, Sir!« sagte Sam. »Werdet jedenfalls einen schnelleren Tod haben als wir. Habt den Kerl schonen wollen und werdet nun auf alle Fälle von ihm ausgelöscht!«

»Das wollen wir abwarten!«

»Brauche es gar nicht abzuwarten, weiß es im voraus. Oder meint Ihr, daß es sich um gleiche Waffen handeln wird?«

»Das bilde ich mir nicht ein.«

»*Well!* Die Bedingungen werden bei solchen Gelegenheiten so gestellt, daß der Weiße verloren ist. Kam ja irgendwo und irgendeinmal einer mit dem Leben davon, so ist es eine Ausnahme gewesen, welche die Regel nur bestätigt. Hört!«

Intschu tschuna fuhr fort:

»Wir werden Old Shatterhand die Fesseln abnehmen und ihn in das Wasser des Flusses lassen, über den er zu schwimmen hat; aber er bekommt keine Waffe. Ich folge ihm und nehme nur den Tomahawk mit. Kommt Old Shatterhand an das Ufer und lebendig bis zu der Zeder, welche da drüben auf der Lichtung steht, so ist er gerettet, und auch seine Gefährten sind frei; sie können gehen, wohin sie wollen. Töte ich ihn aber, bevor er die Zeder erreicht, so sind auch sie dem Tode verfallen und werden zwar nicht gemartert und verbrannt, sondern erschossen. Alle anwesenden Krieger wollen bestätigen, daß sie meine Worte gehört und verstanden haben und dieselben beherzigen wollen.«

»Howgh!« lautete die einstimmige Antwort.

Man kann sich denken, daß wir uns in großer Aufregung befanden, ich wohl nicht so sehr wie Sam, Dick und Will. Der Erstere sagte:

»Das haben diese Kerls sehr schlau angefangen. Weil Ihr der Vornehmste seid, sollt Ihr schwimmen. Unsinn! Weil Ihr ein Greenhorn seid; das ist der Grund. Mich, mich sollten sie in das Wasser lassen! Wollte ihnen zeigen, daß Sam Hawkens wie eine Forelle durch die Wellen geht! Aber Ihr! Hört, Sir, bedenkt, daß unser Leben von Euch abhängig ist! Wenn Ihr verliert und wir sterben müssen, rede ich kein einziges Wort mehr mit Euch. Darauf könnt Ihr Euch verlassen, wenn ich mich nicht irre!«

»Sorgt Euch nicht, alter Sam!« antwortete ich. »Was ich tun kann, das tue ich. Ich meine ganz im Gegenteile zu Euch, daß die Roten gar keine üble Wahl getroffen haben. Ich bin überzeugt, daß ich euch leichter retten werde, als Ihr uns retten könntet.«

»Wollen es hoffen! Also, es geht auf Leben und Tod. Ihr dürft Intschu tschuna nicht etwa schonen. Laßt Euch diesen Gedanken ja nicht in den Kopf kommen!«

»Wollen sehen!«

»Das ist nichts gesagt; da gibt es gar nichts zu sehen! Wenn Ihr ihn schont, so seid Ihr verloren, und wir gehen auch zugrunde. Ihr verlaßt Euch wohl auf Eure Faust?«

»Ja.«

»Das tut nicht, ja nicht! Es wird gar nicht zum Handgemenge kommen.«

»Ich bin überzeugt, daß es dazu kommt.«

»Nein – nicht!«

»Wie will er mich denn töten?«

»Mit dem Tomahawk natürlich. Ihr wißt doch, daß man den nicht nur im Nahekampfe anwendet; er ist auch eine fürchterliche Waffe für die Ferne; er wird geworfen, und diese Roten sind darin so geübt, daß sie einem auf hundert Schritte die Spitze des emporgehaltenen Fingers damit abschneiden. Intschu tschuna wird nicht etwa mit dem Beile auf Euch loshacken, sondern es, während Ihr flieht, hinter Euch herschleudern und Euch beim ersten Wurfe töten. Glaubt mir, Ihr mögt ein noch so vorzüglicher Schwimmer sein, Ihr kommt gar nicht ans andere Ufer hinüber; er schleudert Euch schon während des Schwimmens den Tomahawk in den Kopf oder vielmehr in den Nacken, was weit sicherer tötet. Da hilft Euch alle Eure Kunst und alle Eure Stärke nichts.«

»Das weiß ich, lieber Sam. Und ebenso weiß ich, daß unter Umständen ein Fingerhut voll List mehr wirkt als ein großes Faß voll Körperkraft.«

»List? Wie wolltet denn Ihr zu der nötigen List gekommen sein! Ich sage Euch, daß der alte Sam Hawkens als ein pfiffiger Kerl bekannt ist; aber ich kann trotz dieser Pfiffigkeit nicht einsehen, wie Ihr dem Häuptlinge durch List den Rang ablaufen wollt. Was hilft alle List, die List der ganzen Welt, gegen einen gut geschleuderten Tomahawk!«

»Sie hilft, Sam, sie hilft!«

»Wie denn?«

»Das werdet Ihr sehen, oder vielmehr, das werdet Ihr zunächst nicht sehen. Ich will Euch aber sagen, daß ich des Gelingens beinahe sicher bin.«

»Diese gewaltige Prahlerei laßt Ihr doch nur los, um uns das Herz leicht zu machen.«

»Nein.«

»Jawohl, um uns zu trösten! Aber was nützt uns ein Trost, der schon in der nächsten Minute zu Schanden wird!«

»Beruhigt Euch doch. Ich habe einen guten, einen ganz vortrefflichen Plan.«

»Einen Plan? Auch das noch! Hier gibt es keinen andern Plan als hinüber zu schwimmen, und dabei trifft Euch der Tomahawk.«

»Nein. Paßt auf! Wenn ich ertrinke, so sind wir gerettet.«

»Ertrinke – – gerettet! Sir, Ihr liegt schon jetzt im Sterben; darum redet Ihr so irre!«

»Ich weiß, was ich will. Merkt es Euch: Wenn ich ertrinke, so haben wir nichts mehr zu fürchten.«

Ich sprach diese Worte schnell und hastig, denn die drei Häuptlinge kamen jetzt zu uns. Intschu tschuna sagte:

»Wir binden Old Shatterhand jetzt los; er mag aber ja nicht denken, daß er davonlaufen kann! Es würden sofort mehrere hundert Verfolger hinter ihm her sein.«

»Fällt mir nicht ein!« antwortete ich. »Selbst wenn ich entkommen könnte, wäre es eine Schlechtigkeit von mir, meine Gefährten zu verlassen.«

Ich wurde losgemacht und bewegte die Arme, um ihre Beweglichkeit zu prüfen. Dann sagte ich:

»Es ist eine große Ehre für mich, mit dem berühmtesten Häuptlinge der Apachen um die Wette oder vielmehr um Leben und Tod zu schwimmen; aber für ihn ist es keine Ehre.«

»Warum nicht?«

»Weil ich kein Gegner für ihn bin. Ich habe zuweilen in einem Bache gebadet und mir dabei Mühe gegeben, nicht unterzugehen. Aber über einen so breiten, tiefen Fluß zu kommen, das getraue ich mir nicht.«

»Uff, uff! Das freut mich nicht. Ich und Winnetou sind die besten Schwimmer unsers Stammes; was bedeutet da ein Sieg über einen so schlechten Schwimmer!«

»Und du bist bewaffnet, und ich bin es nicht! Ich gehe also dem Tode entgegen, und meine Gefährten haben sich auch darauf gefaßt gemacht, zu sterben. Dennoch möchte ich gern wissen, wie ich mir diesen Kampf zu denken habe. Wer hat eher in das Wasser zu gehen?«

»Du!«

»Und du folgst mir nach?«

»Ja.«

»Und wann greifst du mich mit dem Tomahawk an?«

»Wann es mir beliebt,« antwortete er mir mit dem stolzen, ja verächtlichen Lächeln eines Virtuosen, der mit einem Stümper spricht.

»Das kann also auch schon im Wasser geschehen?«

»Ja.«

Ich tat, als ob ich immer unruhiger, besorgter und niedergeschlagener würde, und fragte weiter:

»Also du darfst mich töten. Ich dich auch?«

Er machte ein Gesicht, in welchem die sehr deutliche Antwort lag: ›Armer Wurm, daran ist ja gar nicht zu denken! Diese Frage kann dir nur von der Todesangst eingegeben worden sein!‹ und sagte dann:

»Es ist ein Schwimmen und Kämpfen auf Tod und Leben; du kannst also auch mich töten, denn nur falls dir dies gelingen sollte, wirst du imstande sein, die Zeder zu erreichen.«

»Und dein Tod würde mir nicht schaden?«

»Nein. Töte ich dich, so erreichst du das Ziel nicht, und deine Gefährten müssen sterben; tötest du mich, so gelangst du an die Zeder, und ihr seid von diesem Augenblicke an nicht mehr gefangen, sondern frei. Komm!«

Er drehte sich um, und ich zog meinen Jagdrock und die Stiefel aus. Was ich im Gürtel und in den Taschen stecken hatte, legte ich hin. Dabei klagte Sam:

»Es wird schief gehen, Sir, sehr schief. Wenn Ihr Euer Gesicht sehen könntet! Und der jammervolle Ton bei Euren letzten Fragen! Mir ist himmelangst um Euch und uns!«

Ich konnte ihm nichts antworten, weil die drei Häuptlinge es gehört hätten, aber ich wußte sehr wohl, warum ich so kläglich tat. Ich wollte Intschu tschuna sicher machen und, wie man sich vulgär auszudrücken pflegt, ihn auf den Leim führen.

»Noch eine Frage!« bat ich, ehe ich ihm folgte. »Bekommen wir unser Eigentum zurück, falls wir frei werden?«

Er stieß ein kurzes, ungeduldiges Lachen aus, denn er hielt diese Frage für geradezu verrückt, und antwortete:

»Ja, ihr bekommt es.«

»Alles?«

»Alles.«

»Auch die Pferde, die Gewehre?«

Da schnauzte er mich zornig an:

»Alles, ich habe es gesagt! Hast du keine Ohren? Eine Kröte wollte mit dem Adler um die Wette fliegen und fragte ihn, was er ihr geben würde, wenn sie ihn besiegte! Wenn du ebenso dumm schwimmst, wie du fragst, so schäme ich mich, daß ich dir keine alte Squaw zur Gegnerin gegeben habe!«

Wir gingen fort, durch den Halbkreis, welcher sich uns öffnete, dem Ufer zu. Ich kam da ganz in der Nähe von Nschotschi vorüber und fing von ihr einen Blick auf, mit welchem sie für das Leben von mir Abschied nahm. Die Indianer folgten hinter uns und lagerten sich dann beliebig nieder, um das interessante Schauspiel, das sie erwarteten, bequem zu genießen.

Es verstand sich ganz von selbst, daß ich mich in der

äußersten Gefahr befand. Ich mochte gerade, schief oder im Zickzack über den Fluß schwimmen, so war ich verloren; der Tomahawk des Häuptlings mußte mich treffen. Es gab nur einen Rettungsweg: durch das Tauchen, und da war ich glücklicherweise nicht der Stümper, für den mich Intschu tschuna gehalten hatte.

Aber selbst auf das Tauchen allein durfte ich mich nicht verlassen. Ich mußte doch empor, um Atem zu holen, und bot dann meinen Kopf dem Tomahawk. Nein, ich durfte gar nicht wieder an die Oberfläche kommen, wenigstens vor den Augen der Roten nicht. Wie aber das anfangen? Ich musterte das Ufer auf- und abwärts und sah mit großer Befriedigung, daß die Oertlichkeit mir zu Hilfe kam.

Wir befanden uns, wie schon gesagt, auf der vollständig freien Sandfläche, doch oberhalb der Mitte derselben. Ihr aufwärts liegendes Ende, wo der Wald wieder begann, war nur etwas über hundert Schritte von mir entfernt, und noch weiter oben machte der Fluß eine Biegung, die ihn meinem Auge entzog. Abwärts lag das Ende der Sandlichtung, wohl vierhundert Schritte von mir entfernt.

Wenn ich ins Wasser sprang und nicht wieder heraufkam, so glaubte man mich wohl ertrunken und suchte nach meinem Körper; dies geschah jedenfalls abwärts; folglich lag meine Rettung in der entgegengesetzten Richtung, also aufwärts. Da sah ich zunächst eine Stelle, an welcher der Fluß das Ufer unterspült hatte; es hing über und war vortrefflich geeignet, mir eine kurze Zuflucht zu bieten. Weiter oben war allerlei Holzwerk angespült worden und hing so fest, daß ich es recht gut zu demselben Zwecke benutzen konnte. Vorher aber war es geraten, ein wenig ängstlich zu tun.

Intschu tschuna entkleidete sich bis auf die leichte, indianische Hose, steckte den Tomahawk in den Gürtel, nachdem er die anderen in demselben befindlichen Gegenstände entfernt hatte, und sagte dann:

»Es kann beginnen. Spring hinein!«

»Darf ich nicht erst probieren, wie tief es ist?« fragte ich verzagt.

Es ging ein unendlich verächtliches Lächeln über sein Gesicht; er rief nach einer Lanze. Man brachte mir dieselbe, und ich stieß sie in das Wasser. Sie erreichte den Boden nicht. Das war mir unendlich lieb, ich tat aber womöglich noch niedergeschlagener als vorher, kauerte am Wasser nieder und wusch mir die Stirne, wie Einer, welcher befürchtet, einen Schlaganfall zu bekommen, wenn er in das Wasser geht, ohne sich vorher abzukühlen. Es ließ sich hinter mir ein allgemeines Murren der Geringschätzung hören, ein sicheres Zeichen, daß ich meinen Zweck erreicht hatte, und die Stimme Sams rief:

»Um Gottes willen, kommt lieber wieder her, Sir! Das kann ich nicht ansehen. Sie mögen uns totschinden. Das ist noch besser, als so ein Jammerbild vor Augen zu haben!«

Es kam mir unwillkürlich der Gedanke, was Nscho-tschi von mir denken werde. Ich drehte mich um. Das Gesicht Tanguas war der ganze, fleischgewordene Hohn; Winnetou hatte die Oberlippe emporgezogen, so daß man seine Zähne sah; er war wütend darüber, mir jemals seine Teilnahme geschenkt zu haben. Und seine Schwester hielt die Augen niedergeschlagen; sie sah mich gar nicht mehr an.

»Ich bin bereit,« herrschte Intschu tschuna mir zu. »Was zögerst du noch? Hinein mit dir!«

»Muß es denn wirklich sein?« fragte ich. »Geht es gar nicht anders?«

Es erscholl ein brausendes Gelächter, über welches Tanguas Stimme tönte:

»Gebt diesen Frosch frei! Schenkt ihm das Leben! An einen solchen Feigling darf kein Krieger seine Hand legen!«

Und mit dem grimmigen Knurren eines erzürnten Tigers schrie mich Intschu tschuna an:

»Hinein, sonst haue ich dir augenblicklich den Tomahawk ins Genick!«

Da stellte ich mich sehr erschrocken, setzte mich an den Rand des Flusses, hielt erst die Füße und dann die Unterschenkel in das Wasser und tat so, als ob ich recht hübsch langsam hineinrutschen wolle.

»Hinein mit dir!« schrie Intschu tschuna abermals und versetzte mir einen Fußtritt in den Rücken. Das hatte ich gewollt. Ich warf wie hilflos die Arme auseinander, stieß einen durchdringenden Angstschrei aus und plumpste in das Wasser. Im nächsten Augenblicke aber hatte die Verstellung ein Ende. Ich fühlte den Grund, stieß den Kopf hinab und schwamm, natürlich unter Wasser, aufwärts hart am Ufer hin. Gleich darauf hörte ich hinter und über mir ein Geräusch; Intschu tschuna war mir nachgesprungen. Wie ich später erfuhr, war es erst seine Absicht gewesen, mir einen Vorsprung zu lassen und mich dann an das jenseitige Ufer zu treiben, wo mich das Beil treffen sollte. Infolge meiner Feigheit aber gab er diesen Gedanken auf und sprang mir schnell nach, um mich zu erschlagen, sobald ich in die Höhe käme. Mit so einer Memme mußte kurzer Prozeß gemacht werden.

Ich erreichte die überhängende Uferstelle und tauchte auf, doch so, daß nur der Kopf bis zum Mund zum Vorschein kam. Niemand konnte mich sehen, als nur der Häuptling allein, weil er sich im Wasser befand. Zu meiner Freude hielt er sein Gesicht abwärts gerichtet. Ich holte tief und schnell Atem und ging wieder auf den Grund hinab, um weiter zu schwimmen. Dann kam ich an das angeschwemmte Holz, unter welchem ich auftauchte und wieder Atem holte; es verbarg meinen Kopf so vollständig, daß ich es wagen konnte, länger oben zu bleiben. Ich sah den Häuptling auf dem Wasser liegen wie ein Raubtier, welches bereit ist, augenblicklich auf seine Beute zu stoßen. Nun hatte ich noch die letzte, aber auch längste Strecke vor mir liegen, die bis zum Beginn des Waldes, wo Strauchwerk über das Ufer herab ins Wasser hing. Auch dort kam ich glücklich an und stieg, von diesem Gesträuch vollständig gedeckt, an das Ufer.

Ich mußte natürlich die erwähnte Krümmung des Flusses erreichen, um jenseits derselben nach dem jenseitigen Ufer zu schwimmen, und das geschah am schnellsten, indem ich dorthin lief. Vorher aber blickte ich durch die Büsche nach denen, die ich getäuscht hatte. Sie standen rufend und gestikulierend am Ufer, während der Häuptling, noch immer auf mich wartend, hin und her schwamm, obgleich ich unmöglich so lange hätte lebend unter Wasser bleiben können. Ob wohl Sam Hawkens jetzt an meine Worte: wenn ich ertrinke, so sind wir gerettet, dachte?

Nun lief ich im Walde weiter, so schnell wie möglich, bis ich die Biegung des Flusses hinter mir hatte, ging da wieder in das Wasser und kam fröhlich drüben an, jedenfalls nur infolge meiner Verstellung, also des Umstandes, daß sie mich für einen schlechten Schwimmer hielten, für einen Menschen, der sich vor dem Wasser fürchtete. Es war übrigens eine ganz plumpe List gewesen, durch welche sie sich hatten täuschen lassen, denn so, wie sie mich bisher kannten, hatten sie gar keine Veranlassung, mich für feig zu halten.

Drüben folgte ich dem Walde wieder abwärts, bis er zu Ende ging. Dort wieder hinter Büschen versteckt, sah ich zu meinem großen Vergnügen, daß mehrere Rote in das Wasser gesprungen waren und mit Lanzen nach dem ertrunkenen Old Shatterhand stocherten. Ich hätte nun in aller Gemächlichkeit nach der Zeder gehen können und dann gewonnen gehabt, tat dies aber nicht, denn ich wollte meinen Sieg nicht der List allein verdanken, sondern Intschu tschuna eine Lehre geben und ihn mir zugleich zur Dankbarkeit verpflichten.

Er schwamm noch immer suchend auf und ab; es kam ihm gar nicht in den Sinn, sein Auge herüber nach dem anderen Ufer zu richten. Ich glitt wieder in das Wasser, legte mich auf den Rücken, so daß nur die Nase und der Mund aus dem Wasser ragten, half durch leise, abwärts gerichtete Handschläge nach und ließ mich langsam forttreiben. Kein Mensch bemerkte mich. Als ich ihnen aber gegenüber angekommen war, tauchte ich wieder unter, schwamm ein Stück hinüber, kam dann empor und rief, das Wasser tretend, mit lauter Stimme:

»Sam Hawkens, Sam Hawkens, wir haben gewonnen – gewonnen!«

Es hatte ganz das Aussehen, als ob ich an einer seichten

Stelle stände. Die Roten hörten mich und blickten herüber. Welch ein Geheul erhob sich da! Es war, als ob tausend Teufel losgelassen seien und um die Wette brüllten. Wer so etwas auch nur einmal gehört hat, der vergißt es in seinem ganzen Leben nicht. Kaum hatte Intschu tschuna mich gesehen, so stieß er in langen, kraftvollen Schlägen aus und kam herübergeschwommen oder, richtiger gesagt, herübergeeilt. Ich durfte ihn nicht zu weit heranlassen und schoß wieder auf das jenseitige Ufer, das ich erklomm und wo ich dann stehen blieb.

»Fort, weiter fort, Sir!« schrie mir Sam zu. »Macht doch, daß Ihr an die Zeder kommt!«

Ja, daran konnte mich niemand hindern; auch Intschu tschuna hätte nicht vermocht, es zu verhüten; aber ich wollte ihm eben die beabsichtigte Lehre geben und entfernte mich nicht eher, als bis er ungefähr noch vierzig Schritte von mir entfernt war. Dann rannte ich fort, auf den Baum zu. Hätte ich mich im Wasser befunden, so wäre ihm wohl der Angriff mit dem Tomahawk gelungen, so aber war ich überzeugt, daß er sich des Schlacht- und Wurfbeiles nicht eher bedienen könne, als bis er das Ufer erreicht haben werde.

Der Baum war dreihundert Schritte von demselben entfernt. Als ich die Hälfte dieses Weges in schnellen Sprüngen zurückgelegt hatte, blieb ich wieder stehen und sah zurück. Eben stieg der Häuptling aus dem Wasser. Er ging in die Falle, welche ich ihm stellte. Einholen konnte er mich nicht mehr; höchstens sein Tomahawk konnte mich erreichen. Er riß ihn aus dem Gürtel und rannte vorwärts. Ich floh noch immer nicht; aber als er mir gefährlich nahe gekommen war, wendete ich mich wieder zur Flucht, doch nur scheinbar. Ich sagte mir folgendes: So lange ich ruhig stand, warf er das Beil sicherlich nicht, denn ich sah es kommen und konnte ihm ausweichen, während er, wenn er es behielt, mich einholen und niederschlagen konnte. Daß er werfen würde, war nur dann anzunehmen, wenn ich floh und ihm dabei den Rücken zukehrte, so daß ich die heranschwirrende Waffe nicht sah. Ich ergriff also zum Scheine die Flucht, tat aber höchstens zwanzig Sprünge und blieb dann, mich schnell umwendend, wieder stehen.

Richtig! Er hatte, um einen sicheren Wurf zu haben, im Laufe angehalten und das Beil um den Kopf geschwungen. Eben, als ich ihn wieder in das Auge faßte, schleuderte er es mir nach. Ich tat zwei, drei rasche Sprünge zur Seite – es flog an mir vorüber und grub sich dann im Sande ein.

Das hatte ich gewollt. Ich rannte hin, hob es auf und ging nun, anstatt nach dem Baume zu eilen, dem Häuptlinge ruhigen Schrittes entgegen. Er schrie vor Grimm auf und kam wie ein Wütender auf mich zugesprungen. Da schwang ich den Tomahawk und rief ihm drohend entgegen:

»Halt, Intschu tschuna! Du hast dich in Old Shatterhand abermals getäuscht. Willst du dein eigenes Beil in den Kopf haben?«

Er hielt im Laufen inne und schrie:

»Hund, wie bist du mir im Wasser entkommen? Der böse Geist hat dir abermals geholfen!«

»Glaube dies nicht! Wenn hier von einem Geiste gesprochen werden muß, so ist es der gute Manitou, der mir beigestanden hat.«

Ich sah bei diesen Worten, daß seine Augen, wie unter einem heimlichen Entschlusse leuchtend, auf mich gerichtet waren, und fuhr, ihn warnend, fort:

»Du willst mich überraschen, mich angreifen; ich sehe es dir an. Tue dies ja nicht, denn es würde dein Tod sein! Dir soll nichts geschehen, denn ich habe dich und Winnetou wirklich lieb; aber wenn du dich heranwagst, muß ich mich wehren. Du weißt, daß ich dir selbst ohne Waffe überlegen bin, und ich habe doch den Tomahawk. Also sei klug und –«

Ich konnte nicht weiter sprechen. Der ihn beherrschende Grimm raubte ihm die ruhige Ueberlegung. Die Hände wie geöffnete Krallen nach mir ausstreckend, warf er sich mir entgegen. Schon glaubte er, mich zu haben, da glitt ich, mich schnell bückend, zur Seite, und die Gewalt des Stoßes, mit welchem er mich hatte zu Boden bringen wollen, warf ihn selber nieder. Sofort war ich bei ihm, setzte ihm das linke

Knie auf den einen, das rechte auf den andern Arm, faßte ihn mit der linken Hand beim Halse, schwang den Tomahawk und rief:

»Intschu tschuna, bittest du um Gnade?«

»Nein.«

»So spalte ich dir den Kopf.«

»Töte mich, Hund!« keuchte er unter dem vergeblichen Versuche, loszukommen.

»Nein, du bist der Vater Winnetous und sollst leben; aber unschädlich machen muß ich dich einstweilen. Du zwingst mich dazu.«

Ich schlug ihm die flache Seite des Tomahawk gegen den Kopf – ein röchelnder Hauch; seine Glieder zuckten krampfhaft und streckten sich dann lang aus. Das hatte drüben, wo die Roten standen, das Aussehen, als ob ich ihn erschlüge. Es erscholl ein noch viel entsetzlicheres Geheul als das, welches ich vorhin gehört hatte. Ich band ihm mit dem Gürtel die Arme fest an den Leib, trug ihn zur Zeder und legte ihn dort nieder. Diesen unnützen Weg mußte ich machen, denn nach dem Wortlaute unserer Vereinbarung war ich gezwungen, die Zeder zu erreichen. Dann aber ließ ich ihn liegen und rannte schnell nach dem Flusse zurück, denn ich sah, daß viele Rote sich ins Wasser warfen, um herüberzuschwimmen, an ihrer Spitze Winnetou. Das konnte, falls sie nicht gewillt waren, Wort zu halten, gefährlich für mich und meine Gefährten werden. Darum rief ich, am Wasser angekommen, ihnen zu:

»Zurück mit euch! Der Häuptling lebt; ich habe ihm nichts getan; aber wenn ihr kommt, erschlage ich ihn. Nur Winnetou soll herüber; mit ihm will ich sprechen!«

Sie beachteten diese Warnung nicht; da bäumte Winnetou sich, um von allen gesehen zu werden, im Wasser empor und rief ihnen einige Worte zu, die ich nicht verstand. Ihm gehorchten sie, indem sie umkehrten, und er kam allein herüber. Ich erwartete ihn am Wasser und sagte, als er aus demselben stieg:

»Das war gut, daß du deine Krieger zurückschicktest, denn sie hätten deinen Vater in Gefahr gebracht.«

»Du hast ihn mit dem Tomahawk erschlagen?«

»Nein. Er zwang mich, ihn zu betäuben, weil er sich mir nicht ergeben wollte.«

»Und konntest ihn doch töten! – Er war in deiner Hand!«

»Ich töte nicht gern einen Feind, am allerwenigsten aber einen Mann, welcher der Vater Winnetous ist und den ich also lieb habe. Hier hast du seine Waffe! Du wirst bestimmen, ob ich gesiegt habe und ob man mir und meinen Gefährten Wort halten wird.«

Er nahm den Tomahawk, den ich ihm hinhielt, und sah mich lange, lange an. Sein Blick wurde mild und milder; der Ausdruck desselben steigerte sich zur Bewunderung, und dann rief er aus:

»Was ist Old Shatterhand doch für ein Mann! Wer kann ihn begreifen!«

»Du wirst mich verstehen lernen.«

»Du gibst mir dieses Beil, ohne zu wissen, ob wir dir Wort halten werden! Du könntest dich mit demselben wehren. Weißt du, daß du dich dadurch in meine Hände lieferst?«

»*Pshaw!* Ich fürchte mich nicht, denn ich habe für alle Fälle meine Arme und Fäuste, und Winnetou ist kein Lügner, sondern ein edler Krieger, der sein Wort nie brechen wird.«

Da streckte er mir die Hand entgegen und antwortete, indem seine Augen erglänzten:

»Du hast recht; du bist frei, und die andern Bleichgesichter sind es auch, außer dem Manne, welcher Rattler heißt. Du hast Vertrauen zu mir, könnte ich doch zu dir auch welches haben!«

»Du wirst mir so vertrauen, wie ich dir; warte nur noch kurze Zeit. Komm jetzt mit zu deinem Vater!«

»Ja, komm! Ich muß nach ihm sehen, denn wenn Old Shatterhand zuschlägt, kann leicht der Tod eintreten, obwohl er dies nicht beabsichtigte.«

Wir gingen nach der Zeder und banden dem Häuptlinge die Arme los. Winnetou untersuchte ihn und sagte dann:

»Er lebt, wird aber spät erwachen und nachher einen lange

schmerzenden Kopf haben. Ich darf nicht hier bleiben und werde ihm einige Männer herübersenden. Mein Bruder Old Shatterhand mag mit mir kommen.«

Dies war das erste Mal, daß er mich ›mein Bruder‹ nannte. Wie oft habe ich später dieses Wort aus seinem Munde gehört, und wie ernst, treu und wahr ist dasselbe stets gemeint gewesen!

Wir gingen wieder an den Fluß und schwammen hinüber. Die Roten standen drüben und sahen uns gespannt entgegen. Jetzt, da wir so friedlich nebeneinander herschwammen, merkten sie nicht bloß, daß wir einig waren, sondern sie mußten auch erkennen, wie falsch sie mich beurteilt hatten, als ich der Gegenstand ihres Spottes und Hohngelächters gewesen war. Als wir an das Ufer stiegen, sagte Winnetou, indem er mich bei der Hand nahm, mit lauter Stimme:

»Old Shatterhand hat gesiegt. Er und seine drei Gefährten sind frei!«

»Uff, uff, uff!« riefen die Apachen.

Tangua aber stand da und blickte finster drein. Mit ihm hatte ich noch abzurechnen, denn seine Lügen und seine Bemühungen, uns den Tod zu bringen, mußten bestraft werden, nicht bloß um unsertwillen, sondern auch der Zukunft und derjenigen Weißen wegen, mit denen er später zusammentreffen würde.

Winnetou schritt mit mir an ihm vorüber, ohne einen Blick auf ihn zu werfen. Er führte mich zu den Pfählen, an denen die drei Kameraden hingen.

»Halleluja!« rief Sam. »Wir sind gerettet; wir werden nicht ausgelöscht! Mensch, Mann, Freund, Jüngling und Greenhorn, wie habt Ihr das nur angefangen?«

Winnetou gab mir sein Messer und sagte:

»Schneide sie los! Du hast es verdient, dies selbst tun zu dürfen.«

Ich tat es. Kaum waren sie frei, so warfen sie sich auf mich und nahmen mich in ihre sechs Arme, um mich auf eine Weise zu drücken und zu quetschen, daß es mir angst und bange werden wollte. Sam küßte mir sogar die Hand und beteuerte, indem Tränen aus seinen kleinen Aeuglein in den Bartwald tropften:

»Sir, wenn ich Euch dies jemals vergesse, so soll mich der erste Bär, der mir begegnet, mit Haut und Haar verschlingen! Wie habt Ihr es nur angefangen? Ihr waret verschwunden. Ihr hattet solche Angst vor dem Wasser, und so dachten alle, daß Ihr ertrunken wäret.«

»Habe ich nicht gesagt: Wenn ich ertrinke, so sind wir gerettet!«

»Das hat Old Shatterhand gesagt?« fragte Winnetou. »Also war das alles Verstellung?«

»Ja,« nickte ich.

»Mein Bruder wußte, was er wollte. Er ist hier hüben unter Wasser stromaufwärts geschwommen und dann drüben wieder herab, wie ich vermute. Mein Bruder ist nicht nur stark wie ein Bär, sondern auch listig wie der Fuchs der Prairie; wer sein Feind ist, der hat sich vor ihm sehr in acht zu nehmen.«

»Und so ein Feind ist Winnetou gewesen?«

»Ich war es, bin es aber nicht mehr.«

»So glaubst du nicht mehr Tangua, dem Lügner, sondern mir?«

Er sah mich wieder so lange und forschend an wie vorhin drüben am jenseitigen Ufer, reichte mir die Hand und antwortete:

»Deine Augen sind gute Augen, und in deinen Zügen wohnt keine Unehrlichkeit. Ich glaube dir.«

Ich hatte die vorhin abgelegten Kleidungsstücke wieder angezogen, nahm die Sardinenbüchse aus der Tasche des Jagdrockes und sagte:

»Da hat mein Bruder Winnetou das Richtige getroffen; ich werde es ihm beweisen. Vielleicht kennt er das, was ich ihm jetzt zeigen werde.«

Ich langte die zusammengerollte Haarlocke heraus, zog sie auseinander und hielt sie ihm hin. Er streckte die Hand darnach aus, griff sie aber doch nicht an, sondern trat, ganz und gar überrascht, einen Schritt zurück und rief aus:

»Das ist Haar von meinem Kopfe! Wer hat dir dies gegeben?«

»Intschu tschuna erzählte vorhin, daß ihr an die Bäume gebunden gewesen seid; da habe euch der große, gute Geist einen unsichtbaren Retter gesandt. Ja, unsichtbar war er, denn er durfte sich vor den Kiowas nicht sehen lassen; jetzt aber braucht er sich nicht mehr vor ihnen zu verbergen. Nun wirst du es wohl glauben, daß ich nicht dein Feind, sondern stets dein Freund gewesen bin.«

»Du – du – du also hast uns losgebunden! Dir also haben wir die Freiheit und wohl auch das Leben zu verdanken!« stieß er, noch immer ganz betroffen, hervor, er, der sonst nie durch Etwas zu erstaunen oder zu überraschen war. Dann nahm er mich bei der Hand und zog mich fort, hin nach der Stelle, an welcher, uns mit jedem ihrer Blicke beobachtend, seine Schwester stand. Er stellte mich vor sie hin und sagte:

»Nscho-tschi sieht hier den tapfern Krieger, welcher mich und den Vater heimlich befreit hat, als uns die Kiowas an die Bäume gebunden hatten; sie mag sich bei ihm bedanken!«

Nach diesen Worten drückte er mich an sich und gab mir auf jede Wange einen Kuß. Sie reichte mir die Hand und sagte das eine Wort:

»Verzeih!«

Sie sollte sich bedanken und bat mich statt dessen um Verzeihung! Warum? Ich verstand sie recht gut. Sie hatte mir im stillen Unrecht getan. Sie als meine Pflegerin mußte mich besser kennen als die Andern, und doch hatte sie, als ich mich aus List verstellte, auch geglaubt, daß es Wahrheit sei. Sie hatte mich für eine feige, ungeschickte Memme gehalten, und dies gut zu machen, das war ihr wichtiger als der Dank, den Winnetou von ihr verlangte. Ich drückte ihr die Hand und antwortete:

»Nscho-tschi wird sich alles dessen erinnern, was ich ihr gesagt habe. Nun ist es eingetroffen. Will meine Schwester jetzt an mich glauben?«

»Ich glaube an meinen weißen Bruder!«

Tangua stand in der Nähe. Es war ihm anzusehen, wie wütend er war. Ich trat zu ihm hin und fragte, indem ich ihm fest ins Gesicht blickte:

»Ist Tangua, der Häuptling der Kiowas, ein Lügner oder liebt er die Wahrheit?«

»Willst du mich beleidigen?« fuhr er auf.

»Nein! Ich will nur wissen, woran ich mit dir bin. Also antworte!«

»Old Shatterhand mag wissen, daß ich die Wahrheit liebe.«

»Wollen sehen! Dann hältst du wohl auch Wort, wenn du etwas versprochen hast?«

»Ja.«

»Das muß auch sein, denn wer nicht tut, was er sagt, den muß man verachten. Du weißt doch noch, was du zu mir gesagt hast?«

»Wann?«

»Vorhin, als ich noch angebunden war.«

»Da habe ich Verschiedenes gesagt.«

»Allerdings. Du wirst aber wohl wissen, welches von deinen Worten ich meine.«

»Nein.«

»So muß ich dich erinnern. Du wolltest mir Rechenschaft geben.«

»Habe ich das gesagt?« fragte er, indem er die Brauen in die Höhe zog.

»Ja. Du hast ferner gesagt, daß du gern mit mir kämpfen würdest, denn du wüßtest genau, daß ich von dir zermalmt werden würde.«

Es mochte ihm bei dem Tone, in welchem ich jetzt mit ihm sprach, unheimlich werden, denn er meinte bedächtig:

»Ich erinnere mich dieser Worte nicht. Old Shatterhand muß mich falsch verstanden haben.«

»Nein. Winnetou war dabei; er wird es mir bezeugen.«

»Ja,« bestätigte Winnetou bereitwillig. »Tangua hat Old Shatterhand Rechenschaft geben wollen und sich gerühmt, daß er sehr gern mit ihm kämpfen und ihn zermalmen werde.«

»Du siehst also ein, daß du diese Worte gesprochen hast. Willst du sie halten?«

»Verlangst du es?«

»Ja. Du hast mich einen Frosch genannt, der keinen Mut besitzt; du hast mich verleumdet und dir alle Mühe gegeben, uns in das Verderben zu bringen. Wer so verwegen ist, dies zu tun, der muß es auch wagen, sich gegen mich zu verteidigen.«

»*Pshaw!* Ich kämpfe nur mit Häuptlingen!«

»Ich bin ein Häuptling!«

»Beweise es!«

»Schön! Ich werde es dir dadurch beweisen, daß ich dich mit einem Stricke dort an dem ersten Baume aufhänge, wenn du dich weigerst, mir Rechenschaft zu geben.«

Einem Indianer mit dem Hängen drohen, ist eine Beleidigung, welcher schwerlich eine andere gleichkommt. Er riß auch sofort sein Messer aus dem Gürtel und schrie:

»Hund, soll ich dich erstechen?«

»Ja, aber nicht so, wie du es jetzt willst, sondern im ehrlichen Kampfe, Mann gegen Mann und Messer gegen Messer.«

»Das fällt mir nicht ein; ich habe mit Old Shatterhand nichts zu schaffen!«

»Aber vorhin, als ich festgebunden war und mich nicht wehren konnte, da machtest du dir mit mir zu schaffen, Feigling!«

Er wollte auf mich eindringen; da stellte sich Winnetou zwischen ihn und mich und sagte:

»Mein Bruder Old Shatterhand hat recht. Tangua hat ihn verleumdet und hat ihm Rechenschaft geben wollen. Wenn er dieses Wort nicht erfüllt, so ist er ein Feigling und verdient, von seinem Stamme ausgestoßen zu werden. Diese Sache muß sofort entschieden werden, denn niemand soll den Kriegern der Apachen nachsagen, daß sie Feiglinge als Gäste bei sich haben. Was gedenkt der Häuptling der Kiowas zu tun?«

Dieser warf, ehe er antwortete, einen Blick rund umher. Es

waren fast viermal mehr Apachen als Kiowas vorhanden, und diese letzteren befanden sich mitten im Gebiete der ersteren; es zu einem Zerwürfnisse zwischen beiden kommen lassen, das war unmöglich, jetzt, wo er ein solches Lösegeld hatte zahlen müssen und doch noch, streng genommen, halber Gefangener war.

»Ich werde es mir überlegen,« antwortete er ausweichend.

»Für einen tapferen Krieger gibt es da nichts zu überlegen. Entweder du gehst auf den Kampf ein oder wirst als Feigling betrachtet.«

Da raffte er sich zusammen und schrie:

»Tangua ein Feigling? Wer das sagt, dem stoße ich das Messer in die Brust!«

»Ich sage es, ich!« antwortete Winnetou stolz und ruhig, »wenn du das Wort nicht hältst, welches du Old Shatterhand gegeben hast.«

»Ich halte es!«

»Du bist also bereit, mit ihm zu kämpfen?«

»Ja.«

»Und sofort?«

»Sofort! Es verlangt mich sehr, möglichst bald sein Blut zu sehen.«

»Wohlan, so mag bestimmt werden, mit welchen Waffen dieser Kampf vorgenommen werden soll.«

»Wer hat dies zu bestimmen?«

»Old Shatterhand.«

»Warum?«

»Weil du ihn beleidigt hast.«

»Nein, sondern ich.«

»Du?«

»Ja, ich, denn er hat mich beleidigt, und ich bin ein Häuptling, während er ein gewöhnlicher Weißer ist. Ich bin also viel mehr als er.«

»Old Shatterhand ist mehr als ein roter Häuptling.«

»Das behauptet er auch, hat es aber nicht zu beweisen vermocht. Eine Drohung ist kein Beweis.«

Da entschied ich die Frage:

»Tangua mag wählen; mir ist es ganz gleich, mit welcher Waffe ich ihn besiege.«

»Du wirst mich nicht besiegen,« brüllte er mich wütend an. »Denkst du, ich wähle den Faustkampf, wo du Jeden niederschlägst, oder das Messer, mit welchem du ›Blitzmesser‹ erstochen hast, oder den Tomahawk, welcher sogar Intschu tschuna verderblich geworden ist?«

»Was denn?«

»Das Gewehr. Wir werden auf einander schießen, und meine Kugel wird dir im Herzen sitzen!«

»Schön! Ich stimme bei. Aber hat mein Bruder Winnetou gehört, was Tangua jetzt eingestanden hat?«

»Was?«

»Daß ich mit ›Blitzmesser‹ gekämpft und ihn niedergestochen habe. Dies tat ich, um die gefangenen Apachen vom Marterpfahle zu retten; er aber hat es bis zu diesem Augenblicke geleugnet. Man hört, wie recht ich hatte, als ich ihn einen Lügner nannte.«

»Einen Lügner? Mich?« donnerte mich der Kiowa an. »Das sollst du mit dem Leben bezahlen! Schnell die Gewehre her! Der Kampf mag sofort beginnen, damit ich diesen kläffenden Hund zum Schweigen bringe!«

Er hatte sein Gewehr in der Hand. Winnetou schickte einen Apachen in das Pueblo, um meine Büchse und die Munition, welche ich bei mir gehabt hatte, zu holen. Es war alles sorgfältig aufgehoben worden, weil Winnetou sich, trotzdem er mich für seinen Feind hielt, so lebhaft für mich interessiert hatte. Dann forderte er mich auf:

»Mein weißer Bruder mag sagen, aus welcher Entfernung und wieviel Male geschossen werden soll!«

»Ist mir gleich,« antwortete ich. »Wer die Waffen bestimmt hat, mag auch hier entscheiden.«

»Ja, ich entscheide,« sagte Tangua. »Zweihundert Schritte und soviel Schüsse, bis einer von uns niederstürzt und nicht wieder aufstehen kann.«

»Gut,« sagte Winnetou. »Ich werde aufpassen. Es hat einmal Dieser und einmal Jener zu schießen, also abwechselnd.

Ich stehe mit meinem Gewehre dabei und werde demjenigen, welcher schießt, ohne an der Reihe zu sein, eine Kugel in den Kopf geben. Wer aber hat den ersten Schuß?«

»Ich natürlich!« rief der Kiowa.

Winnetou schüttelte mißbilligend den Kopf und sagte:

»Tangua will alle Vorteile für sich haben. Old Shatterhand mag zuerst schießen.«

»Nein,« antwortete ich; »er soll seinen Willen haben. Er einen Schuß und ich einen; dann ist's aus.«

»Nein,« entgegnete Tangua. »Wir schießen so lange, bis Einer fällt!«

»Allerdings, denn mein erster Schuß wird dich niederstrecken.«

»Prahler!«

»*Pshaw!* Eigentlich sollte ich dich töten; aber ich will es nicht tun. Die geringste Strafe für das, was du getan hast, ist jedoch, daß ich dich lähme. Ich werde dir das rechte Knie zerschmettern. Merke es dir!«

»Habt ihr es gehört?« lachte er. »Dieses Bleichgesicht, welches von seinen eigenen Freunden ein Greenhorn genannt wird, will bei zweihundert Schritten vorhersagen können, daß er mich in das Knie treffen wird! Lacht ihn aus, ihr Krieger, lacht ihn aus!«

Er blickte auffordernd rund umher, aber es lachte niemand. Da fuhr er fort:

»Ihr fürchtet euch vor ihm! Ich aber werde euch zeigen, wie ich ihn verlache. Kommt, laßt uns diese zweihundert Schritte abmessen!«

Während dies geschah, wurde mir mein Bärentöter gebracht. Ich untersuchte ihn; er befand sich in gutem Zustande. Beide Läufe waren geladen. Um meiner Sache ganz sicher zu sein, schoß ich sie ab und lud sie von neuem, so sorgfältig, wie die gegenwärtige Veranlassung es forderte. Dabei kam Sam zu mir und sagte:

»Sir, ich habe hundert Fragen an Euch und finde doch keine Gelegenheit dazu. Jetzt nur die eine: Wollt Ihr diesen Kerl wirklich in das Knie treffen?«

»Ja.«

»Nur?«

»Es ist das Strafe genug.«

»Nein, gewiß nicht. Solches Ungeziefer muß ausgerottet werden, wenn ich mich nicht irre. Bedenkt doch, was er alles verschuldet hat und was alles geschehen ist, nur deshalb, daß er die Pferde der Apachen hat stehlen wollen!«

»Daran sind die Weißen, welche ihn verführten, wenigstens ebenso schuld.«

»Er mag sich nicht verführen lassen! Ich an Eurer Stelle würde ihm eine Kugel in den Kopf geben. Er zielt ganz gewiß nach dem Eurigen!«

»Oder nach der Brust; ich bin überzeugt davon.«

»Wird aber nicht treffen. Das Schießzeug dieser Kerls ist nichts wert.«

Jetzt war die Entfernung abgemessen und wir stellten uns an den beiden Endpunkten auf. Ich war ruhig wie gewöhnlich, Tangua aber erging sich in gar nicht wiederzugebenden Schmähungen gegen mich. Darum sagte Winnetou, welcher seitwärts grad in der Mitte zwischen uns stand:

»Der Häuptling der Kiowas mag schweigen und aufpassen! Ich zähle bis drei, dann wird geschossen; wer aber eher schießt, der bekommt meine Kugel in den Kopf!«

Es läßt sich denken, daß alle Anwesenden von der größten Spannung ergriffen worden waren. Sie hatten sich in zwei Reihen rechts und links von uns aufgestellt, so daß eine breite Straße entstanden war, deren Endpunkte wir beide markierten. Es herrschte tiefe Stille.

»Der Häuptling der Kiowas mag beginnen,« sagte Winnetou – – – »eins – – zwei – – drei!«

Ich stand still da und bot meinem Gegner meine ganze Körperbreite dar. Er legte gleich beim ersten Worte Winnetous das Gewehr an, zielte sorgfältig und drückte ab. Die Kugel ging nahe an mir vorüber. Kein Mensch ließ einen Ruf hören, der diesem Schusse gelten sollte.

»Nun mag Old Shatterhand schießen,« forderte mich Winnetou auf. »Eins – – zwei – – –«

»Halt!« unterbrach ich ihn. »Ich habe dem Häuptling der Kiowas grad und ehrlich gegenübergestanden; er aber dreht sich halb um und wendet mir nicht das Gesicht, sondern die Seite zu.«

»Das kann ich,« antwortete er. »Wer will es mir verbieten? Es ist nicht bestimmt worden, wie wir stehen sollen.«

»Das ist wahr, und Tangua kann sich also stellen, wie es ihm beliebt. Er kehrt mir seine schmale Seite zu, weil er meint, daß ich ihn da nicht so leicht treffen könnte; aber er irrt sich, denn ich treffe unbedingt. Ich hätte schießen können, ohne ein Wort sagen zu brauchen; aber ich will ehrlich mit ihm sein. Er soll meine Kugel in das rechte Knie bekommen; das kann aber nur dann geschehen, wenn er mir das Gesicht zukehrt; wendet er mir aber die Seite zu, so wird ihm die Kugel beide Kniee zerschmettern. Das ist der Unterschied. Er kann stehen, wie er will; ich habe ihn gewarnt.«

»Schieß nicht mit Worten, sondern mit Kugeln!« höhnte er, indem er meine Warnung mißachtete und seitlich stehen blieb.

»Old Shatterhand schießt,« wiederholte Winnetou: »eins – – zwei – – drei!«

Mein Schuß krachte; Tangua stieß einen lauten Schrei aus, ließ sein Gewehr fallen, warf die Arme auseinander, wankte hin und her und stürzte dann nieder.

»Uff, uff, uff!« rief es überall, und Alle drängten sich zu ihm, um zu sehen, wo ich ihn getroffen hatte.

Ich ging nun auch hin, und man machte mir ehrerbietig Platz.

»In beide Kniee, in beide Kniee!« hörte ich rechts und links sagen.

Als ich ihn erreichte, lag er wimmernd an der Erde. Winnetou kniete bei ihm und untersuchte die Verletzung. Er sah mich kommen und sagte:

»Die Kugel ist genau so gegangen, wie mein weißer Bruder vorherverkündet hat; es sind beide Kniee zerschmettert. Tangua wird nie wieder ausreiten können, um sein Auge auf die Pferde anderer Stämme zu werfen.«

Als der Verwundete mich erblickte, warf er mir eine ganze Flut von Schimpfreden entgegen. Ich herrschte ihn so an, daß er für einige Augenblicke schwieg, und sagte:

»Ich habe dich gewarnt, und du hast nicht auf mich gehört; du bist selber schuld.«

Er wagte nicht, zu jammern, weil ein Indianer dieses selbst bei den ärgsten Schmerzen nicht darf; er biß sich auf die Lippen, sah finster vor sich nieder und knirschte dann:

»Ich bin verwundet und kann nicht heimkehren. Ich muß bei den Apachen bleiben.«

Da schüttelte Winnetou den Kopf und antwortete in sehr bestimmtem Tone:

»Du wirst doch heimkehren müssen, denn wir haben keinen Raum für die Diebe unserer Pferde und die Mörder unserer Krieger. Wir haben uns nicht mit Blut gerächt und uns mit Tieren und Sachen begnügt; mehr kannst du nicht verlangen. Ein Kiowa gehört nicht in unser Pueblo.«

»Aber ich kann nicht heimreiten!«

»Old Shatterhand war noch schwerer verwundet als du und konnte auch nicht reiten; dennoch mußte er mit. Denke recht oft an ihn! Das wird dir nützlich sein! Die Kiowas wollten uns heut verlassen; sie mögen dies ja tun, denn denjenigen von ihnen, den wir morgen in der Nähe unserer Weideplätze treffen, den werden wir so behandeln, wie nach ihrem Wunsche Old Shatterhand behandelt werden sollte. Ich habe gesprochen. Howgh!«

Er nahm mich bei der Hand und führte mich fort. Als wir aus dem Gedränge der Menschen heraus waren, sahen wir seinen Vater mit den zwei Männern geschwommen kommen, die er ihm hinüber gesandt hatte. Er ging ihm bis an das Ufer entgegen, und ich suchte Sam Hawkens, Dick Stone und Will Parker auf.

»Endlich, endlich dürfen wir Euch einmal für uns haben!« sagte der Erstere. »Sagt doch gleich erst vor allen Dingen, was waren das für Haare, welche Ihr Winnetou zeigtet?«

»Ich hatte sie ihm abgeschnitten.«

»Wann?«

»Als ich ihn und seinen Vater losschnitt.«

»So hättet – – alle Teufel! – – Ihr hättet – – Ihr, das Greenhorn, hättet – – – hättet sie befreit?«

»Freilich.«

»Ohne uns ein Wort zu sagen?!«

»War nicht nötig!«

»Aber, wie habt Ihr das denn angefangen?«

»Grad so, wie es ein Greenhorn anzufangen pflegt.«

»Redet verständig, Sir! Das war eine außerordentlich schwierige Sache!«

»Ja, Ihr zweifeltet sogar daran, ob sie Euch selbst gut gelingen würde.«

»Und Euch ist sie gelungen! Entweder habe ich gar keinen Verstand, oder er steht mir still!«

»Das erstere ist der Fall, das erstere, Sam!«

»Macht keine dummen Witze! So ein Heimtücker! Macht die Häuptlinge los und trägt den Zopf, welcher Wunder wirkte, mit sich herum, ohne uns ein Wort davon zu sagen! Hat so ein ehrliches Gesicht, der Kerl, aber man darf eben keinem Menschen mehr trauen! Und wie ist es denn heut gewesen! Es ist mir da Einiges unklar geblieben. Ihr waret ertrunken und dann plötzlich wieder da!«

Ich erzählte es ihm. Als ich geendet hatte, rief er aus:

»Mensch, Freund und Greenhorn, Ihr seid doch ein ganz fürchterlicher Racker, wenn ich mich nicht irre! Ich muß Euch wieder fragen, wie schon früher einmal: Ihr seid wirklich noch nie im wilden Westen gewesen?«

»Nein.«

»Auch überhaupt in den Vereinigten Staaten nicht?«

»Nein.«

»Dann mag Euch der Kuckuck begreifen, ich aber nicht! Ihr seid in Allem Anfänger und doch in Allem gleich fertig. So ein Patron, wie Ihr seid, ist mir wirklich noch nicht vorgekommen. Muß Euch loben, wirklich loben. Habt Eure Sache schlau angefangen, hihihihi! Unser Leben hing wirklich nur an einem Haare. Braucht Euch aber auf dieses Lob nichts einzubilden, gar nichts. Werdet dafür um so größere Dummheiten machen. Sollte mich wirklich wundern, wenn aus Euch einmal ein brauchbarer Westmann würde!«

Er hätte in dieser Weise wohl noch fortgefahren; aber da kam Winnetou mit Intschu tschuna herbei. Dieser Letztere sah mir grad so wie vorher sein Sohn lange und ernst in das Gesicht und sagte dann:

»Ich habe von Winnetou Alles gehört. Ihr seid frei und werdet uns verzeihen. Du bist ein sehr tapferer und sehr listiger Krieger und wirst noch manchen Feind besiegen. Der handelt klug, der dich zu seinem Freunde macht. Willst du das Calumet des Friedens mit uns rauchen?«

»Ja; ich möchte euer Freund und Bruder sein!«

»So kommt mit mir und Nscho-tschi, meiner Tochter, jetzt ins Pueblo hinauf! Ich will meinem Ueberwinder eine Wohnung anweisen, wie sie seiner würdig ist. Winnetou bleibt hier unten, um die Ordnung zu wahren.«

Wir stiegen mit ihm und Nscho-tschi als freie Männer nach der Pyramidenburg hinauf, die wir als Gefangene verlassen hatten, um in den Tod geschleppt zu werden. – –

FÜNFTES KAPITEL.

»Schöner Tag.«

Als wir jetzt nach dem Pueblo zurückkehrten und bei demselben anlangten, sah ich erst, welch ein mächtiger, imposanter Steinbau dasselbe war. Man hält die amerikanischen Völkerschaften für bildungsunfähig; aber Menschen, welche solche Felsenmassen zu bewegen und zu einer solchen mit den damaligen Waffen uneinnehmbaren Festung aufeinander zu türmen verstanden hatten, konnten unmöglich nur auf der untersten, niedrigsten Kulturstufe gestanden haben. Und wenn man sagt, daß diese Nationen früher bestanden haben und daß die jetzigen Indianer keineswegs Abkömmlinge derselben seien, so will ich das weder zugeben noch bestreiten; aber wenn es wirklich so sein sollte, dann ist das noch kein Grund zu der Behauptung, daß die Indianer geistig nicht vorwärts kommen können. Natürlich, wenn man ihnen nicht die Zeit und den Raum dazu gönnt, so müssen sie verkommen und untergehen.

Wir stiegen mittels der vorhandenen Leitern bis zur dritten Plattform empor, hinter welcher die besten Räume des Pueblo lagen. Da wohnte Intschu tschuna mit seinen beiden Kindern, und da bekamen wir unsere Wohnung angewiesen.

Die meinige war groß. Sie hatte zwar auch keine Fensteröffnungen und erhielt ihr Licht nur durch die Tür, aber diese war so breit und hoch, daß es an der nötigen Helligkeit nicht mangelte. Der Raum war leer, doch Nscho-tschi möblierte ihn mir bald mit Fellen, Decken und Gerätschaften so gut aus, daß ich mich weit mehr als den Verhältnissen angemessen behaglich fühlen konnte. Hawkens, Stone und Parker bekamen zusammen ein ähnliches Gemach angewiesen.

Als mein ›Gastzimmer‹ so weit eingerichtet war, daß ich es betreten konnte, brachte ›Schöner Tag‹ mir eine prächtig geschnittene Friedenspfeife und Tabak dazu. Sie stopfte sie mir selbst und setzte den Tabak dann in Brand. Als ich die ersten Züge tat, sagte sie:

»Dieses Calumet sendet dir Intschu tschuna, mein Vater. Er selbst hat den Thon dazu aus den heiligen Steinbrüchen geholt, und ich habe den Kopf daraus geschnitten. Sie ist noch in keines Menschen Munde gewesen, und wir bitten dich, sie von uns als dein Eigentum anzunehmen und unser zu gedenken, wenn du daraus rauchest.«

»Eure Güte ist groß,« antwortete ich. »Sie beschämt mich fast, denn ich kann dieses Geschenk nicht erwidern.«

»Du hast uns bereits soviel gegeben, daß wir dir gar nicht dafür danken können, nämlich wiederholt das Leben Intschu tschunas und Winnetous, meines Bruders. Beide waren wiederholt in deine Hand gegeben, ohne daß du sie tötetest. Heut wieder konntest du Intschu tschuna das Leben nehmen, ohne daß du dafür bestraft worden wärest; du hast es aber nicht getan. Dafür sind dir unsere Herzen zugewendet, und du sollst unser Bruder sein, wenn du es unsern Kriegern erlaubst, dich als solchen zu betrachten.«

»Wenn das geschieht, so ist mein größter Wunsch erfüllt. Intschu tschuna ist ein sehr berühmter Häuptling und Krieger, und Winnetou habe ich gleich vom ersten Augenblicke an lieb gehabt. Es ist mir nicht nur eine große Ehre, sondern eine ebenso große Freude, der Bruder solcher Männer genannt zu werden. Ich wünsche nur, daß meine Gefährten auch daran teilnehmen dürfen.«

»Wenn sie wollen, wird man sie so betrachten, als ob sie als Apachen geboren worden seien.«

»Wir danken euch dafür. Also du selbst hast diesen Pfeifenkopf aus dem heiligen Thone geschnitten? Wie kunstvoll deine Hände sind!«

Sie errötete über dieses Lob und antwortete:

»Ich weiß, daß die Frauen und Töchter der Bleichgesichter noch viel kunstfertiger und geschickter sind als wir. Ich werde dir jetzt noch etwas holen.«

Sie ging und brachte mir dann meine Revolver, mein Messer, alle meine Munition und die sonstigen Gegenstände, welche sich nicht in meinen Taschen befunden hatten; denn alles was darin gewesen war, das hatte man mir gelassen. Ich bedankte mich, erkannte an, daß mir nun nicht mehr das Geringste fehle, und fragte:

»Werden auch meine Kameraden wieder bekommen, was ihnen abgenommen worden ist?«

»Ja, alles. Sie werden es jetzt schon haben, denn während ich dich hier bediene, sorgt Intschu tschuna für sie.«

»Und wie steht es mit unsern Pferden?«

»Die sind auch da. Du wirst das deinige wieder reiten und Hawkens seine Mary auch.«

»Ah, du kennst den Namen seines Maultiers?«

»Ja, auch den Namen seiner alten Flinte, welche er Liddy nennt. Ich habe oft, ohne daß ich es dir erzählte, mit ihm gesprochen. Er ist ein sehr scherzhafter Mann, aber doch ein tüchtiger Jäger.«

»Ja, das ist er, und noch weit mehr, nämlich ein treuer, aufopferungsfähiger Gefährte, den man lieb haben muß. Aber ich möchte dich etwas fragen; wirst du mir die richtige Antwort geben, mir die Wahrheit sagen?«

»Nscho-tschi lügt nicht,« antwortete sie stolz und doch so einfach. »Am allerwenigsten aber würde sie dir eine Unwahrheit sagen.«

»Eure Krieger hatten den gefangenen Kiowas alles abgenommen, was sie bei sich hatten?«

»Ja.«

»Auch meinen drei Kameraden?«

»Ja.«

»Warum da mir nicht auch? Man hat den Inhalt meiner Taschen nicht angerührt.«

»Weil Winnetou, mein Bruder, es so befohlen hatte.«

»Und weißt du, weshalb er diesen Befehl gab?«

»Weil er dich liebte.«

»Trotzdem er mich für seinen Feind hielt?«

»Ja. Du sagtest vorhin, daß du ihn gleich vom ersten Augenblicke an lieb gehabt habest; dasselbe ist auch bei ihm mit dir der Fall gewesen. Es hat ihm sehr leid getan, dich für einen Feind halten zu müssen, und nicht nur für einen Feind – – –«

Sie hielt inne, denn sie hatte etwas sagen wollen, wovon sie dachte, daß es mich beleidigen werde.

»Sprich weiter,« bat ich.

»Nein.«

»So will ich es an deiner Stelle tun. Mich für seinen Feind halten zu müssen, das konnte ihm nicht wehe tun, denn man kann auch einen Feind achten; aber er hat geglaubt, daß ich ein Lügner, ein falscher, hinterlistiger Mensch sei. Nicht?«

»Du sagst es.«

»Hoffentlich sieht er nun ein, daß er sich da geirrt hat. Und nun noch eine Frage: Wie steht es mit Rattler, dem Mörder Klekih-petras?«

»Der wird soeben an den Marterpfahl gebunden.«

»Was? – Jetzt? – Soeben?«

»Ja.«

»Und das sagt man mir nicht? Warum hat man es mir verschwiegen?«

»Winnetou wollte es so haben.«

»Ja, aber warum?«

»Er glaubte, deine Augen könnten es nicht ersehen und deine Ohren es nicht erhören.«

»Wahrscheinlich hat er sich da nicht geirrt, und doch ist es mir möglich, es zu ersehen und auch zu erhören, wenn man meinen Wunsch berücksichtigt.«

»Welchen?«

»Sag erst, wo die Marter stattfinden wird!«

»Unten am Flusse, wo du dich vorhin befunden hast. Intschu tschuna hat euch fortgeführt, weil ihr nicht dabei sein sollt.«

»Ich will aber dabei sein! Welche Qualen hat man denn für ihn bestimmt?«

»Alle, welche gegen Gefangene ausgeübt zu werden pflegen. Er ist das schlimmste Bleichgesicht, welches den Apachen jemals in die Hände geraten ist. Er hat unsern weißen Vater, den wir liebten und verehrten, den Lehrer Winnetous, ohne alle Veranlassung ermordet; darum soll er nicht an nur einigen Qualen sterben, wie es bei anderen Gefangenen zu geschehen pflegt, sondern man wird alle Martern, die wir kennen, nach und nach an ihm erproben.«

»Das darf nicht sein; das ist unmenschlich!«

»Er hat es verdient!«

»Könntest du dabei sein, es mit ansehen?«

»Ja.«

»Du, ein Mädchen!«

Ihre langen Wimpern senkten sich. Sie richtete den Blick einige Zeit zur Erde, hob ihn dann wieder, sah mir ernst, beinahe vorwurfsvoll in die Augen und antwortete:

»Wunderst du dich darüber?«

»Ja. Ein Weib soll so etwas nicht ansehen können.«

»Ist es so bei euch?«

»Ja.«

»Wirklich?«

»Ja.«

»Du sagst die Unwahrheit, bist aber doch kein Lügner, denn du sagst sie unabsichtlich, unwissentlich. Du irrst dich.«

»So willst du das Gegenteil behaupten?«

»Ja.«

»Dann müßtest du unsere Frauen und Mädchen besser kennen als ich!«

»Vielleicht kennst du sie nicht! Wenn eure Verbrecher vor dem Richter stehen, so können andere Leute mit zuhören. Ist es so?«

»Ja.«

»Ich habe gehört, daß es da mehr Zuhörerinnen als Zuhörer gibt. Gehört eine Squaw dorthin? Ist es schön von ihr, sich von ihrer Neugierde nach einem solchen Orte treiben zu lassen?«

»Nein.«

»Und wenn bei euch ein Mörder hingerichtet wird, wenn man ihn aufhängt oder ihm den Kopf abschlägt, sind dann keine weißen Squaws dabei?«

»Das war früher.«

»Jetzt ist es ihnen verboten?«

»Ja.«

»Und den Männern auch?«

»Ja.«

»Also ist es allen verboten! Wäre es allen noch erlaubt, so würden auch die Squaws mitkommen. Oh, die Frauen der Bleichgesichter sind nicht so zart, wie du denkst. Sie können die Schmerzen sehr gut ertragen, aber die Schmerzen, welche Andere, Menschen oder Tiere erdulden. Ich bin nicht bei euch gewesen, aber Klekih-petra hat es uns erzählt. Dann ging Winnetou nach den großen Städten des Ostens, und als er zurückkehrte, berichtete er mir alles, was er gesehen und beobachtet hatte. Weißt du, was eure Squaws mit den Tieren tun, die sie kochen, braten und dann essen?«

»Nun?«

»Sie ziehen ihnen die Haut[1] bei lebendigem Leibe ab; sie ziehen ihnen auch, während sie noch leben[2], den Darm heraus und werfen sie in das kochende Wasser. Und weißt du, was die Medizinmänner der Weißen tun?«

»Was meinst du?«

»Sie werfen lebendige Hunde in das kochende Wasser, um zu erfahren, wie lange sie dann noch leben, und ziehen ihnen die verbrühte Haut vom Leibe. Sie schneiden ihnen die Augen, die Zungen heraus; sie öffnen ihnen die Leiber; sie quälen sie auf noch viele andere Arten, um dann Bücher darüber zu machen.«

»Das ist Vivisektion und geschieht zum Besten der Wissenschaft.«

»Wissenschaft! Klekih-petra ist auch mein Lehrer gewesen; darum weiß ich, was du mit diesem Worte meinst. Was muß euer großer, guter Geist zu einer Wissenschaft sagen, welche nichts lehren kann, ohne daß sie seine Geschöpfe zu Tode martert! Und solche Martern nehmen eure Medizinmänner in ihren Wohnungen vor, wo die Squaws doch mit

[1] Bei den Aalen. [2] Bei den Krebsen.

wohnen und es sehen müssen! Oder hören sie nicht das Schmerzgeheul der armen Tiere? Haben eure Squaws nicht Vögel in Käfigen in ihren Zimmern? Wissen sie nicht, welche Qual dies für den Vogel ist? Sitzen eure Squaws nicht zu tausenden dabei, wenn bei Wettrennen Pferde zu Tode geritten werden? Sind nicht Squaws dabei, wenn Boxer sich zerfleischen? Ich bin ein junges, unerfahrenes Mädchen und werde von euch zu den ›Wilden‹ gerechnet; aber ich könnte dir noch vieles sagen, was eure zarten Squaws tun, ohne daß sie dabei den Schauder empfinden, den ich fühlen würde. Zähle die vielen Tausende von zarten, schönen, weißen Frauen, welche ihre Sklaven zu Tode gepeinigt und mit lächelndem Munde dabei gestanden haben, wenn eine schwarze Dienerin totgepeitscht wurde! Und hier haben wir einen Verbrecher, einen Mörder. Er soll sterben, so wie er es verdient hat. Ich will dabei sein, und das verurteilst du! Ist es wirklich unrecht von mir, daß ich so einen Menschen ruhig sterben sehen kann? Und wenn es ein Unrecht wäre, wer trägt die Schuld, daß die Roten ihre Augen an solche Dinge gewöhnt haben? Sind es nicht die Weißen, welche uns zwingen, ihre Grausamkeiten mit Härte zu vergelten?«

»Ich glaube nicht, daß ein weißer Richter einen gefangenen Indianer zum Marterpfahle verurteilen wird.«

»Richter! Zürne mir nicht, wenn ich das Wort sage, welches ich so oft von Hawkens gehört habe: Greenhorn! Du kennst den Westen nicht. Wo gibt es hier Richter, nämlich das, was du mit diesem Worte meinst? Der Stärkere ist der Richter, und der Schwache wird gerichtet. Laß dir erzählen, was an den Lagerfeuern der Weißen geschehen ist! Sind die unzähligen Indianer, welche im Kampfe gegen die weißen Eindringlinge untergingen, alle schnell an einer Kugel, an einem Messerstiche gestorben? Wie viele von ihnen wurden zu Tode gemartert! Und doch hatten sie nichts getan als ihre Rechte verteidigt! Und nun bei uns ein Mörder sterben soll, der seine Strafe verdient hat, soll ich meine Augen davon abwenden, weil ich eine Squaw, ein Mädchen bin? Ja, einst waren wir anders; aber ihr habt uns gelehrt, Blut fließen zu sehen, ohne daß wir mit der Wimper zucken. Ich werde gehen, um dabei zu sein, wenn der Mörder Klekih-petras seine Strafe erleidet!«

Ich hatte die schöne, junge Indianerin als ein sanftes, stilles Wesen kennen gelernt; jetzt stand sie vor mir mit blitzenden Augen und glühenden Wangen, das lebende Bild einer Rachegöttin, die kein Erbarmen kennt. Fast wollte sie mir da noch schöner als vorher vorkommen. Durfte ich sie verurteilen? Hatte sie unrecht?

»So geh,« sagte ich; »aber ich gehe mit.«

»Bleib lieber hier!« bat sie, wieder in einem ganz andern Tone sprechend. »Intschu tschuna und Winnetou sehen es nicht gern, wenn du mitkommst.«

»Werden sie mir zürnen?«

»Nein. Sie wünschen es nicht, werden es dir aber nicht verbieten; du bist unser Bruder.«

»So gehe ich mit, und sie werden es verzeihen.«

Als ich mit ihr hinaus auf die Plattform trat, stand Sam Hawkens da. Er rauchte aus seiner alten, kurzen Savannenpfeife, denn er hatte auch Tabak erhalten.

»Ist jetzt eine andere Sache, Sir,« sagte er schmunzelnd. »Bis vorhin Gefangene gewesen und jetzt die großen Herren spielen; das ist ein Unterschied. Wie geht es Euch unter den neuen Verhältnissen?«

»Danke, gut,« antwortete ich.

»Mir auch ausgezeichnet. Der Häuptling hat uns selbst bedient. Das ist doch fein, wenn ich mich nicht irre!«

»Wo ist Intschu tschuna jetzt?«

»Fort, wieder nach dem Flusse.«

»Wißt Ihr, was jetzt dort geschieht?«

»Kann es mir denken.«

»Nun, was?«

»Zärtlicher Abschied von den lieben Kiowas.«

»Das weniger.«

»Was denn sonst?«

»Rattler wird gemartert.«

»Rattler wird gemartert? Und da führt man uns hierher?

Da muß ich auch dabei sein! Kommt, Sir! Wir wollen schnell hinab!«

»Langsam! Könnt Ihr denn solche Szenen ersehen, ohne daß Euch der Schauder forttreibt?«

»Ersehen? Schauder? Was Ihr doch für ein Greenhorn seid, geliebter Sir! Wenn Ihr Euch erst länger hier im Westen befindet, so werdet Ihr auch nicht mehr ans Schaudern denken. Der Kerl hat den Tod verdient und wird auf indianische Weise hingerichtet; das ist alles!«

»Aber es ist Grausamkeit.«

»*Pshaw!* Redet doch bei so einem Subjekte nicht von Grausamkeit! Sterben muß er doch! Oder seid Ihr etwa auch damit nicht einverstanden?«

»O ja. Aber sie mögen es kurz mit ihm machen! Er ist ein Mensch!«

»Ein solcher Mann, der einen Andern, welcher ihm nicht das Mindeste getan hat, niederschießt, der ist kein Mensch mehr. Er war betrunken wie ein Vieh.«

»Das ist doch ein Milderungsgrund. Er wußte nicht mehr, was er tat.«

»Laßt Euch nicht auslachen! Ja, da drüben bei Euch im alten Lande, da sitzen die Herren Juristen zu Gericht und rechnen einem Jeden, dem es beliebt, in der Betrunkenheit ein Verbrechen zu begehen, den Schnaps als Milderungsgrund an. Verschärfen sollten sie die Strafe, Sir, verschärfen! Wer sich so sinnlos betrinkt, daß er wie ein wildes Tier über seinen Nebenmenschen herfällt, der sollte doch doppelt bestraft werden. Ich habe nicht das geringste Mitleid mit diesem Rattler. Denkt doch daran, wie er Euch behandelt hat!«

»Ich denke daran, aber ich bin ein Christ und kein Indianer. Ich werde alles versuchen, einen kurzen Tod für ihn zu erreichen.«

»Das laßt bleiben, Sir! Erstens verdient er es nicht, und zweitens wird alle Eure Mühe vergeblich sein. Klekih-petra ist der Lehrer, der geistige Vater des Stammes gewesen; sein Tod ist ein unersetzlicher Verlust für die Apachen, und der

Mord geschah ohne alle Veranlassung. Aus diesen Gründen ist es gewiß unmöglich, die Roten zur Nachsicht zu bewegen.«

»Ich versuche es doch!«

»Aber vergeblich!«

»In diesem Falle schieße ich Rattlern eine Kugel in das Herz.«

»Um seine Qualen zu beenden? Das laßt ums Himmels willen sein! Ihr würdet Euch dadurch den ganzen Stamm zum Feinde machen. Es ist sein gutes Recht, die Art der Strafe zu bestimmen, und wenn Ihr ihn um dieses bringt, so ist es mit der jungen Freundschaft, welche wir geschlossen haben, sofort wieder aus. Also geht Ihr mit?«

»Ja.«

»Schön; aber macht ja keine Dummheiten! Ich will Dick und Will rufen.«

Er verschwand im Eingange zu seiner Wohnung und kehrte bald mit den beiden Genannten zurück. Wir stiegen die Etagen hinab. Nscho-tschi war uns vorangegangen und nicht mehr zu sehen. Als wir aus dem Seitentale in das Haupttal des Rio Pecos kamen, sahen wir die Kiowas nicht mehr. Sie waren mit ihrem verwundeten Häuptling fortgeritten, und Intschu tschuna war so klug und umsichtig gewesen, ihnen heimlich Späher nachzusenden, da es ihnen einfallen konnte, unbemerkt zurückzukehren, um sich zu rächen.

Ich habe schon gesagt, daß unser Ochsenwagen auf dem Platze stand. Als wir kamen, hatten die Apachen einen weiten Kreis um denselben gebildet. In der Mitte desselben standen die beiden Häuptlinge mit einigen Kriegern. Nscho-tschi war bei ihnen und sprach mit Winnetou. Obgleich sie die Tochter des Häuptlings war, durfte sie sich nicht in die Angelegenheiten der Männer mischen; wenn sie sich trotzdem jetzt nicht bei den Frauen befand, so war es gewiß nichts Unwichtiges, was sie ihrem Bruder zu sagen hatte. Als sie uns kommen sah, machte sie ihn, wie ich bemerkte, auf uns aufmerksam und zog sich dann zu den Squaws zurück. Sie hatte also wohl von uns mit ihm gesprochen. Winnetou durchbrach den Kreis seiner Krieger, kam uns entgegen und sagte in ernstem Tone:

»Warum sind meine weißen Brüder nicht oben im Pueblo geblieben? Gefallen ihnen die Wohnungen nicht, in welche sie geführt worden sind?«

»Sie gefallen uns,« antwortete ich, »und wir danken unsrem roten Bruder für die Fürsorge, die er für uns getroffen hat. Wir kehren zurück, weil wir hörten, daß Rattler jetzt sterben soll. Ist dies so?«

»Ja.«

»Ich sehe ihn doch nicht!«

»Er liegt im Wagen bei der Leiche des Ermordeten.«

»Welche Todesart soll er erleiden?«

»Den Martertod.«

»Ist dies unvermeidlich beschlossen worden?«

»Ja.«

»Einen solchen Tod kann mein Auge nicht ersehen!«

»Deshalb hat Intschu tschuna, mein Vater, euch nach dem Pueblo gebracht. Warum seid ihr zurückgekehrt? Warum willst du etwas ansehen, was du nicht ersehen kannst?«

»Ich hoffe, daß ich seinem Tode beiwohnen kann, ohne daß ich mich mit Grauen abzuwenden brauche. Meine Religion gebietet mir, für Rattler zu bitten.«

»Deine Religion? War sie nicht auch die seinige?«

»Ja.«

»Hat er nach den Geboten derselben gehandelt?«

»Leider nein.«

»So hast du nicht nötig, ihre Gebote seinetwegen zu erfüllen. Deine und seine Religion verbietet den Mord; er hat trotzdem gemordet, folglich sind die Lehren dieser Religion nicht auf ihn anzuwenden.«

»Nach dem, was er getan hat, kann ich mich nicht richten. Ich muß meine Pflicht erfüllen, ohne nach den Gesinnungen und Taten anderer Menschen zu fragen. Ich bitte dich, eure Strenge zu mildern und diesen Mann eines schnellen Todes sterben zu lassen!«

»Was beschlossen ist, muß ausgeführt werden!«
»Unbedingt?«
»Ja.«
»So gibt es also kein Mittel, meinen Wunsch in Erfüllung gehen zu sehen?«
Er blickte sehr ernst und nachdenklich zu Boden; dann antwortete er:
»Es gibt eines.«
»Welches?«
»Ehe ich es meinem weißen Bruder sage, muß ich ihn bitten, es lieber nicht in Anwendung zu bringen, weil dir dies bei unsern Kriegern sehr, sehr schaden würde.«
»Inwiefern?«
»Sie würden dich nicht so achten können, wie ich es um deinetwillen wünsche.«
»So ist dieses Mittel ein ehrloses, ein verächtliches?«
»Nach den Begriffen der roten Männer, ja.«
»Sage es mir!«
»Du müßtest unsere Dankbarkeit anrufen.«
»Ah! Das tut allerdings kein braver Mann!«
»Nein. Wir haben dir unser Leben zu verdanken. Wolltest du dich darauf berufen, so würdest du mich und Intschu tschuna, meinen Vater, zwingen, uns deines Wunsches anzunehmen.«
»In welcher Weise?«
»Wir würden eine neue Beratung halten und während derselben so für dich sprechen, daß unsere Krieger den Dank, den du forderst, anerkennen müßten. Dann aber würde alles, was du getan hast, ferner wertlos sein. Ist dieser Rattler ein solches Opfer wert?«
»Allerdings nicht!«
»Mein Bruder hört, daß ich aufrichtig mit ihm rede. Ich weiß, welche Gedanken und Gefühle in seinem Herzen wohnen; aber meine Krieger können solche Empfindungen nicht begreifen. Ein Mann, welcher Dank fordert, wird von ihnen verachtet. Soll Old Shatterhand, welcher der größte und berühmteste Krieger der Apachen werden kann, heute von uns

fortgehen müssen, weil meine Krieger vor ihm ausspucken werden?«

Es wurde mir schwer, hierauf eine Antwort zu geben. Mein Herz gebot mir, bei meiner Fürbitte zu bleiben; mein Verstand, oder besser gesagt, mein Stolz war dagegen. Winnetou fühlte Teilnahme für den Zwiespalt in meinem Innern und sagte:

»Ich werde mit Intschu tschuna, meinem Vater, sprechen. Mein Bruder mag hier warten!«

Er ging.

»Macht keine Dummheiten, Sir!« bat Sam. »Ihr ahnt gar nicht, was hierbei auf dem Spiele steht, vielleicht gar das Leben.«

»Das jedenfalls nicht!«

»O doch! Es ist wahr: der Rote verachtet einen Jeden, welcher direkt Dank von ihm fordert, ihn an das mahnt, was er ihm schuldet. Er tut dann wohl das, was man von ihm fordert, aber nachher kennt er den Betreffenden nicht mehr. Wir müßten wirklich heut noch fort und haben die feindlichen Kiowas vor uns. Was das bedeutet, das muß ich Euch doch wohl nicht erst sagen.«

Intschu tschuna und Winnetou sprachen eine Weile sehr ernst miteinander; dann kamen sie zu uns herbei, und der Erstere sagte:

»Hätte Klekih-petra uns nicht so viel von eurem Glauben gesagt, so würde ich dich für einen Mann halten, mit dem zu sprechen eine Schande ist. So aber kann ich deinen Wunsch sehr wohl begreifen, doch meine Krieger würden es nicht verstehen und dich verachten.«

»Es handelt sich nicht nur um mich, sondern auch um Klekih-petra, von dem du redest.«

»Wieso um ihn?«

»Er besaß denselben Glauben, der mir meine Bitte gebietet, und ist in diesem Glauben gestorben. Seine Religion gebot ihm, dem Feinde zu verzeihen. Glaube mir, wenn er noch lebte, so würde er es nicht zugeben, daß sein Mörder eines solchen Todes sterbe.«

»Denkst du das wirklich?«

»Ja, ich bin davon überzeugt.«

Er schüttelte langsam den Kopf und sagte:

»Was sind diese Christen doch für Menschen! Entweder sind sie schlecht, und dann ist ihre Schlechtigkeit so groß, daß man sie nicht zu begreifen vermag. Oder sie sind gut, und dann ist ihre Güte ebenso unbegreiflich!«

Hierauf sah er seinem Sohne und dieser wieder ihm in die Augen. Sie verstanden sich; sie hielten Zwiesprache miteinander nur durch diese Blicke. Dann wendete sich Intschu tschuna wieder mir zu, indem er fragte:

»Dieser Mörder war auch dein Feind?«

»Ja.«

»Hast du ihm verziehen?«

»Ja.«

»So höre, was ich dir sage! Wir wollen erfahren, ob noch eine kleine, kleine Spur des Guten in ihm wohnt. Ist dies der Fall, so werde ich versuchen, dir deinen Wunsch zu erfüllen, ohne daß es dir Schaden macht. Setzt euch hier nieder und wartet, was geschieht. Wenn ich dir einen Wink gebe, so kommst du zu dem Mörder und forderst von ihm, daß er dich um Verzeihung bitte. Tut er dies, so soll er schnell sterben.«

»Darf ich ihm dies sagen?«

»Ja.«

Intschu tschuna kehrte mit Winnetou wieder in den Kreis zurück, und wir setzten uns da nieder, wo wir jetzt gestanden hatten.

»Das hätte ich nicht gedacht,« meinte Sam, »daß der Häuptling doch auf Euren Wunsch eingeht. Ihr müßt sehr gut bei ihm stehen.«

»Das tut es nicht; der Grund ist ein anderer.«

»Welcher?«

»Es ist der Einfluß Klekih-petras, der sich selbst nach seinem Tode geltend macht. Diese Roten haben vom wahren, innern Christentume mehr in sich aufgenommen, als sie ahnen. Ich bin sehr neugierig, was nun geschieht.«

»Werdet es gleich sehen. Paßt nur auf!«

Jetzt wurde die Plahe von dem Wagen entfernt. Wir sahen, daß man einen langen, kofferähnlichen Gegenstand, auf welchem ein Mensch festgebunden war, herabnahm.

»Das ist der Sarg,« meinte Sam Hawkens; »aus hohlgebrannten Baumklötzen zusammengesetzt und mit naßgemachten Fellen überzogen. Wenn das Leder trocken wird, zieht es sich zusammen, und der Sarg wird dadurch luftdicht verschlossen.«

Unfern von der Stelle, wo das Seiten- auf das Haupttal stieß, erhob sich ein Felsen, an welchem aus großen Steinen ein vorn offenes Viereck zusammengesetzt worden war. Daneben lagen noch viele Steine, welche hier zusammengetragen worden waren. Nach diesem Steinvierecke wurde der Sarg mitsamt dem Manne, der mit ihm zusammengebunden war, getragen. Dieser Mann war Rattler.

»Wißt Ihr, warum man dort die Steine zusammengeschafft hat?« fragte Sam.

»Ich denke es mir.«

»Nun, wozu?«

»Man will das Grab daraus bauen.«

»Richtig! Ein Doppelgrab.«

»Für Rattler mit?«

»Ja. Der Mörder wird mit seinem Opfer begraben, was eigentlich nach jedem Morde geschehen sollte, wenn es möglich wäre.«

»Schrecklich! Lebendig an den Sarg des Ermordeten gefesselt zu sein und dabei zu wissen, daß dies zugleich die eigene letzte Lagerstätte ist!«

»Ich glaube gar, Ihr bedauert den Menschen wirklich! Daß Ihr für ihn gebettelt habt, das kann ich noch begreifen, aber Mitleid mit ihm zu haben, das verstehe ich wirklich nicht.«

Jetzt wurde der Sarg aufgerichtet, so daß Rattler auf seine Füße zu stehen kam. Man band beide, den Sarg und den Menschen, mit starken Riemen an die Steinmauer fest. Die Roten, Männer, Frauen und Kinder, näherten sich der Stelle und bildeten einen Halbkreis um dieselbe. Es herrschte tiefe, erwartungsvolle Stille. Winnetou und Intschu tschuna standen neben dem Sarge, der Eine rechts und der Andere links davon. Da erhob der Häuptling seine Stimme:

»Die Krieger der Apachen sind hier versammelt, Gericht zu halten, denn es hat das Volk der Apachen ein großer, schwerer Verlust betroffen, den der Schuldige mit seinem Leben bezahlen soll.«

Intschu tschuna sprach weiter, indem er in der indianischen, bilderreichen Weise von Klekih-petra, seinem Charakter und seinem Wirken redete und dann ausführlich erzählte, in welcher Weise sich die Ermordung ereignet hatte. Er berichtete über die Gefangennahme Rattlers und machte zum Schlusse bekannt, daß dieser jetzt zu Tode gemartert und dann grad so, wie er an den Sarg gebunden war, mit dem Toten begraben werden solle. Hierauf sah er zu mir herüber und gab mir den erwarteten Wink.

Wir standen auf und wurden, als wir hinkamen, in den Halbkreis aufgenommen. Vorhin hatte ich wegen der Entfernung den Verurteilten nicht deutlich sehen können; jetzt stand ich vor ihm und fühlte, so schlecht und gottlos er gewesen war, doch ein tiefes Mitleid mit diesem Menschen.

Der auf das Fußende gestellte Sarg war über doppelt mannesstark und über vier Ellen lang. Er sah aus, als habe man von einem dicken Baumstamm einen Klotz abgesägt und diesen mit Leder überzogen. Rattler war in der Weise mit dem Rücken auf diesen Sarg befestigt, daß seine Arme nach hinten lagen und seine Füße jetzt auseinander standen. Man sah ihm an, daß er weder Hunger noch Durst zu leiden gehabt hatte. Ein Knebel verschloß ihm den Mund; er hatte also jetzt nicht sprechen können. Auch sein Kopf war so befestigt, daß er denselben nicht bewegen konnte. Als ich kam, nahm Intschu tschuna ihm den Knebel aus dem Mund und sagte zu mir:

»Mein weißer Bruder hat mit diesem Mörder reden wollen. Es mag geschehen!«

Rattler sah, daß ich frei war; ich mußte mich also mit den Indianern befreundet haben; das konnte er sich sagen. Darum hatte ich geglaubt, er werde mich bitten, bei ihnen ein gutes Wort für ihn einzulegen. Statt dessen aber fuhr er, sobald der Knebel entfernt worden war, mich giftig an:

»Was wollt Ihr von mir? Packt Euch fort; ich mag nichts mit Euch zu schaffen haben!«

»Ihr habt gehört, daß Ihr zum Tode verurteilt worden seid, Mr. Rattler,« antwortete ich ruhig. »Daran ist nichts zu ändern. Sterben müßt Ihr unbedingt. Aber ich will Euch – – –«

»Fort, Hund, fort!« unterbrach er mich, wobei er mich anspucken wollte, mich aber nicht traf, weil er den Kopf nicht bewegen konnte.

»Also sterben müßt Ihr,« fuhr ich unbeirrt fort, »doch in welcher Weise, das soll auf Euch ankommen. Ihr sollt zu Tode gemartert werden; das heißt, man wird Euch lange, lange quälen, vielleicht heut, vielleicht auch noch morgen den ganzen Tag. Das ist entsetzlich, und ich mag es nicht haben. Auf meine Bitte hat sich Intschu tschuna bereit erklärt, Euch schnell sterben zu lassen, falls Ihr die Bedingung erfüllt, welche er daran knüpfte.«

Ich hielt inne, denn ich dachte, daß er mich nach dieser Bedingung fragen werde. Statt dessen aber warf er mir einen so schrecklichen Fluch zu, daß es ganz unmöglich ist, denselben wiederzugeben.

»Diese Bedingung ist, daß Ihr mich um Verzeihung bitten sollt,« erklärte ich weiter.

»Um Verzeihung? Dich um Verzeihung bitten?« schrie er. »Lieber beiße ich mir die Zunge ab und erleide alle Qualen, die sich diese roten Schufte ausdenken können!«

»Wohlgemerkt, Mr. Rattler, ich bin es nicht, der diese Bedingung gestellt hat, denn ich brauche Eure Bitte nicht. Intschu tschuna hat es so gewollt, und da ich es Euch sagen sollte, so will ich dies hiermit getan haben. Bedenkt, in welcher Lage Ihr Euch befindet, und was Euch droht! Es steht Euch Schreckliches bevor, eine ganz entsetzliche Todesart, welcher Ihr dadurch entgehen könnt, daß Ihr nur das eine, kleine Wort ›Pardon‹ aussprecht.«

»Fällt mir nicht ein, nie, nie! Macht Euch fort von hier! Ich mag Euer schurkisches Gesicht nicht sehen. Geht zum Teufel und meinetwegen auch noch weiter!«

»Wenn ich Euch den Willen tue und fortgehe, ist's für Euch zu spät; ich komme dann nicht wieder. Also seid verständig, und sagt das kleine Wort!«

»Nein, nein und nein!« brüllte er.

»Ich bitte Euch darum!«

»Fort, fort, sage ich! Himmel und Hölle, warum bin ich angebunden! Hätte ich die Hände frei, so wollte ich Euch den Weg zeigen!«

»*Well*, Ihr sollt Euren Willen haben, aber ich sage Euch, daß ich nicht wiederkommen werde, wenn Ihr mich nachher ruft.«

»Ich dich rufen? Dich, dich? Das bilde dir ja nicht ein! Packe dich fort, sage ich, packe dich!«

»Ich will gehen. Vorher aber noch Eins: Habt Ihr noch einen Wunsch? Ich will ihn Euch erfüllen. Einen Gruß an irgend Jemand? Habt Ihr Verwandte, denen ich vielleicht Nachricht bringen kann?«

»Geh in die Hölle, und sag dort, daß du ein verdammter Schurke bist! Du hast mit diesen Roten gemeinschaftliche Sache gemacht und mich in ihre Gewalt gebracht. Dafür mag – –«

»Ihr irrt,« unterbrach ich ihn. »Also Ihr habt keinen Wunsch vor Eurem Tode?«

»Nur den einen, daß Ihr mir bald nachfolgen mögt, nur diesen einen!«

»Gut, so sind wir fertig, und ich habe nichts mehr zu tun, als Euch als Christ den Rat zu geben: Fahrt nicht in Euern Sünden dahin, sondern denkt an Eure Taten und an die Vergeltung, die Euch jenseits erwartet!«

Was er hierauf antwortete, kann ich wieder nicht sagen; es überlief mich eiseskalt bei seinen Worten. Intschu tschuna nahm mich bei der Hand und führte mich fort, indem er sagte:

»Mein junger, weißer Bruder sieht, daß dieser Mörder keine Fürbitte verdient; er ist ein Christ. Ihr nennt uns

Heiden; aber würde ein roter Krieger solche Worte sprechen?«

Ich antwortete ihm nicht, denn was hätte ich auch sagen können oder sollen? Dieses Verhalten Rattlers hatte ich nicht erwartet. Er hatte sich früher so feig, so furchtsam gezeigt und wirklich gezittert, als von den Marterpfählen der Indianer die Rede gewesen war. Und nun, heute tat er so, als ob er sich aus allen Qualen der Welt gar nichts mache!

»Das ist nicht etwa Mut von ihm,« sagte Sam, »sondern Wut, nichts als Wut.«

»Worüber?«

»Ueber Euch, Sir. Er denkt, Ihr seid schuld, daß er in die Hände der Roten gefallen ist. Er hat Euch seit dem Tage, an welchem wir gefangen genommen wurden, nicht erblickt; jetzt sieht er Euch und uns frei; die Roten sind freundlich gegen uns, während er sterben soll. Das ist für ihn natürlich Grund genug, anzunehmen, daß wir falsche Karte gespielt haben. Aber laßt nur die Qualen beginnen, so wird er ganz anders pfeifen. Paßt auf, ich habe es gesagt, wenn ich mich nicht irre!«

Die Apachen ließen uns nicht lange auf den Beginn des traurigen Spieles warten. Ich hatte eigentlich die Absicht, mich zu entfernen; aber ich hatte so Etwas noch nicht gesehen und beschloß also, so lange zu bleiben, bis es mir nicht mehr möglich sei, länger zuzusehen.

Die Zuschauer setzten sich nieder. Mehrere junge Krieger traten, mit den Messern in den Händen, vor und stellten sich ungefähr fünfzehn Schritte von Rattler auf. Sie warfen ihre Messer nach ihm, hüteten sich aber, ihn zu treffen, sondern die Klingen fuhren alle in den Sarg, auf den er gebunden war. Das erste Messer stak links und das zweite rechts von seinem Fuße, aber so nahe an demselben, daß fast gar kein Zwischenraum vorhanden war. Die beiden nächsten Messer wurden weiter aufwärts gezielt, und so ging es fort, bis seine beiden Beine von vier Messerreihen eng eingesäumt waren.

Bis jetzt hatte er sich leidlich gehalten. Nun aber schwirrten die Messer höher und immer höher auf ihn zu, denn es galt, die Umrisse seines Körpers mit denselben zu spicken. Da bekam er Angst. Sobald ein Messer auf ihn zugeflogen kam, stieß er einen Angstschrei aus. Und diese Schreie wurden um so lauter und schriller, je höher die Indianer ihr Ziel nahmen.

Als dann der Oberkörper auch zwischen lauter Messern steckte, kam der Kopf daran. Das erste Messer fuhr rechts neben seinem Halse in den Sarg, das zweite links; so ging es hüben und drüben am Gesichte bis zum Scheitel empor, bis keine Klinge mehr Platz finden konnte. Dann wurden die Messer alle wieder herausgezogen. Es war das nur ein Vorspiel gewesen, ausgeführt von jungen Leuten, welche zeigen sollten, daß sie gelernt hatten, ruhig zu zielen und sicher zu werfen. Sie suchten ihre Plätze auf und setzten sich nieder.

Hierauf bestimmte Intschu tschuna ältere Leute, welche auf dreißig Schritte Entfernung werfen sollten. Als der Erste dazu bereit war, trat der Häuptling zu Rattler heran, zeigte auf seinen rechten Oberarm und gebot:

»Hierher treffen.«

Das Messer kam geflogen, traf ganz genau den bezeichneten Punkt und fuhr durch den Muskel, diesen anspießend, in den Sargdeckel. Das war Ernst. Rattler fühlte den Schmerz und stieß ein Geheul aus, als ob es ihm bereits an das Leben gehe. Das zweite Messer fuhr durch denselben Muskel des andern Armes, und das Geheul verdoppelte sich. Der dritte und vierte Wurf waren nach dem Oberschenkel gerichtet und trafen auch dort ganz genau die Stellen, welche der Häuptling jedesmal vorher bezeichnete. Man sah kein Blut fließen, da Rattler nicht entkleidet war und die Indianer für jetzt nur solche Stellen treffen durften, wo die Verwundung keine Gefahr und also keine Verkürzung des Schauspieles mit sich brachte.

Vielleicht hatte Rattler geglaubt, daß man es gar nicht so ernst mit seinem Tode meine; jetzt mußte er einsehen, daß dies eine falsche Ansicht gewesen war. Er bekam noch Messer in die Vorderarme und in die Unterschenkel. Hatte er vorher nur einzelne Schreie ausgestoßen, so heulte er jetzt in Einem fort.

Die Zuschauer murrten, zischten und gaben in vielfältig anderer Weise ihre Mißachtung zu erkennen. Ein Indianer am Marterpfahle benimmt sich da ganz anders. Sobald das Schauspiel, welches mit seinem Tode endigen soll, beginnt, stimmt er seinen Sterbegesang an, in welchem er seine Taten preist und diejenigen, die ihn martern, verhöhnt. Je größere Schmerzen man ihm zufügt, desto größer sind die Beleidigungen, die er ihnen zuwirft; nie aber wird er eine Klage ausstoßen, einen Schmerzensschrei hören lassen. Ist er dann tot, verkündigen seine Feinde seinen Ruhm und begraben ihn mit allen indianischen Ehren. Es ist ja dann auch für sie eine Ehre gewesen, zu einem so ruhmvollen Tode beizutragen.

Anders ist es bei einem Feiglinge, welcher bei der geringsten Verwundung schreit und brüllt und wohl gar um Gnade bittet. Diesen zu martern, ist keine Ehre, sondern beinahe eine Schande; darum findet sich schließlich kein wackerer Krieger mehr, der sich ferner mit ihm beschäftigen will, und er wird erschlagen oder auf sonst eine ehrlose Weise vom Leben zum Tode gebracht.

So ein Feigling war Rattler. Seine Verwundungen waren gering und noch nicht gefährlich; sie mochten ihm zwar einige Schmerzen bereiten, aber von Qualen war noch gar keine Rede. Dennoch heulte und zeterte er, als ob er alle Qualen der Hölle fühle, und brüllte dabei immerfort meinen Namen, mich auffordernd, zu ihm zu kommen. Da ließ Intschu tschuna eine Pause eintreten und forderte mich auf:

»Mein junger, weißer Bruder mag zu ihm gehen und ihn fragen, warum er so schreit. Die Messer können ihm bis jetzt noch gar nicht wehe getan haben.«

»Ja, kommt her, Sir, kommt her!« rief Rattler. »Ich muß mit Euch reden!«

Ich ging hin und fragte:

»Was wollt Ihr nun von mir?«

»Zieht mir die Messer aus den Armen und Beinen!«

»Das darf ich nicht.«

»Aber ich muß doch daran sterben! Wer kann denn so viele Verwundungen aushalten?«

»Sonderbar! Habt Ihr denn etwa geglaubt, daß Ihr leben bleiben sollt?«

»Ihr lebt doch auch!«

»Ich habe niemanden ermordet!«

»Ich kann nicht dafür, daß ich es tat. Ihr wißt ja, daß ich betrunken war!«

»Die Tat bleibt dieselbe. Ich habe Euch oft vor dem Branntwein gewarnt. Ihr hörtet nicht und habt nun die Folgen zu tragen.«

»Ihr seid ein ganz harter und gefühlloser Mensch! So bittet doch für mich!«

»Das habe ich getan. Sagt Pardon, so werdet Ihr schnell sterben und nicht langsam gequält werden.«

»Schnell sterben! Ich will aber nicht sterben! Ich will leben, leben, leben!«

»Das ist unmöglich.«

»Unmöglich? Also gibt es keine Rettung?«

»Nein.«

»Keine Rettung – keine, keine, keine!«

Er brüllte das aus vollem Halse hinaus und begann dann ein solches Wehklagen und Jammern, daß ich es nicht länger bei ihm aushalten konnte, sondern mich entfernte.

»Bleibt doch, Sir, bleibt bei mir!« schrie er mir nach. »Sonst fangen sie wieder mit mir an!«

Da fuhr ihn der Häuptling an:

»Heule nicht länger, Hund! Du bist ein stinkender Coyote, den kein Krieger mit seiner Waffe mehr berühren mag.«

Und sich an seine Leute wendend, fuhr er fort:

»Welcher von den Söhnen der tapferen Apachen will sich noch mit diesem Feiglinge abgeben?«

Keiner antwortete.

»Also niemand?«

Wieder dasselbe Schweigen wie vorher.

»Uff! Dieser Mörder ist nicht wert, von uns getötet zu werden. Er soll auch nicht mit Klekih-petra begraben werden. Wie könnte eine solche Kröte neben einem Schwane in den ewigen Jagdgründen erscheinen. Schneidet ihn los!«

Er gab zwei kleinen Knaben einen Wink. Diese sprangen auf, liefen hin, zogen ihm die Messer aus den Gliedern und schnitten ihn von dem Sarge los.

»Bindet ihm die Hände auf den Rücken!« befahl der Häuptling weiter.

Die Knaben, die nicht älter als zehn Jahre waren, taten dies, und Rattler wagte nicht die geringste Bewegung des Widerstandes dabei. Welch eine Schande! Ich schämte mich fast, ein Weißer zu sein.

»Führt ihn an den Fluß, und stoßt ihn in das Wasser!« lautete die nächste Weisung. »Wenn er das jenseitige Ufer glücklich erreicht, soll er frei sein.«

Rattler stieß einen Jubelruf aus und ließ sich von den Knaben nach dem Flusse schaffen. Sie stießen ihn auch wirklich hinein, denn er besaß nicht einmal so viel Ehrgefühl, selbst hineinzuspringen. Er ging zunächst unter, kam aber bald wieder empor und bemühte sich, auf dem Rücken schwimmend vorwärts zu kommen. Das war gar nicht schwer, obwohl ihm die Hände auf dem Rücken zusammengebunden waren. Der Mensch geht infolge seines geringen spezifischen Gewichtes im Wasser nicht ganz unter, und die Beine hatte er ja frei; er konnte sich mit ihrer Hilfe fortbewegen, was ihm auch ganz leidlich gelang.

Sollte er das jenseitige Ufer erreichen dürfen? Das wünschte ich selbst gar nicht. Er hatte den Tod verdient. Ließ man ihn leben und entkommen, so machte man sich geradezu der Verbrechen schuldig, welche er in Zukunft begehen würde. Die beiden Knaben standen noch hart am Wasser und blickten ihm nach. Da gab ihnen Intschu tschuna den Befehl:

»Nehmt Flinten, und schießt ihn in den Kopf!«

Sie liefen zu der Stelle, wo einige der Krieger ihre Gewehre hingelegt hatten, und nahmen sich jeder eins davon. Diese kleinen Kerls wußten ganz wohl, wie man eine solche Waffe zu handhaben hat. Sie knieten am Ufer nieder und zielten auf Rattlers Kopf.

»Nicht schießen, um Gottes willen, nicht schießen!« schrie er voller Entsetzen.

Die Knaben sprachen einige Worte mit einander; sie behandelten den Vorfall als kleine Sportsmen, indem sie ihn weiter und immer weiter schwimmen ließen, was ihnen der Häuptling stillschweigend zuließ. Ich ersah daraus, daß er gar wohl wußte, ob sie schießen konnten oder nicht. Dann stießen sie mit ihren hellen Kinderstimmen einen auffordernden Schrei aus und schossen ihre Gewehre ab. Rattler wurde in den Kopf getroffen und verschwand augenblicklich unter dem Wasser.

Kein Jubelruf erscholl, wie es sonst Gewohnheit der Roten ist, bei dem Tode dieses ihres Feindes. Ein solcher Feigling war es nicht wert, daß man seinetwegen nur einen Laut hören ließ. Die Verachtung der Indianer war so groß, daß sie sich gar nicht um seine Leiche kümmerten; sie ließen ihn flußabwärts treiben, ohne ihm einen Blick nachzusenden. Er konnte ja auch nur verwundet anstatt erschossen worden sein; ja, er konnte nur so getan haben, als ob er getroffen worden sei, und, so wie ich, untergetaucht sein, um an einer andern, für sie unsichtbaren Stelle wieder auf der Oberfläche zu erscheinen. Sie hielten es aber gar nicht für der Mühe wert, sich weiter mit ihm zu beschäftigen.

Intschu tschuna kam zu mir und fragte:

»Ist mein junger, weißer Bruder jetzt mit mir zufrieden?«

»Ja. Ich danke dir!«

»Du hast keinen Grund zum Danke. Auch wenn ich deinen Wunsch nicht gekannt hätte, würde ich genau so gehandelt haben. Dieser Hund war gar nicht wert, den Martertod zu erleiden. Heut hast du den Unterschied zwischen uns Heiden und euch Christen, zwischen tapfern, roten Kriegern und weißen Feiglingen gesehen. Die Bleichgesichter sind zu allen bösen Taten fähig, aber wenn es gilt, Mut zu zeigen, dann heulen sie vor Angst wie Hunde, welche Schläge bekommen sollen.«

»Der Häuptling der Apachen darf nicht vergessen, daß es überall tapfere und feige, gute und böse Menschen gibt!«

»Du hast recht, und ich wollte dich nicht beleidigen; aber dann darf auch kein Volk denken, daß es besser als ein anderes sei, weil dieses nicht dieselbe Farbe hat.«

Um ihn von diesem heiklen Gegenstand abzulenken, erkundigte ich mich:

»Was werden die Krieger der Apachen jetzt nun tun? Klekih-petra begraben?«

»Ja.«

»Darf ich mit meinen Gefährten dabei sein?«

»Ja. Wenn du nicht gefragt hättest, würde ich dich darum gebeten haben. Du hast damals mit Klekih-petra gesprochen, als wir fortgingen, um die Pferde zu holen. War es nur ein gewöhnliches Gespräch?«

»Nein, sondern ein sehr ernstes, für ihn und auch für mich wichtiges. Darf ich euch sagen, wovon wir geredet haben?«

Ich wendete jetzt die Mehrzahl an, weil Winnetou zu uns getreten war.

»Sage es!« antwortete dieser.

»Als ihr fort waret, setzten wir uns zueinander. Wir bemerkten bald, daß seine Heimat auch die meinige sei, und unterhielten uns in unserer Muttersprache. Er hatte viel erlebt und viel erduldet und erzählte es mir. Er sagte mir, wie lieb er euch habe und daß es sein Wunsch sei, für Winnetou sterben zu können. Der große Geist hat ihm diesen Wunsch nur wenige Minuten später erfüllt.«

»Warum wollte er für mich sterben?«

»Weil er dich liebte, und aus noch einem anderen Grunde, den ich dir später wohl mitteilen werde. Sein Tod sollte eine Sühne sein.«

»Als er sterbend an meinem Herzen lag, redete er zu dir in einer Sprache, welche ich nicht verstand. Welche war es?«

»Unsere Muttersprache.«

»Sprach er da auch von mir?«

»Ja.«

»Was?«

»Er bat mich, dir treu zu bleiben.«

»Mir – treu – zu – – bleiben – –? Du kanntest mich doch noch gar nicht!«

»Ich kannte dich, denn ich hatte dich gesehen, und wer Winnetou sieht, der weiß, wen er vor sich hat, und er hatte mir ja von dir erzählt!«

»Was antwortetest du ihm?«

»Ich versprach ihm, diesen Wunsch zu erfüllen.«

»Es war sein letzter, den er im Leben hatte. Du bist sein Erbe geworden. Du hast ihm gelobt, mir treu zu sein, hast mich behütet, bewacht und geschont, während ich dich als meinen Feind verfolgte. Der Stich meines Messers wäre für jeden Andern tödlich gewesen, doch dein starker Körper hat ihn überwunden. Ich stehe in tiefer, tiefer Schuld bei dir. Sei mein Freund!«

»Ich bin es längst.«

»Mein Bruder!«

»Von ganzem Herzen gern.«

»So wollen wir den Bund am Grabe dessen schließen, der meine Seele der deinigen übergeben hat! Ein edles Bleichgesicht ist von uns gegangen und hat uns, noch im Verscheiden, ein anderes, ebenso edles zugeführt. Mein Blut soll dein Blut und dein Blut soll mein Blut sein! Ich werde das deinige und du wirst das meinige trinken. Intschu tschuna, der größte Häuptling der Apachen, der mein Vater und Erzeuger ist, wird es mir erlauben!«

Intschu tschuna reichte uns seine Hände und sagte in einem von Herzen kommenden Tone:

»Ich erlaube es. Ihr werdet nicht nur Brüder, sondern ein einziger Mann und Krieger mit zwei Körpern sein. Howgh!«

Wir begaben uns nach der Stelle, wo das Grab errichtet werden sollte. Ich erkundigte mich nach dem Maße, der Bauart und der Höhe desselben und bat mir dann einige Tomahawks aus. Hierauf ging ich mit Sam, Dick Stone und Will Parker flußaufwärts in den Wald, wo wir uns passendes Holz aussuchten und mit Hilfe der Tomahawks aus demselben ein Kreuz zimmerten. Als wir mit demselben nach dem Lagerplatze zurückkehrten, hatten die Trauerfeierlichkeiten begonnen. Die Roten hatten sich um den Bau, der rasch fortgeschritten und beinahe beendet war, niedergelassen und sangen ihre eintönigen, ganz eigenartigen und tief ergreifenden Totenlieder. Der dumpfe, monotone Klang derselben wurde von Zeit zu Zeit von einem schrillen, spitzen Klageschrei übertönt, welcher wie ein rascher Blitz aus schweren, dichten Wolkenmassen emporschoß.

Ein Dutzend Indianer waren unter Anleitung der beiden Häuptlinge an dem Baue beschäftigt, und zwischen ihnen und der klagenden Schar tanzte in grotesken, langsamen Bewegungen und Sprüngen eine sonderbar verhüllte und mit allerlei Insignien behangene Gestalt herum.

»Wer ist das?« fragte ich. »Der Medizinmann?«

»Ja,« antwortete Sam.

»Indianische Gebräuche bei dem Begräbnisse eines Christen! Was sagt Ihr dazu, lieber Sam?«

»Paßt Euch das nicht?«

»Eigentlich nicht.«

»Laßt es Euch ruhig gefallen, Sir! Sagt ja kein Wort dagegen! Ihr würdet die Apachen ganz fürchterlich beleidigen.«

»Aber dieser Mummenschanz widerstrebt mir außerordentlich, mehr, als Ihr denkt!«

»Er ist gut gemeint. Meint Ihr vielleicht, daß er heidnisch sei?«

»Natürlich!«

»Unsinn! Diese braven, guten Leute glauben an einen großen Geist, zu dem der verstorbene Freund und Lehrer gegangen ist. Sie begehen die Abschieds-, die Todesfeier in ihrer Weise, und alles, was der Medizinmann dabei tut und vornimmt, ist von symbolischer Bedeutung. Laßt sie also ruhig gewähren! Sie werden uns auch nicht hindern, das Grabmal mit unserm Kreuze zu krönen.«

Als wir dieses neben dem Sarge niederlegten, fragte Winnetou:

»Soll dieses Zeichen des Christentums mit an die Steine kommen?«

»Ja.«

»Das ist recht. Ich hätte meinen Bruder Old Shatterhand gebeten, ein Kreuz zu machen, denn Klekih-petra hatte in seiner Wohnung eins und betete vor demselben. Darum wünschte ich, daß dieses Zeichen seines Glaubens auch an seinem Grabe wache. Welchen Platz soll es bekommen?«

»Es soll oben aus dem Grabmale ragen.«

»So wie bei den großen, hohen Häusern, in denen die Christen zum guten Geiste beten? Ich werde es so anbringen lassen, wie du es wünschest. Setzt euch nieder, und seht zu, ob wir es richtig machen!«

Nach einiger Zeit war der Bau vollendet; er wurde von unserm Kreuze gekrönt und hatte vorn eine Oeffnung für den Sarg, der jetzt noch im Freien stand.

Da kam Nscho-tschi. Sie war eben im Pueblo gewesen, um zwei aus Ton gebrannte Schalen zu holen, mit denen sie zum Flusse ging, um sie mit Wasser zu füllen. Als sie dies getan hatte, kam sie zu uns und stellte sie auf den Sarg, wozu, das sollte ich bald erfahren.

Jetzt war alles für das Begräbnis vorbereitet. Intschu tschuna gab mit der Hand ein Zeichen, worauf die Klagegesänge verstummten. Der Medizinmann hockte sich auf die Erde nieder. Der Häuptling trat an den Sarg und sprach langsam und in feierlichem Tone:

»Die Sonne geht des Morgens im Osten auf und sinkt des Abends im Westen nieder, und das Jahr erwacht zur Frühlingszeit und geht im Winter wieder schlafen. So ist es auch mit dem Menschen. Ist es so?«

»Howgh!« erschallte es dumpf rund umher.

»Der Mensch geht auf wie die Sonne und sinkt wieder nieder in das Grab. Er kommt wie ein Frühling auf die Erde und legt sich wie der Winter zur Ruhe. Aber wenn die Sonne untergegangen ist, so erscheint sie am nächsten Morgen wieder, und wenn der Winter verstreicht, so ist der Frühling wieder da. Ist es so?«

»Howgh!«

»So hat uns Klekih-petra gelehrt. Der Mensch wird in das

Grab gelegt, aber jenseits des Todes steht er auf wie ein neuer Tag und wie ein neuer Frühling, um im Lande des großen, guten Geistes weiter zu leben. Das hat uns Klekih-petra gesagt, und jetzt weiß er, ob er die Wahrheit gesprochen hat, denn er ist verschwunden wie der Tag und das Jahr, und seine Seele ging ein zur Wohnung der Verstorbenen, nach der er sich immer sehnte. Ist es so?«

»Howgh!«

»Sein Glaube war nicht der unserige, und der unserige war nicht der seinige. Wir lieben unsere Freunde und hassen unsere Feinde; er aber lehrte, daß man auch seine Feinde lieben solle, denn sie seien auch unsere Brüder. Das wollten wir nicht glauben; aber so oft wir ihm und seinen Worten gehorchten, hat es uns zum Nutzen und zur Freude gereicht. Vielleicht ist sein Glaube doch auch der unserige, nur daß wir ihn nicht so begreifen konnten, wie er wünschte, daß wir ihn verstehen sollten. Wir sagen, unsere Seelen gehen nach den ewigen Jagdgründen, und er behauptete, die seinige gehe ein zur ewigen Seligkeit. Oft denke ich, unsere Jagdgründe seien diese ewige Seligkeit. Ist es so?«

»Howgh!«

»Oft erzählte er uns von dem Erlöser, welcher gekommen sei, alle Menschen selig zu machen. Wir haben an die Wahrheit seiner Worte geglaubt, denn in seinem Munde hat es niemals eine Lüge gegeben. Dieser Erlöser ist für alle Menschen gekommen. Ist er auch schon bei den roten Männern gewesen? Wenn er käme, so würden wir ihn willkommen heißen, denn wir werden von den Bleichgesichtern unterdrückt und ausgerottet und sehnen uns nach ihm. Ist es so?«

»Howgh!«

»Das war seine Lehre. Nun spreche ich von seinem Ende. Es ist über ihn gekommen wie das Raubtier über seine Beute. Plötzlich und unerwartet war es da. Er war gesund und rüstig und stand an unserer Seite. Er sollte zu Pferde steigen und mit uns heimkehren; da traf ihn die Kugel eines Mörders. Meine Brüder und Schwestern mögen es beklagen!«

Es erschallte ein dumpfes Wehegeschrei, welches immer

stärker und heller wurde, bis es in einem durchdringenden Heulen endete. Dann fuhr der Häuptling fort:

»Wir haben seinen Tod gerächt. Aber die Seele des Mörders ist ihm entgangen; sie kann ihn nicht jenseits des Grabes bedienen, denn sie war feig und wollte ihm nicht im Tode folgen. Der räudige Hund, dem sie gehörte, ist von Kindern erschossen worden, und seine Leiche schwimmt den Fluß hinab. Ist es so?«

»Howgh!«

»Nun ist er fort von uns; aber sein Körper ist uns geblieben, damit wir ihm ein Denkmal setzen, an welchem wir und unsere Nachkommen uns und sich erinnern können an den guten, weißen Vater, der unser Lehrer war und den wir lieb gehabt haben. Er war nicht in diesem Lande geboren, sondern er kam aus einem fernen Reiche, welches jenseits des großen Wassers liegt und welches man daran erkennt, daß dort die Eichen wachsen. Darum haben wir ihm zu Liebe und ihm zu Ehren Eicheln geholt, um sie um sein Grab zu säen. So wie sie keimen und aus der Erde wachsen, so wird seine Seele aus dem Grabe erwachen und jenseits desselben groß werden. Und so wie diese Eichen wachsen, so werden die Worte, die wir von ihm gehört haben, sich in unsern Herzen ausbreiten, daß unsere Seelen unter ihnen Schatten finden können. Er hat stets an uns gedacht und für uns gesorgt. Er ist auch nicht von uns gegangen, ohne uns ein Bleichgesicht zu senden, welches an seiner Stelle unser Freund und Bruder werden soll. Hier seht ihr Old Shatterhand, den weißen Mann, welcher aus demselben Lande stammt, aus welchem Klekih-petra zu uns kam. Er weiß alles, was dieser wußte, und ist ein noch stärkerer Krieger als er. Er hat den Grizzlybären mit dem Messer erstochen und schlägt jeden Feind mit seiner Faust zu Boden. Intschu tschuna und Winnetou waren wiederholt in seine Hand gegeben; aber er hat uns nicht getötet, sondern uns das Leben gelassen, weil er uns liebt und ein Freund der roten Männer ist. Ist es so?«

»Howgh!«

»Es ist Klekih-petras letztes Wort und letzter Wille gewesen, daß Old Shatterhand sein Nachfolger bei den Kriegern der Apachen sein möge, und Old Shatterhand hat ihm versprochen, diesen Wunsch zu erfüllen. Darum soll er in den Stamm der Apachen aufgenommen werden und als Häuptling gelten. Es soll so sein, als ob er rote Farbe hätte und bei uns geboren wäre. Damit dies bekräftigt werde, müßte er mit jedem erwachsenen Krieger der Apachen das Calumet rauchen; aber dies ist nicht nötig, denn er wird das Blut Winnetous trinken, und dieser wird das seinige genießen; dann ist er Blut von unserm Blute und Fleisch von unserm Fleische. Sind die Krieger der Apachen damit einverstanden?«

»Howgh, howgh, howgh!« lautete dreimal die freudige Antwort aller Anwesenden.

»So mögen Old Shatterhand und Winnetou herbei zum Sarge treten und ihr Blut in das Wasser der Brüderschaft tropfen lassen!«

Also eine Blutsbruderschaft, eine richtige, wirkliche Blutsbruderschaft, von der ich so oft gelesen hatte! Sie kommt bei vielen wilden oder halbwilden Völkerschaften vor und wird dadurch geschlossen, daß die beiden Betreffenden entweder Blut von sich mischen und dann trinken oder daß das Blut des Einen von dem Andern und so auch umgekehrt getrunken wird. Die Folge davon ist, daß diese Beiden dann fester, inniger und uneigennütziger zusammenhalten, als wenn sie von Geburt Brüder wären.

Hier war es so, daß ich Winnetous Blut und er das meinige trinken sollte. Wir stellten uns zu beiden Seiten des Sarges auf, und Intschu tschuna entblößte den Vorderarm seines Sohnes, um ihn mit dem Messer zu ritzen. Es quollen aus dem kleinen, unbedeutenden Schnitte einige Blutstropfen, welche der Häuptling in die eine Wasserschale fallen ließ. Dann nahm er mit mir dieselbe Prozedur vor, bei welcher einige Tropfen in die andere Schale fielen. Winnetou bekam die Schale mit meinem Blute und ich die mit dem seinigen in die Hand; dann sagte Intschu tschuna:

»Die Seele lebt im Blute. Die Seelen dieser beiden jungen Krieger mögen ineinander übergehen, daß sie eine einzige

Seele bilden. Was Old Shatterhand dann denkt, das sei auch Winnetous Gedanke, und was Winnetou will, das sei auch der Wille Old Shatterhands. Trinkt!«

Ich leerte meine Schale und Winnetou die seinige. Es war Rio Pecos-Wasser mit einigen Blutstropfen, die man nicht schmeckte. Darauf reichte der Häuptling mir die Hand und sagte:

»Du bist nun grad wie Winnetou, der Sohn meines Leibes und ein Krieger unseres Volkes. Der Ruf deiner Taten wird schnell und überall bekannt werden, und kein anderer Krieger wird dich übertreffen. Du trittst als Häuptling der Apachen ein, und alle Stämme unseres Volkes werden dich als solchen ehren!«

Das war ein schnelles Avancement! Vor kurzem noch Hauslehrer in St. Louis, war ich dann Surveyor geworden, um jetzt als Häuptling unter ›Wilden‹ aufgenommen zu werden! Aber ich gestehe, daß diese Wilden mir weit besser gefielen als die Weißen, mit denen ich es in der letzten Zeit zu tun gehabt hatte.

Um etwaigen Mißverständnissen vorzubeugen, muß ich hier eine Bemerkung machen. Es kommt auch bei uns vor, daß von abenteuerlich gestimmten Leuten Blutsbruderschaften in ähnlicher Weise oder wohl gar mit absonderlichen, auf Aberglauben beruhenden Zeremonien geschlossen werden. Solchen Bruderschaften schreibt man ganz außerordentliche, geheimnisvolle Wirkungen zu, unter anderm auch die, daß beide Brüder in demselben Augenblicke sterben müssen. Wenn z. B. der eine, schwächere, kränkliche, nach Italien reist und dort an der Cholera stirbt, so wird der andere, starke, gesunde, der in Deutschland zurückgeblieben ist, in ganz derselben Sekunde tot umfallen. Das ist natürlich Unsinn. Von einem solchen Aberglauben war bei dem, was zwischen Winnetou und mir geschah, ganz und gar keine Rede. Es wurde dabei dem Genusse des Blutes weder von mir, noch von den Apachen irgendwelche Wirkung zugeschrieben, sondern er hatte nur eine rein symbolische, also bildliche Bedeutung.

Und doch, höchst sonderbar, trafen später stets die Worte Intschu tschunas zu, daß wir eine Seele mit zwei Körpern sein würden. Wir verstanden uns, ohne uns unsere Gefühle, Gedanken und Entschlüsse mitteilen zu müssen. Wir brauchten uns nur anzusehen, um genau zu wissen, was wir gegenseitig wollten; ja, dies war gar nicht einmal notwendig, sondern wir handelten selbst dann, wenn wir voneinander fern waren, mit einer wirklich erstaunlichen Uebereinstimmung, und es hat nie, niemals irgend eine Differenz zwischen uns gegeben. Das war aber nicht etwa die Wirkung des genossenen Blutes, sondern eine sehr natürliche Folge unserer innigen, gegenseitigen Zuneigung und des liebevollen Eingehens und Einlebens des Einen in die Ansichten und individuellen Eigentümlichkeiten des Andern.

Als Intschu tschuna seine letzten Worte sprach, hatten sich alle Apachen, auch die Kinder, erhoben, um ein lautes, bekräftigendes Howgh auszurufen. Dann fügte der Häuptling hinzu:

»Jetzt ist der neue, der lebende Klekih-petra bei uns aufgenommen, und wir können den Toten seinem Grabe übergeben. Meine Brüder mögen dies nun tun!«

Er meinte diejenigen, welche mit an dem Grabmale gebaut hatten. Ich bat um Aufschub und winkte Hawkens, Stone und Parker herbei. Als sie bei mir standen, sprach ich über dem Sarge einige kurze Worte und schloß ein Gebet daran. Dann wurden die Ueberreste des einstigen Revolutionärs und späteren Büßers in das Innere des Steinbaues geschoben, worauf sich die Roten daran machten, die Oeffnung zu verschließen.

Das war meine erste Leichenfeier unter Wilden. Sie hatte mich tief ergriffen. Ich will nicht die Anschauungen kritisieren, welche Intschu tschuna dabei vorgebracht hatte. Es war viel Wahrheit mit viel Unklarheit vermengt gewesen; aber aus allem hatte ein Schrei nach Erlösung geklungen, nach einer Erlösung, welche er, wie einst das Volk Israel, sich äußerlich dachte, während sie doch nur eine innerliche, eine geistige sein konnte.

Während das Grab geschlossen wurde, erklangen wieder die Totenklagen der Indianer, und erst dann, als der letzte Stein eingefügt worden war, konnte die Feier als beendet gelten, und Jeder ging nun heiterern Beschäftigungen nach. Dies war vor allen Dingen das Essen, zu welchem mich Intschu tschuna zu sich einlud.

Er bewohnte das größte Gemach der schon erwähnten Etage. Es war sehr einfach ausgestattet, aber an den Wänden hing eine reiche, indianische Waffensammlung, welche mein lebhaftes Interesse in Anspruch nahm. ›Schöner Tag‹ bediente uns, nämlich ihren Vater, Winnetou und mich, und ich fand, daß sie Meisterin in der Zubereitung indianischer Gerichte war. Gesprochen wurde wenig, ja fast gar nicht. Der Rote schweigt überhaupt gern, und heute war schon so viel geredet worden, daß man alles, was noch zu verhandeln war, gern für später aufhob. Nach dem Essen war die Dämmerung schnell da. Winnetou fragte mich:

»Will mein weißer Bruder ruhen oder mit mir gehen?«

»Ich gehe mit,« antwortete ich, ohne mich zu erkundigen, wohin er wollte.

Wir stiegen vom Pueblo herab und gingen nach dem Flusse. Das hatte ich erwartet. Eine so tief gegründete Natur wie Winnetou wurde unbedingt zum Grabe des heute bestatteten Lehrers getrieben. Bei demselben angekommen, setzten wir uns dort nebeneinander nieder. Winnetou ergriff meine Hand und behielt sie in der seinigen, ohne lange Zeit ein Wort zu sagen, und ich hatte keine Veranlassung, die Stille zu unterbrechen.

Notwendigerweise muß ich hier bemerken, daß nicht alle Apachen, welche ich bisher gesehen hatte, mit ihren Angehörigen im Pueblo wohnten. Dazu wäre dieses, so groß es war, denn doch viel, viel zu klein gewesen. Es wurde nur von Intschu tschuna und seinen hervorragendsten Kriegern bewohnt und bildete den Mittelpunkt für die mit ihren Pferdeherden und jagend herumziehenden Zugehörigen des Stammes der Mescalero-Apachen. Von hier aus regierte der Häuptling diesen Stamm, und von hier aus unternahm er auch die weiten Ritte zu den andern Stämmen, die ihn als obersten Häuptling anerkannten. Dies waren die Llaneros, Jicarillas, Taracones, Chiriguais, Pinalenjos, Gilas, Mimbrenjos, Lipans, Kupferminenapachen und andere; ja selbst die Navajos pflegten sich, wenn nicht seinen Befehlen, so doch seinen Anordnungen zu fügen.

Diejenigen Mescaleros, welche nicht in das Pueblo gehörten, hatten sich nach dem Begräbnisse entfernt, und es waren nur so viele von ihnen zurückgeblieben, wie nötig waren, um die von den Kiowas überkommenen Pferde, welche in der Nähe weideten, zu beaufsichtigen. Darum saß ich jetzt mit Winnetou allein und unbeobachtet am Grabe Klekih-petras. Von diesem will ich erwähnen, daß am nächsten Tage wirklich Eicheln um dasselbe in die Erde gebracht wurden, welche später aufgingen. Die Bäume stehen noch jetzt.

Endlich brach Winnetou das Schweigen, indem er mich fragte:

»Wird mein Bruder Old Shatterhand vergessen, daß wir seine Feinde gewesen sind?«

»Es ist bereits vergessen,« antwortete ich.

»Aber eines wirst du nicht vergeben können.«

»Was?«

»Die Beleidigung, welche mein Vater dir zugefügt hat.«

»Wann?«

»Als wir dich zum erstenmale trafen.«

»Ah, daß er mir in das Gesicht spuckte?«

»Ja.«

»Warum sollte ich dies nicht vergeben können?«

»Weil Speichel nur mit dem Blute des Betreffenden abgewaschen werden kann.«

»Winnetou mag sich nicht sorgen. Auch das ist bereits vergessen.«

»Mein Bruder sagt etwas, was ich unmöglich glauben kann.«

»Du kannst es glauben. Es ist ja längst bewiesen, daß ich es vergeben habe.«

»Wodurch?«

»Dadurch, daß ich es Intschu tschuna, deinem Vater, gar nicht übelgenommen habe. Oder meinst du, Old Shatterhand lasse sich anspucken, ohne auf diese Beleidigung, wenn er sie als eine solche betrachtet, sofort mit der Faust zu antworten?«

»Ja, wir wunderten uns später, daß du dies nicht getan hast.«

»Der Vater meines Winnetou konnte mich nicht beleidigen. Ich wischte den Speichel ab; dann war es vergeben und vergessen. Sprechen wir nicht mehr davon!«

»Und doch muß ich davon sprechen; das bin ich dir, meinem Bruder, schuldig.«

»Warum?«

»Du mußt die Sitten unsers Volkes erst noch kennen lernen. Kein Krieger gesteht gern einen Fehler ein, und ein Häuptling darf dies noch weniger tun. Intschu tschuna weiß, daß er unrecht gehabt hat, aber er darf dich nicht um Verzeihung bitten. Darum hat er mich beauftragt, mit dir zu sprechen. Winnetou bittet dich an Stelle seines Vaters.«

»Das ist gar nicht nötig; wir sind quitt, denn auch ich habe euch beleidigt.«

»Nein.«

»Doch! Ist nicht ein Faustschlag eine Beleidigung? Und ich habe euch doch mit der Faust geschlagen.«

»Das war im Kampfe, wo es nicht als Beleidigung gilt. Mein Bruder ist edel und großmütig; wir werden es ihm nicht vergessen.«

»Reden wir von anderen Dingen! Ich bin heut Apache geworden. Wie steht es mit meinen Kameraden?«

»Die können nicht in den Stamm aufgenommen werden, aber sie sind unsere Brüder.«

»Ohne Zeremonie?«

»Wir werden morgen mit ihnen die Pfeife des Friedens rauchen. In der Heimat meines weißen Bruders gibt es wohl kein Calumet?«

»Nein. Christen sind alle Brüder, ohne daß es der Ausübung irgend eines Gebrauches bedarf.«

»Alle Brüder? Gibt es keinen Krieg zwischen ihnen?«

»Allerdings auch.«

»So sind sie auch nicht anders und besser als wir. Sie lehren die Liebe und fühlen sie nicht. Warum hat mein Bruder sein Vaterland verlassen?«

Es ist bei den Roten nicht Sitte, solche Fragen auszusprechen. Winnetou konnte es aber tun, weil er jetzt mein Bruder war, der mich kennen lernen mußte. Doch wurde seine Frage nicht nur aus teilnehmender Neugierde ausgesprochen; er hatte noch einen andern Grund dabei.

»Um hier hüben das Glück zu suchen,« antwortete ich.

»Das Glück! – Was ist das Glück?«

»Reichtum!«

Er ließ, als ich dies sagte, meine Hand los, die er bis jetzt fest gehalten hatte, und es trat wieder eine Pause ein. Ich wußte, er hatte jetzt das Gefühl, sich doch in mir getäuscht zu haben.

»Reichtum!« flüsterte er dann.

»Ja, Reichtum,« wiederholte ich.

»Also darum – darum – darum!«

»Was?«

»Darum haben wir dich bei – bei – – –«

Es tat ihm doch wehe, das Wort aussprechen zu sollen. Ich vollendete es:

»Bei den Länderdieben gesehen?«

»Du sagst es. Du tatest es also, um reich zu werden. Meinst du denn wirklich, daß Reichtum glücklich macht?«

»Ja.«

»Da irrst du dich. Das Gold hat die roten Männer nur unglücklich gemacht; des Goldes wegen drängen uns noch heut die Weißen von Land zu Land, von Ort zu Ort, so daß wir langsam aber sicher untergehen werden. Das Gold ist die Ursache unsers Todes. Mein Bruder mag ja nicht danach trachten.«

»Das tu ich auch nicht.«

»Nicht? Und doch sagtest du, daß du das Glück im Reichtum suchest.«

»Ja, das ist wahr. Aber es gibt Reichtum verschiedener Art, Reichtum an Gold, an Weisheit und Erfahrung, an Gesundheit, an Ehre und Ruhm, an Gnade bei Gott und den Menschen.«

»Uff, uff! So meinst du es! Welcher Reichtum ist es denn, nach welchem du da trachtest?«

»Der letztere.«

»Gnade bei Gott! So bist du wohl ein sehr frommer, ein sehr gläubiger Christ?«

»Ob ich ein guter Christ bin, das weiß ich nicht, das weiß nur Gott; aber ich möchte es gern sein.«

»So hältst du uns für Heiden?«

»Nein. Ihr glaubt an den großen, guten Geist und betet keine Götzen an.«

»So erfülle mir eine Bitte!«

»Gern! – Welche?«

»Sprich nicht vom Glauben zu mir! Trachte nicht danach, mich zu bekehren! Ich habe dich sehr, sehr lieb und möchte nicht, daß unser Bund zerrissen werde. Es ist so, wie Klekih-petra sagte. Dein Glaube mag der richtige sein, aber wir roten Männer können ihn noch nicht verstehen. Wenn uns die Christen nicht verdrängten und ausrotteten, so würden wir sie für gute Menschen halten und auch ihre Lehre für eine gute. Dann fänden wir wohl auch Zeit und Raum, das zu lernen, was man wissen muß, um euer heiliges Buch und eure Priester zu verstehen. Aber der, welcher langsam und sicher zu Tode gedrückt wird, kann nicht glauben, daß die Religion dessen, der ihn tötet, eine Religion der Liebe sei.«

»Du mußt unterscheiden zwischen der Religion und dem Anhänger derselben, welcher sich nur äußerlich zu ihr bekennt, aber nicht nach ihr handelt!«

»So sagen die Bleichgesichter alle; sie nennen sich Christen, handeln aber nicht danach. Wir aber haben unsern großen Manitou, welcher will, daß alle Menschen gut seien. Ich bemühe mich, ein guter Mensch zu sein, und bin da vielleicht ein Christ, ein besserer Christ als diejenigen, die sich zwar so nennen, aber keine Liebe besitzen und nur nach ihrem Vorteile trachten. Also sprich nie zu mir vom Glauben, und versuche nie, aus mir einen Mann zu machen, der ein Christ genannt wird, ohne es vielleicht zu sein! Das ist die Bitte, welche du mir erfüllen mußt!«

Ich habe sie ihm erfüllt und nie ein Wort der Bekehrung zu ihm gesagt. Aber muß man denn reden? Ist nicht die Tat eine viel gewaltigere, eine viel überzeugendere Predigt als das Wort? ›An ihren Werken sollt ihr sie erkennen‹, sagt die heilige Schrift, und nicht in Worten, sondern durch mein Leben, durch mein Tun bin ich der Lehrer Winnetous gewesen, bis er einst, nach Jahren, an einem mir unvergeßlichen Abende, mich selbst aufforderte, zu sprechen. Da saßen wir stundenlang beisammen, und in jener weihevollen Nacht ging all der im Stillen gesäete Samen plötzlich auf und brachte herrliche Frucht.

Jetzt begnügte ich mich damit, ihm die Hand zu drücken, zum Zeichen, daß ich seinen Wunsch erfüllen wolle. Dann fuhr er fort:

»Wie ist es denn gekommen, daß mein Bruder Old Shatterhand sich den Länderdieben angeschlossen hat? Wußte er denn nicht, daß dies ein Verbrechen an den roten Männern war?«

»Ich hätte es mir sagen können, habe aber gar nicht daran gedacht. Ich war froh, Surveyor werden zu dürfen, denn ich wurde sehr gut bezahlt.«

»Bezahlt? Ich denke, ihr seid gar nicht fertig geworden? Bezahlte man euch denn, bevor die Arbeit vollendet war?«

»Nein. Ich erhielt einen Vorschuß und die Ausrüstung. Das, was ich mir verdient habe, wäre mir nach beendetem Werke ausgezahlt worden.«

»Und nun kommst du um dieses Geld?«

»Ja.«

»Ist es viel?«

»Für meine Verhältnisse sehr viel.«

Er schwieg eine Weile; dann sagte er:

»Es tut mir sehr leid, daß mein Bruder durch uns solchen Schaden erlitten hat. Du bist nicht reich?«

»An allem andern reich, aber in Beziehung auf das Geld bin ich ein armer Teufel.«

»Wie lange hättet ihr noch zu messen gehabt, um zu Ende zu kommen?«

»Nur einige Tage.«

»Uff! Hätte ich dich so gekannt, wie ich dich jetzt kenne, so wären wir einige Tage später über die Kiowas hergefallen.«

»Damit ich hätte fertig werden können?« fragte ich gerührt durch diesen Edelmut.

»Ja.«

»Das heißt, du hättest uns den Diebstahl vollends ausführen lassen?«

»Den Diebstahl nicht, sondern nur die Vermessung. Die Linien, welche ihr auf das Papier zeichnet, schaden uns noch nichts, denn damit ist der Raub noch nicht ausgeführt. Dieser beginnt vielmehr eigentlich erst dann, wenn die Arbeiter der Bleichgesichter kommen, um den Pfad des Feuerrosses zu bauen. Ich würde dir – – –«

Er hielt mitten in seiner Rede inne, um über einen Gedanken, der ihm gekommen war, klar zu werden. Dann fuhr er fort:

»Müßtest du, um dein Geld zu erhalten, die Papiere haben, von denen ich soeben sprach?«

»Ja.«

»Uff! So wird es dir nie ausgezahlt werden, denn alles, was ihr gezeichnet habt, ist vernichtet worden.«

»Und was ist mit unsern Instrumenten geschehen?«

»Die Krieger, denen sie in die Hände fielen, wollten sie zerschlagen, aber ich gab dies nicht zu. Obgleich ich keine Schule der Bleichgesichter besucht habe, weiß ich doch, daß solche Gegenstände einen hohen Wert besitzen, und darum gab ich den Befehl, sie sorgfältig aufzubewahren. Wir haben sie mit hierher gebracht und gut aufgehoben. Ich werde sie meinem Bruder Old Shatterhand wiedergeben.«

»Ich danke dir. Ich nehme dieses Geschenk von dir an, obgleich es mir direkt nun keinen Nutzen bringt. Es ist mir aber sehr lieb, daß ich die Instrumente wieder abliefern kann.«

»Nutzen also bringen sie dir nicht?«

»Nein. Den würde ich nur dann haben, wenn ich die Vermessung vollends ausführen könnte.«

»Aber es fehlen dir doch die Papiere, welche vernichtet worden sind!«

»Nein. Ich war so vorsichtig, die Zeichnungen zweimal anzufertigen.«

»So besitzest du die zweiten noch?«

»Ja, hier in meiner Tasche. Du bist so gütig gewesen, zu befehlen, daß mir nichts genommen werden solle.«

»Uff, uff!«

Dieser Ausruf klang halb wie Verwunderung und halb wie Befriedigung; dann schwieg er wieder. Er bewegte, wie ich später erfuhr, in seinem Herzen einen Gedanken von solchem Edelmute, wie ein Weißer ihn wohl nie gefaßt, am allerwenigsten aber ausgeführt haben würde. Nach einiger Zeit stand er auf und sagte:

»Wir wollen heimkehren. Mein weißer Bruder ist durch uns geschädigt worden. Winnetou wird für Ersatz dieses Verlustes sorgen. Zunächst aber mußt du dich bei uns vollends erholen.«

Wir gingen nach dem Pueblo zurück, in welchem wir vier Weiße heut zum erstenmal als freie Männer schliefen. Am nächsten Tage wurde unter großen Feierlichkeiten zwischen Hawkens, Stone, Parker und den Apachen die Pfeife des Friedens geraucht. Es versteht sich ganz von selbst, daß dabei lange Reden gehalten wurden. Die schönste davon war diejenige Sams, welcher sie nach seiner Art so mit drolligen Ausdrücken spickte, daß die ernsten Indianer sich alle Mühe geben mußten, die Lustigkeit, welche sich ihrer dabei bemächtigte, nicht äußerlich merken zu lassen. Im Verlaufe dieses Tages wurde alles, was in Beziehung auf die Ereignisse der letzten Zeit unklar geblieben war, an das Tageslicht gezogen. Dabei kam wieder in Erwähnung, daß ich Intschu tschuna und Winnetou an jenem Abend losgeschnitten hatte, und Hawkens hielt mir da die folgende Standrede:

»Ihr seid ein hinterlistiger Mensch, ein ganz und gar hinterlistiger Mensch, Sir! Man pflegt doch gegen Freunde aufrichtig zu sein, besonders wenn man ihnen so viel zu verdanken hat wie Ihr uns. Wer und was waret Ihr denn eigentlich, als wir Euch in St. Louis zum erstenmal sahen? Ein Hauslehrer, welcher seinen Kindern das Abc vorwärts und das kleine Einmaleins rückwärts einbläuen mußte. Und so ein unglücklicher Kerl wäret Ihr geblieben, wenn wir uns Eurer nicht so liebevoll und nachsichtig angenommen hätten. Wir haben Euch aus diesem unglücklichen Einmaleins herausgerissen und mit bewundernswerter Sanftmut über die Savanne geschleppt, wenn ich mich nicht irre. Wir haben über Euch gewacht, wie eine zärtliche Mutter über ihr kleinstes Baby oder eine Henne über die von ihr ausgebrütete junge Ente wacht. Bei uns seid Ihr nach und nach zu Verstand gekommen, und wir sind es gewesen, die Euer Gehirn so ausgebildet haben, daß es nach der bisherigen Dunkelheit in demselben nun schon zuweilen bei Euch zu dämmern beginnt. Kurz und gut, wir sind Vater und Mutter, Onkel und Tante für Euch gewesen, haben Euch auf den Händen getragen, haben Euch körperlich mit den saftigsten Fleischbissen und geistig mit unserer Weisheit und Erfahrung aufgefüttert und dürfen dafür erwarten, daß Ihr uns Achtung, Ehrerbietung und Dankbarkeit zollt und nicht als Ente in das Wasser lauft, in welchem wir als Hennen elendiglich ertrinken müßten. Trotzdem habt Ihr stets das, was Euch verboten war, getan. Es tut mir in meinem alten Jagdrocke wehe, so viel Liebe und Aufopferung mit so viel Ungehorsam und Undankbarkeit vergolten zu sehen. Wollte ich alle Eure schlechten Streiche nacheinander aufzählen, so wäre gar kein Ende abzusehen. Der allerschlimmste aber war der, daß Ihr die beiden Häuptlinge losmachtet, ohne es uns dann zu sagen. Das kann ich weder vergessen noch vergeben und werde es Euch nachtragen, so lange ich in dieser meiner jetzigen Haut stecke. Die Folgen dieser heimtückischen Verschwiegenheit haben dann auch nicht auf sich warten lassen. Anstatt gestern so recht hübsch am Pfahl geschmort und gebraten zu werden und heut in den lieblichen Jagdgründen der abgeschiedenen Indianerseelen zu erwachen, sind wir gar nicht für wert gehalten worden, umgebracht zu werden. Nun sitzen wir bei vollem Leben und guter Gesundheit hier in diesem abgelegenen Pueblo, wo man sich alle Mühe gibt, uns mit Leckerbissen den Magen zu verderben und aus einem Greenhorn, welches Ihr doch seid, einen wahren Halbgott zu machen. Dieses Unheil haben wir nur Euch zu verdanken, besonders deshalb, weil Ihr ein so ganz und gar niederträchtiger Schwimmer seid. Aber die Liebe ist unter allen Umständen ein unbegreifliches Frauenzimmer; je mehr sie mißhandelt wird, desto wohler fühlt sie sich, und so wollen wir Euch selbst dieses Mal noch nicht aus unserer Mitte und aus unserem Herzen stoßen, sondern glühende Kohlen auf Eurem Haupte sammeln, indem wir Euch verzeihen, allerdings in der festen und bestimmten Hoffnung, daß Ihr nun endlich in Euch geht und anders werdet, wenn ich mich nicht irre. Hier ist meine Hand. Wollt Ihr mir Besserung versprechen, geliebter Sir?«

»Ja,« antwortete ich, indem ich ihm die Hand schüttelte. »Ich werde dem edlen Vorbilde, welches Ihr mir gegeben habt und jetzt noch gebt, so eifrig nachstreben, daß man mich schon in kurzer Zeit für den reinen Sam Hawkens halten soll.«

»Verehrtester, das laßt hübsch bleiben! Es wäre eine ganz vergebliche Mühe, die Ihr Euch da geben würdet. Ein Greenhorn, wie Ihr seid, und Sam Hawkens ähnlich werden! Die reinste Unmöglichkeit! Das wäre grad und genau so, als wenn ein Grasfrosch Opernsänger werden wollte, und so will – –«

Da fiel ihm Dick Stone, zwar lachend aber doch ein wenig unwillig in die Rede:

»*Stop!* Sei endlich einmal still, alter Schwadronör! Es ist ja gar nicht mehr zum Aushalten mit dir! Du drehst ja alles um, machst alles verkehrt und ziehst den rechten Handschuh an die linke Hand! Ich an Old Shatterhands Stelle würde mir das ewige Greenhorn nicht so ruhig gefallen lassen.«

»Was kann und soll er denn dagegen haben? Es ist doch wahr; er ist ja eins!«

»Unsinn! Wir haben ihm unser Leben zu verdanken. Unter hundert erfahrenen Westmännern, uns und dich nicht ausgenommen, wäre wohl kein einziger, der das fertig gebracht hätte, was er gestern tat. Anstatt daß wir ihn beschützen, beschützt er uns; das merke dir! Wenn er nicht gewesen wäre, säßen wir nicht so munter hier, und du stäkst nicht so heiler Haut unter deiner alten, falschen Perücke!«

»Was? Falsche Perücke? Das sag mir ja nicht noch einmal! Es ist eine ganz richtige Perücke. Wenn du das noch nicht weißt, so schau sie dir einmal an!«

Er nahm sie ab und hielt sie Stone hin.

»Fort, fort mit diesem Fell!« lachte dieser.

Sam stülpte sie sich wieder auf den Kopf und sagte in vorwurfsvollem Tone:

»Schäme dich, Dick, die Zierde meines Hauptes ein Fell zu nennen! Das hätte ich von so einem guten Kameraden, wie du bist, nicht gedacht! Ihr versteht es alle nicht, den Wert Eures alten Sam zu würdigen. Ich strafe Euch also mit Verachtung und suche jetzt meine Mary auf. Muß doch sehen, ob diese sich auch so wohl befindet wie ich.«

Er fuhr mit den Armen geringschätzig durch die Luft und ging. Wir lachten lustig hinter ihm her, denn es war wirklich unmöglich, ihm etwas übel zu nehmen.

Am nächsten Tage kehrten die Kundschafter zurück, welche den Kiowas heimlich gefolgt waren; sie meldeten, daß diese ohne Unterbrechung fortgezogen seien und also nicht die Absicht hegten, jetzt eine Feindseligkeit auszuführen.

Hierauf folgte eine Zeit der Ruhe und für mich doch der Tätigkeit. Sam, Dick und Will ließen sich die Gastfreundschaft der Apachen sehr gefallen; sie ruhten sich gründlich aus. Die einzige Tätigkeit, welcher Hawkens sich hingab, war die, daß er seine Mary täglich spazieren ritt, damit sie, wie er sich ausdrückte, ›seine Finessen bewundern lerne‹ und sich an seine Art und Weise, zu reiten, gewöhne.

Ich aber legte mich nicht auf die Bärenhaut. Winnetou hatte es darauf abgesehen, mich in die ›indianische Schule‹ zu nehmen. Wir waren oft ganze Tage fort, machten weite Ritte, während welcher ich mich in allem, was zur Jagd und zum Kriege gehörte, üben mußte. Wir krochen in den Wäldern herum, wobei ich vortrefflich Unterricht im Anschleichen erhielt. Er führte förmliche ›Felddienstübungen‹ mit mir aus. Oft trennte er sich von mir und stellte mir die Aufgabe, ihn zu suchen. Er gab sich alle Mühe, seine Spuren zu verwischen, und ich strengte mich ebenso an, sie aufzufinden. Wie oft steckte er dann in einem dichten Gebüsche oder stand, von dem überhängenden Gesträuch versteckt, im Wasser des Pecos und sah zu, wie ich nach ihm suchte. Er machte mich auf meine Fehler aufmerksam und zeigte mir durch sein Beispiel, wie ich mich zu benehmen und was ich zu tun oder zu lassen hatte. Das war ein außerordentlich vortrefflicher Unterricht, den er mit eben solcher Lust erteilte, wie ich mit Freude und Bewunderung sein Schüler war. Dabei kam nie ein Lob über seine Lippen, auch nie das, was man unter einem Tadel versteht. Ein Meister in allen Fertigkeiten, welche das Indianerleben erfordert, war er auch ein Meister im Unterrichte.

Wie oft kam ich da ermüdet und wie mit zerschlagenen Gliedern heim! Aber dann gab es noch keine Ruhe für mich, denn ich wollte die Sprache der Apachen erlernen und nahm im Pueblo Unterricht. Ich hatte da zwei Lehrer und eine Lehrerin: Nscho-tschi lehrte mich den Dialekt der Mescaleros, Intschu tschuna denjenigen der Llaneros und Winnetou den der Navajos. Da diese Sprachen untereinander sehr verwandt sind und keinen großen Wortschatz besitzen, so ging es auch mit diesen Uebungen schnell vorwärts.

Wenn Winnetou sich mit mir nicht weit vom Pueblo entfernte, so kam es zuweilen vor, daß Nscho-tschi sich an unsern Ausgängen beteiligte. Sie hatte dann sichtlich große Freude, wenn ich meine Aufgaben gut löste.

Einmal befanden wir uns im Walde, wo Winnetou mich aufforderte, mich zu entfernen und erst nach einer Viertelstunde wieder an Ort und Stelle zu sein. Ich sollte dann beide nicht mehr vorfinden und nach Nscho-tschi suchen, welche sich sehr gut verstecken werde. Ich ging also eine ziemliche

Strecke fort, wartete da, bis die Zeit verflossen war, und kehrte dann zurück. Die Spuren beider, welche von hier ausgingen, waren anfangs ziemlich deutlich; dann aber fehlten plötzlich die Fußeindrücke der Indianerin. Ich wußte freilich, daß sie einen außerordentlich leichten Gang hatte; aber der Boden war weich, und so mußte also unbedingt wenigstens eine, wenn auch noch so leise Andeutung der Fährte vorhanden sein; aber ich fand nichts, gar nichts, nicht ein einziges niedergedrücktes oder umgebrochenes Pflänzchen, obgleich es grad an dieser Stelle sehr dichtes und empfindliches Moos gab. Nur die Spur Winnetous war deutlich eingedrückt; aber die ging mich nichts an, denn ich sollte nicht ihn, sondern seine Schwester suchen. Er hielt sich jedenfalls in der Nähe, um mich heimlich zu beobachten, ob ich Fehler mache oder nicht.

Ich suchte noch einmal und noch einmal im Kreise, fand aber auch nicht den leisesten Anhalt. Das war befremdlich. Ich überlegte. Sie mußte und mußte unbedingt eine Spur hinterlassen haben, denn es konnte hier kein Fuß den Boden berühren, ohne von dem weichen Moose verraten zu werden. Ein Fuß den Boden berühren? Ah! Wie nun, wenn Nscho-tschi ihn gar nicht berührt hatte?

Ich untersuchte Winnetous Stapfen; sie waren tief eingedrückt, tiefer als vorher. Sollte er seine Schwester auf die Arme genommen und fortgetragen haben? Dann war die Aufgabe, welche er mir gestellt hatte, seiner Ansicht nach eine sehr schwere, aber meiner Ansicht nach eine sehr leichte von dem Augenblicke an, an welchem ich eben erriet, daß er Nscho-tschi getragen habe.

Infolge dieser Last hatten sich seine Füße tiefer eingedrückt. Es kam nun darauf an, Spuren von der Indianerin zu finden. Diese durfte ich freilich nicht unten an der Erde, sondern ich mußte sie weiter oben suchen.

War Winnetou allein durch den Wald gegangen, so hatte er die Arme frei und keine Mühe gehabt, durch das Unterholz zu kommen. Hatte er aber seine Schwester getragen, so mußte es unbedingt zerknickte Zweige geben. Ich folgte seinen Stapfen und richtete dabei mein Hauptaugenmerk nicht auf die Fährte, sondern auf das Gebüsch. Richtig! Indem er mit seiner Last durch dasselbe gedrungen war, hatte er die Arme nicht frei gehabt und dasselbe nicht vorsichtig auseinander schieben können; Nscho-tschi war nicht auf den Gedanken gekommen, dies zu tun, und so fand ich an mehreren Stellen geknickte Zweige und beschädigte Blätter, also Zeichen, welche nicht hätten entstehen können, wenn Winnetou allein hindurchgegangen wäre.

Die Spur führte in schnurgerader Richtung nach einer lichten Stelle des Waldes und in ebenso gerader Linie über dieselbe hinüber. Da drüben, am jenseitigen Rande der Lichtung, steckten jedenfalls die beiden, stillvergnügt darüber, daß es mir unmöglich sein werde, meine Aufgabe zu lösen. Ich hätte direkt hinübergehen können; aber ich wollte es noch besser machen und sie förmlich überrumpeln. Darum schlich ich mich, immer sorgfältig in Deckung bleibend, um die Lichtung herum. Jenseits angekommen, suchte ich zunächst wieder nach Winnetous Spur. War er weitergegangen, so mußte ich sie sehen. Sah ich sie nicht, so hatte er sich mit Nscho-tschi versteckt. Ich legte mich auf die Erde nieder und schob mich geräuschlos in einem Halbkreise fort, indem ich mich bemühte, immer hinter Bäumen und Büschen verborgen zu bleiben. Es war kein Fußeindruck zu sehen. Folglich steckten sie, wie ich vermutet hatte, am Rande der freien Stelle, und zwar da, wo die Fährte, welcher ich bis vorhin gefolgt war, diesen Rand berührte.

Leise, ganz, ganz leise, schob ich mich nach dieser Stelle hin. Sie saßen still, und ihren geübten Ohren konnte kein Geräusch entgehen; ich mußte also eine ungewöhnliche Vorsicht entfalten. Es gelang mir besser, als ich es für möglich gehalten hatte. Ich sah die Beiden. Sie saßen eng nebeneinander mitten in einem wilden Pflaumengebüsch, mit dem Rücken nach mir, da sie mich, falls ich ja kommen würde, von der entgegengesetzten Seite erwarten mußten. Sie sprachen miteinander, aber flüsternd, so daß ich ihre Worte nicht verstehen konnte.

Ich freute mich ungemein auf die Ueberraschung und

schob mich immer weiter zu ihnen hinan. Jetzt war ich so nahe, daß ich beide mit der Hand erreichen konnte. Schon wollte ich den Arm ausstrecken und Winnetou von hinten fassen, da wurde ich durch ein Wort, welches er sagte, abgehalten, dies zu tun.

»Soll ich ihn holen?« fragte er flüsternd.

»Nein,« antwortete Nscho-tschi. »Er kommt selbst.«

»Er kommt nicht.«

»Er kommt!«

»Meine Schwester irrt sich. Er hat alles sehr schnell gelernt; aber deine Spur geht durch die Luft. Wie will er sie finden?«

»Er findet sie. Mein Bruder Winnetou hat mir gesagt, daß Old Shatterhand schon jetzt nicht mehr irre zu führen sei. Warum spricht er jetzt das Gegenteil?«

»Weil es heut die schwierigste Aufgabe ist, die es geben kann. Sein Auge wird jede Fährte finden; die deinige ist aber nur mit den Gedanken zu lesen, und das hat er noch nicht gelernt.«

»Er wird dennoch kommen, denn er kann alles, alles, was er will.«

Sie flüsterte diese Worte nur, dennoch war ihrem Tone eine Zuversicht, ein Vertrauen anzuhören, daß ich darauf hätte stolz sein können.

»Ja, ich habe noch keinen Mann gekannt, der sich so leicht in alles findet. Es gibt nur eins, worein er sich nicht finden wird, und dies tut Winnetou sehr leid.«

»Was ist das?«

»Der Wunsch, den wir alle haben.«

Eben jetzt hatte ich mich ihnen bemerkbar machen wollen; da sprach Winnetou von einem Wunsche; das bestimmte mich, noch zu warten. Welchen Wunsch hätte ich diesen lieben, guten Menschen nicht gern erfüllt! Sie hegten einen und und sagten ihn mir nicht, weil sie glaubten, daß ich ihn nicht erfüllen werde. Vielleicht hörte ich jetzt, was für einer es war. Darum schwieg ich noch und lauschte.

»Hat mein Bruder Winnetou schon mit ihm darüber gesprochen?« fragte Nscho-tschi.

»Nein,« antwortete Winnetou.

»Und Intschu tschuna, unser Vater, auch noch nicht?«

»Nein. Er wollte es ihm sagen, aber ich gab es nicht zu.«

»Nicht? Warum? Nscho-tschi liebt dieses Bleichgesicht sehr; sie ist die Tochter des obersten Häuptlings aller Apachen!«

»Das ist sie, und sie ist noch mehr, noch weit mehr. Jeder rote Krieger und jedes Bleichgesicht würde glücklich sein, wenn meine Schwester seine Squaw werden wollte, nur Old Shatterhand nicht.«

»Wie kann mein Bruder Winnetou dies wissen, da er noch nicht mit ihm darüber gesprochen hat?«

»Ich weiß es trotzdem, denn ich kenne ihn. Er ist nicht wie andere Weiße; er trachtet nach Höherem als sie. Er nimmt keine Indianerin zur Squaw.«

»Hat er dies gesagt?«

»Nein.«

»Gehört sein Herz vielleicht einer Weißen?«

»Auch nicht.«

»Das weißt du sicher?«

»Ja. Wir sprachen von weißen Frauen, und da habe ich aus seinen Worten entnommen, daß sein Herz noch nicht gesprochen hat.«

»So wird es bei mir sprechen!«

»Meine Schwester mag sich nicht täuschen! Old Shatterhand denkt und empfindet anders, als du meinst. Wenn er sich eine Squaw erwählt, so muß sie unter den Frauen das sein, was er unter den Männern ist.«

»Bin ich das nicht?«

»Unter den roten Mädchen, ja; da kommt meiner schönen Schwester keines gleich. Aber was hast du gesehen und gehört? Was hast du gelernt? Du kennst das Frauenleben der roten Völker, aber nichts von dem, was eine weiße Squaw gelernt haben und wissen muß. Old Shatterhand sieht nicht auf den Glanz des Goldes und auf die Schönheit des Angesichtes; er trachtet nach andern Dingen, die er bei einem roten Mädchen nicht finden kann.«

Sie senkte den Kopf und schwieg. Da strich er ihr mit der Hand liebkosend über die Wange und sagte:

»Es schmerzt mich, daß ich dem Herzen meiner guten Schwester wehe tue, aber Winnetou ist gewöhnt, stets die Wahrheit zu sagen, auch wenn sie keine frohe ist. Vielleicht kennt er einen Weg, auf welchem Nscho-tschi zu dem Ziele, nach welchem sie strebt, gelangen kann.«

Da hob sie rasch den Kopf wieder und fragte:

»Welcher Weg ist dies?«

»Der nach den Städten der Bleichgesichter.«

»Dorthin soll ich, meinst du?«

»Ja.«

»Warum?«

»Um zu lernen, was du wissen und können mußt, wenn Old Shatterhand dich lieben soll.«

»So will ich hin, bald, sehr bald! Will mein Bruder Winnetou mir einen Wunsch erfüllen?«

»Welchen?«

»Sprich mit Intschu tschuna, unserm Vater darüber! Bitte ihn, mich nach den großen Städten der Bleichgesichter gehen zu lassen! Er wird nicht Nein sagen, denn – – –«

Mehr hörte ich nicht, denn ich kroch jetzt leise wieder zurück. Es kam mir fast wie eine Sünde vor, dieses Gespräch der Geschwister belauscht zu haben. Wenn sie es nur nicht merkten! Welche Verlegenheit für sie und noch viel mehr auch für mich! Es galt, jetzt bei meinem Rückzuge noch viel vorsichtiger zu sein als vorhin bei meiner Annäherung. Das geringste Geräusch, der kleinste Zufall konnte es verraten, daß ich das Geheimnis der schönen Indianerin erfahren hatte. Und in diesem Falle war ich gezwungen, meine roten Freunde heut noch zu verlassen.

Glücklicherweise gelang es mir, mich unbemerkt zurückzuziehen. Als ich außer Hörweite angelangt war, erhob ich mich vom Boden und ging im Kreise schnell um die Lichtung herum, bis ich wieder auf die Fährte traf. Auf dieser trat ich dann auf der Seite, von welcher ich vorhin gekommen war, und von welcher ich von Nscho-tschi erwartet wurde, zwei oder drei Schritte auf die Lichtung hinaus und rief über dieselbe hinüber:

»Mein Bruder Winnetou mag herüberkommen!«

Es regte sich nichts drüben; darum fuhr ich fort:

»Mein Bruder mag kommen, denn ich sehe ihn!«

Er kam trotzdem nicht.

»Er sitzt drüben im Gebüsch der wilden Pflaumen. Soll ich ihn vielleicht holen?«

Da bewegten sich die Zweige, und Winnetou trat hervor, doch allein. Er hatte nicht länger stecken bleiben können, wollte aber das Versteck seiner Schwester noch geheim halten und fragte mich:

»Hat mein Bruder Old Shatterhand Nscho-tschi gefunden?«

»Ja.«

»Wo?«

»Da, wo sie verborgen ist, im Gebüsch.«

»In welchem Gebüsch?«

»In demjenigen, wohin mich ihre Fährte führt.«

»Hast du denn ihre Fährte gesehen?«

Das klang sehr verwundert. Er wußte nicht, woran er mit mir war. Daß ich die Unwahrheit sagte, das glaubte er nicht; aber von einer Fährte wußte er nichts, und da er nicht einen Augenblick von seiner Schwester weggekommen war, so hegte er die Ueberzeugung, daß ich sie nicht entdeckt hatte. Seiner Meinung nach mußte ich mich im Irrtume befinden, durch irgend etwas getäuscht worden sein.

»Ja,« antwortete ich; »ich habe sie gesehen.«

»Aber meine Schwester hat sich doch so in acht genommen, daß keine Spur zu sehen ist!«

»Du irrst. Sie ist zu sehen.«

»Nein.«

»An der Erde nicht, aber im Gezweig. Nscho-tschi hat mit ihren Füßen den Boden nicht berührt, aber indem du sie trugest, habt ihr Zweige geknickt und Blätter beschädigt.«

»Uff! Ich hätte sie getragen?«

»Ja.«

»Wer sagte es dir?«

»Deine Fußstapfen. Sie waren plötzlich tiefer geworden, weil du schwerer geworden warst. Da du aber dein Gewicht nicht verändert haben konntest, so mußtest du eine Last aufgenommen haben. Diese Last war deine Schwester, deren Fuß, wie ich sah, das Moos nicht berührt hatte.«

»Uff! Du irrst. Geh noch einmal zurück, und suche nach!«

»Das würde vergeblich sein und ist auch höchst überflüssig, denn Nscho-tschi sitzt dort, wo du gesessen hast. Ich werde sie holen.«

Ich ging vollends über die Lichtung hinüber; da kam sie aber schon aus dem Gesträuch und sagte im Tone der Befriedigung zu ihrem Bruder:

»Ich sagte dir, daß er mich finden würde, und ich hatte recht.«

»Ja, meine Schwester hatte recht, und ich irrte mich. Mein Bruder Old Shatterhand kann die Fährte eines Menschen nicht nur mit den Augen, sondern auch mit den Gedanken lesen. Es gibt da fast nichts mehr, was er noch zu lernen hat.«

»O noch sehr, sehr viel,« antwortete ich. »Mein Bruder Winnetou sagt da ein Lob, welches ich noch nicht verdiene; aber was ich noch nicht kann, das werde ich noch von ihm lernen.«

Es war wirklich das erste Lob, welches ich aus seinem Munde hörte, und ich gestehe es, daß ich ebenso stolz auf dasselbe war, wie früher auf ein gelegentliches Lob irgend eines meiner Professoren.

Am Abend desselben Tages brachte er mir einen sehr gut gearbeiteten und mit roten, indianischen Stichstickereien verzierten Jagdanzug von weißgegerbtem Leder.

»Nscho-tschi, meine Schwester, bittet dich, diese Kleidung zu tragen,« sagte er. »Dein Anzug ist für Old Shatterhand nicht mehr gut genug.«

Da hatte er freilich sehr recht. Mein Habit sah sogar für indianische Augen sehr herabgekommen aus. Wäre ich in einer europäischen Stadt in demselben ertappt worden, so hätte man mich auf der Stelle als einen Hauptvagabunden arretiert.

Aber durfte ich von Nscho-tschi ein solches Geschenk annehmen? Winnetou schien meine Gedanken zu erraten; er sagte:

»Du darfst diesen Anzug nehmen, denn ich habe ihn bestellt; er ist ein Geschenk von Winnetou, den du vom Tode errettet hast, und nicht von seiner Schwester. Ist es den Bleichgesichtern verboten, von einer Squaw Geschenke anzunehmen?«

»Wenn es nicht seine eigene Squaw oder Verwandte ist, ja.«

»Du bist mein Bruder; Nscho-tschi ist dir also verwandt. Dennoch ist dies Geschenk von mir und nicht von ihr; sie hat es nur für dich gefertigt.«

Als ich den Anzug am nächsten Morgen anprobierte, saß er wie angegossen. Ein New Yorker Herrenschneider hätte das Maß nicht besser treffen können. Ich zeigte mich natürlich meiner schönen Freundin, welche außerordentlich über das Lob, welches ich aussprach, erfreut war. Kurze Zeit später stellten sich Dick Stone und Will Parker bei mir ein, um sich von mir bewundern zu lassen; sie waren auch mit neuen Anzügen beschenkt worden, welche aber nicht von Nscho-tschi, sondern von andern Squaws gefertigt worden waren. Und abermals kurze Zeit später befand ich mich im Haupttale, um mich im Werfen des Tomahawk zu üben, da kam eine kleine, sonderbare Gestalt in sehr gravitätischer Haltung auf mich zu. Es war ein neuer, lederner, indianischer Anzug, welcher unten in einem Paar alter, ungeheuer großer Indianerstiefel endete. Oben drüber gab es einen noch älteren Filzhut mit sehr wehmütig herabhängender Krämpe, unter welcher ein sehr verworrener Bartwald, eine riesige Nase und zwei kleine, listige Aeuglein hervorblickten. Daran erkannte ich meinen kleinen Sam Hawkens. Er pflanzte sich, die dünnen, krummen Beinchen weit auseinander spreizend, höchst anspruchsvoll vor mir auf und fragte:

»Sir, kennt Ihr vielleicht den Mann, der jetzt vor Euch steht?«

»Hm!« antwortete ich. »Will einmal sehen!«

Ich nahm ihn bei seinen Armen, drehte ihn dreimal um sich selbst, betrachtete ihn dabei von allen Seiten und sagte dann:

»Das scheint wahrhaftig Sam Hawkens zu sein, wenn ich mich nicht irre!«

»*Yes, mylord!* Ihr irrt Euch nicht. Ich bin es, in eigener Person und Lebensgröße. Merkt Ihr etwas?«

»Funkelnagelneuer Anzug!«

»Will es meinen!«

»Von wem?«

»Von der Bärenhaut, die Ihr mir geschenkt habt.«

»Das sehe ich, Sam. Wenn ich aber frage: ›von wem?‹ so will ich die Person wissen, von der Ihr den Anzug habt.«

»Die Person? Hm! Ach so! Ja, die Person, Sir! Das ist so eine Sache. Eigentlich ist sie gar keine Person.«

»Was denn?«

»Ein Persönchen.«

»Wieso?«

»Na, kennt Ihr denn die hübsche Kliuna-ai nicht?«

»Nein. Kliuna-ai heißt Mond. Ist's ein Mädchen oder eine Squaw?«

»Beides, oder vielmehr keins von beiden.«

»Also Großmutter?«

»Unsinn! Wenn sie sowohl Squaw als auch Mädchen oder vielmehr keins von beiden ist, so muß sie natürlich Witwe sein. Sie ist die hinterlassene Squaw eines Apachen, der im letzten Kampfe mit den Kiowas gefallen ist.«

»Und die Ihr darüber trösten wollt?«

»*Well*, Sir,« nickte er. »Bin ihr gar nicht abgeneigt; habe sogar ein Auge auf sie geworfen, oder vielmehr alle beide.«

»Aber, Sam, eine Indianerin!«

»Was ist's weiter? Würde sogar eine Negerin heiraten, wenn sie nicht schwarz wäre. Uebrigens ist Kliuna-ai eine vortreffliche Partie.«

»Warum?«

»Weil sie das beste Leder im ganzen Stamme gerbt.«

»Wollt Ihr Euch gerben lassen?«

»Macht keine Witze, Sir! Es ist mir ernst. Ein trautes Heim -- versteht Ihr mich? Sie hat so ein volles, rundes Gesicht, grad wie der Mond.«

»Mit einem ersten und einem letzten Viertel?«

»Ich bitte nochmals, mit dem Monde keine Witze zu machen! Sie ist Vollmond, und ich heirate sie, wenn ich mich nicht irre.«

»Hoffentlich wird kein Neumond draus. Wie habt Ihr denn diese Bekanntschaft gemacht?«

»Eben durch die Gerberei. Erkundigte mich nach der besten Gerberin, nämlich des Bärenfells wegen; da wurde sie mir empfohlen. Trug ihr also das Fell hin und merkte sofort, daß sie Wohlgefallen hatte.«

»An dem Felle?«

»Unsinn! An mir natürlich!«

»Das verrät Geschmack, lieber Sam!«

»Ja, den hat sie! O, die ist gar nicht ungebildet! Das beweist sie auch schon dadurch, daß sie nicht bloß das Fell gegerbt, sondern einen neuen Anzug für mich daraus angefertigt hat. Wie gefalle ich Euch?«

»Der reine Stutzer!«

»Gentleman, nicht wahr? Ja, Gentleman! Sie war ganz weg, als sie mich vorhin in diesem Anzuge sah. Könnt Euch darauf verlassen, Sir; ich heirate sie!«

»Wo steckt Euer alter Anzug?«

»Habe ihn weggeschmissen.«

»So, so! Und eines schönen Tages sagtet Ihr einmal, daß Euch Euer Rock nicht für zehntausend Dollars feil sei!«

»Das war damals. Da gab es keine Kliuna-ai. Die Zeiten ändern sich. *Well!*«

Das kleine, bärenlederne Freiersmännchen drehte sich um und stampfte stolz von dannen. Das menschenfreundliche Gefühl, welches er für die indianische Wittib empfand, verursachte mir gar keine moralischen Schmerzen und Bedenken. Man mußte Sam ansehen, um vollständig beruhigt zu sein. Die übermäßig großen Füße, die dünnen, krummen Beinchen, dann das Gesicht, o weh! Er glich einer männlichen Pastrana mit einem Geierschnabel im Gesichte. Das war selbst für eine Indianerin zu toll. Er war noch nicht weit fort von mir, da drehte er sich noch einmal um und rief mir zu:

»Ist doch ein ganz anderes Ding, dieser neue Habitus, Sir! Bin wie neugeboren. Mag den alten nicht wiedersehen. Sam geht auf Freiersfüßen, hihihihi!«

Am nächsten Tage begegnete ich ihm unten am Pueblo. Er machte ein nachdenkliches Gesicht.

»Was gehen Euch für astronomische Gedanken durch den Kopf, lieber Sam?« fragte ich ihn.

»Astronomische? Warum grad solche?«

»Weil Ihr ein Gesicht macht, als ob Ihr einen Kometen oder einen Nebelfleck entdecken wolltet.«

»Ist auch fast so. Dachte, daß es ein Komet sei, wird aber wohl ein Nebelfleck sein.«

»Wer?«

»Sie, die Kliuna-ai.«

»Ach so! Der Vollmond ist heut schon ein Nebelfleck! Warum?«

»Habe sie gefragt, ob sie sich wieder einen Mann nehmen will. ›Nein‹ hat sie geantwortet.«

»Das darf Euch nicht abhalten, vertrauensvoll in die Zukunft zu blicken. Rom wurde nicht an einem Tage gebaut.«

»Und mein neuer Anzug nicht in einer Stunde geflickt. Ihr habt recht, Sir; ich gehe noch immer auf Freiersfüßen.«

Er stieg die Treppe hinan, um seine Kliuna-ai zu besuchen. Am nächsten Tage sattelte ich meinen Rotschimmel, um mit Winnetou auf die Büffeljagd zu reiten, da kam Sam Hawkens zu mir und fragte:

»Darf ich mit, Sir?«

»Auf die Büffeljagd? Nein, nein! Ihr jagt doch jetzt ein besseres Wild.«

»Hält aber nicht stand!«

»So?«

»Ja. Und macht Ansprüche.«

»Wieso?«

»War wieder bei ihr. Da sagte sie mir, den Anzug habe sie mir auf Befehl Winnetous nähen müssen.«

»Also nicht aus Liebe?«

»Es scheint nicht so. Dann meinte sie weiter, das Gerben hätte ich bei ihr bestellt; was ich ihr dafür geben wolle.«

»Also Bezahlung!«

»*Yes!* Ist das ein Zeichen von Liebe?«

»Weiß nicht. Habe keine Erfahrung in solchen Sachen. Kinder lieben ihre Eltern, und doch müssen diese alles für sie bezahlen. Vielleicht ist dies grad ein Beweis für die Gegenliebe Eures Vollmondes.«

»Vollmond? Hm! Ist auch möglich, daß es nur das letzte Viertel ist. Also Ihr nehmt mich nicht mit?«

»Winnetou will allein mit mir reiten.«

»So kann ich nichts dagegen haben.«

»Ihr würdet auch Euern neuen Jagdrock zu Schanden machen, lieber Sam!«

»Allerdings, das ist wahr. Blutflecke sind nichts für ein so feines Habit.«

Er ging, drehte sich aber nochmals um und fragte:

»Meint Ihr nicht, Sir, daß mein alter Anzug doch viel praktischer war?«

»Möglich.«

»Nicht nur möglich, sondern sehr wahrscheinlich.«

Damit war die Sache für heute abgemacht. Aber in den nächsten Tagen wurde Sam immer nachdenklicher und einsilbiger. Sein Mond schien immer weiter abzunehmen. Da, eines Morgens sah ich ihn aus seiner Wohnung treten – – – im alten Anzuge!

»Was ist denn das, Sam?« fragte ich ihn. »Ich denke, Ihr habt dieses Habit abgelegt, oder gar ›weggeschmissen‹, wie Ihr Euch ausdrücktet.«

»War auch so.«

»Und es doch wieder hervorgesucht!«

»*Yes.*«

»Vor Aerger?«

»Natürlich! Bin förmlich wütend!«

»Auf das letzte Viertel?«

»Ist Neumond geworden. Kann und mag diese Kliuna-ai gar nicht mehr sehen!«

»Habe es Euch also ganz richtig prophezeit!«

»Ja. Ist genau so geworden, wie Ihr sagtet. War aber eine Bewandtnis dabei, die mich fuchsteufelswild gemacht hat.«

»Darf ich erfahren, welche?«

»Ja, Euch will ich es sagen. War also gestern wieder bei ihr. Hat mich in den letzten Tagen schlecht behandelt, sehr schlecht, mich fast gar nicht angesehen und mir immer nur ganz kurz geantwortet. Sitze also gestern bei ihr und lehne mich dabei mit dem Kopf an einen hölzernen Pfahl. Dieser mag einen Splitter gehabt haben, an den mein Haar geraten ist. Als ich aufstehe, um zu gehen, gibt's einen gewaltigen Zupfer auf meinem ehrwürdigen Schädel; da drehe ich mich um, und was sehe ich da, Sir – was sehe ich?«

»Eure Perücke, wie ich vermute?«

»Ja, meine Perücke ist an dem Holzsplitter hängen geblieben und der Hut heruntergerissen worden und zu Boden gefallen.«

»Da wurde natürlich der frühere hübsche Vollmond zum Neumonde?«

»Ganz und gar! Erst stand sie da und starrte mich an wie – wie – nun, wie einen Menschen, der auf dem Kopfe keine Haare hat.«

»Und dann?«

»Dann schrie und heulte sie, als ob sie selber einen Glatzkopf hätte.«

»Und endlich?«

»Endlich? Nun, endlich wurde Neumond draus. Sie stürzte nämlich fort und war nicht mehr zu sehen.«

»Vielleicht geht sie Euch bald wieder als erstes Viertel und Vollmond auf!«

»Die nicht! Sie hat mir's nämlich sagen lassen.«

»Was?«

»Daß ich nicht mehr zu ihr kommen soll. Sie will nämlich dummerweise nur einen solchen Mann haben, der Haare auf dem Kopfe hat. Ist das nicht höchst albern?«

»Hm!«

»Da wird nichts gehmt, Sir! Wenn eine Frau heiratet, kann es ihr doch höchst gleichgültig sein, ob ihr Mann seine Haare auf dem Kopfe oder in der Perücke hat, wenn ich mich nicht irre. Es ist sogar weit ehrenvoller, sie in der Perücke zu haben, denn da haben sie Geld gekostet; wachsen aber tun sie umsonst!«

»So würde ich an Eurer Stelle sie mir auch wachsen lassen, lieber Sam!«

»Verehrter Sir, Euch soll der Kuckuck holen! Ich suche Trost in meinem Liebesgram und Heiratskummer bei Euch und bekomme Spott zu hören. Ich wollte, Ihr hättet auch eine Perücke und dann eine rote Witwe, die Euch zur Türe hinauswirft. Gehabt Euch wohl!«

Er rannte wütend davon.

»Sam!« rief ich ihm nach, »noch eine Frage!«

»Was denn?« erkundigte er sich, indem er stehen blieb.

»Wo ist er denn?«

»Wer?«

»Der neue Anzug?«

»Habe ihn ihr zurückgeschickt. Mag nichts davon wissen. Wollte Hochzeit darinnen machen, ihn bei der Trauung tragen; nun aber nichts aus der Hochzeit wird, mag ich auch den Rock nicht haben. Howgh!«

So endete die Freundschaft meines Sam mit Kliuna-ai, dem immer mehr abnehmenden roten Monde. Uebrigens war er sehr bald wieder guter Dinge und gestand mir, daß er sich freue, ein unverheirateter Jüngling geblieben zu sein. Er werde seinem alten Rocke nie wieder den Abschied geben, denn dieser sei besser, praktischer und bequemer als sämtliche Jagdröcke von allen indianischen Schneiderinnen. Es war also ganz so gekommen, wie ich mir gedacht hatte. Sam als Ehemann war einfach undenkbar.

Am Abende desselben Tages aß ich, wie gewöhnlich, mit Intschu tschuna und Winnetou zusammen. Der Letztere entfernte sich nach dem Essen, und ich wollte auch gehen, da fing der Häuptling mit mir von Sams Abenteuer mit Kliuna-ai an und brachte hierauf die Rede auf Verbindungen zwischen Weißen und Indianerinnen. Ich merkte, daß er mich examinieren wollte.

»Hält mein junger Bruder Old Shatterhand eine solche Ehe für unrecht oder recht?« fragte er.

»Wenn sie von einem Priester geschlossen und die Indianerin vorher Christin geworden ist, sehe ich nichts Unrechtes darin,« antwortete ich.

»Also mein Bruder würde nie ein rotes Mädchen so, wie sie ist, zur Squaw nehmen?«

»Nein.«

»Und ist es sehr schwer, Christin zu werden?«

»Nein, gar nicht.«

»Darf eine solche Squaw dann ihren Vater noch ehren, auch wenn er nicht Christ ist?«

»Ja. Unsere Religion fordert von jedem Kinde, die Eltern zu achten und zu ehren.«

»Was für eine Squaw würde mein junger Bruder vorziehen, eine rote oder eine weiße?«

Durfte ich sagen, eine weiße? Nein, denn das hätte ihn beleidigt. Darum antwortete ich:

»Das kann ich nicht so beantworten. Es kommt auf die Stimme des Herzens an. Wenn diese spricht, so gehorcht man ihr, gleichviel, was die Squaw für eine Farbe hat. Vor dem großen Geiste sind alle Menschen gleich, und die, welche für einander passen und für einander bestimmt sind, die werden sich finden.«

»Howgh! Die werden sich finden, wenn sie zu einander passen. Mein Bruder hat sehr richtig gesprochen; er redet ja immer recht und gut.«

Hiermit war dieses Thema beendet, so, wie ich es wünschte, glaubte ich. Daß eine Indianerin erst Christin werden müsse, wenn sie die Squaw eines Weißen sein wolle, das hatte ich in ganz bestimmter Absicht scharf betont. Ich gönnte Nscho-tschi den allerbesten, edelsten roten Krieger und Häuptling; ich aber war nicht nach dem wilden Westen gekommen, um mir eine rote Squaw zu nehmen; ich hatte nicht einmal an eine weiße gedacht. Mein

Lebensplan schloß, wie ich annahm, eine Verheiratung überhaupt aus.

Welchen Erfolg meine Unterredung mit Intschu tschuna gehabt hatte, erfuhr ich am zweiten Tag darauf. Er führte mich hinunter in das erste Stockwerk, wo ich noch nicht gewesen war. Dort lagen in einem besonderen, kleinen Behältnisse unsere Meßinstrumente.

»Siehe diese Sachen an, ob etwas davon fehlt,« forderte mich der Häuptling auf.

Ich tat es und fand, daß nichts abhanden gekommen war. Die Gegenstände waren auch nicht beschädigt worden, einige Verbiegungen abgerechnet, welche ich leicht reparieren konnte.

»Diese Sachen sind für uns Medizin gewesen,« sagte er. »Darum wurden sie so gut verwahrt und aufgehoben. Mein junger, weißer Bruder mag sie nehmen; sie sind wieder sein.«

Ich wollte mich für diese hochwillkommene Gabe bedanken; er wehrte aber den Dank ab, indem er, mir in die Rede fallend, erklärte:

»Sie sind dein gewesen, und wir nahmen sie, weil wir dich für unsern Feind hielten; nun wir aber wissen, daß du unser Bruder bist, mußt du alles wieder bekommen, was dir gehört. Du hast für nichts zu danken. Was wirst du nun mit diesen Gegenständen tun?«

»Wenn ich von hier fortgehe, nehme ich sie mit, um sie den Leuten wiederzugeben, von denen ich sie habe.«

»Wo wohnen diese?«

»In St. Louis.«

»Ich kenne den Namen dieser Stadt und weiß auch, wo sie liegt. Winnetou mein Sohn ist dort gewesen und hat mir von ihr erzählt. Also du willst fort von uns?«

»Ja, wenn auch nicht sofort.«

»Das tut uns leid. Du bist ein Krieger unsers Stammes geworden, und ich habe dir sogar die Macht und Ehre eines Häuptlings der Apachen gegeben. Wir glaubten, du würdest für immer bei uns bleiben, wie Klekih-petra bis zu seinem Tode bei uns geblieben ist.«

»Meine Verhältnisse sind anders, als die seinigen waren.«

»Kennst du sie denn?«

»Ja. Er hat mir alles erzählt.«

»So hat er ein großes Vertrauen zu dir gehabt, obwohl er dich zum erstenmal sah.«

»Wohl, weil wir aus demselben Lande stammten.«

»Das ist es nicht allein gewesen. Er sprach sogar noch bei seinem Tode mit dir. Ich konnte die Worte nicht verstehen, weil ich die Sprache nicht kenne, in welcher sie gesprochen wurden; aber du hast es uns gesagt, was es war. Du bist nach Klekih-petras Willen der Bruder Winnetous geworden und willst ihn doch verlassen. Ist das nicht ein Widerspruch?«

»Nein. Brüder brauchen nicht stets beisammen zu sein; sie gehen oft auseinander, wenn sie verschiedene Aufgaben zu erfüllen haben.«

»Aber sie sehen sich doch wieder?«

»Ja. Ihr werdet mich wiedersehen, denn mein Herz wird mich zu euch zurücktreiben.«

»Das hört meine Seele gern. So oft du kommst, wird große Freude bei uns vorhanden sein. Ich beklage es sehr, daß du von einer andern Aufgabe sprichst. Könntest du dich denn nicht auch hier bei uns glücklich fühlen?«

»Das weiß ich nicht. Ich bin so kurze Zeit hier, daß ich diese Frage nicht beantworten kann. Es wird wohl so sein, wie wenn zwei Vögel im Schatten eines Baumes sitzen. Der eine ernährt sich von den Früchten dieses Baumes und bleibt also da; der andere aber braucht eine andere Speise und kann also nicht lange bleiben; er muß fort.«

»Und doch darfst du glauben, daß wir dir alles geben würden, wonach du verlangtest.«

»Das weiß ich; aber wenn ich jetzt von Speise sprach, so war nicht die Nahrung gemeint, welche der Körper braucht.«

»Ja, ich weiß es, daß ihr Bleichgesichter auch von einer Speise des Geistes redet; ich habe das von Klekih-petra erfahren. Ihm fehlte diese Speise bei uns; darum war er zuweilen sehr traurig, obwohl er uns das nicht merken lassen wollte.

Du bist jünger, als er war, und so würdest du dich wohl noch eher und noch leichter fortsehnen als er. Darum magst du gehen; aber wir bitten dich, wiederzukommen. Vielleicht hast du dann deinen Sinn geändert und siehst ein, daß du dich auch bei uns wohlbefinden kannst. Aber wissen möchte ich gern, was du tun wirst, nachdem du in die Städte der Bleichgesichter zurückgekehrt bist.«

»Das weiß ich noch nicht.«

»Wirst du bei den Weißen bleiben, welche den Pfad des Feuerrosses bauen wollen?«

»Nein.«

»Daran tust du recht. Du bist ein Bruder der roten Männer geworden und darfst nicht mittun, wenn die Bleichgesichter uns wieder um unser Land und Eigentum betrügen wollen. Aber da, wohin du willst, kannst du nicht von der Jagd leben wie hier. Du mußt Geld haben, und Winnetou sagte mir, daß du arm seiest. Du hättest Geld bekommen, wenn wir Euch nicht überfallen hätten; darum hat mein Sohn mich gebeten, dir Ersatz zu bieten. Willst du Gold?«

Er sah mich bei dieser Frage so scharf und forschend an, daß ich mich wohl hütete, mit einem Ja zu antworten. Er wollte mich auf die Probe stellen.

»Gold?« sagte ich. »Ihr habt mir keines abgenommen, und so habe ich keines von euch zu verlangen.«

Das war eine diplomatische Antwort, weder ein Ja noch ein Nein. Ich wußte, daß es Indianer gibt, welche Fundorte edler Metalle kennen, aber niemals einem Weißen einen solchen Ort verraten. Intschu tschuna kannte jedenfalls solche Stellen, und jetzt fragte er mich: ›Willst du Gold?‹ Welcher Weiße hätte da wohl mit einem direkten Nein geantwortet! Ich habe nie nach Schätzen getrachtet, welche von dem Roste und von Motten gefressen werden; dennoch hat das Gold für mich als Mittel zum guten Zwecke einen Wert, den ich gar nicht leugnen will. Diese Anschauung aber konnte der Apachenhäuptling wohl schwerlich begreifen.

»Nein, geraubt haben wir dir keines,« antwortete er; »aber du hast wegen uns nicht bekommen, was du bekommen hättest, und dafür will ich dich entschädigen. Ich sage dir, in den Bergen liegt das Gold in großen Mengen. Die roten Männer kennen die Stellen, wo es zu finden ist; sie brauchen nur hinzugehen, um es wegzunehmen. Wünschest du, daß ich welches für dich hole?«

Hundert Andere an meiner Stelle hätten dieses Angebot angenommen und – – nichts bekommen; das sah ich dem eigentümlich lauernden Blicke seiner Augen an; darum sagte ich:

»Ich danke dir! Den Reichtum mühelos geschenkt zu bekommen, das bringt keine Befriedigung; nur das, was man sich erarbeitet und erworben hat, besitzt wahren Wert. Wenn ich auch arm bin, so ist das kein Grund, zu glauben, daß ich nach meiner Rückkehr zu den Bleichgesichtern Hungers sterben werde.«

Da ließ die Spannung, welche auf seinem Gesichte gelegen hatte, nach; er gab mir die Hand und meinte in einem wirklich wohltuenden herzlichen Tone:

»Diese deine Worte sagen mir, daß wir uns nicht in dir getäuscht haben. Der Goldstaub, nach welchem die weißen Goldsucher streben, ist ein Staub des Todes; wer ihn zufällig findet, geht daran zu Grunde. Trachte nie danach, ihn zu erlangen, denn er tötet nicht nur den Leib, sondern auch die Seele! Ich wollte dich prüfen. Gold hätte ich dir nicht gegeben, aber Geld sollst du bekommen, jenes Geld, auf welches du gerechnet hast.«

»Das ist nicht möglich.«

»Ich will es so, also ist es möglich. Wir werden nach der Gegend reiten, in welcher ihr gearbeitet habt. Du wirst die unterbrochene Arbeit vollenden und dann den Lohn bekommen, welcher euch versprochen worden ist.«

Ich sah ihm staunend und wortlos in das Gesicht. Scherzte er? Nein; solchen Spaß treibt ein Indianerhäuptling nicht. Oder sollte dies wieder eine Prüfung sein? Auch dies war unwahrscheinlich.

»Mein junger, weißer Bruder sagt nichts,« fuhr er fort. »Ist ihm mein Anerbieten nicht willkommen?«

»Sogar außerordentlich willkommen! Aber ich kann nicht glauben, daß du im Ernste sprichst.«

»Warum nicht?«

»Ich soll das vollenden, was du an meinen weißen Mitarbeitern mit dem Tode bestraft hast! Ich soll das tun, was du bei unserer ersten Begegnung so streng an mir verurteiltest!«

»Du handeltest ohne Erlaubnis derer, denen das Land gehört; jetzt aber sollst du diese Erlaubnis bekommen. Mein Anerbieten kommt nicht von mir, sondern von meinem Sohne Winnetou. Er hat mir gesagt, daß es uns keinen Schaden macht, wenn du das unterbrochene Werk zu Ende führst.«

»Das ist ein Irrtum. Die Bahn wird gebaut; die Weißen kommen ganz gewiß!«

Er sah finster vor sich nieder und gab dann nach einer kleinen Weile zu:

»Du hast recht. Wir können sie nicht hindern, uns aber- und abermals zu berauben. Erst senden sie so kleine Trupps voran, wie der eurige war; die können wir vernichten; aber das ändert nichts, denn später kommen sie in Scharen, vor denen wir zurückweichen müssen, wenn wir uns nicht erdrükken lassen wollen. Aber auch du kannst dies nicht anders machen. Oder meinst du, daß sie nicht kommen werden, wenn du darauf verzichtest, die Strecke vollends zu vermessen?«

»Nein, das meine ich nicht. Wir mögen tun oder lassen, was wir wollen, das Feuerroß wird unbedingt durch jene Gegend dampfen.«

»So nimm mein Anerbieten an! Du nützest dir viel und schadest uns nichts. Ich habe mich mit Winnetou besprochen. Wir reiten mit dir, er und ich, und dreißig Krieger werden uns begleiten. Das ist genug, dich während deiner Arbeit zu beschützen und dir bei derselben behilflich zu sein. Dann bringen uns diese dreißig Mann so weit nach dem Osten, bis wir sichere Pfade finden und mit dem Kanoe des Dampfes nach St. Louis fahren können.«

»Was sagt mein roter Bruder? Habe ich ihn richtig verstanden? Er will nach dem Osten?«

»Ja, mit dir, ich, Winnetou und Nscho-tschi.«

»Nscho-tschi auch?«

»Meine Tochter auch. Sie möchte gern die großen Wohnplätze der Bleichgesichter sehen und so lange dortbleiben, bis sie ganz so geworden ist wie eine weiße Squaw.«

Ich mochte wohl kein sehr geistreiches Gesicht zu diesen Worten machen, denn er fügte, mich lächelnd ansehend, hinzu:

»Mein junger, weißer Bruder scheint überrascht zu sein. Hat er vielleicht etwas dagegen, daß wir ihn begleiten? Er mag es aufrichtig sagen!«

»Etwas dagegen? Wie könnte ich! Ich freue mich im Gegenteil außerordentlich darüber! Unter eurer Begleitung komme ich ohne Gefahr nach dem Osten zurück; schon deshalb muß dieselbe mir willkommen sein. Dazu ist noch zu rechnen, daß die, welche ich so liebgewonnen habe, bei mir bleiben.«

»Howgh!« nickte er befriedigt. »Du wirst deine Arbeit vollenden, und dann geht es nach dem Osten. Wird Nscho-tschi dort Leute finden, bei denen sie wohnen und lernen kann?«

»Ja. Ich werde das sehr gern besorgen. Aber der Häuptling der Apachen muß dabei in Betracht ziehen, daß die Bleichgesichter nicht die Gastfreundschaft der roten Männer ausüben können.«

»Ich weiß es. Wenn Bleichgesichter nicht als Feinde zu uns kommen, so erhalten sie alles, was sie brauchen, ohne daß sie uns etwas dafür zu geben haben; suchen aber wir sie auf, so müssen wir nicht nur alles bezahlen, sondern doppelt so viel geben, als weiße Wanderer geben würden. Und selbst dann bekommen wir alles schlechter als diese. Nscho-tschi wird also auch bezahlen müssen.«

»Das ist leider wahr, braucht euch aber nicht zu kümmern. Infolge deines edelmütigen Anerbietens bekomme ich viel Geld ausgezahlt, und ihr werdet dann meine Gäste sein.«

»Uff, uff! Was denkt mein junger, weißer Bruder von Intschu tschuna und Winnetou, den Häuptlingen der Apachen! Ich habe dir vorhin doch gesagt, daß die roten Männer viele Orte kennen, an denen Gold zu finden ist. Es gibt Berge, welche mit goldenen Adern durchzogen sind, und Täler, in denen der herabgewaschene Goldstaub unter der dünnen Erddecke liegt. Wenn wir nach den Städten der Weißen gehen, haben wir zwar kein Geld, aber Gold, soviel Gold, daß niemand uns auch nur einen Schluck Wassers zu schenken braucht. Und wenn Nscho-tschi mehrere Sonnen[1] lang dort bleiben müßte, so würde ich ihr mehr Gold zurücklassen, als sie für diese lange Zeit nötig hat. Nur die Ungastlichkeit der Bleichgesichter zwingt uns, die Fundorte des goldenen Staubes aufzusuchen, sonst aber beachten und benützen wir sie nie. Wann wird mein junger Bruder zum Aufbruche fertig sein?«

»Zu jeder Zeit, sobald es euch beliebt.«

»So wollen wir nicht zögern, denn es ist die Zeit des späten Herbstes, auf welchen schnell der Winter folgt. Ein roter Krieger braucht selbst für einen so weiten Ritt keine Vorkehrungen zu treffen; wir könnten also schon morgen aufbrechen, falls auch du dazu bereit wärest.«

»Ich bin bereit. Es ist nichts nötig, als kurz zu sagen, was wir mitzunehmen haben, wie viele Pferde und – – –«

»Das wird Winnetou besorgen,« unterbrach er mich. »Er hat schon an alles gedacht, und mein junger, weißer Bruder braucht sich um nichts zu sorgen.«

Wir verließen das Stockwerk, in welchem wir uns befanden, und kehrten nach oben zurück. Als ich in meine Wohnung treten wollte, kam Sam Hawkens heraus.

»Ich habe Euch etwas Neues mitzuteilen, Sir,« sagte er freudestrahlend. »Werdet Euch wundern, außerordentlich wundern, wenn ich mich nicht irre.«

»Worüber?«

»Ueber die Nachricht, welche ich Euch bringe. Oder wißt Ihr es vielleicht schon?«

[1] Jahre.

»Laßt erst hören, was Ihr meint, lieber Sam!«

»Es geht fort, fort von hier!«

»Ach so! Das weiß ich freilich schon.«

»Ihr wißt es schon? Wollte Euch mit meiner Mitteilung eine Freude machen; komme also zu spät.«

»Ich habe es soeben von Intschu tschuna erfahren. Wer hat es Euch gesagt?«

»Winnetou. Traf ihn unten am Wasser, wo er die betreffenden Pferde auswählte. Sogar Nscho-tschi reitet mit! Wißt Ihr das auch?«

»Ja.«

»Ist ein sonderbarer Gedanke, mir aber sehr recht. Soll, wie es scheint, im Osten in einem Pensionate untergebracht werden; weshalb und wozu, das ist mir unbegreiflich, wenn nicht – – –«

Er hielt mitten im Satze inne, ließ seine kleinen Aeuglein mit einem vielsagenden Ausdrucke an mir niedergleiten und fuhr dann fort:

»Wenn nicht – – wenn nicht – – – hm! Nscho-tschi soll vielleicht Eure Kliuna-ai werden. Meint Ihr nicht, geliebter Sir und Shatterhand?«

»Meine Kliuna-ai, also mein Mond? Solche Geschichten überlasse ich Euch, Sam. Was nützt mir ein Mond, der immerfort abnimmt, bis er ganz verschwindet? Es kann mir nicht einfallen, einer Indianerin wegen meine Perücke zu verlieren.«

»Eure Perücke? Hört, das habt Ihr schlecht gemacht. Das war ein sehr fauler Witz, auf den Ihr Euch nichts einbilden dürft. Ist überdies sehr gut, daß meine Liebe zu diesem abnehmenden Monde eine so unglückliche war.«

»Warum?«

»Weil ich ihn doch nicht hier lassen könnte, sondern mitnehmen müßte. Wer aber reitet gern mit einem Neumonde über die Prairie! Hihihihi! Ist doch bei jedem Unglück auch ein Glück! Es ärgert mich nur eins dabei!«

»Was?«

»Das schöne Grizzlyfell. Hätte ich es selbst verarbeitet, so würde ich jetzt in einem famosen Jagdrocke stecken; so aber ist der Rock und auch das Fell dahin.«

»Leider! Hoffentlich gibt es später einmal Gelegenheit, wieder einen Grizzly zu erlegen. Dann schenke ich Euch die Haut.«

»Ihr mir? Oder wohl ich Euch? Ihr dürft nicht denken, daß die grauen Bären nur so herumlaufen, um sich von dem ersten besten Greenhorn niederstechen zu lassen. Das war damals ein Zufall, auf den Ihr Euch noch viel weniger einzubilden braucht, als auf Euern Witz vorhin. Wollen uns überhaupt keine Bären wünschen, wenigstens nicht in nächster Zeit, wo wir zu arbeiten haben. Ist doch ein kolossaler Gedanke, daß Ihr weitermessen sollt! Nicht?«

»Edelmütig, Sam, sehr edelmütig!«

»*Yes!* Dadurch kommt Ihr zu Euerm Gelde, und wir erhalten das unserige auch. Vielleicht -- *thunderstorm!* Wollte es Euch gönnen, wenn ich jetzt richtig geraten hätte!«

»Was habt Ihr geraten?«

»Daß Ihr das ganze Geld bekommt – das ganze!«

»Ich verstehe Euch nicht.«

»Ist aber ganz leicht zu verstehen. Wenn die Arbeit gemacht ist, muß sie auch bezahlt werden. Die Andern sind ausgelöscht worden; sie leben nicht mehr, also müssen ihre Anteile Euch mit ausbezahlt werden.«

»Das bildet Euch nicht ein, Sam. Man wird sich sehr hüten, das, was Ihr so klug erraten habt, in Erfüllung gehen zu lassen.«

»Ist alles möglich, alles! Müßt es nur richtig anfangen; müßt das Ganze verlangen. Habt ja auch fast die ganze Arbeit getan. Wollt Ihr?«

»Nein. Es fällt mir natürlich nicht ein, mich dadurch lächerlich zu machen, daß ich mehr verlange, als ich zu bekommen habe.«

»Greenhorn, wieder Greenhorn! Ich sage Euch, daß hier in diesem Lande Eure deutsche Bescheidenheit ganz am unrechten Platze ist. Ich meine es gut mit Euch; darum hört auf das, was ich Euch sage: Den Gedanken, ein Westmann zu werden, den laßt ja fallen; denn so etwas wird im ganzen Leben nicht aus Euch; dazu habt Ihr nicht das mindeste Geschick. Ihr müßt also an eine andere Laufbahn denken, und dazu gehört zunächst Geld und dann wieder Geld. Jetzt könnt Ihr, wenn Ihr gescheit seid, es zu einer hübschen Summe bringen, und dann ist Euch für einige Zeit hinaus geholfen. Folgt Ihr aber meinem Rate nicht, so schwimmt Euer Stock verkehrt den Fluß hinab[1], und Ihr geht zugrunde wie ein Fisch, der auf das Land gerät.«

»Wollen das abwarten. Ich bin nicht über den Mississippi gegangen, um ein Westmann zu werden, also habe ich, wenn keiner aus mir wird, nicht etwa eine verlorene Hoffnung zu beklagen. In diesem Falle wäret nur Ihr zu bedauern.«

»Ich? Warum ich?«

»Weil Ihr Euch so viel Mühe gegeben habt, etwas aus mir zu machen. Ich höre schon im voraus die Leute zu mir sagen, daß ich einen Lehrmeister gehabt haben muß, der nichts versteht.«

»Nichts versteht? Ich? Sam Hawkens und nichts verstehen, hihihihi! Ich verstehe alles, alles; ich verstehe es sogar, Euch hier stehen zu lassen, Sir!«

Er ging, drehte sich aber nach einigen Schritten wieder um und sagte:

»Merkt Euch aber das: Wenn Ihr nicht das ganze Geld verlangt, so verlange ich es und stecke es Euch dann in die Tasche! Howgh!«

Nach diesen Worten entfernte er sich mit Schritten, welche gravitätisch sein sollten, aber grad das Gegenteil davon waren. Das liebe Kerlchen wünschte mir alles Gute, also auch das ganze Honorar, woran aber gar nicht zu denken war.

Das, was Intschu tschuna gesagt hatte, bewährte sich: ein roter Krieger bedarf selbst zur weitesten Reise keiner großen Vorkehrungen. Das Leben im Pueblo nahm auch heut seinen gewöhnlichen, ruhigen Verlauf, ohne daß irgend etwas auf unsere baldige Abreise schließen ließ. Auch Nscho-tschi,

[1] Trapperausdruck für: schlechten Erfolg haben.

welche uns, wie stets vorher, beim Essen bediente, war so wie immer. Welche Aufregung und Vorarbeit gibt es bei einer weißen Dame, die einen kleinen Ausflug machen will! Diese Indianerin hatte einen weiten und gefährlichen Ritt vor sich, um die vielgerühmten Herrlichkeiten der Zivilisation kennen zu lernen, und doch war nicht die leiseste Spur einer Veränderung an ihr zu bemerken. Ich wurde weder nach etwas gefragt noch sonst zu Rate gezogen oder gar belästigt. Das einzige, was ich vorzunehmen hatte, war die Verpackung der Instrumente, zu welchem Zwecke ich von Winnetou eine Anzahl weicher, wollener Decken bekam. Wir saßen, wie gewöhnlich, während des ganzen Abends beisammen, ohne daß ein Wort über den beabsichtigten Ritt gesprochen wurde, und als ich mich schlafen legte, war es mir gar nicht so, als ob ich vor einer so weiten Reise stünde. Die Ruhe und Kaltblütigkeit der Indianer hatte mich angesteckt. Am Morgen erwachte ich nicht von selbst, sondern ich wurde von Hawkens geweckt, welcher mir sagte, daß alles zum Aufbruche bereit sei. Der Tag war kaum angebrochen, ein später Herbstmorgen, dessen Kühle allerdings bewies, daß es Zeit gewesen war, die Reise nicht länger aufzuschieben.

Es gab ein kurzes Frühstück, und dann begleiteten uns sämtliche Bewohner des Pueblo, ›Kind und Kegel‹, wie man sich auszudrücken pflegt, hinab nach dem Flusse, wo eine Zeremonie vorgenommen werden sollte, die ich noch nicht gesehen hatte: der Medizinmann hatte zu erklären, ob die Reise eine glückliche oder unglückliche sein werde.

Zu dieser Feierlichkeit waren auch die in der Nähe des Pueblo sich aufhaltenden Apachen herbeigekommen. Unser großer Ochsenwagen stand noch da; er konnte von uns natürlich nicht mitgenommen werden, weil er zu schwerfällig war und die Schnelligkeit, welche wir uns vorgenommen hatten, beeinträchtigt hätte. Er bildete das Sanktuarium des Medizinmannes, welcher ihn mit Decken verhangen hatte, hinter denen er steckte.

Es wurde ein weiter Kreis um den Wagen gebildet. Als dieser geschlossen war, begann die für die Roten ›heilige Handlung‹, welche ich aber im Stillen mit dem Ausdrucke ›Vorstellung‹ bezeichnete, mit einem aus dem Wagen tönenden Knurren und Pfauchen, als ob mehrere Hunde und Katzen im Begriffe ständen, einen Kampf zu beginnen.

Ich stand zwischen Winnetou und seiner Schwester. Die große Aehnlichkeit, welche zwischen den Geschwistern herrschte, trat heut ganz besonders hervor, weil Nscho-tschi nicht ein Frauengewand trug, sondern Männerkleider angelegt hatte. Ihr Anzug glich genau demjenigen ihres Bruders, welcher schon beschrieben worden ist. Auch sie hatte keine Kopfbedeckung und ihr Haar in einen solchen Schopf geordnet, wie er das seinige. An ihrem Gürtel hingen mehrere Beutel mit verschiedenem Inhalte; in demselben steckten ein Messer und eine Pistole, und über ihrem Rücken hing ein Gewehr. Ihr Anzug war neu und mit bunten Fransen und Stickereien verziert. Sie sah sehr kriegerisch und dabei doch so mädchenhaft und reizend aus, daß aller Blicke auf sie gerichtet waren. Da ich den Anzug trug, welchen ich geschenkt bekommen hatte, so waren wir drei beinahe gleich gekleidet.

Ich mochte, als das Pfauchen sich hören ließ, ein nicht grad feierliches Gesicht machen, denn Winnetou sagte:

»Mein Bruder kennt diesen unsern Gebrauch noch nicht; er wird im Stillen über uns lachen.«

»Mir ist kein religiöser Gebrauch, und wenn ich ihn noch so wenig verstehen und begreifen kann, lächerlich,« antwortete ich.

»Das ist das richtige Wort: religiös. Was du hier sehen und hören wirst, ist keine heidnische Mummerei, sondern jede Bewegung und jeder Laut des Medizinmannes hat eine Bedeutung. Das, was du jetzt vernimmst, sind die gegen einander streitenden Stimmen des guten und des bösen Geschikkes.«

In dieser Weise erklärte er mir auch den fernern Verlauf des Medizintanzes.

Auf das Pfauchen folgte ein immer wiederkehrendes Geheul, welches mit sanfteren Tönen abwechselte. Das Geheul ertönte in den Augenblicken, wenn der in die Zukunft forschende Medizinmann böse Anzeichen wahrnahm, und die zarteren Laute dann, wenn er Gutes voraussah. Als dies längere Zeit gedauert hatte, kam er plötzlich aus dem Wagen gesprungen und rannte wie ein Wütender und brüllend im Kreise herum. Nach und nach verlangsamten sich seine Schritte; das Brüllen hörte auf; die so gut ›gemimte‹ Angst, welche ihn herumgetrieben hatte, legte sich, und er begann einen langsamen, grotesken Tanz, welcher um so seltsamer war, als er sich das Gesicht mit einer schrecklich aussehenden Maske bedeckt und den Körper mit allerlei wunderlichen, teils auch ungeheuerlichen Gegenständen behangen hatte. Diesen Tanz begleitete er mit einem eintönigen Gesange. Beide, Gesang und Tanz, waren erst bewegter, wurden nach und nach immer ruhiger, bis sie aufhörten und der Medizinmann sich niedersetzte, um, den Kopf zwischen die Knie niederbeugend, eine ganze lange Weile laut- und bewegungslos zu verharren, bis er plötzlich aufsprang und das Resultat seiner Seherschaft in den laut gerufenen Worten verkündete:

»Hört, hört, ihr Söhne und Töchter der Apachen! Das ist es, was Manitou, der große, gute Geist, mich erforschen ließ. Intschu tschuna und Winnetou, die Häuptlinge der Apachen, und Old Shatterhand, der unser weißer Häuptling ist, reiten mit ihren roten und weißen Kriegern fort, um Nscho-tschi, die junge Tochter unseres Stammes, nach den Wohnplätzen der Bleichgesichter zu begleiten. Der gute Manitou ist bereit, sie zu beschützen. Sie werden einige Abenteuer erleben, ohne Schaden davon zu haben, und glücklich zu uns zurückkehren. Auch Nscho-tschi, welche längere Zeit bei den Bleichgesichtern bleibt, kommt glücklich wieder, und nur einer von ihnen ist es, den wir nicht wiedersehen werden.«

Er hielt inne und senkte den Kopf tief herab, um seiner Trauer über diese letztere Tatsache Ausdruck zu geben.

»Uff, uff, uff!« riefen die Roten neugierig und bedauernd aus; aber keiner wagte es, zu fragen, wen er meine.

Da der Medizinmann längere Zeit in seiner gebückten Haltung und seinem Schweigen verharrte, so ging meinem kleinen Sam Hawkens die Geduld aus, und er fragte:

»Wer ist es denn, der nicht zurückkehren wird? Der Mann der Medizin mag es doch sagen!«

Der Angerufene machte eine verweisende Armbewegung, wartete nun grad noch lange Zeit, erhob dann seinen Kopf, richtete die Augen auf mich und rief:

»Es wäre besser, wenn nicht nach ihm gefragt worden wäre. Ich wollte ihn nicht nennen; nun aber hat Sam Hawkens, das neugierige Bleichgesicht, mich gezwungen, es zu sagen. Old Shatterhand ist es, der nicht wiederkommen wird. Der Tod trifft ihn in kurzer Zeit. Die, denen ich eine glückliche Heimkehr verkündert habe, mögen sich vor seiner Nähe hüten, wenn sie nicht ihr Leben mit dem seinen lassen wollen! Sie befinden sich bei ihm in Gefahr, von ihm entfernt aber stets in Sicherheit. Das sagt der große Geist – Howgh!«

Nach diesen Worten kehrte er in den Wagen zurück. Die Roten ließen, scheue Blicke auf mich richtend, Ausdrücke des Bedauerns hören. Ich galt ihnen von jetzt an als ein verfemter Mann, den man zu meiden hatte.

»Was ist diesem Kerl denn eingefallen?« meinte Sam zu mir. »Ihr sollt sterben? Fällt außer diesem Schafskopf keinem andern Menschen ein! Diese Idee ist natürlich seinem schwindsüchtigen Gehirn entsprungen. Wie mag er doch auf sie gekommen sein?«

»Fragt lieber, welche Absicht er dabei verfolgt! Er will mir nicht wohl. Kein indianischer Medizinmann wird der Freund eines Christen sein; dieser hier hat niemals ein Wort an mich gerichtet, und ich habe ihn natürlich mit gleicher Münze bezahlt; er war Luft für mich. Er fürchtet meinen Einfluß auf die Häuptlinge, welcher sich bald auf den ganzen Stamm erstrecken kann, und hat nunmehr die passende Gelegenheit ergriffen, dem zuvorzukommen.«

»Soll ich hingehen und ihm einige Ohrfeigen in das rote Gesicht pflanzen, Sir?«

»Macht keine Dummheit, Sam! Die Sache ist ja der Aufregung gar nicht wert.«

Intschu tschuna, Winnetou und Nscho-tschi hatten, als

sie die Weissagung des Medizinmannes hörten, einander betroffen angeschaut. Ob sie an die Wahrheit der Prophezeiung glaubten oder nicht, das blieb sich gleich; aber sie kannten die Wirkung derselben auf ihre Untergebenen. Es sollten dreißig Mann mit uns reiten; wenn diese glaubten, daß meine Nähe Verderben bringe, so waren Unzuträglichkeiten aller Art gar nicht zu vermeiden. Dem konnte, da der Ausspruch des Medizinmannes nicht abzuändern war, nur dadurch vorgebeugt werden, daß die Anführer gegen mich dieselben blieben wie vorher und dies ihren Leuten sogleich zeigten. Darum ergriffen sie beide meine Hände und Intschu tschuna sagte so laut, daß alle es hörten:

»Meine roten Brüder und Schwestern mögen meine Worte vernehmen! Unser Medizinbruder besitzt den Blick, in die Geheimnisse der Zukunft zu dringen, und sehr oft ist das, was er vorherverkündet hat, eingetroffen; aber wir haben auch erfahren, daß er sich irren kann. Er hat in der Zeit großer Dürre den Regen herbeigezogen, der aber nicht gekommen ist. Vor dem letzten Zuge gegen die Komanchen verkündete er uns, daß wir große Beute machen würden, doch der Sieg, den wir errangen, hat uns nur einige alte Pferde und drei schlechte Gewehre eingebracht. Als er uns im vorletzten Herbste sagte, daß wir nach dem Wasser des Tugah gehen müßten, wenn wir viel Büffel erlegen wollten, haben wir nach seinen Worten getan, jedoch wir machten so wenig Fleisch, daß dann im Winter beinahe eine Hungersnot ausbrach. Ich könnte euch noch mehrere solche Beispiele anführen, welche beweisen, daß sein Auge zuweilen dunkel ist. Darum ist es sehr wohl möglich, daß er sich auch jetzt mit unserm Bruder Old Shatterhand irrt. Ich nehme seine Worte so, als ob sie nicht gesprochen worden seien, und fordere meine Brüder und Schwestern auf, dies auch zu tun. Wir wollen abwarten, ob sie zutreffen.«

Da trat mein kleiner Sam Hawkens vor und rief:

»Nein, wir warten nicht; wir brauchen nicht zu warten, denn es gibt ein Mittel, sofort zu erfahren, ob der Medizinmann die Wahrheit verkündet hat.«

»Welches Mittel meint mein weißer Bruder?« erkundigte sich der Häuptling.

»Ich will es euch sagen. Nicht nur die Roten, sondern auch die Weißen haben ihre Medizinmänner, welche es verstehen, die Zukunft zu erforschen, und ich, Sam Hawkens, bin der berühmteste unter ihnen.«

»Uff, uff!« riefen die Apachen erstaunt.

»Ja, da wundert ihr euch! Ihr habt mich bisher für einen gewöhnlichen Westmann gehalten, weil ihr mich noch nicht kennt; aber ich kann mehr als Kirschen essen, und ihr sollt mich kennen lernen, hihihihi! Einige von den roten Kriegern mögen ihre Tomahawks nehmen und ein enges, aber tiefes Loch in die Erde graben.«

»Will mein weißer Bruder in das Innere der Erde blicken?« fragte Intschu tschuna.

»Ja, denn die Zukunft liegt im Schoße der Erde verborgen, zuweilen auch in den Sternen; da ich jedoch jetzt am hellen Tage keine Sterne sehe, die ich befragen könnte, muß ich mich an die Erde wenden.«

Einige Indianer folgten seiner Aufforderung, indem sie mit ihren Kriegsbeilen ein Loch machten.

»Treibt keinen Humbug, Sam,« flüsterte ich ihm zu. »Wenn die Roten merken, daß Ihr Unsinn macht, so verschlimmert Ihr die Sache, anstatt daß Ihr sie verbessert!«

»Humbug? Unsinn? Was ist es denn, was der Medizinmann treibt? Doch auch Unsinn! Was der kann und darf, das kann und darf ich auch, wenn ich mich nicht irre, verehrter Sir. Ich weiß, was ich tue. Wenn nichts geschieht, so zeigen sich die Leute, welche wir mitnehmen, obstinat. Darauf könnt Ihr Euch verlassen.«

»Davon bin ich allerdings auch überzeugt; aber ich bitte Euch, ja nichts Lächerliches vorzunehmen!«

»O, es ist ernst, sehr ernst. Habt keine Sorge!«

Es war mir trotz dieser seiner Aufforderung nicht ganz wohl zu Mute. Ich kannte ihn nur zu gut. Er war ein Spaßvogel. Darum hätte ich ihn gern noch weiter gewarnt, aber er ließ mich stehen und ging zu den Indianern, um ihnen zu sagen, wie tief das Loch zu machen sei.

Als es fertig war, trieb er sie fort und zog seinen alten, ledernen Jagdrock aus. Nachdem er ihn wieder zugeknöpft hatte und auf die Erde setzte, stand das alte Kleidungsstück so steif, als wäre es aus Blech oder Holz gemacht. Er stellte den Rock, welcher einen hohlen Zylinder bildete, auf das Loch, gab sich ein wichtiges Aussehen und rief:

»Die Männer, Frauen und Kinder der Apachen werden sehen, was ich tue und erfahre, und darüber staunen. Die Erde wird mir, wenn ich meine Zauberworte gesprochen habe, ihren Schoß öffnen, so daß ich alles sehe, was in nächster Zeit mit uns geschehen wird.«

Hierauf entfernte er sich ein kleines Stück von dem Loche und ging dann langsam und mit feierlichen Schritten um dasselbe herum, wobei er zu meinem Entsetzen das kleine Einmaleins von der Eins bis mit der Neun hersagte. Glücklicherweise tat er dies so schnell, daß die Roten wohl gar nicht merkten, was er sprach. Als er mit der Neun zu Ende war, wurden seine Schritte immer schneller, bis er im Galopp um den Rock sprang, wobei er ein lautes Geheul hören ließ und seine Arme wie Windmühlenflügel bewegte. Als er sich außer Atem gelaufen und gebrüllt hatte, trat er zu seinem Rocke hin, machte mehrere tiefe Verbeugungen und steckte den Kopf oben hinein, um durch den Jagdrock hinab ins Loch zu sehen.

Mir war um den Erfolg dieser Kinderei bange. Ich blickte mich im Kreise um und bemerkte zu meiner Beruhigung, daß die Roten alle mit großem Ernste bei der Sache waren. Auch die Gesichter der beiden Häuptlinge verrieten keine Mißbilligung; ich war aber überzeugt, daß Intschu tschuna recht wohl wußte, daß Sams Treiben bloße Spiegelfechterei war.

Sein Kopf steckte wohl fünf Minuten lang in der Kragenöffnung seines Rockes. Während dieser Zeit bewegte er zuweilen seine Arme in einer Weise, welche andeuten sollte, daß er ganz Wichtiges und Wunderbares vor den Augen habe. Endlich zog er den Kopf heraus. Seine Miene war im höchsten Grade ernst. Er knöpfte den Rock wieder auf, zog ihn an und gebot:

»Meine roten Brüder mögen das Loch zumachen, denn so lange es offen steht, darf ich nichts sagen!«

Als diese Aufforderung befolgt worden war, holte er tief Atem, als ob er sich sehr angegriffen fühle, und rief dann:

»Euer roter Medizinbruder hat falsch gesehen, denn es wird grad das Gegenteil von dem geschehen, was er sagte. Ich habe alles erfahren, was uns die nächsten Wochen bringen; aber es ist mir verboten, es mitzuteilen. Nur einiges darf ich berichten. Ich habe Gewehre in dem Loche gesehen und Schüsse gehört; wir werden also Kämpfe zu bestehen haben. Der letzte Schuß kam aus dem Bärentöter Old Shatterhands. Wer den letzten Schuß hat, kann doch nicht gefallen und gestorben, sondern er muß Sieger sein. Meinen roten Brüdern droht Unheil. Sie können demselben nur dadurch entgehen, daß sie sich in der Nähe Old Shatterhands halten. Wenn sie aber das tun, was der Medizinmann von ihnen forderte, so gehen sie zugrunde. Ich habe gesprochen. Howgh!«

Die Wirkung dieser Weissagung war, wenigstens in diesem Augenblicke, diejenige, welche Sam beabsichtigt hatte. Die Roten glaubten ihm, das sah man ihnen an. Sie blickten erwartungsvoll nach dem Wagen. Sie glaubten wohl, daß der Medizinmann aus demselben kommen werde, um sich zu verteidigen. Er ließ sich aber nicht sehen, und so nahmen sie an, daß er sich besiegt fühle. Sam Hawkens kam auf mich zu, funkelte mich mit seinen kleinen Aeuglein listig an und fragte:

»Nun, Sir, wie habe ich meine Sache gemacht?«

»Wie ein echter, richtiger Schwindelmeier.«

»*Well!* Also gut? Nicht?«

»Ja. Wenigstens hat es den Anschein, als ob Ihr Euern Zweck erreicht hättet.«

»Habe ihn vollständig erreicht. Der Medizinmann ist geschlagen; er läßt sich nicht sehen und nicht hören.«

Winnetou ließ seine Augen mit einem stillen und doch vielsagenden Blicke auf uns ruhen. Sein Vater war weniger schweigsam; er trat zu uns und sagte zu Sam:

»Mein weißer Bruder ist ein kluger Mann; er hat den Worten unsers Medizinmannes die Kraft genommen, und er besitzt einen Rock, in welchem wichtige Weissagungen stecken. Dieser kostbare Rock wird berühmt werden von einem großen Wasser bis zum andern. Aber Sam Hawkens ist mit seiner Vorherverkündigung zu weit gegangen.«

»Zu weit? Wieso?« erkundigte sich der Kleine.

»Es hätte genügt, zu sagen, daß Old Shatterhand uns keinen Schaden bringe. Warum hat Sam Hawkens hinzugefügt, daß uns Schlimmes bevorstehe?«

»Weil ich es im Loche gesehen habe.«

Da machte Intschu tschuna eine abwehrende Handbewegung und erklärte:

»Der Häuptling der Apachen weiß, woran er ist; das mag Sam Hawkens glauben. Es war nicht nötig, von schlimmen Dingen zu sprechen und unsere Leute mit Besorgnis zu erfüllen.«

»Mit Besorgnis? Die Krieger der Apachen sind doch tapfere Männer, die sich nicht fürchten werden.«

»Sie fürchten sich nicht; das werden sie beweisen, falls unser Ritt, der ein friedlicher sein soll, uns mit Feinden zusammenführen sollte. Wir wollen ihn nun beginnen.«

Die Pferde wurden gebracht. Es war eine ziemliche Zahl von Packtieren dabei, von denen einige meine Instrumente zu tragen hatten; die übrigen waren mit Proviant und andern Notwendigkeiten beladen.

Es herrscht bei den Indianern der Brauch, daß die fortziehenden Krieger von den zurückbleibenden eine Strecke weit begleitet werden. Dies geschah heut nicht, weil Intschu tschuna es nicht gewollt hatte. Die dreißig Roten, welche mit uns ritten, nahmen nicht einmal von ihren Frauen und Kindern Abschied. Sie hatten dies wohl schon vorher getan, denn es öffentlich zu tun, erlaubte ihre Kriegerwürde nicht.

Einen Einzigen gab es, welcher mit Worten Abschied nahm, nämlich Sam Hawkens. Er sah Kliuna-ai unter den

Frauen stehen, lenkte, als er bereits im Sattel saß, sein Maultier zu ihr hin und fragte:

»Hat ›Mond‹ gehört, was ich im Loche der Erde gesehen habe?«

»Du hast es gesagt, und ich hörte es,« antwortete sie.

»Ich hätte noch mehr, noch viel mehr sagen können, zum Beispiele auch von dir.«

»Von mir? Habe ich auch mit im Loche gesteckt?«

»Ja. Ich sah deine ganze Zukunft vor mir liegen. Soll ich sie dir mitteilen?«

»Ja, tue das!« bat sie schnell und eifrig. »Was wird mir die Zukunft bringen?«

»Sie wird dir nicht etwas bringen, sondern etwas rauben, etwas, was dir sehr wert und teuer ist.«

»Was ist das?« erkundigte sie sich ängstlich.

»Dein Haar. Du wirst es in einigen Monden verlieren und einen fürchterlichen Kahlkopf bekommen, grad so wie der Mond, der ja auch keine Haare hat. Dann werde ich dir meine Perücke schicken. Leb wohl, du trauriger Mondschein, du!«

Er trieb lachend sein Maultier von dannen, und sie wendete sich ab, sehr beschämt darüber, daß sie sich durch ihre Neugierde hatte auf das Eis führen lassen.

Die Ordnung, in welcher wir ritten, machte sich ganz von selbst. Intschu tschuna und Winnetou mit seiner Schwester und ich waren an der Spitze; dann folgten Hawkens, Parker und Stone, und hinter ihnen kamen die dreißig Apachen, welche miteinander abwechselten, die Packpferde zu leiten.

Nscho-tschi saß rittlings, also nach Männerart, auf ihrem Pferde. Sie war, wie ich schon wußte und es sich auch im Verlaufe unserer Reise zeigte, eine ausgezeichnete und auch ausdauernde Reiterin. Ebenso gut wußte sie ihre Waffen zu handhaben. Wer uns begegnet wäre, ohne sie zu kennen, hätte sie für einen jüngeren Bruder Winnetous halten müssen; einem schärferen Auge aber konnte die frauenhafte Weichheit ihrer Gesichtszüge und Körperformen nicht entgehen. Sie war schön, wirklich schön, selbst trotz ihres männlichen Anzuges und ihrer männlichen Art, zu reiten, schön!

Die ersten Tage unserer Reise verliefen ohne irgend ein Ereignis, welches erwähnt zu werden verdiente. Wie bekannt, hatten die Apachen fünf Tage gebraucht, um von dem Orte des Ueberfalles nach dem Pueblo am Rio Pecos zu kommen. Der Transport der Gefangenen und Verwundeten hatte diesen Ritt verlangsamt. Wir erreichten schon nach drei Tagen die Stelle, an welcher Klekih-petra von Rattler ermordet worden war. Dort wurde Halt und Nachtlager gemacht. Die Apachen trugen Steine zu einem einfachen Denkmale zusammen. Winnetou war an dieser Stätte noch ernster als gewöhnlich gestimmt. Ich erzählte ihm, seinem Vater und seiner Schwester, was Klekih-petra mir über sein früheres Leben mitgeteilt hatte.

Am nächsten Morgen ging es weiter, bis in die Gegend, wo unsere Meßarbeit so plötzlich durch den Ueberfall unterbrochen worden war. Die Pfähle steckten noch, und ich konnte sofort beginnen, tat dies aber nicht, weil es zunächst noch Notwendigeres zu tun gab.

Es war nämlich den Apachen damals nach dem Kampfe nicht eingefallen, die toten Weißen und Kiowas zu begraben, sondern sie hatten die Leichen liegen lassen, wie sie lagen. Was von ihnen unterlassen worden war, hatten die Geier und andere Raubtiere übernommen, doch freilich in anderer Weise. Die Knochen lagen umher, oft völlig abgenagt, oft auch mit faulenden Fleischresten behangen; es war eine schaurige Arbeit für mich, Sam, Dick und Will, diese Ueberreste zu sammeln und in ein gemeinschaftliches Grab zu legen. Die Apachen beteiligten sich natürlich nicht dabei.

Darüber verging der Tag, und ich fing erst am nächsten Morgen meine Arbeit an. Abgesehen von den Kriegern, welche mir die nötigen Handreichungen taten, half mir besonders Winnetou dabei, und seine Schwester kam kaum von meiner Seite. Es war ein ganz anderes Schaffen als damals, wo ich es mit so unsympathischen Menschen zu tun gehabt hatte. Die Roten, welche ich nicht beschäftigte, streiften in der Gegend herum und brachten dann abends manche Jagdbeute mit.

Es läßt sich denken, daß ich die Arbeit sehr rasch förderte. Ich erreichte trotz der Schwierigkeit des Terrains den Anschluß an die nächste Sektion schon nach drei Tagen und bedurfte nur noch eines vierten Tages, um die Zeichnungen und Notizen zu vervollständigen. Dann war ich fertig, und das war gut, denn der Winter rückte schnell heran; die Nächte waren schon empfindlich kalt, so daß wir die Feuer bis zum Morgen nicht ausgehen ließen.

Wenn ich gesagt habe, daß die Apachen mir behilflich waren, so kann ich doch leider nicht behaupten, daß sie dies gern getan hätten. Sie gehorchten dabei den Befehlen ihrer Häuptlinge; ohne dieselben hätten sie mich wohl schwerlich unterstützt. Man sah es jedem, den ich beschäftigte, an, daß er sich freute, wenn seine Handreichungen nicht mehr gebraucht wurden. Und wenn wir dann am Abende beisammen saßen, so lagerten die dreißig Indsmen stets entfernter von uns, als nötig war und ihnen die Achtung vor ihren Häuptlingen gebot. Diese letzteren bemerkten dies sehr wohl, schwiegen aber darüber. Sam beobachtete es auch und meinte zu mir:

»Wollen gar nicht so recht ans Zeug, diese Roten. Es ist und bleibt doch immer wahr: der Rote ist ein tüchtiger Jäger und tapferer Krieger, sonst aber ein Faulpelz. Die Arbeit schmeckt ihm nicht.«

»Das, was sie für mich tun, strengt nicht im mindesten an und ist gar keine Arbeit zu nennen. Ihr Widerwille hat wohl einen andern Grund.«

»So? Welchen denn?«

»Sie scheinen an die Prophezeiung ihres Medizinmannes zu denken und derselben mehr zu glauben als der Eurigen, lieber Sam.«

»Mag sein, wäre aber dumm von ihnen.«

»Und sodann ist ihnen meine Arbeit doch jedenfalls ein Greuel. Die hiesige Gegend gehört ihnen, und ich vermesse sie für andere Leute, für ihre Feinde. Daran müßt Ihr auch denken, Sam.«

»Aber ihre Häuptlinge wollen es doch so!«

»Allerdings. Das setzt aber nicht voraus oder vielmehr hat nicht zur Folge, daß sie auch damit einverstanden sind. Sie sind im Stillen dagegen. Und wenn ich sie beobachte, wie sie beisammen sitzen und leise miteinander sprechen, so sehe ich es ihren Mienen an, daß sie von mir reden, und zwar nichts, worüber ich mich freuen würde, wenn ich es hörte.«

»Kommt mir auch so vor. Kann uns aber sehr gleichgültig sein. Was sie denken und reden, kann uns nichts schaden. Wir haben es mit Intschu tschuna, Winnetou und Nscho-tschi zu tun, und über diese Drei können wir doch wohl nicht klagen.«

Da hatte er recht. Winnetou und sein Vater waren mir in Allem behilflich und von einer wahrhaft brüderlichen Zuvorkommenheit, und die Indianerin sah mir gar jeden Wunsch an den Augen ab. Es war, als ob sie jeden meiner Gedanken erraten könne. Sie tat immer nur, was ich wollte, ohne daß ich es auszusprechen brauchte, und das erstreckte sich auf Dinge und Kleinigkeiten, die kein Mensch sonst zu beachten pflegt. Ich wurde ihr mit jedem Tage mehr zur Dankbarkeit verpflichtet. Sie war eine scharfe Beobachterin und aufmerksame Zuhörerin, und ich bemerkte zu meiner Freude und Genugtuung, daß ich, absichtlich oder unabsichtlich, ihr Lehrer war, von dem sie mit Begierde lernte. Wenn ich sprach, hing ihr Auge an meinen Lippen, und was ich tat, tat sie dann später genau ebenso, selbst wenn es den Gewohnheiten ihrer Rasse widersprach. Sie schien nur für mich da zu sein und war für meine Bequemlichkeit und mein Wohlbefinden viel besorgter als ich selbst, der ich gar nicht daran dachte, es besser haben zu wollen als die Andern.

Also am Ende des vierten Tages war ich fertig und verpackte die Meßinstrumente in die dazu mitgebrachten Dekken. Wir machten uns reisefertig und brachen am Morgen des fünften Tages auf. Die beiden Häuptlinge hatten sich für ganz dieselbe Route entschlossen, auf welcher ich von Sam in diese Gegend gebracht worden war.

Als wir derselben zwei Tage lang gefolgt waren, hatten wir eine Begegnung. Wir befanden uns in einer flachen, grasigen und hier und da durch Buschwerk unterbrochenen Gegend, die uns einen guten Ausblick gewährte, was im Westen immer von Vorteil ist. Man kann nicht wissen, auf was für Menschen man trifft, und da ist es gut, wenn man jede Annäherung im Voraus bemerkt. Wir sahen vier Reiter uns entgegenkommen; sie waren Weiße. Sie erblickten uns natürlich ebenso wie wir sie und hielten an, ungewiß, ob sie ihren Weg fortsetzen oder uns ausweichen sollten. Dreißig Roten zu begegnen, das ist nicht angenehm für Weiße, die nur zu Vieren sind, zumal wenn sie nicht wissen, welchem Stamme die Indianer angehören. Aber sie sahen, daß Weiße bei den Indsmen waren, und das schien ihr Bedenken zu heben, denn sie ließen ihre Pferde in derselben Richtung weitergehen.

Sie waren wie Cowboys gekleidet und mit Gewehren, Messern und Revolvern bewaffnet. Als sie uns auf zwanzig Schritte nahe gekommen waren, hielten sie ihre Pferde an, nahmen, der Uebung gemäß, ihre Gewehre schußfertig in die Hand, und der Eine von ihnen rief uns an:

»*Good day*, Mesch'schurs! Ist es nötig, den Finger am Drücker zu haben, oder nicht?«

»*Good day*, Gents,« antwortete Sam. »Tut eure Schießhölzer getrost weg! Wir haben nicht die Absicht, euch aufzufressen. Darf man erfahren, woher ihr kommt?«

»Vom alten Mississippi herüber.«

»Und wohin wollt ihr?«

»Hinauf ins New-Mexiko und von dort aus nach Kalifornien hinüber. Haben gehört, daß dort Rinderhirten gebraucht und besser bezahlt werden als da, woher wir kommen.«

»Könnt recht haben, Sir; müßt aber noch einen weiten Weg machen, bis ihr eine solche feine Anstellung erhaltet. Wir kommen von da oben herunter und wollen nach St. Louis. Ist der Weg jetzt rein?«

»Ja. Wenigstens haben wir nichts vom Gegenteile gehört. Brauchtet euch aber auch in einem solchen Falle nicht zu fürchten; seid ja zahlreich genug. Oder reiten die roten Gentlemen nicht weit mit?«

»Nur die beiden Krieger hier mit ihrer Tochter und Schwester, Intschu tschuna und Winnetou, die Häuptlinge der Apachen.«

»Was Ihr sagt, Sir! Eine rote Lady, welche nach St. Louis will? Darf man vielleicht eure Namen erfahren?«

»Warum nicht! Sind ehrliche Namen; brauchen sie nicht zu verheimlichen. Ich werde Sam Hawkens genannt, wenn ich mich nicht irre. Da sind meine Kameraden Dick Stone und Will Parker, und hier neben mir seht ihr Old Shatterhand, einen Boy, der den grauen Bär mit dem Messer ersticht und den stärksten Menschen mit der Faust zu Boden schlägt. Nun habt ihr wohl die Gewogenheit, mir eure Namen auch zu nennen?«

»Gern. Von Sam Hawkens haben wir gehört, von den andern Gentlemen noch nicht. Ich heiße Santer und bin kein so berühmter Westläufer wie Ihr, sondern ein einfacher, armer Cowboy.«

Er nannte auch die Namen seiner drei Gefährten, welche ich mir nicht gemerkt habe, tat noch einige Fragen, welche sich auf den Weg bezogen, und dann ritten sie weiter. Als sie fort waren, fragte Winnetou Sam:

»Warum hat mein Bruder diesen Leuten so genaue Auskunft gegeben?«

»Sollte ich sie ihnen verweigern?«

»Ja.«

»Wüßte nicht, warum. Wir wurden höflich gefragt, und so mußte ich höflich antworten; so wenigstens tut Sam Hawkens stets.«

»Der Höflichkeit der Bleichgesichter traue ich nicht. Sie waren höflich, weil wir achtmal mehr zählten als sie. Es ist mir nicht lieb, daß du ihnen gesagt hast, wer wir sind.«

»Warum? Meinst du, daß dies uns Schaden machen kann?«

»Ja.«

»In welcher Weise?«

»In mancherlei Weise. Diese Bleichgesichter haben mir

nicht gefallen. Die Augen dessen, der mit dir sprach, waren keine guten Augen.«

»Habe das nicht bemerkt. Aber selbst wenn es so wäre, uns tut es nichts. Sie sind fort; sie reiten dahin und wir dorthin; es wird ihnen nicht einfallen, umzukehren und uns zu belästigen.«

»Dennoch will ich wissen, was sie tun. Meine Brüder mögen langsam weiterreiten; ich aber werde mit Old Shatterhand umkehren und diesen Bleichgesichtern eine Strecke folgen. Ich muß wissen, ob sie wirklich weiterreiten oder sich nur den Schein gegeben haben, dies zu tun.«

Während die Andern hierauf ihren Weg fortsetzten, ritt er mit mir auf unserer Spur, welcher die vier Fremden gefolgt waren, zurück. Ich muß sagen, daß dieser Santer mir auch nicht gefallen hatte, und seine drei Gefährten hatten ebenso wenig vertrauenswürdig ausgesehen. Nur vermochte ich mir nicht zu sagen, was sie uns anhaben konnten oder wollten. Selbst wenn sie zu den Leuten gehörten, welche das Eigentum anderer Menschen mit dem ihrigen zu verwechseln pflegen, fragte ich mich vergeblich, was sie verlocken könnte, anzunehmen, daß bei uns ein Fang zu machen sei. Und selbst wenn sie dies glaubten, war es mir höchst unwahrscheinlich, daß sie es wagen würden, sie, die Vier, gegen siebenunddreißig wohlbewaffnete Personen vorzugehen. Aber als ich eine hierauf bezügliche Frage an Winnetou richtete, erklärte er mir:

»Wenn sie Diebe sind, so kehren sie sich nicht an unsere Ueberzahl, da sie nicht beabsichtigen, uns offen anzugreifen; sie folgen uns vielmehr heimlich, um den Augenblick zu erlauschen, an welchem sich der, auf den sie es abgesehen haben, von der Gesellschaft absondert.«

»Auf wen könnten sie es abgesehen haben? Sie kennen uns ja gar nicht.«

»Auf den, bei dem sie Gold vermuten.«

»Gold? Wie können sie wissen, ob welches vorhanden ist, und welche von so vielen Personen es bei sich hat? Sie müßten allwissend sein.«

»O nein. Sie brauchen nur nachzudenken, um es sich fast mit Sicherheit sagen zu können. Sam Hawkens ist so unvorsichtig gewesen, ihnen zu verraten, daß wir Häuptlinge sind und nach St. Louis wollen. Mehr brauchen sie nicht zu wissen.«

»Ah, jetzt ahne ich, was mein roter Bruder meint. Wenn Indianer nach dem Osten gehen, brauchen sie Geld; da sie nun keine geprägten Münzen haben, so nehmen sie Gold mit sich, dessen Fundorte sie kennen. Und wenn sie gar Häuptlinge sind, so kennen sie solche Orte ganz gewiß und nehmen sehr wahrscheinlich viel Gold mit.«

»Mein Bruder Old Shatterhand hat es erraten. Wir beiden Häuptlinge sind es, auf welche diese Weißen ihr Augenmerk richten würden, falls sie einen Diebstahl oder Raub beabsichtigten. Sie würden freilich jetzt nichts bei uns finden.«

»Nicht? Ihr wolltet Euch doch mit Gold versehen!«

»Wir werden dies erst morgen tun. Warum es bei uns tragen, wenn wir es nicht brauchen? Wir haben bisher nichts zu bezahlen gehabt; dies wird erst geschehen, wenn wir in den Forts einkehren, die auf unserm Wege liegen. Darum werden wir uns nun erst Gold holen, wahrscheinlich morgen schon.«

»So liegt ein Fundort in der Nähe unserer Route?«

»Ja. Es ist ein Berg, welcher Nugget-tsil genannt wird, doch nur von uns; bei andern Leuten, welche nicht wissen, daß es dort Gold gibt, hat er einen andern Namen. Wir kommen heut abend in seine Nähe und werden uns holen, was wir brauchen.«

Ich gestehe, daß mich eine Bewunderung überkam, welche mit ein wenig Neid gemischt war. Diese Menschen wußten das kostbare Metall in Menge liegen und führten, anstatt es zu benutzen, ein Leben, welches fast gar keinen Anspruch zivilisierter Menschen kannte! Sie führten keine Börsen und Portemonnaies bei sich, aber sie hatten überall, wohin sie kamen, verborgene Schatzkammern liegen, in welche sie nur zu greifen brauchten, um sich die Taschen mit Gold zu füllen. Wer dies, wenigstens das Letztere und nicht ihr anspruchsloses Leben, nur auch so haben könnte!

Wir mußten vorsichtig sein, denn Santer sollte nicht merken, daß wir ihm folgten; daher benutzten wir jede Erderhöhung und jeden Strauch, um uns zu decken. Nach einer guten Viertelstunde sahen wir die Vier. Sie trabten munter und unaufhaltsam ihres Weges; sie schienen es eilig zu haben, vorwärts zu kommen, und an ein Umkehren gar nicht gedacht zu haben oder noch zu denken. Wir hielten an. Winnetou beobachtete sie, bis sie unsern Augen entschwanden, und sagte dann:

»Sie haben keine bösen Absichten, und wir können also ruhig sein.«

Er ahnte ebenso wenig wie ich, wie sehr er sich da irrte. Diese Kerls hatten gar wohl Absichten; aber sie waren außerordentlich schlaue Menschen, wie ich später durch sie selbst erfuhr. Sie nahmen an, daß wir sie eine Weile beobachten würden, und gaben sich darum den Anschein, als ob sie Eile hätten. Später aber kehrten sie um und folgten uns.

Wir wendeten unsere Pferde und holten unsere Gefährten, da wir galoppierten, schnell wieder ein. Am Abend machten wir an einem Wasser Halt. Gewöhnt, stets vorsichtig zu sein, suchten die Häuptlinge die Umgegend erst sehr sorgfältig ab, ehe sie die Weisung erteilten, uns zu lagern. Das Wasser war ein Spring[1] der hell und stark aus der Erde hervorsprudelte. Gras für die Pferde gab es genug, und da der Platz rings von Bäumen und Gebüsch umschlossen war, so konnten wir helle Feuer brennen, ohne daß dieselben weit gesehen wurden. Zudem stellte Intschu tschuna zwei Wachen aus, und so schien alles geschehen zu sein, was durch die Sorge für unsere Sicherheit geboten war.

Die dreißig Apachen lagerten sich, wie gewöhnlich, in gar nicht nötiger Entfernung von uns nieder, um, als die Feuer brannten, ihre Portion Dürrfleisch zu essen. Wir Sieben saßen am Rande des Buschwerkes um unser Feuer. Diese Nähe des Gesträuches war aufgesucht worden, weil wir da vor dem kühlen Winde geschützt waren, welcher heut abend wehte.

[1] Quell.

Nach dem Abendessen pflegten wir uns einige Zeit zu unterhalten; so auch heut. Im Laufe dieses Gespräches sagte Intschu tschuna, daß wir morgen später als gewöhnlich, nämlich erst zu Mittag, aufbrechen würden, und von Sam Hawkens nach dem Grunde dieser Verzögerung gefragt, erklärte er mit einer Aufrichtigkeit, welche ich später tief beklagte:

»Es sollte eigentlich ein Geheimnis sein; aber meinen weißen Brüdern darf ich es anvertrauen, wenn sie mir versprechen, demselben nicht nachzuspüren.«

Als wir dieses Versprechen gegeben hatten, fuhr er fort:

»Wir brauchen Geld; darum werde ich morgen früh mit meinen Kindern von hier fortgehen, um Nuggets zu holen, und erst am Mittag wiederkommen.«

Stone und Parker ließen Rufe der Verwunderung hören, und Hawkens erkundigte sich, nicht weniger erstaunt:

»So gibt es Gold hier in der Nähe?«

»Ja,« antwortete Intschu tschuna. »Niemand ahnt etwas davon; auch meine Krieger wissen es nicht. Ich habe es von meinem Vater erfahren, der es von dem seinigen erfuhr. Solche Geheimnisse vererben sich nur von den Vätern auf die Söhne und werden sehr heilig gehalten. Man teilt sie selbst dem besten Freund nicht mit. Ich habe jetzt zwar davon gesprochen, würde aber den Ort keinem Menschen sagen oder gar zeigen und einen jeden niederschießen, der es wagte, uns zu folgen, um ihn zu erfahren.«

»Auch uns würdest du töten?«

»Auch euch! Ich habe euch Vertrauen erwiesen; wenn ihr es täuschtet, hättet ihr den Tod verdient. Ich weiß aber, daß ihr diesen Lagerplatz nicht eher verlassen werdet, als bis wir von unserem Gange zurückgekehrt sind.«

Damit brach er kurz und in warnendem Tone ab, und das Gespräch nahm eine andere Wendung. Dasselbe wurde nach einiger Zeit durch Sam unterbrochen. Intschu tschuna, Winnetou, Nscho-tschi und ich saßen mit dem Rücken nach dem Gebüsch gekehrt; Sam, Dick und Will hatten die Plätze an der andern Seite des Feuers inne und also das Gesträuch vor ihren Augen. Mitten in der Unterhaltung stieß Hawkens einen Ruf aus, griff nach seinem Gewehre, legte es an und schickte eine Kugel in die Büsche. Dieser Schuß versetzte natürlich das ganze Lager in Alarm. Die Indianer sprangen auf und kamen herbei. Auch wir erhoben uns schnell und fragten Sam, warum er geschossen habe.

»Ich habe zwei Augen gesehen, welche hinter Intschu tschuna aus dem Gesträuch hervorblickten,« erklärte er.

Sofort rissen die Roten Brände aus den Feuern und drangen in das Gebüsch ein. Ihr Suchen war vergeblich. Man beruhigte sich und setzte sich wieder nieder.

»Sam Hawkens wird sich geirrt haben,« sagte Intschu tschuna. »Bei einem flackernden Feuer sind solche Täuschungen sehr leicht möglich.«

»Sollte mich wundern; glaube, die zwei Augen ganz gewiß gesehen zu haben.«

»Der Wind wird zwei Blätter umgedreht haben; mein weißer Bruder hat da ihre untere Seite gesehen, welche heller ist, und sie für Augen gehalten.«

»Das wäre allerdings möglich; habe also Blätter totgeschossen – hihihihi!«

Er lachte in seiner Weise in sich hinein. Winnetou betrachtete die Sache nicht von dieser spaßhaften Seite, sondern sagte in ernstem Tone:

»Mein Bruder Sam hat auf jeden Fall einen Fehler begangen, vor welchem er sich später stets hüten mag!«

»Einen Fehler? – Ich? – Wieso?«

»Es durfte nicht geschossen werden.«

»Nicht? Das wäre! Wenn ein Spion im Busche steckt, so habe ich das Recht, ihm eine Kugel zu geben, wenn ich mich nicht irre.«

»Weiß man, ob der Späher feindliche Absichten hat? Er entdeckt uns und schleicht sich heran, um zu erfahren, wer wir sind. Vielleicht tritt er dann hervor, um uns zu grüßen.«

»Hm, das ist freilich wahr,« gestand der Kleine ein.

»Der Schuß war für uns gefährlich,« fuhr Winnetou fort. »Entweder hat Sam sich geirrt und keine Augen gesehen; da war der Knall überflüssig und kann nur Feinde herbeilocken, die sich vielleicht in der Nähe befinden. Oder es ist wirklich ein Mensch dagewesen, dessen Augen Sam bemerkt hat; auch da war es falsch, auf ihn zu schießen, weil vorauszusehen war, daß die Kugel nicht treffen würde.«

»Oho! Sam Hawkens ist seiner Kugel sicher! Möchte den sehen, der mir einen Fehlschuß nachweist!«

»Ich kann auch schießen, würde aber wahrscheinlich doch nicht treffen. Der Späher sieht doch, daß ich auf ihn ziele; er erkennt daraus, daß er bemerkt worden ist, und wird eine schnelle Bewegung machen, um von der Mündung meines Gewehrs wegzukommen. Die Kugel geht dann fehl, und der Mann verschwindet in der Nacht.«

»Ja, ja; aber was hätte mein roter Bruder denn an meiner Stelle getan?«

»Entweder den Knieschuß angewendet oder mich still von hier entfernt, um dem Späher auf einem Umwege in den Rükken zu kommen.«

Der Knieschuß ist der schwierigste Schuß, den es gibt. Viele, viele Westmänner, die sonst gute Schützen sind, bringen ihn nicht fertig. Ich hatte nichts davon gewußt, mich aber dann, von Winnetou auf ihn aufmerksam gemacht, in der letzten Zeit darin geübt.

Ich setze den Fall, daß ich mich, allein oder mit Anderen, das ist gleich, am Lagerfeuer befinde; mein Gewehr liegt mir, wie es Regel ist, griffbereit zur rechten Hand. Da bemerke ich zwei Augen, welche aus einem Verstecke mich beobachten. Das Gesicht des Spähers kann ich nicht sehen, denn es befindet sich im Dunkeln; aber die Augen sind zu sehen, wenn er nicht so vorsichtig ist, durch die gesenkten Wimpern zu blicken. Sie haben einen matten, phosphoreszierenden Glanz, welcher um so bemerkbarer wird, je mehr der Mann das Auge anstrengt. Man glaube aber ja nicht, daß es leicht ist, des Nachts unter Millionen von Blättern im Gebüsch zwei geöffnete Augen zu gewahren. Das lernt man nicht, sondern diese Schärfe, diese Sicherheit des Blickes muß angeboren sein.

Bin ich überzeugt, einen feindlichen Späher vor mir zu haben, so muß ich, um mich zu retten, ihn unschädlich machen, ihn töten, und zwar durch eine Kugel, welche ihn zwischen die Augen trifft, denn auf diese muß ich zielen, weil sie das Einzige sind, was ich von ihm sehe. Wenn ich aber das Gewehr wie gewöhnlich anlege, es also an die Wange nehme, so sieht er, daß ich auf ihn ziele, und verschwindet augenblicklich. Ich muß mein Ziel also in einer Weise nehmen, daß er es nicht bemerkt. Dies geschieht beim Knieschusse. Ich krümme nämlich das rechte Bein derart, daß sich das Knie erhebt und mein Oberschenkel eine Linie bildet, deren Verlängerung die beiden Augen, welche ich sehe, treffen würde. Dann greife ich, scheinbar gedankenlos, wie spielend, nichts beabsichtigend, zum Gewehre, nehme den Lauf an meinen Oberschenkel, so daß er genau in die Verlängerung desselben zu liegen kommt, und drücke ab. Das ist schwer, sehr schwer, zumal man nur die rechte Hand dazu nehmen darf, da beim Gebrauche beider Hände der Vorgang keineswegs die so notwendige scheinbare Harmlosigkeit besitzen würde. Mit dieser einen Hand das Gewehr richten, es fest an den Schenkel halten und dann abdrücken, das bringen hunderte nicht fertig. Dabei ist noch gar nicht mitgerechnet, wie schwer es ist, in dieser Lage und ohne das Auge an das Visier bringen zu können, ein sicheres Ziel zu nehmen. Und dieses Ziel besteht noch dazu nur aus zwei kaum und ungewiß sichtbaren Punkten mitten in einer vom Flackenfeuer überzitterten, und vielleicht auch vom Winde bewegten Laub- und Blättermasse! Dies meinte Winnetou, als er vom Knieschusse sprach; er war Meister in demselben. Mir war dieser Schuß meist deshalb nicht leicht geworden, weil mein Bärentöter so schwer wog und mit einer Hand in dieser Weise kaum regiert werden konnte. Die fortgesetzte Uebung brachte mich dann aber doch zu dem gewünschten Erfolge.

Während die andern alle sich durch das resultatlose Durchsuchen der Umgebung befriedigt oder beruhigt fühlten, war dies mit Winnetou nicht der Fall. Er stand nach einiger Zeit wieder auf und entfernte sich, um die Forschung selbst noch einmal vorzunehmen und fortzusetzen. Es verging über eine Stunde, bis er wiederkam.

»Es ist kein Mensch da,« sagte er; »Sam Hawkens wird sich also wohl geirrt haben.«

Trotzdem stellte er statt der bisherigen zwei nun vier Wachen aus und wies sie an, möglichst aufmerksam zu sein und den Umkreis des Lagers öfters abzupatrouillieren. Dann legten wir uns schlafen.

Mein Schlaf war kein ruhiger; ich wachte öfters auf und hatte in den Zwischenzeiten kurze, aber unangenehme Träume, in denen Santer mit seinen drei Gefährten die Hauptrolle spielte. Das war gewiß die einfache, leicht erklärliche Folge unserer Begegnung mit ihm, gab aber, als wir mit dem Morgen aufstanden, seiner Person eine Bedeutung, die ich mir vergeblich auszureden suchte. Man macht ja die Erfahrung, daß die Person, von welcher ein Mensch träumt, dann eine größere Wichtigkeit für ihn besitzt als vorher.

Nach dem Frühstücke, welches aus Fleisch und einer Einrührung von Mehl in Wasser bestand, machte sich Intschu tschuna mit seinem Sohne und seiner Tochter auf den Weg. Ehe sie gingen, bat ich um die Erlaubnis, sie wenigstens eine Strecke weit begleiten zu können. Damit sie überzeugt sein sollten, daß ich dies nicht in der Absicht tue, den Weg nach dem Goldorte zu finden, sagte ich ihnen, daß ich den Gedanken an Santer nicht los werden könne. Ich wunderte mich über mich selber, denn ich hegte, ohne irgend einen stichhaltigen Grund zu haben, heute früh die Ueberzeugung, daß er mit seinen Leuten doch zurückgekehrt sei. Das war wohl die Folge meiner Träume.

»Mein Bruder braucht sich nicht um uns zu sorgen,« antwortete Winnetou. »Um ihn zu beruhigen, werde ich noch einmal nach Spuren suchen. Wir wissen, daß er nicht nach Gold strebt; aber wenn er auch nur eine kurze Strecke mit uns ginge, würde er den Ort ahnen und ganz sicher dann das Fieber bekommen, welches nach dem tödlichen Staube strebt und das Bleichgesicht nicht eher verläßt, bis es an Leib und Seele zu Grunde gegangen ist. Wir bitten dich also nicht aus

Mißtrauen, sondern aus Liebe und Vorsicht, nicht mit uns zu gehen.«

Damit mußte ich mich bescheiden. Er forschte noch einmal nach, ohne aber eine Spur zu entdecken, und dann gingen sie fort. Daraus, daß sie nicht ritten, zog ich den Schluß, daß der Ort, den sie aufsuchen wollten, nicht sehr weit entfernt sein könne.

Ich legte mich ins Gras, brannte mein Calumet an und unterhielt mich mit Sam, Dick und Will, alles nur, um meine grundlosen Befürchtungen loszuwerden. Aber ich hatte keine Ruhe; ich stand bald wieder auf; es war etwas in mir, was mich forttrieb. Darum warf ich das Gewehr über und entfernte mich. Vielleicht entdeckte ich ein Wild, welches meine Gedanken ablenkte.

Intschu tschuna hatte das Lager südwärts verlassen; darum ging ich nordwärts, damit es ja nicht heißen solle, daß ich auf verbotenen Wegen gehen wolle.

Als ungefähr eine Viertelstunde vergangen war, traf ich zu meinem Erstaunen auf eine Fährte, welche von drei Personen hinterlassen worden war. Sie hatten Mokassins getragen. Ich unterschied zwei große, zwei mittlere und zwei kleinere Füße. Die Spuren waren neu. Das mußten Intschu tschuna, Winnetou und Nscho-tschi gewesen sein. Sie hatten sich südwärts entfernt, dann aber ihren Weg nach Norden genommen, natürlich um uns zu täuschen. Wir sollten den Fundort des Goldes im Süden vermuten.

Durfte ich weitergehen? Nein. Es war möglich, daß sie mich sahen; höchst wahrscheinlich stießen sie bei ihrer Rückkehr auf meine Spur, und da sollte bei ihnen nicht der Gedanke aufkommen, daß ich ihnen heimlich nachgelaufen sei. Aber in das Lager wollte ich auch noch nicht, und so spazierte ich in östlicher Richtung weiter.

Schon nach kurzer Zeit mußte ich wieder anhalten, denn ich traf auf eine zweite Fährte. Die Untersuchung derselben ergab, daß sie von vier Männern stammte, welche Stiefel mit Sporen getragen hatten. Ich dachte sofort an Santer. Die Spur führte nach der Richtung, in welcher ich die beiden Häuptlinge wußte, und schien aus einem nicht weit entfernten Gebüsch zu kommen, aus welchem einige noch belaubte Scharlacheichen hoch emporragten. Dorthin mußte ich zunächst.

Es war richtig: die Fährte kam aus diesem Gebüsch, und als ich in dasselbe eindrang, fand ich die vier Pferde angebunden, welche Santer und seine Leute geritten hatten. Dem Boden war deutlich anzusehen, daß die vier Kerls hier während der Nacht geherbergt hatten. Sie waren also doch umgekehrt! Warum? Jedenfalls unsertwegen. Sie trugen sich gewiß mit den Gedanken herum, welche Winnetou mir gestern erklärt hatte. Sam Hawkens hatte gestern abend sich nicht geirrt, sondern wirklich zwei Augen gesehen, den Späher aber durch sein falsches Verhalten vertrieben, noch ehe der Schuß abgefeuert wurde. Wir waren also belauscht worden. Santer beobachtete uns, um einen Augenblick zu erwarten, an welchem er den, auf den er es abgesehen hatte, allein abfangen könne. Aber diese Stelle war so weit von unserem Lager entfernt. Wie konnte er uns da beobachten?

Ich betrachtete die Bäume. Sie waren zwar sehr hoch, doch nicht zu stark und leicht zu erklettern. Die Rinde des einen zeigte Risse, welche nur von Sporen eingeritzt sein konnten. Man war also hinaufgeklettert, und von dieser Höhe aus konnte man unbedingt, wenn nicht das Lager selbst, aber doch jeden, der dasselbe verließ, recht gut sehen. Himmel! Welcher Gedanke kam mir jetzt! Wovon hatten wir gestern abend gesprochen, ehe Sam die Augen entdeckte? Davon, daß Intschu tschuna heut fortgehen wollte, um mit seinen Kindern Gold zu holen! Das hatte der Lauscher gehört. Heut früh war die Eiche von ihm bestiegen worden, und da hatte er die drei Erwarteten vorüberkommen sehen. Kurz darauf war er ihnen mit seinen drei Spießgesellen gefolgt. Winnetou in Gefahr! Nscho-tschi und ihr Vater auch! Ich mußte fort, augenblicklich fort und möglichst schnell hinter den Buschkleppern her. Ich durfte mir gar nicht Zeit nehmen, vorher nach unserem Lager zurückzukehren, um dasselbe zu alarmieren. Rasch band ich eins der vier Pferde los, zog es aus dem Gebüsch ins Freie, schwang mich auf und galoppierte auf ihrer eigenen Fährte, welche sich bald mit den Spuren der Häuptlinge vereinigte, den Halunken nach.

Dabei suchte ich nach Anhaltepunkten, zu erraten, wo, falls ich diese Fährte verlieren sollte, der Fundort des Goldes gesucht werden müsse. Winnetou hatte von einem Berge, den er Nugget-tsil nannte, gesprochen. Nuggets sind Goldkörner, welche man in verschiedener Größe findet; tsil ist ein Apachenwort und bedeutet Berg. Nugget-tsil heißt also Nuggetberg. Der Ort lag sonach jedenfalls hoch. Ich musterte die Gegend, durch welche ich jagte. Nördlich von mir, grad in meiner Richtung, lagen einige beträchtliche Höhen, welche mit Wald bewachsen waren. Eine von ihnen mußte der Nuggetberg sein; das war für mich in diesem Augenblicke zweifellos.

Der alte Gaul, auf welchem ich saß, war mir nicht schnell genug. Ich riß im Vorüberjagen eine Rute von einem Busch und trieb ihn mit derselben an. Er tat, was seine Kräfte vermochten, und die Ebene verschwand hinter mir; die Berge öffneten sich. Die Spur führte zwischen zwei derselben hinein, doch konnte ich sie nach einiger Zeit nicht mehr erkennen, denn die Bergwasser hatten hier viel grobes Steingeröll von den Höhen geschwemmt. Ich stieg aber trotzdem nicht ab, denn es verstand sich ganz von selbst, daß die Gesuchten hier weiter, das Tal hinauf, gegangen waren.

Später aber öffnete sich rechts eine Seitenschlucht, deren Grund ebenso steinig war. Jetzt galt es, zu erfahren, ob sie da rechts abgewichen oder geradeaus gegangen waren. Ich sprang aus dem Sattel und untersuchte das Geröll; es wurde mir nicht leicht, die Spur zu entdecken; ich fand sie aber doch; sie führte in die Schlucht hinein. Ich stieg wieder auf und folgte ihr. Bald aber teilte sich der Weg, und ich mußte abermals absteigen. Voraussichtlich geschah dies später wieder, und da konnte mir das Pferd nur hinderlich sein. Ich band es also an einen Baum und eilte zu Fuße weiter, nachdem ich gesehen hatte, wohin die Fährte wies.

Ich hastete in einem engen, felsigen Gerinne weiter, in welchem sich jetzt kein Wasser befand. Die Angst trieb mich zu einer Eile an, welche mir nach und nach den Atem raubte. Auf einer scharfkantigen Höhe angekommen, mußte ich stehen bleiben, um die Lunge ruhiger werden zu lassen; dann ging es weiter, drüben ein Stück hinab, bis die Spur plötzlich links in den Wald einbog. Ich rannte mehr, als ich lief, unter den Bäumen hin. Sie standen erst dicht beisammen, dann weiter auseinander, bis es so licht vor mir wurde, daß ich annahm, einen freien Platz vor mir zu haben. Noch hatte ich denselben nicht erreicht, da hörte ich mehrere Schüsse fallen. Einige Augenblicke darauf erscholl ein Schrei, der mir wie ein Degen durch den Körper drang; es war der Todesschrei der Apachen.

Nun rannte ich nicht nur, sondern ich schnellte mich förmlich weiter, in langen Sätzen wie ein Raubtier, welches sich auf seine Beute werfen will. Wieder ein Schuß und noch einer – – das war das Doppelgewehr Winnetous; ich kannte seinen Knall. Gott sei Dank! Er lebte also noch; denn wer tot ist, kann nicht schießen. Ich hatte nur noch einige Sprünge zu tun, dann hatte ich die Lichtung erreicht und blieb unter dem letzten Baume stehen, denn was ich sah, fesselte meinen Fuß förmlich an den Boden.

Die Lichtung war nicht groß. Fast mitten auf ihr lagen Intschu tschuna und seine Tochter. Ob sie noch lebten, sich noch bewegten, konnte ich zunächst nicht bestimmen. Unweit davon befand sich ein kleiner Felsblock, hinter welchem Winnetou steckte; er war soeben beschäftigt, sein abgeschossenes Gewehr wieder zu laden. Links von mir standen zwei Kerls, von Bäumen beschützt, mit angelegten Gewehren bereit, sofort zu schießen, sobald sich Winnetou eine Blöße geben werde. Rechts von mir schlich ein dritter vorsichtig unter den Bäumen hin, um Winnetou zu umgehen und ihm in den Rücken zu kommen. Der Vierte lag grad vor mir, tot, durch den Kopf geschossen.

Die zwei waren für den Augenblick dem jungen Häuptlinge gefährlicher als der Dritte. Ich nahm den Bärentöter auf und schoß sie Beide nieder; dann sprang ich, ohne mir vorher Zeit zum Laden zu nehmen, hinter dem Dritten her. Er hatte meine Schüsse gehört und sich rasch umgedreht. Er sah mich kommen, zielte auf mich und drückte ab. Ich sprang zur Seite; er traf mich nicht; da gab er sein Spiel verloren und floh in den Wald hinein. Ich eilte ihm nach, denn es war Santer; ich wollte ihn fangen. Aber die Entfernung zwischen ihm und mir war so groß gewesen, daß ich ihn zwar am Rande der Lichtung hatte sehen können, im Walde jedoch nicht mehr sah. Ich mußte mich also nach seinen Fußeindrücken richten, da konnte ich leider nicht so schnell hinter ihm her, wie ich wollte. Es war nicht möglich, ihn einzuholen; darum kehrte ich schon nach kurzer Zeit wieder um, zumal ich mir sagte, daß Winnetou mich vielleicht brauchen werde.

Er kniete, als ich die Waldblöße wieder erreichte, bei seinem Vater und seiner Schwester, ängstlich suchend, ob noch Leben in ihnen sei. Als er mich kommen sah, stand er für einen Augenblick auf. Seine Augen hatten einen Ausdruck, den ich niemals vergessen werde. Es sprach ein fast wahnsinniger Grimm und Schmerz aus ihnen.

»Mein Bruder Old Shatterhand sieht, was geschehen ist. Nscho-tschi, die schönste und beste der Apachentöchter, wird nicht nach den Städten der Bleichgesichter gehen; es ist noch ein wenig Leben in ihr, aber sie wird wohl ihre Augen nicht wieder öffnen.«

Ich war keines Wortes fähig; ich konnte nichts sagen und nichts fragen. Wonach hätte ich auch fragen sollen? Ich sah ja, wie es stand! Sie lagen in einer tiefen Blutlache nebeneinander, Intschu tschuna mitten durch den Kopf und ›Schöner Tag‹ durch die Brust geschossen. Er war sofort tot gewesen; sie atmete noch, schwer und röchelnd, während die schöne Bronze ihres Gesichtes immer matter und matter wurde. Die vollen Wangen fielen ein, und der Ausdruck des Todes breitete sich über die mir so teuern Züge.

Da bewegte sie sich leise. Sie wendete den Kopf nach der Seite, wo ihr Vater lag, und öffnete langsam die Augen. Sie sah Intschu tschuna im Blute liegen und erschrak auf das Heftigste, nur daß bei ihrer Mattigkeit der Schreck nicht den lebhaften Ausdruck wie sonst finden konnte. Sie schien nachzusinnen; dann kam sie zum Bewußtsein dessen, was geschehen war und fuhr sich mit dem kleinen Händchen nach dem Herzen. Sie fühlte das warme, von dort entrinnende Blut und stieß einen tiefen, röchelnden Seufzer aus.

»Nscho-tschi, meine gute, einzige Schwester!« klagte Winnetou mit einem Ausdrucke seiner brechenden Stimme, der unmöglich in Worten wiedergegeben werden kann.

Da erhob sie den Blick zu ihm.

»Winnetou – – mein – – Bruder – –!« flüsterte sie. »Räche – – räche – – mich!«

Dann glitt ihr Auge von ihm zu mir herüber, und ein frohes, aber schnell ersterbendes Lächeln spielte um ihre erblichenen Lippen.

»Old – Shatter – – hand!« hauchte sie. »Du – bist – da! Nun – – sterbe ich – – so – – –«

Mehr hörten wir nicht, denn der Tod ließ sie nicht aussprechen, sondern schloß ihr für immer den Mund. Es war, als wolle mir das Herz zerspringen; ich mußte mir Luft machen, sprang auf, denn wir hatten uns bei ihr niedergekniet, und stieß einen lauten, lauten Schrei aus, dessen Echo von den Wänden der benachbarten Berge widerhallte.

Winnetou stand auch auf, langsam, als ob er von zentnerschweren Gewichten niedergehalten werde. Er schlang beide Arme und mich und sagte:

»Nun sind sie tot! Der größte, edelste Häuptling der Apachen und Nscho-tschi, meine Schwester, welche dir ihre Seele gegeben hatte. Sie starb mit deinem Namen auf den Lippen. Vergiß dies nicht, vergiß es nicht, mein lieber Bruder!«

»Nie, nie werde ich es vergessen!« rief ich aus.

Dann nahm sein Gesicht einen ganz andern Ausdruck an, und seine Stimme klang wie fernes, drohendes Donnerrollen, als er fragte:

»Hast du gehört, was ihre letzte Bitte an mich war?«

»Ja.«

»Rache! Ich soll sie rächen, und, ja, ich werde sie rächen, wie noch nie ein Mord gerächt worden ist. Weißt du, wer die

Mörder waren? Du hast sie gesehen. Bleichgesichter waren es, denen wir nichts getan hatten. So ist es stets gewesen, und so wird es immer, immer sein, bis der letzte rote Mann ermordet worden ist. Denn wenn er auch eines natürlichen Todes sterben sollte, ein Mord ist es doch, ein Mord, welcher an meinem Volke geschieht. Wir wollten nach den Städten dieser verruchten Bleichgesichter; Nscho-tschi wollte werden wie eine weiße Squaw, denn sie liebte dich und glaubte, dein Herz zu gewinnen, wenn sie sich das Wissen und die Sitten der Weißen aneignete. Das hat sie mit dem Leben bezahlt. Mögen wir euch hassen, oder mögen wir euch lieben, es ist ganz gleich: Wo ein Bleichgesicht seinen Fuß hinsetzt, da folgt hinter ihm das Verderben für uns. Es wird ein Klagen gehen durch alle Stämme der Apachen, und ein Wut- und Rachegeheul wird erklingen überall, an jedem Orte, wo sich ein Angehöriger unserer Nation befindet. Die Augen aller Apachen schauen jetzt auf Winnetou, um zu sehen, wie er den Tod seines Vaters und seiner Schwester rächen wird. Mein Bruder Old Shatterhand mag hören, was ich hier bei diesen beiden Leichen gelobe! Ich schwöre bei dem großen Geiste und bei allen meinen tapfern Vorfahren, welche in den ewigen Jagdgründen versammelt sind, daß ich von heut an jeden Weißen, jeden, jeden Weißen, der mir begegnet, mit dem Gewehre, welches der toten Hand meines Vaters entfallen ist, erschießen oder – – –«

»Halt!« fiel ich ihm schaudernd in die Rede, denn ich wußte, daß es ihm unnachsichtlicher, unerbittlicher Ernst mit diesem Schwure sein würde. »Halt! Mein Bruder Winnetou mag jetzt nicht schwören – jetzt nicht!«

»Warum jetzt nicht?« fragte er, fast zornig.

»Ein Schwur muß mit ruhiger Seele gesprochen werden.«

»Uff! Meine Seele ist in diesem Augenblicke so ruhig wie das Grab, in welches ich diese meine beiden Toten legen werde. Wie es sie nie wieder zurückgeben wird, ebenso wenig werde ich jemals ein Wort von dem, was ich schwöre, zurückneh – –«

»Sprich nicht weiter!« unterbrach ich ihn abermals.

Da funkelten mich seine Augen beinahe drohend an, und er rief aus:

»Will Old Shatterhand mich hindern, meine Pflicht zu tun? Sollen die alten Weiber mich anspucken, und soll ich aus meinem Volke gestoßen werden, weil ich nicht den Mut besitze, das zu rächen, was heut hier geschehen ist?«

»Es sei ferne von mir, dies von dir zu verlangen. Auch ich will Strafe für den Mörder. Drei von ihnen hat sie schon ereilt; der vierte ist entflohen, doch entkommen wird er uns nicht.«

»Wie sollte er entkommen!« fuhr er auf. »Aber ich habe es nicht allein mit ihm zu tun. Er hat gehandelt als Sohn jener bleichen Rasse, die uns Vernichtung bringt; sie ist verantwortlich für das, was sie ihn gelehrt hat, und ich werde sie zur Verantwortung ziehen, ich, Winnetou, nunmehr der erste und oberste Häuptling aller Stämme der Apachen!«

Er stand stolz und hoch aufgerichtet vor mir, ein Mann, der sich trotz seiner Jugend als König all der Seinen fühlte! Ja, er war der Mann dazu, das auszuführen, was er wollte. Ihm, ihm wäre es gewiß gelungen, die Krieger aller roten Nationen unter sich zu versammeln und mit den Weißen einen Riesenkampf zu beginnen, einen Verzweiflungskampf, dessen Ende zwar kein zweifelhaftes sein konnte, der aber den wilden Westen mit Hunderttausenden von Opfern bedecken mußte. Jetzt, in diesem Augenblicke entschied es sich, ob der Tomahawk des Todes in dieser erbitterten Weise wüten sollte oder nicht!

Ich nahm ihn bei der Hand und sagte:

»Du sollst und wirst tun, was du willst; vorher aber höre eine Bitte, welche vielleicht meine letzte sein wird; dann wirst du die Stimme deines weißen Freundes und Bruders niemals wieder hören. Hier liegt Nscho-tschi. Du sagst es selbst, daß sie mich lieb gehabt hat und mit meinem Namen auf den Lippen gestorben ist. Auch dich hat sie lieb gehabt, mich als Freund und dich als Bruder, und du hast ihr ihre Liebe reichlich zurückgegeben. Bei dieser unserer Liebe bitte ich dich, sprich den Schwur, welchen du tun willst, nicht jetzt aus, sondern erst dann, wenn die Steine des Grabes sich über der edelsten Tochter der Apachen geschlossen haben!«

Er sah mich ernst, fast finster an und senkte dann den Blick auf die Tote nieder. Ich sah, daß seine Züge milder wurden, und endlich richtete er das Auge wieder auf mich und sagte:

»Mein Bruder Old Shatterhand hat eine große Macht über die Herzen aller, mit denen er verkehrt. Nscho-tschi würde ihm seine Bitte gewiß erfüllen, und so will auch ich sie ihm gewähren. Erst dann, wenn mein Auge diese beiden Leichen nicht mehr sieht, mag es sich entscheiden, ob der Mississippi mit allen seinen Nebenflüssen das Blut der weißen und der roten Völker nach dem Meere führen soll. Ich habe gesprochen. Howgh!«

Gott sei Dank! Es war mir, wenigstens für einstweilen, gelungen, großes Unheil abzuwenden. Ich drückte ihm dankend die Hand und sprach:

»Mein roter Bruder wird sogleich einsehen, daß ich keine Gnade für den Schuldigen erbitten will; ihn mag die Strafe so schwer und so streng treffen, wie er es verdient. Es muß dafür gesorgt werden, daß er nicht Zeit findet, zu entkommen. Wir dürfen ihm keinen Vorsprung einräumen. Winnetou mag mir sagen, was in Beziehung auf ihn jetzt geschehen soll!«

»Meine Füße sind gebunden,« erklärte er, nun wieder düster. »Die Gebräuche meines Volkes gebieten mir, bei diesen Toten, weil sie mir so nahe verwandt waren, zu bleiben, bis sie begraben sind. Erst nachher darf ich den Weg der Rache antreten.«

»Und wann wird das Begräbnis stattfinden?«

»Das will ich mit meinen Kriegern beraten. Entweder begraben wir sie hier an der Stelle, wo sie gestorben sind, oder wir schaffen sie nach dem Pueblo, wo sie bei den Ihren wohnten. Aber selbst dann, wenn sie hier ihre Ruhestätte finden, werden mehrere Tage vergehen, bevor den Erfordernissen Genüge geschehen ist, welche beim Begräbnisse eines so großen Häuptlings zu machen sind.«

»Dann wird aber der Mörder sicher entkommen!«

»Nein. Denn wenn Winnetou ihn auch nicht verfolgen

darf, so kann doch von andern geschehen, was nötig ist. Mein Bruder mag mir recht kurz erzählen, wie es geschah, daß er hierher kam!«

Jetzt, wo es sich um rein Sachliches handelte, war er so ruhig wie gewöhnlich. Ich erzählte ihm, was er zu wissen begehrte, und dann trat eine kurze Pause des Nachdenkens ein. Während derselben hörten wir einen schweren Seufzer, welcher von der Stelle kam, wo die beiden Strolche lagen, die ich glaubte erschossen zu haben. Wir gingen schnell hin. Dem Einen war meine Kugel grad durch das Herz gegangen; der Andere war so wie Nscho-tschi getroffen worden; er hatte noch Leben und kam grad jetzt wieder zu sich. Er starrte uns verständnislos an und murmelte Worte, welche ich nicht verstehen konnte. Ich bog mich zu ihm nieder und rief ihm zu:

»Mann, kommt zu Euch! Wißt Ihr, wer jetzt bei Euch ist?«

Er gab sich sichtlich Mühe, sich zu besinnen. Sein Auge wurde auch wirklich klarer, und ich hörte leise fragen:

»Wo – wo ist – – – Santer?«

»Entflohen,« antwortete ich, denn es wollte mir nicht gelingen, einen Sterbenden, obgleich er ein Mörder war, zu belügen.

»Wo – – wohin?«

»Das weiß ich nicht; aber ich hoffe, von Euch einen Wink zu erhalten. Eure andern Gefährten sind tot, und auch Ihr habt nur noch Sekunden zu leben. Ihr werdet doch an der Pforte des Grabes besser handeln, als vorher! Woher stammt Santer?«

»Weiß – es – – nicht.«

»Heißt er wirklich Santer?«

»Hat – – viele – – viele Namen.«

»Was ist er eigentlich?«

»Weiß – – auch – – auch nicht.«

»Habt ihr Bekannte hier in der Nähe, vielleicht auf irgend einem Fort?«

»Nein – – nicht.«

»Wo wolltet ihr hin?«

»Nir – – nirgends. Hin, wo Geld – Beute – –«

»Also waret ihr Gauner von Profession! Schrecklich! Wie kamt ihr denn auf den Gedanken, die beiden Apachen mit dem Mädchen zu überfallen?«

»Nug – – – Nuggets.«

»Aber ihr konntet doch von den Nuggets nichts wissen.«

»Wollten nach – nach dem – – –«

Er hielt inne. Es fiel ihm außerordentlich schwer, zu antworten. Ich erriet, was er sagen wollte, und fragte:

»Ihr hörtet, daß diese Apachen nach dem Osten wollten, und nahmt infolgedessen an, daß sie Gold bei sich hätten?«

Er nickte.

»Ihr nahmt euch also vor, sie zu überfallen; da ihr aber dachtet, daß wir vorsichtig sein und euch beobachten würden, rittet ihr eine tüchtige Strecke weiter und kehrtet erst dann um, als ihr annehmen konntet, daß wir beruhigt sein würden?«

Er nickte wieder.

»Dann seid ihr umgekehrt und uns nachgeritten. Habt ihr uns am Abende belauscht?«

»Ja – – Santer.«

»Also Santer selbst war es! Hat er euch gesagt, was er bei uns erhorcht hat?«

»Apachen – – Nugget-tsil – – Nuggets holen – – früh – – –«

»Ganz so, wie ich dachte. Dann habt ihr euch in das Gebüsch versteckt und uns von den Bäumen aus beobachtet. Ihr wolltet den Ort, wo die Apachen das Gold holten, kennen lernen?«

Er hatte die Augen geschlossen und antwortete nicht.

»Oder wolltet ihr sie bloß bei ihrer Rückkehr überfallen, um – – –«

Da unterbrach mich Winnetou:

»Mein Bruder mag nicht weiter fragen, denn dieses Bleichgesicht kann nicht mehr antworten; es ist tot. Diese weißen Hunde wollten unser Geheimnis kennen lernen; aber sie kamen zu spät. Wir befanden uns schon auf dem Rückwege, als sie uns kommen hörten. Da versteckten sie sich hinter die

Bäume und schossen auf uns. Intschu tschuna und ›Schöner Tag‹ stürzten getroffen nieder; mir aber streifte die Kugel nur den Aermel hier. Da schoß ich auf einen, der aber, eben als ich losdrückte, hinter einen andern Baum sprang; darum traf ich ihn nicht; aber meine zweite Kugel streckte einen andern nieder. Dann suchte ich hinter diesem Steine Schutz, der mir aber das Leben nicht hätte retten können, wenn mein Bruder Old Shatterhand nicht gekommen wäre. Denn zwei hielten mich von dieser Seite fest, und der dritte wollte hinter mich, wo ich keine Deckung hatte; seine Kugel hätte mich treffen müssen. Da aber hörte ich die starke Stimme von Old Shatterhands Bärentöter und war gerettet. Nun weiß mein Bruder alles und soll erfahren, wie es anzufangen ist, Santer zu ergreifen.«

»Wem wird diese Aufgabe zufallen?«

»Old Shatterhand wird sie lösen; er wird die Spur des Flüchtlings ganz gewiß finden.«

»Allerdings; aber während ich mühsam nach ihr suche, wird viel Zeit vergehen.«

»Nein. Mein Bruder braucht nicht nach ihr zu suchen, denn sie wird ganz gewiß zu seinen Pferden führen, welche er zunächst aufsuchen muß. Dort, wo er mit seinen Leuten während der Nacht gelagert hat, gibt es Gras, und Old Shatterhand wird also sehr leicht sehen, wohin er sich gewendet hat.«

»Und dann?«

»Dann nimmt mein Bruder zehn Krieger mit sich, um ihm zu folgen und ihn festzunehmen. Die andern zwanzig Krieger sendet er mir hierher, damit sie mit mir die Klagen des Todes anstimmen.«

»So soll es geschehen. Und ich hoffe, daß ich das Vertrauen, welches mein roter Bruder in mich setzt, rechtfertigen werde.«

»Ich weiß, daß Old Shatterhand grad so handeln wird, als ob ich selbst an seiner Stelle wäre. Howgh!«

Er reichte mir die Hand hin; ich schüttelte sie ihm, beugte mich noch einmal auf die Gesichter der beiden Toten nieder und ging. Am Rande der Lichtung drehte ich mich um. Winnetou verhüllte soeben ihre Köpfe und stieß dabei jene dumpfen Klagetöne aus, mit denen die Roten ihre Todesgesänge beginnen. Wie weh war mir, o wie so weh! Aber ich hatte zu handeln und eilte den Weg zurück, auf welchem ich gekommen war.

Ich war der Ansicht, daß Winnetous Vorhersagung eintreffen werde; aber während ich über den erwähnten Höhengrat stieg, kam mir ein Bedenken.

Santer mußte vor allen Dingen auf schleunigste Flucht bedacht sein, vor allen Dingen so schnell wie möglich aus unserer Nähe zu kommen suchen; das gerade Gegenteil davon geschah aber, wenn er nach seinem Lager lief. Dies konnte er nur in der Absicht tun, sich ein Pferd zu holen. Wie aber nun, wenn er dasjenige fand, auf welchem ich gekommen war? Er war doch wohl auf demselben Weg geflohen, der ihn auch hergeführt hatte. Da sah er unbedingt das Pferd.

Dieser Gedanke verdoppelte meine Schritte. Ich rannte den Berg hinab, im höchsten Grade darauf gespannt, ob ich es noch antreffen würde. Welcher Aerger für mich, als ich an die betreffende Stelle kam und da sah, daß es fort war! Ich hielt nur einen Augenblick an und flog mehr, als ich lief, durch die Schlucht. Hier konnte ich mich noch beeilen, weil wegen des Steingerölles ein zeitraubendes Suchen nach der Spur doch erfolglos gewesen wäre. Als ich aber unten das Tal erreichte, hielt ich an, um die Fährte sorgfältig zu lesen. Es gelang mir nicht sofort, denn der Boden war hier noch zu hart. Zehn Minuten später gab es weichen Grund, wo es leichter war, die Eindrücke der Füße und Hufe zu erkennen.

Da sah ich mich denn vollständig enttäuscht. Ich konnte suchen und forschen, wie ich wollte, und meine Augen und meinen Scharfsinn noch so sehr anstrengen, es wurde nicht anders – – – Santer war hier nicht geritten. Er mußte weiter oben an einer dazu passenden Stelle, wo auf dem Fels keine Spur zurückblieb, die Schlucht verlassen haben; anders war es gar nicht möglich. Da stand ich nun! Was war zu tun?

Sollte ich zurück, um nach der betreffenden Stelle zu suchen? Es konnten Stunden vergehen, ehe ich sie fand, und einen solchen Zeitverlust glaubte ich denn doch nicht verantworten zu können. Besser war es auf alle Fälle, nach unserm Lager zu eilen und dort Hilfe zu holen.

Dies tat ich denn. Es war ein Dauerlauf, wie ich noch keinen gemacht hatte, doch hielt ich ihn aus, weil ich von Winnetou belehrt worden war, wie man sich dabei zu verhalten hat, um bei Atem zu bleiben und nicht zu ermüden. Man läßt nämlich das Körpergewicht nur von einem Beine tragen und wechselt dann, wenn dieses ermüdet ist, auf das andere über. Auf diese Weise kann man stundenlang Trab laufen, ohne daß man sich allzu sehr anzustrengen hat; aber eine gute, gesunde Lunge muß man haben.

Als ich meinem Ziele nahe gekommen war, wendete ich mich zunächst nach Santers Lager. Die drei Pferde standen noch im Gesträuch. Ich band sie los, bestieg eins, nahm die andern beiden an den Zügeln und ritt nach unserm Lager. Es war längst Mittag vorüber, und Sam rief mir zu:

»Wo treibt Ihr Euch denn herum, Sir! Habt das Essen versäumt, und ich – – –« er stockte in der Rede, musterte die Pferde mit einem erstaunten Blicke und fuhr dann fort: »Alle Wetter! Ihr seid zu Fuß fortgegangen und kommt beritten zurück! Seid wohl gar Pferdedieb geworden?«

»Das weniger. Habe diese Tiere erbeutet.«

»Wo?«

»Gar nicht weit von hier.«

»Von wem?«

»Seht sie nur richtig an! Ich erkannte sie sofort, und Ihr habt doch auch gute Augen.«

»Ja, die habe ich. Sah sogleich, wem sie gehören, wollte es aber nicht begreifen. Das sind ja die Pferde von Santer und seinen Begleitern; es fehlt aber eins.«

»Das werden wir uns suchen und auch den, der darauf sitzt.«

»Aber wie kommt – – –«

»Still, lieber Sam!« unterbrach ich ihn. »Es ist sehr Wichtiges, sehr Trauriges geschehen. Wir müssen sofort fort von hier.«

»Von hier? Warum?«

Anstatt ihm zu antworten, rief ich die Apachen, von denen sich einige entfernt hatten, zusammen und teilte ihnen die Kunde von dem Tode Intschu tschunas und seiner Tochter mit. Nach meinem letzten Worte herrschte ein tiefes, allgemeines Schweigen ringsum. Man konnte nicht glauben, was ich sagte; meine Botschaft war zu ungeheuerlich. Da erzählte ich ausführlicher, was geschehen war, und fügte hinzu:

»Nun mögen mir meine roten Brüder sagen, wer die Zukunft besser verkündet hat, Sam Hawkens oder euer Medizinmann! Intschu tschuna und Nscho-tschi haben den Tod gefunden, weil sie sich von mir entfernten, und Winnetou ist durch mich gerettet worden. Bringt meine Nähe also den Tod oder das Leben?«

Jetzt konnten sie nicht mehr zweifeln, und es erhob sich ein Geheul, welches sicher meilenweit zu hören war, selbstverständlich englische Meilen gemeint. Die Roten rannten wie wütend umher, schwangen ihre Waffen und schnitten, um ihrem Grimm Ausdruck zu geben, die fürchterlichsten Gesichter. Erst nach einiger Zeit war es meiner Stimme möglich, ihr Geschrei zu überschallen.

»Die Krieger der Apachen mögen schweigen,« gebot ich ihnen. »Das Geheul führt zu nichts. Wir müssen fort, um den Mörder zu fangen.«

»Fort, ja fort, fort, fort!« schrieen sie, indem sie zu ihren Pferden sprangen.

»Ruhig doch!« befahl ich abermals. »Meine Brüder wissen ja gar nicht, was sie tun sollen. Ich werde es ihnen sagen.«

Nun drängten sie sich so an mich, daß ich mich wehren mußte, nicht umgerissen zu werden. Wäre Santer jetzt hier gewesen, so hätten sie ihn in Stücke gerissen. Hawkens, Stone und Parker standen still beisammen. Die Nachricht hatte einen niederschmetternden Eindruck auf sie gemacht. Jetzt kamen sie herbei, und Sam sagte:

»Ich bin wie vor den Kopf geschlagen und kann es noch immer nicht fassen. Schrecklich, entsetzlich! Die liebe, schöne, gute, junge rote Miß! Ist stets so freundlich mit mir gewesen und soll nun ausgelöscht worden sein! Wißt Ihr, Sir, es ist mir grad so – – – –«

»Wie es Euch ist, das behaltet für Euch, lieber Sam!« fiel ich ihm in die Rede. »Wir müssen dem Mörder nach. Sprechen nützt nichts.«

»*Well!* Stimme Euch bei. Aber wißt Ihr denn, wohin er ist?«

»Jetzt noch nicht.«

»Dachte es mir. Habt ja seine Spur nicht gesehen. Wie sollen wir sie nun auffinden? Scheint unmöglich oder wenigstens außerordentlich schwierig zu sein.«

»Es ist nicht schwierig, sondern sehr leicht.«

»Meint Ihr? Hm! Wollt wohl sagen, daß wir hinauf in die Schlucht müssen, wo er seitwärts ausgekniffen ist? Wird ein langes Suchen geben!«

»Von der Schlucht ist gar keine Rede.«

»Nicht? Dann bin ich neugierig, was Ihr für einen Gedanken bringen werdet. Ja, manchmal kann ein Greenhorn auch einen Gedanken haben, doch – – –«

»Schweigt mit Eurem Greenhorn! Mir ist nicht so zu Mute, solche Redensarten anzuhören. Mir blutet das Herz; darum behaltet Eure Witze für Euch!«

»Witze? Halloh! Wer da etwa denkt, daß ich die Sache scherzhaft nehme, der bekommt von mir einen Box in den Leib, daß er von hier bis hinüber nach Kalifornien fliegt! Kann nur nicht begreifen, wie Ihr Santer finden wollt, ohne daß wir unsere Augen auf die Stelle setzen, wo seine Spur verloren gegangen ist.«

»Da müßten wir, wie schon gesagt, lange Zeit suchen. Und wenn wir die Spur fänden, hätten wir ihr über Berg und Tal und durch den dichten Wald zu folgen, was auch sehr langsam gehen würde. Darum denke ich, wir fangen es anders an. Nämlich wenn ich mir die Berge dort so betrachte, so möchte ich behaupten, daß sie nicht mit andern zusammenhängen, sondern isoliert stehen – – –«

»Ist auch ganz richtig. Kenne diese Gegend recht leidlich. Haben hier Ebene und jenseits wieder Ebene. Diese Berge gehören nicht zu einem Gebirgs- oder Höhenzug, sondern sie haben sich ganz für sich allein in die offene Prärie hineingesetzt.«

»Prärie? – Also gibt es Gras?«

»Ja, rundum Gras, grad so wie hier.«

»Darauf habe ich gerechnet. Santer mag auf oder zwischen diesen Bergen reiten, wie er will; das geht uns nichts an; aber sobald er sie verläßt, kommt er auf die offene Prärie und muß im Grase eine Spur hinterlassen.«

»Das versteht sich ja ganz von selbst, verehrter Sir!«

»Hört nur weiter. Wir bilden zwei Trupps und umreiten die Berge, wir vier Weißen von rechts und die zehn Apachen, welche Winnetou mir angewiesen hat, von links. Jenseits treffen wir zusammen und werden dann erfahren, ob einer der Trupps auf die Fährte gestoßen ist. Ich bin überzeugt, daß dies der Fall sein wird, und dann folgen wir ihr.«

Mein kleiner Sam sah mich von der Seite an, machte ein nicht außerordentlich erbautes Gesicht und rief aus:

»*Lack-a-day!* Wer hätte das gedacht! Daß ich nicht auch darauf gekommen bin! Ist ja das Einfachste und Sicherste was es gibt; das muß eigentlich jedes Kind einsehen, wenn ich mich nicht irre!«

»Ihr seid also einverstanden, Sam?«

»Vollständig, Sir, vollständig. Sucht Euch nur schnell zehn Rote aus!«

»Ich werde diejenigen wählen, welche am besten beritten sind. Wer weiß, wie lange wir den Kerl zu jagen haben. Darum müssen wir uns auch reichlich mit Proviant versehen. Wenn Ihr diese Gegend leidlich kennt, so wißt Ihr vielleicht, wie lange es dauert, bis man von hier aus die andere Seite der Berge erreicht?«

»Wenn wir uns sehr beeilen, so kann es trotzdem über zwei Stunden währen.«

»So wollen wir nicht länger zögern.«

Ich bestimmte die zehn Apachen, welche sich über meine

Wahl freuten, denn dem Mörder nachzusetzen, war ihnen lieber, als bei den Leichen Totenlieder zu singen. Die übrigen zwanzig instruierte ich genau über den Weg, welcher zu Winnetou führte, und dann ritten sie davon.

Kurze Zeit später brachen meine zehn auf, um die Berge nach links, also in einem nach Westen gekrümmten Bogen zu umreiten, während unsere Richtung uns ostwärts um die Höhen führte. Als wir vier dann auch aufsaßen, ritt ich zunächst nach Santers Nachtlager und suchte mir von da aus eine Stelle, wo der Huf des Pferdes, welches ich geritten hatte, tief in den Boden gedrungen war. Von diesem sehr deutlichen Eindrucke nahm ich mir eine genaues Maß auf Papier. Sam Hawkens schüttelte den Kopf darüber und meinte lächelnd:

»Gehört das auch zur Kunst eines Surveyors, Pferdefüße abzumalen?«

»Nein; aber ein Westmann sollte es kennen.«

»Der? – Warum?«

»Weil es ihm vorkommenden Falls von großem Nutzen sein kann.«

»In welcher Weise?«

»Werdet es wohl nachher sehen. Wenn ich eine Pferdespur finde, vergleiche ich die Stapfen mit dieser Zeichnung.«

»Ah! Hm! Richtig! Ist gar nicht so übel! Habt Ihr das auch aus Euern Büchern?«

»Nein.«

»Woher denn?«

»Der Gedanke ist mir selbst gekommen.«

»Also gibt es wirklich Gedanken, die sich das Vergnügen machen, zu Euch zu kommen? Hätte das gar nicht gedacht – hihihihi!«

»*Pshaw!* Bei mir befinden sie sich jedenfalls wohler als unter Eurer Perücke, Sam!«

»Recht so, recht so!« rief Dick Stone. »Laßt Euch nur nichts mehr von ihm gefallen! Man sieht ja stündlich, daß Ihr ihn überflügelt habt, Sir.«

»Schweig!« herrschte ihn Sam in komischem Zorne an.

»Was willst du vom Fliegen verstehen, und gar vom Ueberfliegen! Es ist eine Beleidigung, mich immer bei der Perücke zu nehmen; ich kann das gar nicht länger dulden.«

»Was willst du dagegen machen?«

»Ich schenke sie dir; dann bin ich sie los, und du erfährst, was für Gedanken darunter wohnen. Uebrigens habe ich ja zugegeben, daß die Ansicht unsers Greenhorns gar keine so üble ist; nur hätte er den zehn Apachen, welche die Berge auf der andern Seite zu umreiten haben, auch ein solches schönes Pferdefußbild mitgeben sollen.«

»Ich habe dies nicht getan, weil ich es für unnötig hielt,« antwortete ich.«

»Unnötig? – Warum?«

»Weil es ihnen nicht zuzutrauen ist, eine Hufspur mit dieser Zeichnung zu vergleichen. Sie sind doch immerhin Wilde, denen man eine Zeichnung vergeblich in die Hände geben würde. Und sodann bin ich überzeugt, daß sie gar nicht auf Santers Fährte treffen werden.«

»Und ich behaupte das Gegenteil. Nicht wir, sondern sie werden sie finden. Es versteht sich ja ganz von selbst, daß Santer westwärts reiten wird.«

»Das halte ich gar nicht für so selbstverständlich.«

»Nicht? Seine Richtung, als wir ihn trafen, war ja nach Westen; das ist sie jetzt nun wieder.«

»Schwerlich. Er ist ein durchtriebener Kerl, wie ich aus seinem spurlosen Verschwinden ersehe, und wird sich also sagen, daß wir den Gedanken haben werden, den Ihr jetzt ausgesprochen habt. Das heißt, er wird denken, daß wir ihn westwärts suchen, weil er bei unserer Begegnung nach Westen wollte. Aus diesem Grunde wird er sich nach einer andern Richtung, wahrscheinlich ostwärts, retirieren. Das ist doch leicht einzusehen.«

»Wenn Ihr es in dieser Weise sagt, so ist es freilich leicht einzusehen. Wollen nur hoffen, daß es zutrifft.«

Nun gaben wir unsern Pferden die Sporen und jagten über die Prärie dahin, so reitend, daß wir die verhängnisvollen Berge stets zur linken Hand liegen hatten. Natürlich suchten wir es so einzurichten, daß wir immer auf weichem Boden ritten, wo Santer, wenn er dagewesen war, eine deutliche Spur hatte zurücklassen müssen. Dabei waren unsere Augen stets zur Erde gerichtet; denn je schneller wir ritten, desto schärfer mußten wir aufpassen, weil die Fährte uns sonst entgehen konnte.

So verging eine Stunde und noch eine halbe, und wir hatten unsern Halbkreis um die Berge fast zu Ende gebracht, da endlich bemerkten wir einen dunkeln Strich, welcher vor unserer Richtung quer durch das Gras lief. Es war eine Fährte, und zwar die Spur eines einzelnen Reiters, also sehr wahrscheinlich die, welche wir suchten. Wir stiegen ab, und ich schritt eine Strecke ihr entlang, um einen recht deutlichen Eindruck zu finden. Als mir dies glückte, verglich ich ihn genau mit der Zeichnung, und beide waren einander so kongruent, daß es Santer ohne allen Zweifel gewesen sein mußte.

»So eine Zeichnung ist wirklich außerordentlich praktisch,« meinte Sam. »Werde mir das merken.«

»Ja, merke es dir!« stimmte Parker bei. »Und merke dir noch Eins recht gut dazu!«

»Was?«

»Daß es schon so weit gekommen ist, daß der Lehrer, der du ja gewesen sein willst, nun von seinem Schüler lernt!«

»Willst mich wohl ärgern, alter Will? Das wird dir nicht gelingen, hihihihi!« lachte Sam. »Es ist doch wohl eine Ehre für den Lehrer, wenn er den Schüler so weit bringt, daß dieser schließlich klüger und geschickter als der Lehrer ist. Mit dir freilich muß man auf solche Erfolge gleich von vornherein verzichten. Wie viele, viele, lange Jahre habe ich mich bemüht, einen Westmann aus dir zu machen, und es ist alles vergeblich gewesen. Du wirst in deinen alten Tagen nichts verlernen können, weil du in den jungen Tagen nichts gelernt hast.«

»Weiß schon! Möchtest mich gern ein Greenhorn nennen, weil du ohne dieses Wort nicht leben kannst und unserm Old Shatterhand nicht mehr damit kommen darfst.«

»Bist auch eins, und was für eins! Nämlich ein altes, welches sich vor diesem jungen hier zu schämen hat, weil dieses dem alten schon weit überlegen ist, wenn ich mich nicht irre.«

Trotz dieses Wortgefechtes stimmten wir darin überein, daß die Fährte Santers nicht viel über zwei Stunden alt war. Wir wären ihr gern sogleich gefolgt, mußten aber auf die zehn Apachen warten. Das dauerte leider drei Viertelstunden. Ich schickte einen von ihnen zu Winnetou, um diesen wissen zu lassen, daß wir die Spur gefunden hätten; er konnte bei ihm bleiben; dann ritten wir, nun in östlicher Richtung, weiter.

Wir hatten in dieser vorgerückten Jahreszeit nicht mehr ganz zwei Stunden bis zum Abende und mußten uns sehr beeilen. Es galt, bis zur Dunkelheit eine möglichst große Strecke zurückzulegen, weil wir dann bis zum Morgen warten mußten. Wir konnten doch nicht reiten, ohne die Spur zu sehen.

Dagegen war als ganz gewiß anzunehmen, daß Santer den Abend und wohl auch die Nacht dazu benützen werde, uns recht weit vorauszukommen, denn daß man ihn verfolgen werde, das mußte er sich doch unbedingt sagen. Wir hatten dann morgen einen heißen Ritt vor uns, welcher dadurch erschwert und verlangsamt wurde, daß wir auf die Fährte achten mußten, während er eine solche Verzögerung nicht nötig hatte. Glücklicherweise mußte er, wenn er während der Nacht ritt, dann früh ermüdet sein und nicht nur sich, sondern noch viel mehr seinem Pferde eine längere und ausgiebige Ruhe gönnen, ein Umstand, welcher den Unterschied so ziemlich ausglich.

Die von Winnetou und seinem Vater Nuggetberge genannten Höhen verschwanden schnell hinter uns, und wir hatten nun immerfort die ebene Prärie vor uns, welche erst strauchig war und dann nur Rasen, erst noch grünen und später verdorrten, zeigte. Die Spur war sehr deutlich zu sehen, denn Santer war meist scharf geritten, und so hatten die Hufe seines Pferdes deutliche Eindrücke hinterlassen.

Als es zu dunkeln begann, stiegen wir ab und folgten der Spur, die wir im Gehen deutlicher als reitend sahen, noch so lange, bis sie gar nicht mehr zu erkennen war. Da blieben wir halten, glücklicherweise an einer Stelle, wo das Gras wieder einmal einiges Grün zeigte. Da konnten die Pferde fressen. Wir hüllten uns in Decken und legten uns gleich so nieder, wir wir standen.

Die Nacht war sehr kühl, und ich bemerkte, daß meine Begleiter deshalb oft aufwachten. Ich hätte ohnedem nicht schlafen können. Der gewaltsame Tod Intschu tschunas und seiner Tochter hielt mir die Augen offen, und wenn ich sie ja einmal schloß, so sah ich ihre Gestalten in der Blutlache vor mir liegen und hörte Nscho-tschis letzte Worte. Nun machte ich mir Vorwürfe darüber, daß ich nicht freundlicher mit ihr gewesen war und mich in jenem Gespräch mit ihrem Vater nicht anders ausgedrückt hatte. Es war mir, als ob ich sie dadurch in den Tod getrieben hätte.

Gegen Morgen wurde es noch kälter, und ich stand auf, um mich durch Hin- und Hergehen zu erwärmen. Sam Hawkens merkte das und fragte:

»Friert Euch wohl, verehrter Sir? Hättet eine Wärmflasche mit nach dem Westen bringen sollen. Greenhorns pflegen sich doch gern mit solchen Sächelchen zu versehen. Da lobe ich mir meinen alten Rock; kann kein Indianerpfeil und auch keine Kälte hindurch. Soll ich ihn Euch borgen, hihihihi?«

Wegen dieser unangenehmen Kühle waren alle schon vor der Morgendämmerung munter, und kaum konnten wir die Fährte nur einigermaßen wieder erkennen, so saßen wir auf und setzten den Ritt fort. Unsere Pferde hatten ausgeruht und des Nachts wohl auch gefroren; sie griffen daher, weil sie das erwärmte, wacker aus, ohne daß wir sie anzutreiben brauchten.

Noch immer hatten wir Prärie; sie wurde wellig. Auf den Wellenhöhen war das Gras trocken und hart, in den Wellentälern mehr grün und auch weicher. Ja, es gab da zuweilen eine Wasserlache, wo wir anhielten und unsere Tiere trinken ließen.

Während die Spur bisher eine fast genau östliche Richtung gehabt hatte, wendete sie sich zur Mittagszeit mehr südlich.

Als Hawkens dies bemerkte, machte er ein bedenkliches Gesicht. Ich fragte ihn nach der Ursache und erhielt die Antwort:

»Wenn es so ist, wie ich vermute, werden unsere Bemühungen wahrscheinlich vergeblich sein.«

»Aus welchem Grunde?«

»Der Kerl ist pfiffig. Er scheint sich zu den Kiowas wenden zu wollen.«

»Das wird er doch nicht tun!«

»Warum nicht? Soll er etwa Euch zuliebe mitten in der alten Prärie stehen bleiben und sich beim Schopfe nehmen lassen? Was Ihr denkt! Er tut sein Möglichstes, sich zu retten. Er hat jedenfalls die Augen offen gehabt und gesehen, daß unsere Pferde besser waren als die seinigen. Darum vermutet er, daß wir ihn wohl bald einholen werden, und ist auf den ganz guten Gedanken gekommen, bei den Kiowas Schutz zu suchen.«

»Ob ihn diese aber freundlich aufnehmen werden?«

»Daran ist keinen Augenblick zu zweifeln. Er braucht bloß zu erzählen, daß er Intschu tschuna und Nscho-tschi erschossen hat, da jubeln sie ihm zu. Wollen uns recht dazuhalten, daß wir vielleicht noch vor Abend an ihn kommen.«

»Wie alt schätzt Ihr die heutige Fährte?«

»Darauf kommt es nicht an. Diese hier hat er in der Nacht geritten. Müssen warten, bis wir dahin kommen, wo er gelagert hat. Dann wollen wir sehen, wie alt seine neue, seine heutige Spur ist. Je länger er ausgeruht hat, desto eher werden wir ihn einholen.«

Gegen Mittag zeigte es sich, wo Santer Halt gemacht hatte. Man sah, daß sich sein Pferd niedergelegt hatte; es war sehr müde gewesen; das hatten wir schon bisher den Spuren angesehen. Wahrscheinlich war er nicht weniger angegriffen gewesen, denn wir schätzten seine neue Spur unter zwei Stunden alt; er mochte länger geschlafen haben, als er gewollt hatte. Der Vorsprung, den er durch den Nachtritt gewonnen hatte, war also eingeholt; ja, wir waren ihm jetzt wohl eine halbe Stunde näher als gestern beim Beginn der Verfolgung.

Seine Spur strebte nun noch mehr nach Süden. Er schien das Gebiet des Canadian verlassen und sich dem Red River nähern zu wollen. Wir ließen unsere Pferde nur von Zeit zu Zeit verschnaufen, denn wir nahmen uns vor, ihn, wenn nur irgend möglich, noch vor Abend einzuholen.

Am Nachmittage hatten wir wieder grüne Prärie, und später trafen wir sogar Buschwerk an. Nach der sorgfältigsten Beurteilung der Fährte konnte der Vorsprung nun nur noch eine halbe Stunde betragen. Vor uns färbte sich der Horizont dunkel.

»Das ist Wald,« erklärte Sam. »Ich vermute, daß wir auf ein Nebenflüßchen des Nordarmes stoßen. Wollte, wir hätten noch länger Prärie; das wäre besser für uns.«

Freilich wäre dies besser gewesen, denn auf der Savanne sah man alles vor sich, während man im Walde leicht auf einen Hinterhalt stoßen konnte. Und bei der Eile, mit welcher wir ritten, war es unmöglich, das Terrain zu untersuchen, bevor wir es betraten.

Sam hatte Recht. Es gab einen kleinen Fluß, der aber kein fließendes Wasser führte, sondern nur hier und da welches in einer Vertiefung zeigte. An den Ufern standen Büsche und Bäume, doch gab dies keinen eigentlichen Wald, sondern nur, um mich so auszudrücken, größere oder kleinere Baumgruppen, welche in verschiedenen Intervallen an den Ufern lagen.

Kurz vor Abend waren wir dem Verfolgten so nahe, daß er jeden Augenblick vor uns auftauchen konnte. Das machte uns eifriger, als wir bisher gewesen waren. Ich ritt allein voran, weil mein Rotschimmel sich am besten gehalten und seine Kräfte noch beisammen hatte. Auch folgte ich, wenn ich mich so an der Spitze hielt, einem innern Triebe. Ich hatte die Ermordeten vor mir liegen sehen und wollte den Mörder haben. Es war nicht das, was man mit Grimm, mit Durst nach Rache bezeichnet, aber doch ein dringendes Verlangen, den Mörder bestraft zu sehen.

Wir ritten wieder durch eine jener Baumgruppen, welche am linken Ufer des Flüßchens lag. Als ich, den andern voran, die letzten Bäume erreichte, sah ich, daß die Fährte rechts ab, hinunter in das wasserleere Bette führte. Ich hielt einen Augenblick an, um dies den hinter mir Herankommenden mitzuteilen, und dies war ein Glück für uns, denn als ich, einige Augenblicke auf sie wartend, dem Flußbette mit meinen Augen folgte, machte ich eine Entdeckung, welche mich veranlaßte, schleunigst vom Rande des Wäldchens zurückzuweichen und mich zu verstecken.

Wenn man von diesem Wäldchen aus nur fünfhundert Schritte zu Fuße ging, kam man wieder an ein Wäldchen, welches aber drüben auf dem rechten Ufer lag. Vor demselben tummelten Indianer ihre Pferde. Ich sah Pfähle in der Erde stecken, welche mit Riemen verbunden waren, an denen Fleisch hing. Wäre ich nur noch eine Pferdelänge weitergeritten, so hätten mich die Roten gesehen. Ich stieg vom Pferde und zeigte unsern Leuten die vor uns liegende Szene.

»Kiowas!« sagte einer der Apachen.

»Ja, Kiowas,« stimmte Sam ihm bei. »Der Teufel muß diesen Santer sehr lieb haben, daß er ihn noch im letzten Augenblicke diese Hilfe finden läßt. Ich streckte schon alle zehn Finger nach ihm aus; aber er soll uns trotzdem nicht entgehen.«

»Es ist keine starke Abteilung der Kiowas,« bemerkte ich.

»Hm! Wir sehen nur die, welche sich diesseits der Bäume befinden; jenseits derselben gibt es jedenfalls auch welche. Sind auf der Jagd gewesen und machen nun hier ihr Fleisch.«

»Was tun wir, Sam? Kehren wir um, um uns möglichst weit zurückzuziehen?«

»Fällt mir nicht ein! Wir bleiben hier.«

»Aber das ist gefährlich!«

»Gar nicht!«

»Wie leicht kann ein Roter hierherkommen!«

»Fällt keinem ein. Erstens befinden sie sich drüben am andern Ufer, und zweitens wird es gleich dunkel werden; da entfernen sie sich nicht mehr aus ihrem Lager.«

»Aber je größer die Vorsicht, desto besser!«

»Und je größer die Angst, desto greenhornlicher! Ich sage Euch, daß wir vor diesen Kiowas so sicher sind als ob wir uns in New York befänden. Die denken nicht daran, hierher zu kommen; aber wir werden zu ihnen gehen. Ich muß diesen Santer haben und wenn ich ihn aus tausend Kiowas herausholen müßte!«

»Ihr seid heut das, was Ihr immer an mir tadelt, nämlich unvorsichtig!«

»Wie? Was? Unvorsichtig? – Sam Hawkens und unvorsichtig! Da muß ich lachen, hihihihi! Das hat mir noch kein Mensch vorgeworfen! Sir, Ihr habt doch sonst keine Angst und geht sogar dem Grizzly mit dem Messer zu Leibe; warum da heut diese Bangigkeit!«

»Es ist nicht Bangigkeit, sondern Vorsicht. Wir befinden uns zu nahe bei den Feinden.«

»Zu nahe? Lächerlich! Ich denke sogar, daß wir ihnen noch näher rücken werden. Wartet nur bis es dunkel ist.«

Er war heut anders als gewöhnlich. Der Tod der ›schönen, lieben, guten, roten Miß‹ hatte ihn so empört, daß er nach Rache lechzte. Die Apachen gaben ihm recht; Parker und Stone stimmten ihm auch bei, und so konnte ich nichts dagegen tun. Wir banden unsere Pferde an und setzten uns nieder, um den Anbruch der Dunkelheit zu erwarten.

Ich muß freilich gestehen, daß die Kiowas sich so bewegten, als ob sie sich völlig sicher fühlten. Sie ritten oder liefen auf dem offenen Plane umher, riefen einander zu, kurz und gut, taten so unbefangen, als ob sie sich daheim in ihrem sichern, gut bewachten Indianerdorfe befänden.

»Seht Ihr, wie ahnungslos sie sind!« sagte Sam. »Bei denen gibt es heut keinen einzigen argen Gedanken.«

»Wenn Ihr Euch nicht irrt!«

»Sam Hawkens irrt sich nie!«

»*Pshaw!* Ich könnte Euch das Gegenteil beweisen. Ich habe etwas in mir wie eine Ahnung, daß sie sich verstellen.«

»Ahnung! Alte Squaws haben Ahnungen, sonst niemand. Merkt Euch das, verehrter Sir! Welchen Zweck könnte es denn haben, sich zu verstellen?«

»Um uns anzulocken.«

»Das ist ganz unnötig, denn wir werden auch ohne Lokkung kommen.«

»Ihr nehmt doch an, daß Santer bei ihnen ist?«

»Natürlich. Als er hier an diese Stelle kam, hat er sie gesehen und ist über das leere Flußbette hinüber zu ihnen.«

»Und denkt Ihr, daß er ihnen erzählt hat, was geschehen ist und warum er Schutz bei ihnen sucht?«

»Welche Frage! Es versteht sich ganz von selbst, daß er ihnen das gesagt hat.«

»So hat er ihnen auch mitgeteilt, daß seine Verfolger ihm wahrscheinlich sehr nahe seien.«

»Meinetwegen auch das.«

»Dann wundert es mich, daß sie so gar keine Vorsichtsmaßregeln getroffen haben.«

»Ist gar nicht zu verwundern. Sie halten es einfach für unmöglich, daß die Nähe, von welcher Ihr redet, eine so bedeutende ist, und erwarten uns wohl erst morgen. Sobald es dunkel genug ist, schleiche ich mich hinüber und sehe mir die Gelegenheit an. Dann wird sich finden, was wir tun. Ich muß diesen Santer haben!«

»Nun gut, so gehe ich mit!«

»Ist nicht nötig.«

»Ich halte es für sehr nötig.«

»Wenn Sam Hawkens auf Kundschaft geht, so braucht er keinen Gehilfen. Ich nehme Euch nicht mit. Ich kenne Euch und Eure zwecklose Humanität. Wahrscheinlich wollt Ihr diesem Mörder das Leben erhalten.«

»Fällt mir nicht im Traume ein!«

»Verstellt Euch nicht!«

»Ich spreche so, wie ich denke. Auch ich will diesen Santer haben; ich will ihn lebendig fangen, um ihn Winnetou zu bringen. Und sobald ich sehe, daß dies unmöglich ist, daß ich ihn lebend nicht bekommen kann, so gebe ich ihm eine Kugel in den Kopf. Darauf könnt Ihr Euch verlassen.«

»Daß ist es eben: eine Kugel in den Kopf! Ihr wollt nicht, daß er gemartert werden soll. Auch ich bin ein Feind von solchen Hinrichtungen; diesem Schurken aber gönne ich einen solchen qualvollen Tod von ganzem Herzen. Wir fangen ihn und bringen ihn Winnetou. Muß nur erst wissen, wie viel Kiowas es sind; denn daß es mehr sind, als sich uns hier zeigen, das ist ausgemacht.«

Ich zog es vor, zu schweigen, denn seine Worte hatten die Apachen mißtrauisch gemacht. Sie wußten, daß ich mir für Rattler Mühe gegeben hatte, und so lag für sie der Gedanke nahe, daß ich jetzt eine ähnliche Absicht hege. Ich tat also, als ob ich mich in Sams Willen füge, und streckte mich neben mein Pferd auf die Erde nieder.

Die Sonne war schon längere Zeit verschwunden, und nun senkte sich die Dämmerung nieder. Drüben bei den Kiowas wurden mehrere Feuer angezündet. Die Flammen derselben loderten hoch empor. Dies ist gar nicht Gebrauch bei den vorsichtigen Roten, und so setzte sich in mir der vorhin ausgesprochene Gedanke fester, daß sie es darauf abgesehen hätten, uns anzulocken. Wir sollten glauben, daß sie von unserm Hiersein nichts ahnten, und auf die Idee kommen, sie zu überfallen; taten wir dies, so liefen wir ihnen in die geöffneten Hände.

Während ich so nachdachte, war es mir, als hätte ich ein Geräusch vernommen, welches von keinem von uns verursacht worden war; es war hinter mir, wo niemand von uns lag, weil ich den äußersten Platz eingenommen hatte. Ich lauschte und das Geräusch wiederholte sich; ich hörte es deutlich und unterschied es genau. Es war ein leises Bewegen zäher Ranken, an denen dürre Blätter hingen, ungefähr so, wie wenn man einige Halme aus einem Strohbündel zieht. Es war nicht die Bewegung eines glatten Zweiges, sondern, wie gesagt, einer Ranke, und diese mußte Stacheln oder Dornen haben, denn das Geräusch war in einzelnen Rucken geschehen, von Stachel zu Stachel verursacht worden.

Dieser Umstand sagte mir sofort, wo ich die Ursache zu suchen hatte. Nämlich hinter mir gab es zwischen drei einander nahestehenden Bäumen ein Brombeergesträuch, von welchem eine Ranke bewegt worden sein mußte. Es konnte ein kleines Tier da stecken, aber unsere Lage riet zur Vorsicht.

Es konnte auch ein Mensch sein, und das mußte ich untersuchen, mußte es sehen. Sehen? In dieser Dunkelheit? Ja, doch!

Ich habe gesagt, daß drüben bei den Kiowas hohe Feuer loderten. Sie konnten ihren Schein zwar nicht herüberwerfen, aber ich mußte jeden Gegenstand sehen, den ich zwischen sie und mein Auge brachte. Dies konnte ich mit der Brombeerhecke dadurch erreichen, daß ich die andere Seite derselben aufsuchte, was aber unbemerkt zu geschehen hatte. Ich stand also von meinem Platze auf und schlenderte langsam fort, nicht nach der Richtung, in welche ich eigentlich wollte. Als ich weit genug weg war, wendete ich mich um und näherte mich dann dem Wäldchen von der richtigen Seite. Nahe herangekommen, legte ich mich nieder und kroch leise, leise nach der Beerenhecke, welche ich, sogar unbemerkt von meinen Leuten, erreichte. Sie lag grad vor mir; ich konnte sie mit der Hand erreichen, und in derselben Richtung brannten drüben die Feuer. Ich konnte durch einige wenige Stellen blicken, sonst aber war die Hecke zu dicht. Da – ja, wirklich, da gab es wieder das erwähnte Geräusch, und zwar nicht in der Mitte, sondern an der Seite der Hecke. Ich rutschte dorthin und sah nun freilich das, was ich geahnt hatte.

Es hatte ein Mensch, ein Indianer, in der Hecke gesteckt und wollte sich nun entfernen. Dies mußte natürlich ein Geräusch verursachen, welches er auf verschiedene Zeitabstände zu verteilen trachtete, und er brachte dies in wahrhaft meisterhafter Weise fertig, denn anstatt eines einzigen lauten Raschelns gab es nun von Minute zu Minute nur ein leises, strohartiges Knistern, welches nur von mir gehört worden war, weil ich so nahe gelegen hatte. Das schwere Kunststück war ihm beinahe gelungen. Sein ganzer Körper befand sich schon im Freien, und nur die eine Schulter mit dem Arme, der Hals und der Kopf steckten noch in der Hecke.

Ich kroch zu ihm hinan, so daß ich hinter seinem Rücken lag. Er befreite sich mehr und mehr. Er bekam die Schulter frei, den Hals, den Kopf und hatte nun nur noch den Arm herauszuziehen. Da richtete ich mich auf die Kniee empor, faßte mit der Linken seinen Hals und hieb ihm die rechte Faust zwei-, dreimal an den Kopf; da lag er still.

»Was war das?« fragte Sam. »Habt ihr nichts gehört?«

»Old Shatterhands Pferd stampfte,« antwortete Dick.

»Er ist fort. Wo er sein mag? Er wird doch keine Dummheiten machen!«

»Dummheiten? Der? Der hat noch keine gemacht und wird auch niemals welche machen.«

»Oho! Er ist imstande und sucht die Kiowas heimlich auf, um sie zu alarmieren und diesem Santer das Leben zu erhalten!«

»Nein, das tut er nicht. Lieber erwürgt er den Mörder, als daß er ihn entkommen läßt. Der Tod der beiden Ermordeten ist ihm riesig nahe gegangen; das mußt du ihm doch angesehen haben.«

»Mag sein. Aber ich nehme ihn nicht mit, wenn ich nachher die Kiowas beschleiche; er kann mir auch gar nichts dabei nützen. Ich will die Kerls zählen und die Oertlichkeit sehen; dann läßt es sich bestimmen, wie wir angreifen müssen. Er macht seine Sache als Greenhorn oft ganz gut, aber sich bei solchen Feuerflammen dem Lager der Kiowas zu nähern, das bringt er doch nicht fertig. Diese Kerls wissen, daß wir kommen; sie sind also vorsichtig und werden die Ohren so spitzen, daß nur ein alter Westmann an sie kommen kann; ihn aber würden sie gewiß sehen und auch hören.«

Da stand ich auf, trat schnell zu ihm und sagte:

»Da irrt Ihr, lieber Sam. Ihr glaubt mich fort, und ich bin doch da. Verstehe ich es also oder nicht, mich anzuschleichen?«

»Alle Wetter!« antwortete er. »Ihr seid wirklich da? Man hat Euch doch gar nicht bemerkt!«

»Das ist ein Beweis, daß Euch das mangelt, was mir nach Euern Worten mangeln soll. Es sind überhaupt, ohne daß Ihr es wißt, noch ganz andere Leute da als ich.«

»Wer denn, wer? – Wen meint Ihr?«

»Geht hin zu den Brombeeren dort; da werdet Ihr ihn sehen, Sam!«

Er stand auf und folgte meiner Weisung; die andern taten nach seinem Beispiele.

»Hallo!« rief er aus. »Da liegt ein Kerl, ein Indianer! Wie kommt der hierher?«

»Das laßt Euch von ihm selbst sagen!«

»Er ist ja tot!«

»Nein. Ich habe ihn nur betäubt.«

»Wo denn? Doch nicht etwa hier? Ihr waret fort. Ihr habt ihn irgendwo überrascht, ihm einen Eurer Jagdhiebe gegeben und ihn dann hierher gebracht.«

»Das denkt nicht! Er lag hier in den Brombeeren versteckt, und ich habe ihn bemerkt. Als er heraus wollte, um sich davonzuschleichen, gab ich ihm den Hieb. Ihr habt diesen Hieb auch gehört, denn Ihr fragtet danach, und er wurde für ein Stampfen meines Pferdes gehalten.«

»Alle Teufel, das stimmt! Er ist also wirklich dagewesen, hat im Busche gesteckt und alles gehört, was wir gesprochen haben. Welch ein Unheil für uns, wenn es ihm gelungen wäre, unbemerkt fortzukommen! Wie gut, daß Ihr ihn unschädlich gemacht habt! Bindet und knebelt ihn, wenn ich mich nicht irre! Aber warum ist er nicht drüben bei seinen Leuten? Was hat er hier zu tun gehabt? Er muß doch eher dagewesen sein als wir?«

»Ihr sprecht solche Fragen aus und nennt andere Leute Greenhorns? Das sind doch so recht eigentliche Greenhornsfragen! Natürlich ist er eher dagewesen als wir. Die Kiowas wußten, daß wir kommen; sie nahmen an, daß wir der Spur Santers folgen und also hier erscheinen würden. Sie wollten uns empfangen, und um den richtigen Zeitpunkt nicht zu versäumen, stellten sie hier einen Posten aus, der sie benachrichtigen sollte. Aber weil wir zu schnell ritten oder weil er grad nicht gut aufpaßte oder aber weil er grad hier ankam, als wir auch kamen, haben wir ihn überrascht, so daß er sich in die Brombeeren verstecken mußte.«

»Er hätte doch fliehen können, hinüberfliehen zu den Seinen!«

»Dazu fand er keine Zeit, denn wir hätten ihn noch laufen

sehen und also erraten müssen, daß die Kiowas von uns wüßten und von ihm gewarnt worden seien. Es ist auch möglich, daß er von vornherein entschlossen war, sich hier zu verstekken, um uns zu belauschen.«

»Dies ist alles ganz gut und möglich. Mag es nun sein, wie es will, es ist ein Glück, daß wir ihn erwischt haben. Nun wird er beichten und alles gestehen müssen.«

»Er wird sich hüten, etwas zu sagen. Ihr bringt nichts aus ihm heraus.«

»Kann sein. Es ist auch gar nicht nötig, daß wir uns Mühe mit ihm geben. Wir wissen doch ohnedem, woran wir sind, und was ich noch nicht weiß, das werde ich bald erfahren, denn ich gehe jetzt hinüber.«

»Um vielleicht nicht wieder herüberzukommen!«

»Warum?«

»Weil Euch die Kiowas behalten werden. Ihr habt ja selbst gesagt, daß es bei diesen vielen großen und hellen Feuern sehr schwer sei, sich anzuschleichen.«

»Ja, für Euch, für mich aber nicht. Darum wird es so, wie ich Euch gesagt habe: ich gehe hinüber, und Ihr bleibt da.«

Er sagte das in einem so bestimmten, gebieterischen Tone, daß ich ihm nun denn doch entgegnete:

»Ihr seid heute ganz ausgewechselt, Sam. Ihr glaubt doch nicht etwa, mir Befehle erteilen zu können? Oder solltet Ihr doch?«

»Natürlich glaube ich das.«

»Nun, da muß ich Euch in aller Freundschaft sagen, daß Ihr Euch irrt. Als Surveyor stehe ich über Euch, denn Ihr seid uns nur als Sicherheitswache zukommandiert gewesen. Sodann wißt Ihr, daß ich unter Zustimmung des ganzen Stammes von Intschu tschuna zum Häuptling erklärt worden bin. Ihr mögt also Eure Stellung zu mir von welcher Seite betrachten, wie Ihr wollt, so stehe ich über Euch und bin es, der zu befehlen hat.«

»Mir hat kein Häuptling etwas zu sagen,« behauptete er. »Und außerdem bin ich ein alter Westmann, während Ihr ein Greenhorn und mein Schüler seid. Das solltet Ihr nicht vergessen, wenn Ihr nicht für undankbar gehalten werden wollt. Es bleibt dabei: Ich gehe jetzt, und Ihr bleibt hier!«

Er ging wirklich. Die Apachen murrten über ihn, und auch Stone meinte verdrossen:

»Er ist heut wirklich ganz anders als sonst. Euch Undankbarkeit vorzuwerfen! Wir sind es doch, die sich bei Euch zu bedanken haben, denn ohne Euch lebten wir nicht mehr. Hat er Euch denn auch einmal das Leben gerettet!«

»Laßt ihn!« antwortete ich. »Er ist ein kleiner, prächtiger Kerl, und grad sein heutiges Auftreten spricht für ihn. Es ist die Wut über Intschu tschunas und Nscho-tschis Tod. Gehorchen werde ich ihm allerdings nicht. Ich gehe jetzt auch. In der Aufregung, in welcher er sich befindet, kann er sich leicht zu etwas hinreißen lassen, was er bei gewöhnlicher Stimmung vermeiden würde. Bleibt hier, bis ich wiederkomme, und selbst wenn Ihr Schüsse hören solltet, geht Ihr nicht vom Platze. Nur dann, wenn Ihr meine Stimme hört, welche bis hierher zu vernehmen ist, kommt Ihr mir zu Hilfe.«

Ich ließ meinen Bärentöter liegen, ebenso wie Sam seine alte Liddy dagelassen hatte, und entfernte mich. Ich hatte bemerkt, wie Hawkens gleich von uns weg durch das Flußbett gegangen war; er wollte sich also von drüben anschleichen. Ich hielt dies für falsch und beabsichtigte, es anders und besser zu machen. Die Kiowas wußten, daß wir flußaufwärts von ihnen zu suchen waren, und richteten also ihre Aufmerksamkeit ganz besonders dorthin; darum handelte Hawkens sehr falsch, indem er sich von dorther annähern wollte. Ich dagegen nahm mir vor, von der entgegengesetzten Seite zu kommen.

Darum ging ich am diesseitigen Ufer abwärts, doch so weit von demselben, daß mich der Schein der jenseits brennenden Feuer nicht treffen konnte, bis das Wäldchen drüben zu Ende war. Da unten war kein Feuer angezündet worden, und die Bäume hielten den Lichtschein ab. Es war hier also so dunkel, daß ich unbemerkt hinunter in das Flußbett und jenseits wieder hinaufgelangen konnte. Nun befand ich mich unter den Bäumen, legte mich nieder und kroch vorwärts. Es brannten acht Feuer. So viele wurden nicht gebraucht, denn ich zählte nur gegen vierzig Indianer; sie waren also nur angebrannt, um uns zu zeigen, wo die Kiowas lagerten.

Diese saßen unter den Bäumen in verschiedenen Gruppen beisammen und hatten ihre Gewehre schußfertig in den Händen. Wehe uns, wenn wir so unvorsichtig gewesen wären, in die uns gestellte Falle zu laufen! Diese war übrigens eine so bemerkbar und dumm gelegte, daß nur ganz unerfahrene Menschen in dieselbe hätten gehen können. Die Pferde der Roten sah ich draußen auf der freien Prärie weiden.

Ich hätte gar zu gern eine der Gruppen belauscht, womöglich die, bei welcher sich der Anführer befand, weil dort sicherer zu hören war, was ich wissen wollte. Aber wo war der Anführer zu suchen? Jedenfalls bei der Gruppe, bei welcher auch Santer saß; so sagte ich mir. Also schob ich mich von Baum zu Baum, um den letzteren zu entdecken.

Nach einigem Suchen sah ich ihn; er saß mit vier Indianern zusammen, von denen allerdings keiner das Abzeichen der Häuptlingswürde trug; das war auch gar nicht nötig, denn nach den Gebräuchen der Roten mußte der Aelteste dieser vier der Anführer sein. Leider konnte ich mich nicht so nahe hinwagen, wie ich gern wollte, denn es gab kein Unterholz, in dem ich Schutz und Deckung gefunden hätte. Aber einige Bäume standen so, daß ihr Gesamtschatten mir eine, wenn auch nur zweifelhafte Sicherheit bot. Da acht Feuer brannten, warf jeder Baum mehrere Schatten, Halbschatten, welche hin und her zitterten und dem Innern des Wäldchens ein gespenstisches Aussehen verliehen.

Zu meiner Freude sprachen die Roten nicht leise, sondern laut miteinander, denn es lag doch nicht in ihrer Absicht, heimlich zu tun; wir sollten sie nicht nur sehen, sondern auch hören. Ich erreichte den erwähnten Schatten und blieb dort liegen, vielleicht zwölf Schritte von Santers Gruppe entfernt. Es war kein geringes Wagnis von mir, da ich von den andern Roten viel leichter als von dieser Gruppe aus entdeckt werden konnte.

Ich hörte, daß Santer das große Wort hatte. Er erzählte von

dem Nuggetberge und forderte die Roten auf, mit ihm dorthin zu ziehen und den Schatz zu heben.

»Weiß mein weißer Bruder den Ort, an dem er zu finden ist?« fragte der älteste der vier Indianer.

»Nein. Wir wollten ihn erfahren, aber die Apachen kamen zu schnell zurück. Wir glaubten, sie würden sich so lange verweilen, daß wir sie belauschen könnten.«

»Dann ist alles Suchen vergeblich. Es können zehnmal hundert Mann hingehen, um nachzuforschen; sie werden nichts finden. Die roten Männer verstehen es sehr gut, solche Stellen völlig unkenntlich zu machen. Aber da mein Bruder den größten unserer Feinde und seine Tochter erschossen hat, so werden wir ihm den Gefallen tun, später mit ihm hinzureiten und ihm suchen helfen. Vorher aber müssen wir deine Verfolger fangen und dann auch Winnetou töten.«

»Winnetou? – Der wird doch bei ihnen sein!«

»Nein, denn er darf nicht von seinen Toten fort und wird auch die größere Hälfte seiner Krieger bei sich behalten. Die kleinere Hälfte ist dir nach und wird von Old Shatterhand, dem weißen Hunde, angeführt, welcher unserm Häuptlinge die Knie zerschmettert hat. Diese Schar werden wir heute überwältigen.«

»Dann reiten wir nach dem Nuggetberge, um Winnetou kalt zu machen und nach dem Golde zu suchen!«

»Das ist nicht so möglich, wie mein Bruder denkt. Winnetou hat seinen Vater und seine Schwester zu begraben, wobei er nicht gestört werden darf, denn der große Geist würde uns dies nie verzeihen. Aber dann, wenn er fertig ist, überfallen wir ihn. Er wird nun nicht nach den Städten der Bleichgesichter ziehen, sondern heimkehren. Da legen wir ihm einen Hinterhalt oder locken ihn so heran, wie wir es heut mit Old Shatterhand tun, der ganz gewiß dabei ist. Ich warte nur, daß mein Späher zurückkehrt, der sich drüben versteckt hat. Und auch die Wächter, welche sich weit draußen hingelegt haben, haben mir noch keine Meldung gesandt.«

Als ich dies hörte, erschrak ich. Es lagen also Posten vor dem Wäldchen. Wenn Sam Hawkens diese nicht bemerkte und zwischen sie geriet! Kaum hatte ich dies gedacht, so hörte ich ein kurz ausgestoßenes Geschrei mehrerer Stimmen. Der Anführer sprang auf und lauschte. Auch alle andern Kiowas waren still und horchten.

Da näherte sich dem Wäldchen eine Gruppe, welche aus vier Roten bestand, die einen Weißen geschleppt brachten. Er sträubte sich, doch ohne Erfolg; er war zwar nicht gefesselt, wurde aber von den vier Messern seiner Besieger in Schach gehalten. Dieser Weiße war – – mein unvorsichtiger Sam! Mein Entschluß stand sofort fest: ich durfte ihn nicht stecken lassen, obwohl ich dabei mein Leben wagte.

»Sam Hawkens!« rief Santer, der ihn erkannte. »*Good evening,* Sir! Habt wohl nicht geglaubt, mich hier wiederzusehen?«

»Schuft, Räuber, Mörder!« antwortete ihm der furchtlose Kleine, indem er ihn bei der Gurgel packte. »Gut, daß ich dich habe; nun bekommst du deinen Lohn, wenn ich mich nicht irre.«

Der Angegriffene wehrte sich. Die Roten griffen zu und rissen Sam von ihm weg. Das gab einen kurzen Tumult, den ich schnell benutzte. Ich zog die beiden Revolver, sprang nach der Stelle hin und mitten unter die Indianer hinein.

»Old Shatterhand!« schrie Santer, indem er erschrocken davonrannte.

Ich schickte ihm zwei Kugeln nach, die aber wohl nicht trafen, gab die übrigen Schüsse auf die Roten ab, welche zurückwichen, und rief Sam zu:

»Fort, mir nach, genau hinter mir her!«

Es war, als ob die Roten vor Entsetzen unfähig zur Bewegung seien; sie standen starr, obgleich ich auf sie geschossen hatte, doch absichtlich nach ungefährlichen Körperstellen. Ich faßte Sam beim Arme und riß ihn mit mir fort, in das Wäldchen hinein, durch dasselbe hindurch und in das Flußbette hinab. Das ging alles so schnell, daß von dem Augenblicke meines Angriffes an bis jetzt kaum mehr als eine Minute vergangen war.

»*All devils,* war das zur rechten Zeit!« meinte Sam, als

wir unten angekommen waren. »Ich wurde von diesen Schurken – – –«

»Schwatzt nicht, sondern folgt mir,« unterbrach ich ihn, indem ich seinen Arm fahren ließ und mich nach rechts wandte, um im Flußbette abwärts zu rennen, denn es galt zunächst, außer Schußweite zu kommen.

Nun erst kamen die völlig überrumpelten und verblüfften Roten zu sich. Ihr Geheul erscholl hinter uns her, so daß ich Sams Schritte nicht mehr hören konnte. Schrille Rufe erschallten, Schüsse krachten; es war ein wahrer Höllenlärm.

Warum flüchtete ich nicht flußaufwärts, unserm Lager zu, sondern abwärts, demselben grad entgegengesetzt? Aus einem sehr triftigen Grunde. Die Roten konnten uns zunächst nicht sehen, weil es unten im Flußbette dunkel war, und rannten jedenfalls aufwärts, weil sie als sicher annahmen, daß wir in dieser Richtung geflohen seien; wir befanden uns also, indem wir abwärts rannten, so ziemlich in Sicherheit und konnten dann in einem Bogen nach unserm Lager zurückkehren.

Als ich glaubte, weit genug gelaufen zu sein, hielt ich an. Das Geheul der Roten ertönte immer noch in der Ferne; da wo ich stand, regte sich nichts.

»Sam!« rief ich mit unterdrückter Stimme.

Es erfolgte keine Antwort.

»Sam, hört Ihr mich?« fragte ich lauter.

Er antwortete auch jetzt nicht. Wo steckte er? Er mußte mir doch gefolgt sein! War er vielleicht gestürzt und hatte sich verletzt? Denn meine Flucht war über rissigen, vertrockneten Schlamm und tiefe Wasserlachen gegangen. Ich nahm Patronen aus dem Gürtel, lud die Revolver wieder und kehrte dann um, langsamen Schrittes nach ihm zu suchen.

Der Höllenlärm, den die Kiowas machten, währte noch immer fort; dennoch wagte ich mich näher und näher, bis ich wieder unter dem Wäldchen an der Stelle stand, wo ich Sam aufgefordert hatte, mir zu folgen. Ich hatte ihn nicht gefunden. Er war wohl anderer Ansicht als ich gewesen und gleich an das andere Ufer gestiegen, ohne auf meine Worte zu achten. Aber da mußte ihn der Schein der Feuer getroffen und beleuchtet haben, und er hatte sich nicht nur den Augen der Kiowas, sondern auch ihren Kugeln preisgegeben. Welche Unbedachtsamkeit von dem kleinen, heut so obstinaten Kerlchen! Es wurde mir abermals angst um ihn; ich entfernte mich wieder von dem Wäldchen, bis ich von demselben aus nicht bemerkt werden konnte, und lief in einem Bogen auf unser Lager zu.

Dort fand ich alles in großer Aufregung. Die roten und weißen Gefährten drängten sich an mich heran, und Dick Stone rief in vorwurfsvollem Tone aus:

»Sir, warum habt Ihr uns verboten, Euch nachzukommen, selbst wenn Schüsse fallen sollten! Wir haben mit wahrer Gier gewartet, daß Ihr rufen würdet. Gott sei Dank, daß wenigstens Ihr wieder da seid, und zwar unverletzt, wie ich sehe!«

»Wo ist Sam? – Nicht hier?« erkundigte ich mich.

»Hier? Wie könnt Ihr nur so fragen! Habt Ihr denn nicht gesehen, wie es ihm ergangen ist?«

»Wie denn?«

»Als Ihr fort waret, warteten wir. Nach längerer Zeit hörten wir einige Rote rufen; dann wurde es wieder still. Da auf einmal hörten wir Revolverschüsse und kurz darauf ein entsetzliches Geheul. Dann krachten Flintenschüsse, und wir sahen Sam erscheinen.«

»Wo?«

»Drunten beim Wäldchen, am diesseitigen Ufer.«

»Dachte es mir! Sam ist heut so unvorsichtig gewesen wie noch nie. Weiter, weiter!«

»Er kam auf uns zugelaufen, aber es war eine ganze Menge Kiowas hinter ihm her, die ihn ereilten und festnahmen. Wir sahen dies deutlich, weil die Feuer hell brennen, und wollten ihm Hilfe bringen; aber ehe wir die Stelle erreichen konnten, waren sie mit ihm schon über das Flußbette hinüber und verschwanden unter den Bäumen. Wir hatten große Lust, ihnen nachzufolgen, um sie anzugreifen und Sam zu befreien; aber wir dachten an Euer Verbot und unterließen es.«

»Daran habt ihr sehr klug getan, denn ihr elf Mann hättet nichts erreicht und wäret alle ausgelöscht worden.«

»Aber was tun wir, Sir? Sam ist gefangen!«

»Leider ja, und zwar nun zum zweitenmal!«

»Zum zweiten – – –?!« rief er erstaunt.

»Ja. Nach dem ersten Male hatte ich ihn schon wieder frei; er brauchte mir nur zu folgen, so stände er jetzt grad so hier wie ich; aber er hat heut eben seinen Kopf für sich.«

Ich erzählte ihnen, was geschehen war. Als ich geendet hatte, sagte Will Parker:

»Da trifft Euch keine Schuld, Sir! Ihr habt weit mehr getan, als was jeder andere gewagt hätte. Sam hat sich selbst in diese Tinte geritten; aber wir dürfen ihn deshalb doch nicht drin sitzen lassen!«

»Nein; er muß heraus. Das wird uns aber nun weit schwerer werden, als es mir zum erstenmal geworden ist; denn wir können uns darauf verlassen, daß die Kiowas doppelt scharf aufpassen werden.«

»Das ist gewiß. Aber vielleicht ist es dennoch möglich, ihn noch einmal herauszuhauen!«

»Hm, möglich ist alles; aber zwölf Mann gegen fünfzig, die nur darauf warten, überfallen zu werden! Und doch ist dies wahrscheinlich die einzige Art und Weise, denn am Tage dürfen wir den Angriff auf das Wäldchen noch viel weniger wagen.«

»*Well,* so greifen wir noch in dieser Nacht an!«

»Langsam, langsam! Das will überlegt sein.«

»Ueberlegt es, Sir; aber gebt mir inzwischen die Erlaubnis, mich einmal hinüberzuschleichen, um nachzuforschen, wie es steht.«

»Das mögt Ihr tun, doch nicht jetzt, sondern später, wenn einige Zeit verflossen ist und ihre Aufmerksamkeit sich vermindert hat. Und dann geht Ihr nicht allein, sondern ich begleite Euch, und wahrscheinlich nehmen wir auch die andern alle mit.«

»Schön, sehr gut, Sir! Das will ich gelten lassen. Die andern auch gleich mitnehmen, das klingt schon ganz wie

Ueberfall. Wir werden unsere Pflicht tun. Sechs bis acht Kiowas nehme ich auf mich allein, und Dick Stone wird nicht weniger haben wollen. Nicht, alter Dick?«

»*Yes*, hast's getroffen, alter Will,« antwortete der Gefragte. »Es kommt mir auf einige mehr oder weniger gar nicht an, wenn es sich darum handelt, Sam loszumachen. Ist sonst ein kleiner Pfiffikus; hat aber heut grad seinen schwachen Tag gehabt.«

Ja, allerdings, an diesem Tage war Sam recht schwach gewesen. Ich ging im stillen mit mir zu Rate, auf welche Weise er am besten zu befreien sei. Mein Leben hatte ich für ihn wagen dürfen, aber war ich berechtigt, seinetwegen auch dasjenige der Apachen auf das Spiel zu setzen? Vielleicht konnte man auf dem Wege der List leichter und ungefährlicher an das Ziel gelangen. Das mußte sich nachher ergeben, wenn wir uns hinüberschlichen. Um für alle Fälle gerüstet zu sein, wollte ich da die Apachen auch mitnehmen. Vielleicht stellte es sich heraus, daß ein plötzlicher Angriff Vorteile bot, welche wir mit keinen großen Wagnissen erreichen konnten.

Jetzt mußten wir noch warten, denn wir machten die Bemerkung, daß es drüben noch sehr lebhaft zuging. Bald aber wurde es ruhiger, und diese Stille wurde nur durch kräftige, weithinschallende Tomahawkhiebe unterbrochen. Die Roten schlugen Holz von den Bäumen; wahrscheinlich hatten sie die Absicht, Feuer bis zum Morgen in der jetzigen, ungewöhnlichen Weise zu unterhalten.

Dann hörten auch die Axtschläge auf. Die Sterne deuteten Mitternacht an, und ich hielt es für an der Zeit, ans Werk zu gehen. Zunächst sorgten wir dafür, daß die Pferde, welche wir zurücklassen mußten, gut angebunden waren und nicht loskommen konnten; dann sah ich noch einmal nach den Fesseln und dem Knebel des gefangenen Kiowa. Hierauf verließen wir unsern Lagerplatz und schlugen genau denselben Weg ein, auf welchem ich vorhin nach dem Flußbette gegangen war.

Als wir unterhalb des Wäldchens in demselben standen, befahl ich den Apachen, unter der Anführung Dick Stones hier zurückzubleiben und ja jedes Geräusch zu vermeiden. Dann stieg ich mit Will Parker leise zu den Bäumen empor. Als wir die Uferhöhe erreicht hatten, legten wir uns nieder und lauschten. Es herrschte tiefste Stille ringsumher. Nun krochen wir langsam vorwärts. Die acht Feuer brannten noch immer so hoch. Ich sah, daß ganze Haufen starker Aeste in dieselben geworfen worden waren. Das machte mich stutzig. Wir rückten weiter und weiter vor und sahen keinen Menschen. Endlich überzeugten wir uns, freilich unter Beachtung aller Vorsicht, daß das Wäldchen leer war. Es gab keinen einzigen Kiowa mehr da.

»Sie sind fort, wirklich fort, heimlich fort!« sagte Parker erstaunt. »Und doch haben sie die Feuer noch so geschürt!«

»Um ihren Rückzug zu maskieren. So lange die Feuer brennen, müssen wir denken, daß sie noch da sind.«

»Aber wohin sind sie? Ganz fort?«

»Ich vermute es, weil Sam für sie eine gute Beute ist, die sie in Sicherheit bringen wollen. Aber es ist auch möglich, daß sie eine Teufelei beabsichtigen.«

»Welche?«

»Uns drüben zu überfallen, wie wir sie jetzt hier hüben angegriffen hätten.«

»Wetter, das ist freilich möglich! Da müssen wir schleunigst vorbeugen, Sir!«

»Ja; wir müssen hinüber und unsere Pferde in Sicherheit bringen, auch wenn es sich später als unnötig erweisen sollte. Besser ist besser.«

Wir stiegen zu den Apachen hinab und eilten nach unserm Lagerplatze, wo wir alles in Ordnung fanden. Doch die Kiowas konnten auch noch später kommen; darum stiegen wir auf und ritten ein tüchtiges Stück in die Prairie hinein, wo wir uns lagerten. Wenn die Kiowas ja noch kamen, so fanden sie uns nicht am alten Platze und mußten den Tag abwarten, um uns zu sehen. Den Gefangenen hatten wir natürlich nicht liegen lassen, sondern mitgenommen.

Nun blieb auch uns nichts anderes übrig, als uns bis zum Morgen zu gedulden. Wer schlafen konnte, der schlief; wer das nicht fertig brachte, der wachte. So verging die Nacht, und als der Morgen zu dämmern begann, setzten wir uns auf die Pferde und ritten zunächst nach unserem Lagerplatz zurück. Es war niemand dagewesen, und wir hatten uns also ohne Grund entfernt; doch das schadete nichts. Dann ging es über den Fluß nach dem Wäldchen hinüber. Die Feuer waren niedergebrannt und hatten Aschenhaufen hinterlassen als die einzigen Zeichen davon, daß es gestern hier so lebhaft zugegangen war.

Nun untersuchten wir die Spuren. Von der Stelle, an welcher ich die Pferde gesehen hatte, führte die Gesamtspur der Kiowas fort; sie waren hier aufgestiegen, und hatten sich in südöstlicher Richtung entfernt. Es lag klar, daß sie es aufgegeben hatten, sich in einen Kampf mit uns einzulassen, welcher ihnen keinen Nutzen bringen konnte, weil es ihnen nicht mehr möglich war, uns zu überraschen.

Und Sam? Den hatten sie mitgenommen, was Dick Stone und Will Parker außerordentlich in das Gemüt griff. Auch mir tat das liebe Kerlchen herzlich leid, und ich war gern bereit, alles halbwegs Vernünftige zu seiner Befreiung zu unternehmen.

»Wenn wir ihn nicht losmachen, so werden sie ihn am Pfahle martern,« klagte Dick Stone.

»Nein,« tröstete ich ihn. »Wir haben ja auch einen Gefangenen, eine Geisel für ihn.«

»Aber ob sie das wissen!«

»Jedenfalls. Sam ist unbedingt so klug gewesen, es ihnen zu sagen. Wie man es ihm macht, so machen wir es mit unserm Gefangenen.«

»Aber wir müssen diesen Indsmen nachreiten, es mag stehen, wie es will!«

»Nein.«

»Was? Ihr wollt ihn im Stiche lassen?«

»Auch nein.«

»Aber wie reimt Ihr dieses beides zusammen?«

»Dadurch, daß ich mich von diesen roten Kerls nicht an der Nase in der Savanne herumführen lasse.«

»An der Nase? Ich verstehe Euch nicht.«

»Nun, seht Euch einmal ihre Fährte an! Wie alt ist sie wohl?«

»Sie sind schon vor Mitternacht fort, wie es den Anschein hat.«

»Das denke ich auch. Von da an bis jetzt sind gegen zehn Stunden vergangen. Denkt Ihr, daß wir diesen Vorsprung heut einholen können?«

»Nein.«

»Oder morgen?«

»Auch nicht.«

»Und wohin meint Ihr, daß sie geritten sind?«

»Nach ihrem Dorfe.«

»So kommen sie dort an, ehe wir sie einholen können. Seid Ihr nun vielleicht der Ansicht, daß wir zwölf Personen uns mitten in das weite Gebiet der Kiowas wagen können, um eines ihrer Dörfer zu überfallen und einen Gefangenen zu befreien?«

»Das würde Wahnsinn sein.«

»Schön! Wir sind also einer Meinung; wir reiten ihnen nicht nach.«

Da kratzte er sich hinter dem Ohre und murmelte ratlos und ärgerlich:

»Aber Sam, Sam, Sam! Unser alter Sam, was wird mit dem? – Wir können ihn doch nicht aufgeben!«

»Nein, das tun wir nicht, sondern wir werden ihn im Gegenteile befreien.«

»Hol Euch der Teufel, Sir! Ich bin nicht dazu geschaffen, diese Art von Rätseln zu lösen. Einmal sagt Ihr, daß wir den Roten nicht folgen wollen, und gleich darauf behauptet Ihr, daß ihr Gefangener befreit werden soll. Das ist doch ganz so, als ob Ihr einen Esel in einem Atem erst ein Kamel und dann einen Affen nennt! Das mag begreifen, wer will, ich aber nicht!«

»Es ist schon etwas anderes, denn Euer Beispiel trifft nicht zu. Die Kiowas wollen nämlich gar nicht nach ihrem Dorfe.«

»Nicht? Wohin denn?«

»Erratet Ihr das nicht?«

»Nein.«

»Hm! Was für alte, erfahrene Westmänner ihr doch seid! Da lobe ich mir doch die Greenhorns, welche solche Nüsse knacken, ohne sich die Zähne daran auszubeißen! Die Roten wollen nämlich nach dem Nuggetberg.«

»Nach – – dem – – – *behold!* Sollte das die Wirklichkeit sein, Sir?«

»Sie ist es; darauf könnt Ihr Euch verlassen.«

»Zuzutrauen wäre es ihnen wirklich!«

»Ich traue es ihnen nicht nur zu, sondern ich behaupte es mit Bestimmtheit.«

»Aber sie dürfen doch das Begräbnis nicht stören!«

»Das beabsichtigen sie auch nicht. Sie werden warten, bis es vorüber ist. Sie sind uns und den Apachen feindlich gesinnt; sie streben nach Rache. Da war ihnen Santers Ankunft sehr willkommen. Sie erfuhren den Tod Intschu tschunas und seiner Tochter und freuten sich darüber. Wie gern werden sie Winnetou und uns das gleiche Schicksal wünschen. Sie hatten es uns zugedacht, als sie hörten, daß Santer Verfolger hinter sich habe. Wir aber waren vorsichtig und gingen, Sam ausgenommen, nicht in die Falle. Nun versuchen sie es anders. Sie tun als ob sie die Absicht hätten, nach ihrem Dorfe zu reiten; das hält uns ihrer Ansicht nach davon ab, ihnen zu folgen; sie nehmen also an, daß wir zu Winnetou zurückkehren werden. Wenn sie aber einige Zeit südöstlich geritten sind und dabei, wenn der Zufall es bietet, noch mehr Krieger an sich gezogen haben, wenden sie um und gehen nach dem Nuggetberge, wo wir, wie sie denken, uns ahnungslos überfallen und abschlachten lassen werden.«

»Schönes Exempel, ja wohl, schönes Exempel! Werden aber dafür sorgen, daß es ein anderes Fazit ergibt!«

»Ja, das werden wir. Wahrscheinlich ist ihnen dieser Plan von Santer eingegeben worden, welcher diese Gelegenheit benützen will, sich Gold zu holen. Kurz und gut, ich bin vollständig überzeugt, daß der Stock so schwimmt, wie ich es jetzt erklärt habe. Wollt Ihr nun noch hinter den Kiowas her?«

»Fällt mir nicht ein. Eure Berechnung erscheint mir zwar etwas gewagt, aber so lange ich Euch kenne, habt Ihr Euch noch nie geirrt, sondern stets recht gehabt; darum denke ich, daß es diesmal auch so zutreffen wird. Was meinst du dazu, alter Will?«

»Ich meine, daß es genau so ist, wie Old Shatterhand sagt. Wir müssen fort von hier, augenblicklich fort, um Winnetou rechtzeitig warnen zu können. Seid Ihr einverstanden, Sir?«

»Ja.«

»Und den Gefangenen nehmen wir mit?«

»Natürlich. Wir binden ihn auf Sams Mary, was ihm freilich keinen großen Genuß bereiten wird. Nachdem ihr das besorgt habt, brechen wir gleich auf. Vorher jedoch wollen wir unten im Flusse einen Wassertümpel suchen, um unsere Pferde zu tränken.«

Eine halbe Stunde später waren wir unterwegs, keineswegs sehr zufrieden mit dem Erfolge unseres Rittes. Anstatt Santer zu fangen, hatten wir Sam Hawkens verloren, aber durch seine eigene Schuld, und wenn meine Voraussetzung sich später bewahrheitete, so stand fast mit Sicherheit zu erwarten, daß wir Sam Hawkens befreien und Santer ergreifen würden.

Bei der Verfolgung des Letzteren waren wir natürlich gezwungen gewesen, auf seiner Spur zu bleiben, und hatten infolgedessen einen Umweg gemacht, weil er von seiner ursprünglichen Richtung abgewichen war, und einen stumpfen Winkel geritten hatte. Ich beschloß, diesen Winkel abzuschneiden, und die Folge davon war, daß wir schon kurz nach Mittag des nächsten Tages vor der Schlucht hielten, welche hinauf nach der Lichtung führte, auf der der Ueberfall und Doppelmord geschehen war.

Wir ließen die Pferde unter der Obhut eines Apachen unten im Tale und stiegen empor. Am Rande der Lichtung stand ein Wächter, der uns nur mit einer stillen Bewegung der Hand begrüßte. Wir sahen beim ersten Blicke, wie fleißig die zwanzig Apachen gewesen waren, um das Begräbnis ihres

Häuptlings und seiner Tochter vorzubereiten. Ich sah eine Menge schlanker Bäume liegen, welche mit den Tomahawks gefällt und zum Gerüste bestimmt waren. Sodann gab es große Haufen von Steinen, welche herbeigeschleppt worden waren und noch immer herbeigetragen wurden. Zu diesen Arbeitern gesellten sich sogleich die Apachen, welche ich mit mir gehabt hatte. Ich erfuhr, daß das Begräbnis am nächsten Tage stattfinden sollte.

Seitwärts hatte man eine interimistische Hütte errichtet, in welcher die beiden Leichen aufbewahrt wurden. Winnetou befand sich in derselben. Es wurde ihm gesagt, daß wir angekommen seien, und er trat heraus. Wie sah er aus!

Er war ja überhaupt sehr ernst und nur in seltenen Fällen glitt einmal ein Lächeln über sein Gesicht; laut lachen aber habe ich ihn niemals hören; jedoch lag auf seinen männlich schönen Zügen trotz dieses Ernstes stets ein Ausdruck der Güte und des Wohlwollens, und sein dunkles Sammetauge konnte bei Gelegenheit sogar außerordentlich freundlich blicken. Wie oft hat es auf mir mit einer Liebe und Zärtlichkeit geruht, deren Licht man sonst nur in Frauenaugen zu finden pflegt! Heut aber gab es von alledem keine Spur. Sein Gesicht schien steinhart geworden zu sein, und sein Auge blickte düster innenwärts. Seine Bewegungen waren langsam und schwer. So kam er auf mich zu, warf einen trüben, forschenden Blick umher, schüttelte mir matt die Hand, sah mir mit einem Ausdrucke, der mir tief in die Seele schnitt, in die Augen und fragte:

»Wann ist mein Bruder zurückgekehrt?«

»Soeben.«

»Wo befindet sich der Mörder?«

»Er ist uns entgangen.«

Die Aufrichtigkeit gebietet mir, zu gestehen, daß ich bei dieser Antwort den Blick zu Boden senkte. Ich möchte beinahe sagen, daß ich mich schämte, diese Worte auszusprechen.

Auch er sah zur Erde nieder. Ich hätte in sein Inneres blikken mögen! Erst nach einer langen Pause erkundigte er sich:

»Hat mein Bruder die Spur verloren?«

»Nein; ich habe sie noch jetzt. Er wird hierher kommen.«

»Old Shatterhand mag mir erzählen!«

Er setzte sich auf einen Stein; ich tat desgleichen und lieferte ihm einen genauen, wahrheitsgetreuen Bericht. Er hörte ihn wortlos bis zu Ende an, schwieg auch noch darüber hinaus und fragte dann:

»So weiß mein Bruder nicht genau, ob der Mörder von den Revolverkugeln getroffen worden ist?«

»Nein, ich möchte aber annehmen, daß ich ihn nicht verwundet habe.«

Er nickte leise, drückte mir die Hand und sagte:

»Mein Bruder mag mir die Frage verzeihen, welche ich vorhin aussprach, die Frage, ob er die Spur verloren habe! Old Shatterhand hat alles getan, was er tun konnte, und am Schlusse noch außerordentlich weise gehandelt. Sam Hawkens wird es sehr bedauern, unvorsichtig gewesen zu sein; wir werden es ihm verzeihen und ihn befreien. Ich denke auch wie mein Bruder: die Kiowas werden kommen; sie sollen uns aber anders finden, als sie uns zu finden hoffen. Der Gefangene mag nicht hart behandelt, aber scharf beobachtet werden. Morgen sollen die Gräber über Intschu tschuna und Nscho-tschi errichtet werden. Wird mein Bruder dabei sein?«

»Es würde mich sehr schmerzen, wenn Winnetou es mir nicht erlaubte!«

»Ich erlaube es nicht, sondern ich bitte dich darum. Deine Gegenwart wird vielleicht vielen Söhnen der Bleichgesichter das Leben erhalten. Das Gesetz des Blutes fordert den Tod vieler weißer Menschen; aber dein Auge ist wie die Sonne, deren Wärme das harte Eis zerweicht und in erquickendes Wasser verwandelt. Du weißt, wen ich verloren habe. Sei du mir Vater, und sei du mir Schwester zugleich; ich bitte dich darum, Scharlih!«

Eine Träne stand in seinem Auge. Er schämte sich ihrer, die er vor einem andern als mir unmöglich sehen lassen durfte, eilte davon und verschwand bei den Toten in der Hütte. Er nannte mich heut zum erstenmal bei meinem Vornamen Karl und hat ihn auch in Zukunft nie anders als jetzt, nämlich Scharlih, ausgesprochen.

Nun sollte ich von dem Begräbnisse erzählen, welches mit allen indianischen Feierlichkeiten vorgenommen wurde; ich weiß auch sehr wohl, daß eine eingehende Beschreibung dieser Feierlichkeiten gewiß interessieren würde, aber wenn ich an jene traurigen Stunden denke, fühle ich noch heut ein so tiefes Weh, als ob sie erst gestern vergangen wären, und die Schilderung derselben kommt mir wie eine Entweihung vor, nicht eine Entweihung der ›Grabmäler‹, welche wir den beiden Toten damals am Nugget-tsil erbauten, sondern des Denkmales, welches ich ihnen in meinem Herzen errichtete und stets treu gehütet habe. Darum bitte ich, die Beschreibung unterlassen zu dürfen.

Intschu tschunas Leiche wurde auf sein Pferd gebunden, worauf man um beide Erde häufte, bis sich das Tier nicht mehr bewegen konnte; dann bekam es eine Kugel in den Kopf. Der Erdhaufen wurde erhöht, bis er den Reiter, seine Waffen und seine Medizin ganz bedeckte, und dann rundum mit mehreren Steinschichten bis zur Spitze bedeckt.

Nscho-tschi erhielt auf meine Bitte ein anderes Grab. Ich wollte sie nicht so unmittelbar mit Erde bedeckt haben. Wir richteten sie an dem Stamme eines Baumes in sitzende Stellung auf und fügten dann um sie herum Steine zu einer festen, hohlen Pyramide zusammen, aus deren Spitze der Gipfel des Baumes ragte.

Ich bin später einigemal mit Winnetou am Nugget-tsil gewesen, um die Gräber zu besuchen. Wir haben sie immer unverletzt gefunden. – – –

SECHSTES KAPITEL.

Sams Befreiung.

Es läßt sich denken, welch großen Schmerz Winnetou über den Verlust seines Vaters und seiner Schwester empfand. Während des Begräbnisses durfte er demselben noch Ausdruck geben, dann aber mußte er ihn streng in seinem Innern verschließen; dies wurde ihm einesteils durch die indianische Sitte und andernteils durch die Notwendigkeit geboten, seine ganze Aufmerksamkeit auf die erwartete Ankunft der Kiowas zu richten. Er war jetzt nicht mehr der durch den herben Verlust fast niedergeschmetterte Sohn und Bruder, sondern der Anführer seiner Kriegerschar, mit welcher er den Angriff der Feinde abzuweisen hatte und den Mörder Santer fangen wollte. Er schien mit dem Plane dazu schon fertig zu sein, denn gleich nach dem Begräbnisse befahl er den Apachen, sich zum Aufbruche bereit zu machen und darum die Pferde, welche sich unten im Tale befanden, heraufzuholen.

»Warum erteilt mein Bruder diese Weisung?« fragte ich ihn. »Das Terrain ist so schwierig, daß es sehr viel Mühe machen wird, die Tiere hierher zu bringen.«

»Das weiß ich,« antwortete er; »aber es muß dennoch geschehen, weil ich die Kiowas dadurch überlisten will. Sie haben sich des Mörders angenommen und werden alle sterben müssen – alle!«

Sein Gesicht hatte bei diesen Worten einen drohenden, entschlossenen Ausdruck; wenn er seinen Vorsatz zur Ausführung brachte, waren die Kiowas verloren. Ich hegte mildere Gesinnungen als er. Sie waren allerdings unsere Feinde, trugen aber doch nicht die Schuld an dem Tode Intschu tschunas und seiner Tochter. Durfte ich es wagen, ihn anders zu stimmen? Vielleicht lud ich dadurch seinen Zorn auf mich; aber die Gelegenheit zu einer solchen Bitte war günstig, weil wir uns ganz allein auf der Lichtung befanden. Die Apachen hatten seinen Befehl sofort befolgt und sich entfernt, und Stone und Parker waren mit ihnen gegangen. Es hörte es also niemand, wenn er mir in der Erzürnung eine Antwort gab, welche mich in Gegenwart anderer hätte beleidigen müssen. Ich sprach ihm also die soeben erwähnte Ansicht aus, und zu meiner Ueberraschung trat die Wirkung nicht ein, welche ich befürchtet hatte. Er sah mich zwar mit großen, finstern Augen an, antwortete aber in ruhigem Tone:

»Das mußte ich freilich von meinem Bruder erwarten; er hält es nicht für eine Schwachheit, dem Feinde auszuweichen.«

»So habe ich es nicht gemeint, von einem Ausweichen kann keine Rede sein; ich habe sogar schon daran gedacht, wie wir sie alle festnehmen werden. Aber sie sind nicht an Dem schuld, was hier geschehen ist, und es wäre ungerecht, sie die Strafe dafür mittragen zu lassen.«

»Sie haben sich des Mörders angenommen und kommen hierher, um uns zu überfallen! Ist das nicht Grund genug für uns, sie ohne Schonung zu behandeln?«

»Nein, es ist kein Grund, wenigstens für mich nicht. Es tut mir leid, zu hören, daß mein Bruder Winnetou in den Fehler fallen will, welcher die Ursache zum Untergange aller roten Nationen ist.«

»Welchen Fehler meint Old Shatterhand?«

»Den, daß die Indsmen sich gegenseitig zerfleischen, anstatt einander gegen den allgemeinen Feind beizustehen. Erlaube mir, recht aufrichtig zu dir zu reden! Wer meinst du wohl, wer im allgemeinen listiger und klüger ist, der rote Mann oder das Bleichgesicht?«

»Das Bleichgesicht. Ich sage dies, weil es die Wahrheit ist. Die Weißen haben mehr Kenntnisse und Geschicklichkeiten als wir; sie sind uns fast in allem überlegen.«

»Das ist richtig; wir sind euch überlegen. Du aber bist kein gewöhnlicher Indianer. Der große Geist hat dir Gaben verliehen, welche auch unter den Weißen nur selten einer besitzt, und darum möchte ich haben, daß du anders denkst als ein gewöhnlicher roter Mann. Dein Verstand ist scharf, und dein

Blick reicht weit, viel, viel weiter als das körperliche und geistige Auge eines gewöhnlichen Kriegers. Wie oft ist der Tomahawk des Kampfes unter euch ausgegraben! Du mußt einsehen, daß dies ein fortgesetzter, gräßlicher Selbstmord ist, den der rote Mann an sich selbst begeht, und wer in derselben Weise handelt, nimmt an diesem Selbstmorde teil. Intschu tschuna und Nscho-tschi sind getötet worden, nicht von roten, sondern von weißen Männern; einer der Mörder hat sich zu den Kiowas geflüchtet und sie beredet, euch zu überfallen; das ist wohl Grund, sie hier zu erwarten und mit ihnen zu kämpfen, rechtfertigt es aber nicht, sie wie gefangene, tolle Hunde niederzuschießen. Sie sind rote Brüder von dir, bedenke das wohl!«

In dieser Weise fuhr ich noch einige Zeit fort. Er hörte mir ruhig zu, reichte mir, als ich das letzte Wort gesprochen hatte, die Hand und sagte:

»Old Shatterhand ist ein wirklicher, aufrichtiger Freund aller roten Männer, und er hat recht, wenn er vom Selbstmorde spricht. Ich werde tun, was er wünscht; ich will die Kiowas gefangen nehmen, sie dann aber wieder freigeben und nur den Mörder festhalten.«

»Gefangen nehmen? Das wird schwer halten, denn sie werden in Ueberzahl kommen. Oder solltest du denselben Gedanken haben wie ich?«

»Welchen?«

»Die Kiowas an einen Ort zu locken, wo sie sich nicht wehren können?«

»Ja, das ist mein Plan.«

»Der meinige auch. Du kennst die hiesige Gegend, und ich wollte dich fragen, ob es hier wohl einen solchen Ort gibt.«

»Es gibt einen, und er liegt gar nicht weit von hier, nämlich eine enge Felsenschlucht, welche einem schmalen Kañon gleicht. Da hinein will ich die Feinde locken.«

»Hoffst du, daß es dir gelingt?«

»Ja. Wenn sie sich in dieser Schlucht befinden, welche zu beiden Seiten nicht erstiegen werden kann, werden wir sie von vorn und auch von hinten angreifen, und sie müssen sich ergeben, wenn sie sich nicht wehrlos niederschießen lassen wollen. Ich werde ihnen das Leben schenken und damit zufrieden sein, daß ich Santer in meine Hand bekomme.«

»Ich danke dir! Mein Bruder Winnetou hat für ein gutes Wort ein offenes Herz. Vielleicht denkt er in einer andern Angelegenheit ebenso milde.«

»Was meint mein Bruder Old Shatterhand?«

»Du wolltest allen Weißen Rache schwören, und ich bat dich, dies nicht gleich zu tun, sondern bis nach dem Begräbnisse zu warten. Darf ich erfahren, was du nun beschlossen hast?«

Er blickte eine kurze Zeit zur Erde nieder, richtete dann sein Auge hell auf mich, deutete auf die Hütte, in welcher die Leichen gelegen hatten, und antwortete:

»Ich habe die vergangene Nacht dort bei den Toten zugebracht und im Kampfe mit mir selbst gelegen. Die Rache gab mir einen großen, kühnen Gedanken ein. Ich wollte die Krieger aller roten Nationen zusammenrufen und mit ihnen gegen die Bleichgesichter ziehen. Ich wäre besiegt worden. Aber in dem Kampfe gegen mich selbst heut in der Nacht bin ich Sieger geblieben.«

»So hast du diesen großen, kühnen Gedanken fallen lassen?«

»Ja. Ich habe drei Personen, welche ich liebe, befragt, zwei Tote und einen Lebenden; sie rieten mir, diesen Plan fallen zu lassen, und ich beschloß, ihrem Rate zu folgen.«

Ich sprach eine Frage aus, nicht durch Worte, sondern durch den Blick, welchen ich auf ihn richtete; da fuhr er fort:

»Mein Bruder weiß nicht, von welchen Personen ich spreche? Ich meine Klekih-petra, Nscho-tschi und dich. Euch drei habe ich in Gedanken befragt und eine dreifache, aber gleichlautende Antwort erhalten.«

»Ja, wenn beide noch lebten und du sie fragen könntest, sie würden dir ganz gewiß dasselbe sagen, was ich dir rate. Der Plan, den du hegtest, war groß, und du wärest der Mann dazu gewesen, ihn auszuführen, doch – – –«

»Mein Bruder mag bescheidener von mir denken und sprechen,« unterbrach er mich. »Sollte es wirklich einem roten Häuptlinge gelingen, die Krieger aller Stämme unter sich zu vereinigen, so könnte es doch nicht so schnell geschehen, wie ich es wünschte, sondern es würde eines langen, mühevollen Menschenlebens bedürfen, um an dieses Ziel zu gelangen, und es wäre dann, am Schlusse dieses Lebens, zu spät, den Kampf zu beginnen. Einer allein, und wäre er ein noch so großer und berühmter roter Mann, kann diese Aufgabe nicht lösen, und nach seinem Tode würde der würdige Nachfolger fehlen, der imstande wäre, das Werk fortzusetzen und zu Ende zu führen.«

»Es freut mich, daß mein Bruder Winnetou zu dieser Ansicht gekommen ist; sie ist die richtige. Einer reicht nicht aus, und ein Nachfolger würde sich schwerlich finden. Aber selbst wenn dies der Fall sein sollte, so würde der Kampf der Roten gegen die Weißen für euch unglücklich enden.«

»Ich weiß es; er würde unsern Untergang nur beschleunigen. Und wenn wir aus allen Kämpfen als Sieger hervorgingen, so sind der Bleichgesichter so viele, daß sie immer neue Scharen gegen uns senden könnten, während es uns unmöglich wäre, unsere Verluste zu ersetzen. Die Siege würden uns zwar langsamer aber doch grad auch so aufreiben, als wenn wir geschlagen würden. Das habe ich mir gesagt, als ich während der Nacht bei meinen Toten saß, und den Entschluß gefaßt, auf die Ausführung meines Planes zu verzichten. Ich wollte mich damit begnügen, den Mörder zu fangen und mich an denen zu rächen, welche ihm Hilfe geleistet haben und nun mit ihm kommen, uns zu überfallen. Aber auch dies hat mir mein Bruder Old Shatterhand ausgeredet, und so soll meine Rache denn nun nur darin bestehen, daß ich Santer festnehme und ihn bestrafe. Die Kiowas lassen wir laufen.«

»Diese deine Worte machen mich stolz auf die Freundschaft, welche uns verbündet; ich werde sie dir nie vergessen. Wir beide sind, obgleich wir es nicht mit Sicherheit behaupten können, doch überzeugt, daß die Kiowas kommen werden. Es handelt sich nun darum, den Zeitpunkt ihrer Ankunft zu erfahren.«

»Der Tag ihrer Ankunft hier ist heut,« behauptete er in einem so sichern Tone, als ob es sich um eine vollständig festgestellte Tatsache handle.

»Wie ist es dir möglich, dies so bestimmt zu sagen?«

»Ich schließe es aus dem, was du mir von eurem letzten Ritte erzählt hast. Die Kiowas sind scheinbar nach ihrem Dorfe gezogen, um euch hinter sich her zu locken, wollen aber eigentlich hierher; sie haben also einen Umweg gemacht, sonst hätten sie schon gestern eintreffen können. Sie haben auch noch andere Abhaltungen gehabt, durch welche ihre Ankunft verzögert worden ist.«

»Andere Abhaltungen? – Welche?«

»Wegen Sam Hawkens. Den bringen sie natürlich nicht mit hierher, sondern sie haben ihn heim zu den Ihrigen geschickt; dazu mußte ein passender Ort und der geeignete Zeitpunkt abgewartet werden, vielleicht auch eine Gelegenheit, welche sich zufällig bot. Ebenso war es nötig, einen Boten abzusenden, welcher eure Ankunft zu melden hatte.«

»Ah, du meinst, daß die Krieger des Dorfes uns entgegenreiten sollten?«

»Ja. Die Krieger, mit denen ihr es dort am ausgetrockneten Flusse zu tun hattet, haben euch hinter sich her ziehen wollen, hatten aber, weil sie beabsichtigten, hierher zu reiten, nicht die nötige Zeit, dann mit euch anzubinden. Sie haben also jedenfalls einen oder einige Boten an die Ihrigen abgeschickt, damit man euch vom Dorfe aus entgegenziehe. Diesen Boten ist Sam Hawkens mitgegeben worden. Dann, nachdem dies geschehen ist, sind die Kiowas von ihrer Richtung abgewichen und haben den Weg nach dem Nugget-tsil eingeschlagen. Diese Schwenkung durftet ihr aber nicht entdecken; darum mußte sie an einer Stelle vor sich gehen, an welcher keine Spuren zurückbleiben konnten. Dergleichen Stellen sind selten; sie liegen meist nicht am Wege und müssen extra aufgesucht werden. Auch das ergibt einen Zeitverlust. Darum konnten die Kiowas unmöglich schon gestern hier sein. Sie sind auch bis jetzt noch nicht angekommen, werden aber ganz gewiß heut noch eintreffen.«

»Woher weißt du, daß sie jetzt noch nicht da sind?«

Er deutete nach der nächsten Bergkuppe. Der Wald, welcher sie bedeckte, wurde von einem sehr hohen Baume überragt. Dort war der höchste Punkt der Nuggetberge, und wer auf dem Baume saß und ein scharfes Auge hatte, der konnte rundum die angrenzende Prairie überblicken.

»Mein Bruder weiß nicht,« antwortete er, »daß ich einen Krieger dort hinaufgeschickt habe, welcher aufpassen soll und die Ankunft der Kiowas bemerken wird, denn er besitzt die Augen eines Falken. Sobald er sie kommen sieht, steigt er herab, um es mir zu melden.«

»Das ist gut. Die Meldung ist noch nicht erfolgt, also sind sie noch nicht da. Und du meinst aber, daß sie ganz bestimmt heut noch kommen?«

»Ja, denn länger dürfen sie nicht zögern, wenn sie uns antreffen wollen.«

»Sie hatten aber nicht die Absicht, bis zum Nugget-tsil vorzugehen, sondern sie wollten dir in der Nähe desselben einen Hinterhalt legen, um euch auf eurer Heimkehr zu überfallen.«

»Dies wäre ihnen vielleicht gelungen, wenn du sie nicht belauscht hättest; nun ich es aber weiß, wird aus dem Hinterhalte nichts, sondern ich locke sie hierher. Die Heimkehr hätte mich nach Süden geführt, und in dieser Richtung hätten sie sich also lagern müssen; nun tue ich aber, als ob ich nordwärts gegangen sei, und locke sie hinter mir her.«

»Ob sie dir folgen werden?«

»Gewiß. Sie müssen auf alle Fälle einen Späher senden, um zu erfahren, ob wir überhaupt noch da sind. Diesem Kundschafter tun wir natürlich nichts, sondern lassen ihn unbelästigt zu ihnen zurückkehren. Seinetwegen habe ich den Befehl gegeben, die Pferde hier heraufzubringen. Das sind über dreißig Tiere; er muß trotz des harten Bodens und trotz des Steingerölls ihre Spuren unbedingt sehen und wird ihnen folgen. Wir suchen von hier aus die Schlucht auf, welche die Falle sein soll, in der wir sie fangen wollen. Dorthin wird er uns nicht nachgehen, sondern er wird unserer Fährte nur eine kurze Strecke folgen, um sich zu überzeugen, daß wir wirklich fort sind, und dann schnell wieder umkehren, um den Seinen zu melden, daß wir nicht südwärts, sondern nach Norden davongeritten sind. Stimmt mein Bruder mir da bei?«

»Ja. Sie werden dadurch gezwungen, auf den beabsichtigten Hinterhalt zu verzichten, und es läßt sich beinahe mit Sicherheit erwarten, daß sie dann hierherkommen und uns von hier aus nachreiten.«

»Das werden sie; ich bin überzeugt davon. Santer, den ich haben muß, wird noch heut in meinen Händen sein.«

»Was wirst du mit ihm machen?«

»Ich bitte meinen Bruder, mich nicht danach zu fragen. Er wird sterben; das ist genug.«

»Wo? Hier? Oder transportierst du ihn nach dem Pueblo?«

»Das ist noch unbestimmt. Hoffentlich ist er nicht so ein Feigling wie Rattler, dem wir den schnellen Tod einer hündischen Memme gewähren mußten. Horch! Ich höre den Hufschlag unserer Pferde. Wir werden diesen Ort verlassen, um ihn dann mit unsern Gefangenen wieder aufzusuchen.«

Die Pferde wurden gebracht. Das meinige und die Mary Sams waren auch mit dabei. Aufsteigen konnten wir nicht, dazu war der Weg nicht bequem genug; es mußte ein jeder sein Tier am Zügel führen.

Winnetou ging voran. Er brachte uns nordwärts von der Blöße weg in den Wald hinein, welcher in einer ziemlich steilen Senkung niederfiel. Unten gab es einen offenen Wiesenplan; wir bestiegen die Pferde und ritten über denselben hinüber nach einer Bergwand, welche wie eine hohe, senkrechte Felsenmauer vor uns lag. Sie war durch eine schmale Schlucht gespalten. Winnetou deutete auf dieselbe und sagte:

»Das ist die Falle, von welcher ich sprach. Wir reiten jetzt hindurch.«

Der Ausdruck Falle paßte sehr gut auf den engen Durchgang, den wir nun passierten. Die Wände desselben stiegen zu beiden Seiten fast lotrecht himmelan, und es gab keine Stelle, an welcher sie erklimmt werden konnte. Wenn die Kiowas so dumm waren, hier herein zu reiten, und wir besetzten die beiden Eingänge dieser Schlucht, so wäre es Wahnsinn von ihnen gewesen, sich zur Gegenwehr zu setzen.

Der Weg führte nicht in gerader Richtung, sondern er wand sich bald nach rechts, bald nach links, und es währte wohl eine Viertelstunde, bis wir den Ausgang erreichten. Dort blieben wir halten und stiegen ab. Kaum war dies geschehen, so sahen wir den Apachen kommen, welcher von dem Baume auf der Bergkuppe aus nach den Kiowas ausgelugt hatte.

»Sie sind gekommen,« meldete er. »Ich wollte sie zählen, konnte dies aber nicht, weil sie nicht einzeln ritten und sehr entfernt waren.«

»Haben sie die Richtung nach dem Tale genommen?« erkundigte sich Winnetou.

»Nein. Sie hielten draußen auf der Prairie an, wo sie sich zwischen Büschen gelagert haben. Aber dann trennte sich ein einzelner Krieger von ihnen; er war zu Fuße, und ich sah ihn nach dem Tale gehen.«

»Das ist der Späher. Wir haben grad noch Zeit, die Falle zu öffnen, um sie dann zu schließen. Mein Bruder Shatterhand mag Stone, Parker und zwölf meiner Krieger mit sich nehmen und hier links um den Berg gehen. Sobald er eine sehr starke, hohe Birke erblickt, dringt er in den Wald ein, welcher langsam empor- und jenseits wieder niedersteigt. Kommt mein Bruder drüben an, so befindet er sich in der Verlängerung des Tales, von welchem aus wir nach dem Nugget-tsil emporgestiegen sind. Geht er dieses Tal hinab, so erreicht er bald die Stelle, an welcher wir unsere Pferde zurückließen; der fernere Weg ist ihm bekannt. Er darf aber nicht im offenen Tale gehen, sondern muß an der Seite desselben im Walde verborgen bleiben. Old Shatterhand steckt also hüben im Walde, wo jenseits drüben unsere Schlucht nach oben führt. Er wird den feindlichen Späher bemerken, ihm aber nicht hinderlich sein. Dann wird er die Feinde kommen sehen und sie in die Schlucht eindringen lassen.«

»Das ist also dein Plan,« führte ich seine Rede fort. »Du bleibst hier, um den Ausgang der Falle besetzt zu halten, und ich kehre auf dem Umwege, den du mir jetzt beschrieben hast, nach dem Fuße des Nugget-tsil zurück, um die Feinde zu erwarten und ihnen heimlich zu folgen, bis sie hier in die Falle eingedrungen sind?«

»Ja, so meine ich es. Wenn mein Bruder Old Shatterhand keinen Fehler begeht, so wird uns der Fang ganz gewiß gelingen.«

»Ich werde so vorsichtig wie möglich sein. Hat Winnetou mir noch weitere Winke zu erteilen?«

»Nein. Ich überlasse alles weitere dir.«

»Wer verhandelt mit den Kiowas, wenn es uns gelungen ist, sie einzuschließen?«

»Ich. Old Shatterhand hat nichts zu tun, als sie nicht aus der Felsenschlucht zu lassen, wenn sie mich und meine Krieger bemerken und dann umkehren wollen. Aber sputet euch! Der Nachmittag ist fast vorüber, und die Kiowas werden nicht bis morgen warten, uns zu folgen, sondern dies noch heut, bevor es dunkel wird, tun wollen.«

Die Sonne hatte ihren Tagesbogen allerdings schon fast vollendet, und der Abend war in nicht viel über einer Stunde zu erwarten. Ich machte mich also mit Dick, Will und den mir zugeteilten Apachen auf den Weg, zu Fuße, wie sich ganz von selbst versteht.

Nach einer kleinen Viertelstunde sahen wir die Birke stehen und drangen in den Wald ein. Wir fanden die Gegend genau so, wie Winnetou sie beschrieben hatte, und erreichten jenseits unser Tal und in demselben die Stelle, wo unsere Pferde geweidet hatten. Uns gegenüber öffnete sich die Seitenschlucht, welche hinauf nach der Lichtung und den beiden Gräbern führte.

Da, wo wir uns unter den Bäumen niedersetzten, konnten wir die Kiowas kommen sehen – – wenn sie überhaupt kamen, hatten aber nicht zu befürchten, von ihnen bemerkt zu werden, denn es war ja anzunehmen, daß sie nicht herüber nach unserer Seite kommen, sondern drüben der Seitenschlucht folgen würden.

Die Apachen verhielten sich schweigsam; Stone und Parker sprachen leise miteinander. Wie ich hörte, waren sie überzeugt, daß die Kiowas, und mit ihnen Santer, in unsere Hände fallen würden. Ich war dieser Sache nicht so sicher wie sie. Wir hatten nun höchstens noch zwanzig Minuten Tag, und die Kiowas kamen noch nicht; ich glaubte also, daß erst der nächste Morgen die Entscheidung bringen werde, zumal von dem Späher, den die Feinde nach dem Tale geschickt hatten, auch nichts zu sehen war. Bei uns unter den Bäumen wurde es schon dunkel.

Das Flüstern zwischen Parker und Stone hatte aufgehört; ein Luftzug strich über die Wipfel und verursachte jenes monotone Rauschen, welches eigentlich kein Rauschen, sondern besser ein ununterbrochener, leise und tief klingender Hauch zu nennen ist, von welchem man jedes andere, noch so unbedeutende Geräusch leicht zu unterscheiden vermag. So auch jetzt. Es war mir, als ob etwas hinter mir auf dem weichen Waldboden hinstreife. Ich horchte schärfer; ja, es bewegte sich etwas. Was war es? Ein vierfüßiges Tier hätte sich nicht so nahe zu uns herangewagt. Ein Reptil? Nein, auch nicht. Ich drehte mich schnell um und legte mich nieder, um von unten herauf besser sehen zu können. Dies geschah noch zur rechten Zeit, um mich einen dunklen Gegenstand bemerken zu lassen, welcher wohl hinter mir gelegen hatte und nun zwischen den Bäumen fortschlüpfte. Ich sprang auf und eilte ihm nach. Wie einen dunklen Schlag- im helleren Halbschatten sah ich ihn vor mir und griff zu, wobei ich ein Stück Zeug in die Hand bekam.

»*Away!*« rief eine erschrockene Stimme, und das Zeug wurde mir aus der Hand gerissen. Der Schatten war nicht mehr zu sehen; und ich blieb stehen und horchte, um ihn wenigstens zu hören. Aber meine Gefährten hatten meine schnellen Bewegungen bemerkt und den Ausruf vernommen. Sie sprangen auf und fragten mich, was es gebe.

»Still, seid still!« antwortete ich und lauschte von neuem. Es war nichts zu hören.

Es war ein Mensch gewesen, welcher uns belauscht hatte, und zwar ein Weißer, wie der englische Ausruf bewies, vielleicht gar Santer selbst, weil sich außer diesem kein anderes Bleichgesicht bei den Kiowas befand. Ich mußte ihm unbedingt nach, trotz der Dunkelheit nach!

»Setzt euch wieder nieder und wartet, bis ich zurückkehre!« gebot ich meinen Leuten und rannte fort.

Welche Richtung ich einzuschlagen hatte, darüber gab es keinen Zweifel; natürlich hinaus nach der Prairie zu, wo sich die Kiowas befanden; der Lauscher ging zu ihnen, nirgends wo anders hin.

Es galt, seine Flucht zu verlangsamen; wollte ich dies erreichen, so mußte ich ihn ängstlich machen. Ich rief ihm also zu:

»Halt, bleib stehen, sonst schieße ich!«

Und einige Sekunden später gab ich zur Bekräftigung dieser Drohung zwei Revolverschüsse ab. Dies war kein Fehler, weil unsere Anwesenheit nun doch einmal verraten war. Jetzt konnte ich annehmen, daß der Flüchtling aus Angst vor mir tiefer in den Wald eindringen werde, wo sich seine Flucht verzögern mußte, weil es dort nun völlig dunkel war. Ich hingegen, der ihm zuvorkommen wollte, sprang nach dem Waldesrande, wo ich noch sehen konnte, und eilte an demselben hin. Ich wollte in dieser Weise das ganze Tal hinab, bis es auf die Prairie mündete, und mich dort verstecken. Wenn der Mann dann kam, mußte er an mir vorüber, und ich konnte ihn fassen.

Dieser Plan war wohl ganz gut, konnte aber nicht zur Ausführung kommen, denn eben als ich einer Krümmung des Tales folgen wollte und um eine vorstehende Buschgruppe bog, sah ich Menschen und Pferde vor mir und konnte es kaum ermöglichen, mich noch rechtzeitig wieder nach rückwärts zu werfen und unter die Bäume zu schlüpfen.

Die Kiowas hatten hier hinter den Büschen ihr Lager aufgeschlagen, warum, das war gar nicht schwer zu erraten.

Erst hatten sie draußen auf der Prairie Halt gemacht und

einen Kundschafter ausgesandt. Dieser hatte gar keine schwierige Arbeit zu verrichten, wie ich bald erfuhr. Santer war nämlich, weil er die Oertlichkeit schon kannte, den Indianern weit vorausgeritten, um die Gegend nach uns zu durchspähen und ihnen gleich bei ihrer Ankunft Nachricht zu geben; er war aber, als sie kamen, noch nicht wieder da, und so schickten sie einen roten Späher aus, welcher nur seiner Spur zu folgen brauchte und keine Gefahr zu fürchten hatte, weil im Falle einer solchen Santer jedenfalls zurückgekehrt wäre, um die Indianer zu warnen. Der Kundschafter schritt also in das Tal hinein, so weit es ihm gut dünkte, fand keinen Feind und ging wieder zurück, um dies zu melden. Da das Tal für die Nacht einen besseren Aufenthalt bot als die freie Prairie, so entschlossen sich die Kiowas, diese letztere zu verlassen und das erstere aufzusuchen. Santer konnte sie nicht umgehen, sondern er mußte sie finden, sobald er vorüberkam, obgleich sie aus Vorsicht kein Feuer brennen durften.

Nun war es gewiß, daß wir sie heut nicht in unsere Hände bekommen konnten, wahrscheinlich auch morgen nicht, wenn Santer so klug gewesen war, unsern Plan zu erraten. Was war zu tun? Sollte ich an meinen Posten zurückkehren und auf demselben warten, ob die Kiowas morgen früh doch in die Falle gehen würden? Oder sollte ich Winnetou aufsuchen, ihm meine Entdeckung mitteilen und ihn um andere Verhaltungsmaßregeln bitten? Es gab noch ein drittes, was ich tun konnte; aber dies war gefährlich für mich, nämlich hierbleiben. Es war jedenfalls von großem Werte für uns, zu erfahren, was die Roten beschließen würden, nachdem sie von Santer über das, was er gesehen hatte, unterrichtet worden waren. Wenn ich sie belauschen konnte! Aber ich riskierte viel, sehr viel, sogar alles dabei. Santer sagte jedenfalls, daß ich hinter ihm her sei, und das konnte, ja es mußte beinahe zu meiner Entdeckung führen. Dennoch beschloß ich, es zu wagen, falls nur irgend eine Möglichkeit des Gelingens abzusehen sei. Sie brannten kein Feuer, um nicht bemerkt zu werden; dieser Umstand, der sie schützte, mußte auch mir Schutz gewähren.

Unter den Bäumen lagen hohe Steinblöcke, mit Moos bewachsen und von Farnkräutern umgeben; vielleicht konnte ich mich hinter einen solchen verbergen.

Die Mehrzahl der Roten war noch mit den Pferden beschäftigt, welche angepflockt wurden, damit sie sich nicht entfernen und das Lager verraten könnten; die übrigen hatten sich am Waldesrande niedergesetzt oder -gelegt. An einer Stelle desselben ertönte eine halblaute, befehlende Stimme; dort stand also der Anführer, und ich durfte vermuten, daß er diesen Punkt auch später beibehalten werde. Dorthin mußte ich, wenn es nur halbwegs möglich war!

Auf dem Boden liegend, schob ich mich in dieser Richtung fort. Nach Deckung brauchte ich nicht sehr zu suchen, denn es war rundum dunkel, und die Roten befanden sich meist jenseits der Stelle, welche ich erreichen wollte. Entdeckt konnte ich für jetzt nur in dem Falle werden, daß einer mir in den Weg kam und über mich stolperte. Glücklicherweise geschah dies nicht, und ich gelangte glücklich an mein Ziel. Da lagen zwei Felsblöcke nebeneinander, der eine lang und hoch, der andere niedriger; da oben suchte man gewiß keinen Horcher; ich stieg von dem niedrigen auf den hohen und streckte mich auf demselben lang aus. Ich lag über zwei Meter hoch in ziemlicher Sicherheit, denn es war wohl kein Grund vorhanden, welcher einen Roten veranlassen konnte, mir nachzusteigen.

Die bis jetzt mit ihren Pferden beschäftigten Indianer kamen nun auch herbei und setzten oder legten sich nieder. Da, wo ich den Anführer vermutete, wurden einige halblaute Befehle gegeben, welche ich nicht verstand, weil mir die Sprache der Kiowas fremd war. Hierauf entfernten sich einige Rote. Sie waren jedenfalls die Wachen, welche ausgestellt wurden. Ich bemerkte, daß sie nur die Talseite des Lagers, nicht aber auch den Wald besetzten, und dies war ein glücklicher Umstand für mich, weil ich mich später entfernen konnte, ohne befürchten zu müssen, auf Vorposten zu stoßen.

Die Lagernden sprachen miteinander, zwar in gedämpftem Tone, doch immerhin so, daß ich jedes Wort hören konnte. Leider aber verstand ich es nicht. Wie vorteilhaft wäre es gewesen, wenn ich hätte erfahren können, was sie sagten! Wie oft muß ich erzählen, daß ich während meiner Streifzüge im Westen Indianer ganz verschiedener Stämme und auf meinen Reisen in anderen Ländern wiederholt Lagerplätze angeschlichen und die dort befindlichen Menschen belauscht habe. Dieser Angewohnheit verdanke ich viele meiner Erfolge, oft sogar auch das Leben. Wer es liest, denkt wohl nicht daran oder hat keinen Begriff davon, wie schwer und wie gefährlich ein solches Anschleichen ist. Und diese Schwierigkeit bezieht sich nicht nur auf die Anforderungen, welche dabei der körperlichen Gewandtheit, Kraft und Ausdauer gemacht werden, sondern auch und vor allen Dingen auf das geistige Geübtsein, auf die unerläßliche Intelligenz und die Kenntnisse, welche man besitzen muß. Was nützt es mir, wenn ich ein Indianer-, Beduinen- oder Kurdenlager, eine sudanesische Seribah oder eine südamerikanische Gauchostätte noch so meisterhaft zu beschleichen verstehe, aber der betreffenden Sprache nicht mächtig bin und also nicht erfahren kann, was gesprochen wird! Und meist ist grad der Inhalt der Gespräche viel wichtiger als alles andere, was man dabei erfährt. Darum ist es stets mein erstes Bestreben gewesen, die Sprache der Menschen, mit denen ich es zu tun bekam, kennen zu lernen. Winnetou beherrschte sechzehn Indianerdialekte und ist auch hierin mein hervorragendster Lehrer gewesen. Es ist mir später niemals vorgekommen, daß ich einen Lagerplatz beschlich, ohne zu verstehen, was auf demselben gesprochen wurde.

Ich mochte ungefähr zehn Minuten auf dem Steine gelegen haben, als ich einen Posten rufen hörte; darauf erfolgte die für mich sehr erwünschte Antwort:

»Ich bin es, Santer. Ihr seid also herein in das Tal gekommen?«

»Ja. Mein weißer Bruder mag weitergehen; er wird die roten Krieger sogleich sehen.«

Diese Worte konnte ich verstehen, weil mit Santer in dem aus indianischen und englischen Worten bestehenden Jargon, den ich nun auch kannte, gesprochen werden mußte. Er kam herbei; der Anführer rief ihn zu sich und sagte:

»Mein weißer Bruder ist viel länger fortgewesen, als vorher bestimmt worden war. Er wird wichtige Gründe dazu gehabt haben.«

»Wichtiger, als ihr ahnen könnt. Seit wann befindet ihr euch hier?«

»Seit nicht ganz der Zeit, welche die Bleichgesichter eine halbe Stunde nennen.«

»Ihr habt mein Pferd getroffen?«

»Ja, denn wir sind ja deiner Spur gefolgt. Da, wo du es angebunden hattest, machten wir Halt, und als wir dann hierher ritten, haben wir es mitgenommen.«

»Ihr hättet draußen auf der Prairie bleiben sollen! Es ist hier nicht geheuer.«

»Wir blieben nicht dort, weil es sich hier besser lagert und weil wir glaubten, daß hier keine Gefahr zu befürchten sei; du wärest sonst ja schnell zurückgekommen, um uns zu warnen.«

»Es ist umgekehrt. Ich blieb so lange aus, weil wir uns hier in großer Gefahr befinden und ich lange Zeit brauchte, zu entdecken, worin dieselbe besteht. Old Shatterhand ist hier.«

»Das dachte ich. Hat mein Bruder ihn gesehen?«

»Ja.«

»Wir werden ihn fangen und unserm Häuptling bringen, dem er die Beine zerschmettert hat. Der Tod am Marterpfahle ist ihm gewiß. Wo befindet er sich denn?«

Also die Kiowas hatten uns nicht nach ihrem Dorfe locken wollen, sondern angenommen, daß wir zu Winnetou zurückkehren würden.

»Ob ihr ihn fangen werdet, das ist noch sehr ungewiß,« antwortete Santer.

»Es wird geschehen, denn diese Hunde haben nur dreißig Krieger bei sich, wir aber zählen über fünfmal zehn, und sie wissen nicht, daß wir da sind. Wir werden sie also vollständig überrumpeln.«

»Da irrst du dich gewaltig. Sie wissen, daß wir kommen

wollen; sie wissen vielleicht sogar schon, daß ihr da seid, denn sie haben uns jedenfalls Späher entgegengesandt.«

»Uff! Sie wissen es?«

»Ja.«

»Dann können wir sie ja nicht überraschen!«

»Freilich nicht.«

»Es wird also, wenn wir sie angreifen, zum Kampfe kommen, welcher Blut kostet, denn Winnetou und Old Shatterhand sind jeder für zehn Krieger zu rechnen.«

»Ja, das sind sie. Der Tod Intschu tschunas und seiner Tochter hat sie jedenfalls mit Wut erfüllt; sie kochen Rache und werden sich wie tolle Hunde, wie wütende Raubtiere verteidigen. Aber unser müssen sie doch werden. Winnetou wenigstens muß ich auf alle Fälle fangen.«

»Warum ihn?«

»Der Nuggets wegen. Er ist nun wahrscheinlich der einzige, welcher den Fundort kennt.«

»Und wird ihn keinem Menschen verraten.«

»Auch dann nicht, wenn wir ihn gefangen nehmen?«

»Nein.«

»Ich martere ihn so lange, bis er mir das Geheimnis mitteilt.«

»Er wird dennoch schweigen. Dieser junge Hund der Apachen spottet aller Qualen. Und wenn er weiß, daß wir kommen, wird er sich hüten, in unsere Hände zu fallen.«

»O, ich weiß, wie wir es anfangen müssen, ihn in unsere Gewalt zu bekommen.«

»Wenn du es weißt, so sage es uns!«

»Wir brauchen nur die Falle, welche sie uns gestellt haben, schlau zu benutzen.«

»Eine Falle haben sie uns gelegt? – Welche?«

»Sie wollen uns in eine enge Schlucht locken, in welcher wir keinen Platz zur Verteidigung haben, und uns da gefangen nehmen.«

»Uff! Weiß mein Bruder Santer dies genau?«

»Ja.«

»Kennt er auch die Schlucht?«

»Ich bin drin gewesen.«

»Erzähle mir, wie du es erfahren hast!«

»Ich habe viel, sehr viel gewagt. Wenn man mich bemerkt hätte, so wäre ich jedenfalls dem gräßlichsten Martertode verfallen, und ich bin verteufelt froh, daß es so glücklich abgelaufen ist. Diesen guten Erfolg habe ich nur dem Umstande zu verdanken, daß ich den Weg nach dem Nugget-tsil schon einmal gemacht hatte und die Oertlichkeit da oben, wo die Gräber stehen, kannte.«

»Die Gräber? Winnetou hat also, so wie ich es vermutete, seine Toten da oben begraben?«

»Ja. Das war für mich sehr vorteilhaft, denn dadurch ist die Aufmerksamkeit der Apachen abgelenkt worden. Ich sagte mir selbstverständlich, daß sie droben auf der Lichtung seien, und nahm mich außerordentlich in acht. Ich habe schon manches durchgemacht und darf mich rühmen, kein unerfahrener Westmann zu sein; aber so vorsichtig wie heut bin ich doch noch nie gewesen. Ich ging natürlich nicht im offenen Tale, sondern im Walde an der Lehne desselben. Da, wo es rechts in die Schlucht hinaufgeht, hatten die Kerls ihre Pferde. Es war keine Kleinigkeit, hinaufzukommen, ohne sich der Schlucht als Weg zu bedienen, aber es gelang mir doch. Droben mußte ich diese Vorsicht noch verdoppeln und alle meine Schlauheit zusammennehmen. Ich hielt es nicht für möglich, unbemerkt bis zur Blöße vordringen zu können; aber die Apachen hatten nur Augen und Ohren für das Begräbnis, und so wagte ich mich bis hinter einen Felsen, der am Rande der Lichtung liegt. Von dort aus konnte ich alles beobachten.«

»Mein weißer Bruder ist sehr kühn gewesen; daß er noch lebt, hat er nur dem Begräbnisse zu verdanken.«

»Das sagte ich ja schon! Als die Gräber zugemacht worden waren, schickte Winnetou seine Leute fort, um die Pferde holen zu lassen.«

»Dort hinauf? – Ist das nicht schwer?«

»Sehr mühevoll!«

»Dann muß er einen Grund dazu gehabt haben!«

»Allerdings. Wir sollen, wenn wir sehen, daß sie mit den Pferden da hinauf sind, ihnen mit den unserigen nachklettern und dann ihrer Fährte weiter folgen, welche in die Falle führt.«

»Warum vermutest du das?«

»Ich vermute es nicht, sondern ich weiß es; ich habe es gehört.«

»Von wem?«

»Von Winnetou. Als er seine Leute nach den Pferden geschickt hatte, war er mit Old Shatterhand allein; sie standen gar nicht weit von meinem Verstecke, und was sie miteinander sprachen, das habe ich gehört.«

»Uff! Es ist ein großes Wunder geschehen! Winnetou ist belauscht worden! Das ist nur dadurch möglich geworden, daß seine Gedanken nicht bei uns, sondern bei seinem Vater und seiner Schwester waren.«

»O, sie waren doch auch bei uns. Er hatte einen Späher auf die höchste Bergesspitze geschickt, der von einem Baume aus unsere Ankunft erforschen sollte.«

»Hat er sie bemerkt?«

»Nein; ich weiß wenigstens nichts davon. Du siehst also, wie gut es ist, daß ich allein vorausgeritten bin; als einzelner Reiter bin ich dem Auge dieses Spähers entgangen.«

»Ja, du hast sehr klug gehandelt. Erzähle weiter!«

»Als die Roten die Pferde brachten, wurde nicht länger gewartet; sie verließen die Lichtung, um jenseits derselben ins Tal herabzukommen. Ist man über dasselbe hinüber, so gelangt man in eine sehr schmale und lange Schlucht, deren Seiten nicht zu erklettern sind; da hinein sollen wir gelockt werden.«

»So beabsichtigt Winnetou wohl, den Ein- und Ausgang derselben zu verschließen, zu besetzen?«

»Ja. Natürlich aber erst dann, wenn wir hinein sind.«

»Da muß er seine Leute teilen. Die eine Hälfte reitet durch die Schlucht und wartet am Ende derselben auf uns, während die andere Hälfte zurückbleibt und sich versteckt, um dann hinter uns her zu folgen.«

»Das dachte ich auch.«

»Ist der Boden felsig oder grasig dort?«

»In der Schlucht felsig, vor derselben, also im Tale, aber grasig.«

»So muß die zweite Abteilung der Apachen, wenn sie sich versteckt, Spuren hinterlassen, welche wir bemerken werden. Wir würden also auf keinen Fall in die Falle gegangen sein.«

»O doch! Diese Kerls sind pfiffiger, als du denkst. Die zweite Abteilung ist nämlich nicht zurückgeblieben, sondern mit durch die Schlucht geritten.«

»Uff! Wie wollen sie uns da hinten und vorn einschließen?«

»Das fragte ich mich auch. Es gab nur eine einzige Antwort darauf, nämlich die, daß diese Abteilung nun auf einem andern Wege uns in den Rücken und wieder an die Schlucht gelangen will.«

»Da hat mein Bruder abermals sehr klug gedacht. Hast du diesen andern Weg entdeckt?«

»Ja. Ich bin zunächst auch in die Schlucht hinein, obgleich dies gefährlich war; aber ich mußte sie doch kennen lernen. Ganz hindurch konnte ich natürlich nicht, weil ich da auf die Apachen getroffen wäre, welche sie hinten besetzt hatten. Ich kehrte also sehr bald um, hatte sie aber noch nicht ganz verlassen, als ich eilige Schritte hörte. Glücklicherweise lagen mehrere hohe Steine an der Seite, hinter welche ich mich schnell niederducken konnte; ein Apache kam vorüber, er sah mich nicht.«

»Ob dies vielleicht der Späher von der Bergeshöhe gewesen ist?«

»Wahrscheinlich.«

»So hat er uns kommen sehen und eilte, dies Winnetou zu melden.«

»Vielleicht auch nicht. Winnetou hat, als er sein bisheriges Lager oben bei den Gräbern verließ, ihn davon benachrichtigt und ihm sagen lassen, daß er nachkommen soll.«

»Nein, denn da wäre derjenige bei ihm gewesen, der ihm diese Nachricht zu bringen hatte; er kam aber allein. Es ist also so, wie ich denke. Er hat unsere Ankunft bemerkt und sich so beeilt, Winnetou davon zu benachrichtigen. Wie gut, daß du noch Zeit fandest, dich zu verbergen! Was tatest du dann?«

»Ich überlegte. Wenn die Feinde uns in den Rücken kommen wollten, so geschah dies am leichtesten dadurch, daß sie an einer bequemen Stelle, wo wir vorüber mußten, heimlich auf uns warteten. Welche Stelle konnte das sein? Jedenfalls dieses Tal hier, in welchem wir uns befinden, und zwar der hintere Teil desselben, wo rechts die Schlucht zur Höhe geht. Wenn die Apachen sich dort diesseits unter den Bäumen verstecken, so müssen sie uns kommen sehen und können uns unbemerkt bis zur Falle folgen und diese hinter uns verschließen. Das sagte ich mir, und darum kehrte ich nach hier zurück und schlich mich dahin, wo ich glaubte, daß ich sie finden werde, falls meine Berechnung richtig sein sollte.«

»Und fandest du sie?«

»Nicht gleich, denn ich war eher dort als sie; aber ich hatte noch nicht lange gewartet, so kamen sie.«

»Wer? Hast du sie deutlich gesehen und gezählt?«

»Old Shatterhand war es, mit den beiden andern Weißen und etwas über zehn Indianern.«

»So befehligt also Winnetou die andere Abteilung, welche das Ende der engen Schlucht besetzt hält.«

»So ist es. Die Kerls setzten sich nieder. Ich hatte heut so viel gewagt und war glücklich dabei gewesen; darum wagte ich es auch noch, mich ganz nahe an sie hinanzuschleichen, um zu hören, was sie zu einander sagten.«

»Was sprachen sie?«

»Nichts. Als ich noch nicht ganz bei ihnen war, unterhielten sich die beiden anderen Weißen miteinander, aber nicht laut genug für mich; dann aber, als ich nahe genug war, sie zu verstehen, schwiegen sie. Die Apachen waren still, und auch Old Shatterhand sagte kein Wort. Ich lag so nahe hinter ihm, daß ich ihn beinahe mit der Hand berühren konnte. Wie würde er sich ärgern, wenn er das wüßte!«

Da hatte Santer sehr recht. Ich ärgerte mich, und wie! Dieser Mensch war wirklich ein ebenso schlauer wie verwegener Kerl! Winnetou und mich zu belauschen, als wir oben bei den Gräbern allein mit einander sprachen! Uns dann bis in die Schlucht zu folgen, unsern Plan vollends zu erraten und endlich gar noch da, wohin ich von Winnetou geschickt wurde, auf uns zu warten! Er hatte hinter mir gelegen, ja, ich hatte ihn sogar schon bei einem Zipfel seines Rockes festgehabt! Das war Pech, außerordentliches Pech, so großes Pech, wie sein Glück heut groß gewesen war! Wenn es mir gelungen wäre, ihn festzuhalten, so hätten, wie ich jetzt weiß, die Ereignisse für mich einen ganz andern Verlauf genommen; vielleicht hätte mein Leben überhaupt eine völlig andere Richtung bekommen. So hängt das Schicksal des Menschen scheinbar oft von einem Augenblicke, von einer einzigen, vielleicht gar nicht wichtigen Tat oder Unterlassung oder Begebenheit ab, aber auch nur scheinbar, denn über jedem seiner Kinder wacht der große Weltenlenker, ohne dessen Willen keine Sonne sich bewegt und kein Schmetterling von Blüte zu Blüte flattert.

Bei dem Aerger, den ich empfand, war es wenigstens eine kleine Genugtuung für mich, daß ich jetzt hier so viel erlauschte, während Santer bei uns gar nichts erfahren hatte.

»So nahe bist du diesem Hunde gewesen?« rief der Kiowa aus. »Warum hast du ihm dein Messer nicht von hinten in das Herz gestoßen?«

»Konnte mir nicht einfallen!«

»Warum nicht?«

»Weil ich dadurch alles verdorben hätte. Welch einen Lärm hätte das gegeben! Die Apachen wären zu Winnetou gerannt, und dieser hätte erfahren, daß sein Plan verraten ist. Da wäre es mir nicht mehr möglich gewesen, ihn zu fangen, und wie wollte ich dann zu den Nuggets kommen, welche ich haben muß!«

»Du wirst sie überhaupt nicht erhalten. Befindet sich Old Shatterhand noch dort, wo du ihn verlassen hast?«

»Ich hoffe es.«

»Du hoffst es nur? So ist es also möglich, daß er fort ist? Ich denke, er will auf uns warten!«

»Das wollte er; aber nun kann es sein, daß er diesen Vorsatz aufgegeben hat.«

»Welchen Grund könnte er dazu haben?«

»Er weiß, daß er beobachtet worden ist.«

»Uff! Wie konnte er es erfahren?«

»Durch ein Loch, durch ein fatales, verfluchtes Loch, welches sich im Erdboden befand, vielleicht von irgend einem Tier gegraben.«

»Können Löcher sprechen?«

»Unter Umständen, ja. Dieses wenigstens hat gesprochen. Ich wollte mich fortschleichen und drehte mich um. Dabei mußte ich das Körpergewicht auf die Hände legen und brach mit der rechten durch den weichen Boden in ein darunter befindliches Loch, wobei ein Geräusch entstand, welches Old Shatterhand hörte. Er drehte sich augenblicklich um und muß mich gesehen haben, denn als ich nun schnell aufsprang und fort wollte, war er ebenso rasch auf und hinter mir her. Beinahe hätte er mich erwischt, denn er ergriff meinen Rock; ich riß mich aber los und huschte nach der Seite. Er rief zwar, daß ich stehen bleiben solle, sonst werde er schießen, doch fiel es mir natürlich nicht ein, diese Dummheit zu begehen. Ich machte mich im Gegenteile noch tiefer in den Wald hinein, wo mir das Dunkel Sicherheit gewährte, und setzte mich da nieder, um zu warten, bis ich ohne Gefahr weiter konnte.«

»Was taten seine Leute?«

»Sie wollten wahrscheinlich mit nach mir suchen; aber er verbot es ihnen. Er befahl ihnen, bis zu seiner Wiederkehr zu bleiben, und suchte dann weiter. Ich hörte noch einige Augenblicke lang seine Schritte, dann wurde es still.«

»Er ging also fort?«

»Ja.«

»Wohin?«

»Das weiß ich nicht. Er wird nicht weit gelaufen sein und ist, als er einsah, daß ich nicht zu finden war, jedenfalls wieder umgekehrt.«

»Hat er dich erkannt?«

»Wohl kaum; dazu war es zu finster.«

»Vielleicht ist er gar hierhergegangen und steckt nun irgendwo, um uns zu beobachten!«

»Unmöglich! Er konnte ja gar nicht sehen, wohin ich dann ging. Er ist auf alle Fälle zu seinem Posten zurückgekehrt. Ich schlich, als ich lange genug gewartet hatte, mich fort, aus dem Walde hinaus und in das Freie, wo ich rascher laufen konnte, Da rief mich deine Wache an, und ich erfuhr, daß ihr euch hier befindet.«

Es trat jetzt eine Pause ein. Der Anführer hatte erfahren, was er wissen mußte, und schien nun darüber nachzudenken. Nach einiger Zeit hörte ich ihn fragen:

»Was gedenkt mein weißer Bruder nun zu tun?«

»Ich gedenke, zunächst zu erfahren, was du beschließen wirst.«

»Wie ich von dir hörte, ist es ganz anders geworden, als wir vermuteten. Wenn es uns gelungen wäre, die Apachen zu überrumpeln, so wären sie tot oder lebendig in unsere Hände gefallen, ohne daß es uns wohl Blut gekostet hätte. Nun aber erwarten sie uns. Old Shatterhand hat dich bemerkt; er weiß also, daß sein Plan verraten ist, und wird die größte Vorsicht anwenden. Es ist am besten, wir verlassen diese Gegend.«

»Verlassen? Fort willst du? Was fällt dir ein! Fürchtest du dich vor dieser handvoll Apachen?«

»Mein weißer Bruder wird mich nicht beleidigen wollen! Ich kenne keine Furcht; aber wenn ich einen Feind sowohl mit als auch ohne Blutvergießen in meine Hand bekommen kann, so wähle ich das letztere; das tut jeder kluge Krieger, auch wenn er sonst noch so tapfer ist.«

»Meinst du etwa, daß wir durch das Verlassen dieser Gegend diese Weißen und die Apachen fangen können?«

»Ja.«

»Oho! Möchte wissen, wie!«

»Sie werden uns verfolgen.«

»Das ist nicht so gewiß.«

»Es ist gewiß. Winnetou muß sich an dir rächen, und er weiß, daß du bei uns bist; er wird also keinen Augenblick von unserer Fährte lassen. Wir machen diese Spur mit Absicht so deutlich, daß sie leicht zu erkennen ist, und reiten direkt nach unserem Dorfe, wohin ich das gefangene Bleichgesicht Sam Hawkens geschickt habe.«

»Und du bist der Ansicht, daß die Apachen uns dorthin folgen werden?«

»Ja, sie werden sogar mit sehr großer Eile hinter uns her kommen.«

»Ah! Um mich zu fangen? Soll mir das etwa Freude machen? Ich soll mich wieder von ihnen jagen lassen, während ich hier die beste Gelegenheit habe, meine Absichten zu erreichen!«

»Du wirst hier nichts, gar nichts erreichen und befindest dich während unseres Rittes heimwärts nicht in der allergeringsten Gefahr.«

»Wenn sie uns aber einholen, ist die Gefahr für mich so groß, wie sie nur sein kann!«

»Sie werden uns aber nicht einholen, denn wir nehmen einen Vorsprung, welcher uns vor ihnen Sicherheit gibt. Wir brechen jetzt sofort auf, und sie können uns erst dann folgen, wenn sie bemerken, daß wir fort sind; das wird aber kaum vor morgen mittag sein.«

»Jetzt fort, jetzt gleich? Das gebe ich nicht zu. Was wird euer Häuptling sagen, wenn er erfährt, daß du einen so großen Vorteil, den du hier in den Händen hast, aufgibst, ohne dazu gezwungen zu sein. Bedenke das!«

Der Anführer nahm diese Verwarnung auf, ohne eine Antwort zu geben; sie machte also Eindruck auf ihn. Santer merkte das gar wohl und fuhr fort:

»Ja, wir befinden uns hier so im Vorteile, wie wir es durch deinen neuen Plan gar nicht erreichen können. Wir haben nichts weiter zu tun, als die Falle, welche man uns gestellt hat, umzudrehen, so daß die Apachen hineingehen.«

»Uff! Wie sollen wir das machen?«

»Wir greifen die beiden Abteilungen, welche uns in der

Schlucht einschließen wollen, einzeln an, so daß wir gar nicht eingeschlossen werden können.«

»Da müßten wir erst Old Shatterhands Abteilung nehmen. Meinst du das?«

»Ja.«

»Wir ziehen also morgen an ihr vorüber und tun so, als ob wir gar nicht wüßten, daß sie uns folgt.«

»Nein. So lange brauchen wir gar nicht zu warten. Wir vernichten sie schon heut.«

»Uff! Mein weißer Bruder mag mir sagen, wie er das anfangen will!«

»Es ist so einfach und selbstverständlich, daß es eigentlich gar nicht notwendig sein sollte, es dir zu erklären. Ich kenne die Stelle, an welcher sich Old Shatterhand mit seinen Leuten jetzt befindet, doch ganz genau und führe euch hin. Die Augen der Kiowas sind an die Dunkelheit gewöhnt, und ihre Bewegungen gleichen denen der Schlange, die nicht gehört werden kann, wenn sie durch das Moos des Waldes gleitet. Wir umzingeln die drei Weißen mit ihren Apachen und fallen auf ein gegebenes Zeichen über sie her. Es kann uns ganz gewiß keiner von ihnen entgehen. Wir stechen sie nieder, ehe es ihnen nur einfällt, sich zur Wehr zu setzen.«

»Uff, uff, uff!« ließen sich einige der Zuhörer zustimmend vernehmen. Der Vorschlag Santers gefiel ihnen also.

Ihr Anführer war nicht so schnell mit seinem Urteile da, meinte aber auch nach einer kurzen Weile des Nachdenkens:

»Es kann allerdings gelingen, wenn wir recht vorsichtig verfahren.«

»Es kann nicht, sondern es muß gelingen! Die Hauptsache ist, daß wir sie völlig unhörbar umzingeln, und das ist ja gar nicht schwer. Dann gibt es einige sichere Messerstöße, und die Sache ist abgetan. Die Beute, welche wir diesen Kerls abnehmen, gehört euch; ich will nichts davon haben. Dann machen wir uns über Winnetou her.«

»Auch noch in der Nacht?«

»Nein, sondern am Morgen. Seine Person ist mir so wichtig, daß ich sie beim Angriffe in den Augen haben muß; dies ist aber bei Nacht nicht möglich. Wir machen es so, wie es die Apachen gemacht haben, wir teilen uns. Die eine Hälfte von uns führe ich noch während der Nacht in die Schlucht, in welcher wir gefangen werden sollen. Sie bleibt da, bis der Tag zu grauen beginnt, und dringt dann weiter vor, bis sie am Ende der Schlucht von Winnetou angegriffen wird, denn dieser wird denken, daß sich Old Shatterhand mit seinen Leuten hinter ihr befindet. Die andere Abteilung sucht mit mir beim ersten Tagesscheine den Weg, auf welchem Old Shatterhand hierher ins Tal zurückgekehrt ist; ich weiß, daß ich ihn sicher finden werde. Ich bin überzeugt, daß er erst grad durch den Wald und dann um den Fuß des Berges herum nach dem Ausgange der Schlucht führt, wo Winnetou hält. Dieser wird alle seine Aufmerksamkeit nach dem Innern der Schlucht richten und unsere erste Abteilung bemerken. Dabei und dadurch wird es ihm entgehen, daß wir uns ihm von hinten nähern. Er wird also so eingeschlossen, wie er uns einschließen wollte, und da er nur fünfzehn Mann oder wenig mehr bei sich hat, so muß er sich ergeben, wenn er nicht mit den Seinen vernichtet werden will. Das ist mein Plan.«

»Wenn er so ausgeführt werden kann, wie mein Bruder ihn entworfen hat, so ist er gut.«

»Er hat also deine Zustimmung?«

»Ja. Ich will Winnetou lebendig haben, um ihn dem Häuptling zu bringen, weiter nichts, und durch deinen Vorschlag können wir dies schon jetzt erreichen, ohne noch länger warten zu müssen.«

»So laß uns nicht zaudern, ihn auszuführen!«

»Old Shatterhand im Dunkel des Waldes zu umzingeln, ohne daß er es bemerkt, das ist sehr schwer. Ich werde dazu diejenigen meiner Krieger auswählen, welche auch des Nachts scharfe Augen haben und im Schleichen am geübtesten sind.«

Er begann, die Namen dieser Leute zu nennen, und da wurde es hohe Zeit für mich, zu meinen Leuten zurückzukehren, die ich sonst, wenn die Kiowas schnell aufbrachen, gar nicht warnen konnte. Ich glitt also von dem hohen Steine auf den niedrigen und von diesem auf den Boden herab und schlich mich fort. Als ich die oben erwähnte, vorstehende Buschecke hinter mir hatte, trat ich aus dem Walde ins Freie hinaus und rannte, wobei der Sternenschimmer mir hinreichend leuchtete, das Tal hinauf, bis ich mich parallel mit meinen Leuten befand. Da durchquerte ich den Waldesrand und traf sie an, mit großer Spannung meiner wartend.

»Wer kommt da?« fragte Dick Stone, als er meine Schritte hörte. »Seid Ihr es, Sir?«

»Ja,« antwortete ich.

»Wo habt Ihr denn so lange Zeit gesteckt? Nicht wahr, ein Kerl war da? Natürlich ein roter Kiowa, der auf einer Schleicherei zufällig auf uns stieß?«

»Nein; Santer ist's gewesen.«

»Alle Wetter! Dieser? Und wir haben ihn nicht ertappt! Rennt dieser Kerl uns da in die Hände, und wir greifen nicht zu! Sollte man das für möglich halten!«

»Es ist noch mehr vorgekommen, was eigentlich unmöglich sein sollte. Ich habe jetzt keine Zeit, es Euch zu sagen, denn wir müssen rasch von hier fort. Später werdet Ihr es hören.«

»Fort von hier? – Warum?«

»Die Kiowas kommen, uns jetzt zu überfallen.«

»Ist das Euer Ernst, Sir?«

»Ja. Ich habe sie belauscht. Sie wollen uns jetzt hier auslöschen und dann morgen früh Winnetou angreifen. Sie kennen unsern Plan. Darum schnell fort von hier!«

»Wohin?«

»Zu Winnetou.«

»Mitten durch den dunklen Wald? Das wird Kopfstöße und Beulen geben.«

»Nehmt die Augen in die Hände! Also fort!«

Ein Gang des Nachts durch den weglosen Urwald ist freilich für die Schönheit des menschlichen Angesichts eine höchst gefährliche Sache, weil sie anstößig in des Wortes eigenster Bedeutung ist. Wir mußten, meiner Aufforderung gemäß, die ›Augen in die Hände nehmen‹, das heißt, uns weit mehr auf den Tastsinn als auf das Gesicht verlassen. Zwei tasteten mit ihren Händen voran, und die anderen folgten ihnen in der Weise, daß sich der Hintermann immer an dem Vordermanne anhielt. Es währte auf diese Weise über eine Stunde, bis wir den Wald hinter uns hatten; das Schwerste dabei war, die Richtung einzuhalten. Als wir uns dann im Freien befanden, ging es besser und schneller. Wir gingen um den Berg herum und auf die Schlucht zu, an deren Ausgange Winnetou lagerte.

Dieser hatte, wenigstens von der Seite aus, von welcher wir kamen, nichts Feindseliges zu erwarten, aber doch einen Posten ausgestellt, welcher uns mit lauter Stimme anrief. Ich antwortete ebenso laut; die Apachen erkannten diese Stimme und sprangen von der Erde auf.

»Mein Bruder Old Shatterhand kommt?« fragte Winnetou im Tone der Befremdung. »Da muß etwas geschehen sein. Wir haben vergeblich auf die Kiowas gewartet.«

»Sie wollen erst morgen früh kommen, doch nicht nur durch die Schlucht, sondern auch von dieser Seite, um euch zu vernichten.«

»Uff! Um dies zu beschließen, müßten sie erst dich besiegt haben und überhaupt wissen, was wir zu tun beabsichtigten.«

»Sie wissen es.«

»Unmöglich!«

»Sie wissen es wirklich. Santer ist oben bei den Gräbern gewesen und hat alles gehört, was du mir sagtest, als wir allein waren.«

Ich konnte das Gesicht Winnetous nicht erkennen, aber er antwortete mir nicht. Dieses momentane Schweigen verriet mir die Größe seines Erstaunens. Dann setzte er sich wieder nieder, forderte mich auf, neben ihm Platz zu nehmen, und sagte:

»Wenn du das weißt, mußt du ihn ebenso belauscht haben wie er uns.«

»Allerdings.«

»So sind unsere Berechnungen zunichte. Erzähle, was geschehen ist!«

Ich folgte dieser Aufforderung. Die Apachen drängten sich heran, um sich kein Wort entgehen zu lassen. Zuweilen wurde meine Rede durch ein erstauntes »Uff« unterbrochen; Winnetou aber schwieg, bis ich zu Ende war; dann fragte er:

»Mein Bruder Shatterhand hielt es unter diesen Umständen für das Allerbeste, seinen Posten aufzugeben?«

»Ja. Ich hätte allerdings noch zweierlei tun können, entweder das eine oder das andere, aber keins von beiden hätte mit der Sicherheit, die ich für notwendig hielt, zum Ziele geführt.«

»Was hätte dies sein können?«

»Erstens hätten wir, um nicht überfallen zu werden, uns nur eine Strecke zurückziehen und dann den Morgen abwarten können, anstatt uns ganz bis hierher zu entfernen.«

»Das wäre falsch gewesen, denn am Morgen hättet ihr über fünfzig Feinde gegen euch gehabt, und unser Plan wäre doch vereitelt gewesen. Was ist das zweite?«

»Wir hätten auf unserm Posten bleiben können. Als mir dieser Gedanke kam, hätte ich ihn gar zu gern ausgeführt. Santer wollte die Kiowas zu uns führen; er schlich ihnen also voran und mußte der erste sein, der bei uns ankam. Wenn ich scharf aufpaßte, mußte ich ihn kommen hören, konnte ihn durch einen Faustschlag betäuben und mich dann mit ihm davonmachen.«

»Mein Bruder ist ein kühner Krieger, aber eine solche Verwegenheit wäre ihm gewiß verderblich geworden. Mit Santer auf den Armen hättest du dich nicht schnell genug entfernen können und wärest überwältigt und getötet worden.«

»Das stand freilich zu erwarten; auch war es nicht so ganz sicher und gewiß, daß Santer der vorderste sein werde. Er konnte die Kiowas nur bis in die Nähe bringen und dann zurückbleiben, um sie die Arbeit machen zu lassen. Darum hielt ich es für das Allerbeste, dich aufzusuchen.«

»Daran hast du sehr recht getan. Mein Bruder handelt stets

so, wie ich handeln würde, wenn ich mich an seiner Stelle befände.«

»Auch sagte ich mir, daß es geraten sei, zu dir zu gehen, weil wir nun besprechen können, was zu geschehen hat.«

»Was zu geschehen hat! Was wird mein Bruder Old Shatterhand uns da vorschlagen?«

»Hier kann man nicht eher einen Vorschlag machen, als bis man weiß, was die Kiowas unternommen haben, nachdem sie bemerkten, daß wir nicht mehr da waren.«

»Muß man dies erst erfahren? Kann man es nicht vielleicht auch erraten?«

»Ja, erraten kann man es, aber das Erraten bietet nie die Sicherheit wie das Sehen und Hören, das wirkliche Erfahren. Man kann sich irren.«

»Hier nicht. Die Kiowas sind keine Kinder, sondern erwachsene Krieger; sie werden von allem, was hier möglich ist, das Klügste tun, und das ist nur eins.«

»Sie reiten fort? – Nach ihrem Dorfe?«

»Ja. Wenn sie dich nicht angetroffen haben, so wissen sie, daß Santers Absicht nun nicht auszuführen ist, und der Anführer wird wieder auf seinen Vorschlag zurückkommen. Ich bin überzeugt, daß sie es aufgeben, uns hier noch anzugreifen.«

»Santer wird doch versuchen, sie dazu zu bereden!«

»Das tut er gewiß, aber niemand wird auf ihn hören. Sie reiten fort.«

»Und wir? Was tun da wir? Reiten wir, wie sie erwarten, ihnen nach?«

»Oder ihnen voran!«

»Auch gut! Da kommen wir ihnen vor und können sie überrumpeln.«

»Ja, das könnten wir; aber es gibt etwas weit Besseres. Wir müssen Santer haben, und wir wollen Sam Hawkens befreien. Unser Weg führt uns also nach dem Dorfe Tanguas, wo sich Hawkens in Gefangenschaft befindet; aber es braucht nicht ganz derselbe Weg zu sein, den diese Kiowas von hier aus einschlagen. Diesen müssen wir vermeiden, weil man uns auf demselben erwartet. Wenn wir ihn einschlagen, können wir nicht unbemerkt bleiben, und dies ist doch erforderlich, wenn wir das, was wir beabsichtigen, erreichen wollen.«

»Kennt mein Bruder Winnetou das Dorf des Häuptlings Tangua?«

»Ja.«

»Und weißt du ganz genau, wo es liegt?«

»So genau, wie ich die Lage meines eigenen Pueblo kenne. Es liegt am Salt Fork des Red River-Nordarmes.«

»Also südöstlich von hier?«

»Ja.«

»So werden wir aus Nordwesten erwartet und sollten es ermöglichen, von der entgegengesetzten Richtung, also aus Südosten, zu kommen.«

»Das ist es, was auch ich will. Mein Bruder Shatterhand hat stets dieselben Gedanken wie ich. Es ist ganz so, wie Intschu tschuna, mein Vater, sagte, als wir das Blut der Brüderschaft miteinander getrunken hatten: ›Die Seele lebt im Blute. Die Seelen dieser beiden jungen Krieger mögen ineinander übergehen, daß sie eine einzige Seele bilden. Was Old Shatterhand dann denkt, das sei auch Winnetous Gedanke, und was Winnetou will, das sei auch der Wille Old Shatterhands!‹ So hat er gesprochen, und so ist es geschehen. Sein Auge blickte in unsere Herzen und es sah unsere Zukunft offen. Es wird ihn auch in den ewigen Jagdgründen freuen und seine Seligkeit erhöhen, daß seine Vorhersagung so eingetroffen ist. Howgh!«

Er schwieg bewegt, und alle, die wir uns bei ihm befanden, achteten dieses Schweigen. Es war ein stummer und doch so beredter Ausdruck der Pietät, die der Sohn seinem toten Vater widmete. Erst nach einigen Minuten räusperte er sich wie verlegen über die Rührung, der er sich hingegeben hatte, und fuhr fort:

»Ja, wir werden das Dorf Tanguas aufsuchen, doch nicht auf dem geraden und kürzesten Wege, den die Kiowas einschlagen, sondern sein Gebiet umreiten, damit wir von der anderen Seite kommen. Diese ist unbewacht, und da kann uns das, was wir beabsichtigen, leichter gelingen. Es fragt sich nur, wann wir von hier aufbrechen sollen. Wie denkt Old Shatterhand hierüber?«

»Wir könnten sogleich fortreiten; der Weg ist weit, und je früher wir ihn antreten, desto eher kommen wir an das Ziel. Aber ich möchte doch nicht raten, dies zu tun.«

»Warum nicht?«

»Weil wir nicht wissen, wann die Kiowas diese Gegend verlassen.«

»Wahrscheinlich schon heut abend.«

»Das nehme auch ich als wahrscheinlich an; aber möglich ist es doch, daß es erst morgen geschieht. Es erscheint mir auch als noch gar nicht so ausgeschlossen, daß sie doch wieder auf den Gedanken kommen, uns noch anzugreifen. Auf alle Fälle müssen wir, wenn wir eher fortgehen als sie, darauf gefaßt sein, daß sie unsere Fährte entdecken und derselben folgen. Dann merken oder erraten sie, was wir vorhaben, und vereiteln es.«

»Mein Bruder spricht abermals meine Gedanken aus. Wir müssen hier bleiben, bis sie fort sind; dann sind wir sicher, daß sie uns nicht schaden können. Aber an dem Platze, wo wir uns jetzt befinden, dürfen wir die Nacht nicht zubringen, denn wir müssen mit der Möglichkeit rechnen, daß sie uns hier aufsuchen; das darf ihnen nicht gelingen.«

»Dann müssen wir uns aber nach einer Stelle begeben, von welcher aus wir, wenn es Tag wird, diesen Schluchtausgang beobachten können.«

»Ich weiß einen solchen Ort. Meine Brüder mögen ihre Pferde bei den Zügeln nehmen und mir folgen!«

Wir holten unsere Pferde, welche in der Nähe weideten, und folgten ihm in die Prairie hinaus. Nach einigen hundert Schritten kamen wir an eine größere Baumgruppe, hinter welcher wir wieder Halt machten. Hier konnten wir lagern, ohne von den Kiowas, wenn sie es ja noch in dieser Nacht auf uns abgesehen haben sollten, aufgefunden zu werden. Und wenn der Morgen anbrach, lag uns die Schlucht gegenüber, und es war leicht, alles zu beobachten, was etwa dort geschah.

Die Nacht war ebenso kalt wie die vorigen Nächte; ich wartete, bis mein Pferd sich legte, und lagerte mich dann so an seinen Leib, daß er mich erwärmte. Das Tier lag so ruhig, als wüßte es, welchen Dienst ich von ihm verlangte, und ich wachte bis zum Morgen nur einmal auf.

Wir kamen, als es hell geworden war, nicht hinter den Bäumen hervor und beobachteten die Schlucht weit über eine Stunde lang. Es regte sich nichts da drüben. Darum hielten wir es nun für angezeigt, nach den Kiowas zu forschen. Für den Fall, daß sie doch noch da waren, mußten wir vorsichtig sein und uns ihnen heimlich nähern; dies erforderte aber viel Zeit; darum machte ich Winnetou den Vorschlag:

»Sie sind über die Prairie nach dem Nugget-tsil gekommen und werden den Berg jedenfalls auf demselben Wege verlassen. Warum da mühsam nach ihnen suchen! Wenn wir die Berge bis nach der Stelle umreiten, auf welcher sie dein Späher gestern erblickte, müssen wir unbedingt sehen, ob sie fort sind oder nicht. Warum lange Zeit auf etwas verwenden, was man viel kürzer und mühelos erreichen kann!«

»Mein Bruder hat das Richtige getroffen. Wir werden nach seinen Worten handeln.«

Wir stiegen auf unsere Pferde und ritten in einem nach Süden gerichteten und nach Westen ausgebogenen Halbkreise um die Berge. Dies war derselbe Weg, nur rückwärts, den die Apachen geritten waren, als wir nach der Spur Santers suchten, nachdem er die Flucht ergriffen hatte. Als wir dann die südlich von dem Nugget-tsil liegende Prairie erreichten, kam es so, wie ich gedacht hatte: Wir sahen zwei große, starke Fährten; die von gestern führte in das Tal hinein, und die von heut nacht kam aus demselben heraus; die Kiowas waren also fort; darüber war kein Zweifel möglich. Trotzdem ritten wir, um ganz sicher zu gehen, in das Tal hinein und untersuchten dasselbe so weit nach hinten, bis uns auch die dortigen Spuren vollständig überzeugten, daß es von den Kiowas verlassen worden war.

Nun folgten wir ihrer neuen, von dem Nugget-tsil wegführenden Fährte, welche mit der herbeiführenden zusammenfiel und so scharf ausgeprägt war, daß wir die Absicht, sie uns zu zeigen, gar nicht verkennen konnten. Sie wollten eben, daß wir ihnen folgen sollten, und hatten sich darum selbst an Stellen, an denen sonst keine Spur zurückgeblieben wäre, geradezu Mühe gegeben, deutliche Eindrücke zu hinterlassen. Winnetou ließ ein kleines Lächeln um seine Lippen spielen und sagte:

»Diese Kiowas sollten uns doch kennen und grad darum ihre Spur verbergen, die wir dennoch entdecken würden. Daß sie dies nicht tun, muß doch unser Mißtrauen erwecken. Sie wollen sehr klug handeln, tun aber das Gegenteil, weil sie kein Gehirn in den Köpfen haben.«

Er sagte dies so laut, daß es auch der gefangene Kiowa hörte, den wir selbstverständlich noch immer bei uns hatten. Und sich direkt an diesen wendend, fügte er hinzu:

»Du wirst wahrscheinlich sterben müssen, denn wenn wir Sam Hawkens nicht frei bekommen, oder wenn wir erfahren, daß er gequält worden ist, werden wir dich töten; aber falls dies nicht geschieht und wir dir die Freiheit wiedergeben sollten, so sage euren Kriegern, daß sie wie kleine Knaben handeln, welche noch nichts gelernt haben und ausgelacht werden müssen, wenn sie sich als Erwachsene gebärden. Es wird uns nicht einfallen, diesen ihren Spuren weiterzufolgen.«

Er lenkte diesen Worten gemäß von der nach Südosten führenden Fährte ab, indem er sich grad östlich wendete. Wir befanden uns zwischen dem Quellgebiete des südlichen Canadian und demjenigen des nördlichen Red River-Armes, und es war Winnetous Absicht, diesen letzteren aufzusuchen.

Die Pferde derjenigen Apachen, welche Santer mit mir verfolgt hatten, waren ziemlich angegriffen; darum konnte unser Ritt nicht so schnell von statten gehen, wie wir es wünschten. Dazu kam, daß der Proviant, den wir mitgenommen hatten, fast zur Neige ging. Sobald er zu Ende war, sahen wir uns auf die Jagd angewiesen, und dies mußte bei der Absicht, welche wir verfolgten, uns zum großen Nachteile gereichen, denn erstens nahm es unsere Zeit, von der wir eigentlich keine Stunde zu versäumen hatten, in Anspruch, und zweitens konnten wir während der Jagd die Vorsicht nicht anwenden, welche unbedingt geboten war; wir waren gezwungen, Spuren zu machen und zurückzulassen, was wir sonst vermieden hätten.

Glücklicherweise trafen wir am Spätnachmittage auf einen kleinen Bisontrupp. Das waren Nachzügler der großen Büffelherden, die ihre Wanderung nach Süden schon vollendet hatten. Wir schossen zwei Kühe und bekamen von ihnen so viel Fleisch, daß wir für eine ganze Woche versehen waren und nun nur noch an den eigentlichen Zweck unsers Rittes zu denken brauchten.

Am nächsten Tage erreichten wir den nördlichen Arm des Red River, dem wir abwärts folgten. Er führte wenig Wasser, doch waren die Ufer grün, während wir bisher verdorrtes Büffelgras unter uns gehabt hatten. Das gab Futter für unsere Pferde.

Der Salt Fork kommt aus westlicher Richtung und mündet also von rechts her in den Red River. In dem Winkel, der dadurch gebildet wird, lag damals das Kiowa-Dorf, dessen Häuptling Tangua war. Wir befanden uns auf der anderen, der linken Seite des ›roten Flusses‹ und konnten darum wohl hoffen, nicht gesehen zu werden, ritten aber dennoch, als wir die Mündungsgegend des Salt Fork erreichten, einen weiten Bogen, um eine halbe Tagesreise unterhalb derselben wieder an den Red River zu kommen. Aus weiteren Vorsichtsgründen benutzten wir dazu die Nacht, und es war am frühen Morgen, als wir den Fluß wieder vor uns sahen. Wir befanden uns nun so, wie wir beabsichtigt hatten, auf der entgegengesetzten Seite der Richtung, aus welcher wir von den Kiowas erwartet wurden, und suchten eine versteckte Stelle auf, um da von dem nächtlichen Ritte auszuruhen. Nur für Winnetou und mich gab es keine Erholung, denn er wollte rekognoszieren, und forderte mich auf, ihn zu begleiten.

Während unser bisheriger Weg uns stromabwärts geführt hatte, mußte dieses Auskundschaften nun stromaufwärts vorgenommen werden, und zwar auf dem jenseitigen Ufer. Wir mußten also über den Fluß hinüber, was uns selbst dann, wenn er mehr Wasser gehabt hätte, nicht schwer geworden wäre.

Natürlich bewerkstelligten wir den Uebergang nicht in der Nähe unseres Lagers, weil dieses leicht entdeckt werden konnte, wenn später jemand auf unsere Fährte traf und derselben aus irgend einem Grunde folgte. Wir ritten vielmehr noch ein Stück flußabwärts, bis wir an einen Wasserlauf kamen, welcher in den Red River mündete. In diesen trieben wir unsere Pferde und ritten im Wasser gegen den Strom desselben. Da gingen unsere Spuren verloren. Nach einer halben Stunde verließen wir dieses Gerinne und lenkten die Pferde auf die Prairie, um, nun nach dem Red River zurückkehrend, diesen an einer Stelle zu erreichen, welche sich einige englische Meilen oberhalb unsers Lagers befand.

Dieser Umweg mit seinem Spurenverbergen war zeitraubend gewesen, aber die Mühe, welche wir darauf verwendet hatten, wurde schneller belohnt, als wir hatten denken können. Wir hatten nämlich den Fluß noch nicht wieder erreicht, sondern befanden uns noch auf der Prairie, da sahen wir zwei Reiter, welche wohl ein ganzes Dutzend Packtiere bei sich hatten. Sie kamen uns nicht gerade entgegen, sondern ihre Richtung führte sie rechts an uns vorüber. Der eine ritt vor und der andere hinter den wohlbeladenen Mauleseln, und wenn wir ihre Gesichter auch nicht erkennen konnten, so mußten wir nach ihrer Kleidung Weiße in ihnen vermuten.

Sie sahen uns auch und hielten an. Es wäre höchst auffällig gewesen, wenn wir vorüber geritten wären; wir konnten im Gegenteile Nützliches von ihnen erfahren, denn sie kamen jedenfalls aus dem Dorfe der Kiowas. Schaden konnten sie uns wohl kaum, und unsere Fährte zu suchen, um zu erfahren, woher wir gekommen waren, das fiel ihnen wohl auch nicht ein, da sie viel nördlicher auf den kleinen Wasserlauf treffen mußten als da, wo wir ihn verlassen hatten. Darum fragte ich Winnetou:

»Gehen wir hin?«

»Ja,« antwortete er. »Es sind Bleichgesichter, Händler, welche mit den Kiowas ein Tauschgeschäft gemacht haben. Aber sie dürfen nicht wissen, wer wir sind.«

»Gut! Ich bin der Unterbeamte eines Indianeragenten und muß in dieser Eigenschaft zu den Kiowas, verstehe aber ihre Sprache nicht; darum habe ich dich mitgenommen. Du bist ein Pawnee-Indianer.«

»So ist es gut. Mein Bruder mag mit diesen beiden Bleichgesichtern sprechen.«

Wir ritten auf sie zu. Sie hatten, wie man bei Begegnungen im wilden Westen stets zu tun pflegt, ihre Gewehre zur Hand genommen und sahen uns erwartungsvoll entgegen.

»Tut eure Büchsen weg, Mesch'schurs,« forderte ich sie auf, als wir sie ziemlich erreicht hatten. »Wir haben nicht die Absicht, euch anzubeißen.«

»Würde euch auch schlecht bekommen,« antwortete der eine von ihnen. »Wir können nämlich auch beißen. Zu den Gewehren haben wir nicht etwa aus Angst gegriffen, sondern weil es so Gebrauch ist und weil ihr uns verdächtig vorkommt.«

»Verdächtig? – Wieso?«

»Nun, wenn zwei Gentlemen, von denen der eine ein weißer und der andere ein roter ist, so allein in der Prärie herumreiten, dann sind sie gewöhnlich Spitzbuben. Dazu ist euer Habit ein ganz indianisches. Sollte mich wundern, wenn ihr ehrliche Kerle wäret!«

»Danke Euch für diese Aufrichtigkeit! Es ist immer nützlich, zu wissen, was andere von einem halten. Kann Euch aber versichern, daß Ihr Euch irrt.«

»Möglich. Eine Galgenvisage habt ihr nicht; das ist richtig. Kann mir auch ganz gleichgültig sein, ob ihr früher oder später irgendwo aufgehangen werdet, denn da bekommt ihr den Strick an euern und nicht an meinen Hals. Vielleicht habt ihr die Gewogenheit, uns zu sagen, woher ihr kommt?«

»Ganz gern. Wir haben keinen Grund, heimlich damit zu tun. Wir kommen vom False Washita herüber.«

»So! Und wo wollt ihr hin?«

»Ein wenig zu den Kiowas.«

»Zu welchen?«

»Zu dem Stamme, dessen Häuptling Tangua heißt.«

»Das ist nicht weit von hier.«

»Weiß es. Das Dorf liegt zwischen dem Red River und dem Salt Fork.«

»Richtig! Aber wenn ihr einen guten Rat annehmen wollt, so kehrt schnell wieder um und laßt euch vor keinem Kiowa sehen.«

»Warum?«

»Weil es eine schlechte Angewohnheit ist, sich von den Roten umbringen zu lassen.«

»*Pshaw!* Habe mir das bisher noch nicht angewöhnt und werde es auch später niemals tun.«

»Was später geschieht, kann niemand wissen. Meine Warnung ist gut gemeint und hat ihren Grund. Wir kommen nämlich von Tangua. Derselbe hat die löbliche Absicht, jeden Weißen, der in seine Hände fällt, auszulöschen und auch jeden Roten, der kein Kiowa ist.«

»Dann ist er ja ein außerordentlich wohlmeinender Gentleman! Hat er euch das selbst gesagt?«

»Jawohl, und zwar wiederholt.«

»Der Spaßvogel!«

»Oho! Es war ihm ungeheuer ernst dabei!«

»Ernst? Wirklich? Wie komme ich da zu dem Vergnügen, euch so hübsch lebendig und bei guter Gesundheit vor mir zu sehen? Er will jeden Weißen umbringen und auch jeden Roten, wie ihr behauptet. Habe euch auch für Weiße gehalten. Solltet ihr vielleicht Neger sein?«

»Macht keine dummen Witze! Uns tut er nichts; mit uns hat er eine Ausnahme gemacht, weil wir alte, gute Bekannte von ihm sind und schon viele Male in seinem Dorfe waren. Wir sind nämlich Trader[1], wie ihr wohl schon erraten habt, und zwar ehrliche Trader, nicht solche Halunken, welche die Roten mit ihren Waren betrügen und sich dann nicht wieder

[1] Händler.

bei ihnen sehen lassen dürfen. Darum heißt man uns überall willkommen. Die Roten brauchen doch unsere Waren und werden also nicht so dumm sein, einem ehrlichen Kerl, auf den sie sich verlassen können und von dem sie Nutzen haben, an den Kragen zu gehen. Euch aber werden sie kalt machen; darauf könnt Ihr Euch verlassen.«

»Werde wohl warm bleiben, denn ich meine es auch ehrlich mit ihnen und suche sie eben jetzt auf, um ihnen Nutzen zu bringen.«

»So? Dann sagt uns doch einmal, was Ihr seid und was Ihr bei ihnen wollt.«

»Ich gehöre zur Agentur.«

»Zur Agentur? Hört, das ist ja noch viel schlimmer! Nehmt es mir nicht übel, aber ich will Euch um Euertwillen offen sagen, daß die Roten grad auf die Agenten gewaltig schlecht zu sprechen sind, weil – – weil – –«

Er zögerte, fortzufahren, darum ergänzte ich seine Rede:

»Weil sie so oft von ihnen betrogen worden sind. Das meint Ihr wohl. Ich gebe dies zu.«

»Freut mich ungemein, aus Eurem eigenen Munde zu hören, daß ihr Agenten Spitzbuben seid!« lachte er. »Grad die Kiowas sind bei den letzten Lieferungen großartig übers Ohr gehauen worden. Wenn Ihr die Absicht habt, ein wenig zu Tode gemartert zu werden, so reitet hin; es wird Euch sofort geholfen werden.«

»Kann darauf verzichten, Sir. Ich sage Euch, daß die Kiowas mich zwar nicht gut empfangen, dann aber um so größere Freude haben werden, wenn ich ihnen sage, was ich bei ihnen will. Ich habe es nämlich durchgesetzt, daß der Fehler, welcher gemacht worden ist, ausgebessert wird. Sie werden nachgeliefert bekommen, und ich will ihnen eben sagen, wo sie die Waren in Empfang nehmen sollen.«

»Alle Wetter, was seid Ihr da für ein weißer Rabe!« rief er erstaunt aus. »In diesem Falle werden sie Euch freilich nichts tun. Aber warum habt Ihr da einen Roten bei Euch?«

»Weil ich den Dialekt der Kiowas nicht verstehe; er ist mein Dolmetscher, ein Pawnee, den Tangua auch kennt.«

»*Well!* Dann ist ja alles in bester Ordnung, und meine Warnung war überflüssig. Aber ich hatte guten Grund dazu, denn Tangua ist förmlich wütend auf alles, was nicht Kiowa heißt.«

»Warum?«

»Hat in letzter Zeit verdammt schlechte Erfahrungen gemacht. Die Apachen sind in sein Gebiet eingefallen und haben ihm mehrere hundert Stück Pferde gestohlen. Er hat sie natürlich verfolgt; aber weil sie drei- oder viermal mehr Krieger hatten als er, ist er geschlagen worden. Dies wäre trotz ihrer Uebermacht nicht geschehen, wenn nicht eine Gesellschaft von weißen Westmännern den Apachen geholfen hätte. Einer von diesen Leuten hat den Häuptling zum Krüppel geschossen. Heißt Old Shatterhand, dieser Mann, ein Kerl, der den stärksten Menschen mit der Faust zu Boden schlägt. Wird ihm aber nicht gut bekommen.«

»Nicht? – Wollen sich die Roten rächen?«

»Natürlich. Tangua ist durch beide Knie geschossen worden, ein fürchterliches Schicksal für einen Kriegshäuptling! Er schäumt förmlich vor Wut und wird nicht eher ruhen, als bis er diesen Old Shatterhand und Winnetou in seine Hände bekommen hat.«

»Winnetou? – Wer ist das?«

»Ein junger Apachenhäuptling, der mit einer kleinen Kriegerschar ungefähr zwei Tagesritte von hier gelagert hat. Die Weißen sind bei ihm, und eine Anzahl Kiowas ritten hin, um diese Kerls in ihr Dorf zu locken.«

»Hm! Werden diese Weißen und diese Apachen so dumm sein, in die Falle zu gehen?«

»Wahrscheinlich. Tangua ist überzeugt davon und hat die Gegend, durch welche sie kommen müssen, besetzen lassen. Diese Leute sind unbedingt verloren. Mich geht das eigentlich gar nichts an, aber weil Weiße dabei sind, habe ich mich aus dem Staube gemacht. Ich wäre wohl noch einige Tage bei Tangua geblieben, aber zuzusehen, wie Weiße zu Tode gemartert werden, das ist mein Gusto nicht.«

»Wäre es Euch denn nicht möglich gewesen, ihnen Hilfe zu bringen?«

»Nein, selbst dann nicht, wenn ich gewollt hätte. Aber warum soll ich meine gesunden Hände, die ich brauche, in fremde Feuer stecken und sie mir verbrennen! Ich bin, sozusagen, Geschäftsfreund der Kiowas, und es fällt mir nicht ein, mir dadurch bei ihnen zu schaden, daß ich mich ihrer Feinde annehme. Ich bin so gutherzig gewesen, einen kleinen Versuch zu riskieren, habe aber schleunigst davon ablassen müssen, denn Tangua bellte mich an wie ein wütender Kettenhund.«

»Das läßt sich denken, denn es war ja noch gar nicht die Zeit dazu, sich der Gefangenen anzunehmen, weil sie eben noch nicht gefangen waren. Ihr hättet warten sollen.«

»O, einer war doch schon gefangen, ein Weißer von den Leuten Old Shatterhands. Ein sonderbarer Kerl, der immer nur lachte, und gar nicht so tat, als ob er den Tod vor Augen habe.«

»Ihr habt ihn gesehen?«

»Ich sah ihn bringen und wohl eine Stunde lang gefesselt an der Erde liegen. Dann wurde er nach der Insel gebracht.«

»Nach einer Insel? Die also als Gefängnis dient?«

»Ja. Sie liegt im Salt Fork, einige Schritte vom Dorfe und wird gut bewacht.«

»Habt Ihr mit dem Gefangenen gesprochen?«

»Einige Worte. Ich fragte ihn, ob ich vielleicht etwas für ihn tun könne. Da lachte er mich freundlich an und sagte, er hätte so großen Appetit nach Buttermilch, ob ich nicht nach Cincinnati reiten und ihm ein Glas voll holen wolle. Ein ganz närrischer Kerl. Ich sagte ihm, daß seine Lage nicht zum Lachen sei; da kicherte er mich wieder an und meinte, ich solle mich nur nicht um ihn sorgen, denn dazu seien ganz andere Leute da. Dennoch bat ich beim Häuptling für ihn, wurde aber hundegrob abgewiesen. Er wird übrigens nicht schlecht behandelt, denn Old Shatterhand hat einen gefangenen Kiowa als Geisel bei sich. Nur Santer gibt sich Mühe, ihm das bißchen Leben, welches er noch haben wird, schwer zu machen.«

»Santer? Dem Namen nach ein Weißer! Sind denn außer euch noch andere Weiße bei den Kiowas gewesen?«

»Nur dieser eine, der sich Santer nennt. Ein Kerl, der mir widerwärtig ist. Er kam gestern mit den Roten hier an, welche Winnetou herbeigelockt haben, und machte sich gleich über den Gefangenen her. Werdet ihn ja auch kennen lernen, wenn Ihr nachher in das Dorf kommt.«

»Wißt Ihr denn, was er eigentlich bei Tangua will?«

»Nein. Habe ihn zwar begrüßt, aber dann nicht wieder beachtet, weil ihm meine Gegenwart nicht zu gefallen schien. Hätte es von den Roten erfahren können, habe aber nicht gefragt. Was mich nichts angeht, das nehme ich nicht in den Mund; das ist mein Grundsatz, mit welchem ich am besten vorwärts komme.«

»Ist dieser Santer der Gast des Häuptlings, oder hat er ein besonderes Zelt?«

»Es ist ihm eines angewiesen worden, nicht etwa gleich neben demjenigen des Häuptlings, was die gewöhnliche Auszeichnung für gern gesehene Gäste ist, sondern eine alte Lederhütte, die fast am Ende des Dorfes liegt. Er scheint also beim Häuptlinge nicht in besonderer Gunst zu stehen.«

»Wißt Ihr vielleicht, wie der weiße Gefangene heißt?«

»Sam Hawkens, ein fast berühmter Westmann trotz seiner Drolligkeit. Tut mir leid, daß er ausgelöscht werden soll, kann ihm aber nicht helfen. Vielleicht hört der Häuptling auf Euch mehr, als er auf mich gehört hat, wenn Ihr ein gutes Wort für ihn einlegt.«

»Werde es versuchen. Könnt Ihr mir die Lage des Zeltes, in welchem Santer wohnt, nicht genauer angeben?«

»Wozu? Ihr werdet es ja sehen, wenn Ihr hinkommt. Es ist das vierte oder fünfte, flußaufwärts gerechnet. Glaube nicht, daß Euch der Mann gefallen wird; hat ein Galgengesicht. Hütet Euch vor ihm! Ihr seid trotz Eures Amtes noch sehr jung und werdet mir einen guten Rat nicht übelnehmen. Ich muß nun weiter. Lebt wohl, und kommt heiler Haut wieder von hier fort!«

Sollte ich ihn halten, um mehr zu erfahren? Da hätte ich

ihm aufrichtig sagen müssen, wer wir waren und was wir wollten, und das erschien mir doch gewagt. Winnetou war auch dieser Ansicht, denn er ritt weiter und sagte mit unterdrückter Stimme:

»Es ist genug. Mein Bruder mag nicht weiter fragen, denn dies würde diesen Leuten auffallen, welche Freunde der Kiowas sind.«

»Ich glaube auch, daß wir genug erfahren haben. Wir wissen mit ziemlicher Genauigkeit, wo Hawkens steckt und auch wo Santer wohnt, und werden beide finden. Wie weit reiten wir jetzt?«

»So weit, bis uns diese beiden Händler aus den Augen sind; dann kehren wir nach unserm Lager um. Das Zusammentreffen mit ihnen war für uns sehr vorteilhaft. Um das auszukundschaften, was wir von ihnen erfahren haben, hätten wir uns in große Gefahr begeben müssen. Nun wissen wir, woran wir sind, und werden heut abend miteinander das Dorf der Kiowas beschleichen.«

Die beiden Trader kamen uns nach und nach aus den Augen. Sie mußten langsam reiten, weil sie so viele Packtiere bei sich hatten. Ich erfuhr später, wie verhängnisvoll ihnen das geworden war. Ebenso erfuhr ich, daß sie bei den Kiowas Felle verschiedener Pelztiere eingetauscht hatten. Der, welcher mit uns gesprochen hatte, war der eigentliche Händler, der andere nur sein Gehilfe gewesen. Nun, da sie fort waren und uns nicht mehr sahen, kehrten wir auf demselben Wege, auf welchem wir gekommen waren, nach unserm Lager zurück und gaben uns unterwegs wieder alle Mühe, unsere Spuren zu verbergen.

Dick Stone und Will Parker waren mit dem Erfolge unserer Rekognoszierung sehr zufrieden. Besonders freuten sie sich darüber, daß ihr kleiner Sam sich verhältnismäßig wohl befand und seine unverwüstliche gute Laune noch besaß. Sie baten uns, sie heut abend mitzunehmen, doch Winnetou schlug ihnen diesen Wunsch ab, indem er erklärte:

»Meine beiden weißen Brüder mögen heut noch dableiben, denn wir werden auf diesem Gange Sam Hawkens wohl schwerlich befreien können. Dies kann wahrscheinlich erst morgen geschehen, und da werdet ihr dabei sein.«

Unser Versteck war ein verhältnismäßig gutes; aber wir befanden uns mitten auf feindlichem Gebiete, und der Zufall konnte leicht einen oder einige Kiowas an die Uferstelle führen, wo wir lagerten. Darum schlug Winnetou vor:

»Ich kenne eine Insel, welche eine kleine Strecke abwärts mitten im Flusse liegt. Sie hat Büsche und Bäume, die uns verbergen werden. Dorthin wird niemand kommen. Meine Brüder mögen sich mit mir nach dieser Insel begeben.«

Wir verließen also unser Lager und ritten am Flusse hinunter, bis wir die Insel sahen. Das Wasser war hier tief und hatte ein ziemliches Gefälle, doch kamen wir auf unsern Pferden ganz gut hinüber, wo es sich zeigte, daß Winnetou recht gehabt hatte: die Insel war groß und auch bewachsen genug, um uns und unsern Pferden vollständige Deckung zu gewähren.

Ich machte mir zwischen den Büschen ein Lager zurecht und schlief, denn es war vorauszusehen, daß in der nächsten Nacht von einem Schlafe keine Rede sein werde. Nicht daß es keine Zeit oder Gelegenheit dazu gegeben hätte, sondern des Wassers wegen.

Sam Hawkens war auf einer kleinen Insel interniert, die ich beschleichen wollte. Da mußte ich in das Wasser. Ja, schon vorher, gleich beim Aufbruche, mußte ich mit Winnetou von unserer Insel an das Ufer schwimmen, wobei wir vollständig durchnäßt werden mußten. Wir standen in der Mitte des Dezember, und das Wasser war also kalt; wer hätte da in den durchnäßten Kleidern schlafen können.

Als es dunkel geworden war, wurden wir geweckt, denn auch Winnetou hatte geschlafen. Es war Zeit, nach dem Dorfe aufzubrechen. Wir legten die nicht durchaus notwendigen Kleidungsstücke ab und ließen auch alles, was wir in den Taschen hatten, zurück. Von unsern Waffen nahmen wir nur die Messer mit. Dann sprangen wir in den Fluß und schwammen nach dem rechten Ufer desselben, weil wir von diesem aus an den Salt Fork gelangen konnten. Als wir eine kleine Stunde lang an diesem Ufer aufwärts gegangen waren, kamen wir an die Stelle, wo der Salt Fork in den Red River-Arm mündete, und hatten dem ersteren nur wenige hundert Schritte nach links zu folgen, bis wir die Feuer des Dorfes sahen. Es lag hart am linken Ufer des Salt-Fork, während wir uns auf dem rechten befanden. Wir mußten also hinüber.

Dies taten wir aber nicht gleich, sondern wir schritten erst langsam, natürlich diesseits, die ganze Länge des jenseits liegenden Dorfes ab. Das Wort Dorf bezeichnet hier nicht den europäischen Begriff, eine Ansammlung von festen Häusern, bei denen und um welche Gärten und Felder liegen. Von Gärten und Feldern gab es hier keine Spur, und die Wohnungen bestanden jetzt aus dicken Lederzelten, während die Roten im Sommer leinene zu bewohnen pflegen.

Fast vor jedem Zelte brannte ein Feuer, an welchem die Bewohner saßen, um sich zu wärmen und ihr Abendessen zu bereiten. Das größte Zelt stand ungefähr in der Mitte des Dorfes. Der Eingang war mit Lanzen geschmückt, an denen Adlerfedern und sonderbar gestaltete Medizinen hingen. An dem dort befindlichen Feuer saß Tangua, der Häuptling, mit einem jungen, vielleicht achtzehnjährigen Indianer und zwei Knaben, welche zwölf und vierzehn Jahre zählen mochten.

»Diese drei sind seine Söhne,« sagte Winnetou. »Der älteste ist sein Liebling und wird ein tapferer Krieger werden. Sein Lauf ist so rasch, daß er den Namen Pida bekommen hat, was Hirsch bedeutet.«

Auch Frauen gingen geschäftig ab und zu, doch ist es bei den Indianern den Frauen und Töchtern nicht erlaubt, mit den Männern und Söhnen zu essen. Sie essen später und müssen nehmen, was übrig bleibt, dafür aber alle, selbst die schwerste, Arbeit verrichten.

Ich suchte nach der Insel. Der Himmel hing schwarz voller Wolken und kein Stern war zu sehen, doch die Feuer ermöglichten es uns, drei Inseln zu erkennen, welche in geringen Entfernungen voneinander am Ufer lagen.

»Auf welcher mag sich Sam befinden?« fragte ich.

»Wenn mein Bruder das wissen will, so mag er an das denken, was der Trader gesagt hat,« antwortete Winnetou.

»Daß die Insel nahe am Ufer liege? Die erste und die dritte liegen weiter hüben nach uns zu; es wird also die zweite, die mittlere, sein.«

»Wahrscheinlich. Und da rechts ist das untere Ende des Dorfes, wo im vierten oder fünften Zelte Santer wohnt. Wir werden nicht beisammen bleiben, sondern uns trennen. Ich habe es auf den Mörder meines Vaters und meiner Schwester abgesehen und werde also seine Wohnung auskundschaften. Sam ist mehr dein Gefährte als der meinige, darum wirst du nach ihm forschen.«

»Und wo treffen wir uns wieder?«

»Hier, an der Stelle, wo wir auseinander gehen.«

»Wenn nichts Ungewöhnliches geschieht, können wir das; aber wenn zufälligerweise einer von uns bemerkt werden sollte, wird ein großer Aufruhr entstehen; da müssen wir einen andern Ort bestimmen, einen Ort, der weiter entfernt von dem Dorfe ist.«

»Unser Vorhaben ist nicht leicht; deine Aufgabe ist noch schwerer als die meinige, denn du mußt nach der Insel schwimmen, wo du von den Wächtern leicht gesehen werden kannst. Man wird dich also leichter entdecken als mich. Sollte man dich dabei ergreifen, so werde ich dir beispringen; kommst du aber frei, so kehrst du nach unserer Insel zurück, aber auf einem Umwege, damit sie die Richtung deiner Flucht nicht entdecken.«

»Aber morgen früh werden sie die Spuren sehen!«

»Nein, denn wir werden sehr bald Regen bekommen, welcher die Spuren auslöscht.«

»Gut! Und wenn du Unglück haben solltest, haue ich dich heraus.«

»Das wird nicht geschehen, wenn nicht ein böser Zufall spielt. Schau hinüber! Vor der fünften Hütte brennt kein Feuer; sie wird Santer gehören, denn er ist nirgends zu sehen und wird drinliegen und schlafen. Es ist also sehr leicht, zu erfahren, wie es mit ihm steht.«

Nach diesen Worten ging er fort, rechts von mir weg, ein Stück den Fluß hinunter, um dann außerhalb des Dorfbereiches hinüberzuschwimmen und jenseits heimlich nach den Zelten zurückzukehren.

Ich mußte es anders anfangen. Ich hatte ein Ziel, welches im Bereiche des Feuerscheines lag; das war bös. Ich durfte mich nicht auf der Oberfläche des Wassers sehen lassen, mußte die Insel also tauchend erreichen. Das ging aber auf direktem Wege sehr schwer. Unter Wasser bis hinüber zu kommen, das getraute ich mir wohl, aber wie nun, wenn ich grad vor einem Wächter auftauchte? Nein, ich mußte erst nach der benachbarten Insel, auf welcher sich wahrscheinlich niemand befand. Sie, die erste, lag vielleicht zwanzig Meter von der zweiten, mittlern, auf welche ich es abgesehen hatte, entfernt. Also konnte ich von ihr aus wahrscheinlich sehen, wie die Verhältnisse auf der zweiten waren.

Ich ging also eine Strecke flußaufwärts und richtete mein Auge so scharf wie möglich nach der obersten Insel. Es war dort nicht die geringste Bewegung zu bemerken; also befand sich wahrscheinlich niemand drüben. Da stieg ich langsam in das Wasser, tauchte unter und schwamm hinüber. Ich kam glücklich drüben an und schob zunächst nur den Kopf bis an den Mund, um Atem zu holen, aus dem Wasser. Ich befand mich am oberen Ende der ersten Insel und sah da, daß es eine noch bessere Weise, meine Aufgabe zu lösen, gab, als ich drüben gedacht hatte.

Die Insel, an deren Rande ich im Wasser stand, war vielleicht auch zwanzig Meter vom Flußufer entfernt, wo eine ganze Reihe von Kanoes angebunden waren. Diese Kähne konnten mir vortrefflich Deckung geben. Ich tauchte also wieder unter und schwamm nach dem ersten Kanoe, von da nach dem zweiten, dritten und so weiter, bis ich, hinter dem sechsten steckend, der mittlern Insel so nahe war, daß ich sie überblicken konnte.

Sie lag dem Lande näher als die beiden andern Inseln und hatte niedriges Buschwerk, welches zwei Bäume überragten. Von dem Gefangenen und seinen Wächtern konnte ich nichts sehen. Eben wollte ich wieder untertauchen, um hinüberzuschwimmen, als ich über mir auf dem hohen Ufer ein Geräusch hörte. Ich sah hinauf. Ein Indianer kam herabgestiegen. Es war Pida, der ›Hirsch‹, der Häuptlingssohn. Glücklicherweise stieg er schräg herab nach einem weiter abwärts hängenden Kanoe, so daß er mich nicht sah. Er sprang in dieses Boot, band es los, und ruderte sich nach der mittlern Insel. Da konnte ich noch nicht hinüber; ich mußte warten.

Bald hörte ich Leute drüben sprechen und erkannte die Stimme meines kleinen Sam. Ich mußte hören, was sie redeten, und schwamm unter Wasser nach einem weiteren Kanoe. Es gab deren so viele da, daß jeder selbständige Dorfbewohner eines zu besitzen schien. Als ich wieder auftauchte und, hinter diesem Kanoe verborgen, dem Gespräche lauschte, hörte ich den Sohn des Häuptlings sagen:

»Tangua, mein Vater, will es wissen!«

»Fällt mir nicht ein, es zu verraten!« antwortete Sam.

»Dann wirst du zehnfache Qualen erdulden müssen!«

»Laß dich nicht auslachen! Sam Hawkens, und Qualen erdulden, hihihihi! Dein Vater hat mich schon einmal martern lassen wollen, dort am Rio Pecos, bei den Apachen. Was ist die Folge davon gewesen? Kannst du mir das sagen?«

»Daß Old Shatterhand, dieser Hund, ihn zum Krüppel gemacht hat!«

»*Well!* So ähnlich wird es auch hier werden. Ihr könnt mir nichts anhaben.«

»Wenn du das im Ernste sagst, so ist der Wahnsinn in deinem Kopfe eingezogen. Wir haben dich fest, und du kannst uns nicht entrinnen. Bedenke, daß dein ganzer Körper mit Riemen umschnürt ist, so daß du kein Glied bewegen kannst!«

»Ja; diese Fesselung habe ich dem guten Santer zu verdanken und befinde mich ganz wohl dabei!«

»Du leidest Schmerzen, ich weiß es; aber du gibst es nicht zu. Außer dieser Umschnürung bist du an den Baum festgebunden, und es sitzen bei Tag und bei Nacht vier Krieger hier, dich zu bewachen. Wie willst du entkommen?«

»Das ist meine Sache, geliebter Junge! Jetzt gefällt es mir noch hier; warte also, bis ich fort will; dann könnt ihr mich nicht halten.«

»Wir würden dich frei lassen, wenn du uns sagtest, wohin er gehen wird.«

»Ich sage es aber nicht. Ich weiß schon, wie es steht. Der gute Santer ist so freundlich gewesen, mir die Geschichte zu erzählen, um mir Angst zu machen, was ihm aber nicht gelungen ist. Ihr seid nach dem Nugget-tsil geritten, um Old Shatterhand und Winnetou zu fangen. Lächerlich! Old Shatterhand zu fangen, der mein Schüler ist – hihihihi!«

»Aber du, sein Lehrer, hast dich doch von uns fangen lassen?«

»Nur so zum Zeitvertreib. Ich wollte gern einmal einige Tage bei euch sein, weil ich euch so lieb habe, wenn ich mich nicht irre. Also ihr habt den Ritt vergeblich gemacht und bildet euch nun ein, daß Winnetou mit seinen Apachen und Old Shatterhand euch nachlaufen werden. So ein unsinniger Gedanke ist mir doch noch nicht vorgekommen! Heut seht ihr ein, daß ihr euch verrechnet habt. Sie sind nicht gekommen, und ihr wißt nicht, wo sie stecken. Da soll ich euch nun sagen, wohin Old Shatterhand geritten sein kann. Ihr denkt, daß ich das wissen muß. Und ich will es dir aufrichtig sagen, daß ich es auch weiß.«

»Nun, wohin?«

»*Pshaw!* Du wirst es sehr bald erfahren, ohne daß ich es dir sage, denn – – – –«

Er wurde durch ein lautes Geschrei unterbrochen; ich verstand leider die Worte nicht, aber der Tonfall war so, wie wenn man bei uns hinter einem Flüchtlinge her: ›Haltet ihn auf, haltet ihn auf!‹ ruft, und dazu wurde der Name Winnetou gebrüllt.

»Hörst du, wo sie sind!« rief Hawkens frohlockend. »Wo Winnetou ist, da ist auch Old Shatterhand. Sie sind da – sie sind da!«

Das Gebrüll verdoppelte sich im Dorfe, und ich hörte die Indianer laufen. Sie hatten Winnetou gesehen, aber noch nicht erwischt. Das machte mir einen großen Strich durch die Rechnung. Ich sah, daß der Sohn des Häuptlings sich auf der Insel hoch aufrichtete und nach dem Ufer blickte. Dann sprang er in sein Kanoe und rief den vier Wächtern zu:

»Nehmt die Gewehre zur Hand und tötet dieses Bleichgesicht sofort, wenn sich jemand sehen läßt, es zu befreien.«

Dann ruderte er sich dem Ufer zu. Ich hatte Sam schon heut, falls es nur einigermaßen möglich war, losmachen wollen; dies konnte nun freilich nicht geschehen. Selbst wenn ich es hätte wagen wollen, nur mit dem Messer bewaffnet, mit den vier Roten anzubinden, so hätte das seinen augenblicklichen Tod zur Folge gehabt; sie hätten Pida gehorcht und Hawkens ermordet.

Aber da kam mir ein Gedanke, noch viel schneller, als Pida das Ufer erreichen konnte. Er war der Lieblingssohn des Häuptlings. Wenn ich ihn in meine Hand bekam, konnte ich ihn dann gegen Sam auswechseln. Dieser Gedanke war wohl beinahe verrückt, aber das kam in diesem Augenblicke nicht in Betracht. Es galt nur, den jungen Häuptling so, daß es niemand sah, zu ergreifen.

Ein einziger Blick zeigte mir, daß die Situation günstig sei. Winnetou war nach dem Red River zu entflohen, also nach links, während unser Lager sich rechts unten auf der Insel befand. Das war klug von ihm, denn er führte dadurch die Verfolger irre. Von dorther, wohin er floh, erscholl das Geschrei der Roten, die ihm nachrannten, und dorthin hatten die vier Wächter ihre Gesichter gerichtet; sie kehrten mir fast ihre Rücken zu, und weiter war niemand da.

Der Häuptlingssohn erreichte mit seinem Kanoe das Ufer, wollte es anbinden und dann forteilen; er bückte sich. Da tauchte ich bei ihm auf; ein Fausthieb streckte ihn nieder; ich warf ihn ins Kanoe, sprang selbst hinein und ruderte fort, gegen den Strom und hart am Ufer hin. Der tolle Streich war gelungen. Oben im Dorfe gab es keinen Menschen, der auf mich achtete, und die Wächter blickten noch immer in die entgegengesetzte Richtung.

Ich legte mich mit allen Kräften in das Zeug, um möglichst schnell aus dem Bereiche des Dorfes zu kommen; dann, als der Schein der Feuer mich nicht mehr traf, ruderte ich mich an das rechte Ufer des Salt Fork, wo ich den ohnmächtigen Häuptlingssohn in das Gras legte. Dann schnitt ich den Riemen, mit welchem das Kanoe angebunden zu werden pflegte, los, um mit demselben den Gefangenen zu fesseln, und gab dem Kahne einen Stoß, daß er fortschwamm; er sollte nicht zum Verräter an mir werden. Als ich Pidas Arme ihm fest an den Leib gebunden hatte, nahm ich ihn auf die Achsel und trat die Rückkehr nach unserer Insel an.

Das war ein schweres Stück Arbeit, nicht etwa, weil mir die Last, die ich trug, zu schwer wurde, sondern weil er mir nicht gutwillig folgen wollte, als er wieder zu sich gekommen war. Ich mußte ihm öfters mit dem Messer drohen. Seine Waffen hatte ich ihm natürlich abgenommen.

»Wer bist du?« fragte er endlich wütend. »Ein räudiges Bleichgesicht, welches Tangua, mein Vater, schon morgen ergreifen und verderben wird!«

»Dein Vater wird mich nicht ergreifen; er kann ja gar nicht gehen,« antwortete ich.

»Aber er hat unzählige Krieger, welche er nach mir aussenden wird!«

»Eure Krieger verlache ich. Es kann leicht jedem von ihnen so ergehen, wie es deinem Vater ergangen ist, als er es wagte, mit mir zu kämpfen.«

»Uff! Du hast mit ihm gekämpft?«

»Ja.«

»Wo?«

»Da, wo er niederstürzte, als er meine Kugel in beide Beine bekam.«

»Uff, uff! So bist du Old Shatterhand?« fragte er erschrokken.

»Wie kannst du da erst fragen! Ich habe dich doch mit der Faust niedergeschlagen. Wer anders als Winnetou und Old Shatterhand konnten es wagen, mitten in euer Dorf zu dringen und den Sohn des Häuptlings herauszuholen!«

»Uff! So werde ich sterben; aber ihr sollt keinen Laut des Schmerzes aus meinem Munde hören.«

»Wir töten dich nicht. Wir sind keine solchen Mörder wie ihr. Wenn dein Vater die beiden Bleichgesichter herausgibt, welche sich bei euch befinden, lassen wir dich frei.«

»Santer und Hawkens?«

»Ja.«

»Er wird sie herausgeben, denn sein Sohn ist ihm mehr wert als zehnmal zehn Hawkens, und auf Santer wird er gar nicht achten.«

Von jetzt an weigerte er sich nicht mehr, mit mir zu gehen. Die Prophezeiung Winnetous ging in Erfüllung, denn es begann zu regnen, und zwar so sehr, daß es ganz unmöglich für mich war, die Uferstelle zu finden, welche unserer Insel gegenüberlag. Ich suchte also einen recht dicht belaubten Baum auf, um unter demselben entweder das Ende des Regens oder den Anbruch des Tages zu erwarten.

Das war eine sehr langweilige Geduldsprobe. Der Regen wollte nicht aufhören und der Morgen nicht erscheinen. Ich hatte nur den einen Trost, daß ich nässer, als ich war, nicht werden konnte, nämlich bis auf die Haut; aber diese Nässe war so kalt, daß ich zuweilen aufstand, um mich durch freiturnerische Bewegungen zu erwärmen. Mich dauerte der junge Häuptlingssohn, der so still liegen mußte; aber er war viel abgehärteter als damals ich.

Endlich wurden meine beiden Wünsche zu gleicher Zeit erfüllt: der Regen hörte auf, und der Tag begann zu grauen. Aber es lag ein dichter, schwerer Nebel ringsumher. Doch wurde es mir nicht schwer, die Uferstelle zu finden. Ich rief ein lautes Hallo hinüber.

»Halloo!« antwortete sofort die Stimme Winnetous. »Ist's mein Bruder Shatterhand?«

»Ja.«

»So komm! Warum rufst du erst! Das ist gefährlich.«

»Ich habe einen Gefangenen. Schicke einen guten Schwimmer und einige Riemen herüber!«

»Ich komme selbst.«

Wie freute ich mich darüber, daß er nicht in die Hände der Kiowas gefallen war! Bald sah ich seinen Kopf zwischen Nebel und Wasser erscheinen. Als er an das Ufer trat und den Indianer sah, sagte er erstaunt:

»Uff! Pida, der Sohn des Häuptlings! Wo hat mein Bruder ihn ergriffen?«

»Am Flußufer, nicht weit von Hawkens' Insel.«

»Hast du Hawkens gesehen?«

»Nein; aber ich hörte ihn mit diesem schnellen ›Hirsch‹ reden. Ich hätte noch mit ihm gesprochen und ihn wohl auch befreit, aber da wurdest du entdeckt, und ich mußte also fort.«

»Es war ein böser Zufall, für den ich nicht konnte. Ich hatte Santers Zelt fast erreicht, da kamen einige Kiowas, welche vorüber wollten. Ich durfte nicht aufspringen und wälzte mich zur Seite. Da blieben sie stehen und sprachen miteinander; dabei fiel das Auge des einen auf mich und sie taten die vier Schritt zu mir hin. Da mußte ich freilich auf und fort. Der Schein der Feuer zeigte ihnen meine Gestalt, und sie erkannten mich. Ich floh aufwärts anstatt abwärts, um sie irre zu führen, schwamm über den Fluß und entkam. Aber Santer habe ich freilich nicht gesehen.«

»Du wirst ihn bald zu sehen bekommen, denn dieser junge Krieger hier ist darauf eingegangen, sich gegen Santer und Sam Hawkens auswechseln zu lassen, und ich bin überzeugt, daß der Häuptling darauf eingehen wird.«

»Uff! Das ist gut; das ist sehr gut! Mein Bruder Shatterhand hat kühn, ja fast tollkühn gehandelt, indem er Pida gefangen nahm, aber es war das Beste, was für uns geschehen konnte.«

Wenn ich gesagt hatte, daß er Santer bald zu sehen bekommen werde, so sollte dies noch viel eher geschehen, als ich gedacht hatte. Wir banden den Gefangenen so an und zwischen uns fest, daß seine Schultern die unserigen berührten und sein Kopf also, obgleich ihm die Arme gebunden waren, über Wasser bleiben mußte; mit den Beinen konnte er uns beim Schwimmen helfen. Dann gingen wir in den Fluß. Pida leistete uns dabei keinen Widerstand, sondern stieß, als wir den Grund unter den Füßen verloren hatten, in gleichem Takte mit den Beinen kräftig aus.

Der Nebel lag so dicht auf dem Wasser, daß wir nicht sechs Manneslängen weit sehen konnten, aber bekanntlich hört man im Nebel um so besser. Wir waren noch gar nicht weit vom Ufer entfernt, da sagte Winnetou:

»Mach leise! Ich habe etwas gehört.«

»Was?«

»Ein Geräusch wie von Rudern, welche in das Wasser getaucht werden, da aufwärts von uns.«

»So bleiben wir halten!«

»Ja; horch!«

Wir machten jetzt nur diejenigen geringen Bewegungen, welche notwendig waren, uns über Wasser zu halten, und verursachten also kein Geräusch. Ja, Winnetou hatte richtig gehört; es kam jemand den Fluß herabgerudert. Er mußte Eile haben, da er trotz des Gefälles, welches der Fluß hier hatte, sich auch noch der Ruder bediente.

Er kam rasch näher. Sollten wir uns sehen lassen oder nicht? Es konnte ein feindlicher Späher sein; vielleicht aber war es vorteilhaft für uns, zu wissen, wer er war. Ich warf Winnetou einen fragenden Blick zu; er verstand denselben und antwortete leise:

»Nicht zurück! Ich will wissen, wer er ist. Er wird uns wohl nicht sehen, weil wir ganz still auf dem Wasser liegen.«

Es stand allerdings zu erwarten, daß wir unbemerkt bleiben würden, denn wir hatten ja nur die Köpfe über Wasser. Wir schwammen also nicht zurück. Pida war ebenso gespannt wie wir; er hätte uns durch einen Hilferuf verraten können, tat dies aber nicht, weil er wußte, daß ihm ohnedies die Freiheit sicher war.

Jetzt war uns der Ruderschlag ganz nahe, und ein indianisches Kanoe tauchte aus dem Nebel auf. In diesem saß – – – wer? Wir hatten still bleiben wollen, aber als Winnetou den Mann erblickte, stieß er den lauten Ruf aus:

»Santer! – Er entflieht!«

Mein sonst so ruhiger Freund wurde durch das so plötzliche Erscheinen seines Todfeindes so aufgeregt, daß er die Arme und Beine mit aller Gewalt ausstieß, um auf das Kanoe zuzuschwimmen, wurde aber dadurch zurückgehalten, daß er mit uns oder vielmehr mit Pida zusammengebunden war.

»Uff! Ich muß los; ich muß hin, muß ihn haben!« rief er, indem er sein Messer zog und den Riemen zerschnitt, mit welchem er an Pida hing.

Santer hatte natürlich den Ausruf Winnetous gehört; er richtete sein Gesicht sofort zu uns herüber und sah uns.

»*Thousand devils!*« schrie er erschrocken auf. »Da sind ja diese – – –«

Er hielt inne. Der Ausdruck des Schreckes wich aus seinem Gesicht und machte dem der Schadenfreude Platz; er hatte unsere Situation erkannt, warf das Ruder ins Kanoe, griff nach seinem Gewehre, richtete es auf uns und rief:

»Eure letzte Wasserpartie, ihr Hunde!«

Er drückte glücklicherweise grad in dem Augenblicke los, in welchem sich Winnetou von uns freigemacht hatte und mit gewaltigen Stößen auf das Boot zuschoß; dadurch erhielt ich mit Pida einen Ruck, welcher uns von dem Punkte, nach welchem Santer gezielt hatte, entfernte, und die Kugel ging fehl.

Das was ich jetzt von Winnetou sah, war kein Schwimmen, sondern viel eher ein auf dem Wasser Hinschnellen zu nennen. Er hatte sein Messer zwischen die Zähne genommen und flog auf den Feind in weiten Sätzen zu, wie ein ricochettierender Stein, den man flach gegen das Wasser wirft. Santer hatte im zweiten Lauf noch einen Schuß, hielt dem Apachen die Mündung entgegen und rief hohnlachend:

»Komm her, verdammte Rothaut! Ich schicke dich zum Teufel!«

Er glaubte, leichtes Spiel zu haben und nur losdrücken zu brauchen, hatte sich aber in Winnetou geirrt, denn dieser tauchte sofort unter, um von unten an das Kanoe zu kommen und es umzustürzen. Wenn ihm dies gelang, so konnte dem in das Wasser stürzenden Santer sein Gewehr nichts mehr helfen, und es mußte zu einem Ringkampf kommen, in welchem der gewandte Apache jedenfalls Meister blieb. Das sah er ein, legte die Büchse schnell weg und ergriff das Ruder wieder. Es war die höchste Zeit für ihn gewesen, denn kaum hatte er es in Bewegung gesetzt, so kam Winnetou an der Stelle empor, an welcher sich das Kanoe im vorhergehenden Augenblicke befunden hatte. Santer gab den Angriff auf, brachte sich durch einige kräftige Ruderschläge aus der gefährlichen Nähe seines ergrimmten Feindes und schrie:

»Hast du mich, Hund? Ich heb' die Kugel auf fürs nächste Wiedersehen!«

Winnetou arbeitete mit allen Kräften, ihn doch noch zu erreichen, doch vergeblich. Kein Schwimmer, und wäre er der erste Champion der Welt, kann ein Boot einholen, welches durch Ruder im reißenden Wasser abwärts getrieben wird.

Der ganze Vorgang hatte sich in Zeit von kaum einer halben Minute abgespielt, und doch erschienen, als Santer eben im Nebel wieder verschwand, schon einige Apachen, welche die lauten Rufe und den Schuß gehört hatten und sofort von der Insel in das Wasser gesprungen waren, um uns zu Hilfe zu kommen. Ich rief sie zu mir, um mir zu helfen, Pida nach der Insel zu bringen. Als wir diese erreichten und ich den Kiowa von mir losbinden ließ, gebot Winnetou seinen Leuten:

»Meine roten Brüder mögen sich alle schnell fertig machen! Santer ist soeben in einem Kanoe den Fluß hinunter, und wir müssen ihm nach.«

Er war so aufgeregt, wie ich ihn noch nicht gesehen hatte.

»Ja, wir müssen ihm nach, augenblicklich nach,« stimmte ich bei. »Aber was wird aus Sam Hawkens und unsern beiden Gefangenen?«

»Die überlasse ich dir,« antwortete er.

»So soll ich hier bleiben?«

»Ja. Ich muß diesen Santer, den Mörder meines Vaters und meiner Schwester, haben; du aber bist verpflichtet, Sam Hawkens, der dein Gefährte ist, zu befreien; wir müssen uns also trennen.«

»Auf wie lange?«

Er überlegte nur einige Augenblicke und sagte dann:

»Wann wir uns wiedersehen werden, das weiß ich jetzt nicht. Des Menschen Wunsch und Wille ist dem großen Geist untertan. Ich glaubte, länger bei meinem Bruder Shatterhand sein zu können, doch Manitou hat jetzt plötzlich dagegen gesprochen; er will es anders haben. Weißt du, warum Santer fort ist?«

»Ich kann es mir denken. Wir sind nicht in die uns gestellte Falle gegangen, und man hat dich gestern abend gesehen. Man weiß also, daß wir hier sind und nicht ruhen werden, bis wir Santer ergriffen und Hawkens befreit haben. Da hat Santer Angst bekommen und sich aus dem Staube gemacht.«

»Ja; aber es kann sogar noch anders sein. Der Sohn des Häuptlings ist verschwunden, und dies bringen die Kiowas natürlich mit unserm Erscheinen in Verbindung; sie nehmen an, daß er in unsere Hände geraten ist. Darüber ist Tangua ergrimmt und hat seinen Zorn an Santer, der an allem schuld ist, ausgelassen und ihn fortgejagt.«

»Auch das ist wahrscheinlich. Santer wird haben hören müssen, daß ihm die Kiowas keinen Schutz mehr gewähren.«

»Und warum hat er den Wasserweg gewählt und auf sein Pferd verzichtet?«

»Aus Furcht vor uns. Er hatte Sorge, auf uns zu treffen, und wenn dies auch nicht geschah, so konnten wir seine Fährte entdecken und ihr folgen. Darum ist er im Kanoe fort, welches er wohl gegen sein Pferd ertauscht hat. Er ahnte natürlich nicht, daß wir uns hier auf der Insel befinden und gerade durch seine Vorsicht zur Kenntnis seiner Flucht gelangen würden. Nun er uns gesehen hat, weiß er, daß wir ihm folgen werden, und wird tüchtig rudern, um schnell fortzukommen. Glaubst du, daß ihr ihn zu Pferde einholen könnt?«

»Es ist schwer, aber doch möglich. Wir müssen die Windungen des Flusses abschneiden.«

»Das geht aber nicht. Ich mache meinen Bruder Winnetou darauf aufmerksam, daß dies ein Fehler sein würde.«

»Warum?«

»Weil er leicht auf den Gedanken kommen kann, den Fluß zu verlassen und die Flucht zu Lande fortzusetzen; da ist die Gewißheit, euch zu entgehen, größer. Da ihr nun nicht wißt, nach welcher Seite er in diesem Falle aus dem Wasser geht, so müßt ihr euch teilen, um dem Red River auf beiden Ufern zu folgen.«

»Mein Bruder hat recht. Wir werden das tun, was er gesagt hat.«

»Ihr müßt dabei sehr aufmerksam sein, damit euch die Stelle, an welcher er landet, nicht entgehe, und das erfordert leider Zeit. Auch könnt ihr die Krümmungen nicht abschneiden, denn was für das eine Ufer eine Ausbiegung ist, das ist für das andere eine Einbiegung, und während die eine Abteilung von euch einen Bogen abschnitte, würde die andere am gegenüberliegenden Ufer einen desto größeren Umweg zu machen haben, und ihr kämet infolgedessen auseinander.«

»Es ist so, wie mein Bruder sagt, und wir sind also gezwungen, allen Krümmungen des Flusses zu folgen. Da dürfen wir jetzt keine Minute versäumen.«

»Wie gern würde ich mit euch reiten; aber es ist wirklich meine Pflicht, für Sam Hawkens zu sorgen; ich darf ihn nicht verlassen.«

»Ich werde nie etwas von dir wünschen, was gegen deine Pflicht ist. Du darfst nicht mit. Aber wenn der große Geist es will, werden wir uns in einigen Tagen wiedersehen.«

»Wo?«

»Wenn du von hier fortreitest, so richte deinen Weg nach dem Zusammenflusse dieses Stromes hier mit dem Rio Bosco de Natchitoches. Da, wo der vereinte Strom beginnt, am linken Ufer desselben, wirst du einen meiner Krieger finden, falls ein Zusammentreffen möglich ist.«

»Und wenn ich keinen Krieger dort sehe?«

»Da bin ich noch hinter Santer her und weiß nicht, wohin er flieht, kann dir also auch nicht sagen lassen, wohin du kommen sollst. Dann reise mit deinen drei Gefährten nach St. Louis zu den Bleichgesichtern, welche den Pfad des Feuerrosses bauen wollen. Aber ich bitte dich, zu uns zurückzukehren, sobald der gute Manitou es dir erlaubt. Du bist im Pueblo am Rio Pecos stets willkommen, und sollte ich nicht dort sein, so wirst du erfahren, wo ich zu finden bin.«

Während dieses unseres Gespräches hatten seine Apachen sich zum Ritte bereit gemacht. Er gab Dick Stone und Will Parker die Hand, um sich von ihnen zu verabschieden, und wendete sich dann mir wieder zu:

»Mein Bruder weiß, wie froh unsere Herzen waren, als wir unsern Ritt am Rio Pecos begannen; er hat Intschu tschuna und Nscho-tschi den Tod gebracht. Wenn du einst zu uns zurückkehrst, wirst du nicht die Stimme der schönsten Tochter der Apachen hören, welche anstatt nach den Städten der Bleichgesichter in das Land der Abgeschiedenen gegangen ist. Nun treibt mich die Rache fort von dir, aber die Liebe wird dich wieder zu uns führen. Ich wünsche sehr, daß ich dir unten an der Mündung des Rio Bosco Nachricht geben kann; sollte dies aber nicht der Fall sein, so verweile dich nicht allzu lange in den Städten des Ostens, sondern kehre recht bald zu mir zurück. Du weißt, wen du mir zu ersetzen hast. Willst du mir versprechen, bald zu kommen, mein lieber, lieber Bruder Scharlih?«

»Ich verspreche es dir. Mein Herz geht mit dir, mein lieber Bruder Winnetou. Du weißt, welches Versprechen ich dem sterbenden Klekih-petra gegeben habe; ich werde es halten.«

»So leite der gute Manitou alle deine Schritte und beschütze dich auf allen deinen Wegen. Howgh!«

Er umarmte und küßte mich, gab seinen Leuten einen kurzen Befehl und stieg auf sein Pferd, um es in das Wasser zu treiben. Der Befehl hatte zur Folge, daß seine Apachen sich teilten; die eine Abteilung schwamm nach dem rechten und Winnetou mit der andern nach dem linken Ufer des Flusses. Ich blickte meinem Winnetou nach, bis er im Nebel verschwand. Es war mir, als sei ein Teil meines eigenen Ich von mir gegangen, und auch ihm war der Abschied schwer geworden.

Stone und Parker sahen mir an, wie wehmütig ich gestimmt war. Der erstere meinte in seiner geraden, treuherzigen Weise:

»Laßt's Euch nicht so zu Herzen gehen, Sir! Wir werden die Apachen schon bald wieder erwischen. Wir reiten ihnen ja nach, sobald Sam frei ist. Wollen darum mit der Auswechslung unserer Gefangenen nicht lange warten. Wie denkt Ihr wohl, wie wir es anzufangen haben?«

»Laßt mich erst Eure Ansicht hören, lieber Dick. Ihr seid erfahrener als ich.«

Er streichelte sich, von diesem Lobe geschmeichelt, den Bart und erklärte:

»Ich halte es für das Einfachste, den gefangenen Kiowa jetzt gleich zu Tangua zu senden und ihm mitteilen zu lassen, wo sich sein Sohn befindet und unter welcher Bedingung er freigegeben werden soll. Was meinst du dazu, alter Will?«

»Hm!« brummte Parker. »Hast noch niemals so einen dummen Gedanken gehabt wie eben jetzt.«

»Dumm? – Ich? – Alle Wetter! Wieso dumm?«

»Wenn wir sagen, wo wir stecken, so schickt Tangua seine Leute her, und diese nehmen uns Pida ab, ohne daß wir Sam dafür herausbekommen. Ich würde es anders machen.«

»Wie denn?«

»Wir machen uns hier von der Insel fort und ein gutes Stück in die Prairie hinein, wo wir freie Gegend haben, die wir überblicken können. Dann schicken wir den Kiowa ins Dorf und stellen die Bedingung, daß nur zwei Krieger, mehr ja nicht, kommen sollen, um uns Sam zu bringen, wofür sie dann Pida mitnehmen dürfen. Kommen mehr Leute als nur zwei, etwa um uns zu überwältigen, so sehen wir sie von weitem und können uns salvieren. Meint Ihr nicht, daß dies das Beste ist, Sir?«

»Ich möchte noch sicherer gehen und gar keinen Boten senden,« antwortete ich.

»Keinen Boten? Aber wie soll da Tangua erfahren, daß sein Sohn – – –«

»Er erfährt es ja,« unterbrach ich ihn.

»Durch wen?«

»Durch mich.«

»Durch Euch? – Wollt Ihr etwa selbst ins Dorf?«

»Ja.«

»Das laßt bleiben, Sir! Das ist ein gefährliches Ding. Man würde Euch sofort festnehmen.«

»Glaube es nicht.«

»Ganz gewiß – ganz gewiß!«

»Dann wäre Pida verloren. Ich habe nicht Lust, von zwei Gefangenen den einen als Boten zu schicken und dadurch einen Geisel zu verlieren.«

»Das ist freilich richtig; aber warum wollt Ihr es sein, der in das Dorf geht? Ich kann es doch auch machen!«

»Ich glaube gern, daß Ihr den Mut dazu besitzet, halte es aber für besser, wenn ich selbst mit Tangua spreche.«

»Bedenkt aber, welche Wut er auf Euch hat! Wenn ich zu ihm komme, geht er wohl eher auf unsere Bedingung ein, als wenn er sich über Euern Anblick ärgern muß.«

»Grad darum will ich selber zu ihm. Er soll sich ärgern; er soll wütend darüber sein, daß ich es wage, zu ihm zu kommen, ohne daß er mir etwas anhaben darf. Wenn ich einen andern schicke, denkt er vielleicht, daß ich mich vor ihm fürchte, und in einen solchen Verdacht will ich doch nicht kommen.«

»So macht, was Ihr wollt, Sir! Wo bleiben wir inzwischen? Hier auf der Insel? Oder suchen wir uns eine andere, eine bessere Stelle?«

»Es gibt keine bessere.«

»*Well!* Aber wehe unsern Gefangenen, wenn Euch im Dorfe etwas geschieht! Wir würden in diesem Falle keinen Pardon geben. Wann werdet Ihr aufbrechen?«

»Heute abend.«

»Erst? Ist das nicht zu spät? Wenn es gut geht, kann die Auswechslung bis Mittag geschehen sein, und wir eilen dann hinter Winnetou her.«

»Und die Kiowas folgen uns in Masse und löschen uns aus!«

»Meint Ihr?«

»Ja. Tangua wird uns Sam gern geben, um seinen Sohn wieder zu bekommen; dann aber, wenn er ihn hat, wird er alles aufbieten, sich an uns zu rächen. Darum soll die Auswechslung am Abend geschehen, und dann reiten wir fort, um während der Nacht, wo man uns nicht folgen kann, einen tüchtigen Vorsprung zu bekommen. Daß wir bis zum Abend warten, ist auch schon deshalb besser, weil die Angst des Häuptlings um seinen Sohn bis dahin immer größer wird. Das wird ihn gefügiger machen.«

»Das ist wahr. Aber wenn man uns vorher hier entdeckt, Mr. Shatterhand?«

»So ist es auch nicht schlimm.«

»Es wird natürlich nach Pida gesucht werden, und da kommen die Roten vielleicht auch nach der Insel!«

»Nach der Insel nicht; aber am Ufer werden wir sie sehen. Da müssen sie Winnetous Fährte entdecken und werden denken, daß wir mit Pida fort sind. Das wird Tangua in noch größere Sorge versetzen. Horch!«

Es erklangen menschliche Stimmen. Der Nebel begann sich zu heben, und wir konnten die Ufer sehen. Dort standen mehrere Kiowas, welche sich laut ihre Ansichten über die Pferdespuren, die sie eben entdeckt hatten, mitteilten; dann verschwanden sie schnell, ohne nur einen Blick herüber nach der Insel geworfen zu haben.

»Sie sind fort; sie schienen es sehr eilig zu haben,« sagte Dick Stone.

»Jedenfalls sind sie nach dem Dorfe, um Tangua von der Fährte zu benachrichtigen. Er wird sofort einen Reitertrupp schicken, welcher der Spur folgen soll.«

Diese Prophezeiung bestätigte sich nach nicht ganz zwei Stunden. Es kam eine Reiterschar drüben am Flusse herunter, setzte sich auf die Fährte und jagte dann auf derselben fort. Daß diese Kiowas Winnetou einholen würden, war nicht zu befürchten, da er wenigstens dieselbe Schnelligkeit wie sie zu entwickeln hatte.

Es ist selbstverständlich, daß wir drei leise gesprochen hatten; die Gefangenen brauchten nicht zu hören, was wir einander sagten. Sie hatten auch nicht gesehen, was am Ufer geschah, denn sie lagen gebunden hinter Sträuchern im Grase.

Am Vormittage machte die Sonne uns die Freude, recht warm auf uns herabzuscheinen; das machte nicht nur unsern Lagerplatz, sondern auch uns selbst trocken, und erhöhte die Behaglichkeit, mit welcher wir uns bis zum Abend der Ruhe hingaben.

Kurz nach Mittag sahen wir einen Gegenstand geschwommen kommen, welcher seine Richtung nach der Insel nahm und von dem nieder in das Wasser hängenden Gesträuch derselben festgehalten wurde. Es war ein Kanoe, in welchem ein Paddelruder lag; der Riemen, mit welchem es der Besitzer anzubinden pflegte, war abgeschnitten. Es war also das Kanoe, in welchem ich Pida entführt hatte; es war aus dem Salt Fork in den Red River getrieben und wohl nur deshalb so spät zur Insel gekommen, weil es unterwegs auch irgendwo hängen geblieben war. Da es mir sehr willkommen kam, zog ich es auf die Insel, um mich am Abend seiner zu bedienen; ich brauchte mich da nicht durch das Ueberschwimmen des Flusses wieder zu durchnässen.

Sobald es dunkel geworden war, schob ich das Boot wieder in das Wasser und ruderte mich flußauf; Stone und Parker gaben mir ihre besten Wünsche mit. Ich sagte ihnen, daß sie sich erst dann um mich beunruhigen sollten, wenn ich am nächsten Morgen nicht zurückgekehrt sein würde.

Es ging langsam gegen den Strom, so daß ich erst nach einer Stunde aus dem Red River in den Salt Fork lenkte. Als ich in der Nähe des Dorfes angekommen war, ruderte ich mich an das Ufer und band das Kanoe, welches ich mit einem Riemen versehen hatte, an einen Baum.

Ich sah wieder, wie gestern, die Feuer brennen, die Männer an denselben sitzen und die Frauen geschäftig hin und her laufen. Ich hatte geglaubt, daß das Dorf heut scharf bewacht sein werde, fand aber, daß dies nicht der Fall war. Die Kiowas hatten die Fährte der Apachen gefunden und ihnen Krieger nachgesandt, glaubten sich also in Sicherheit.

Tangua saß auch heut vor seinem Zelte, hatte aber nur die

zwei jüngeren Söhne bei sich. Er hielt den Kopf gesenkt und starrte düster in das Feuer. Ich befand mich heut auf dem linken Ufer des Salt Fork, an welchem das Dorf lag, schlich mich im rechten Winkel von dem Flusse fort und dann hinter den Zelten hinauf, bis dasjenige des Häuptlings vor mir lag. Ich hatte Glück, denn es war kein Mensch in der Nähe, der mich hätte entdecken können. Da legte ich mich auf den Boden nieder und kroch nach der hinteren Seite des Zeltes. Dort angekommen, hörte ich den tiefen, monotonen Klagegesang des Häuptlings; er trauerte in dieser indianischen Weise um den Verlust seines Lieblingssohnes. Nun kroch ich um das Zelt, nach der andern Seite, richtete mich auf und stand plötzlich neben dem Häuptling.

»Warum singt Tangua die Töne der Klage?« fragte ich. »Ein tapferer Krieger soll doch keinen Laut der Klage hören lassen; das Jammern ist nur für die alten Squaws.«

Es läßt sich gar nicht beschreiben, wie mein Erscheinen ihn erschreckte. Er wollte sprechen, brachte aber kein Wort heraus; er wollte aufspringen, mußte aber seiner verletzten Kniee wegen sitzen bleiben. Er starrte mich mit weit aufgerissenen Augen wie ein Gespenst an und stammelte endlich:

»Old -- Old -- Shat --- Shat --- uff, uff, uff! --- wie kommst --- wo bist ---- Ihr seid noch da – nicht fort?«

»Wie du siehst, ich bin noch da. Ich bin gekommen, weil ich mit dir zu reden habe.«

»Old Shatterhand!« brachte er endlich meinen Namen ganz heraus.

Als seine beiden Knaben ihn hörten, flohen sie in das Zelt.

»Old Shatterhand!« wiederholte er, noch immer unter dem Eindrucke des Schreckens; dann jedoch nahm sein Gesicht den Ausdruck der Wut an und er schrie, gegen die anderen Zelte gerichtet, irgend einen Befehl, den ich nicht verstand, weil er sich seines Dialektes bediente; doch kam mein Name dabei vor.

Einen Augenblick später gab es im Dorfe ein Wutgeheul, daß ich glaubte, die Erde zittere unter meinen Füßen, und was an Kriegern anwesend war, kam mit geschwungener

Waffe auf uns zugerannt. Da zog ich mein Messer und schrie Tangua in das Ohr:

»Soll Pida erstochen werden? Er schickt mich zu dir!«

Er verstand meine Worte trotz des Geheules seiner Leute und erhob die eine Hand. Eine Bewegung derselben genügte, und es trat Stille ein; aber die Kiowas umringten uns. Wenn es nach den Blicken ging, mit welchen sie mich verschlingen zu wollen schienen, so kam ich nicht lebendig von hier fort. Ich setzte mich zu Tangua nieder, sah ihm ruhig in das vor Erstaunen über meine Kühnheit starre Gesicht und sagte:

»Es herrscht Todfeindschaft zwischen mir und Tangua; ich bin nicht schuld daran, habe aber auch nichts dagegen; mir ist es sehr gleich, ob ich mit meinen Freunden einen seiner Krieger oder seinen ganzen Stamm verderben soll. Ob ich mich vor ihm fürchte, mag er daraus ersehen, daß ich mich jetzt mitten in sein Dorf begeben habe, um mit ihm zu reden. Wir wollen es kurz machen: Pida befindet sich in unseren Händen und wird an einem Baume aufgehängt, wenn ich nicht zur bestimmten Zeit zurückgekehrt bin.«

Kein Wort, keine Bewegung der rundum stehenden Roten, von denen ich viele erkannte, verriet den Eindruck, welchen meine Worte machten. Die Augen des Häuptlings funkelten vor Wut darüber, daß er mir, ohne das Leben seines Sohnes zu gefährden, nichts anhaben konnte. Er stieß zwischen knirschenden Zähnen die Frage hervor:

»Wie – – wie – – ist er in eure Gewalt geraten?«

»Ich war gestern dort an der Insel, als er mit Sam Hawkens sprach, und habe ihn niedergeschlagen und mitgenommen.«

»Uff! Old Shatterhand ist der Liebling des bösen Geistes, der ihn abermals beschützt hat. Wo befindet sich mein Sohn?«

»An einem sicheren Orte, den du jetzt nicht erfahren wirst; er mag ihn dir später selber sagen. Aus diesen meinen letzten Worten wirst du ersehen, daß ich nicht die Absicht habe, Pida zu töten. Wir haben auch noch einen andern Kiowa bei uns, den wir gefangen nahmen; ich zog ihn aus dem Dorngebüsch hervor, in welchem er uns belauschte. Er soll mit deinem Sohne frei sein, wenn du mir Sam Hawkens dafür gibst.«

»Uff! Du sollst ihn haben. Bring nur erst Pida und den andern Kiowakrieger!«

»Bringen? Fällt mir nicht ein! Ich kenne Tangua und weiß, daß ihm nicht zu trauen ist. Ich gebe zwei für einen, bin also außerordentlich billig und gütig gegen euch. Dafür muß ich fordern, daß ihr euch jeder Hinterlist enthaltet.«

»Beweise mir vorher, daß Pida wirklich bei euch ist!«

»Beweisen? Was fällt dir ein! Ich sage es, und so ist es wahr. Old Shatterhand ist kein Tangua. Laß mich Sam Hawkens sehen! Er wird nicht mehr unten auf der Insel sein, wo ihr ihn nicht mehr für sicher haltet. Ich muß mit ihm reden.«

»Was willst du reden?«

»Ich will aus seinem Munde wissen, wie es ihm bei euch ergangen ist. Danach wird sich das weitere richten.«

»Ich muß mich da vorher mit meinen ältesten Kriegern beraten. Entferne dich bis zum nächsten Zelte; dann wirst du erfahren, was wir zu tun gedenken.«

»Gut! Aber macht es kurz, denn wenn ihr mich aufhaltet und ich nicht zur bestimmten Zeit zurückgekehrt bin, wird Pida aufgehängt.«

Aufgehängt zu werden, ist der schmachvollste Tod für einen Roten. Man kann sich denken, wie wütend Tangua war! Ich ging zum nächsten Zelte und setzte mich dort nieder, natürlich auch da grad so von Kriegern umringt wie vorher. Tangua rief seine alten Leute zu sich und beriet sich mit ihnen. Es brannte in jedem auf mich gerichteten Auge ein Feuer, welches nur aus Rücksicht auf Pida nicht verderblich wurde. Dabei bemerkte ich freilich auch, daß meine Furchtlosigkeit allgemein imponierte.

Nach einiger Zeit schickte der Häuptling einen Roten fort; dieser verschwand in einem Zelte und brachte dann meinen kleinen Sam aus demselben geführt. Ich sprang auf und ging ihm entgegen. Als er mich erblickte, rief er jubelnd:

»*Heigh-day*, Old Shatterhand! Habe es ja gesagt, daß Ihr unbedingt kommen würdet! Wollt wohl Euern alten Sam wieder haben?«

Er hielt mir die gefesselten Hände entgegen, um mich zu begrüßen.

»Ja,« antwortete ich ihm, »das Greenhorn ist gekommen, um euch das Zeugnis zu geben, daß Ihr der größte Meister im Anschleichen seid, wie Ihr bewiesen habt. Man mag Euch sagen, was man will, Ihr rennt doch immer nach der verkehrten Seite!«

»Macht mir Eure Vorwürfe später, mein heißgeliebter Sir, und sagt mir lieber, ob meine Mary noch vorhanden ist.«

»Sie ist bei uns.«

»Und die Liddy?«

»Der Schießprügel? Den haben wir auch gerettet.«

»Dann ist ja alles, alles gut, wenn ich mich nicht irre. Kommt, laßt uns machen, daß wir von hier fortkommen! Es ist beinahe langweilig hier.«

»Geduld, Geduld, bester Sam! Ihr tut ja, als ob es gar nichts auf sich hätte und das reine Kinderspiel wäre, hierher zu kommen und Euch loszumachen.«

»Das ist es auch, Kinderspiel, aber nur für Euch. Möchte wissen, was Ihr nicht fertig brächtet. Würdet mich sogar vom Monde herunterholen, wenn ich mich hinauf verlaufen hätte – hihihihi!«

»Lacht nur immer! Ich merke daraus, daß es Euch nicht allzu schlecht ergangen ist.«

»Schlecht? Was fällt Euch ein! Gut habe ich es gehabt, außerordentlich gut! Jeder Kiowa hat mich wie sein eigenes Kind geliebt; ich bin vor lauter Liebkosungen, Herzen und Küssen gar nicht zu Verstand gekommen; wie eine Braut haben sie mich gefüttert, und wenn ich schlafen wollte, brauchte ich mich gar nicht erst niederzulegen, denn ich lag überhaupt stets auf dem Rücken.«

»Hat man Euch ausgebeutelt?«

»Allerdings. Die Taschen sind mir leer gemacht worden.«

»Werdet alles wiederbekommen, falls es noch da ist. Die Beratung scheint zu Ende zu sein.«

Ich erklärte dem Häuptlinge, daß ich nun nicht mehr länger warten dürfe, wenn sein Sohn am Leben bleiben solle, und es begann nun eine zwar kurze, aber außerordentlich energische Verhandlung, aus welcher ich als Sieger hervorging, weil ich nicht im geringsten nachgab und der Häuptling Angst um seinen Sohn hatte. Die Schlußbestimmung war, daß vier bewaffnete Krieger in zwei Kanoes mich und Sam begleiten und unsere beiden Gefangenen in Empfang nehmen sollten. Für den Fall, daß uns noch mehrere Kiowas heimlich folgen sollten, drohte ich mit Pidas Tode.

Es war eigentlich viel von mir verlangt, mir Sam mitzugeben; ich konnte doch den vier uns begleitenden Indianern ein Schnippchen schlagen; aber man glaubte meinen Worten und hat Old Shatterhand auch später stets geglaubt. Wohin wir rudern würden, das sagte ich natürlich nicht. Als dem kleinen Sam die Hände entfesselt worden waren, warf er die kurzen Arme in die Luft und rief:

»Frei, wieder frei! Das werde ich Euch nie vergessen, Sir! Und werde auch nie wieder nach links hinaufrennen, wenn Eure gesegneten Beine nach rechts hinunterlaufen.«

Als wir uns zum Gehen anschickten, gab es hier und dort ein zorniges Gemurmel. Die Indsmen ärgerten sich doch gewaltig, daß sie den Gefangenen und sogar mich fortlassen mußten, und Tangua zischte mir noch zu:

»Bis zur Rückkehr meines Sohnes bist du sicher; dann aber wird der ganze Stamm hinter dir her sein und dich verfolgen. Wir werden deine Spur finden und dich ergreifen, und wenn du durch die Luft davonreiten solltest!«

Ich hielt es nicht für nötig, auf diese bissige Drohung eine Antwort zu geben, und führte Sam und die vier Kiowas nach dem Flusse, wo wir je zwei und zwei, ich natürlich mit Sam, in ein Kanoe stiegen. Von dem Augenblicke an, wo wir vom Ufer stießen, folgte uns ein Geheul, bis wir so weit fort waren, daß wir es nicht mehr hören konnten.

Während ich steuerte, mußte ich Sam erzählen, was seit seiner Gefangennahme geschehen war. Er bedauerte es, daß Winnetou sich hatte von uns trennen müssen, beklagte es aber auch nicht allzu sehr, weil er sich vor den Vorwürfen des Apachen gefürchtet hatte.

Wir landeten trotz der Dunkelheit glücklich an der Insel und wurden von Dick Stone und Will Parker jubelnd in Empfang genommen. Sie waren sich erst nach meiner Entfernung der Größe meines Wagnisses recht bewußt geworden.

Wir lieferten die beiden Gefangenen ab, die uns kein Wort des Abschiedes sagten, und warteten, bis wir die Ruderschläge der zurückkehrenden Kanoes nicht mehr hörten; dann stiegen wir auf unsere Pferde und lenkten sie nach der linken Seite des Flusses hinüber. Es galt, in dieser Nacht einen tüchtigen Ritt zu tun, und da war es gut, daß Sam die Gegend leidlich kannte. Er richtete sich auf seiner Mary im Sattel auf, erhob die Faust, nach rückwärts drohend, und sagte:

»Jetzt stecken sie da droben die Köpfe und die Schädel zusammen, um zu beraten, wie sie uns wieder in ihre Vorderfüße bekommen. Sollen sich wundern! Sam Hawkens ist nicht wieder so dumm, in einem Loche stecken zu bleiben, aus welchem ihn ein Greenhorn herausziehen muß. – Mich fängt kein Kiowa wieder, wenn ich mich nicht irre!« – – –

Ende des 1. Bandes.

Karl May (1842–1912), der meistgelesene Erzähler der deutschen Literatur, seit 100 Jahren von gleicher Faszination für Jugendliche und Erwachsene, »vertritt mit seinen grellen, knalligen Werken einen Typus von Dichtung, der unentbehrlich und ewig ist« (Hermann Hesse). Sein umfangreiches Werk, nach seinem Tode vielfältig durch Bearbeitungen entstellt, erscheint hier in einer zuverlässigen Ausgabe, die nach den strengen Prinzipien der historisch-kritischen Edition angelegt ist, die bestüberlieferte Textgestalt bietet und diese nach Stil und Orthographie in ihrer vollen Zeitgebundenheit erhält. Sie dokumentiert damit die Spannweite einer literarischen Entwicklung, die vom unterhaltenden Trivialroman über die berühmten Reiseerzählungen bis zu den psychologisch-mystischen Büchern der Alterszeit reicht. »Fast alles ist nach außen gebrachter Traum der unterdrückten Kreatur, die großes Leben haben will ...« (Ernst Bloch).

2. Kong-Kheou, das Ehrenwort
Erzählung (1888–89)

3. Die Sklavenkarawane
Erzählung (1889–90)

4. Der Schatz im Silbersee
Erzählung (1890–91)

5. Das Vermächtnis des Inka
Erzählung (1891–92)

6. Der Oelprinz
Erzählung (1893–94)

7. Der schwarze Mustang
u. a. Erzählungen (1887–97)

ABTEILUNG IV – *Reiseerzählungen*

1. Durch die Wüste
2. Durchs wilde Kurdistan
3. Von Bagdad nach Stambul
4. In den Schluchten des Balkan
5. Durch das Land der Skipetaren
6. Der Schut
Reiseerzählung (1882–88; 1892)

7. Am Rio de la Plata
8. In den Cordilleren
Reiseerzählung (1889–91)

9.–11. Im Lande des Mahdi I–III
Reiseerzählung (1891–96)

12.–14. Winnetou I–III
Reiseerzählung (1875; 1880; 1882; 1888; 1893)

15.–17. Satan und Ischariot I–III
Reiseerzählung (1893–96)

18.–20. Old Surehand I–III
Reiseerzählung (1894–96)

21. »Weihnacht!«
Reiseerzählung (1897)

22.–23. Im Reiche des silbernen Löwen I–II
Reiseerzählung (1897–98)

24. Am Stillen Ocean
25. Orangen und Datteln
26. Auf fremden Pfaden
Kleinere Reiseerzählungen I–III (1879–99)

ABTEILUNG V – *Spätwerk*

1. Am Jenseits
Reiseerzählung (1899)

2. Und Friede auf Erden!
Reiseerzählung (1901; 1904)

3.–4. Im Reiche des silbernen Löwen III–IV
Reiseerzählung (1902–03)

5.–6. Ardistan und Dschinnistan I–II
Reiseerzählung (1907–09)

7. Winnetou IV
Reiseerzählung (1909–10)

8. Abdahn Effendi
u. a. Erzählungen (1903–10)

9. Himmelsgedanken
Gedichte und Aufsätze (1900–10)

10. Babel und Bibel
Drama (1906)

ABTEILUNG VI – *Autobiographische Schriften*

1. Freuden und Leiden eines Vielgelesenen
u. a. Selbstdarstellungen (1896–1910)

2. Ein Schundverlag und seine Helfershelfer
u. a. Streitschriften (1905–10)

3. Mein Leben und Streben
Selbstbiographie (1908–10)

4.–5. An Schöffengericht und Strafkammer I–II
Prozeßschriften (1901–11)

ABTEILUNG VII – *Nachlaß*

1. Dramenentwürfe; Entwürfe zu Versdichtungen; Notizen; Pläne; Fragmente; (1900–12)

2. Vorträge; Aufsätze; Selbstrezensionen; Tagesaufzeichnungen (1900–12)

3. Lyrische Skizzen und Fragmente; Scherzgedichte (1896–1912)

ABTEILUNG VIII – *Briefe*

1.–6. Der gesamte Briefbestand in chronologischer Folge mit Kommentar

---

ABTEILUNG IX – *Supplement*

1. Karl Mays Bibliothek mit ihren Annotationen

2. Lebens-Chronologie und Photodokumente

3. Gesamt-Bibliographie; Gesamt-Editionsbericht; Generalregister